실무 보고서부터 프레젠테이션 발표까지

# 인포그래픽 기획&디자인

# 파워포인트

이수동 · 이혜강
공저

예문사

# PREFACE
머 리 말

**저자 이 수 동**

인포그래픽은 단순히 정보만 전달하는 수단이 아닌 현대를 살아가는 우리에게 문제를 인식하고, 하나의 주제를 여러 관점에서 해석하고 추론할 수 있다는 점에서 매우 중요한 역할을 하고 있다. 하지만 제시된 자료를 분석하고 요약하여 레이아웃을 만드는 과정은 결코 쉽지 않다.

정보 기획 과정은 인포그래픽의 꽃이라 할 수 있지만 아직까지 관련 분야의 책이나 인포그래픽 교육에서 쉽게 배울 수 없었다. 글과 숫자로 이루어진 통계 등을 읽고 이해하는 과정이 그만큼 어렵기 때문이다. 이 책은 필자가 현장에서의 교육과 인포그래픽 제작 경험을 바탕으로 사람들이 '가장 배우고 싶지만 가장 어렵게 생각하는' 자료 수집부터 정보를 해독하고 정리하여 인포그래픽으로 만드는 과정까지 알기 쉽게 설명해 놓은 것이다.

특히 단문, 복문, 통계, 보도자료, 캠페인, 정책, 기술 데이터 등 다양한 분야의 자료를 읽고 요약하는 방법을 자세히 소개하였다. 또한 대주제와 소주제를 추출하고 문장 연결 구조를 분석하여 인포그래픽의 기초 자료를 만드는 데 필요한 능력을 배양할 수 있도록 구성하였다. 자료 요약 과정 다음으로 파워포인트를 활용하여 실제 인포그래픽을 제작하는 방법을 설명함으로써 데이터 분석부터 인포그래픽 제작까지 모든 과정을 이 한권의 책으로 마스터할 수 있도록 하였다.

끝으로 책 집필을 함께한 이혜강 대표와 기획에 도움을 준 홍성근 이사께 감사의 인사를 드린다. 아울러 동고동락을 함께하고 있는 인포그래픽웍스 송정수 대표와 직원들, 비주얼콘텐츠 에듀케이터 김선주, 윤단비 팀장, 오장원 서울진로진학상담교사 협의회장(단대부고 진로진학부장), 이력서 데이터를 제공한 송공호 학생, 비주얼저널리즘에 앞장서고 있는 한국언론진흥재단 및 전국언론사 선후배, 한국인포그래픽협회 회원사, 인포그래픽 교육생 모두에게 진심어린 고마움을 전하고 싶다. 마지막으로 "나만의 지식이 아니라 세상을 위한 지식을 가지고 경천애인(敬天愛人)을 늘 실천하라"는 가르침을 주신 부친 李基豊 翁에게 이 책을 바친다.

저자 **이 혜 강**

'외모지상주의'라는 말이 있을 만큼 사람들은 보이는 것에 민감하다. 상대방에게 많은 양의 정보를 주고 알아서 읽고 해석하기를 바라는 시대는 끝났다. 자신이 제공하는 정보에 많은 사람들이 관심을 갖도록 하기 위한 방법 중 최고는 '인포그래픽'이 아닌가 싶다.

인포그래픽이 정보 전달과 소통의 수단이 될 수 있다는 점은 인지하고 있지만 디자이너가 아닌 평범한 사람들이 전문가 영역으로 분류되던 인포그래픽을 만들기란 쉽지 않다. 이 책에서는 컴퓨터를 다루는 사람들이라면 한 번쯤은 활용해 보았을 파워포인트 프로그램을 사용하여 인포그래픽을 기획·제작하고 활용할 수 있는 방법을 알려주고자 하였다. 또한 인포그래픽이 들어가는 모든 요소들을 직접 만들기보다는 상업적으로 사용할 수 있는 디자인 요소들을 적극적으로 활용해 최소의 시간에 최대의 효과를 얻을 수 있는 방법으로 파워포인트 제작 과정을 구성했다.

모든 내용을 인포그래픽으로 만들어야 한다는 부담감은 갖지 말자. 지금 만들고 있는 파워포인트에 사람들이 꼭 기억했으면 하는 중요한 부분부터 인포그래픽화시켜 만드는 것부터 시작해보자. 이렇게 이 책을 통해 인포그래픽을 학습하다 보면 파워포인트의 기능을 익히는 덤도 얻게 될 것이다.

출판을 도와준 예문사와 블루기획 홍성근 이사님, 공동 저자인 이수동 소장님께 감사드린다. 파워포인트에 관심도 없는 이웃에게 내 책을 사서 선물하는 엄마, 왜 자기 이름은 없냐고 항의한 언니, 내 책에 별 관심 없는 동생 성재에게도 감사의 인사를 전하며, 집안일을 도맡아 하는 다정한 1등 남편에게 사랑을, 그리고 무엇보다도 삶의 이유가 되시는 하나님께 영광을 돌린다.

## 신제품 홍보를 위한 보도자료 인포그래픽 만들기

## 숫자를 강조한 보도자료 인포그래픽 만들기

## 단문을 이미지화하여 인포그래픽 만들기

## 서열 데이터를 활용한 광고선전비 인포그래픽 만들기

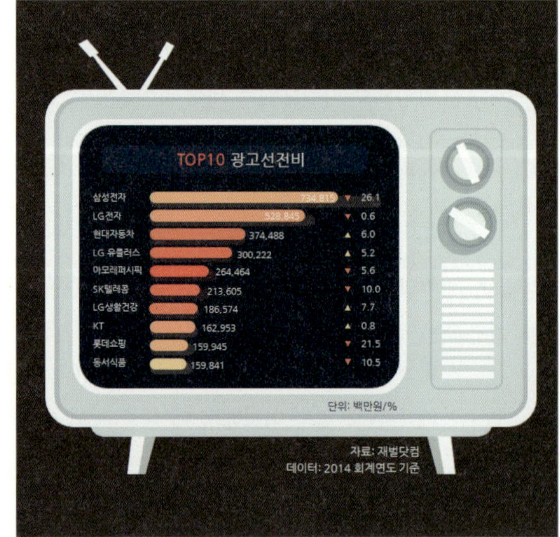

## CHAPTER 06

## 커피와 차의 비율 데이터를 활용한 인포그래픽

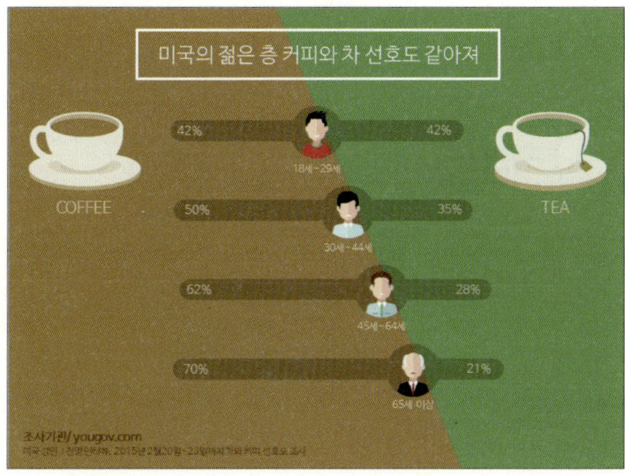




## CHAPTER 07

## 통계 기반 픽토그램 인포그래픽 만들기

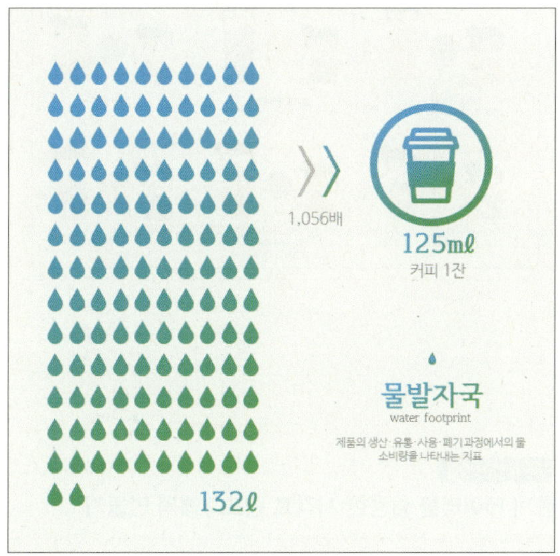

## CHAPTER 08

## 매출액 기준 통계 인포그래픽 만들기

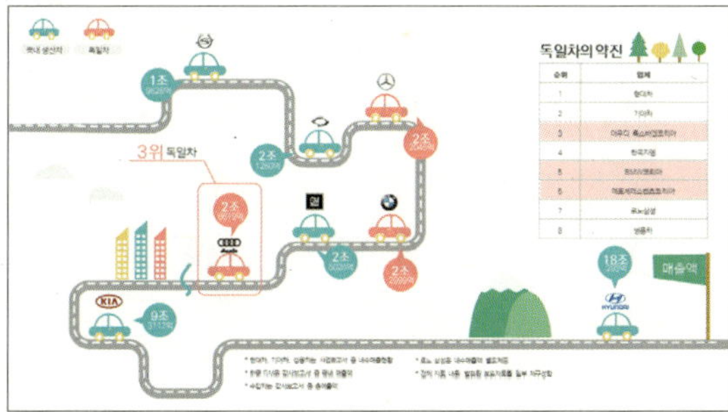

## CHAPTER 09

## 소비자 만족도 조사 인포그래픽 만들기

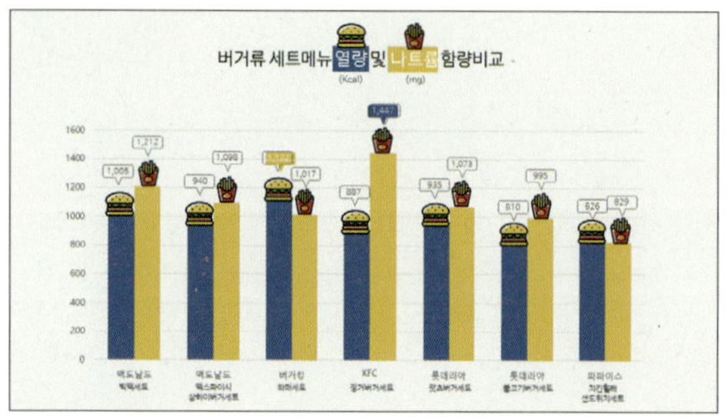

## CHAPTER 10

## 담배가격을 구성하는 누적 막대그래프 인포그래픽 만들기

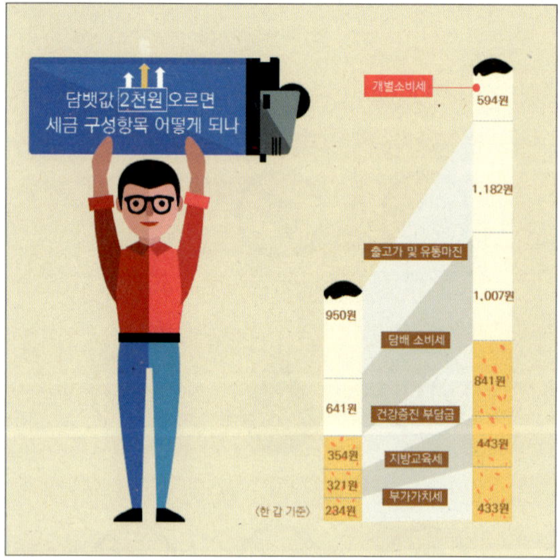



## CHAPTER 11

## 원인과 결과 구조로 이루어진 인포그래픽 만들기 1

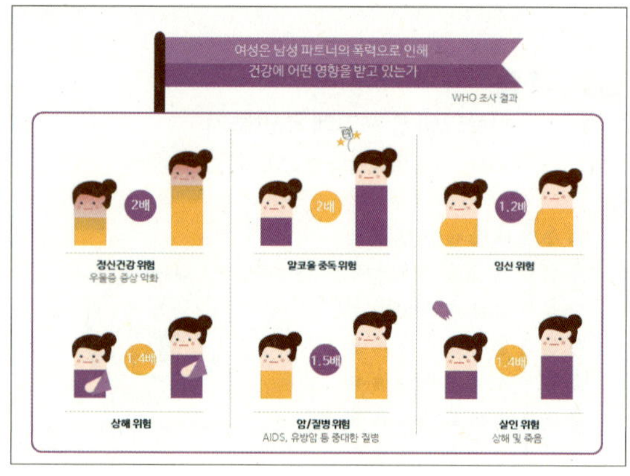



## CHAPTER 12

## 원인과 결과 구조로 이루어진 인포그래픽 만들기 2

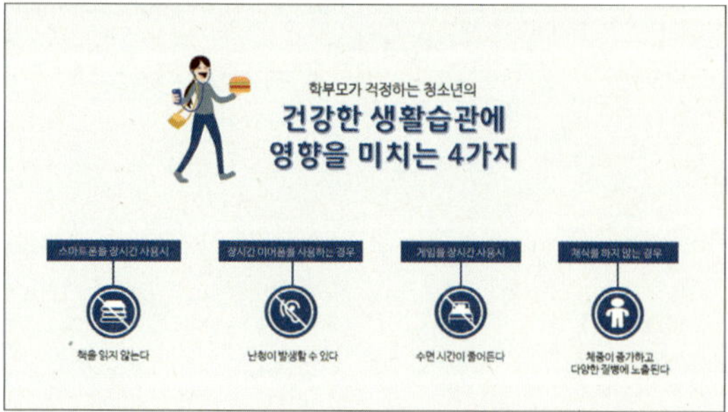



## CHAPTER 13

## 통계 데이터를 활용한 시각표 인포그래픽 만들기

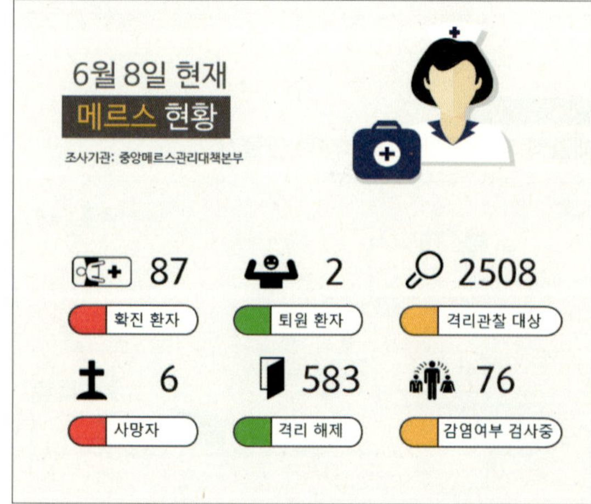

## CHAPTER 14

## 비율 상승 그래프 인포그래픽 만들기

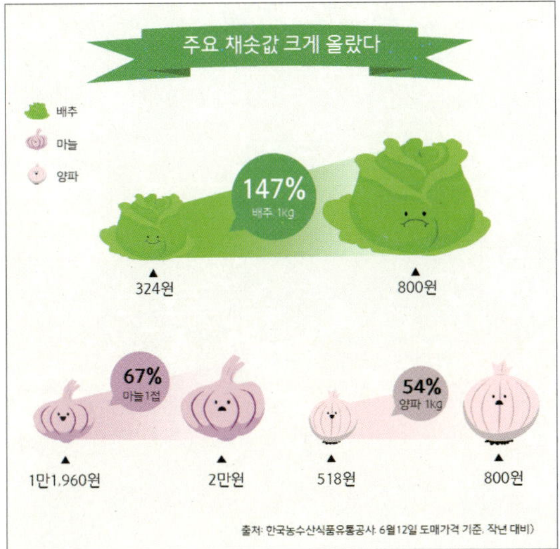

## 기술 제품을 홍보하기 위한 인포그래픽 만들기

## 설명형 정보와 통계형 정보를 구분하여 인포그래픽 만들기

## 10개 이상의 변수를 표현하는 인포그래픽 만들기

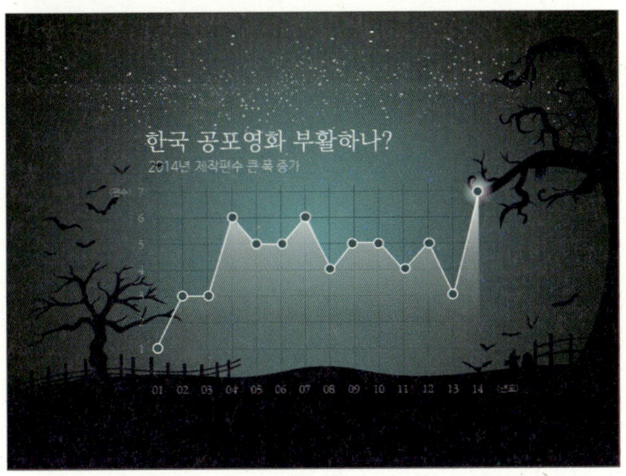

## CHAPTER 18

## 복수 이상의 독립변수 데이터로 구성된 인포그래픽 만들기

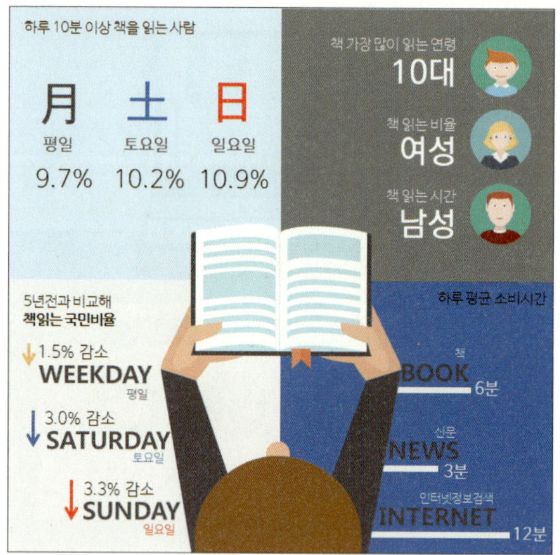




## CHAPTER 19

## 문제 인식과 자료 요약을 통한 실공간 활용 인포그래픽 만들기

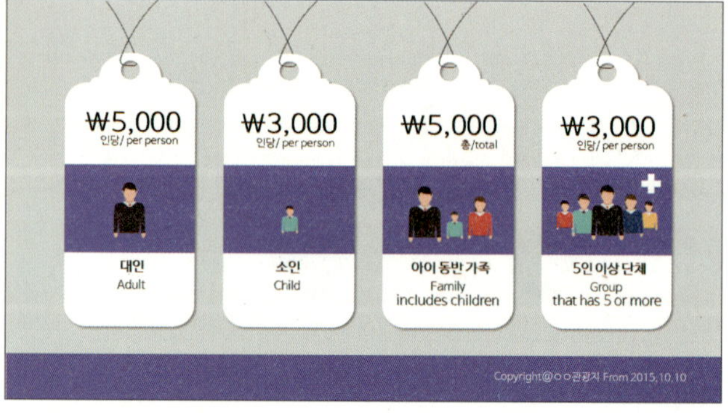

## CHAPTER 20

# 직업별 인포그래픽 명함 만들기

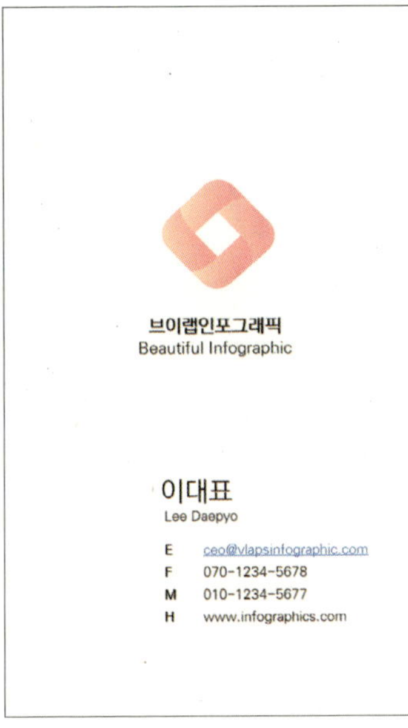


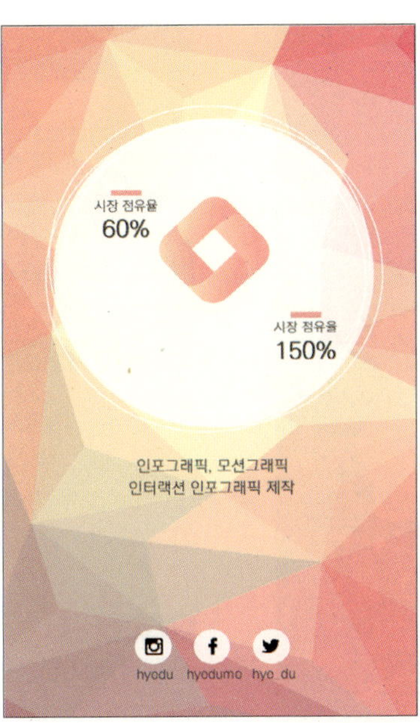



# 홍보를 위한 로고 정보 기획과 인포그래픽 만들기

## 순환 차트로 배열하는 캠페인 인포그래픽 만들기

## 근거 자료를 활용한 방사형 인포그래픽 만들기

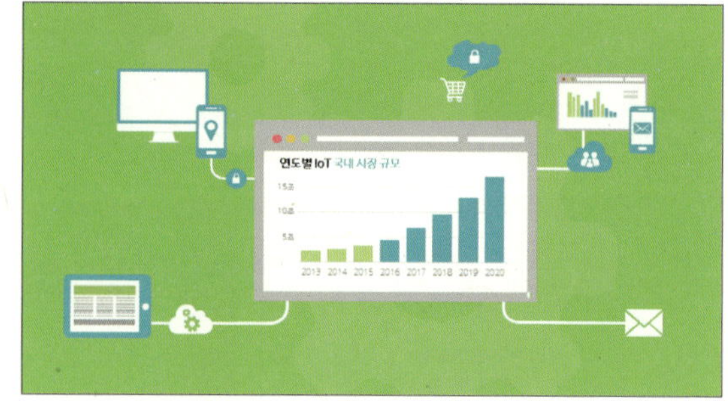




## CHAPTER 24

## 장문의 데이터 해독 방법과 인포그래픽 만들기

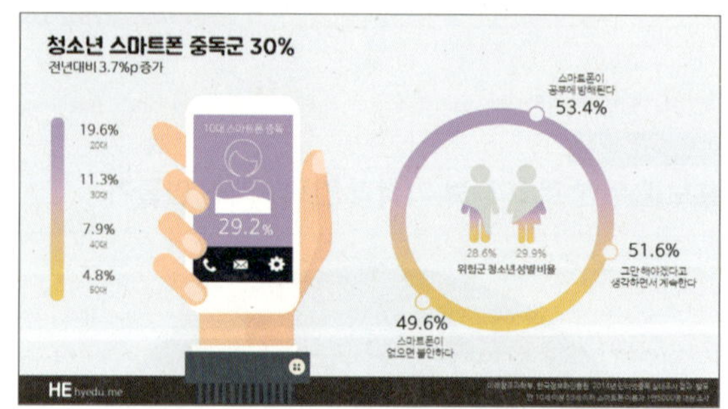




## CHAPTER 25

## 엑셀 기반 공공 데이터 인포그래픽 만들기

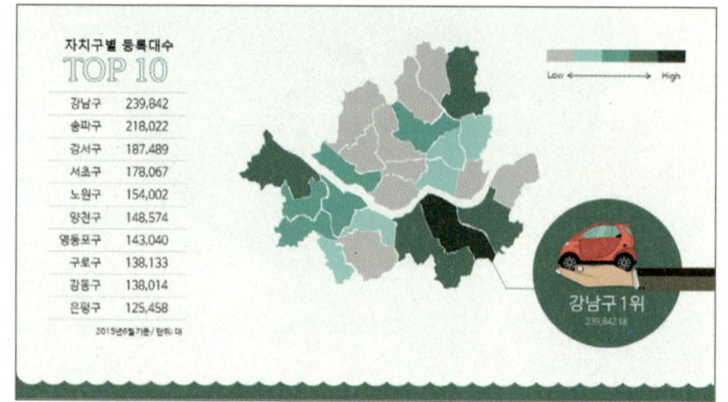




## CHAPTER 26

## 대국민 홍보를 위한 재난 대비 인포그래픽 만들기

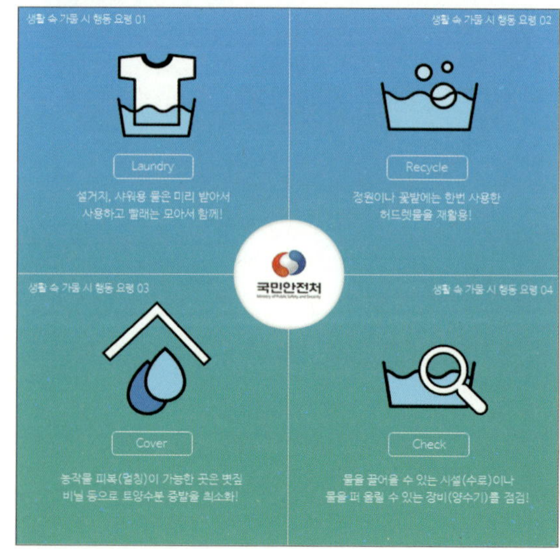

## CHAPTER 27

## 인포그래픽을 활용한 이력서 만들기

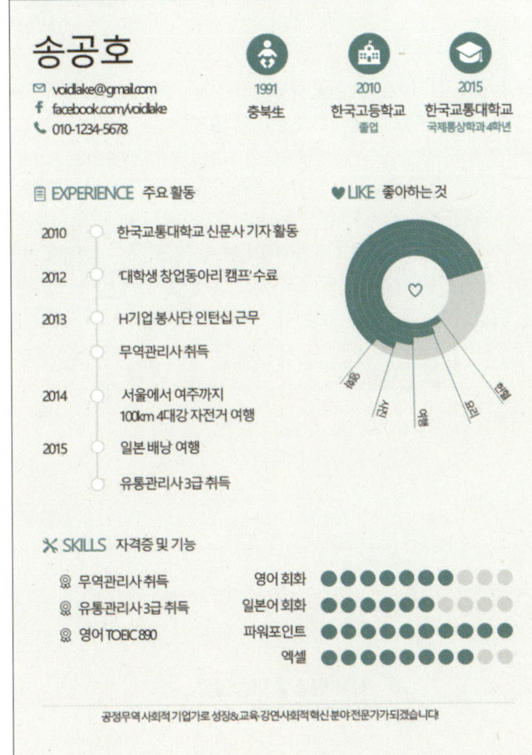



## CHAPTER 28

## 표 분석과 추출 데이터를 활용한 인포그래픽 만들기

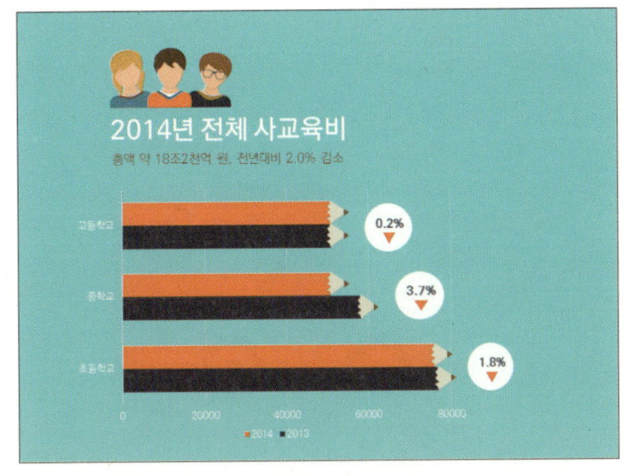




## CHAPTER 29

## 정보의 통합과 분류가 필요한 스토리형 인포그래픽 만들기

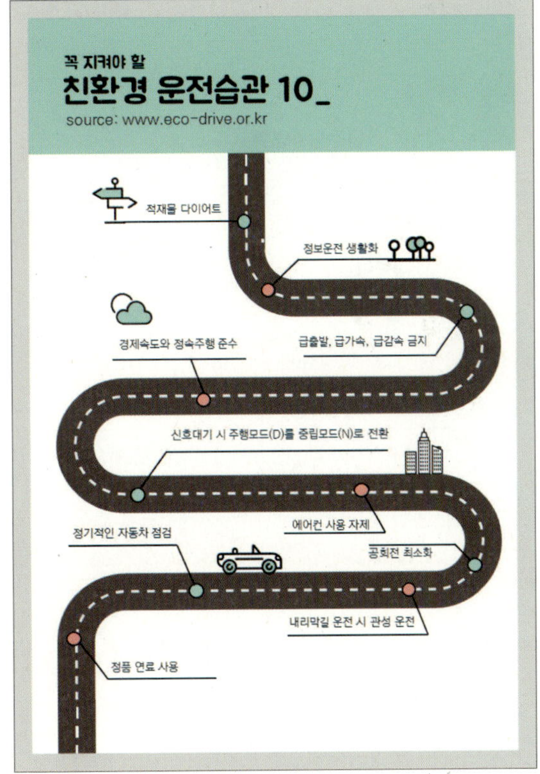

## CHAPTER 30

# 광범위한 데이터를 요약한 홍보 인포그래픽 만들기

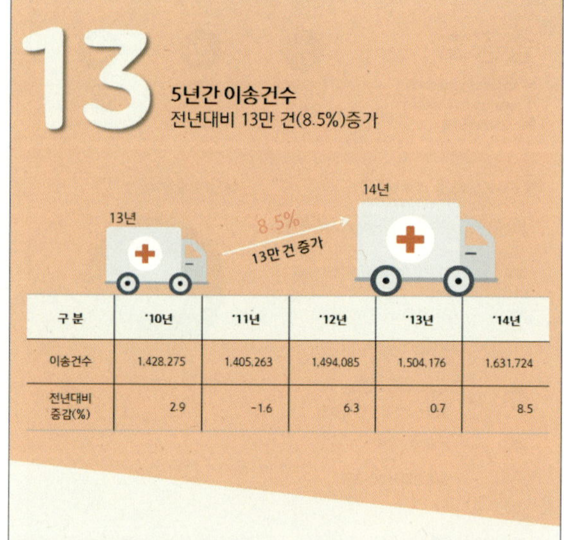



| 구분 | '10년 | '11년 | '12년 | '13년 | '14년 |
|---|---|---|---|---|---|
| 이송건수 | 1,428,275 | 1,405,263 | 1,494,085 | 1,504,176 | 1,631,724 |
| 전년대비 증감(%) | 2.9 | -1.6 | 6.3 | 0.7 | 8.5 |

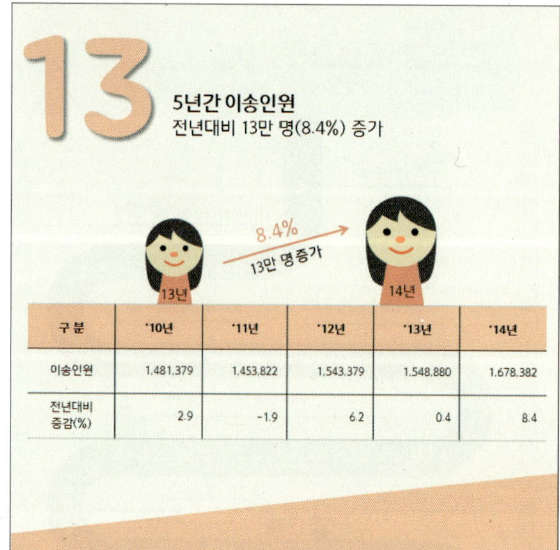



| 구분 | '10년 | '11년 | '12년 | '13년 | '14년 |
|---|---|---|---|---|---|
| 이송인원 | 1,481,379 | 1,453,822 | 1,543,379 | 1,548,880 | 1,678,382 |
| 전년대비 증감(%) | 2.9 | -1.9 | 6.2 | 0.4 | 8.4 |

50
환자 연령별 이송인원 현황
1위 50대 18%
18.0%
50대
15.2%
70대
14.5%
40대
10.7%
81세 이상

34
환자 상태별 현황
1위 잠재응급 환자 (34.4%)
34.4%
32.5%
29.0%
1위 잠재응급
2위 응급
3위 준응급
• 전체 환자수로 나누어 계산


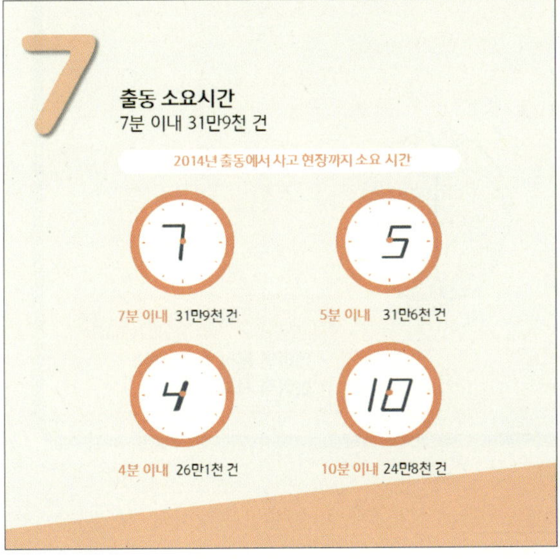

7
출동 소요시간
7분 이내 31만9천 건
2014년 출동에서 사고 현장까지 소요 시간
7
7분 이내   31만9천 건
5
5분 이내   31만6천 건
4
4분 이내   26만1천 건
10
10분 이내   24만8천 건


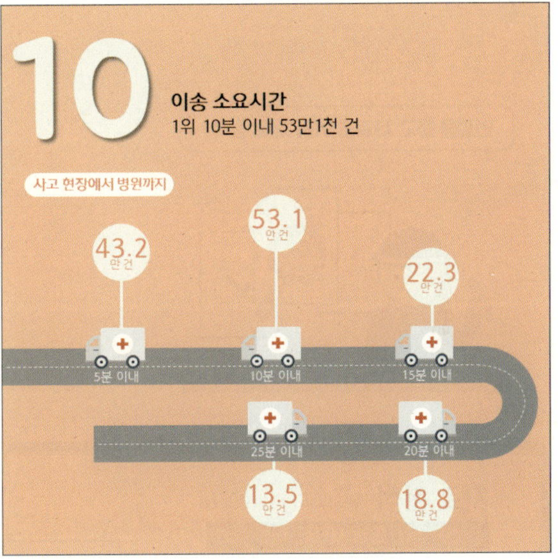

10
이송 소요시간
1위 10분 이내 53만1천 건
사고 현장에서 병원까지
43.2
만 건
53.1
만 건
22.3
만 건
5분 이내
10분 이내
15분 이내
25분 이내
20분 이내
13.5
만 건
18.8
만 건

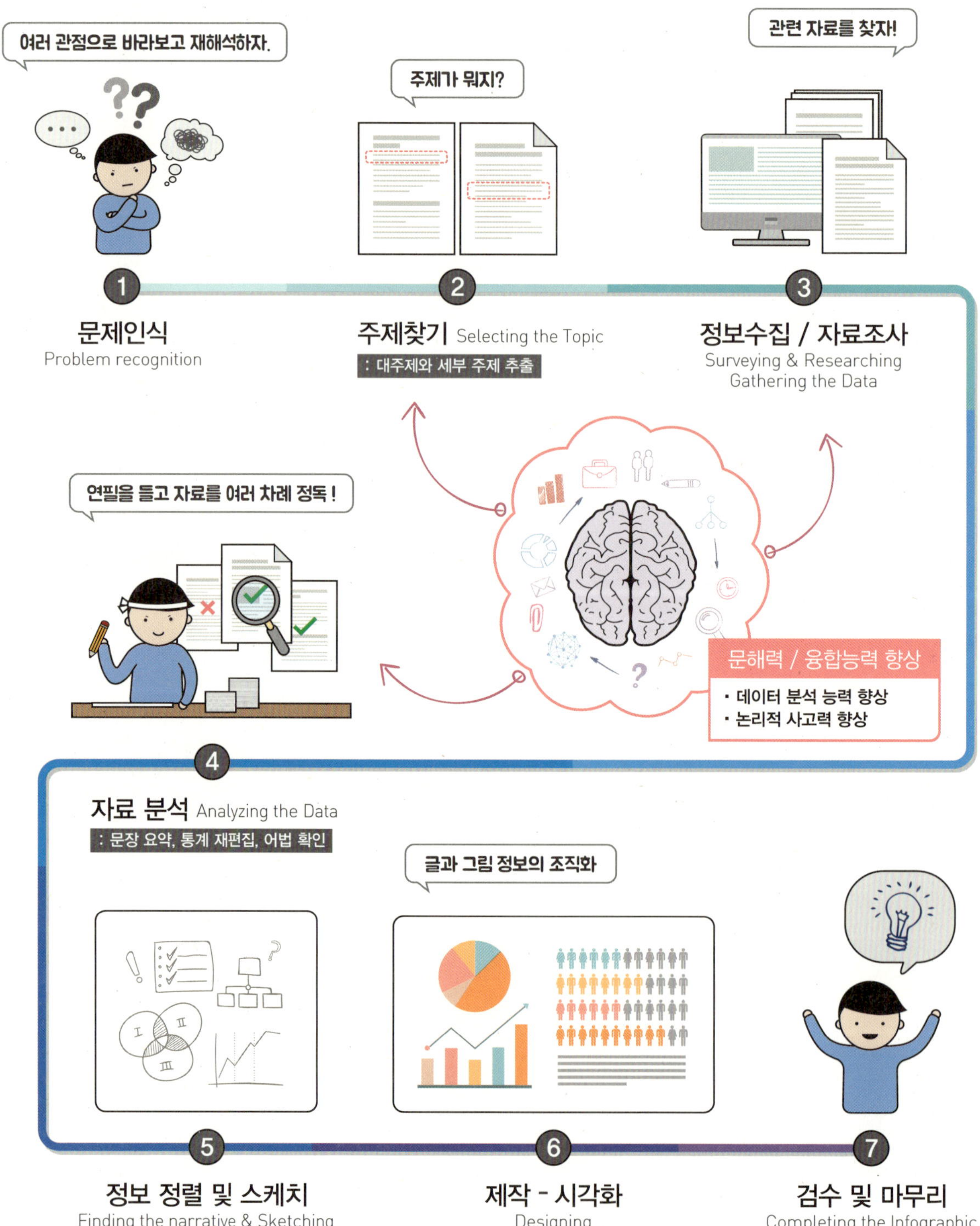

인포그래픽 정보 기획과 제작 단계

1 인포그래픽 제작 과정

여러 관점으로 바라보고 재해석하자.
주제가 뭐지?
관련 자료를 찾자!

① 문제인식
Problem recognition

② 주제찾기 Selecting the Topic
: 대주제와 세부 주제 추출

③ 정보수집 / 자료조사
Surveying & Researching
Gathering the Data

연필을 들고 자료를 여러 차례 정독 !

문해력 / 융합능력 향상
· 데이터 분석 능력 향상
· 논리적 사고력 향상

④ 자료 분석 Analyzing the Data
: 문장 요약, 통계 재편집, 어법 확인

글과 그림 정보의 조직화

⑤ 정보 정렬 및 스케치
Finding the narrative & Sketching

⑥ 제작 - 시각화
Designing

⑦ 검수 및 마무리
Completing the Infographic

인포그래픽을 통해 얻는 효과는 단순히 정보를 시각적으로 보여주는 것에 그치지 않고, 문제를 다양한 관점에서 바라보고 해석할 수 있는 종합사고력은 물론 문해력 · 표현력 향상과 배경지식 습득 등 다양합니다.
어떤 효과가 있는지 그림으로 한번 살펴볼까요?

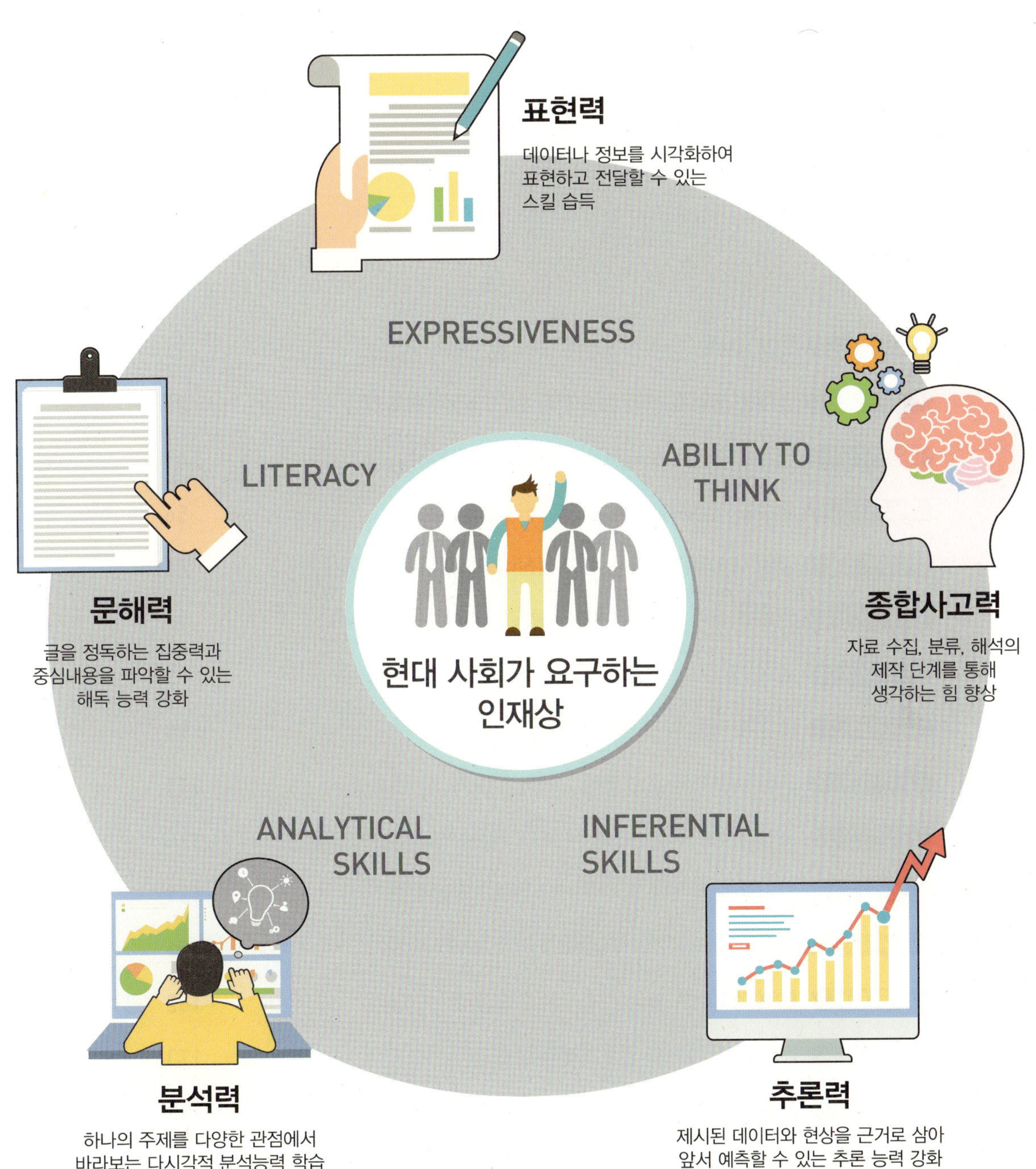

# CONTENTS

# 01

# 인포그래픽 제작 전
# 알아두어야 할 기능

제시된 데이터를 분석하고 인포그래픽 기획을 통해 파워포인트로 쉽고 빠르게 제작하기 위해서는 파워포인트 프로그램에서 주로 사용하는 기능들을 알아두는 것이 좋다. 이번 장에서는 이 책에서 자주 사용하는 기능이나 미리 설정해두면 좋을 기능들을 알아보자.

## SECTION 01    색상정보 확인방법

색상정보는 파워포인트 2013 이상 버전에서는 스포이트라는 기능을 활용하면 쉽게 확인할 수 있지만 2010 이하 버전에서는 'Color cop'이라는 별도의 프로그램을 다운로드받아 사용해야 한다.

- 실습자료 : [색상 실습자료] 폴더
- 색상정보 : 색상정보.png

**01** [색상 실습자료] 폴더의 '실습.pptx'를 실행한다.

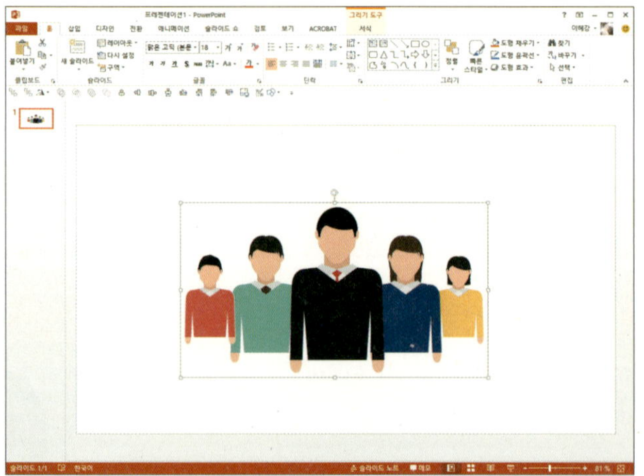

**02** 삽입된 도형을 선택하고 그룹 설정을 해제 ( Ctrl + Shift + G )한다.

## ■ 파워포인트 2013 이상 버전

**01** 도형의 색을 변경하기 위해 [삽입] 탭–[이미지] 그룹–[그림]을 선택하여 [색상 실습자료] 폴더의 '색상정보.png' 이미지를 슬라이드에 삽입한다.

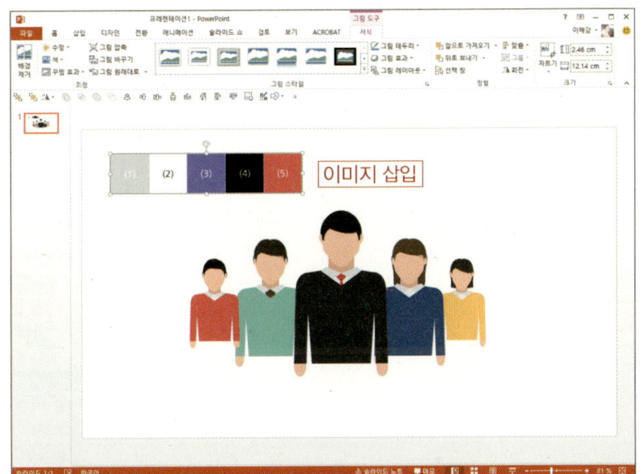


**02** 색을 변경할 도형을 선택하고 [그리기 도구]–[서식] 탭–[도형 스타일] 그룹–[도형 채우기]–[스포이트]를 선택한다.

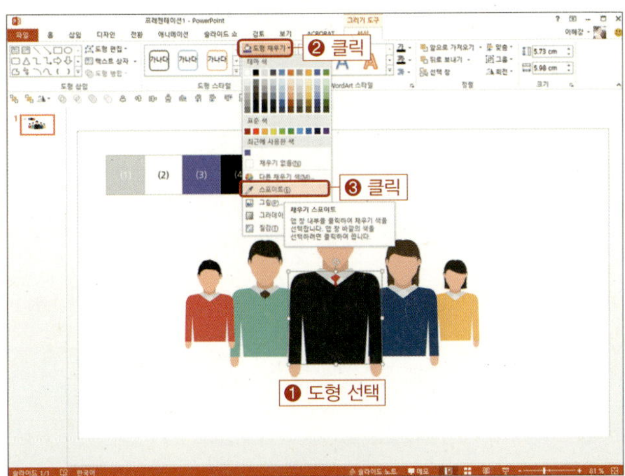

**03**  색상정보 이미지에서 변경하고 싶은 색을 클릭하면 선택한 도형이 같은 색으로 변경된다.

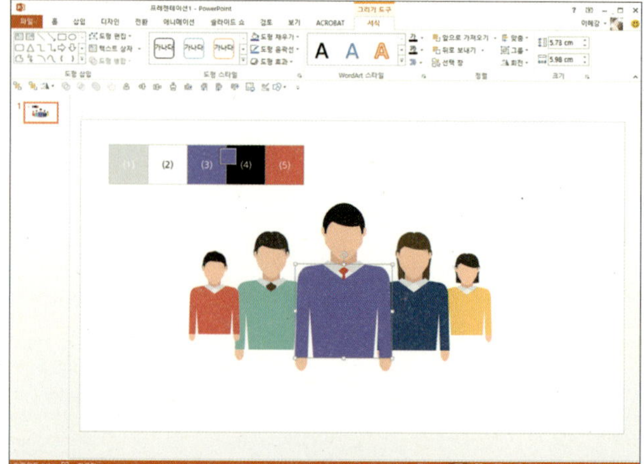



## ■ 파워포인트 2010 이하 버전

**01**  2010 이하 버전은 네이버 검색 창에서 'Color Cop'을 다운로드받아 사용해야 한다. 네이버에서 'Color Cop'을 검색하여 다운로드한 후 설치한다.

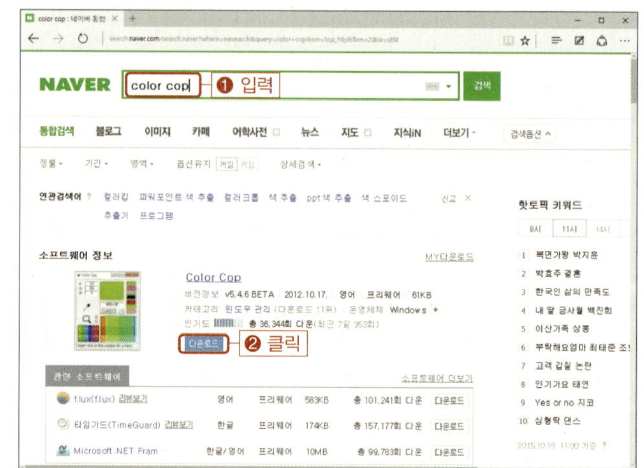


**02**  Color Cop을 실행한 후 스포이트 모양의 아이콘을 선택하고 원하는 색을 클릭하면 해당 색상의 R, G, B 값을 확인할 수 있다.

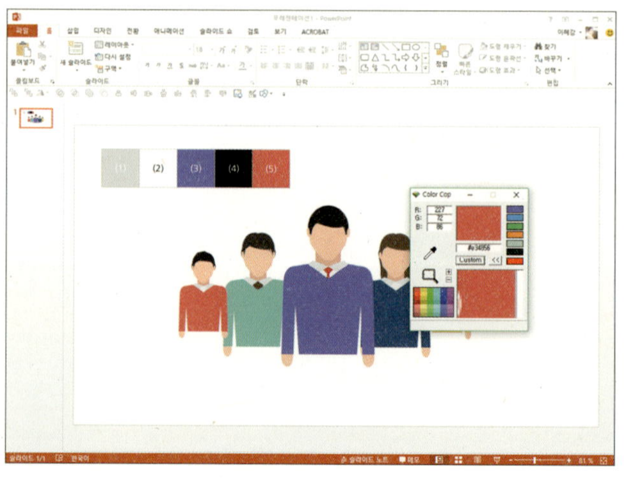

**03** 색상을 변경할 도형을 선택하고 [그리기 도구]-[서식] 탭-[도형 스타일] 그룹-[도형 채우기]에서 [다른 채우기 색]을 선택한다.

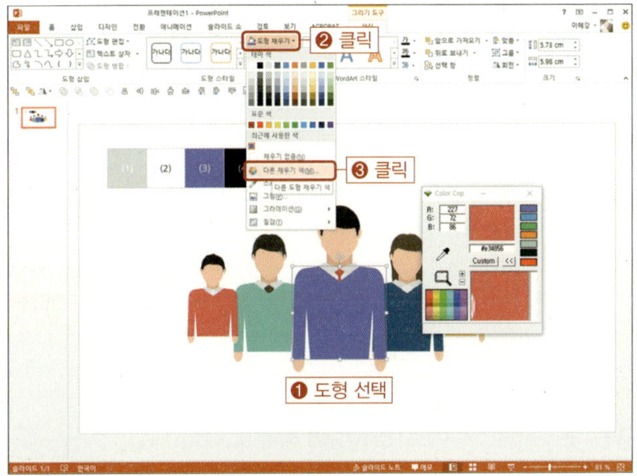

**04** [빨강], [녹색], [파랑]에 Color Cop의 R, G, B 값을 각각 입력한 후 [확인]을 클릭하면 색이 변경된다.

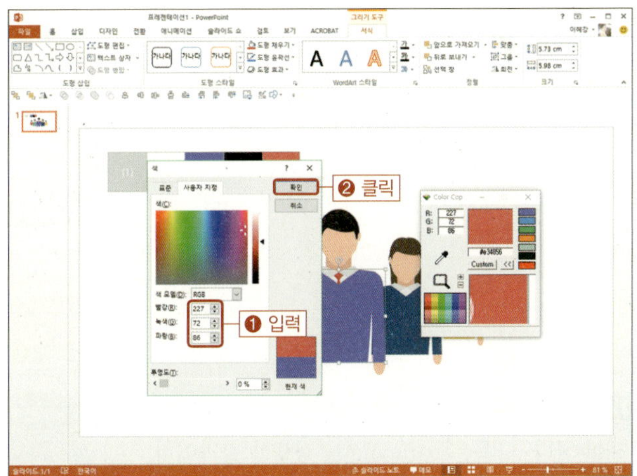

# EPS 파일 활용하기

파워포인트에서는 일러스트 파일인 EPS 파일을 활용할 수 있다. EPS 파일은 'Freepik'이라는 사이트에서 다운로드받아 무료로 사용할 수 있으며, Freepik에서 다운로드받은 파일은 출처 표기만 정확하게 한다면 상업적으로도 활용할 수 있다.

• 실습자료 : [EPS 실습자료] 폴더

**01** 'Freepik' 사이트(http://freepik.com)로 이동한다.

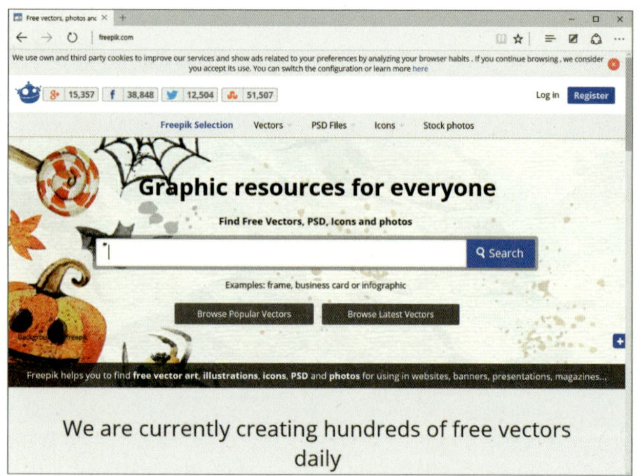

**02** Freepik은 해외 사이트이므로 영어로 검색해야 한다. 다음은 'camping'을 검색한 결과이다.

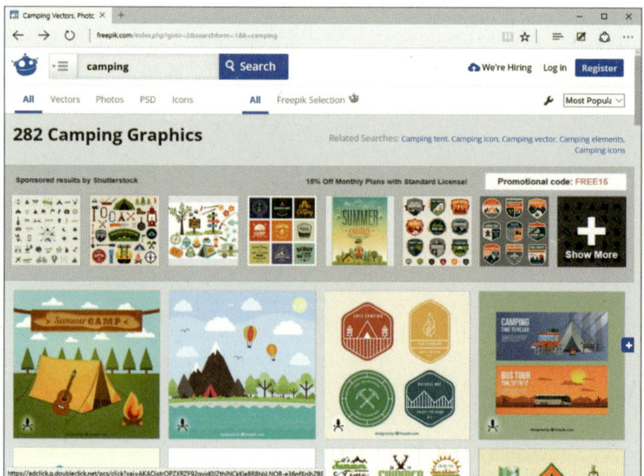

## ■ EPS 파일 편집이 쉬운 경우

**01** 맘에 드는 캠핑 아이콘을 선택하고 오른쪽에 [Free Download] 버튼을 클릭하여 다운로드 받는다. 이미지 편집을 용이하게 하기 위해 이미지는 최대한 선이 단순한 것을 선택하는 것이 좋다.

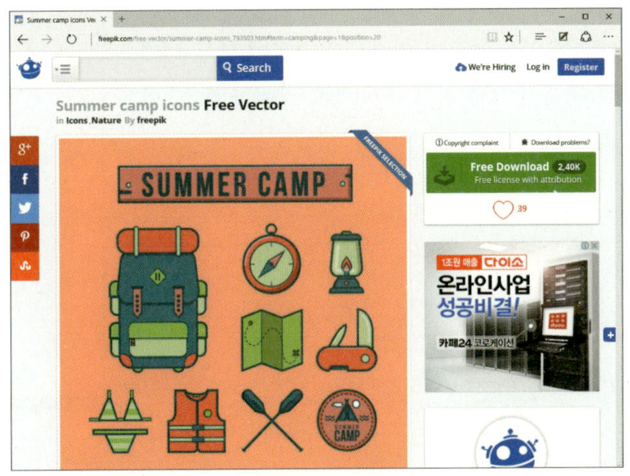


**02** 다운로드받은 파일은 압축을 풀고 파워포인트에서 [삽입] 탭–[이미지] 그룹–[그림]을 선택하여 EPS 파일을 불러온다. 여기에서는 미리 다운로드받아 둔 [EPS 실습자료] 폴더의 'easy. eps' 파일을 불러온다.

TIP<br>
EPS 파일을 파워포인트에서 불러오면 기존 색과는 다르게 나타날 수 있다.

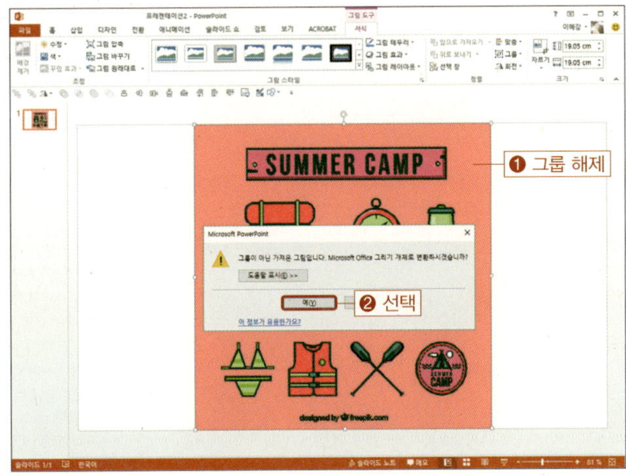


**03** 불러온 파일을 선택하고 그룹 설정을 해제(Ctrl + Shift + G)한다. [그리기 개체로 변환하시겠습니까?]라는 대화상자가 나타나면 [예]를 선택한다.

**04** 다시 한 번 그룹 설정 해제(Ctrl + Shift + G)
한다. EPS 파일에 따라 한 번에 그룹 설정이 해
제되지 않는 경우가 있으므로 그룹이 모두 해제
될 때까지 그룹 설정 해제(Ctrl + Shift + G)를 반
복한다.

**05** 원하는 개체만 드래그하여 선택한 후 바깥
쪽에 배치한다. 불필요한 도형들은 모두 선택하
여 삭제(Delete)한다.

**06** 개체는 도형으로 변형되었기 때문에 도형
을 선택한 후 [그리기 도구]-[서식] 탭-[도형
스타일] 그룹-[도형 채우기]에서 색을 변경할
수 있다.

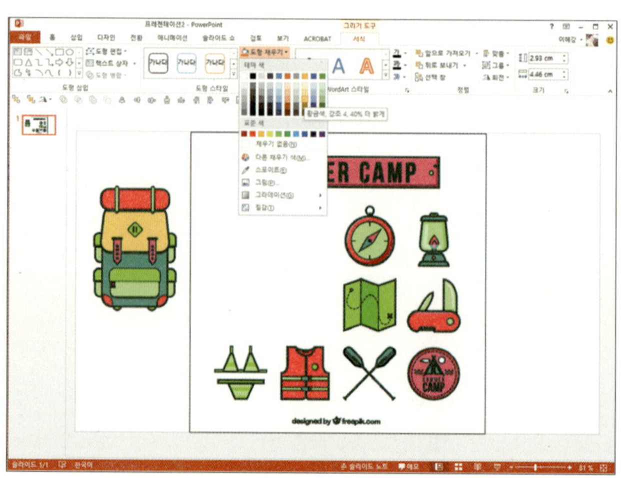

## ■ EPS 파일 편집이 어려운 경우

**01** 보통 그라데이션이 적용된 파일이나 디테일한 사진은 수정이 어려운 경우가 많다. 그라데이션이 적용된 캠핑 관련 아이콘을 다운로드받는다.

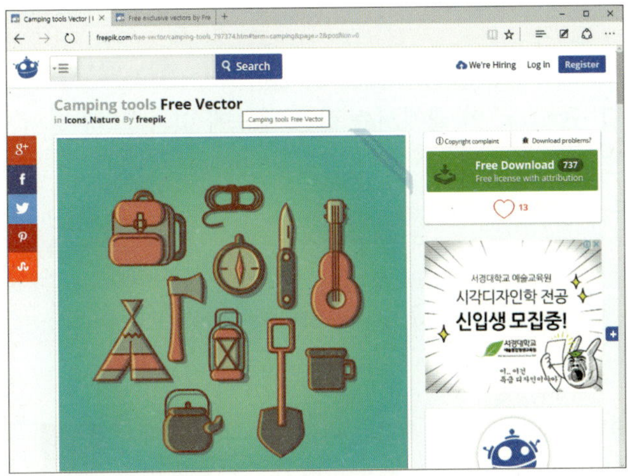

**02** 파워포인트에서 [삽입] 탭–[이미지] 그룹–[그림]을 선택해 다운로드받은 EPS 파일이나 [EPS 실습자료] 폴더의 'difficult.eps' 파일을 불러온다. 여러 번 그룹 설정 해제( Ctrl + Shift + G )를 하면 복잡하게 도형들이 분리되는 것을 확인할 수 있다. 이런 경우 원하는 도형만 분리하기 쉽지 않다.

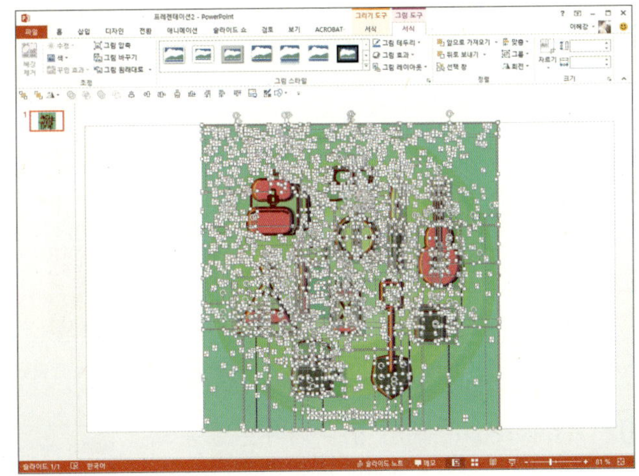

**03** EPS 파일을 직접 다운로드받아 도형으로 변경하는 과정이 복잡할 수 있어 이 책에서는 실습에 필요한 EPS 파일을 모두 도형으로 변형해 두었다. 책에 소개된 자료 외에 이미 변경된 도형 파일을 바로 사용하고 싶다면 저자가 운영하고 있는 사이트인 'http://leehyekang.blogspot.kr'에서 다운로드받을 수 있다.

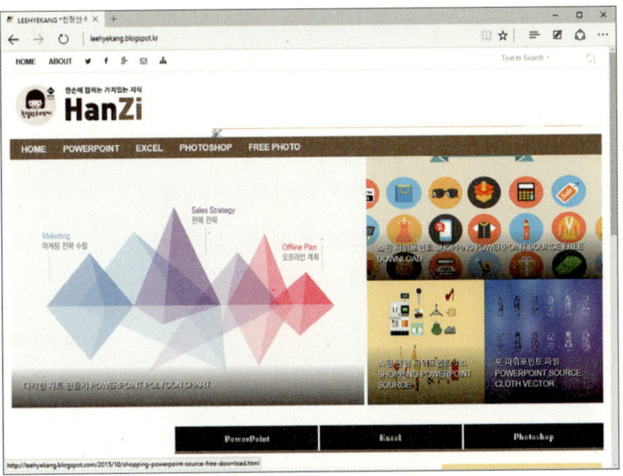

# 빠른 실행 도구 모음 추가하기

빠른 실행 도구 모음을 이용하면 자주 쓰는 메뉴를 바로 클릭해서 사용할 수 있고, 단축키로도 지정할 수 있다. 이 책에서는 리본 메뉴에 없는 '도형 병합'이나 '도형 빼기' 등의 메뉴를 추가하여 작업 속도를 높여보자.

- 완성자료 : 빠른실행도구 – 완성.pptx
- 실습자료 : [빠른실행도구 실습자료] 폴더

**01** 빠른 실행 도구 모음은 리본 메뉴의 위나 아래에 배치할 수 있다. 빠른 실행 도구 모음을 만들기 위해 [파일]–[옵션] 메뉴를 선택한다.

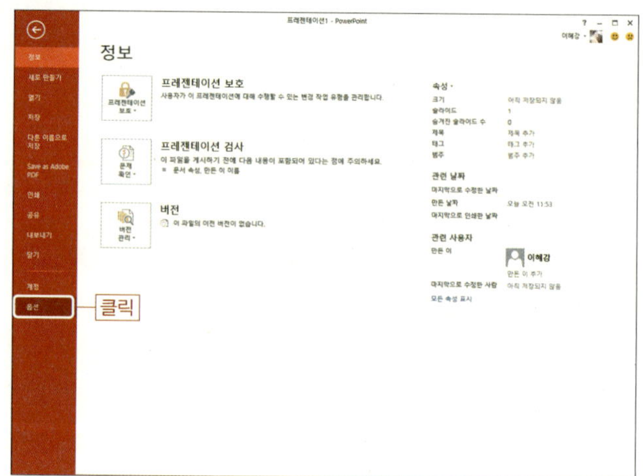

**02** [PowerPoint 옵션] 창에서 [빠른 실행 도구 모음]을 선택한다. [명령 선택] 항목에서 원하는 메뉴 위치를 알고 있다면 선택하면 되고, 모른다면 [모든 명령]을 선택하여 메뉴를 선택하고 [추가] 버튼을 클릭하면 된다. 여기서는 도형 편집에서 많이 사용되는 '맨 뒤로 보내기', '맨 앞으로 가져오기', '도형 병합', '도형 빼기', '정렬' 등의 메뉴를 추가해 보자. 하단에 [리본 메뉴 아래에 빠른 실행 도구 모음 표시]를 선택하면 리본 메뉴 아래에 배치된다.

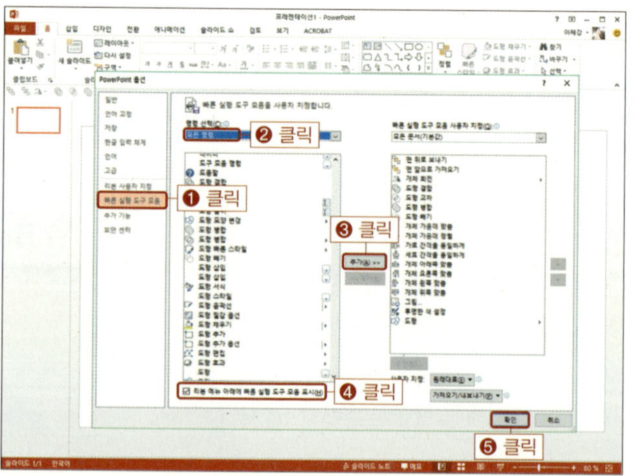



**TIP**

2010 버전에서는 '도형 병합' 대신 '셰이프 병합', '셰이프 빼기' 등으로 찾는다. 2007 이하 버전에서는 해당 기능을 지원하지 않는다.

## ■ 빠른 실행 도구 모음 활용하기

**01** 이번엔 빠른 실행 도구 모음에 추가한 기능들을 사용하는 방법을 알아보자. [삽입] 탭-[일러스트레이션] 그룹-[도형]에서 [모서리가 둥근 직사각형], [직사각형]을 선택해 그림과 같이 도형을 만든다.

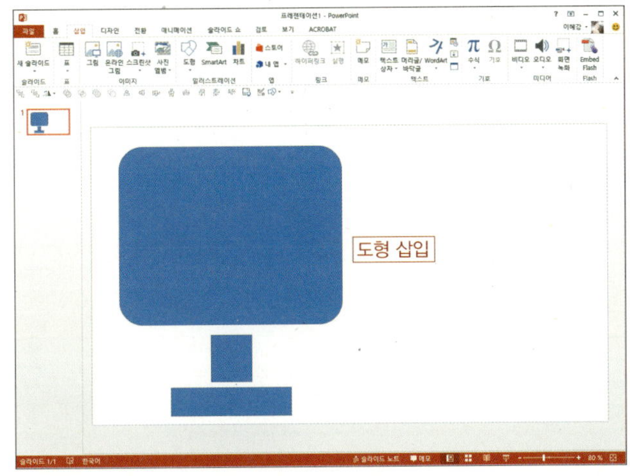


**02** 세 도형을 모니터 모양이 되도록 그림처럼 배치한다. 마우스로 드래그하여 모든 도형을 선택하고 [빠른 실행 도구 모음]에 추가한 [개체 가운데 맞춤]을 클릭해 가운데로 정렬시킨다. 다시 세 도형을 선택하고 [빠른 실행 도구 모음]에서 [도형 병합]을 선택한다.

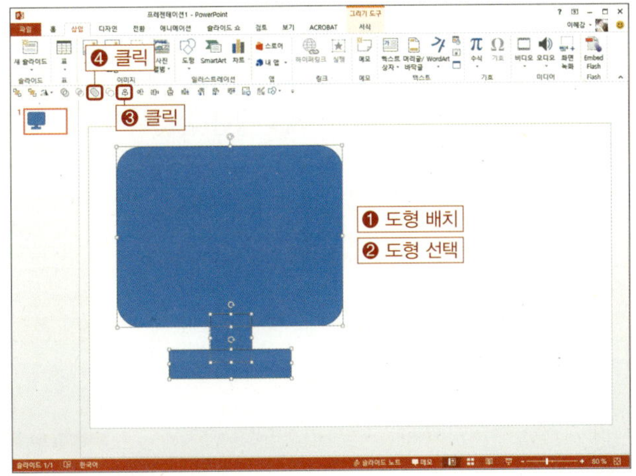


**03** [삽입] 탭-[일러스트레이션] 그룹-[도형]에서 [모서리가 둥근 직사각형]을 선택해 도형을 삽입하고 모니터 위에 배치한다. 마우스를 드래그하여 두 도형을 선택 후 [빠른 실행 도구 모음]에서 [도형 빼기]를 선택한다.



> **참고**
> 두 도형의 구분을 위해 임의로 색을 변경한 것이므로 실제 작업 시에는 변경하지 않아도 된다.

**04** 파란색 도형에서 노란색 도형이 빠지면서 가운데가 뚫린 모니터가 완성되었다.

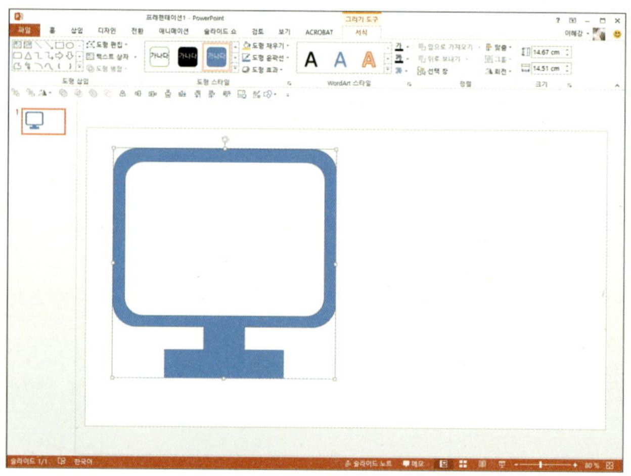

**05** 모니터 안에 이미지를 넣기 위해 [삽입] 탭–[이미지] 그룹–[그림]을 선택하고 [빠른 실행 도구 실습자료] 폴더의 '사진.jpg'를 삽입한다. 사진 크기를 모니터 크기와 비슷하게 변경한다.

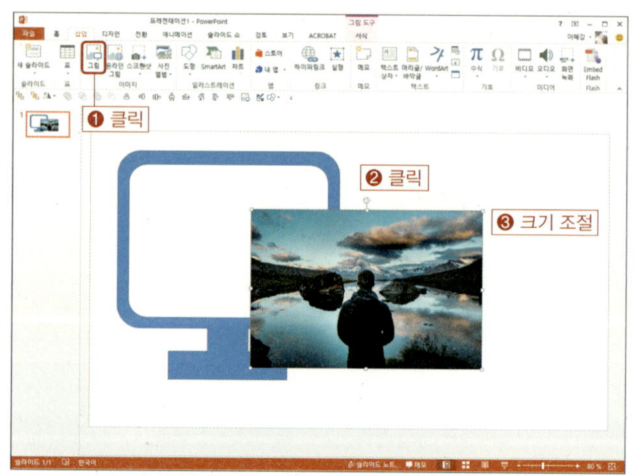


**06** [빠른 실행 도구 모음]에 추가된 메뉴는 단축키로도 활용할 수 있다. 그림을 모니터 뒤쪽으로 배치하기 위해 그림을 선택한 후 Alt 를 누르면 빠른 실행 도구 모음에 번호가 표시되며 해당 번호가 단축키가 된다. 1번으로 지정된 [맨 뒤로 보내기]를 적용하기 위해 1 을 누른다.

**TIP**
여기에서는 Alt + 1 을 누르면 [맨 뒤로 보내기]가 실행된다. [파일]–[옵션]–[빠른 실행 도구 모음]에서 [위로 이동]과 [아래로 이동]을 이용해 순서를 변경하면 단축키를 변경할 수 있다.

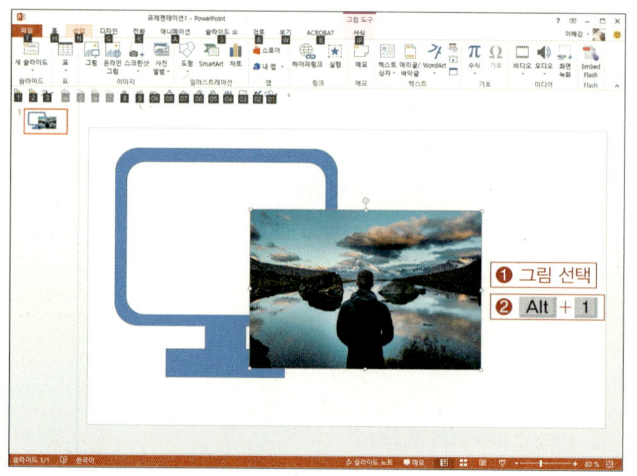

**07** 사진이 맨 뒤로 배치되면서 도형 빼기가 실행된 부분으로 사진이 보이는 것을 확인할 수 있다.

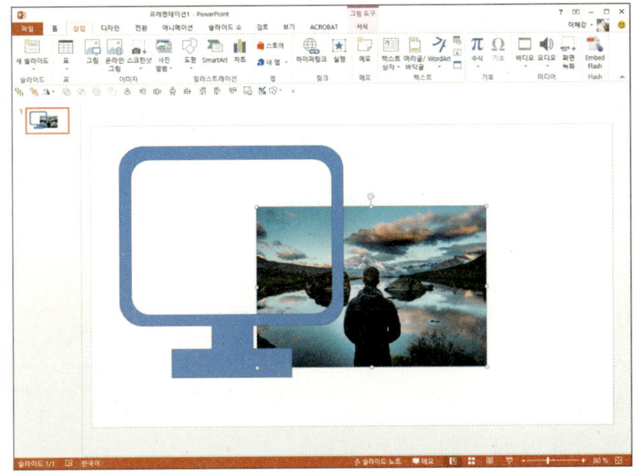

**08** 사진을 모니터 크기에 맞게 배치한다. 크기가 크다면 이미지를 선택하고 [그림 도구]-[서식] 탭-[크기] 그룹-[자르기]를 선택해 이미지 크기를 조정한다. 이미지 바깥쪽을 클릭하여 자르기를 마무리한다.

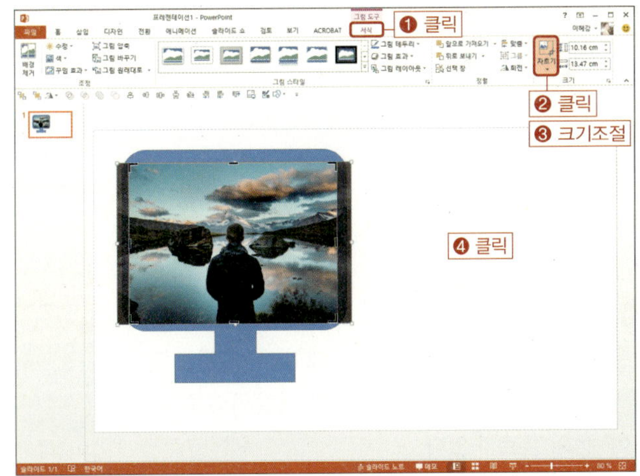

**09** 모니터의 색을 변경하기 위해 모니터를 선택하고 [그리기 도구]-[서식] 탭-[도형 스타일] 그룹의 [도형 채우기]와 [도형 윤곽선]에서 원하는 색을 선택한다.

파워포인트에서 폰트만 잘 활용해도 다양한 느낌의 슬라이드를 만들 수 있다. 다음에 소개한 폰트는 필자가 작업 시 자주 사용하는 폰트로 상업적으로도 사용 가능한 무료 폰트이다.

**01** 파워포인트에서 본문을 입력할 때는 고딕체를 사용하는 것이 좋다. '나눔고딕, 나눔바른고딕, KoPub돋움체, Noto Sans'는 필자가 작업 시 많이 사용하는 폰트이다.

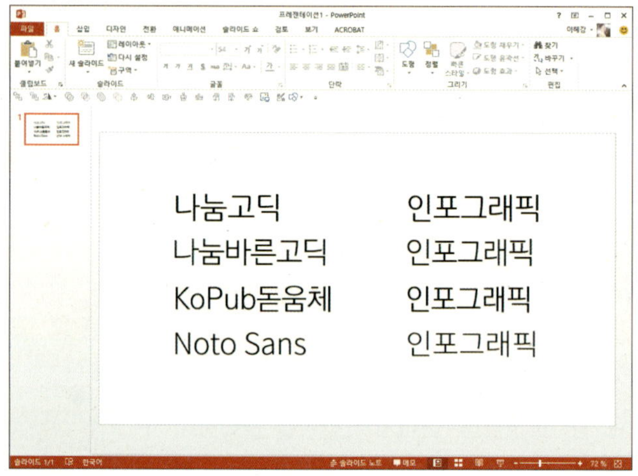


**02** 카툰 형식이나 포인트를 주고 싶다면 가벼운 느낌의 폰트를 사용한다. '대한, 롯데마트드림, 더페이스샵 잉크립퀴드체, 배달의민족 주아' 등의 폰트가 있다.

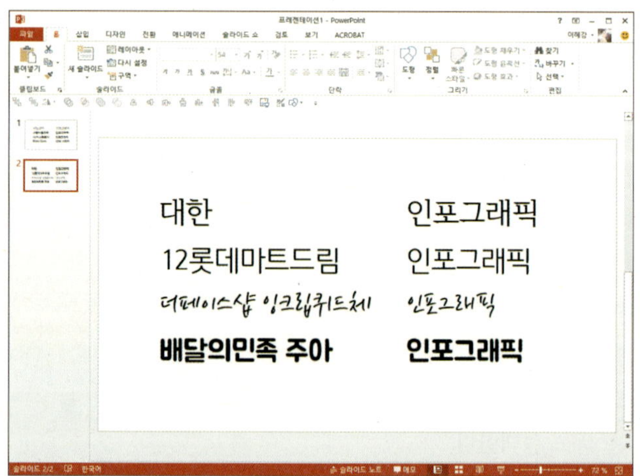

### 무료 폰트 다운로드

- 나눔고딕 : http://software.naver.com/software/summary.nhn?softwareId=MFS_107630
- 나눔바른고딕 : http://software.naver.com/software/summary.nhn?softwareId=GWS_000240
- KoPub돋움체 : http://www.kopus.org/Biz/electronic/Font.aspx
- Noto Sans : http://www.google.com/get/noto/
- 대한체 : http://www.yoondesign.com/daehan/main.html
- 12롯데마트드림 : http://company.lottemart.com/bc/service/htmlView.do?menuCd=BM0307
- 더페이스샵 잉크립퀴드체 : http://www.thefaceshop.com/event/lipquid/main.jsp#FontDownload
- 배달의민족 주아 : http://www.woowahan.com/?page_id=3985

## ■ 폰트 저장하기

**01** 자신의 컴퓨터가 아닌 발표자 컴퓨터나 받는 사람의 컴퓨터에 폰트가 설치되어 있지 않다면 파일을 저장할 때 폰트까지 함께 저장해야 깨지지 않고 제대로 보인다. 폰트와 함께 저장하기 위해 [파일]-[옵션]을 선택한다.

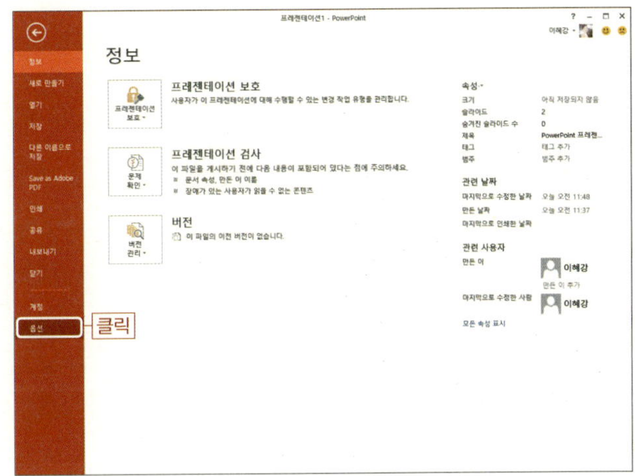

**02** [PowerPoint 옵션] 창에서 [저장]-[파일의 글꼴 포함]에서 '프레젠테이션에 사용되는 문자만 포함(파일 크기를 줄여줌)'을 선택한다.

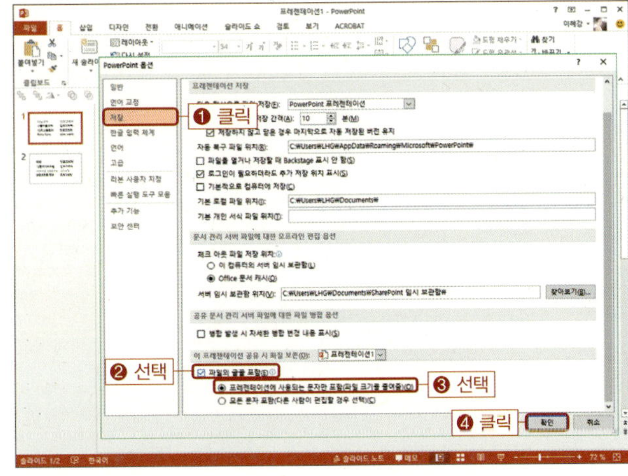

> **TIP**
> '모든 문자 포함(다른 사람이 편집할 경우 선택)'은 파일의 용량이 크기 때문에 특별한 경우가 아니라면 '프레젠테이션에 사용되는 문자만 포함(파일 크기를 줄여줌)'을 선택한다.

**03** 폰트에 따라 글꼴이 저장되지 않는 경우가 있다. 포함되지 않는 폰트는 별도로 경고 메시지가 표시되므로 저장이 가능한 다른 폰트로 변경해 글꼴이 깨지지 않도록 주의한다.

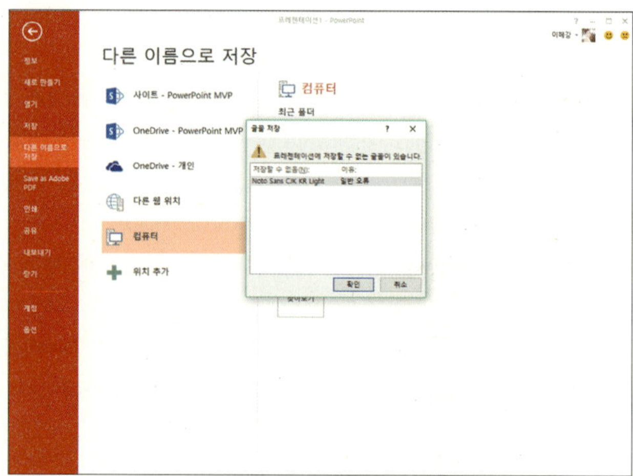

S E C T I O N **05**    ## TXT 파일 활용 방법

인포그래픽 작업 과정에서 입력해야 할 텍스트의 내용이 많은 경우 부록 CD에 수록된 txt를 활용할 수 있다.

**01** 부록 CD에서 해당 CHAPTER의 폴더에서 txt 파일을 실행한 후 필요한 부분 또는 전체를 복사(Ctrl + C)한 후 슬라이드에 붙여넣기(Ctrl + V)하여 사용한다.

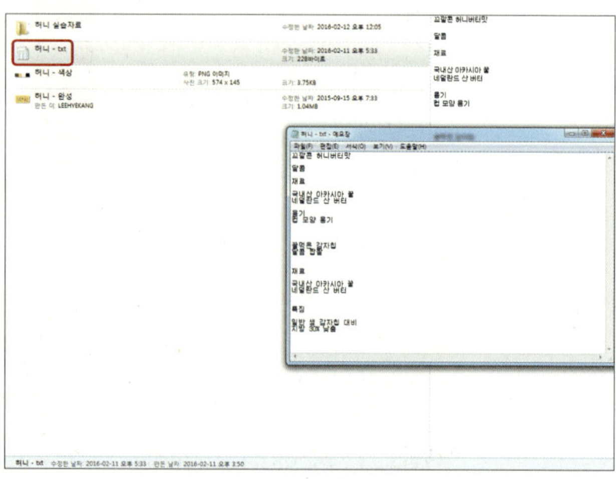

# 신제품 홍보를 위한
## 보도자료 인포그래픽 만들기

언론 현장에서는 수많은 보도자료를 접하게 되는데 단순히 텍스트만 빼곡히 보내온 보도자료보다 그래프, 표, 사진, 인포그래픽을 함께 보내온 보도자료가 더 눈길을 끈다. 이와 같은 그래픽 보도자료는 언론 기자뿐만 아니라 일반 소비자에게도 좀 더 쉽게 정보를 전달하는 데 유용하다. 모바일과 SNS까지 고려한다면 공공기관이나 기업에서 제공하는 홍보자료는 이제 '그래픽 콘텐츠'라는 인식의 전환이 필요하다. 이번 장에서는 신제품 홍보를 위한 인포그래픽 보도자료 작성법을 알아보자.

## SECTION 01 신제품 보도자료에 적합한 그래픽 정보 유형 분석하기

기업 홍보실에서 가장 신경을 많이 쓰는 홍보물이 바로 신제품 보도자료다. 대부분의 신제품 보도자료를 보면 제품의 장점을 소개하는 문구로 가득하다. 하지만 정보 기획자는 글의 유혹을 버리고 필요한 문장만 추출해 최종 소비자에게 각인시킬 수 있는 그래픽으로 변환해야 한다.

### (1) 1단계(읽기) : 정독하고 문장 구조를 파악한다

다음 보도자료는 신제품을 동시에 2개를 출시하여 하나의 보도자료에 담은 경우이다. 하지만 소비자의 뇌는 2개의 신제품을 이해하는 데 한계에 부딪힌다. 부득이 하게 동시에 제품을 홍보해야 한다면 제품의 내용을 구분해 작성하는 것이 좋다. 두 개의 신제품은 이미지가 중요하므로 제품 이미지를 중심으로 제품 특징을 나열하는 정렬 방식을 선택하는 것이 좋다. 또 필요 없는 문구는 버리고 핵심 단어에 밑줄을 그어보자.

제목 : '허니버터칩 잡아라' 롯데제과, 달콤한 스낵 라인 강화

롯데제과(대표이사 김용수)는 '꿀먹은 감자칩'과 '꼬깔콘 허니버터맛'을 선보이며 달콤한 스낵 라인을 강화한다.
'꿀먹은 감자칩'은 일반 생감자칩에 비해 지방을 낮춘 것이 특징이다. 스낵을 튀기기 전에 굽는 과정을 추가하여
담백한 맛을 살리는 동시에 일반 생감자칩보다 지방 함량을 30% 이상 줄였다. '꿀먹은 감자칩'은 국내산 아카시아
꿀과 네덜란드산 버터를 함유하여 달콤하고 짭짤한 맛이 잘 어우러진 제품이다.
'꼬깔콘 허니버터맛' 역시 국내산 아카시아 꿀과 네덜란드산 버터를 사용한 달콤한 맛의 신제품이다. 이 제품은 고
소한 맛, 군옥수수 맛으로 익숙한 꼬깔콘의 맛을 다양화하기 위해 '꼬깔콘 스위트아몬드(13년 1월 출시)', '꼬깔콘
매콤달콤한맛(12년 3월)' 등 '꼬깔콘 달콤한 맛 시리즈'의 3번째 신제품이다. 컵 모양의 용기에 담은 형태라 먹기
에도 편하다.
한편 롯데제과는 수년 전부터 달콤한 스낵에 대한 소비자 니즈를 반영하여 꼬깔콘 외에 '고구마의 전설 허니버터
맛(13년 3월)' 등 달콤한 스낵 신제품을 지속적으로 출시해왔다.

---

**분 석 POINT**

- 두 개의 제품을 따로 분리한다.
- 필요한 문장과 버릴 문장을 결정한다.
- 제품만이 갖는 장점을 표현한 명사를 추출한다.

◀ 꿀먹은 감자칩, 꼬깔콘 허니버터맛

롯데제과(대표이사 김용수)는 '꿀먹은 감자칩'과 '꼬깔콘 허니버터맛'을 선보이며 달콤한 스낵 라인을 강화한다.
'꿀먹은 감자칩'은 일반 생감자 칩에 비해 지방을 낮춘 것이 특징이다. 스낵을 튀기거 전에 굽는 과정을 추가하여
담백한 맛을 살리는 동시에 일반 생감자칩보다 지방 함량을 30% 이상 줄였다. '꿀먹은 감자칩'은 국내산 아카시
아 꿀과 네덜란드산 버터를 함유하여 달콤하고 짭짤한 맛이 잘 어우러진 제품이다.
'꼬깔콘 허니버터맛' 역시 국내산 아카시아 꿀과 네덜란드산 버터를 사용한 달콤한 맛의 신제품이다. 이 제품은
고소한 맛, 군옥수수 맛으로 익숙한 꼬깔콘의 맛을 다양화하기 위해 '꼬깔콘 스위트아몬드(13년 1월 출시)', '꼬
깔콘 매콤달콤한맛(12년 3월)' 등 '꼬깔콘 달콤한 맛 시리즈'의 3번째 신제품이다. 컵 모양의 용기에 담은 형태라
먹기에도 편하다.
한편 롯데제과는 수년 전부터 달콤한 스낵에 대한 소비자 니즈를 반영하여 꼬깔콘 외에 '고구마의 전설 허니버터
맛(13년 3월)' 등 달콤한 스낵 신제품을 지속적으로 출시해왔다.

## (2) 2단계(요약) : 정보 기획과 그래픽 배열 방법을 결정한다

문장 구조를 파악한 후 대주제 및 소주제에 대한 키워드를 추출하고, 내용에 따라 그래픽 배열 방법을 결정한다. 이 단계에서는 머릿속에서 대략의 그래픽 전개과정을 동시에 추론(推論)해야 한다.

### 분석POINT

- 보도자료는 크게 몇 개의 글 뭉치로(주제) 구성되어 있나?
  : 2개의 신제품 홍보로 이루어져 있다('꿀먹은 감자칩', '꼬깔콘 허니버터맛').
- 제품의 홍보 요소, 즉 키워드는 무엇인가?(제품이 갖는 장점을 나타내는 단어 추출)
  : ① A제품(지방 함량, 맛, 재료) ② B제품(용기 특징, 재료, 맛)
- 그래픽으로 나타낼 부분은 무엇인가?
  : 제품별 3개씩(A : 지방 함량, 맛, 재료 / B : 용기 특징, 재료, 맛)을 나타낼 수 있다.
- 정보 배열 유형은?
  : 방사형 차트가 바람직하다(신제품의 경우 글보다 제품의 이미지를 보여주는 것이 더 중요하므로 이미지를 중앙에 배열하는 방사형(放射形) 차트가 가장 적합하다).

## (3) 3단계(레이아웃) : 그래픽 레이아웃 스케치를 만들어 본다

분석결과를 토대로 그래픽화해 보면 메인 그래픽 1개(제품 이미지)와 3개의 소주제(제품 키워드) 설명선 구조로 이루어진 레이아웃 구조가 적절하다. 또 인터넷 기사 및 SNS에서도 확산이 가능한 형태로 그래픽 사이즈를 결정하는 것이 필요하며 핵심 단어를 넣는 문장 구성이 필요하다.

### 분석POINT

- 메인 그래픽 1개(제품 이미지) + 3개 소주제(제품 키워드) 설명선 구조로 제작한다.
- 두 개의 제품을 한 슬라이드에 방사형 차트 형태로 동시에 소개할지, 두 개의 슬라이드로 나누어 각각 하나씩 소개할지 결정한다.
- 레이아웃 스케치를 만들어 본다(웹 : 세로형으로 제작한다).

▲ 레이아웃 스케치

## (4) 4단계 : 리서치 및 제작

마지막 단계에서는 유사 형태의 인포그래픽을 리서치해 보는 것이 중요하며 최종적으로 표현하고자 하는 그래픽 유형을 결정한다. 다음 예는 방사형 차트로 만든 제품 소개 인포그래픽이다. 보도자료에 언급한 두 개의 제품 이미지를 각각 중앙에 나타내고 소주제를 설명하는 설명선(그래픽 이미지+글)으로 연결해 표현할 수 있다.

### 분석 POINT

- 검색 사이트에서 연관된 방사형 차트나 신제품 인포그래픽을 찾아본다.
- 주요 키워드를 상징하는 그래픽 이미지를 찾아본다.
- 최종 제작 레이아웃 스케치를 그려본다.

▲ 방사형 인포그래픽(출처 : www.benjerry.com)

세부 키워드(소주제 : 맛, 지방 함량, 용기 특징, 재료)에서 그래픽으로 표현이 가능한 것을 실제 나열해 본다.

▲ 세부 키워드를 상징하는 그래픽 찾기

# SECTION 02 신제품 런칭 홍보를 위한 인포그래픽 보도자료 만들기

새로운 제품이 런칭되었을 때 텍스트만 내거나 제품 사진과 텍스트 형식으로 기사를 내는 경우가 있다. 하지만 제품 사진과 텍스트만으로는 해당 제품의 특징을 제대로 표현하기란 쉽지 않다. 제품에 대한 특징을 인포그래픽화하여 해당 제품이 어떤 장점과 특징을 가지고 있는지 한눈에 파악할 수 있도록 보도자료를 제작하면 더 나은 홍보 효과를 얻을 수 있다.

**실전 따라하기**

• 완성파일 : 허니 – 완성.pptx　　• 실습자료 : [허니 실습자료] 폴더
• 색상정보 : 허니 – 색상.png

▲ 홍보 기사 노출 화면(가상)

**01** 배경색을 지정하기 위해 빈 슬라이드에서 [마우스 오른쪽 버튼 클릭]−[배경 서식]을 선택한다. [배경 서식] 작업창의 [단색 채우기]에서 [색]을 '(2) 노란색'으로 변경한다.

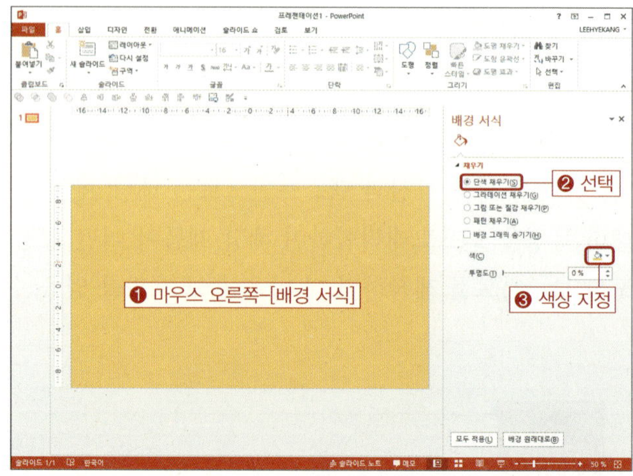


**02** [삽입] 탭−[이미지] 그룹−[그림]을 선택하여 [허니 실습자료] 폴더에서 '꼬깔콘.png', '꿀 감자.png' 이미지를 삽입한다.

**03** 첫 번째 이미지를 선택한 상태에서 [그림 도구]−[서식] 탭−[조정] 그룹−[색]에서 '투명한 색 설정'을 선택한다.

TIP

'투명한 색 설정' 메뉴를 [빠른 실행 도구 모음]에 추가하면 편리하게 사용할 수 있다. 해당 메뉴에서 마우스 오른쪽 버튼을 클릭하고 [빠른 실행 도구 모음에 추가]를 선택하면 바로 추가할 수 있다.

**04** 그림의 흰색 영역을 클릭하면 흰색 부분만 투명한 색으로 변경된다. 같은 방법으로 두 번째 이미지도 [투명한 색 설정]을 선택한 후 흰색 영역을 클릭해 배경을 제거한다.

**05** 그림에 흰색 배경을 설정하기 위해 [삽입] 탭-[일러스트레이션] 그룹-[도형]에서 [자유형]을 선택한 후 그림 이미지보다 조금 크게 모양대로 클릭하여 도형을 만든다. 자유형은 시작점과 끝점이 만나면 도형이 된다.

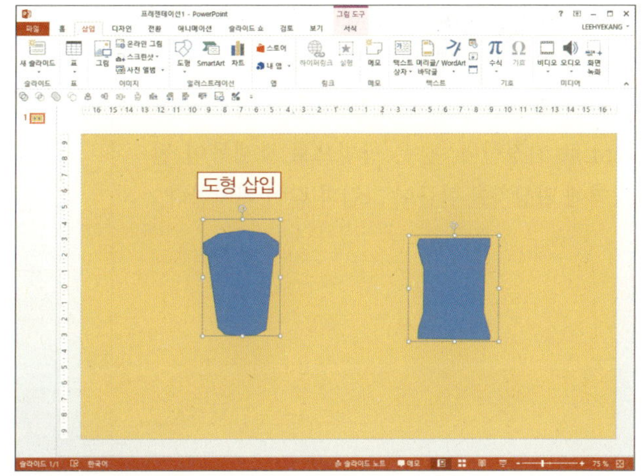


**06** [그리기 도구]-[서식]-[도형 스타일] 그룹-[도형 채우기]에서 [색]을 '(3) 흰색'으로, [도형 윤곽선]은 '윤곽선 없음'을 선택한다. 도형을 선택한 후 [마우스 오른쪽 버튼 클릭]-[맨 뒤로 보내기]를 선택하여 그림 뒤로 도형을 배치한다.



> **TIP**
> 자유형으로 만든 도형이 맘에 들지 않는다면 선택 후 [마우스 오른쪽 버튼을 클릭]-[점 편집]을 선택하여 조절점을 드래그해 도형 모양을 변경한다.

**07** 소제목을 표현하기 위해 [삽입] 탭–[일러스트레이션] 그룹–[도형]에서 [자유형]을 선택한 후 말상자를 추가한다. 손그림 느낌이 나도록 불규칙적으로 만들고, 시작점과 끝점이 만나도록 하여 도형으로 완성한다.

**08** [그리기 도구]–[서식] 탭–[도형 스타일] 그룹–[도형 채우기]에서 [색]을 '(3) 흰색', [도형 윤곽선]은 '(4) 검은색'으로 변경하고 [두께]는 '1pt'로 지정한다. 같은 방법으로 소제목이 될 영역에 말상자를 만들어 그림과 같이 배치한다.

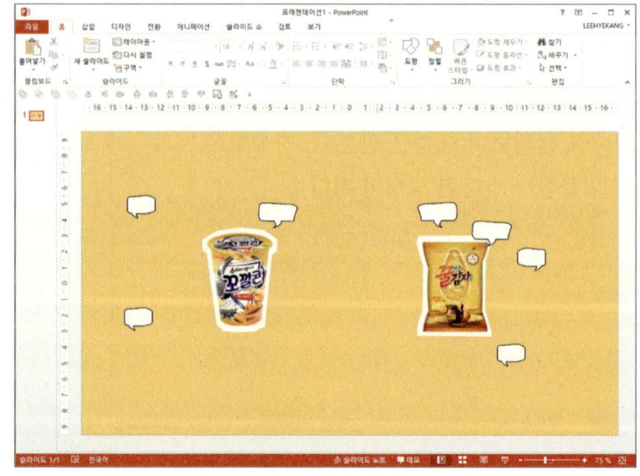

**09** [삽입] 탭–[텍스트] 그룹–[텍스트 상자]를 선택해 텍스트를 입력한 후 서식을 지정하고 배치한다.

| 텍스트 | 글꼴 / 글꼴 크기 / 속성 | 글꼴 색 |
| --- | --- | --- |
| 달콤, 짭짤 | 배달의민족 주아 / 24 | (4) 검은색 |
| 재료, 용기, 특징 | KoPub돋움체 Medium / 16 / 굵게 | (4) 검은색 |
| 국내산 아카시아 꿀 ~ | KoPub돋움체 Light / 16 | (4) 검은색 |

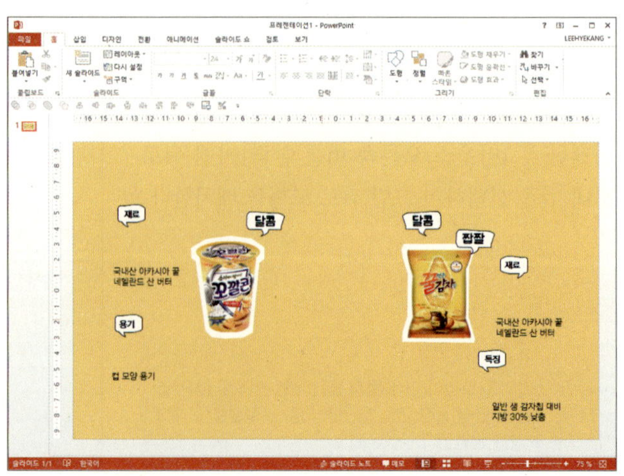

**10** [허니 실습자료] 폴더의 '허니.pptx' 파일을 실행하고 활용할 도형을 복사(Ctrl + C)한 후 슬라이드에 붙여넣기(Ctrl + V)한다.

**TIP**
다른 스타일의 꿀과 관련된 도형을 찾고 싶다면 http://freepik.com에서 'honey'라고 검색한 후 EPS 파일을 다운로드받아 활용한다.

**11** 복사한 도형은 그룹 설정 해제(Ctrl + Shift + G)한 후 필요한 부분만 남기고 나머지는 삭제(Delete)한다. 남은 도형은 다시 선택한 후 그룹으로 설정(Ctrl + G)한다. 컵 모양 용기와 벌 모양을 각각 항목에 맞게 배치한다.

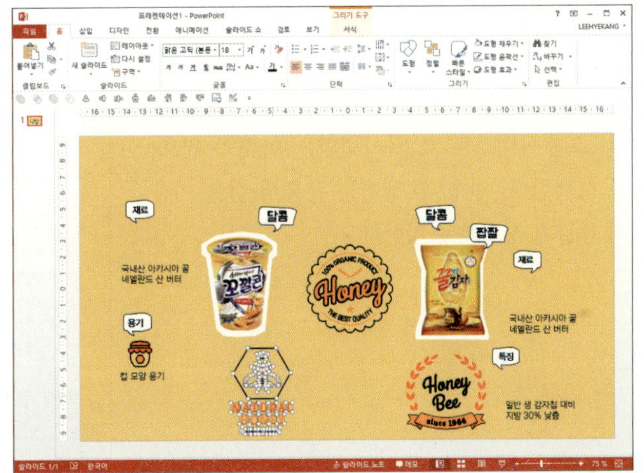

**12** '지방 30% 낮춤'을 표현할 도형을 그룹 설정 해제(Ctrl + Shift + G)한다. 불필요한 부분의 도형을 선택하여 삭제(Delete)한다.

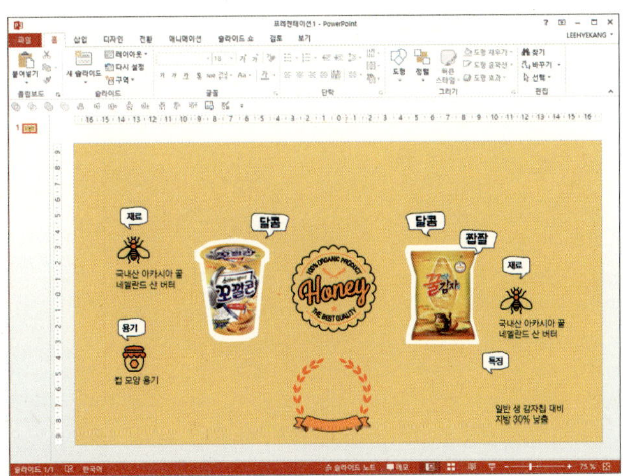

**13** [삽입] 탭–[텍스트] 그룹–[텍스트 상자]를
선택해 텍스트를 입력한 후 서식을 지정하고 배
치한다.

| 텍스트 | 글꼴 / 글꼴 크기 | 글꼴 색 |
| --- | --- | --- |
| MINUS | 배달의민족 주아 / 20 | (4) 검은색 |
| 30% | 배달의민족 주아 / 44 | (4) 검은색 |
| 일반<br>생 감자칩 ~ | KoPub돋움체 Light<br>/ 12 | (4) 검은색 |

**TIP**
작업 화면이 작다면 Ctrl 을 누른 상태에서 마우스 휠을 위로
돌려 확대한 후 작업한다. 작업 완료 후에는 다시 Ctrl 을 누
르고 마우스 휠을 내리면 축소된다.

**14** ‘일반 생 감자칩 대비’ 텍스트를 리본 모양
에 맞게 모양을 구부려주기 위해 텍스트를 선택
한 후 [그리기 도구]–[서식] 탭–[WordArt 스타
일] 그룹–[텍스트 효과]–[변환]–[아래쪽 원호]
를 선택한다. 변형 후 생기는 분홍색 점을 이용
해 둥글기 정도를 수정한다.

**15** 만들어진 개체는 드래그하여 모두 선택한
후 복사(Ctrl + C)한다.

**16** 붙여넣기(Ctrl + V)한 후 표시되는 '(Ctrl)'을 눌러 [붙여넣기 옵션]에서 [그림]을 선택한다. 기존 도형은 드래그하여 모두 선택한 후 삭제(Delete)한다.

> **TIP**
> 텍스트가 함께 있는 도형은 크기를 줄이면 도형의 크기만 줄고 텍스트는 그대로이다. 텍스트를 더 이상 수정할 필요가 없다면 편하게 크기 조정을 하기 위해 그림으로 변환하여 작업한다.

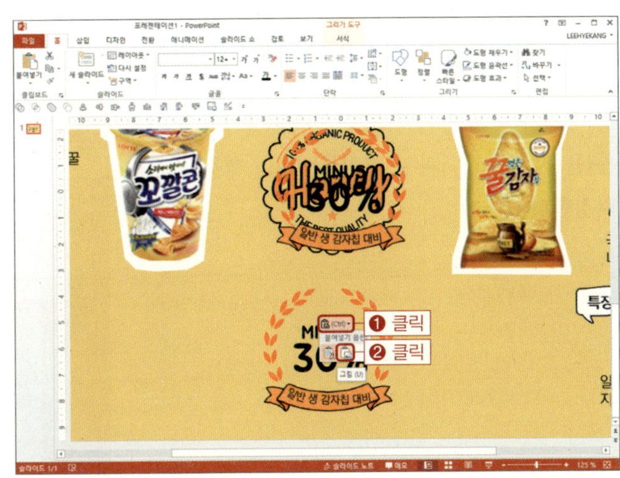


**17** 복사한 그림은 크기를 줄인 후 해당 항목에 배치한다.

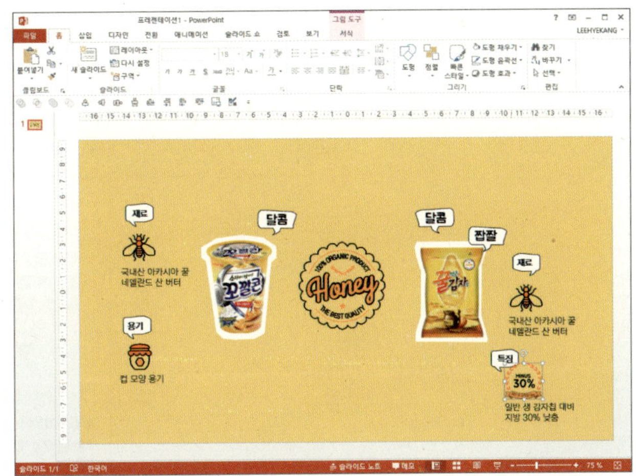

**18** [삽입] 탭-[일러스트레이션] 그룹-[도형]에서 [직사각형]을 선택한 후 텍스트를 넣을 도형을 만든다. [그리기 도구]-[서식] 탭-[도형 스타일] 그룹-[도형 채우기]에서 [색]은 '(1) 진회색', [도형 윤곽선]은 '윤곽선 없음'을 선택한다. [삽입] 탭-[텍스트] 그룹-[텍스트 상자]를 선택해 각 과자 이름을 입력하고 서식을 지정한다.

| 텍스트 | 글꼴 / 글꼴 크기 | 글꼴 색 |
| --- | --- | --- |
| 과자 이름 | 배달의민족 주아 / 20 | (2) 노란색, (3) 흰색 |

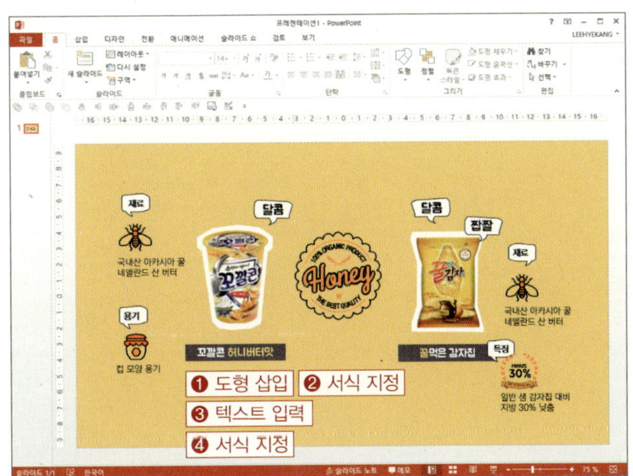

**19** 보도자료에 활용하기 위해 해당 파일을 그림 파일로 저장한다. [파일]-[다른 이름으로 저장]에서 원하는 폴더 위치를 선택한 후 [파일 이름]을 지정하고, [파일 형식]은 'png 형식'으로 저장한다.

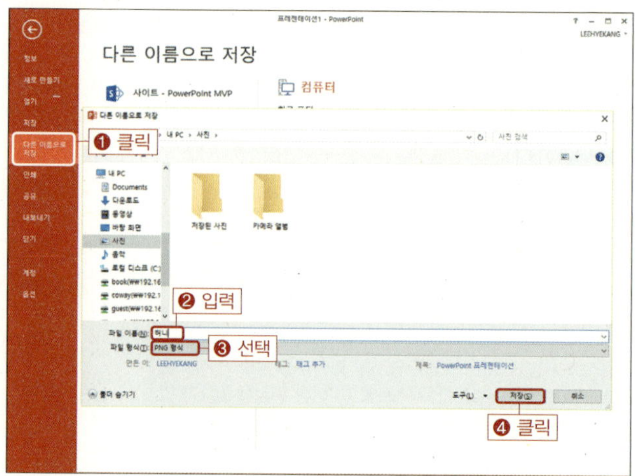


**20** 기사 작성 시 텍스트와 함께 이미지를 제공하면 더욱 효과적으로 정보를 전달할 수 있다.

롯데제과(대표이사 김용수)는 '꿀먹은 감자칩'과 '꼬깔콘 허니버터맛'을 선보이며 달콤한 스낵 라인을 강화한다. '꿀먹은 감자칩'은 일반 생감자칩에 비해 지방을 낮춘 것이 특징이다. 스낵을 튀기기 전에 굽는 과정을 추가하여 담백한 맛을 살리는 동시에 일반 생감자칩 보다 지방함량을

# 03

# 숫자를 강조한
## 보도자료 인포그래픽 만들기

데이터 보도자료의 핵심은 데이터를 재밌고 알기 쉽게 표현하는 것이다. 특히, 제시된 예제처럼 데이터가 복잡할 경우에는 데이터를 재가공하여 보는 사람이 쉽게 이해할 수 있도록 스토리를 구성해 주는 것이 중요하다. 이번 장에서는 숫자 중심의 데이터를 인포그래픽으로 표현하는 방법을 알아보자.

## SECTION 01 숫자를 강조한 장수제품 보도자료 분석법

N사의 S제품은 국민에게 오랫동안 사랑받고 있는 장수제품이다. 장수제품이 갖는 장점은 상당히 많다. N사가 배포한 보도자료를 보면 재밌는 내용을 많이 담고 있는데 자료를 제공한 측이나 게재한 언론사 모두 제품 사진과 글로만 기사를 보여주어 아쉬움을 준다. 만약 이 자료를 그래픽 보도자료로 재가공해 관련 제품의 이야기를 소개했다면 인터넷 등에서 인기 있는 콘텐츠가 되었을 것이다. 이처럼 데이터 속에 담긴 이야기를 찾아내 사람들에게 회자될 수 있는 이야기를 만드는 일은 매우 중요하다.

### (1) 1단계(읽기) : 정독하고 문장 구조를 파악한다

가장 먼저 보도자료를 전체적으로 훑어보면서 감을 익히는 과정이 필요하다. 두 번째는 정독을 하면서 본격적으로 내용 파악에 들어간다. 세 번째는 연필을 들고 S제품이 지닌 데이터 스토리를 찾아내 밑줄을 긋는다. 밑줄을 긋는 데이터가 곧 그래픽으로 표현할 주제다.

농심 새우깡이 국내 스낵 최초로 누적판매 75억 봉을 돌파했다. 농심은 1971년 출시 이후부터 지금까지 판매된 새우깡이 19일부로 75억 봉을 넘어섰다고 밝혔다. 이는 우리나라 국민 1인당 150봉지를 구매한 셈(5000만 명 기준)이고, 이를 모두 펼쳐놓으면 지구상에서 가장 큰 대륙인 아시아 대륙(4400만 ㎢)을 모두 덮을 수 있는 양이다.

새우깡의 기록을 살펴보면, 수출국가 수 76개국, 지금까지 활동한 광고모델 20명, 국내 대표 포털인 네이버와 다음에 있는 새우깡 관련 커뮤니티 510개, 한 봉지(90g기준)에 들어있는 새우깡 약 125개 등이다.

농심은 스낵 최초 판매 75억 봉 돌파에 대한 고객사랑 보답의 의미로 '새우깡 절친 인증 릴레이'를 진행 중이며, 이벤트를 통해 모인 사람 수만큼 자선단체 굿네이버스에 새우깡을 기부할 예정이다.

새우깡이라는 브랜드명은 당시 농심 신춘호 회장의 어린 딸이 '아리랑'을 '아리깡~아리깡'으로 부르는 것에서 착안된 것으로 알려졌다. 당시 새우스낵, 새우튀밥, 서해새우 등 다양한 이름이 거론되었지만 새우깡으로 최종 이름이 결정됐고 이 이름이 소비자들에게 사랑을 받으며 이후에도 감자깡, 고구마깡, 양파깡 등의 다양한 '깡'류가 출시되는 기반이 됐다고 회사 측은 설명했다.

뿐만 아니라 CF와 CM송도 화제다. 1971년 출시 후 첫 제작한 새우깡 CF에는 희극인 故김희갑씨가 출연했다. 이후 송해, 유효정, 이재룡, SES 등 20여 명의 스타들이 새우깡 광고를 거쳐갔다. 윤형주씨가 작곡한 "손이 가요 손이 가 새우깡에 손이 가요" CM송은 지금까지 사용되며, 광고음악의 대표적인 성공사례로 평가받고 있다.

새우깡은 짭조름한 풍미와 입안에서 살살 녹는 부드러움 때문에 어린아이부터 노인까지 전 세대에 걸쳐 사랑받고 있다. 현재 농심은 소비자들의 다양한 요구를 반영해 '매운 새우깡', '쌀 새우깡' 버전도 출시했다. 기본 제품(90g)에서 크기를 줄인 '미니 새우깡(30g)'과 4배나 많은 대용량 새우깡(400g)도 판매하고 있다.

새우깡은 가까운 나라 일본, 중국은 물론 남미 대륙까지 전 세계 76개국에 수출되고 있다. 1990년 처음 수출을 시작할 때와 비교하면 연간 수출액이 15배 가까이 늘어날 정도로 해외시장에서 매년 성장세를 보이고 있다.

새우깡은 브랜드 파워를 인정받아 올해부터 세계 최대 온라인 쇼핑몰인 중국의 타오바오몰과, 미국 월마트에 직영 판매되고 있다. 농심 김현정 마케팅부문 상무는 "새우깡이 지속적으로 사랑을 받을 수 있었던 비결은 맛과 품질에 있다. 앞으로 새우깡을 100살 200살이 넘는 최고 장수 브랜드로 성장시키기 위해 꾸준히 노력하겠다"고 말했다.

**분석POINT**

- 문장 속에서 핵심 데이터에 밑줄을 친다.
- 그래픽으로 표현할 데이터 개수를 정한다.
- 재밌게 표현할 데이터를 다시 뽑아낸다.
- 중점을 둘 홍보매체를 결정한다.

## (2) 2단계(요약) : 정보 기획과 그래픽 배열 방법을 결정한다

해당 보도자료는 제품이 지닌 데이터를 길게 열거한 '나열식 인포그래픽'이 적당하다. 읽어보면 표현 가능한 데이터의 숫자는 최소 5개 이상임을 알 수 있다. 웹으로 홍보할 때와 SNS까지 고려하여 소제목을 4개 이하로 재조정하는 것이 중요하다.

농심 새우깡이 국내 스낵 최초로 누적판매 75억 봉을 돌파했다. 농심은 1971년 출시 이후부터 지금까지 판매된 새우깡이 19일부로 75억 봉을 넘어섰다고 밝혔다. 이는 우리나라 국민 1인당 150봉지를 구매한 셈(5000만 명 기준)이고, 이를 모두 펼쳐놓으면 지구상에서 가장 큰 대륙인 아시아 대륙(4400만 ㎢)을 모두 덮을 수 있는 양이다.

새우깡의 기록을 살펴보면, 수출국가 수 76개국, 지금까지 활동한 광고모델 20명, 국내 대표 포털인 네이버와 다음에 있는 새우깡 관련 커뮤니티 510개, 한 봉지(90g기준)에 들어있는 새우깡 약 125개 등이다.

농심은 스낵 최초 판매 75억 봉 돌파에 대한 고객사랑 보답의 의미로 '새우깡 절친 인증 릴레이'를 진행 중이며, 이벤트를 통해 모인 사람 수만큼 자선단체 굿네이버스에 새우깡을 기부할 예정이다.

새우깡이라는 브랜드명은 당시 농심 신춘호 회장의 어린 딸이 '아리랑'을 '아리깡~아리깡'으로 부르는 것에서 착안된 것으로 알려졌다. 당시 새우스낵, 새우튀밥, 서해새우 등 다양한 이름이 거론되었지만 새우깡으로 최종 이름이 결정됐고 이 이름이 소비자들에게 사랑을 받으며 이후에도 감자깡, 고구마깡, 양파깡 등의 다양한 '깡'류가 출시되는 기반이 됐다고 회사측은 설명했다.

뿐만 아니라 CF와 CM송도 화제다. 1971년 출시 후 첫 제작한 새우깡 CF에는 희극인 故김희갑씨가 출연했다. 이후 송해, 유효정, 이재룡, SES 등 20여 명의 스타들이 새우깡 광고를 거쳐갔다. 윤형주씨가 작곡한 "손이 가요 손이 가 새우깡에 손이 가요" CM송은 지금까지 사용되며, 광고음악의 대표적인 성공사례로 평가받고 있다.

새우깡은 짭조름한 풍미와 입안에서 살살 녹는 부드러움 때문에 어린아이부터 노인까지 전 세대에 걸쳐 사랑받고 있다. 현재 농심은 소비자들의 다양한 요구를 반영해 '매운 새우깡', '쌀 새우깡' 버전도 출시했다. 기본 제품(90g)에서 크기를 줄인 '미니 새우깡(30g)'과 4배나 많은 대용량 새우깡(400g)도 판매하고 있다.

새우깡은 가까운 나라 일본, 중국은 물론 남미 대륙까지 전 세계 76개국에 수출되고 있다. 1990년 처음 수출을 시작할 때와 비교하면 연간 수출액이 15배 가까이 늘어날 정도로 해외시장에서 매년 성장세를 보이고 있다.

새우깡은 브랜드 파워를 인정받아 올해부터 세계 최대 온라인 쇼핑몰인 중국의 타오바오몰과, 미국 월마트에 직영 판매되고 있다. 농심 김현정 마케팅부문 상무는 "새우깡이 지속적으로 사랑을 받을 수 있었던 비결은 맛과 품질에 있다. 앞으로 새우깡을 100살 200살이 넘는 최고 장수 브랜드로 성장시키기 위해 꾸준히 노력하겠다"고 말했다.

## 분석POINT

- 글 전개 구조 분석 방법을 파악했는가?
  : 이 보도자료는 글 문장의 핵심 내용이 모두 앞부분에 몰려 있다. 나머지 본문의 글은 모두 이를 설명하는 보완적 문장임을 알 수 있다.

- 제품의 홍보 요소, 즉 키워드는 무엇인가?
  : 생산량, 1인당 구매, 커뮤니티 수, 제품개수, 광고 모델 수 등

- 정보 배열 유형은?
  : 나열식 정보 차트가 적당하다.

## (3) 3단계(레이아웃) : 핵심 주제를 한눈에 살펴볼 수 있도록 표로 만들어본다

나열식 구조이므로 각각의 데이터를 그래픽으로 재밌게 표현하는 것이 포인트다. 이러한 보도자료는 사람들이 제품을 소비하는 데 유용하도록 데이터스토리를 만들어 주는 것이 중요하다.

SNS에 적합한 주제이므로 가급적 인포그래픽을 편안하게 읽어 볼 수 있는 디자인을 선택하는 것이 좋다. SNS에서도 회자될 수 있도록 세로형보다는 정사각형의 배열 형태를 고려하는 것도 생각해 보자. 일단 추출한 데이터 주제를 하나의 표로 정리해 보자. 잘 정리된 표는 레이아웃으로 직접 스케치를 하지 않아도 인포그래픽을 직접 만들 수 있는 표현 방법이다.

**제목 : 숫자로 본 새우깡 40년**

| 추출 데이터 | 데이터 내용 |
| --- | --- |
| 누적판매 | 75억 봉, 아시아 대륙 전체를 덮는 양 |
| 수출국가 | 76개국 |
| 1인당 구입 수 | 150봉 |
| 커뮤니티 | 510개(네이버, 다음) |
| 모델 수 | 약 20명 |

(자료 제공 : 농심)

### 분 석 POINT

- 5개의 소주제는 나열식으로 소개가 가능하다(주제를 통합해 3~4개로 줄여도 무방).
- 정사각형의 배열, 세로형 배열 중 하나를 선택한다.
- 보도자료에서 회사의 입장을 알리는 내용은 자료를 이해하는 참고용으로만 활용하고 주제에서는 제외하는 것이 좋다.

## (4) 4단계(제작 시 고려해야 할 사항)

인포그래픽은 기사와 함께 나가는 경우 '보조적 성격'이 강하다. 따라서 제작한 인포그래픽의 앞부분과 뒷부분에는 텍스트 보도자료가 위치한다는 점을 명심해야 한다. 다만, 인포그래픽 하나만 떼어도 내용을 파악할 수 있도록 그래픽의 앞부분에 제목과 내용을 요약해 소개하는 글이 포함되는 것이 좋다.

### 분 석 POINT

- 나열식 인포그래픽 유형을 찾아보거나 실제 드로잉해 보는 것이 좋다.
- 나열식이지만 특정 주제에 무게를 더 줄 수 있다. 예를 들어 '아시아 대륙을 덮는 생산량'이란 소주제는 지도가 들어간다는 의미인데 이때 지도가 중심 이미지로 들어가는 인포그래픽도 고려할 수 있다.
- 제목은 전체 주제를 나타낼 수 있는 하나의 문장 '숫자로 본 새우깡 40년'으로 나타낼 수 있다.

## S E C T I O N  **02**  숫자를 강조한 새우깡 보도자료 인포그래픽 만들기

40년간 새우깡의 역사를 숫자로 표현한 인포그래픽 자료이다. 숫자와 함께 관련 이미지들을 함께 배치하여 인포그래픽 내용의 이해를 돕는다. 아시아 전체를 덮는 양을 표현하기 위해 색 변경이 가능한 세계지도 도형을 이용하고, 아시아의 색만 변경한 후 그 위에 새우 모양의 도형을 배치한다.

**실전**
따라하기

• 완성파일 : 새우깡 – 완성.pptx    • 실습자료 : [새우깡 실습자료] 폴더
• 색상정보 : 새우깡 – 색상.png

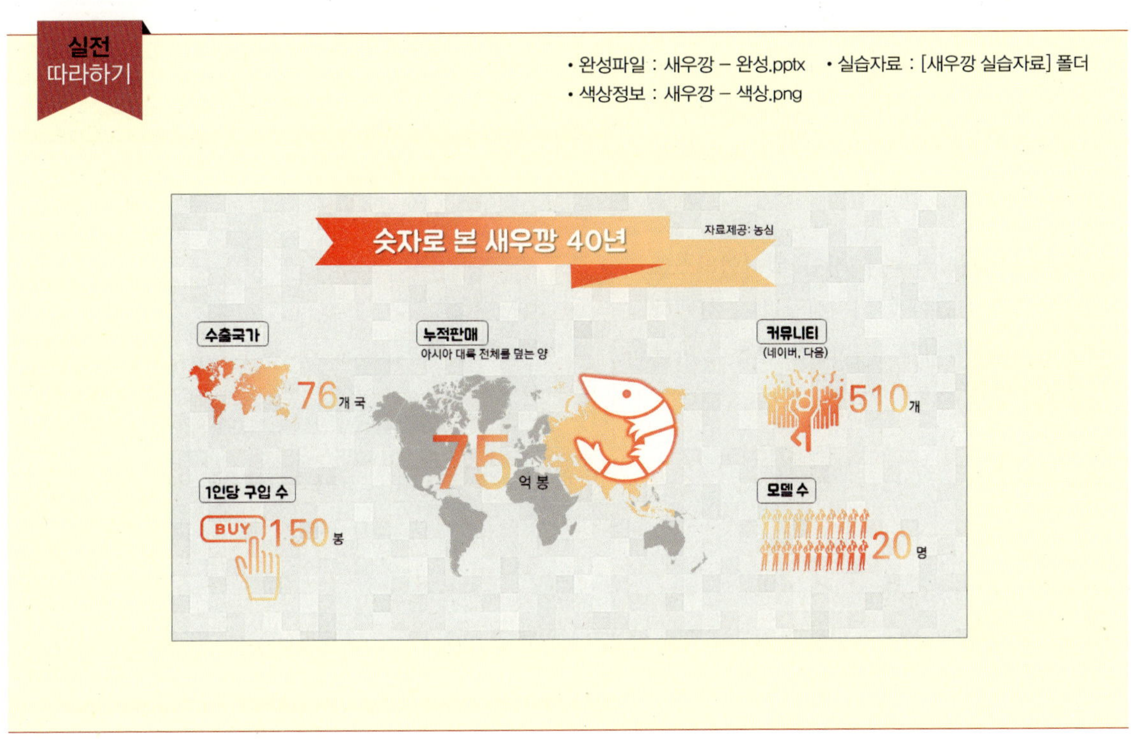

**01** 배경을 지정하기 위해 빈 슬라이드에서 [마우스 오른쪽 버튼 클릭]-[배경 서식]-[그림 또는 질감 채우기]를 선택한 후 [다음에서 그림 삽입]-[파일]을 선택한다. [새우깡 실습자료] 폴더의 'bright_squares.png' 파일을 불러온다. [배경 서식] 작업창의 [채우기]에서 '그림을 질감으로 바둑판식 배열'을 클릭해 패턴이 늘어나지 않도록 한다.



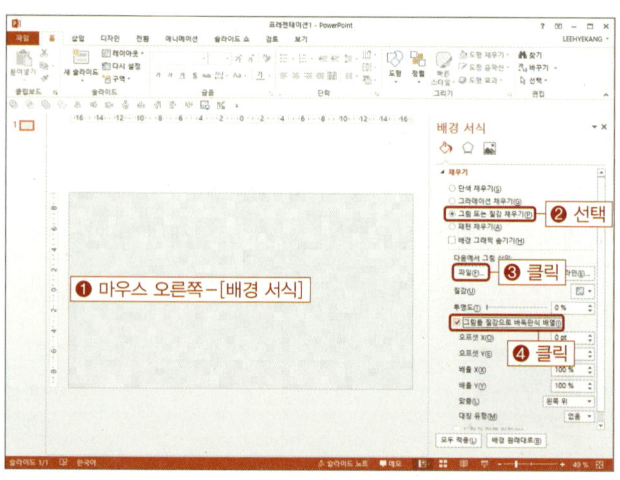


**02** 제목을 표현하기 위해 [삽입] 탭-[일러스트레이션] 그룹-[도형]에서 [직사각형]을 선택하여 직사각형을 삽입한 후 [마우스 오른쪽 버튼 클릭]-[점 편집]을 선택한다.

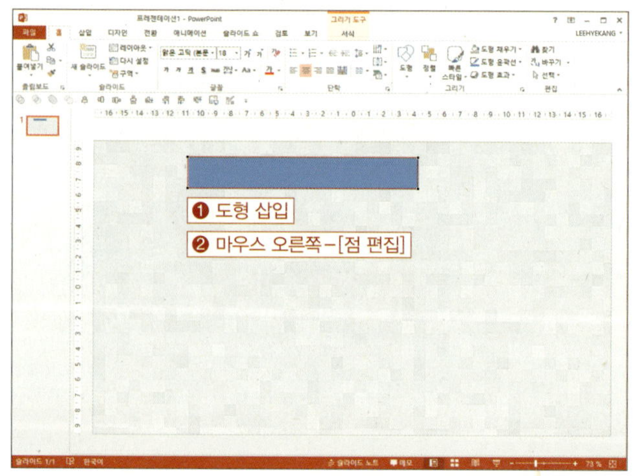


**03** 왼쪽 모서리 중간에 마우스 커서를 가까이 가져간 후 커서가 '+' 모양으로 바뀌면 Ctrl 을 누른 채 클릭하여 점을 추가한다. 점이 추가되면 직사각형 안쪽으로 드래그해 리본 모양을 만든다.

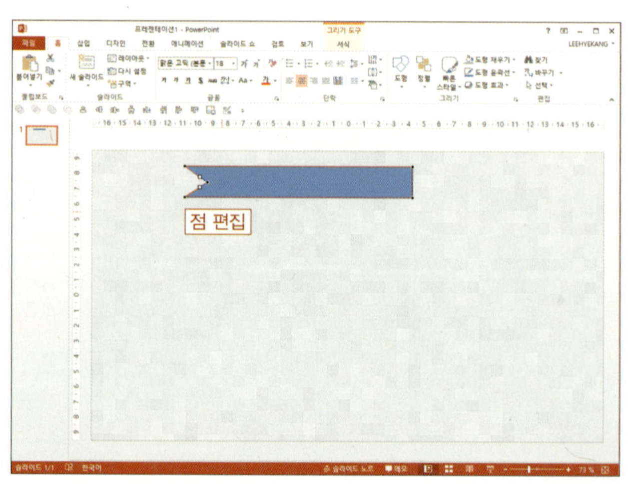

**04** [삽입] 탭–[일러스트레이션] 그룹–[도형]에서 [이등변 삼각형]과 [직사각형]을 선택해 도형을 추가한 후 직사각형은 [점 편집]을 이용하여 그림과 같이 만들고 이등변 삼각형을 회전하여 그림과 같이 배치한다.

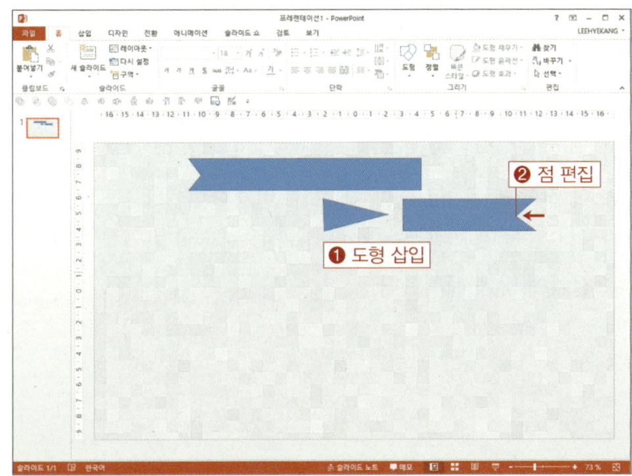


**05** 첫 번째 작성한 리본 도형을 선택한 후 [마우스 오른쪽 버튼 클릭]–[도형 서식]–[그라데이션 채우기]를 선택한다. [도형 서식] 작업창의 [종류]는 '선형', [각도]는 '0°', [그라데이션 중지점]은 양 끝에 두 개를 만들고 왼쪽 중지점의 [색]은 '(1) 주황색', 오른쪽 중지점의 [색]은 '(2) 노란색'으로 변경한다. [선]은 '선 없음'을 선택한다.

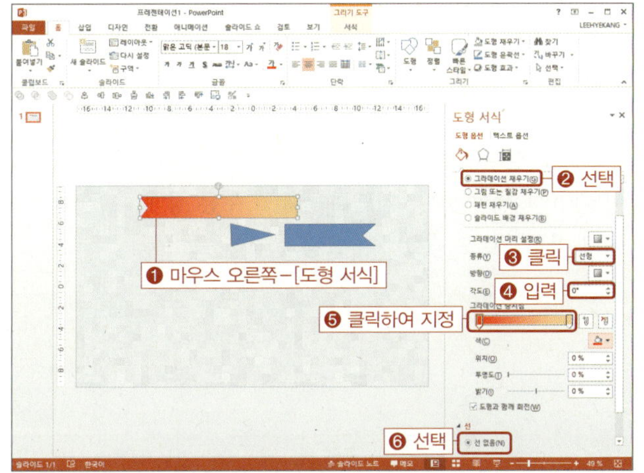


**06** 이등변 삼각형과 남은 리본 모양 도형은 [그리기 도구]–[서식] 탭–[도형 스타일] 그룹–[도형 윤곽선]을 '윤곽선 없음'으로, [도형 채우기]는 각각 '(1) 주황색'과 '(2) 노란색'으로 변경하고 그림과 같이 배치한다. [삽입] 탭–[텍스트] 그룹–[텍스트 상자]를 선택해 텍스트를 입력한 후 서식을 지정하고 배치한다.

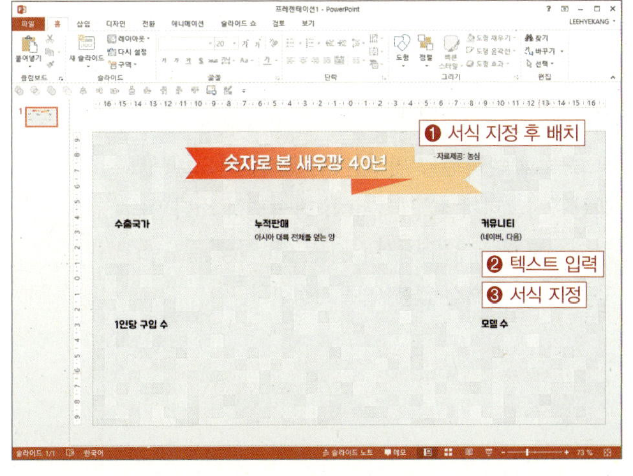

| 텍스트 | 글꼴 / 글꼴 크기 / 속성 | 글꼴 색 |
|---|---|---|
| 숫자로 본 새우깡 ~ | 배달의민족 주아 / 36 / 텍스트 그림자 | (5) 흰색 |
| 자료제공 ~ | KoPub돋움체 Medium / 14 | (4) 검은색 |
| 수출국가, 누적판매~ | 배달의민족 주아 / 20 | (4) 검은색 |
| 아시아 대륙 ~, (네이버, 다음) | KoPub돋움체 Medium / 14 | (4) 검은색 |

> **TIP**
> 도형의 순서가 다르다면 [마우스 오른쪽 버튼 클릭] – [맨 뒤로 보내기]를 이용해 순서를 변경한다.

**07** [삽입] 탭–[일러스트레이션] 그룹–[도형]–[모서리가 둥근 직사각형]을 선택해 도형을 추가한다. [그리기 도구]–[서식] 탭–[도형 스타일] 그룹–[도형 채우기]는 '채우기 없음'으로, [도형 윤곽선]은 '(4) 검은색'으로 변경한다. 그림처럼 도형을 복제(Ctrl + D)해 각 소제목의 가로 길이에 맞게 배치한다.

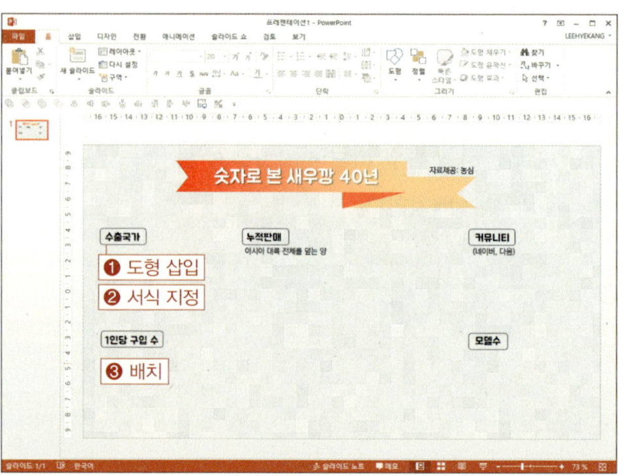


**08** 누적판매량을 표현하기 위해 [새우깡 실습자료] 폴더에서 'world map.pptx' 파일을 실행하고 지도를 복사(Ctrl + C)하여 슬라이드에 붙여넣기(Ctrl + V)한다. 지도는 Shift 를 누른 상태에서 마우스로 드래그하여 그림과 같이 크기를 조절한다.



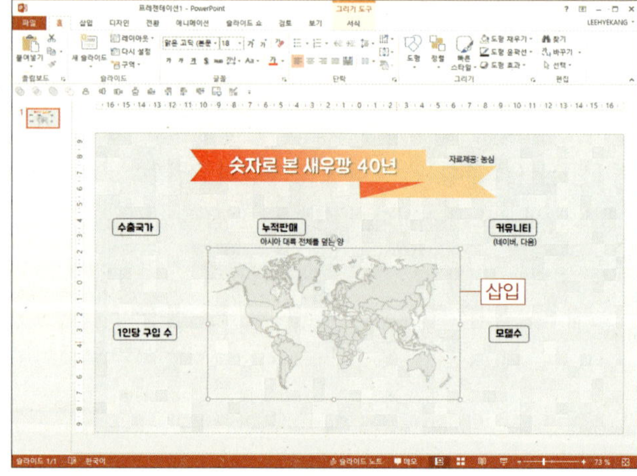


**09** 복사한 세계지도는 도형으로 이루어져 있으므로 색과 윤곽선을 변경할 수 있다. 지도를 선택한 후 [그리기 도구]–[서식] 탭–[도형 스타일] 그룹–[도형 채우기]에서 [색]은 '(3) 회색', [도형 윤곽선]은 '윤곽선 없음'으로 지정한다.

**10** 지도를 그룹 설정 해제(Ctrl + Shift + G)한 후 아시아 영역만 선택하고 [그리기 도구]–[서식] 탭–[도형 스타일] 그룹–[도형 채우기]에서 [색]을 '(2) 노란색'으로 변경한다. 색 변경이 완료되면 관리하기 편하도록 다시 지도를 모두 선택한 후 그룹으로 설정(Ctrl + G)한다.

**11** 'world map.pptx' 지도를 복사(Ctrl + C)하고 그림처럼 수출 국가 아래에 붙여넣기(Ctrl + V)한 후 크기를 줄여 배치한다. [마우스 오른쪽 버튼 클릭]–[도형 서식]을 선택하고 [도형 서식] 작업창의 [채우기]에서 '그라데이션 채우기'를 선택한다. 앞서 지정했던 그라데이션이 지정된다. 만약 동일하게 지정되지 않는다면 기존 설정과 동일하게 변경한다.

**12** [삽입] 탭–[텍스트] 그룹–[텍스트 상자]를 선택해 텍스트를 입력한다. 입력한 숫자를 드래그하여 모두 선택한 후 [마우스 오른쪽 버튼 클릭]–[텍스트 효과 서식]을 선택한다. [텍스트 채우기]에서 '그라데이션 채우기'를 선택하고 기존에 적용했던 그라데이션이 동일하게 적용되면 [각도]만 '45°'로 변경한다.

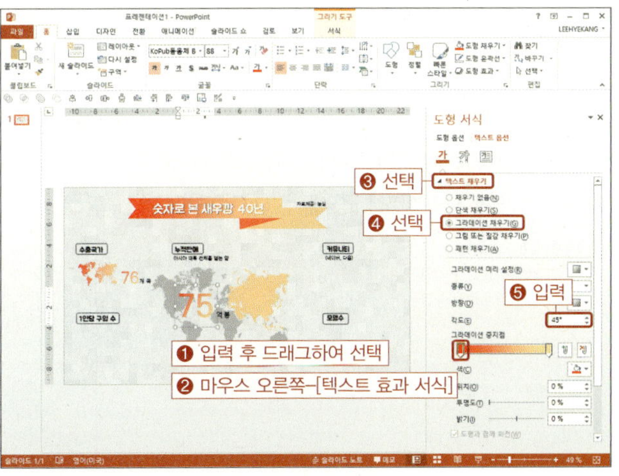


| 텍스트 | 글꼴 / 글꼴 크기 / 속성 | 글꼴 색 |
|---|---|---|
| 76 | KoPub돋움체 Medium / 44 / 굵게 | 그라데이션 채우기 |
| 개 국 | KoPub돋움체 Medium / 16 | (4) 검은색 |
| 75 | KoPub돋움체 Bold / 88 / 굵게 | 그라데이션 채우기 |
| 억 봉 | KoPub돋움체 Medium / 18 | (4) 검은색 |

**13** [삽입] 탭–[이미지] 그룹–[그림]을 선택하고 [그림 삽입] 대화상자가 나타나면 [새우깡 실습자료] 폴더에서 'shrimp.eps' 파일을 선택해 삽입한다.

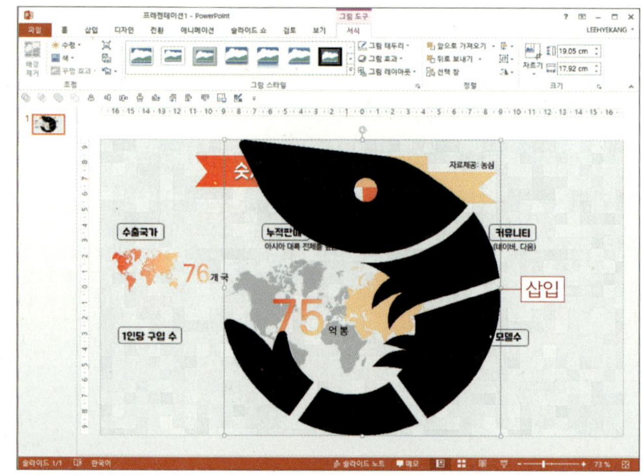

**14** 삽입한 그림을 선택하고 그룹 설정 해제(Ctrl + Shift + G)를 두 번 눌러 도형으로 변경한 후 불필요한 부분은 선택하여 삭제(Delete)한다. 다시 도형을 모두 선택하여 그룹으로 설정(Ctrl + G)하고 아시아 지도 위에 새우를 배치한다. [그리기 도구]–[서식] 탭–[도형 스타일] 그룹–[도형 채우기]에서 [색]은 '(5) 흰색', [도형 윤곽선]은 '윤곽선 없음'으로 지정한다.

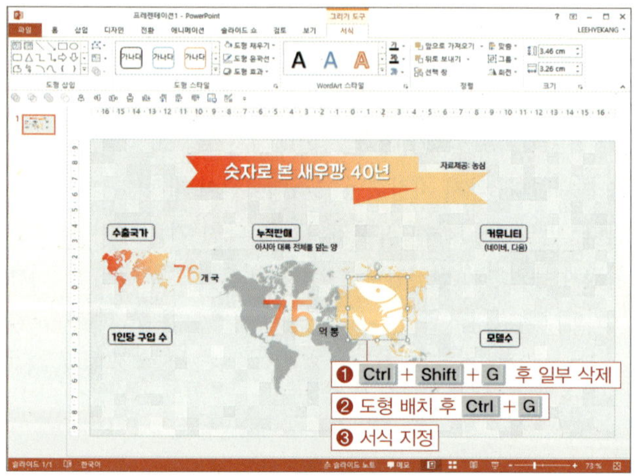


**15** [그리기 도구]–[서식] 탭–[도형 스타일] 그룹–[도형 효과]–[네온]–[다른 네온 색]을 선택한 후 '최근에 사용한 색' 중에서 '(1) 주황색'을 선택한다.

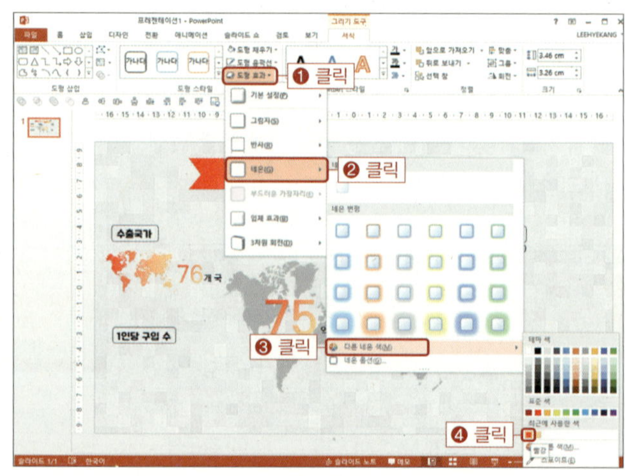

**16** 같은 방법으로 각 항목에 해당하는 EPS 파일을 삽입하여 도형으로 변경한 후 그라데이션을 적용하고 텍스트를 입력한다. 모델수는 20명이기 때문에 모델을 총 20개 복제(Ctrl + D)하여 배치하고 그룹을 설정한 후 그라데이션을 적용한다.

| 텍스트 | 글꼴 / 글꼴 크기 / 속성 | 글꼴 색 |
|---|---|---|
| 숫자 | KoPub돋움체 Medium / 44 / 굵게 | 그라데이션 채우기 |
| 단위 | KoPub돋움체 Medium / 16 | (4) 검은색 |

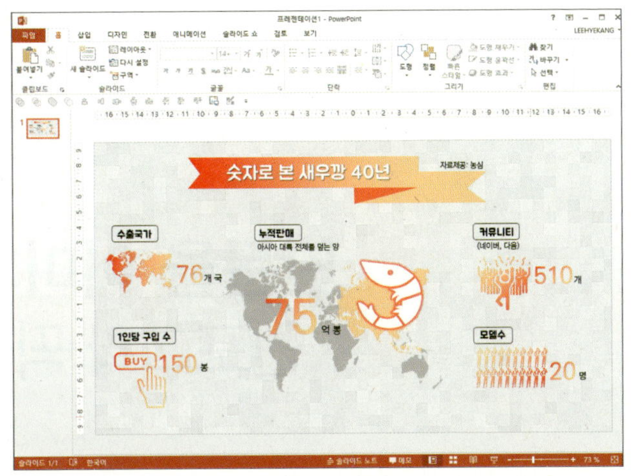

# 단문을 이미지화하여
# 인포그래픽 만들기

정보 기획의 핵심은 문장 내용을 이해하고 문장 결합 구조가 어떻게 연결되어 있는지 파악하는 데 있다. 실제 현장에서는 정해진 기간 내 다양한 클라이언트를 상대해야 함은 물론 생소한 용어가 담긴 자료를 독해하면서 내 것으로 소화해야 한다. 따라서 한 줄의 문장(단문)부터 해석하고 이를 그래픽으로 바꿔보는 연습이 필요하다. 처음 인포그래픽을 배우는 사람들은 간단한 문장부터 그래픽으로 전환해 보는 연습을 하는 것이 좋다. 이번 장에서는 단문을 인포그래픽으로 표현하는 분석법을 알아보고 인포그래픽으로 작성하는 방법에 대해 알아보자.

## SECTION 01 단문의 핵심을 분석하고 이미지화하기

하나의 문장이라도 분석을 절대 소홀히 해서는 안 된다. 문장이 모여 문단이 되기 때문이다. 단문에 들어 있는 주어부와 서술부 위치는 물론 내포된 의미를 숙지하며 인포그래픽 정보 기획 기초를 쌓도록 하자.

### 단문 사례1. 주술(主述) 구성이 하나만 포함되어 있는 문장
"1kg의 행동은 1톤의 이론과 맞먹는다"

## (1) 1단계(읽기) : 문장을 먼저 정독한다

연필을 들고 문장에서 주어부와 서술부를 찾는다.

<u>1kg의 행동은</u> <u>1톤의 이론이다.</u>  맞먹는다.

- 주어부 : 1kg의 행동은
- 서술부 : 이론이다.
- 맞먹는다 : 버리는 문장으로 처리한다.

### 분석POINT

- 문장의 뜻을 파악하고 주어부와 서술부를 찾는다.
- 버리는 문장을 선택해 제외하고 다시 문장을 만든다.

## (2) 2단계(요약) : 문장을 다시 정리한다

그래픽 요소를 만들기 위해 쉬운 표현으로 문장을 정리한다. 문장 속 핵심 단어는 그래픽으로 나타낼 수 있어야 한다.

"1kg의 행동 = 1톤의 이론"

### 분석POINT

- 핵심 단어를 살펴본 후 정보 차트 구조를 결정한다.
- '행동', '이론'의 단어를 그래픽으로 바로 나타내기 힘들므로 다른 의미의 단어를 선택해 대입하는 것이 필요하다.

## (3) 3단계 : 그래픽으로 나타낼 단어를 추출한다

'이론'을 상징하는 그래픽 표현을 찾는 것은 쉽지 않다. 행동에 반대되는 이론가, 생각하는 사람의 모습으로 대신 표현할 수 있다. '행동' 역시 '움직이는 사람'으로 대신 나타낼 수 있다.

그래픽 처리 단어 : 1kg, 행동, 1톤, 이론
이론 = '생각하는 사람'으로 대치

## (4) 4단계(제작 시 고려해야 할 사항)

단문 구조이지만 '1kg=1ton'이므로 각각 2개의 그래픽 컷이 들어간 인포그래픽으로 나타낼 수 있다.

**제작 POINT**

- 행동, 이론을 한문으로 표시하면 그래픽 이미지를 보완하는 장점을 얻을 수 있다.
- 픽토그램을 활용하면 보다 강력한 메시지 전달 효과를 얻을 수 있다.
- 1kg 그래픽은 작게, 1ton 그래픽은 크게 그리지만 등식(=)으로 나타낼 수 있다.

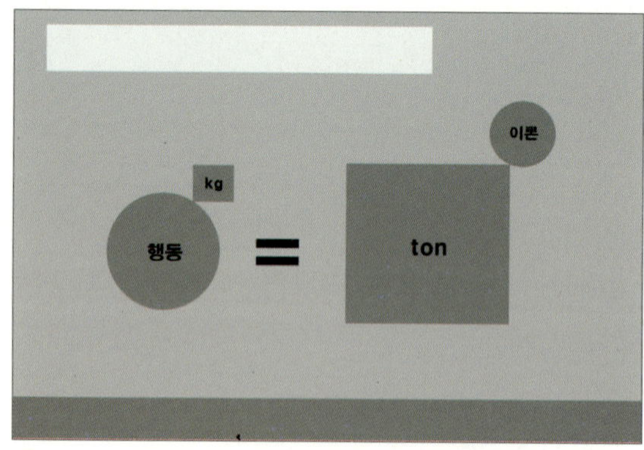


## 단문사례 2. 목적어를 포함하고 있는 단문
### "3명 중 한 명은 스마트워치 사용을 희망한다"

## (1) 1단계(읽기) : 문장을 정독한다

주어와 서술어 이외에 목적어(스마트워치 사용을)를 포함하고 있는 비교적 뜻이 분명한 문장이다. 제작을 하는 사람에게 목적어를 담고 있는 문장 구성이 쉬울 수 있다. 다만, 목적어가 전체 메시지에서 어느 정도 영향력을 행사할지는 전적으로 제작자의 의도에 달려 있다. 다음 문장은 스마트워치 생산자(제조사), 언론사, 리서치 회사에서 자주 사용할 수 있다. 문장을 해독해 보면 조사 대상자 중 33.3%가 스마트워치 구입 의사가 있다는 뜻이다. 먼저 주어부, 서술부, 목적어를 찾아보자.

"3명 중 한 명은 스마트워치 사용을 희망한다"

- 주어부 : 3명 중 한 명은
- 서술부 : 희망한다(희망한다는 구입 의사로 해석할 수 있지만 실제 착용한 모습으로 나타낼 수 있다.)
- 목적어 : 스마트워치 사용을(스마트워치 사용의 의미는 착용을 한 모습으로 대치한다.)

**분석 POINT**

- 문장의 뜻을 파악하고 주어부, 목적어, 서술부를 찾는다.
- 그래픽으로 표현 가능한 주어, 목적어, 서술어로 문장을 재배열한다.

## (2) 2단계(요약) : 문장을 다시 정리한다

그래픽 요소를 만들기 위해 쉬운 표현으로 문장을 정리한다. 문장 속 핵심 단어는 그래픽으로 나타낼 수 있어야 한다.

> "3명 중 1명(33.3%, 세 사람 나열) = 스마트워치를 희망한다(착용, 구입)"

**분석 POINT**

- '3명 중 1명'을 그래픽으로 어떻게 나타낼 것인가가 중요 포인트다.
- '희망'이란 뜻은 '구입', '착용'으로 대치할 수 있다.

## (3) 3단계 : 그래픽으로 나타낼 단어를 추출한다

| 추출 단어 | 문법 | 대치어 |
| --- | --- | --- |
| 3명 중 1명 | 주어부 | 3명 나열, 33.3% |
| 스마트워치 | 목적어 | 손목 시계(픽토그램) |
| 희망한다 | 서술어 | 착용 모습, 구입 |

## (4) 4단계(제작 시 고려해야 할 사항)

모바일에서 볼 수 있는 형태의 정보 유형으로 리서치 단계를 거친 후 바로 모바일 그래픽 카드 뉴스, 블로그 컷, 페이스북과 같은 콘텐츠에 적합하다. 제작 비율은 정사각형 형태로 만들어 보자.

**제작 POINT**

- 목적어를 가진 문장에서 목적어는 중요한 그래픽 표현 요소다.
- '3명 중 1명'과 같은 표현을 그래픽으로 바꾸는 연습이 중요하다.
- 문장에서 서술부는 뜻을 파악한 후 다른 서술부로 대치하는 것이 필요하다.

# 한 문장으로 구성된 스마트워치 통계 인포그래픽 만들기

스마트워치 사용을 원하는 사람의 비율을 표현하기 위해 스마트워치 배경에 사람 3명을 배치한 후 한 명의 색은 그대로 두고 나머지 사람은 색 톤을 낮추어 한 명에 시선이 집중되도록 한다. 말 상자에 제목을 넣고, 해당하는 한 명이 말 상자로 대답하는 형식으로 만든다.

**실전 따라하기**

• 완성파일 : 스마트워치 – 완성.pptx　　• 실습자료 : [스마트워치 실습자료] 폴더
• 색상정보 : 스마트워치 – 색상.png

**01** 배경색을 지정하기 위해 빈 슬라이드에서 [마우스 오른쪽 버튼 클릭]-[배경 서식]을 선택한다. [배경 서식] 작업창의 [단색 채우기]에서 [색]을 '(5) 진회색'으로 변경한다.

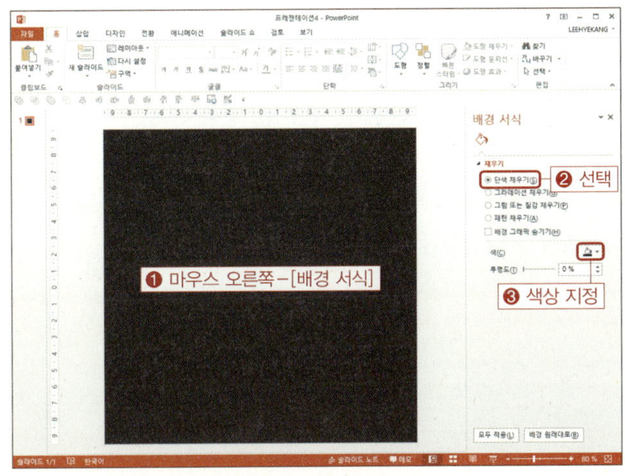


**02** [스마트워치 실습자료] 폴더에서 '사람.pptx' 와 '스마트워치.pptx' 파일을 실행한 후 사람과 스마트워치를 각각 복사(Ctrl + C)하고 슬라이드에 붙여넣기(Ctrl + V)한다.



**TIP**
다른 스타일의 사람과 스마트워치를 원한다면, 'http:// freepik.com'에서 'person', 'watch' 등으로 검색해 원하는 EPS 파일을 다운로드받아 사용한다.

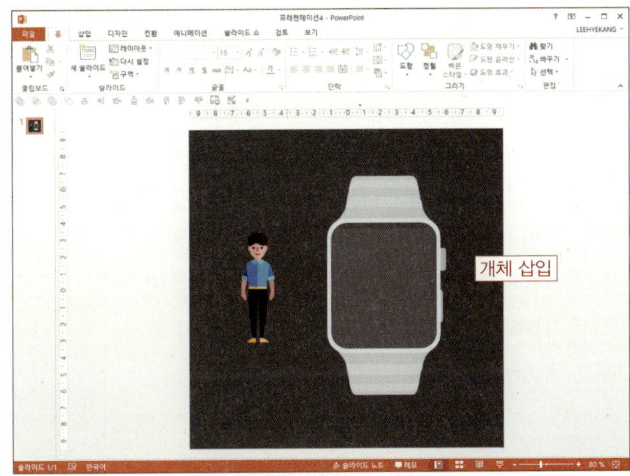


**03** 먼저 사람을 스마트워치 안에 배치하고 복제(Ctrl + D)해 3명을 만든다.

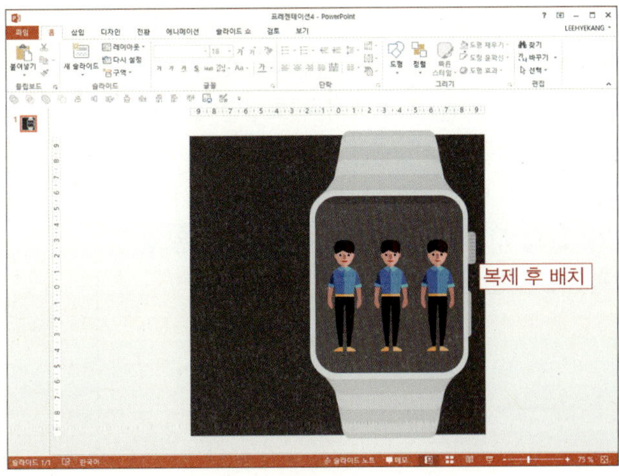

**04** 첫 번째와 세 번째 사람의 색톤을 낮추기 위해 [삽입] 탭-[일러스트레이션] 그룹-[도형]에서 [직사각형]을 선택해 사람 한 명을 모두 덮을 수 있는 직사각형을 만든다. [그리기 도구]-[서식] 탭-[도형 스타일] 그룹-[도형 윤곽선]에서 '윤곽선 없음'을 선택한다.

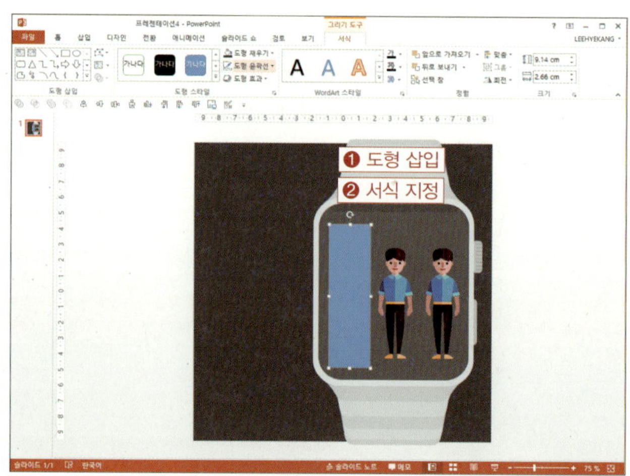


**05** 직사각형을 복제(Ctrl+D)한 후 세 번째 사람 위에도 동일하게 배치한다. 두 개체를 Ctrl을 누른 상태에서 동시에 선택한 후 [마우스 오른쪽 버튼 클릭]-[개체 서식]-[단색 채우기]에서 [색]은 스마트워치 액정에 사용된 색으로 설정한다. [색]-[스포이트]를 선택하고 적용할 색을 클릭하거나 직접 '(3) 회색'으로 변경한다. [투명도]를 '10%'로 지정하면 자연스럽게 사람이 보일 듯 말 듯하게 변한다.

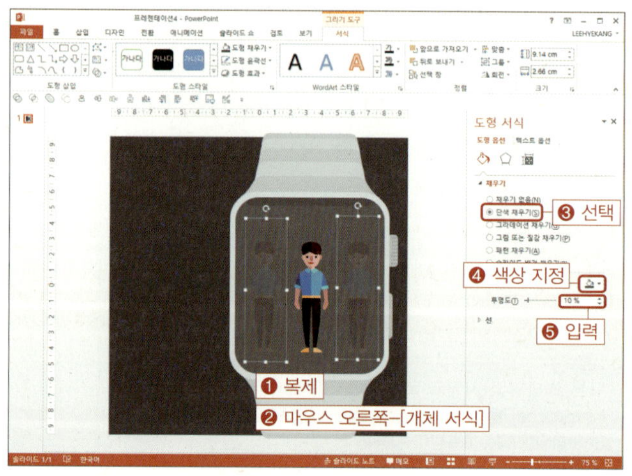


**06** 말상자를 만들기 위해 [삽입] 탭-[일러스트레이션] 그룹-[도형]에서 [모서리가 둥근 직사각형]과 [타원]을 선택하여 도형을 삽입한다. 두 개체를 모두 선택한 상태에서 [그리기 도구]-[서식] 탭-[도형 스타일] 그룹-[도형 채우기]에서 [색]은 '(1) 검은색', [도형 윤곽선]은 '윤곽선 없음'을 선택한다.

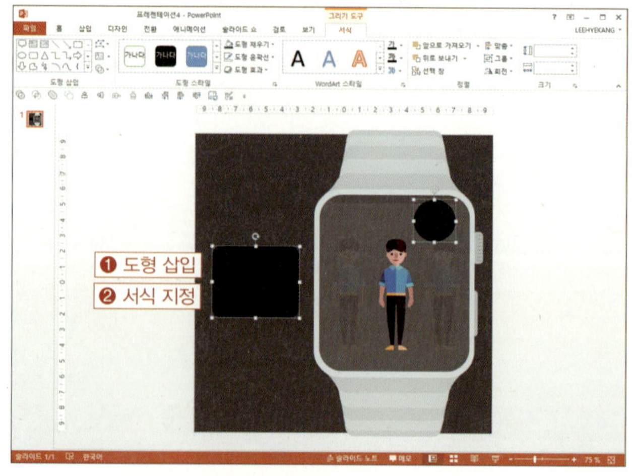

**07** [삽입] 탭–[일러스트레이션] 그룹–[도형]에서 [이등변 삼각형]을 선택해 도형을 삽입하고 기존에 지정했던 서식과 동일하게 지정한 후 말상자 꼬리처럼 회전시켜 배치한다.

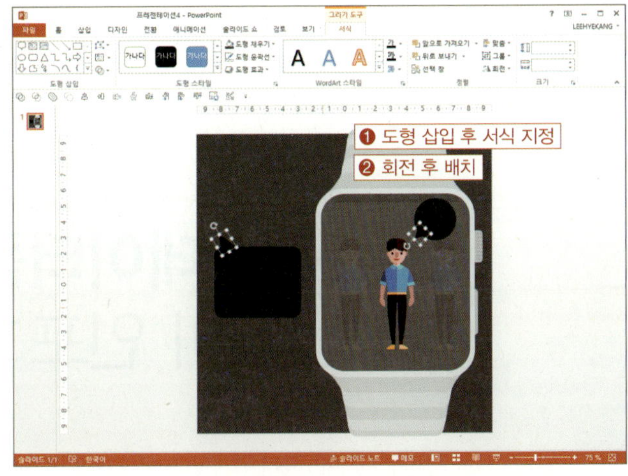



**08** [삽입] 탭–[텍스트] 그룹–[텍스트 상자]를 선택해 텍스트를 입력하고 서식을 지정한다.

| 텍스트 | 글꼴 / 글꼴 크기 / 속성 | 글꼴 색 |
|---|---|---|
| 3명 중 1명이 스마트워치를~ | KoPub돋움체 Light / 20 / 굵게 | (2) 노란색, (4) 흰색 |
| 대상: 스마트폰 유저 | KoPub돋움체 Light / 12 | (4) 흰색 |
| WANT | KoPub돋움체 Light / 20 / 굵게 | (2) 노란색 |
| 33.3% | KoPub돋움체 Light / 12 | (4) 흰색 |

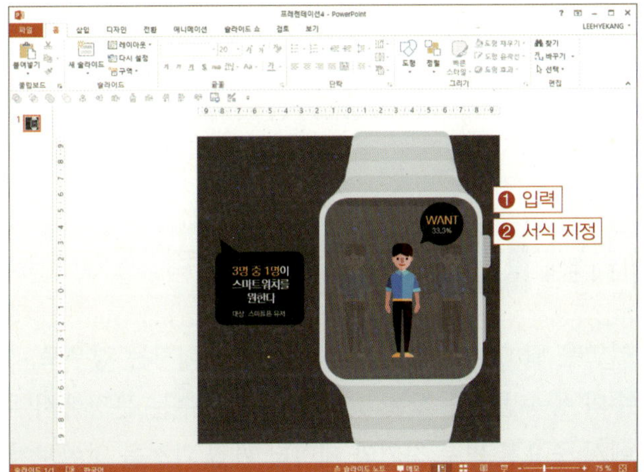

# 서열 데이터를 활용한
# 광고선전비 인포그래픽 만들기

공공기관을 비롯해 기업과 언론에서 가장 많이 사용하는 정보의 종류가 바로 숫자 기반의 데이터다. 빅데이터, 생활 통계 활용 교육 등의 시대 흐름에 따라 통계 인포그래픽이 많이 사용되고 있다. 통계는 데이터에서 어떤 메시지를 추출해 설명하느냐에 따라 표현 방법이 달라질 수 있다. 이번 장에서는 서열 형태의 데이터를 간단한 그래픽으로 변환하는 방법을 알아보자.

## SECTION 01 서열 정보 분석법

서열은 말 그대로 데이터의 순서가 정해지는 경우로, 숫자형 통계 데이터 해독의 핵심은 바로 독립변수와 종속변수를 찾는 것이다. 독립변수는 문장에서 주어나 마찬가지다. 지금부터 데이터 정보 기획에서 중요한 변수 찾기와 데이터 편집 과정을 알아보자.

### (1) 1단계(읽기) : 제시 데이터 상관관계를 파악한다

표는 숫자의 관계를 일정 기준에 의해 정렬한 것을 말한다. 먼저 각 열에 있는 항목과 각 행에 있는 데이터의 흐름을 파악하는 것이 중요하다. 열의 개수와 행의 개수, 최댓값과 최솟값, 열 구분 기준 등은 모두 유심히 봐야 할 지표들이다.

(단위 : 백만 원, %)

| 순위 | 상장 여부 | 회사명 | 광고선전비 | 증감률 |
|---|---|---|---|---|
| 1 | 상 | 삼성전자 | 734,815 | −26.1 |
| 2 | 상 | LG전자 | 528,545 | −0.6 |
| 3 | 상 | 현대자동차 | 374,488 | 6.0 |
| 4 | 상 | LG유플러스 | 300,222 | 5.2 |
| 5 | 상 | 아모레퍼시픽 | 264,464 | −5.6 |
| 6 | 상 | SK텔레콤 | 213,605 | −10.0 |
| 7 | 상 | LG생활건강 | 186,574 | 7.7 |
| 8 | 상 | KT | 162,953 | 0.3 |
| 9 | 상 | 롯데쇼핑 | 159,945 | −21.5 |
| 10 | 비 | 동서식품 | 159,841 | −10.5 |
| 11 | 상 | 하이트진로 | 155,728 | 15.9 |
| 12 | 상 | 한국타이어 | 151,267 | 1.2 |
| 13 | 상 | 기아자동차 | 138,508 | −13.9 |
| 14 | 상 | KT&G | 132,647 | 58.9 |
| 15 | 상 | 삼성화재 | 126,908 | 6.0 |
| 16 | 상 | SK브로드밴드 | 119,415 | 52.8 |
| 17 | 상 | 롯데칠성음료 | 106,850 | −26.5 |
| 18 | 상 | LG디스플레이 | 106,417 | 11.4 |
| 19 | 상 | 대한항공 | 98,935 | −7.9 |
| 20 | 상 | 중소기업은행 | 93,619 | −9.9 |
| 21 | 상 | 남양유업 | 90,790 | −4.6 |
| 22 | 상 | 포스코 | 85,486 | 31.0 |
| 23 | 상 | 매일유업 | 69,026 | 17.1 |
| 24 | 상 | 동원 F&B | 67,000 | 1.9 |
| 25 | 비 | 하나은행 | 65,219 | −0.9 |
| 26 | 상 | LG | 64,286 | 31.5 |
| 27 | 상 | 금호타이어 | 62,658 | 17.5 |
| 28 | 상 | 오뚜기 | 60,602 | 3.1 |
| 29 | 상 | 농심 | 59,992 | 13.3 |
| 30 | 비 | 신한은행 | 55,956 | −4.3 |
| 합계 | | | 4,997,063 | |

▲ 2014 회계연도 광고선전비 30위 기업 현황(출처 : 재벌닷컴)

## 분 석 POINT

- 독립변수, 종속변수를 결정한다.
- 데이터에서 추출할 순위를 결정한다.
- 버려야 할 항목을 결정한다.
- 그래프 유형을 결정한다.

## (2) 2단계(요약) : 표를 읽고 데이터를 재구성한다

해당 표는 상위 30개 기업의 광고선전비, 증감률, 상장 여부 등 3가지의 종속변수를 가지고 있다. 데이터를 요약할 때 버려야 할 항목을 결정하는 것이 필요하다. 해당 자료의 포인트는 이 중 광고선전비 규모를 파악하는 것이다.

### ■ 표를 텍스트로 재구성

광고선전비 상위 10개 기업을 조사한 결과 삼성전자의 광고선전비가 지난해 7천348억 원으로 1년 전 9천943억 원에서 26.1% 감소했다. 2위는 LG전자 5천288억 원(전년 대비 0.6% 감소), 3위 현대자동차 3천745억 원(전년 대비 6.0% 증가), 4위 LG유플러스 3천2억 원(5.2% 증가), 5위 아모레퍼시픽 2천645억 원(5.6% 감소), 6위 SK텔레콤 2천136억 원(10.0% 감소), 7위 LG생활건강 1천866억 원(7.7% 증가), 8위 KT 1천630억 원(0.8% 증가), 9위 롯데쇼핑 1천599억 원(21.5% 감소), 10위 동서식품 1천598억 원(10.5% 감소)이다. 30개 기업의 광고선전비는 2013회계연도 5조2천211억 원에서 지난해 4조9천971억 원으로 4.3% 감소했다.

(자료 : 재벌닷컴, 데이터 : 2014 회계연도 기준)

#### 분석 POINT

- 독립변수 결정 : 상위 10개 기업명
- 종속변수 결정 : 10개 기업 광고선전비, 증감률
- 그래프 유형 : 막대그래프(10개 기업의 광고선전비 순위)
※ 이 외의 자료는 참조만 하고 채택하지 않는다.


## (3) 3단계(레이아웃) : 그래픽 제작을 위한 레이아웃

막대그래프 중 수평 막대그래프와 수직 막대그래프 중 하나를 결정해야 한다. 영향을 주는 것은 바로 X축을 이루는 독립변수의 레이블 글자수이다. 글자수가 많은 경우 수평 막대그래프로 그리는 것이 좋다. 10개 기업의 광고선전비를 순차 배열로 표시해야 하는데 이때 위에서부터 순서대로 나열하는 것이 중요하다. 10개의 수평 막대그래프를 그릴 때는 1~5위, 6~10위 사이에 쉬어가는 가로선을 그어 주면 데이터를 좀 더 쉽게 읽을 수 있다.

제목 : 광고선전비 상위 10개 기업

| 독립변수 | 종속변수 |
| --- | --- |
| 기업명(10개) | 광고선전비, 증감률 |

### 분석 POINT

- 수평 막대그래프의 경우 Y축이 X축이 되며, 반대로 X축은 Y축이 된다.
- 웹, 리포트 등에 사용 가능하도록 세로형 사각형으로 형태를 결정한다.
- 하단 부분에 출처, 작성기준 등을 명시한다.

## (4) 4단계(제작 시 고려해야 할 사항)

수평 막대그래프를 그릴 때 숫자의 단위는 읽기 쉽도록 통일한다. 증감률에서 증가와 감소를 나타내는 컬러를 사용하는 것도 아이디어다.

### 분석 POINT

- 수평 막대그래프는 언제, 어떻게 사용해야 하는지 기본 개념을 파악한다.
- 건조한 느낌의 그래프에 한두 컷의 관련성 높은 이미지를 넣어본다.
- 기업 명칭은 가급적 정확하게 사용해야 한다. 작성 후 기업명, 데이터에 오류는 없는지 다시 검토한다.

레이아웃 샘플

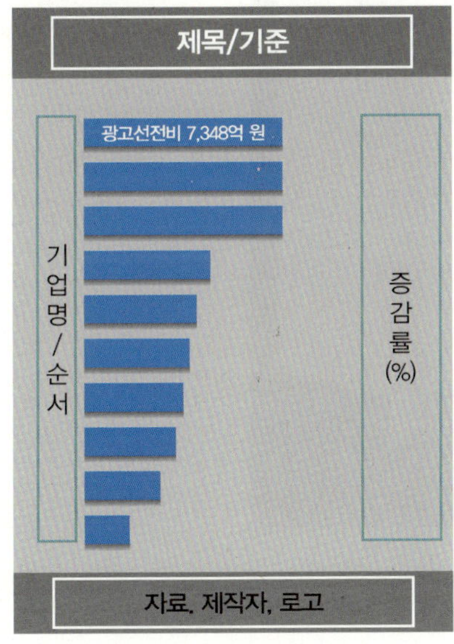


◀ 광고선전비 상위 10위 기업 현황을 나타낸 그래픽 레이아웃 샘플

# 서열 데이터를 활용한 인포그래픽 만들기

회사별 광고 선전비를 표현하기 위해 광고 매체 중 대표격인 TV 안에 각 회사별 데이터를 넣는 방법을 사용해 보자. 금년도와 전년도 대비를 표현하기 위해 도형을 이용해 둥근 막대그래프로 표현하고 자칫 심심해 보일 것에 대비해 막대 그래프 색을 순차적으로 달리해 그라데이션 느낌으로 표현한다. 전년도 데이터는 비교를 위한 데이터이므로 금년도 데이터의 색보다 연하게 표현한다.

**실전 따라하기**

- 완성파일 : 광고선전비 – 완성.pptx
- 색상정보 : 광고선전비 – 색상.png
- 실습자료 : [광고선전비 실습자료] 폴더

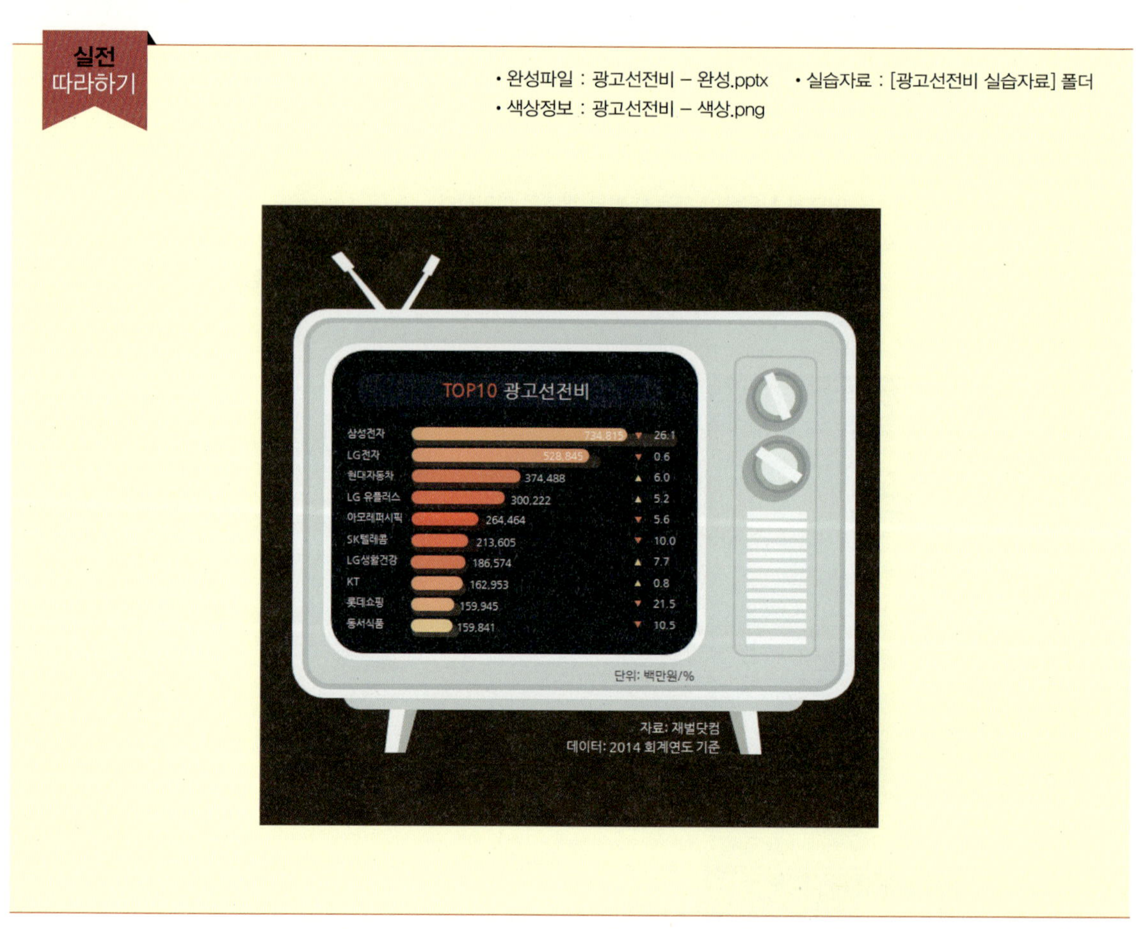

**01** SNS에 최적화된 정사각형 형태로 변경하기 위해 [디자인] 탭-[사용자 지정] 그룹-[슬라이드 크기]-[사용자 지정 슬라이드 크기]를 선택한다. [슬라이드 크기] 창에서 [너비]와 [높이]를 '19.05'로 지정하고 [확인]을 클릭한다.

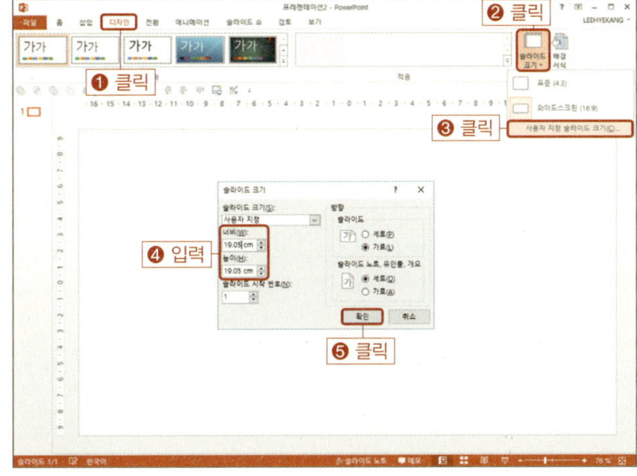

**TIP**
2010 버전에서는 [디자인] 탭-[페이지 설정] 그룹-[페이지 설정]을 이용한다.

**02** 콘텐츠 크기를 어떻게 조정할지 묻는 질문에 [최대화]와 [맞춤 확인] 중 아무거나 선택한다.

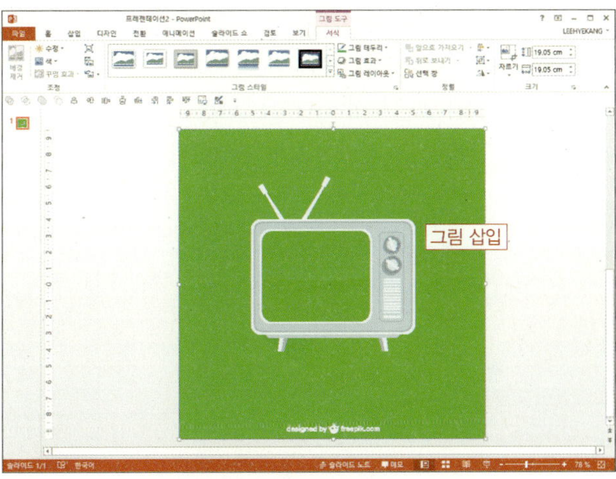

**TIP**
빈 화면 상태에서는 콘텐츠가 없기 때문에 [최대화]와 [맞춤 확인] 중 어떤 것을 선택하든지 관계없다. 만약 기존 콘텐츠의 크기를 슬라이드 크기가 변경되어도 그대로 유지하고 싶다면 [최대화]를, 콘텐츠가 슬라이드 안에 들어가게 하고 싶다면 [맞춤 확인]을 선택한다.

**03** [삽입] 탭-[이미지] 그룹-[그림]을 선택하고 [광고선전비 실습자료] 폴더에서 'TV.eps' 파일을 불러온다.

**04** 그룹 설정 해제(Ctrl + Shift + G)를 두 번 눌러 도형으로 변경한다.

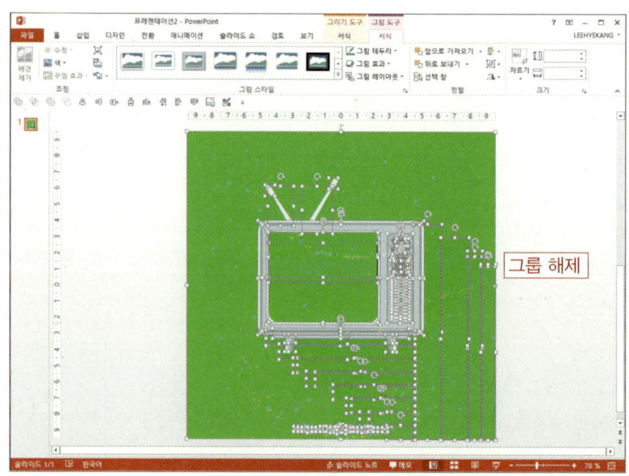


**05** 불필요한 도형은 선택하여 삭제(Delete)하고 TV 모양만 남긴다.

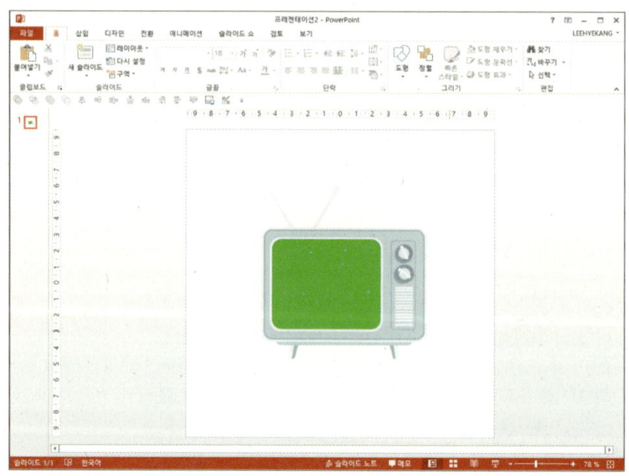

> **TIP**
> EPS 파일을 변형해 다루는 것이 어렵다면 'TV.pptx' 파일에서 TV를 복사(Ctrl + C)한 후 작업 슬라이드에 붙여넣기(Ctrl + V)한다.

**06** TV의 안테나 부분을 선택하고 그룹으로 설정(Ctrl + G)한 후 크기를 줄여준다. TV의 모니터 부분은 [서식] 탭-[도형 스타일] 그룹-[도형 채우기]에서 [색]을 '(1) 진남색'으로 변경한다.

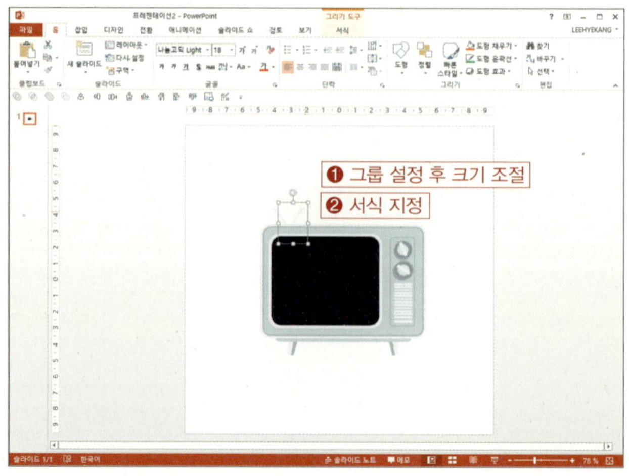

**07** 전체 선택(Ctrl+A)으로 TV를 모두 선택한 후 그룹 설정(Ctrl+G)하고 TV의 크기를 슬라이드 크기에 맞게 크게 변경한다.

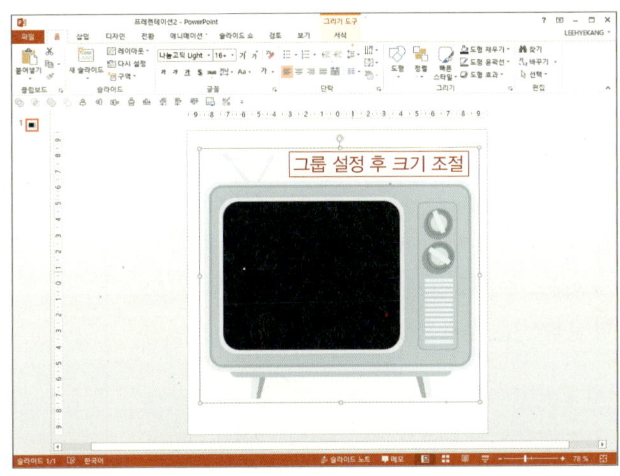


**08** [삽입] 탭–[텍스트] 그룹–[텍스트 상자]를 선택하여 회사 이름을 입력한다. 각 회사 이름은 Enter를 눌러 줄바꿈해 준다. 줄간격이 좁기 때문에 텍스트 상자를 선택하고 [홈] 탭–[단락] 그룹의 확장 메뉴를 클릭한 후 [단락] 대화상자가 나타나면 [줄 간격]을 '배수'로, [값]을 '1.7'로 변경한다.

| 텍스트 | 글꼴 / 글꼴 크기 | 글꼴 색 |
| --- | --- | --- |
| 회사 이름 등 | 나눔고딕 / 9 | (8) 흰색 |

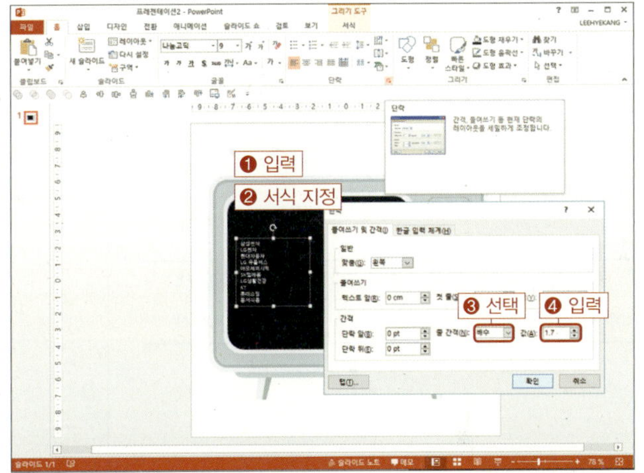


**09** 회사 이름이 적힌 텍스트 상자를 복제(Ctrl+D)한 후 증감률에 맞추어 데이터 값을 입력한다. 증감 여부를 나타내기 위해 [삽입] 탭–[일러스트레이션] 그룹–[도형]에서 [이등변 삼각형]을 선택하여 삽입한다. [서식] 탭–[도형 스타일] 그룹–[도형 채우기]에서 [색]을 감소는 '(4) 주황', 증가는 '(6) 연노랑'으로, [도형 윤곽선]은 '윤곽선 없음'을 선택한다. 감소는 삼각형의 화살표가 아래쪽을 향하도록 방향을 회전시킨다.

**TIP**

Alt를 누른 상태에서 키보드의 좌우 화살표를 누르면 도형이 해당 방향으로 회전한다. 단, 파워포인트 2007 이하 버전에서는 불가능하므로 [그리기 도구]–[서식] 탭–[정렬] 그룹–[회전]–[상하 대칭]을 이용해 반전시킨다.

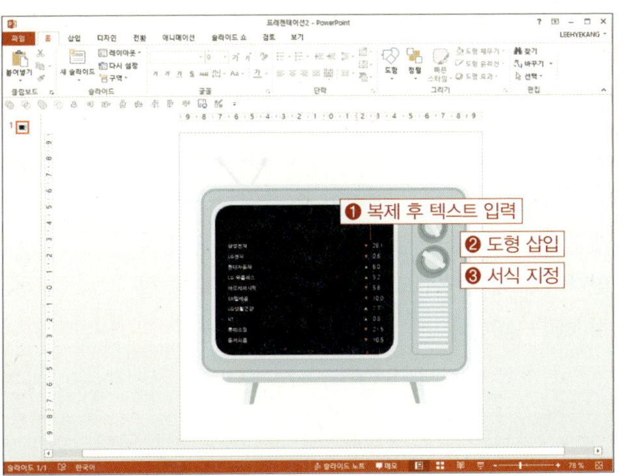

**10** [삽입] 탭-[일러스트레이션] 그룹-[도형]에서 [모서리가 둥근 직사각형]을 삽입한다. 도형 선택 시 생기는 노란 점을 이용해 둥글기 정도를 조절할 수 있다. 만든 도형은 개수에 맞게 복제(Ctrl + D)한 후 [그리기 도구]-[서식] 탭-[도형 스타일] 그룹-[도형 채우기]에서 [색]을 (2)~(6) 색을 각각 지정하고 수치에 맞게 가로 길이만 조정한다. [도형 윤곽선]은 '윤곽선 없음'으로 선택한다.



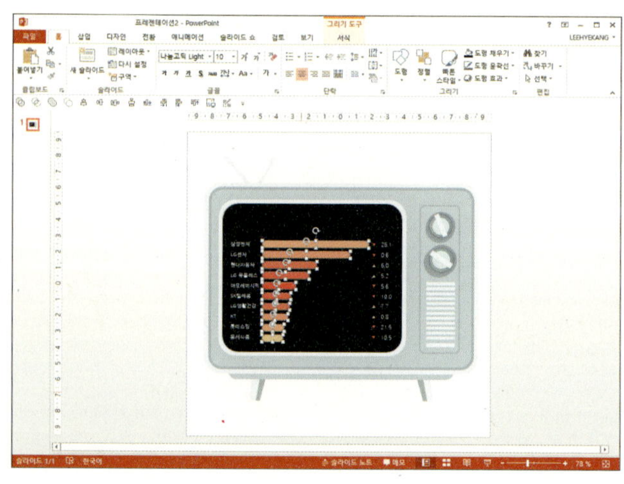

**11** [삽입] 탭-[텍스트] 그룹-[텍스트 상자]를 삽입하고 각각의 데이터 값을 입력한 후 서식을 지정하고 그림과 같이 배치한다.

| 텍스트 | 글꼴 / 글꼴 크기 | 글꼴 색 |
|---|---|---|
| 수치 값 등 | 나눔고딕 / 9 | (8) 흰색 |

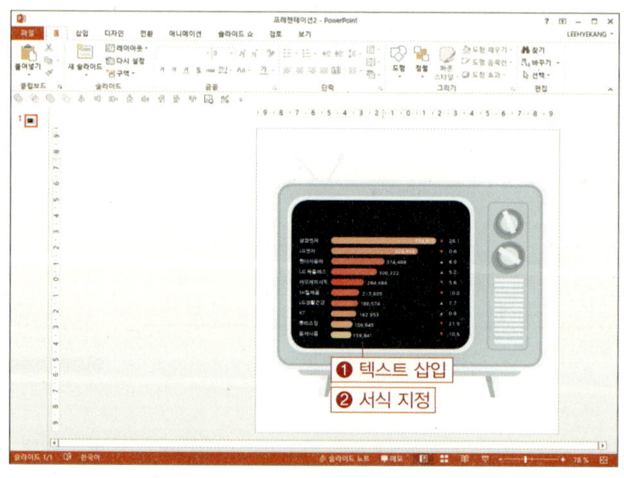


**12** 전년도 데이터를 표현하기 위해 기존에 사용했던 막대그래프를 모두 복제(Ctrl + D)하고 슬라이드 바깥쪽으로 배치한 후 증감량만큼 막대그래프 크기를 변경한다. 크기를 모두 변경하였다면 드래그하여 모두 선택한 후 그룹으로 설정(Ctrl + G)한다.

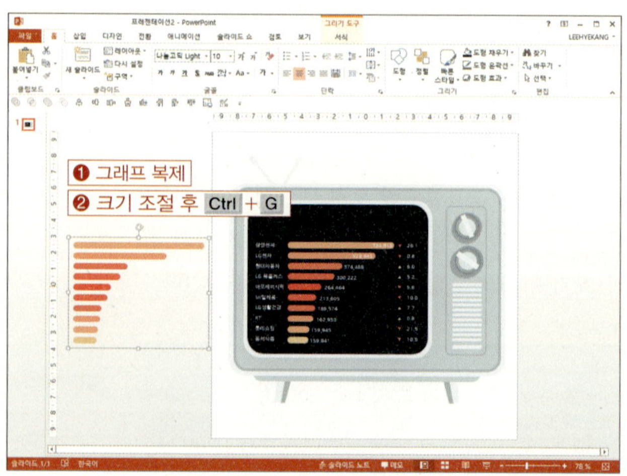

**13** [삽입] 탭-[일러스트레이션] 그룹-[도형]에서 [직사각형]을 선택하여 도형을 삽입한다. 직사각형을 선택하고 [마우스 오른쪽 버튼 클릭]-[도형 서식]-[도형 채우기]에서 [색]은 TV 화면에 사용된 '(1) 진남색'으로, [투명도]는 '20%'로 변경한다.

**TIP**
TV 액정과 동일한 색을 설정하고 투명도만 조절했기 때문에 색이 겹쳐도 색이 변하지 않는다.

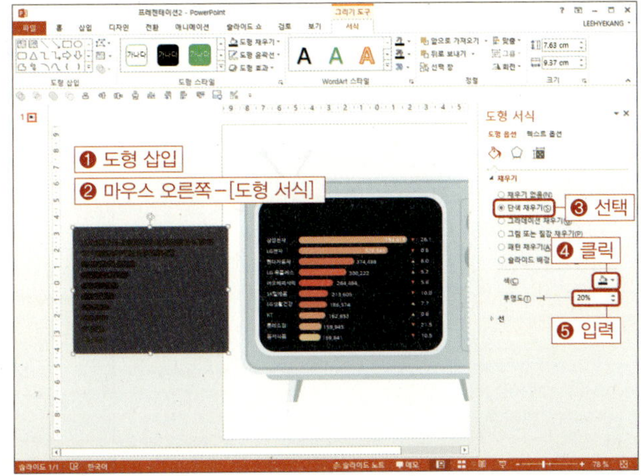


**14** 올해 데이터가 전년도 데이터보다 위쪽에 배치되어야 하므로, 올해 데이터를 선택한 후 [마우스 오른쪽 버튼 클릭]-[맨 앞으로 가져오기]-[맨 앞으로 가져오기]를 선택한다.

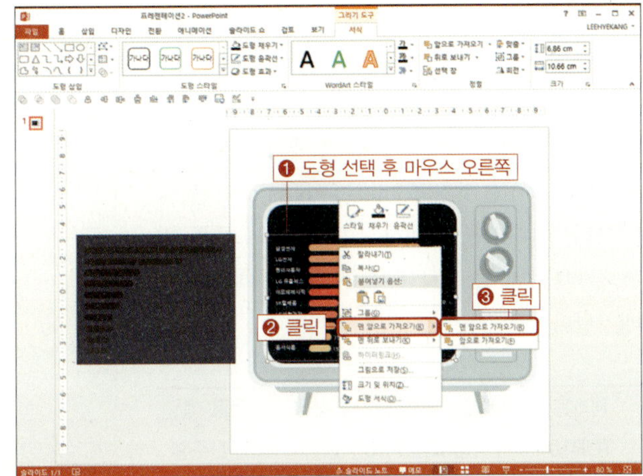


**15** 전년도 데이터를 금년도 데이터의 막대 그래프와 살짝 어긋나게 배치한다.

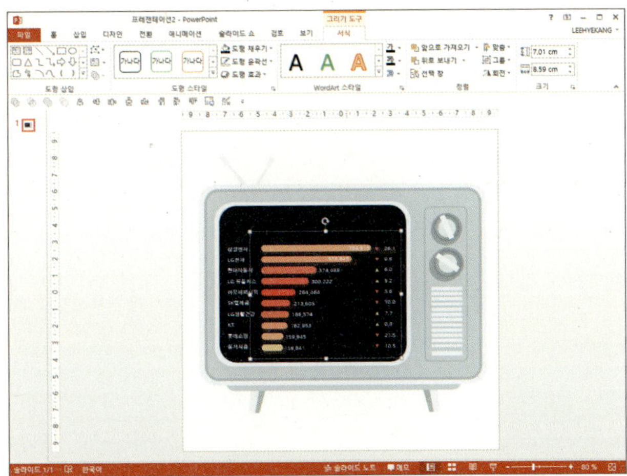

**16** [삽입] 탭–[일러스트레이션] 그룹–[도형]
에서 [모서리가 둥근 직사각형]을 선택하여 도
형을 삽입한다. 도형을 선택하고 [그리기 도구]
–[서식] 탭–[도형 스타일] 그룹–[도형 채우기]
에서 [색]은 '(7) 남색'으로 [도형 윤곽선]은 '윤곽
선 없음'을 선택한다.

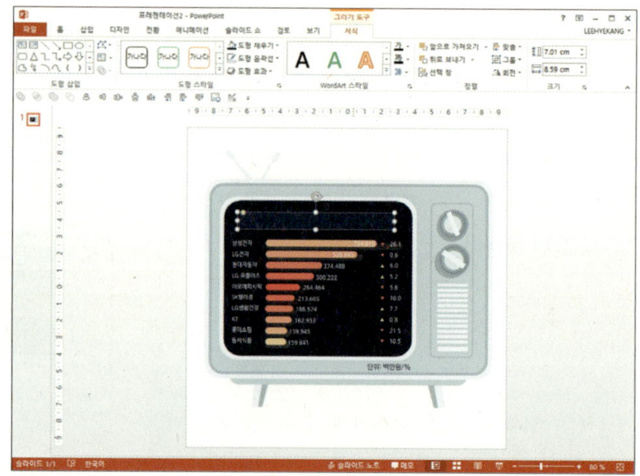

**17** [삽입] 탭–[텍스트] 그룹–[텍스트 상자]를
이용해 제목과 출처를 입력한 후 아래와 같이 서
식을 지정한다.
[삽입] 탭–[이미지] 그룹–[그림]에서 [광고선전
비 실습자료] 폴더의 'footer_lodyas.png'를 삽
입한다. 이미지를 선택하고 [마우스 오른쪽 버
튼 클릭]–[맨 뒤로 보내기]를 선택해 배경으로
배치한다.

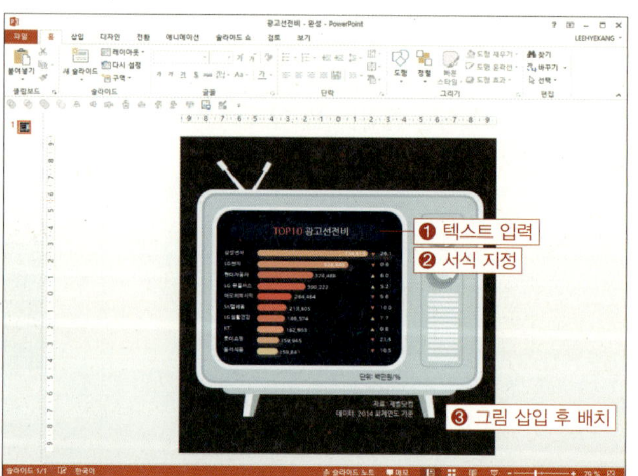


| 텍스트 | 글꼴 / 글꼴 크기 / 속성 | 글꼴 색 |
| --- | --- | --- |
| TOP10 | 나눔고딕 / 16 / 굵게 | (5) 진주황 |
| 광고선전비 | 나눔고딕 / 16 | (8) 흰색 |
| 단위 | 나눔고딕 / 11 | (1) 진남색 |
| 자료, 데이터 | 나눔고딕 / 11 | (8) 흰색 |

# 커피와 차의 비율 데이터를 활용한 인포그래픽 만들기

'비율' 데이터의 단위는 %이며, 비율은 상관관계를 '면적'으로 나타내는 것이 중요하다. 기업 또는 공공기관에서도 비율 데이터를 보고서나 발표 자료에 항상 활용한다. 데이터를 분석할 때 전체(100%)가 어떤 항목으로 구성되어 있는지 살펴보는 것이 먼저다. 가장 큰 비율을 가진 자료만 사용할지 아니면 모든 구성 항목을 다 보여줄지도 미리 결정하는 것이 좋다. 이번 장에서는 비율 데이터를 분석하는 방법과 분석한 데이터를 활용해 어떻게 그래픽화할 수 있는지 알아보자.

## SECTION 01 비율 데이터 분석하기

비율 데이터를 그래프로 나타낼 때 대부분 파이그래프를 선택하지만, X축(독립변수)이 다수인 경우나 동시에 2개 이상의 종속변수를 비교해야 하는 경우에는 '100% 이중 누적막대그래프'를 활용하는 것이 좋다.

### (1) 1단계(읽기) : 제시자료는 조사를 하는 목적이 명확한 경우다

조사 목적은 연령대별로 커피와 차 중 어느 것을 더 선호하는지에 대한 결과를 보기 위함이다. 커피와 차 선호도를 '연령대'라는 변수와 연결시켜 상관관계를 살펴보는 것이 중요하다.

■ **조사 데이터**

> 미국의 젊은층이 커피보다 차를 선호하는 현상이 나타나고 있다. 2015년 연령별 그룹으로 나누어 조사한 결과 젊은층에서 차를 선호하는 비율이 높은 것으로 조사되었다. 18세부터 29세까지의 연령층에서는 커피 42%, 차 42%, 30세부터 44세까지의 연령층에서는 커피 50%, 차 35%, 45세부터 64세까지의 연령층에서는 커피 62%, 차 28%, 65세 이상의 연령층에서는 커피 70%, 차 21%를 선호하는 것으로 나타났다.    (*기타 및 무응답 비율은 제외)
>
> (출처 : YouGov)

### 분석 POINT

- 독립변수(기준변수), 종속변수를 결정한다.
- 커피, 차 이외의 무응답, 기타 항목은 제외한다.
- 그래프 유형을 결정한다.
- 제작 비율(형태)을 결정한다.

## (2) 2단계(요약) : 조사결과에서 연령대별 선호율을 데이터로 재구성한다

버리는 문장을 결정하고, 독립변수(연령대), 종속변수(커피(%), 차(%))의 데이터를 추출해 정렬한다.

> **제목 : 미국의 젊은층에서 커피보다 차를 선호하는 현상이 나타나고 있다.**
>
> 2015년 연령별 그룹 선호도 결과(그래픽 표현 방법)
> 18세부터 29세(독립변수) : 커피 42%, 차 42%(종속변수)
> 30세부터 44세(독립변수) : 커피 50%, 차 35%(종속변수)
> 45세부터 64세(독립변수) : 커피 62%, 차 28%(종속변수)
> 65세 이상(독립변수) : 커피 70%, 차 21%(종속변수)
>
> (*기타 및 무응답 비율은 제외)
>
> (출처 : YouGov)

### 분석 POINT

- 데이터를 분석한 후 원하는 목적에 맞는 주제를 선정한다. 제시된 데이터에서 연령대가 낮을수록 차 선호도가 높다는 의미 있는 흐름을 파악할 수 있다. 따라서 핵심 주제를 '젊은층 차 선호도 높다'로 생각해 볼 수 있다.
- 종속변수 결정 : 커피와 차의 비율(%)이 우선이다. 무응답 및 기타의 경우는 제외하기로 한다.
- 그래프 유형 : 비율 그래프는 대부분 원형(파이) 그래프로 나타내는 경우가 많다. 그러나 해당 데이터에서 커피와 차의 상관관계를 보는 것이 더 중요하므로 두 데이터를 비교하는 반원 그래프(파생된 모양)를 사용하기로 한다.

## (3) 3단계(레이아웃) : 제작 형태 및 레이아웃 결정

총 4그룹으로(연령대) 나누어 조사하였으므로 4개의 그래픽이 나올 수 있다. '해당 데이터의 제작 비율'은 발표 시 활용하기에 적합한 파워포인트 비율(4:3)로 만들어 볼 수 있다. 즉 제목, 결론, 4개의 그림(데이터)으로 이루어진 그래픽이 될 수 있다. 발표 자료이므로 배경 화면은 '커피' 느낌이 나는 '커피 백그라운드 이미지'를 활용하는 것이 좋다.

### 분석 POINT

- 4:3 비율로 배경화면을 만든다.
- '커피 : 차' 비율을 동시에 표현할 수 있는 그래프 이미지를 생각해야 한다.
- 제목 선정, 그래프 컬러, 독립변수를 상징하는 그래픽 아이콘을 결정한다.
- 비율 그래프에서 대표 값만 추출해 보여주는 경우 어떤 그래프를 사용할지 결정하는 것이 중요하다.
- 프레젠테이션에서 정보량은 매우 중요하다. 따라서 제목과 전체 데이터가 지닌 흐름을 요약해 설명하는 것이 필요하다.

### ■ 데이터 추출, 비주얼 정보차트, 레이아웃 스케치 단계별 흐름

① 텍스트 데이터에서 독립변수를 표시하며 읽는다.

> 미국의 젊은층에서 커피보다 차를 선호하는 현상이 나타나고 있다.
>
> 2015년 연령별 그룹으로 나누어 조사한 결과 젊은층에서 차를 선호하는 비율이 높은 것으로 조사되었다.
>
> 18세부터 29세까지의 연령층에서는 커피 42%, 차 42%, 30세부터 44세까지의 연령층에서는 커피 50%, 차 35%, 45세부터 64세까지의 연령층에서는 커피 62%, 차 28%, 65세 이상의 연령층에서는 커피 70%, 차 21%를 선호하는 것으로 나타났다. (*기타 및 무응답 비율은 제외)

▲ 원 데이터에 독립변수를 찾아 표시한 경우

② 비주얼 정보 차트를 활용하면 쉽게 데이터의 흐름을 파악할 수 있다.

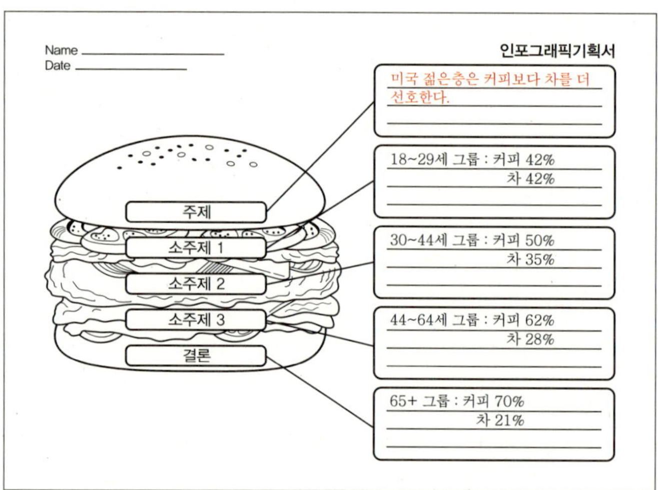


▲ 햄버거 비주얼 정보 차트에 데이터를 추출해 요약한 경우(제목, 4개의 소주제)

③ 레이아웃 스케치는 파워포인트로 직접 만들어 볼 수 있다.

그래픽을 그리기 전에 레이아웃 스케치를 먼저 하는 습관을 들이는 것이 좋다.

- 제목 : 미국의 젊은층, 커피보다 차를 선호한다.
- 제목 이하 요약 1~2줄 : 18세부터 29세의 경우 커피와 차 선호도 같아져
- 조사방법 : 미국 성인 1천 명 인터뷰. 2015년 2월 20일~23일까지 차와 커피 선호도 조사
- 조사기관 : yougov.com
- 그래프1 : 18세부터 29세(독립변수) – 커피 42%, 차 42%(종속변수)
- 그래프2 : 30세부터 44세(독립변수) – 커피 50%, 차 35%(종속변수)
- 그래프3 : 45세부터 64세(독립변수) – 커피 62%, 차 28%(종속변수)
- 그래프4 : 65세 이상(독립변수) – 커피 70%, 차 21%(종속변수)

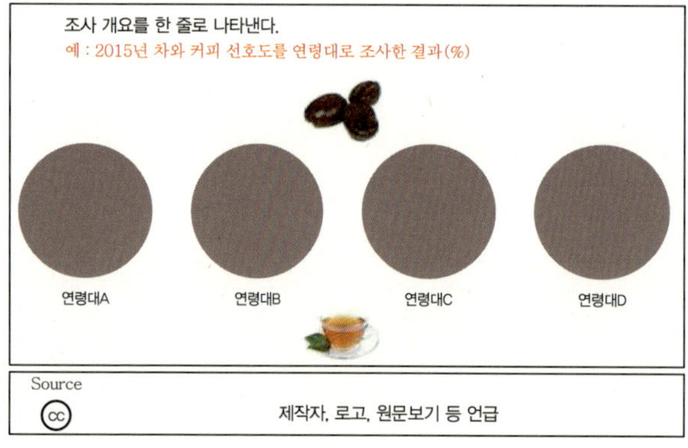


▲ 2015년 차와 커피 선호도를 연령대로 조사한 결과 레이아웃 샘플 그림

## SEC TION 02 비율 데이터 인포그래픽 만들기

미국의 연령별 커피와 차의 소비량을 비교한 자료를 활용하여 인포그래픽을 만들어보자. 연령을 표현하기 위해 텍스트뿐만 아니라 그에 어울리는 아이콘을 함께 이용해 한눈에 연령을 구분할 수 있게 한다. 막대그래프로도 커피와 차의 비율을 알 수 있게 표현하고, 더불어 배경으로도 그 비율을 알 수 있도록 두 영역의 색을 다르게 표현하자.

• 완성파일 : 차커피 – 완성.pptx   • 실습자료 : [차커피 실습자료] 폴더
• 색상정보 : 차커피 – 색상.png

**01** 발표용이므로 빔 프로젝트 전용 스크린에 크기를 맞추기 위해 [디자인] 탭-[사용자 지정] 그룹-[슬라이드 크기]에서 [표준(4:3)]을 선택해 슬라이드 크기를 변경한다.

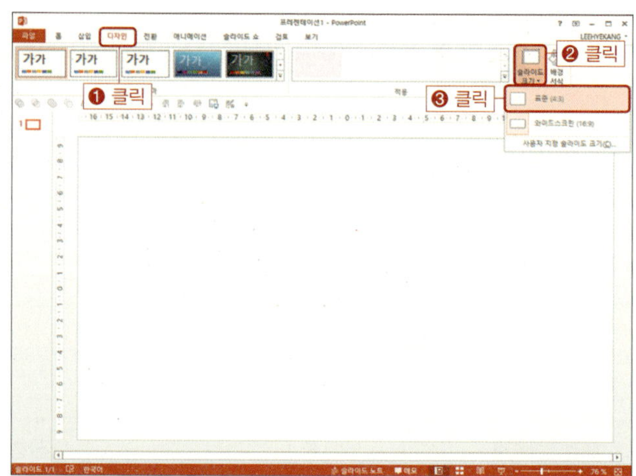

**02** 배경색 설정을 위해 빈 슬라이드에서 [마우스 오른쪽 버튼 클릭]-[배경 서식]을 선택한다. [배경 서식] 작업창의 [단색 채우기]에서 [색]을 '(1) 갈색'으로 변경한다.

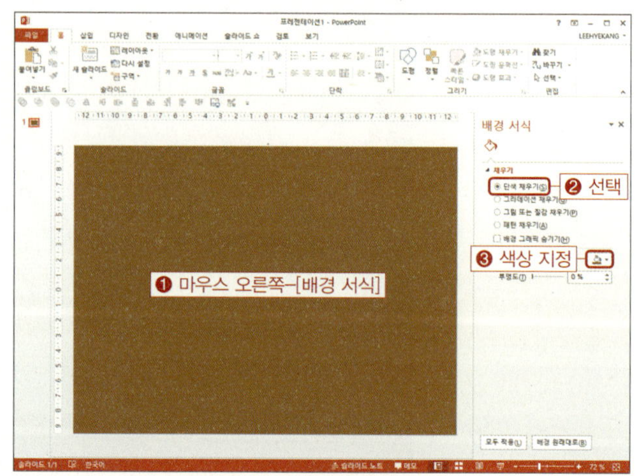


**03** [차커피 실습자료] 폴더에서 '사람.pptx'를 실행하고 연령대에 어울리는 사람을 선택하여 복사(Ctrl + C)한 후 슬라이드에 붙여넣기(Ctrl + V)한다.

**04** 연령별로 이미지 배치 순서를 변경한다. 삽입된 사람의 배경을 선택하고 [그리기 도구]-[서식] 탭-[도형 스타일] 그룹-[도형 채우기]에서 왼쪽 반원은 '(2) 진갈색', 오른쪽 반원은 '(3) 진초록색'으로 변경한다. 30세~44세를 나타내기 위해 두 번째 사람의 머리카락을 선택한 후 [그리기 도구]-[서식] 탭-[도형 스타일] 그룹-[도형 채우기]에서 '(5) 검은색'으로 변경한다.

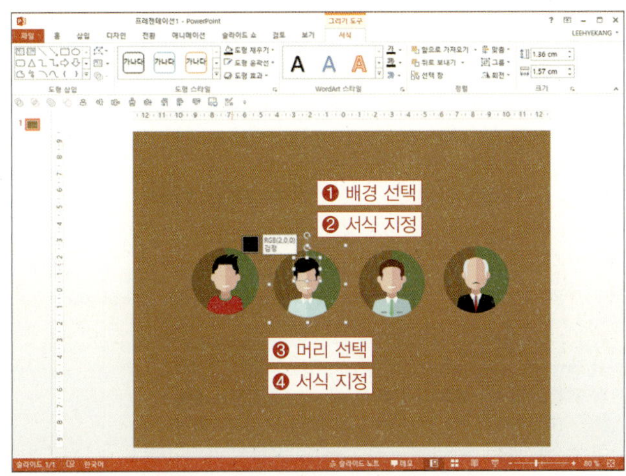


**05** 사람 아이콘을 세로로 순서대로 배치하고 그림과 같이 크기를 조절한다. 그래프를 표현하기 위해 [삽입] 탭-[일러스트레이션] 그룹-[도형]에서 [모서리가 둥근 직사각형]을 선택하여 긴 막대를 삽입한다. 도형 선택 시 생기는 노란 점을 이용해 양 끝을 둥글게 변경한다.

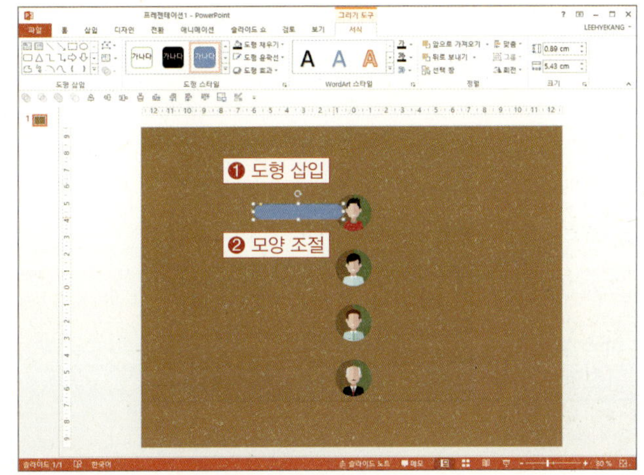


**06** [그리기 도구]-[서식] 탭-[도형 스타일] 그룹-[도형 채우기]에서 [색]은 '(2) 진갈색'으로 [도형 윤곽선]은 '윤곽선 없음'을 선택한다. 만들어진 그래프는 복제(Ctrl + D)하여 사람 아이콘 옆에 배치한다. 오른쪽 도형은 [그리기 도구]-[서식] 탭-[도형 스타일] 그룹-[도형 채우기]에서 [색]을 '(3) 진초록색'으로 변경한다. 만들어진 두 개의 도형을 복제(Ctrl + D)하여 나머지 세개의 사람 아이콘에도 그림과 같이 배치한다.

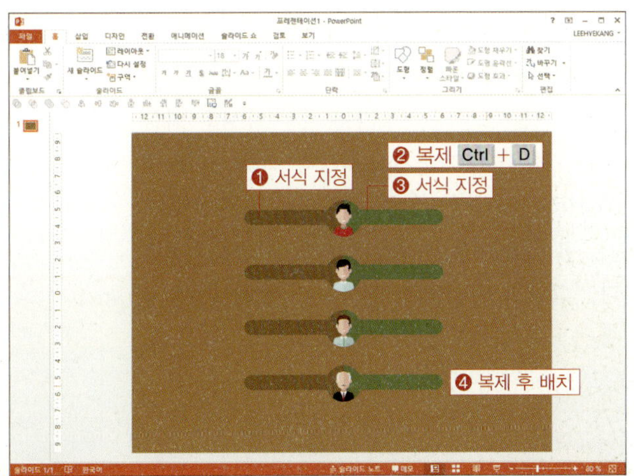

**07** 각 비율에 맞게 둥근 막대의 가로 길이를 조절한다.



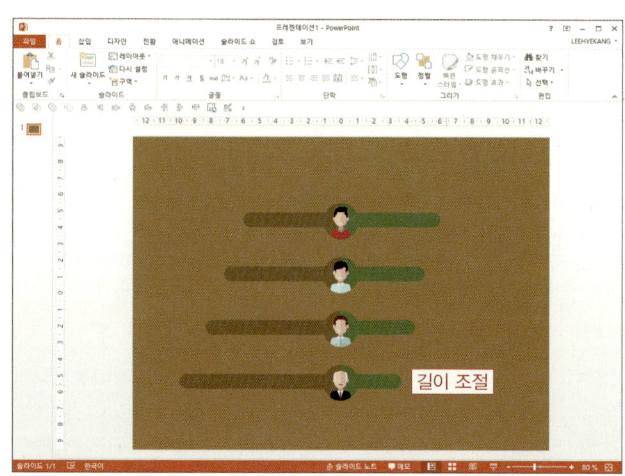


**08** [삽입] 탭-[텍스트] 그룹-[텍스트 상자]를 이용해 텍스트를 입력하고 서식을 지정한다.

| 텍스트 | 글꼴 / 글꼴 크기 / 속성 | 글꼴 색 |
|---|---|---|
| 퍼센트 | 나눔바른고딕 Light / 14 | (6) 연노랑 |
| 연령 | 나눔바른고딕 Light / 12 | (6) 연노랑 |
| 조사기관 | 나눔바른고딕 Light / 14 / 굵게 | (2) 진갈색 |
| 미국 성인 1천명~ | 나눔바른고딕 Light / 11 | (2) 진갈색 |

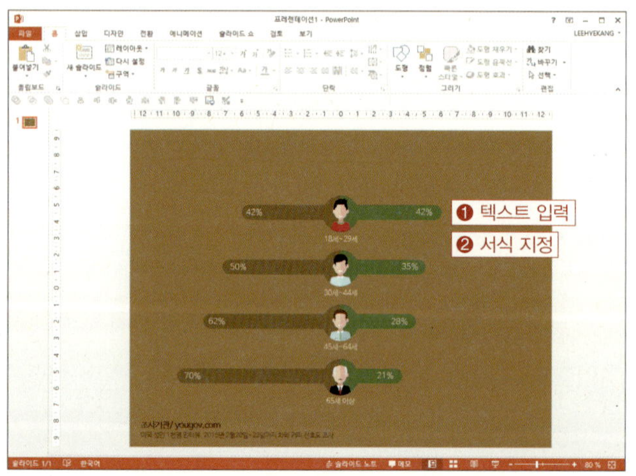


**09** [삽입] 탭-[일러스트레이션] 그룹-[도형]에서 [자유형]을 선택하고 그림과 같은 도형을 만든다. 만든 도형의 기울기는 차를 마시는 비율만큼 기울인다. 기울기를 수정하고 싶다면 도형을 선택한 상태에서 [마우스 오른쪽 버튼 클릭]-[점 편집]을 이용해 조절점을 드래그해 조정한다. [그리기 도구]-[서식] 탭-[도형 스타일] 그룹-[도형 채우기]에서 [색]을 '(4) 초록색'으로, [도형 윤곽선]은 '윤곽선 없음'을 선택한다.

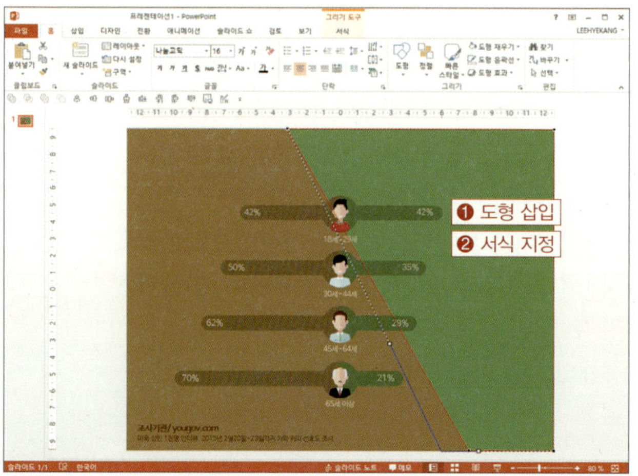

**10** 초록색 도형의 경계선과 사람 아이콘의 중앙이 만날 수 있도록 가로 위치를 이동한다. 이때 세로 위치는 변하지 않게 주의한다.

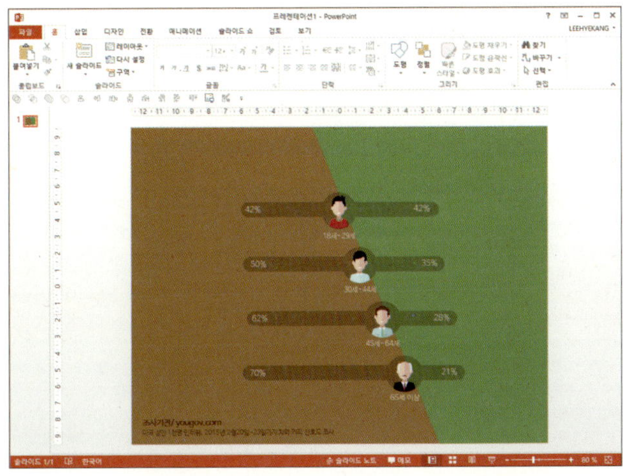

**11** 사람 아이콘의 진초록색 반원 영역만 선택한 후 [마우스 오른쪽 버튼 클릭]-[점 편집]을 선택한다. 하단부에 있는 점부터 차례로 초록색 기울기와 만날 때까지 삭제한다. Ctrl 을 누른 상태에서 조절점 가까이 마우스를 위치시켜 'X' 모양으로 바뀌면 클릭하여 점을 삭제할 수 있다.

**TIP**
만약 점 삭제가 잘 되지 않는다면 삭제하고 싶은 점에 마우스 커서를 가까이 대고 [마우스 오른쪽 버튼 클릭]-[점 삭제]를 클릭한다.

**12** 다른 연령대의 사람 아이콘도 동일한 방식으로 점 삭제를 통해 사람 아이콘 배경의 기울기와 전체 배경 기울기를 동일하게 맞춘다.

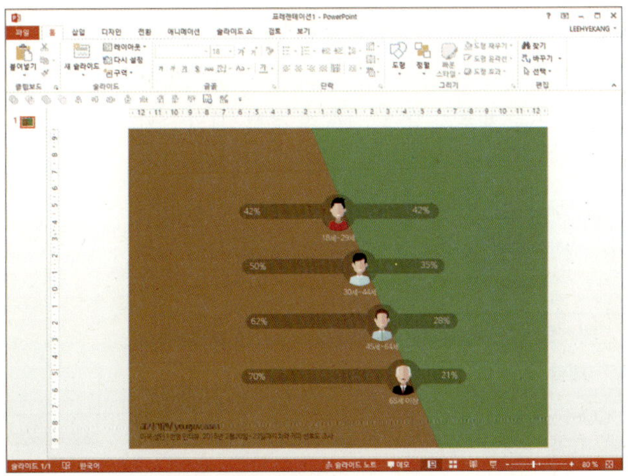

**13** [차커피 실습자료] 폴더에서 '음료.pptx'를 실행하고 커피와 차 도형 아이콘을 복사(Ctrl + C)한 후 슬라이드에 붙여넣기(Ctrl + V)한다.

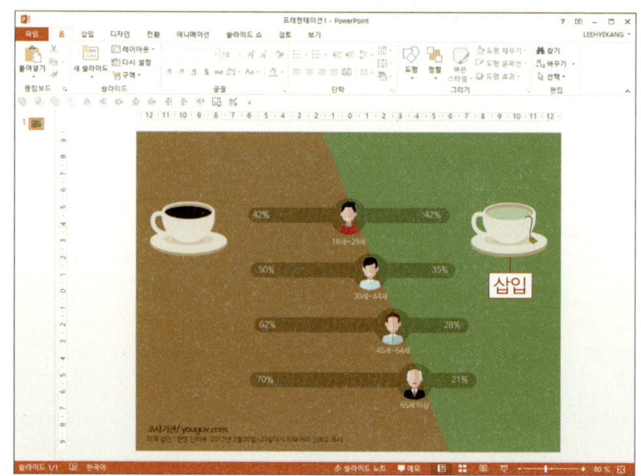


**14** 잔에 담긴 커피와 차의 색이 다르므로 배경색과 동일하게 변경한다. 커피와 차에 해당하는 도형을 선택한 후 [그리기 도구]–[서식] 탭–[도형 스타일] 그룹–[도형 채우기]에서 [색]을 각각 '(1) 갈색', '(4) 초록색'으로 변경한다.

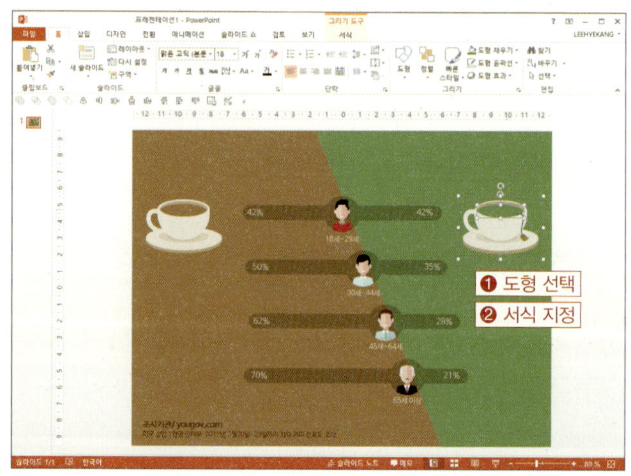


**15** [삽입] 탭–[일러스트레이션] 그룹–[도형]에서 [직사각형]을 선택해 도형을 삽입하고, [그리기 도구]–[서식] 탭–[도형 스타일] 그룹–[도형 채우기]는 '채우기 없음', [도형 윤곽선]의 [색]은 '(7) 흰색'으로, [두께]는 '3pt'로 변경한다. [삽입] 탭–[텍스트] 그룹–[텍스트 상자]를 삽입하여 제목 등을 입력하고 서식을 지정한다.

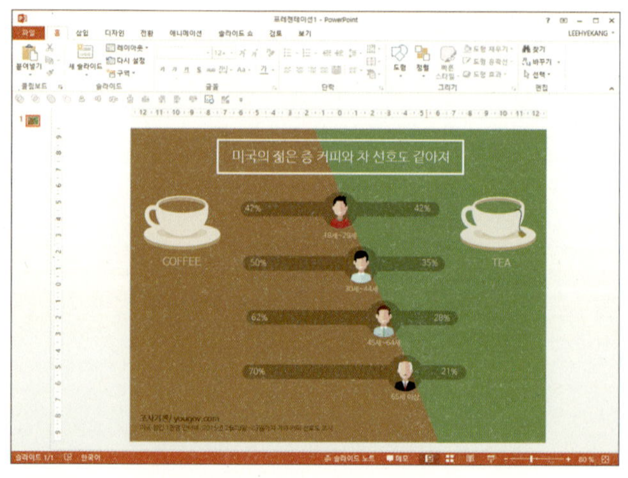


| 텍스트 | 글꼴 / 글꼴 크기 | 글꼴 색 |
| --- | --- | --- |
| 제목 | 나눔바른고딕 Light / 24 | (7) 흰색 |
| COFFEE, TEA | 나눔바른고딕 Light / 18 | (6) 연노랑 |

# 07

# 통계 기반 픽토그램
## 인포그래픽 만들기

'픽토그램'은 사람들에게 공감을 유도할 수 있는 표현 방법 중 하나이다. 하지만 픽토그램을 수식하는 설명이 없다면 이야기는 달라진다. 따라서 픽토그램만으로 이해시키려 하지 말고 설명 문구를 함께 덧붙이는 방법을 사용해야 한다. 이번 장에서는 픽토그램으로 작성될 데이터를 분석하고 정보를 전달하는 인포그래픽을 만들어 보자.

## SECTION 01 픽토그램으로 작성될 통계자료 분석하기

픽토그램은 '기호학'에서도 매우 중요한 위치를 차지한다. 픽토그램은 보는 사람이 쉽게 연상할 수 있는 표현이 중요하다. 또한 자료에서 추출한 키워드가 다수이고 동시에 숫자와 연결된 경우는 미리 하나의 키워드를 선정해 픽토그램과 숫자로 구성된 샘플을 만드는 것이 필요하다. 최종 결과물을 보면 쉬워 보이지만 원 데이터(텍스트)는 해독이 어려운 경우가 많다.

## (1) 1단계(읽기) : 제시된 자료 읽기

본 사례에서 제작의 주체는 '물의 중요성'을 역설하고자 하는 기관의 담당자 또는 그래픽 보도자료를 만들고자 하는 언론인 등으로 가정한다.

### ■ 제시자료

산지에서 재배된 커피가 가공돼 스타벅스나 커피빈에 들른 소비자의 손에 한 잔의 아메리카노로 전달되기까지는 평균 132리터의 물이 들어갑니다. 커피 한 잔 용량(125㎖)의 1천56배에 달하는 물이 소비되는 셈입니다. 이런 식으로 계산하면 1kg의 쇠고기를 생산하는 데는 1만5천415리터의 물이 소비됩니다. 우유 한 잔(250㎖)에는 225리터, 계란 한 알은 196리터, 닭고기 1kg은 4천325리터, 돼지고기 1kg은 5천988리터, 초콜릿 1kg은 1만7천196리터, 피자 한 판은 1천259리터, 소가죽 1kg은 1만7천93리터의 물이 필요합니다.

이처럼 제품의 생산 · 유통 · 사용 · 폐기 과정에서의 물 소비량을 나타내는 지표를 '물발자국(water footprint)'이라고 합니다. 탄소 배출량을 줄이기 위한 '탄소 발자국(carbon footprint)'처럼 물 절약을 위해 고안한 지표입니다. 국제표준화기구(ISO)는 2014년 물발자국에 대한 국제표준(ISO 14046)을 제정했습니다. 우리나라도 이번에 물발자국에 대한 국가표준이 마련됐습니다. 산업통상자원부 국가기술표준원은 해외 수출 규제에 선제적으로 대응하고자 물발자국 산정 방법에 대한 한국산업규격(KS)을 제정했다고 밝혔습니다.

물발자국을 활용하면 기업은 생산활동 과정에서 물 소비량과 수질 영향을 파악해 원가를 절감하고 친환경 기업으로서 이미지를 제고할 수 있으며 소비자는 친환경 제품을 쉽게 파악해 구매할 수 있습니다. 국가기술표준원은 "유럽연합(EU) 등 선진국에서 농식품 등 물 소비량이 많은 제품에 대해 물발자국 인증을 요구할 것으로 예상된다"며 "무역기술장벽(TBT)으로 작용할 가능성 있어 대비가 필요하다"고 설명했습니다. 무역장벽을 피하기 위한 조치이지만 환경보호에 필요한 선진적인 제도적 장치를 서둘러 추가했다는 점에서 긍정적이라는 평가가 나옵니다.

### 분석 POINT

- 대주제를 선정한다.
- 독립변수(기준변수), 종속변수를 결정한다.
- 모든 데이터를 사용할 수 없다. 필요한 문장만 선택하고 버리는 문장을 결정한다.
- 제작 형태를 결정한다.

## (2) 2단계(요약) : 데이터는 취사선택하여 버리는 문장에 밑줄을 긋는다

제작자는 '물의 중요성'을 강조하고자 한다. 앞부분은 물 사용량을 사람들이 쉽게 이해할 수 있는 데이터로 환산해 설명하고, 뒷부분은 기대효과 등을 나타내고 있다. 즉, 물 사용량을 나타내는 물발자국의 중요성, 필요성, 기대효과로 나누어 데이터를 요약해 볼 수 있다.

### ■ 제시자료 요약

산지에서 재배된 커피가 가공돼 스타벅스나 커피빈에 들른 소비자의 손에 한 잔의 아메리카노로 전달되기까지는 평균 132리터의 물이 들어갑니다. 커피 한 잔 용량(125㎖)의 1천56배에 달하는 물이 소비되는 셈입니다. 이런 식으로 계산하면 1kg의 쇠고기를 생산하는 데는 1만5천415리터의 물이 소비됩니다. 우유 한 잔(250㎖)에는 225리터, 계란 한알은 196리터, 닭고기 1kg은 4천325리터, 돼지고기 1kg은 5천988리터, 초콜릿 1kg은 1만7천196리터, 피자 한 판은 1천259리터, 소가죽 1kg은 1만7천93리터의 물이 필요합니다.
이처럼 제품의 생산·유통·사용·폐기 과정에서의 물 소비량을 나타내는 지표를 '물발자국(water footprint)'이라고 합니다.(주장을 하는 근거)

탄소 배출량을 줄이기 위한 '탄소 발자국(carbon footprint)'처럼 물 절약을 위해 고안한 지표입니다. 국제표준화기구(ISO)는 2014년 물발자국에 대한 국제표준(ISO 14046)을 제정했습니다. 우리나라도 이번에 물발자국에 대한 국가표준이 마련됐습니다.(정의 및 자료 근거를 나타냄)
산업통상자원부 국가기술표준원은 해외 수출 규제에 선제적으로 대응하고자 물발자국 산정 방법에 대한 한국산업규격(KS)을 제정했다고 밝혔습니다.
물발자국을 활용하면 기업은 생산활동 과정에서 물 소비량과 수질 영향을 파악해 원가를 절감하고 친환경 기업으로서 이미지를 제고할 수 있으며 소비자는 친환경 제품을 쉽게 파악해 구매할 수 있습니다.(기대효과)
국가기술표준원은 "유럽연합(EU) 등 선진국에서 농식품 등 물 소비량이 많은 제품에 대해 물발자국 인증을 요구할 것으로 예상된다"며 "무역기술장벽(TBT)으로 작용할 가능성 있어 대비가 필요하다"고 설명했습니다.(필요성)

무역장벽을 피하기 위한 조치이지만 환경보호에 필요한 선진적인 제도적 장치를 서둘러 추가했다는 점에서 긍정적이라는 평가가 나옵니다.

### 분석 POINT

- 주장 : 9개(나열식), 기대효과 : 3개, 물발자국 개념 : 1개, 대응방안(결론) : 1개
- 독립변수인 물, 종속변수인 9개의 생산품을 그래픽으로 표현
- SNS용으로 제작할 경우 정사각형 비율로 제작

## (3) 3단계(레이아웃) : 제작 형태 및 레이아웃 결정

- 정사각형 사이즈에 9개의 생산품 픽토그램을 3*3(3열, 3행)으로 배열한다.
- 제목 1안 : 커피 한 잔 마시는 데 물 132리터 소비. 물 발자국 추적
  2안 : 커피 한 잔을 마시려면 물이 얼마나 필요할까?
- 픽토그램 : 쇠고기, 커피, 계란, 닭고기, 돼지고기, 우유, 피자, 소가죽, 초콜릿
- 개념정의 : 물발자국
- 기대효과 : 원가절감, 친환경기업 이미지, 친환경제품 구매
- 필요성 : "무역기술장벽(TBT)" 대비

### 분 석 POINT

- 1:1 비율로 배경 사이즈를 결정한다. 친환경 느낌의 컬러를 사용해도 좋다.
- 나열식 정보구조다. 픽토그램이 상징하는 생산품을 만들기 위해 필요한 물의 양(리터)을 계산해서 설명한다.
- 9개의 픽토그램과 데이터 조합 위치는 일정해야 읽는 흐름이 끊어지지 않는다.
- 제목 결정, 기대 효과 등은 텍스트로 정리한다.

### ■ 레이아웃 스케치 사례

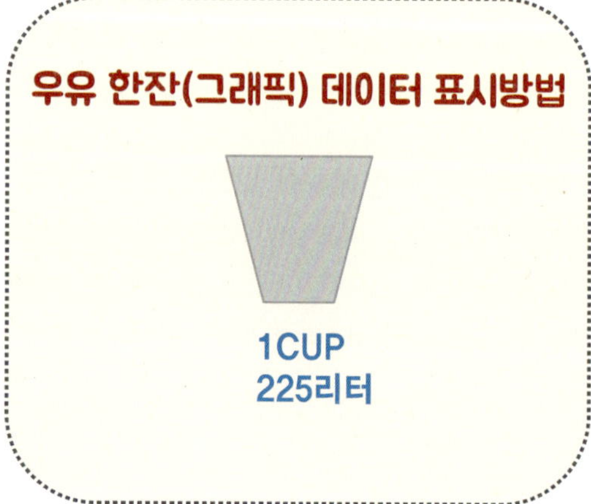


▲ 우유 한 잔을 만들기 위해 필요한 물의 양을 표시한 방법. 전체 9개의 그래픽 구조에 동일한 형식으로 사용할 수 있다.

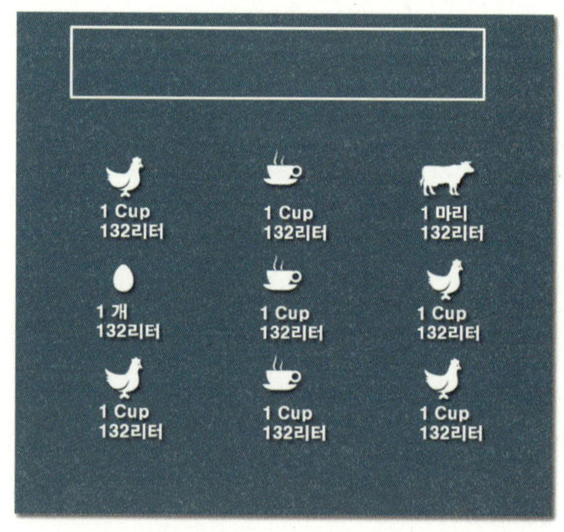


▲ 픽토그램 + 데이터 계산을 3열, 3행 구조로 표현한 레이아웃 스케치

## SECTION 02 픽토그램을 활용한 물발자국 인포그래픽 만들기

커피 한 잔을 만들기 위해 천 배가 넘는 물이 소비된다는 것을 시각적으로 표현하기 위해 물방울을 활용해 그 차이를 한눈에 볼 수 있게 한다. 물방울 모양이 반복될 경우 자칫 심심해 보일 수 있으므로 그라데이션 효과를 이용한다. 물발자국에 대한 개념을 설명한 후 다른 제품을 만드는 데 얼마나 많은 물이 소요되는지 정리해 물의 소중함을 촉구하는 자료를 만들고 SNS에 바로 공유할 수 있도록 이미지로 만들어보자.

**실전**
**따라하기**

- 완성파일 : 물발자국 – 완성.pptx  · 실습자료 : [물발자국 실습자료] 폴더
- 색상정보 : 물발자국 – 색상.png

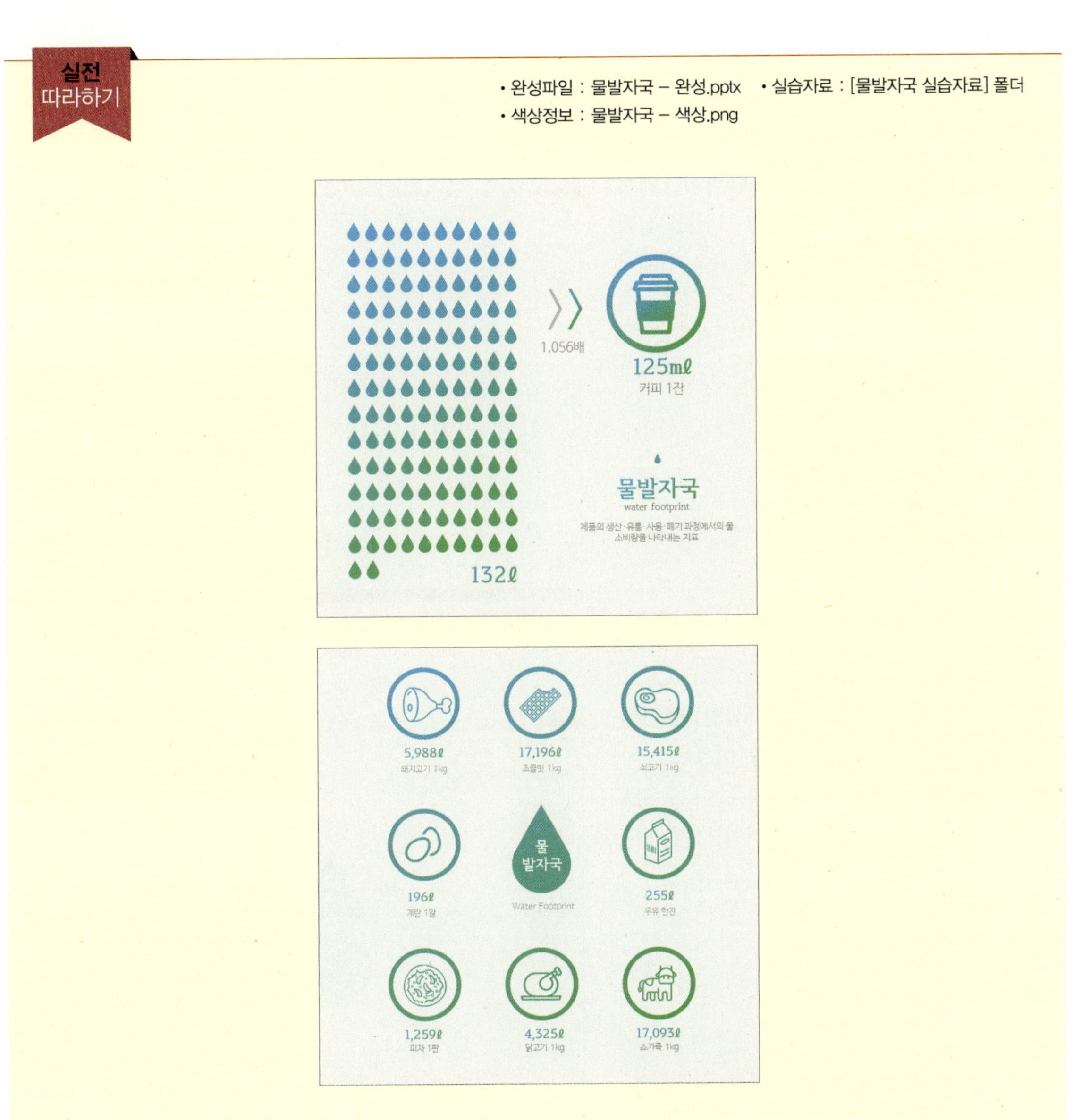

**01** SNS에 활용하기 좋은 사이즈인 1대1 비율로 슬라이드 크기를 조정한다. [디자인] 탭-[사용자 지정] 그룹-[슬라이드 크기]-[사용자 지정 슬라이드 크기]를 선택해 [너비]와 [높이]를 '19.05cm'로 지정한다.

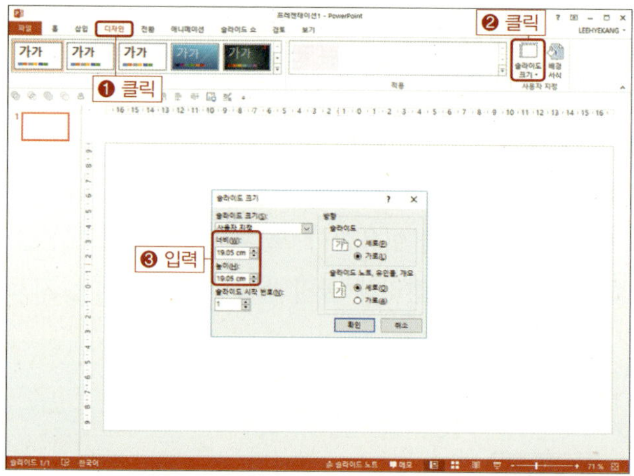


**02** 배경색을 지정하기 위해 빈 슬라이드에서 [마우스 오른쪽 버튼 클릭]-[배경 서식]을 선택한다. [배경 서식] 작업창의 [단색 채우기]에서 [색]을 '(1) 연회색'으로 변경한다.

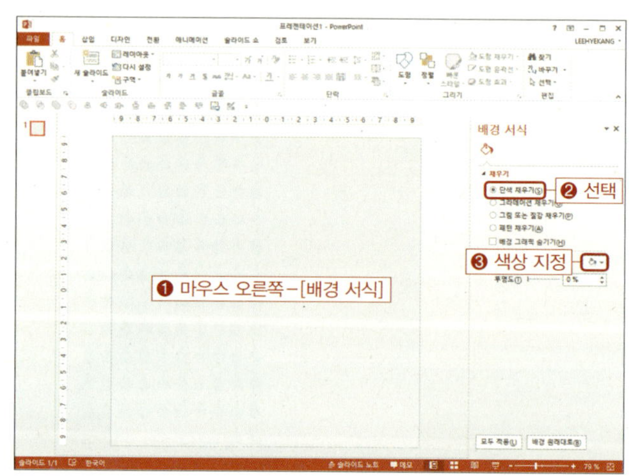


**03** 물방울 모양을 만들기 위해 [삽입] 탭-[일러스트레이션] 그룹-[도형]에서 [이등변 삼각형]과 [타원]을 선택한 후 그림과 같이 도형을 삽입하고 마우스 오른쪽-[도형 서식]-[선 색]-[선 없음]으로 체크한다.

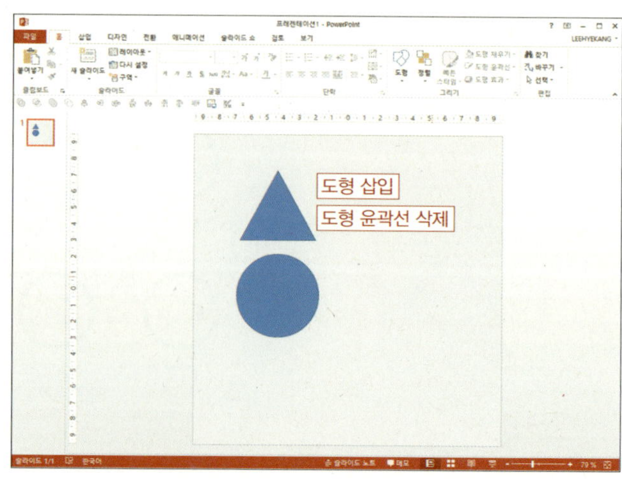


**TIP**
타원은 Shift 를 누른 상태에서 드래그하여 만들면 정원을 쉽게 그릴 수 있다.

**04** 이등변 삼각형과 타원을 겹치게 배치한 후 [빠른 실행 도구 모음]에서 [도형 병합]을 클릭한다.

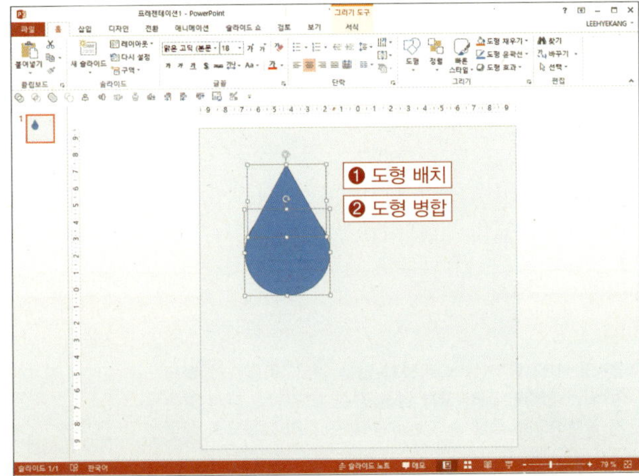


**TIP**
[빠른 실행 도구 모음] 관련 내용은 CHAPTER 01의 SECTION 3을 참고한다. 2010 버전에서는 [셰이프 병합]을 선택한다.

**05** 혹시, 삼각형과 원의 경계 부분이 딱 맞아 떨어지지 않는다면 도형을 선택한 상태에서 [마우스 오른쪽 버튼 클릭]-[점 편집]을 선택한 후 경계 부분의 점을 하나만 남기고 삭제한다. 점 위에서 [마우스 오른쪽 버튼 클릭]-[점 삭제]를 선택하거나 Ctrl 을 눌러 마우스 포인터가 X 모양으로 바뀌면 클릭해서 제거한다.

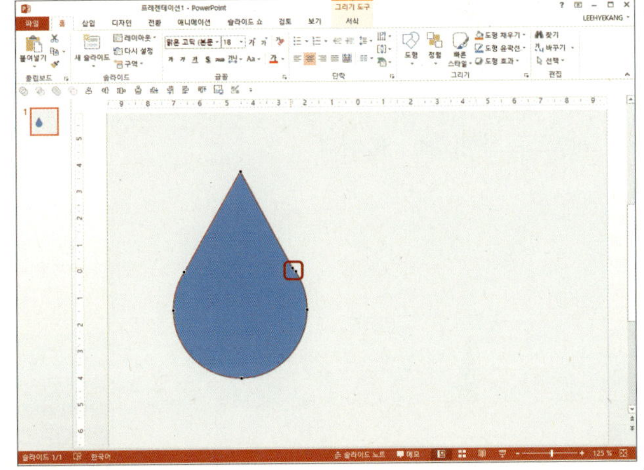

**06** 완성된 물방울은 크기를 작게 한 후 복제( Ctrl + D )하고 마우스로 드래그하여 오른쪽에 간격을 두고 배치한다. 이후 10개를 복제( Ctrl + D )하면 동일한 간격으로 물방울이 복제된다. 10개의 물방울을 드래그하여 모두 선택한 후 그룹으로 설정( Ctrl + G )한다.

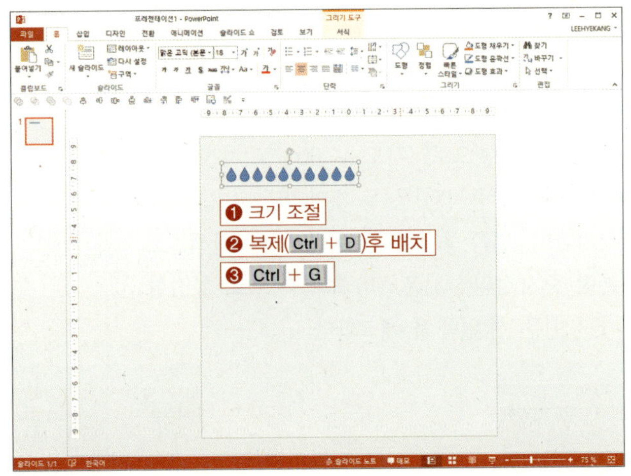


**TIP**
복제 단축키( Ctrl + D )로 복제한 후 마우스 드래그로 다음 위치를 정하고 바로 복제 단축키( Ctrl + D )를 누르면 동일한 간격으로 복제된다. 이때 다른 단축키를 쓰거나 버튼을 클릭하면 복제한 기록이 사라지므로 주의하자.

**07** 132ℓ를 표현해야 하므로 그룹으로 지정한 물방울을 복제 단축키를 이용해 총 14개를 만든다.

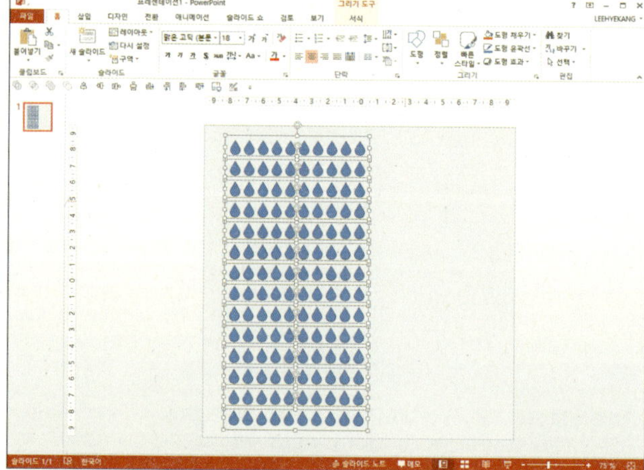



**08** 가장 아랫줄의 물방울은 그룹 설정을 해제(Ctrl + Shift + G)한 후 8개의 물방울을 선택하여 삭제(Delete)한다. 완료된 물방울은 모두 선택한 후 그룹으로 설정(Ctrl + G)한다.

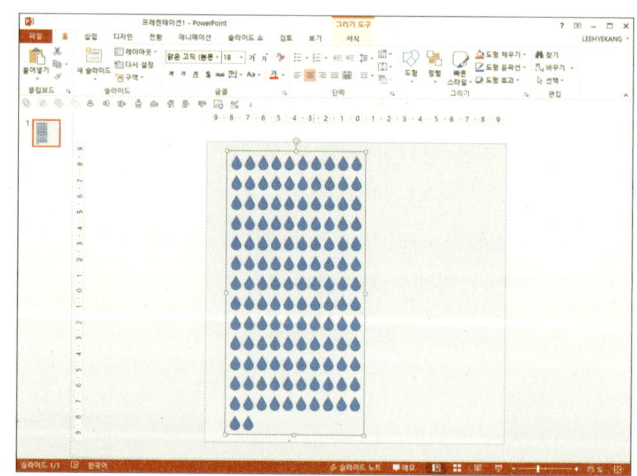

**09** 물방울 그룹을 선택한 후 [마우스 오른쪽 버튼 클릭]-[도형 서식]을 선택한다. [도형 서식] 작업창의 [그라데이션 채우기]를 선택하고, [종류]는 '선형'으로, '각도'는 '60%'로 지정한다. [그라데이션 중지점]은 두 개만 만들고 양 끝에 배치한다. 왼쪽 중지점의 [색]은 '(2) 파란색', 오른쪽 중지점의 [색]은 '(3) 초록색'으로 설정한다. [선]은 '선 없음'을 체크한다.

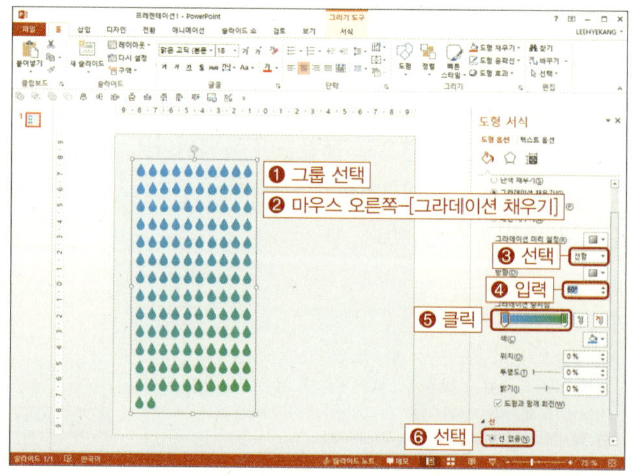

**10** [삽입] 탭–[이미지] 그룹–[그림]을 선택하여 [물발자국 실습자료] 폴더에서 'coffee10.eps' 파일을 불러와 삽입하고 그룹 설정의 해제(Ctrl + Shift + G)를 두 번 눌러 도형으로 변환한다. 이때 생기는 불필요한 도형은 선택한 후 삭제(Delete)한다.

**TIP**
다른 모양의 EPS 파일을 찾고 싶다면 http://flaticon.com에서 직접 다운로드할 수 있다.

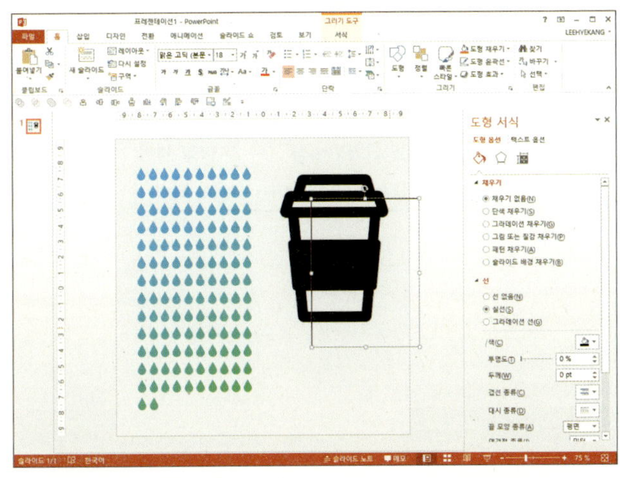

**11** 커피 도형을 선택하여 크기를 조절한다. [삽입] 탭–[일러스트레이션] 그룹–[도형]에서 [도넛]을 선택한 후 Shift를 누른 채 도형을 만든다. 도넛 선택 시 생기는 모양 조절점을 이용해 두께를 조정한다.

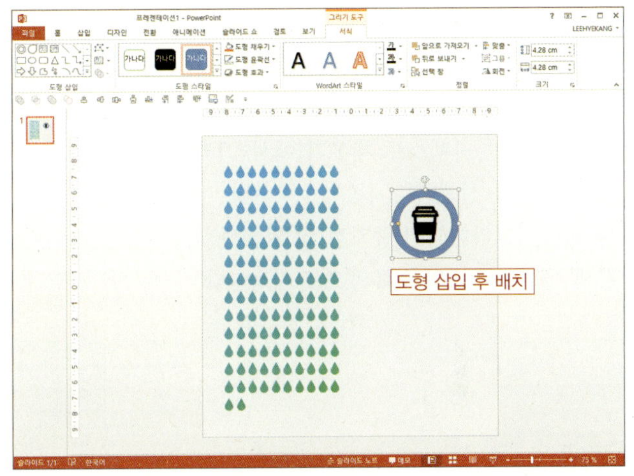


**12** 도넛과 커피 도형을 선택한 후 그룹으로 설정(Ctrl + G)하고 [마우스 오른쪽 버튼 클릭]–[도형 서식]–[그라데이션 채우기]를 선택한다. 기존에 적용했던 그라데이션 기록이 그대로 남아 있으므로 별도로 설정하지 않아도 된다. [선]은 '선 없음'을 체크한다.

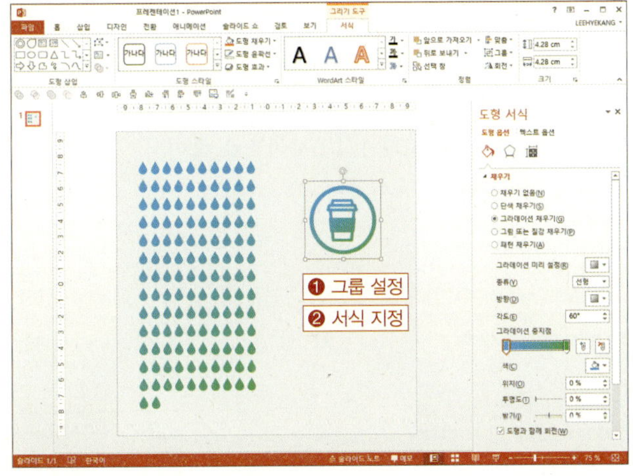

**13** [삽입] 탭–[텍스트] 그룹–[텍스트 상자]를
이용해 '≫'를 입력하고 서식을 지정한다.

| 텍스트 | 글꼴 / 글꼴 크기 / 속성 | 글꼴 색 |
|--------|------------------------|---------|
| ≫ | 나눔바른고딕 Light / 54 / 굵게 | (4) 회색 |

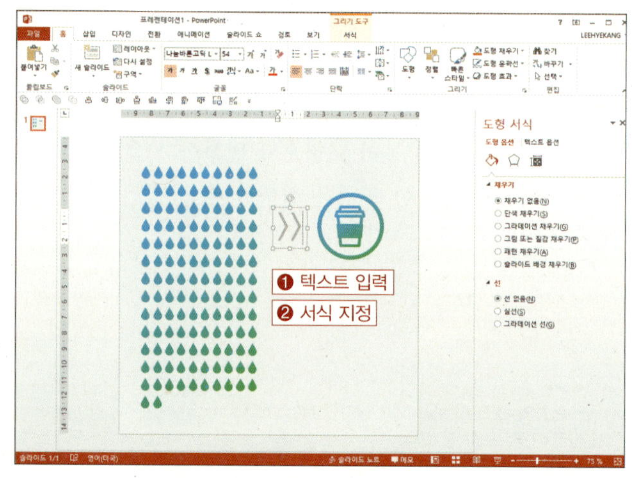


**14** 두 번째 '>'만 선택하고 [마우스 오른쪽 버
튼 클릭]–[텍스트 효과 서식]을 선택한다. [도
형 서식] 작업창의 [텍스트 옵션]–[텍스트 채우
기 및 윤곽선]–[텍스트 채우기]에서 '그라데이
션 채우기'를 선택한다. [종류]는 '선형', [각도]
는 '60°', [그라데이션 중지점]의 왼쪽은 '(2) 파
란색', 오른쪽은 '(3) 초록색'으로 지정한다.

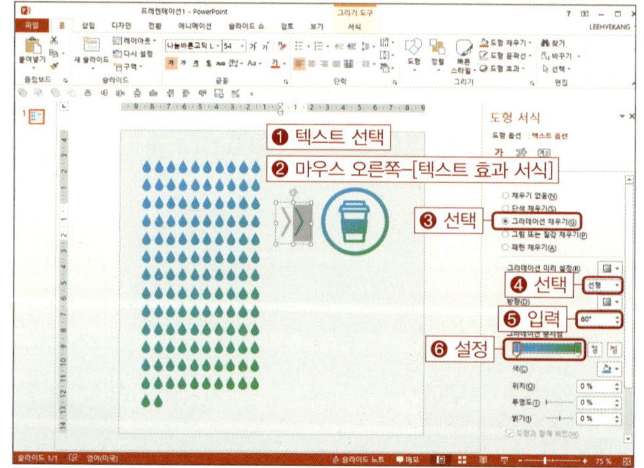


**15** 기존에 만들었던 물방울 1개를 복사(Ctrl +
C)한 후 붙여넣기(Ctrl + V)하고 컵 아래에 배
치한다. 125㎖와 132ℓ를 비교하는 물방울이기
때문에 기존 물방울보다 1/10 사이즈로 줄여서
차이를 보여준다.

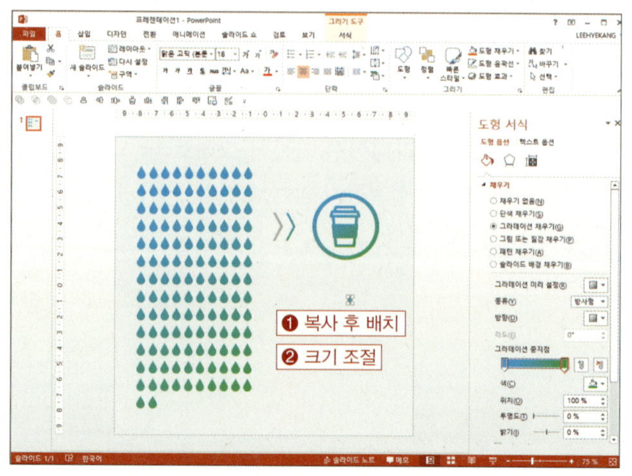

**16** [삽입] 탭–[텍스트] 그룹–[텍스트 상자]를 이용해 텍스트를 입력하고, 강조하고 싶은 텍스트는 '그라데이션 채우기'를 지정한다. 기존 텍스트에 그라데이션을 설정했기 때문에 동일하게 적용된다.

| 텍스트 | 글꼴 / 글꼴 크기 / 속성 | 글꼴 색 |
|---|---|---|
| 125㎖, 132ℓ, 물발자국 | 대한 / 28 / 굵게 | 그라데이션 채우기 |
| 1,056배, 커피 1잔 | 나눔바른고딕 Light / 16 | (4) 회색 |
| water footprint | 대한 / 12 | (4) 회색 |
| 제품의 생산 ~ | 나눔바른고딕 Light / 11 | (4) 회색 |

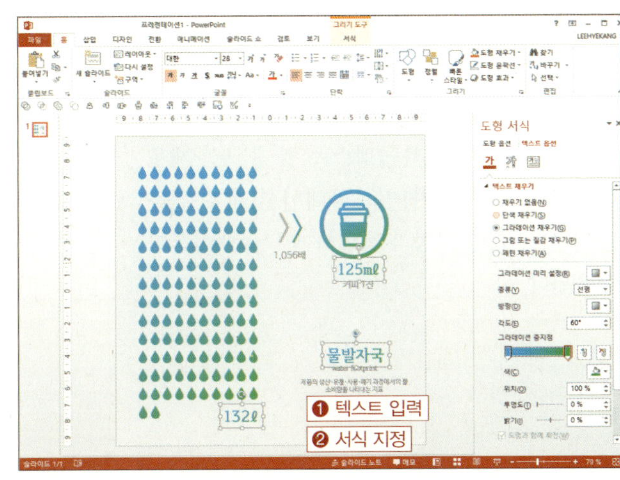


**17** Ctrl + M 을 눌러 새 슬라이드를 추가하고 기본 도형들은 삭제한다. 커피 컵을 만들었던 방식과 동일하게 [물발자국 실습자료] 폴더에서 관련 EPS 파일을 불러오거나 flaticon(http://flaticon.com)에서 원하는 EPS 파일을 다운로드받아 그림과 같이 만든다. 도형의 색은 작성을 완료한 후 일괄적으로 지정할 것이므로 지금은 어떤 색이든 관계없다. [삽입] 탭–[일러스트레이션]그룹–[도형]에서 [도넛]을 선택하여 도형을 만든다. 이전 슬라이드에서 도넛 모양을 복사하여 그림과 같이 배치한다.

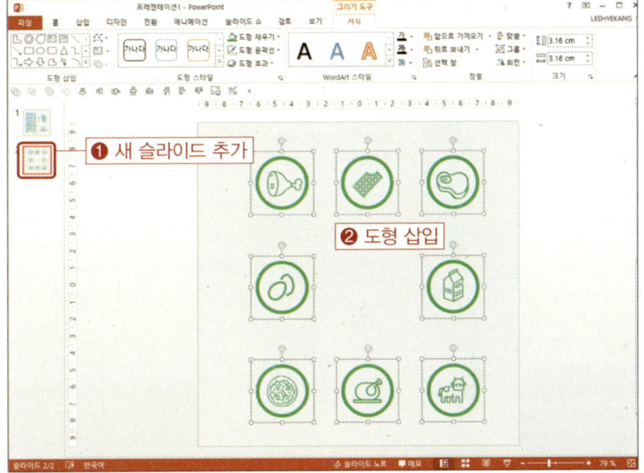


**18** [삽입] 탭–[텍스트] 그룹–[텍스트 상자]를 선택해 물발자국 소요량과 각 요소를 입력한다.

| 텍스트 | 글꼴 / 글꼴 크기 | 글꼴 색 |
|---|---|---|
| XXX ℓ | 대한 / 16 / 굵게 | (4) 회색 |
| 설명 텍스트 | 나눔바른고딕 Light / 10.5 | (4) 회색 |



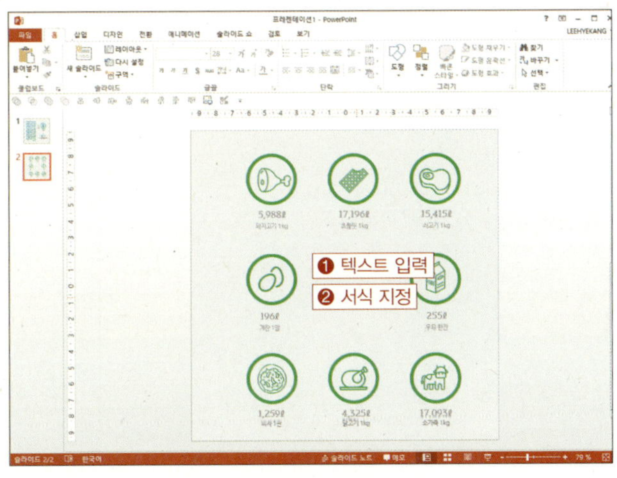

**19** Ctrl 을 누른 상태에서 리터(ℓ)에 관련된 텍스트만 클릭해 선택한 후 [마우스 오른쪽 버튼 클릭]-[개체 서식]을 선택한다. [도형 서식] 작업창의 [텍스트 옵션]-[텍스트 및 윤곽선 채우기]-[텍스트 채우기]-[그라데이션 채우기]를 선택한다. 기존 설정과 동일하게 그라데이션이 적용된다.

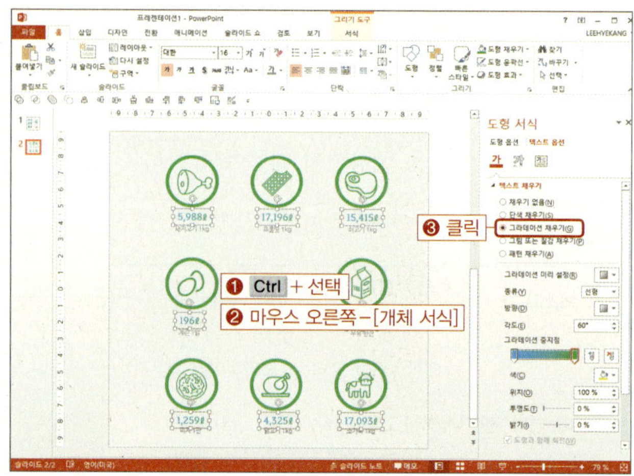


**20** 슬라이드 1번에 있는 물방울을 하나 복사(Ctrl + C)하고 2번 슬라이드에 붙여넣은 후 중앙에 배치하고 크기를 조절한다.

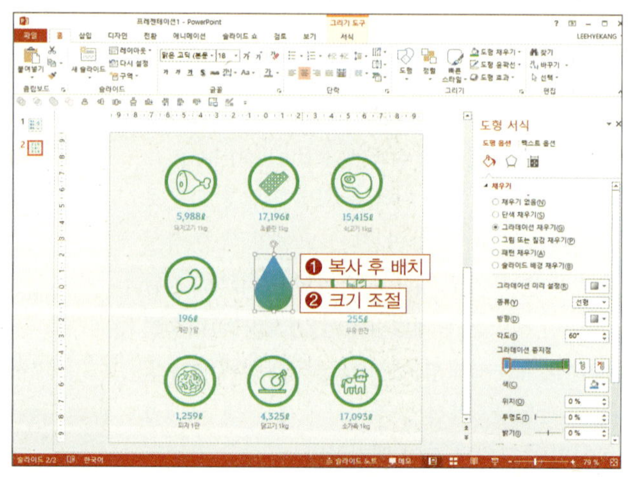


**21** Ctrl 을 이용해 모든 도형들을 선택한 후 그룹을 설정(Ctrl + G)한다.

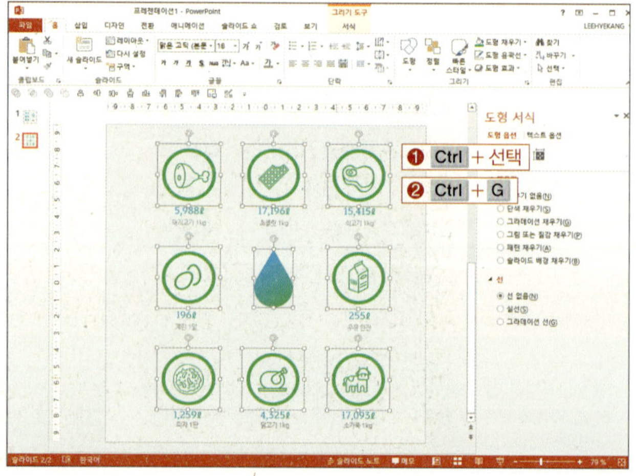

**22** [마우스 오른쪽 버튼 클릭]-[도형 서식]을 선택한다. [도형 서식] 작업창의 [채우기]-[그라데이션 채우기]를 선택해 기존 설정을 적용한다. 만일 전체적으로 파란색 느낌이 강해 초록색 영역을 더 추가하고 싶다면 [그라데이션 중지점]의 초록색 중지점에서 왼쪽을 클릭해 중지점을 추가하면 초록색 영역이 더 보이게 된다.



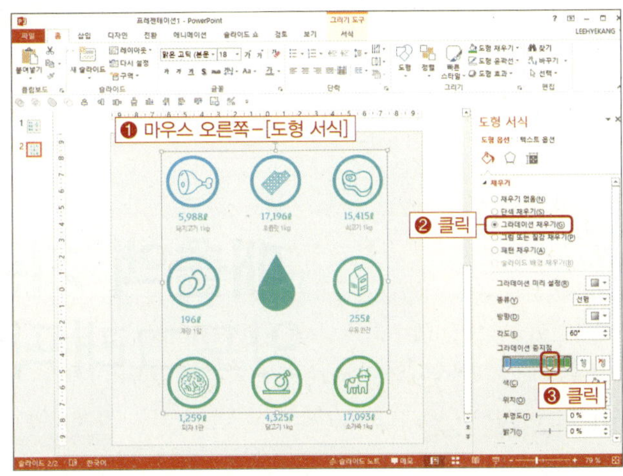


**23** [삽입] 탭-[텍스트] 그룹-[텍스트 상자]를 선택해 텍스트를 입력하고 서식을 지정한다.

| 텍스트 | 글꼴 /글꼴 크기 | 글꼴 색 |
|---|---|---|
| 물발자국 | 대한 / 18 / 굵게 | (5) 흰색 |
| Water Footprint | 나눔바른고딕 Light / 10.5 | (4) 회색 |

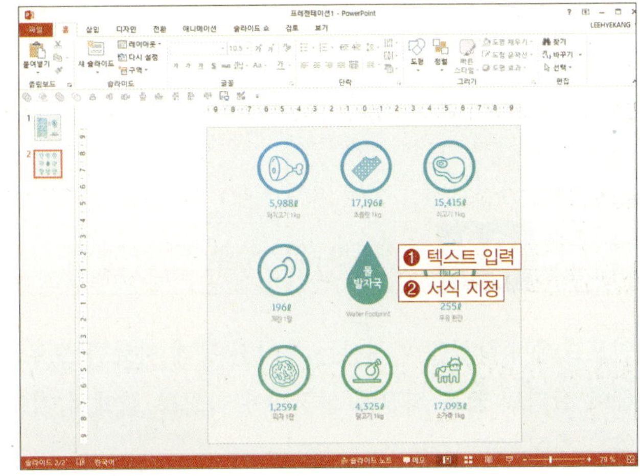


**24** SNS 전용 이미지로 만들기 위해 [파일] 탭-[다른 이름으로 저장]을 선택한 후 원하는 위치를 지정하고 [파일 이름]을 지정한다. [파일 형식]은 'PNG 형식'을 선택해 각 슬라이드를 이미지로 저장한다.

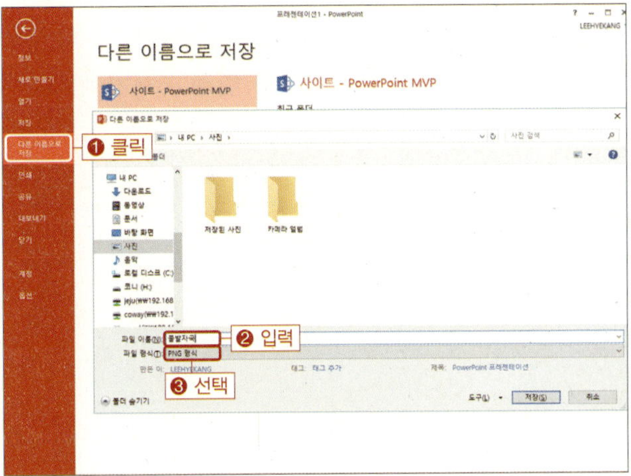

# 매출액 기준 통계
## 인포그래픽 만들기

시장 흐름을 읽을 수 있는 중요한 통계 자료가 있을 경우 이를 문서에 넣어 활용하는 경우가 있다. 파워포인트로 여러 사람 앞에서 발표를 해야 한다면 이 통계의 내용을 그대로 전달하는 것이 아니라 이야기하려는 포인트를 집어서 이를 그래픽으로 전달하는 것이 중요하다. 현장에서 인포그래픽을 문서 제작에 활용하는 경우가 많으므로 통계 요약부터 그래픽 제작까지 만드는 과정을 함께 따라해 보자.

## SECTION 01 통계 자료 표로 요약하기

인포그래픽 작성을 위해서는 흩어진 통계 자료를 표로 정리할 수 있어야 한다. 이를 발표자료로 활용해야 한다면 짧은 시간에 설명해야 하므로 표에서 이야기하고자 하는 핵심 메시지가 제목으로 들어가는 것이 좋다.

### (1) 1단계(내용 파악) : 숫자에서 의미 있는 자료 찾기

통계자료나 언론기사에서 자료를 인용하여 보도할 때 첫 문장이 대부분 결론이라 생각하면 된다. 따라서 첫 문장을 보고 어떤 목적을 위해 조사가 이루어져 있는지 파악해야 한다.

■ **제시자료**

국내 자동차 시장에서 성능을 앞세운 독일차가 위세를 떨치며 국산차를 추월하고 있다. 자리를 내준 국산 완성차 업체들은 각 사의 대표모델에 주력해 안방을 되찾는다는 계획이다. 16일 금융감독원 전자공시 및 업계에 따르면 지난해 수입차업체의 국내매출이 급증하면서 브랜드별 순위도 변동됐다.

내수시장 매출 1, 2위는 현대자동차(18조293억 원)와 기아자동차(9조3112억 원)가 각각 사수했다. 그러나 3위 자리는 2조6619억 원을 기록한 아우디 폭스바겐코리아가 2조5026억 원을 올린 한국지엠을 대신해 들어갔다.

국내매출에서 아우디 폭스바겐코리아가 한국GM을 앞지르고 빅3에 입성한 것은 처음이다. 5위와 6위 역시 BMW 코리아(2조2999억 원)와 메르세데스벤츠코리아(2조2045억 원)가 르노삼성자동차와 쌍용자동차를 누르고 각각 차지했다. 르노삼성은 2조1250억 원 매출로 7위, 쌍용차는 1조9626억 원 매출로 8위에 그쳤다. 업계는 지난해 국내 완성차 업체의 국내매출이 증가했지만, 수입차 브랜드는 그 이상 빠르게 성장했기 때문으로 보고 있다. 이에 독일차에 자리를 내준 한국지엠과 르노삼성, 쌍용차 3사는 각사의 대표 인기모델을 앞세워 빼앗긴 안방을 탈환한 다는 방침이다.

**분석 POINT**

- 조사의 목적이 무엇인지 생각하고 이야기하고자 하는 주제를 선정한다.
- 모든 통계는 제일 먼저 독립변수(기준변수), 종속변수를 찾는 것이 중요하다.
- 숫자형 정보를 직접 표로 구성할 수 있는 능력을 갖추는 것이 중요하다.

## (2) 2단계(요약) : 버리는 문장 선택과 표 만들기

■ **제시자료 요약**

국내 자동차 시장에서 성능을 앞세운 독일차가 위세를 떨치며 국산차를 추월하고 있다. 자리를 내준 국산 완성차 업체들은 각 사의 대표모델에 주력해 안방을 되찾는다는 계획이다. 16일 금융감독원 전자공시 및 업계에 따르면 지난해 수입차업체의 국내매출이 급증하면서 브랜드별 순위도 변동됐다.

내수시장 매출 1, 2위는 현대자동차(18조293억 원)와 기아자동차(9조3112억 원)가 각각 사수했다. 그러나 3위 자리는 2조6619억 원을 기록한 아우디 폭스바겐코리아가 2조5026억 원을 올린 한국지엠을 대신해 들어갔다.

국내매출에서 아우디 폭스바겐코리아가 한국GM을 앞지르고 빅3에 입성한 것은 처음이다. 5위와 6위 역시 BMW코리아(2조2999억 원)와 메르세데스벤츠코리아(2조2045억 원)가 르노삼성자동차와 쌍용자동차를 누르고 각각 차지했다. 르노삼성은 2조1250억 원 매출로 7위, 쌍용차는 1조9626억 원 매출로 8위에 그쳤다. 업계는 지난해 국내 완성차 업체의 국내매출이 증가했지만, 수입차 브랜드는 그 이상 빠르게 성장했기 때문으로 보고 있다. 이에 독일차에 자리를 내준 한국지엠과 르노삼성, 쌍용차 3사는 각사의 대표 인기모델을 앞세워 빼앗긴 안방을 탈환한다는 방침이다.

| 순위 | 업체 | 매출 |
|---|---|---|
| 1 | 현대차 | 18조293억 원 |
| 2 | 기아차 | 9조3112억 원 |
| 3 | 아우디 폭스바겐코리아 | 2조6619억 원 |
| 4 | 한국지엠 | 2조5026억 원 |
| 5 | BMW코리아 | 2조2999억 원 |
| 6 | 메르세데스벤츠코리아 | 2조2045억 원 |
| 7 | 르노삼성 | 2조1250억 원 |
| 8 | 쌍용차 | 1조9626억 원 |

- 현대차, 기아차, 쌍용차는 사업보고서 중 내수매출현황
- 한국GM은 감사보고서 중 국내매출액
- 수입차는 감사보고서 중 총매출액
- 르노삼성은 내수매출액 별도 제공
- 전체 자료 내용 : 발표된 보도자료를 일부 재구성

### 분석POINT

- '독일차에 밀린 국내 완성차 3사'라는 주제를 찾을 수 있다.
- 독립변수는 '자동차 회사', 종속변수는 '매출액'으로 1위부터 8위의 순서를 표로 만들 수 있다.
- 발표용 문서로 제작한다.


## (3) 3단계(레이아웃) : 제작 형태 및 레이아웃 결정

- 제목은 '독일차에 밀린 국내 완성차' 또는 '독일차의 약진', '자동차 업계의 판도 변화' 등으로 설명할 수 있다.(제목은 제작자마다 데이터에서 강조하는 부분에 따라 조금씩 달라질 수 있음)
- 가급적 표에서 이야기하고자 하는 내용이 문서 제목에 들어가는 것이 좋다.
- 표를 보는 사람에게 직접 계산을 하도록 하는 것은 좋은 정보 요약이라고 할 수 없다.

### 분석POINT

- 자동차 회사의 경우 로고를 찾아서 함께 배열하는 것이 필요하다.
- 순서형 정보지만 이야기하고자 하는 포인트는 3위권에 독일차가 올라간 것과 5위, 6위의 독일차가 약진했다는 것이므로 여기에 포인트를 주는 것도 좋은 방법이다.
- 제목 및 그래픽 요약은 상단의 제목 부분에 다시 한 번 정리하고 하단에 자료 출처 등을 정확히 기록하는 것이 중요하다.
- 그래픽 선택 유형 : '수평 막대그래프'로 1위부터 8위까지 8개의 막대그래프를 그린다. X축(독립변수)이 회사명, Y축(종속변수)이 매출액이다. 매출액은 막대그래프 끝점이나 인접한 위치에 표시한다. 단위는 숫자만 기록해도 무방하다.

## ■ 레이아웃 스케치 사례

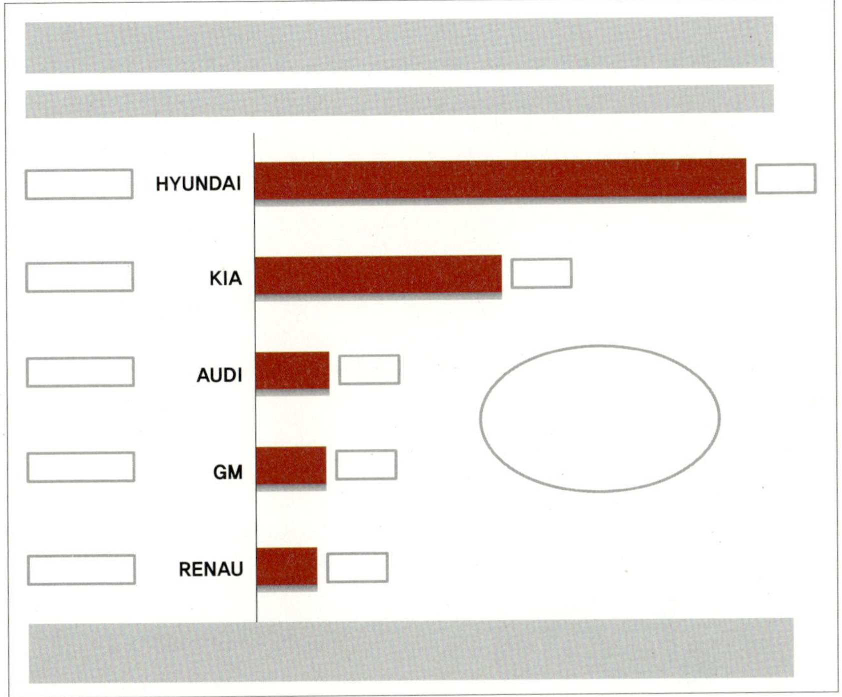


수평 막대그래프를 선택해 만든 레이아웃 스케치 사례로 제작 전 연필 또는 파워포인트로 전체 배열 구조를 만들어보는 훈련이 필요하다. 직접 연습해 보는 것과 머리로만 이해하는 것은 많은 차이가 있다.

독일차의 약진을 보여주기 위해 도로 위에 자동차가 달리는 모습으로 표현한다. 2등과 3등의 매출 금액 차이가 크므로 그 사이는 물결 곡선을 넣어 수치 경계를 다르게 표시한다. 그림으로 나타내면 시선을 끌 수는 있지만 한 번에 데이터를 이해하기 어렵기 때문에 오른쪽 여백에 표를 이용하여 정확한 데이터 값을 다시 한 번 보여준다.

**실전 따라하기**

- 완성파일 : 독일차 – 완성.pptx
- 색상정보 : 독일차 – 색상.png
- 실습자료 : [독일차 실습자료] 폴더

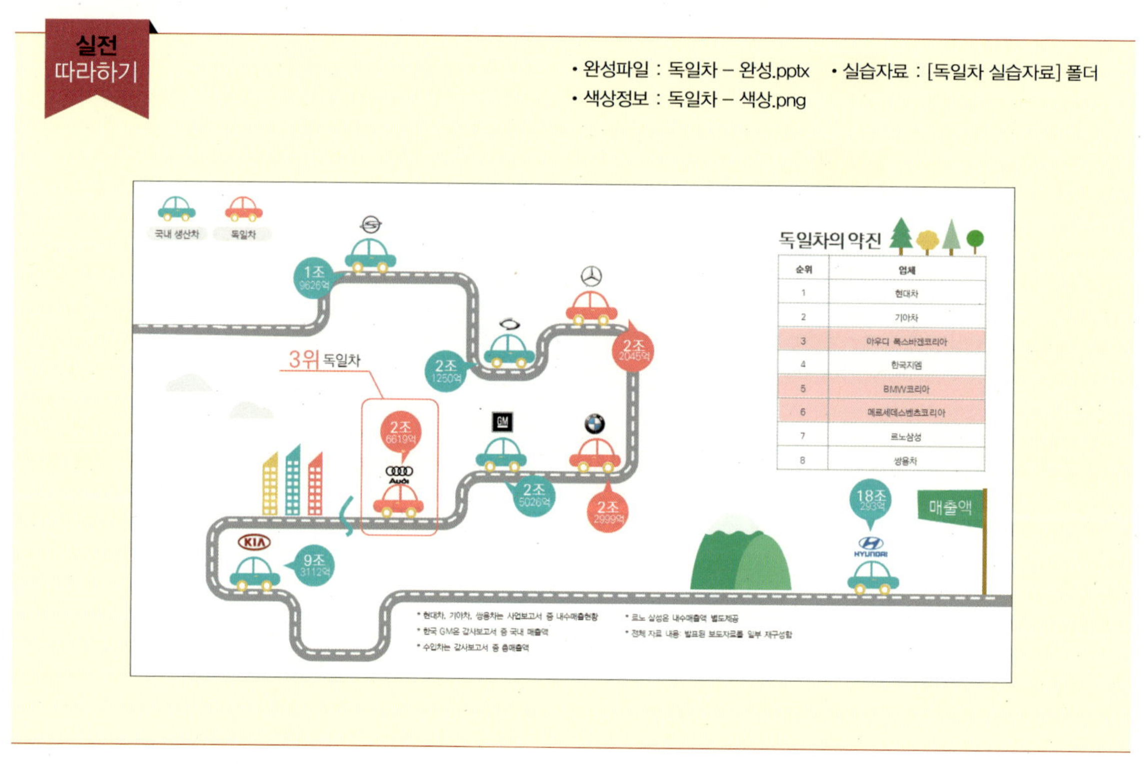

**01** [독일차 실습자료] 폴더에서 'city.pptx' 파일을 실행하여 도로를 복사(Ctrl + C)하고 슬라이드에 붙여넣기(Ctrl + V)한다.

**TIP**
2010 이하 버전에서는 [디자인] 탭–[페이지 설정] 그룹–[페이지 설정]에서 [너비] '33.846cm', [높이] '19.05cm'로 변경한다.

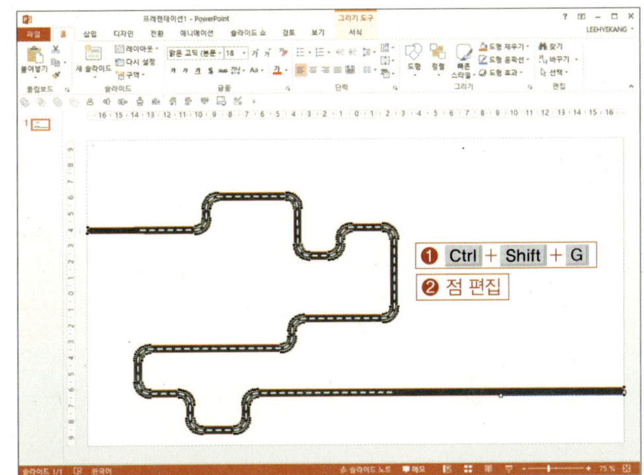


**02** 도로가 슬라이드 크기에 비해 짧다. 이럴 경우 점 편집을 통해 수정할 수 있다. 그룹 설정이 되어 있다면 그룹 설정을 해제(Ctrl + Shift + G)한 후 검은 도로를 선택하고 [마우스 오른쪽 버튼 클릭]–[점 편집]을 선택한다. 도로 끝의 조절점을 드래그해 도로의 길이를 조정한다.

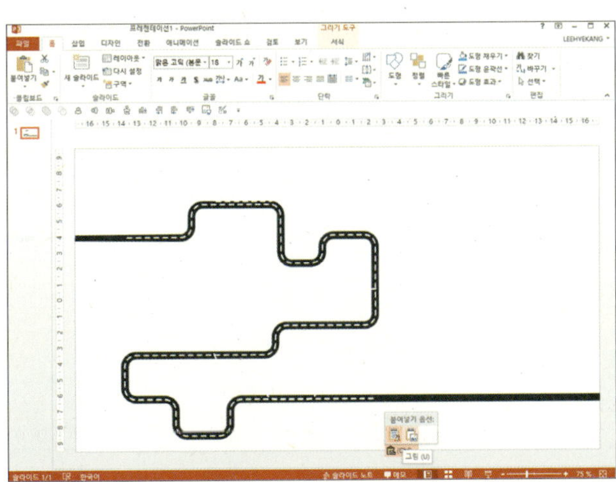


**03** 검은 도로의 길이는 조정했지만, 눈금선은 제외되었다. 보통 EPS 파일을 도형으로 변경하면 [도형 빼기], [도형 병합] 등과 같은 기능이 적용되지만 가끔씩 되지 않는 경우도 있다. 이럴 때는 도형을 그림으로 변경한다. 도로의 눈금선을 선택한 후 복사(Ctrl + C)하고 붙여넣기(Ctrl + V)할 때 생기는 '(Ctrl)'을 눌러 [붙여넣기 옵션]에서 [그림]을 선택한다.

**TIP**
[삽입] 탭–[일러스트레이션] 그룹–[도형]에서 [직사각형]으로 눈금선을 직접 그릴 수도 있다.

**04** 그림으로 변경된 눈금선은 [그림 도구]–[서식] 탭–[크기] 그룹–[자르기]에서 눈금선의 일부만 남기고 자른다. 자르기가 완료되면 슬라이드 빈 곳을 클릭해 자르기를 마무리한다.

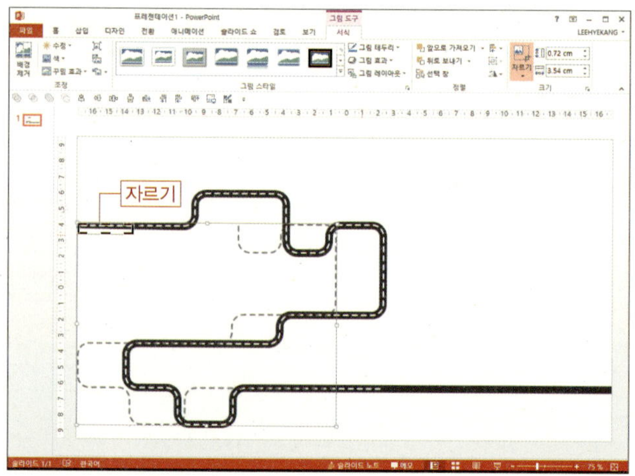


**05** 자른 이미지를 여러 개 복제( Ctrl + D )하여 오른쪽 도로에도 배치해 마무리한다.

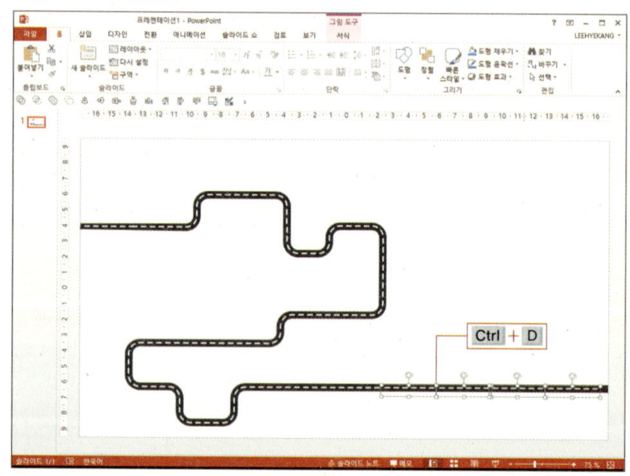


**06** 'city.pptx' 파일을 실행하고 필요한 도형 아이콘을 복사( Ctrl + C )한 후 작업 슬라이드에 그림과 같이 붙여넣기( Ctrl + V )한다.

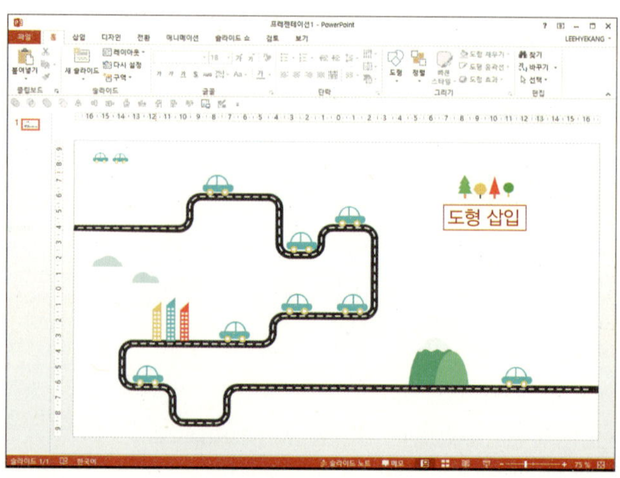

**07** 삽입한 도형들의 색을 변경해보자. 변경하고자 하는 도형을 선택한 후 [그리기 도구]−[서식] 탭−[도형 스타일] 그룹−[도형 채우기]에서 색을 변경한다. 도로는 '(1) 회색'으로, 독일차는 '(2) 분홍색'으로, 나무는 '(3) 초록색', '(4) 갈색', '(5) 연두색'으로 변경한다.

**08** 각 회사의 매출금액을 표시하는 말상자를 만들기 위해 [삽입] 탭−[일러스트레이션] 그룹−[도형]에서 [타원]과 [이등변 삼각형]을 선택하여 삽입한 후 그림과 같이 배치하고 [도형 병합]을 선택한다.

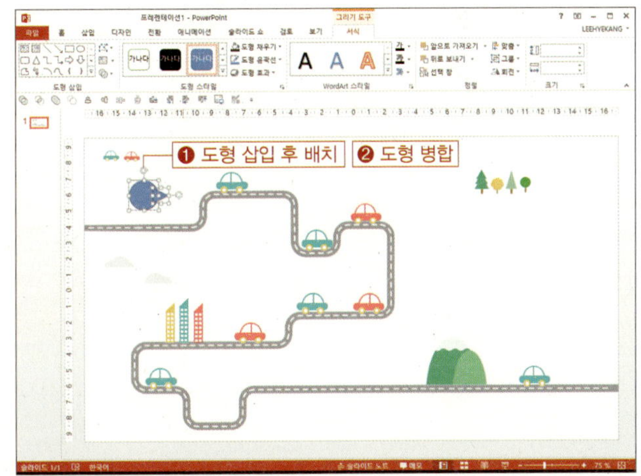


**09** 병합된 도형을 선택하고 [마우스 오른쪽 버튼 클릭]−[점 편집]을 선택한 후 말꼬리의 조절점을 드래그해 방향을 자유롭게 변경한다.

**10** 만든 말상자는 복제(Ctrl + D)하여 그림과 같이 배치하고 [그리기 도구]–[서식] 탭–[도형 스타일] 그룹–[도형 윤곽선]은 '윤곽선 없음'을 선택한다. [도형 채우기]–[색]을 자동차는 '(2) 분홍색'으로, 국내 생산차는 기존 차에 있는 색을 서식 복사(Ctrl + Shift + C)한 후 서식 붙여넣기(Ctrl + Shift + V)하여 동일하게 적용한다.

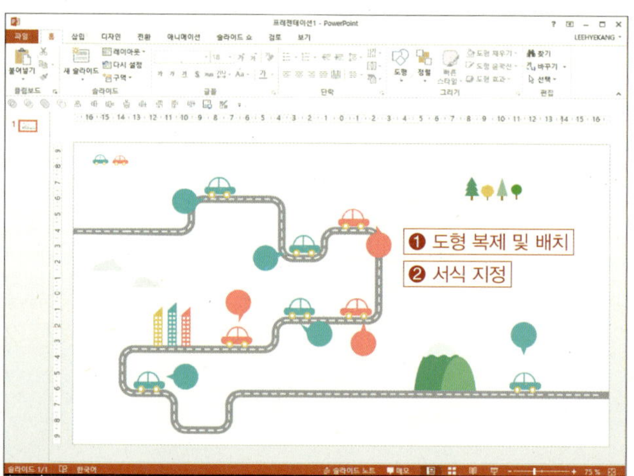


**11** 국내 생산차와 독일차를 구분하기 위해 텍스트를 입력할 도형을 만든다. [삽입] 탭–[일러스트레이션] 그룹–[도형]에서 [모서리가 둥근 직사각형]을 선택해 도형을 추가하여 둥글기를 조절한다. [그리기 도구]–[서식] 탭–[도형 스타일] 그룹–[도형 윤곽선]은 '윤곽선 없음'으로, [도형 채우기]에서 [색]은 '(6) 연회색'으로 변경한다.

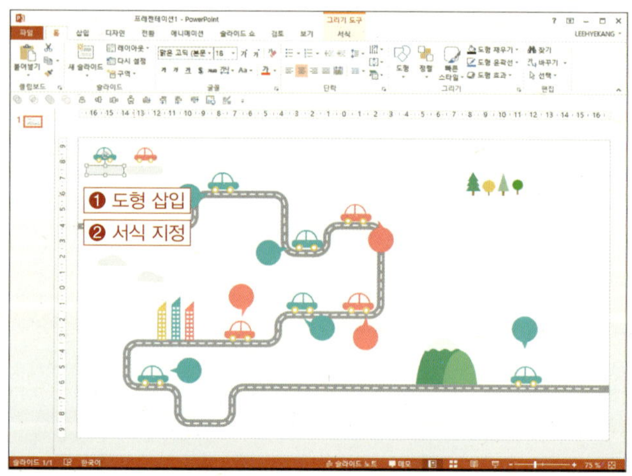


**12** [삽입] 탭–[텍스트] 그룹–[텍스트 상자]를 선택해 텍스트를 입력하고 서식을 지정한다.

| 텍스트 | 글꼴 / 글꼴 크기 / 속성 | 글꼴 색 |
| --- | --- | --- |
| 국내 생산차, 독일차 | KoPub돋움체 Light / 10.5 | (7) 진회색 |
| 1조, 2조 | KoPub돋움체 Light / 16 / 굵게 | (8) 흰색 |
| 매출액 | KoPub돋움체 Light / 11 | (8) 흰색 |
| 참고 | KoPub돋움체 Light / 9 | (7) 진회색 |

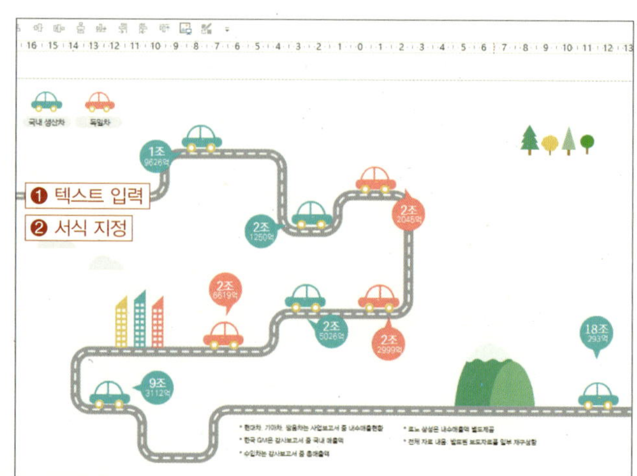

**13** [삽입] 탭-[이미지] 그룹-[그림]에서 [독일차 실습자료]-[logo] 폴더 안의 이미지를 모두 불러온다.

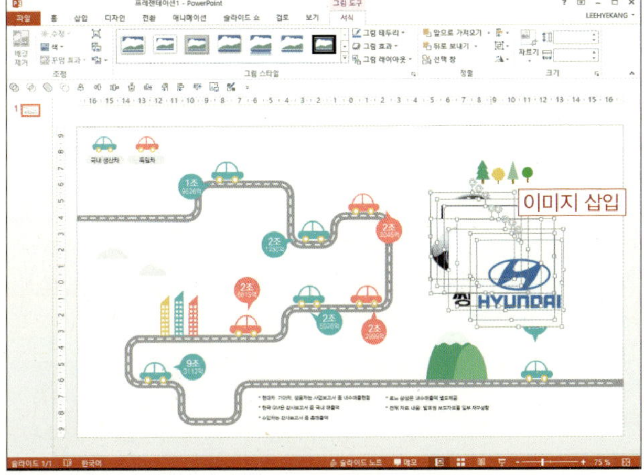

**TIP**
회사 로고는 배경이 단색인 이미지 위주로 찾는다. 해외 로고는 'http://seeklogo.com'에서 배경이 없는 PNG 파일을 찾을 수 있다.

**14** 배경이 투명하지 않을 경우 이미지를 선택하고 [그림 도구]-[서식] 탭-[조정] 그룹-[색]에서 [투명한 색 설정]을 선택한 후 투명으로 변경할 부분을 클릭하면 선택한 색이 모두 투명색으로 변경된다.

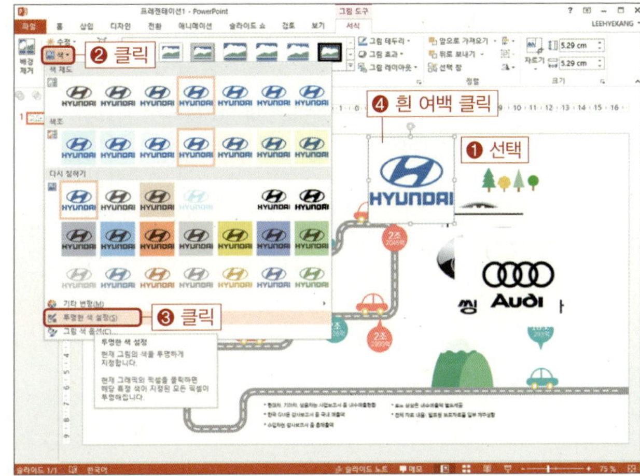

**TIP**
[투명한 색 설정] 메뉴는 [빠른 실행 도구 모음]에 추가하고 사용하면 편리하다.

**15** 다른 로고도 투명색으로 변경하고 크기를 조절한 후 해당하는 자동차 위에 로고를 배치한다.

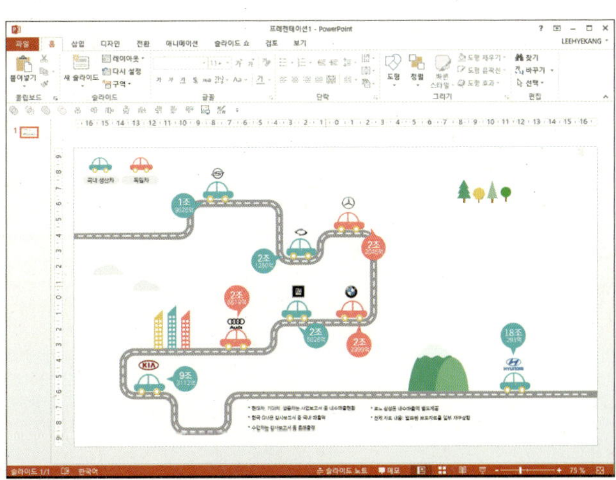

**16** [삽입] 탭-[일러스트레이션] 그룹-[도형]에서 [모서리가 둥근 직사각형]과 [선]을 2개 만들어 그림과 같이 3등을 강조하고 [그리기 도구]-[서식] 탭-[도형 스타일] 그룹-[도형 윤곽선]의 [색]은 '(2) 분홍색', [두께]는 '1 1/2pt', [도형 채우기]는 '채우기 없음'을 선택한다. 마찬가지로 도형과 연결한 선도 동일한 색과 두께로 지정한다.

**17** 2등과 3등 사이에 수치 차이가 많이 나므로, 둘 사이에 물결 표시를 통해 경계가 달라짐을 표시한다. [삽입] 탭-[일러스트레이션] 그룹-[도형]에서 [곡선]을 선택하여 구부러진 연결선을 만들고, [도형 윤곽선]은 '(9) 파란색'으로, [두께]는 '4 1/2pt'로 변경한다.

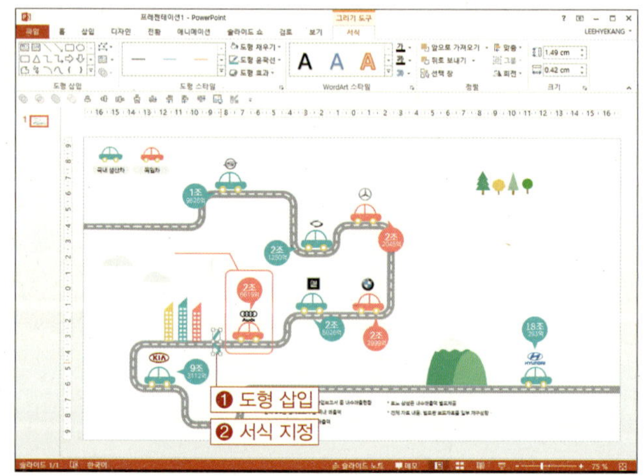


**18** [삽입] 탭-[일러스트레이션] 그룹-[도형]에서 [직사각형]으로 깃발의 막대를, [자유형]으로 깃발 도형을 만든다. [그리기 도구]-[서식] 탭-[도형스타일] 그룹-[도형 채우기]에서 깃발의 [색]은 '(3) 초록색', 막대는 '(4) 갈색'으로 설정하고 [도형 윤곽선]은 '윤곽선 없음'을 선택한다.

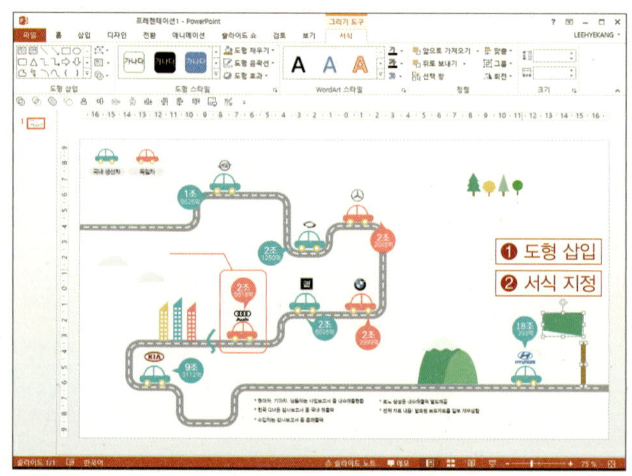

**19** [삽입] 탭–[텍스트] 그룹–[텍스트 상자]를 선택해 텍스트를 입력한 후 서식을 지정한다.

| 텍스트 | 글꼴 / 글꼴 크기 / 속성 | 글꼴 색 |
|---|---|---|
| 3위 | KoPub돋움체 Light / 24 / 굵게 | (2) 분홍색 |
| 독일차 | KoPub돋움체 Light / 16 | (7) 진회색 |
| 매출액 | KoPub돋움체 Light / 18 | (8) 흰색 |

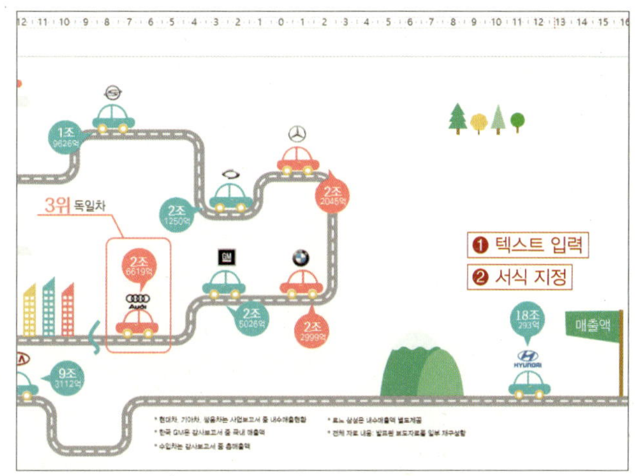


**20** [삽입] 탭–[표] 그룹–[표]–[표 삽입]을 선택하고 [열 개수]는 '2', [행 개수]는 '9'로 지정한 후 [확인]을 클릭한다.

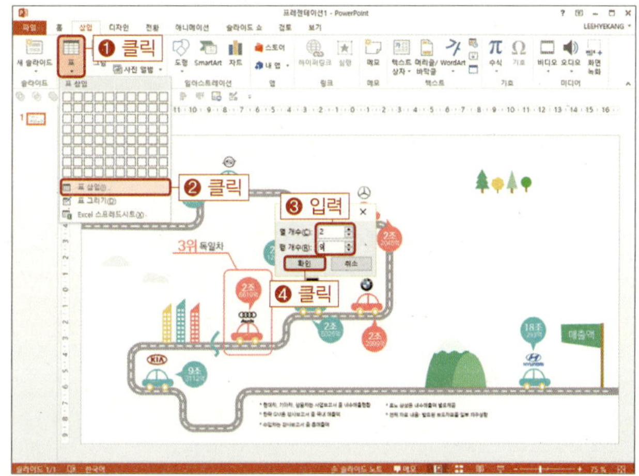


**21** 표를 선택하고 [표 도구]–[디자인] 탭–[테두리 그리기] 그룹에서 [펜 색]을 '(1) 회색'으로, [표 스타일] 그룹에서 [음영]을 '채우기 없음'으로, [테두리]는 '모든 테두리'를 선택한다.

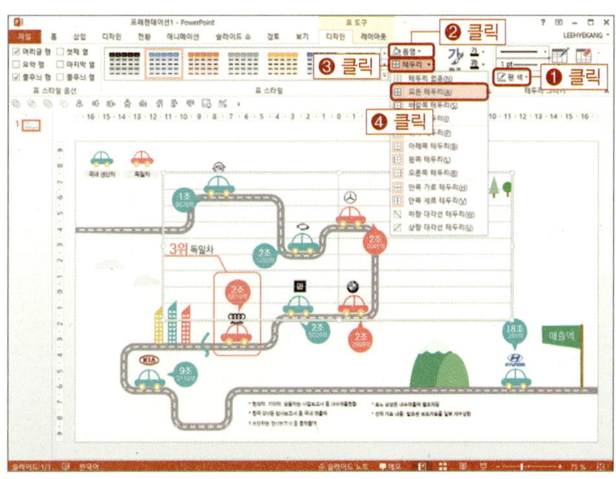

**22** 표 크기를 조절한다. 표 안에 텍스트를 입력하고 표의 제목은 [삽입] 탭-[텍스트] 그룹-[텍스트 상자]를 선택해 입력하고 서식 지정 후 배치한다.

| 텍스트 | 글꼴 / 글꼴 크기 / 속성 | 글꼴 색 |
|---|---|---|
| 독일차의 약진 | KoPub돋움체 Light / 20 / 굵게 | (7) 진회색 |
| 순위, 업체 | KoPub돋움체 Light / 10 / 굵게 | (7) 진회색 |
| 항목 | KoPub돋움체 Light / 10 | (7) 진회색 |

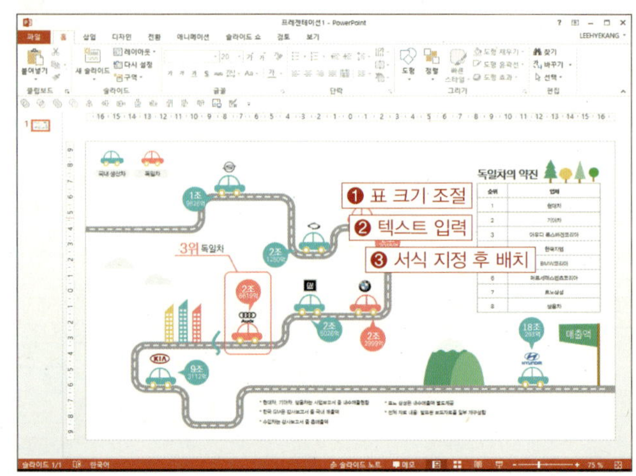


**23** 독일차의 약진을 더 정확하게 표현하기 위해 [삽입] 탭-[일러스트레이션] 그룹-[도형]에서 [모서리가 둥근 직사각형]을 선택한 후 독일차 칸을 채울 수 있는 크기로 3개의 도형을 배치한다. 도형을 선택하고 [마우스 오른쪽 버튼 클릭]-[도형 서식]을 선택한다. [도형 서식] 작업창의 [단색 채우기]에서 [색]은 '(2) 분홍색', [투명도]는 '70%', [선]은 '선 없음'을 선택한다.

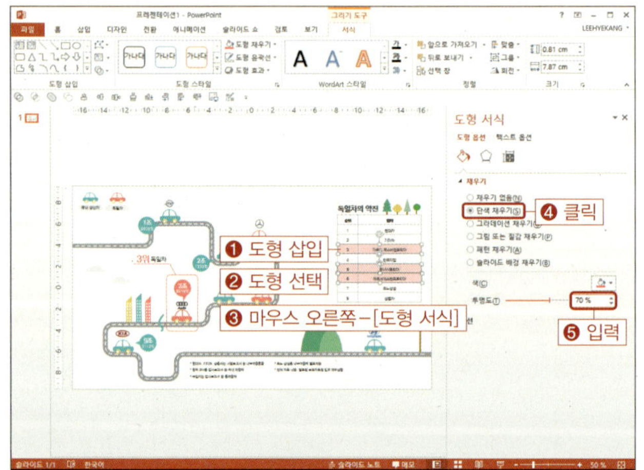


**24** 텍스트가 선명하게 보이게 하기 위해 투명도를 준 분홍색 도형을 선택한 후 [마우스 오른쪽 버튼 클릭]-[맨 뒤로 보내기]를 선택해 텍스트보다 아래에 배치시킨다.

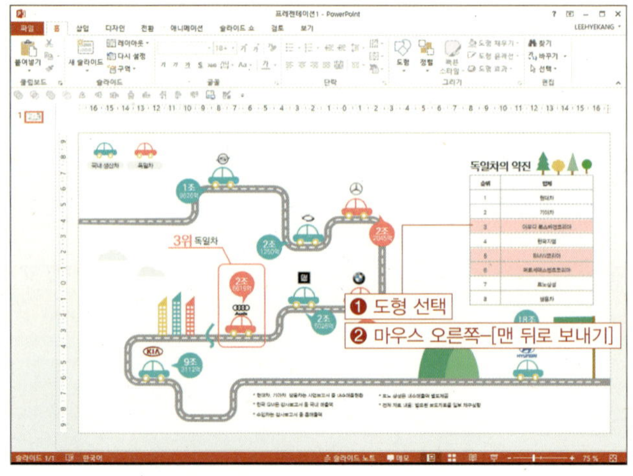

# 소비자 만족도 조사
# 인포그래픽 만들기

인포그래픽은 커뮤니케이션을 위한 여러 가지 중요한 요소를 포함하고 있다. 글, 숫자, 이미지를 동시에 사용함은 물론 좀 더 깊이 들어가면 기호학 분야와 연관 지을 수도 있기 때문이다. 이번 장에서는 공공기관에서 조사한 자료를 바탕으로 인포그래픽 커뮤니케이션에 활용되는 중요한 요소를 이용해 소비자 만족도 조사 인포그래픽을 만들어보자.

## SECTION 01 공공기관 조사자료 분석하기

공공기관은 국민을 대상으로 정책을 알리고 추진 상황을 소개해야 할 임무가 있다. 공공기관에서 발표한 소비자와 밀접한 관계가 있는 주제를 가지고 인포그래픽을 만들기 위한 자료를 분석해 보자.

### (1) 1단계 : 자료 해독

주요 패스트푸드 브랜드에서 판매하는 버거류를 조사해서 나트륨과 열량을 비교하고 있다. 데이터량이 많지 않아 간단해 보일 수 있지만 종속변수인 열량, 나트륨 2가지를 나열해야 하는 작업량이 적지 않은 자료이다.

한국소비자원은 패스트푸드 이용자의 70% 이상이 세트 메뉴 상품을 구매하는 점을 감안해 업체별 대표 세트 메뉴 상품의 열량과 나트륨 함량을 조사했다.

그 결과 열량이 가장 높은 제품은 버거킹 와퍼 세트(763g)로 총 열량이 1,122kcal에 달했다. 이는 성인 남자 일일 영양섭취 기준인 2,200~2,600kcal의 절반에 가까운 수치이다. 가장 열량이 낮은 제품은 810kcal의 롯데리아 불고기버거 세트(664g)로 조사되었다.

반면, 나트륨 함량은 KFC 징거버거 세트(678g)가 1,447.2mg으로 가장 높았다.

이는 식품의약품안전처가 고시한 성인의 나트륨 일일 충분 섭취량인 1,400~1,500mg에 해당하는 양이다. 다음으로는 맥도날드 빅맥 세트(637g/1,212mg), 맥스파이시 상하이버거 세트(652g/1,098mg) 순으로 나트륨 함량이 높았다.

한국소비자원은 버거류 세트 메뉴가 한 끼 식사로는 상당한 열량과 나트륨이 함유되어 있으므로 건강한 식생활을 위해 패스트푸드점 매장 내에 부착된 영양성분(열량, 단백질, 당, 나트륨, 포화지방 등) 함량을 꼼꼼히 확인하고 구매할 것을 당부했다.

나트륨 배출에 도움이 되는 음식은 다음과 같다.

브로콜리 : 한 개당 450mg 정도의 칼륨이 포함되어 있으며, 데친 브로콜리를 우유와 함께 갈아 마시면 나트륨 배출에 더욱 효과적이다.

바나나 : 사과의 4배에 달하는 500mg의 칼륨이 포함되어 있어 끼니마다 하나씩 챙겨먹는 것만으로도 평균 나트륨 섭취량을 줄일 수 있다.

가지 : 부기를 빼는 데 효과적인 칼륨이 100g당 210mg 들어있고, 지방질을 흡수해 피를 맑게 해주는 히아신 성분도 풍부하다.

토마토 : 한 개당 400mg의 칼륨과 항산화물질인 라이코펜이 풍부하게 들어 있어 나트륨 배출은 물론 콜레스테롤 수치와 혈압 조절에도 효과적이다.

검은콩 : 혈관을 확장시켜주는 칼륨이 100g당 1,240mg이나 포함되어 있어 혈액정화 및 해독작용을 도와준다.

■ 제시자료 2. 표

| 구분 | 버거 세트 메뉴(버거, 포테이토(M), 콜라(M)로 구성) | | 열량(kcal) | 나트륨(mg) |
|---|---|---|---|---|
| 맥도날드 | 대표 메뉴 | 빅맥 세트(637g) | 1,005kcal | 1,212mg |
| | 최다 매출 메뉴 | 맥스파이시상하이버거 세트(652g) | 940kcal | 1,098mg |
| 버거킹 | 대표 및 최다 매출 메뉴 | 와퍼 세트(763g) | 1,122kcal | 1,017mg |
| KFC | 대표 및 최다 매출 메뉴 | 징거버거 세트(678g) | 887.1kcal | 1,447.2mg |
| 롯데리아 | 대표 메뉴 | 랏츠버거 세트(730g) | 935kcal | 1,073mg |
| | 최다 매출 메뉴 | 불고기버거 세트(664g) | 810kcal | 995mg |
| 파파이스 | 대표 및 최다 매출 메뉴 | 치킨휠레 샌드위치 세트(588g) | 826kcal | 829mg |

* 대표 및 최다 매출 메뉴는 각 업체 제출 자료, 열량 및 나트륨은 사업자 홈페이지 표시사항 근거

* 조사방법 : 2013년 12월 소비자 1,000명에게 맥도날드, 버거킹, KFC, 롯데리아, 파파이스 등 매출 규모 5대 패스트푸드 업체를 대상으로 설문조사 실시

▲ 버거류 세트 메뉴 열량 및 나트륨 함량 비교를 표로 구성(출처 : 소비자보호원 소비자시대 2014. 5)

## 분석 POINT

• 자료 정독 후 X축, Y축에 들어가는 변수를 구분한다. 단위가 햄버거 크기(g), 열량(kcal), 나트륨(mg) 등으로 이루어져 있으므로 숫자 나열 시 주의한다.

• 데이터 연관성을 고려하여 순서형으로 나타낼 수도 있고 열량, 나트륨이란 2개 이상의 측정값이 서로 순서가 다르므로 순서 없이 브랜드별로 구분을 지어 보여줄 수도 있다. 이는 제작자의 의도에 따라 달라질 수 있다.

• 패스트푸드 명칭은 로고를 병용하는 것이 좋다.

## (2) 2단계(요약) : 주제 및 핵심 키워드 추출

### ■ 제시자료 1. 요약

한국소비자원은 패스트푸드 이용자의 70% 이상이 세트 메뉴 상품을 구매하는 점을 감안해 업체별 대표 세트 메뉴 상품의 열량과 나트륨 함량을 조사했다.

그 결과 열량이 가장 높은 제품은 버거킹 와퍼 세트(763g)로 총 열량이 1,122kcal에 달했다. 이는 성인 남자 일일 영양섭취 기준인 2,200~2,600kcal의 절반에 가까운 수치이다. 가장 열량이 낮은 제품은 810kcal의 롯데리아 불고기버거 세트(664g)로 조사되었다. (열량을 순서대로 언급)

반면, 나트륨 함량은 KFC 징거버거 세트(678g)가 1,447.2mg으로 가장 높았다.

이는 식품의약품안전처가 고시한 성인의 나트륨 일일 충분 섭취량인 1,400~1,500mg에 해당하는 양이다. 다음으로는 맥도날드 빅맥 세트(637g/1,212mg), 맥스파이시 상하이버거 세트(652g/1,098mg) 순으로 나트륨 함량이 높았다.(나트륨 함량을 순서대로 언급)

한국소비자원은 버거류 세트 메뉴가 한 끼 식사로는 상당한 열량과 나트륨이 함유되어 있으므로 건강한 식생활을 위해 패스트푸드점 매장 내에 부착된 영양성분(열량, 단백질, 당, 나트륨, 포화지방 등) 함량을 꼼꼼히 확인하고 구매할 것을 당부했다.

결론 부분(5가지 음식과 이를 설명하는 설명 문구를 포함하는 것이 좋다.)

나트륨 배출에 도움이 되는 음식은 다음과 같다.

브로콜리 : 한 개당 450mg 정도의 칼륨이 포함되어 있으며, 데친 브로콜리를 우유와 함께 갈아 마시면 나트륨 배출에 더욱 효과적이다.

바나나 : 사과의 4배에 달하는 500mg의 칼륨이 포함되어 있어 끼니마다 하나씩 챙겨먹는 것만으로도 평균 나트륨 섭취량을 줄일 수 있다.

가지 : 부기를 빼는 데 효과적인 칼륨이 100g당 210mg 들어있고, 지방질을 흡수해 피를 맑게 해주는 히아신 성분도 풍부하다.

토마토 : 한 개당 400mg의 칼륨과 항산화물질인 라이코펜이 풍부하게 들어 있어 나트륨 배출은 물론 콜레스테롤 수치와 혈압 조절에도 효과적이다.

검은콩 : 혈관을 확장시켜주는 칼륨이 100g당 1,240mg이나 포함되어 있어 혈액정화 및 해독작용을 도와준다.

---

### 분 석 POINT

- 제시자료 1을 통해 제목과 그래픽을 적용할 부분을 파악할 수 있다.
- 텍스트 자료로는 한계가 있을 수 있으나 표를 통해 해독이 가능한 자료임을 알 수 있다. 표를 보면서 그래픽으로 바꾸는 작업 단계를 거쳐야 한다.
- 발표용, 웹용, SNS용 등 적합한 제작 형태를 결정한다.
- 결론 부분은 나트륨을 줄이기 위해 필요한 음식으로 생각할 수 있다.

## (3) 3단계(레이아웃) : 제작 형태 및 레이아웃 결정

### 분 석 POINT

- 그래프로 열량 또는 나트륨 함량을 표현할 수도 있고 표를 활용해 시각화할 수도 있다(그래프는 수직 막대그래프 사용).
- 제목에는 나트륨, 열량 비율이 높은 햄버거 브랜드를 언급한다.
- 결론은 나트륨 배출에 도움되는 음식이다.

### ■ 레이아웃 스케치 사례

수직 막대그래프를 선택해 만든 레이아웃 스케치 사례다. X축은 패스트푸드 브랜드, Y축은 열량과 나트륨을 표현했다. 그래프에서 최댓값과 최솟값의 범위를 미리 파악해야 전체 범위를 빠르게 그릴 수 있다. 이 외에도 표에 그래픽을 접목한 시각표로 만들거나 결론 부분에 '나트륨 배출을 돕는 음식' 을 추가할 수도 있다.

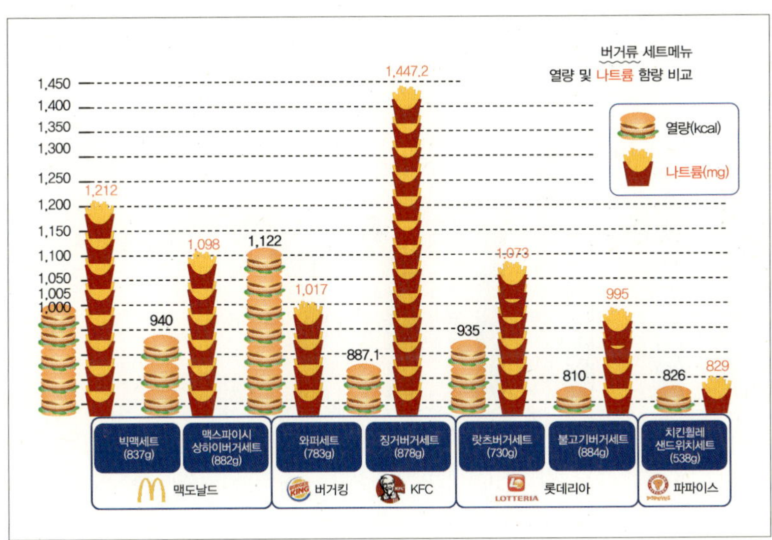

인포그래픽 자료는 주로 도형을 활용하여 만든다. 하지만 데이터 값이 많은 경우 도형을 활용하면 정확한 값을 표현하기 어렵고 만들기도 번거롭다. 그렇다고 차트를 쓰기에는 표가 심심해질 수 있다. 이럴 때는 차트 위에 관련 이미지를 배치해 차트를 시각화시켜 주는 것이 좋다. 제시된 야채에 대한 효능을 표현할 때 직접 그리지 않고는 일관된 모양의 야채 아이콘을 찾기 쉽지 않다. 이럴 때는 그라데이션으로 색에 통일감을 주어 비슷한 느낌으로 표현한다.

- 완성파일 : 버거 – 완성.pptx
- 색상정보 : 버거 – 색상.png
- 실습자료 : [버거 실습자료] 폴더

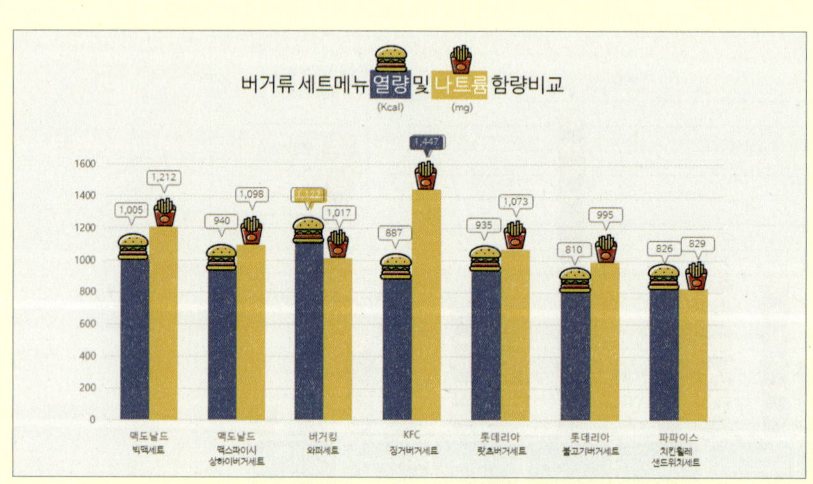


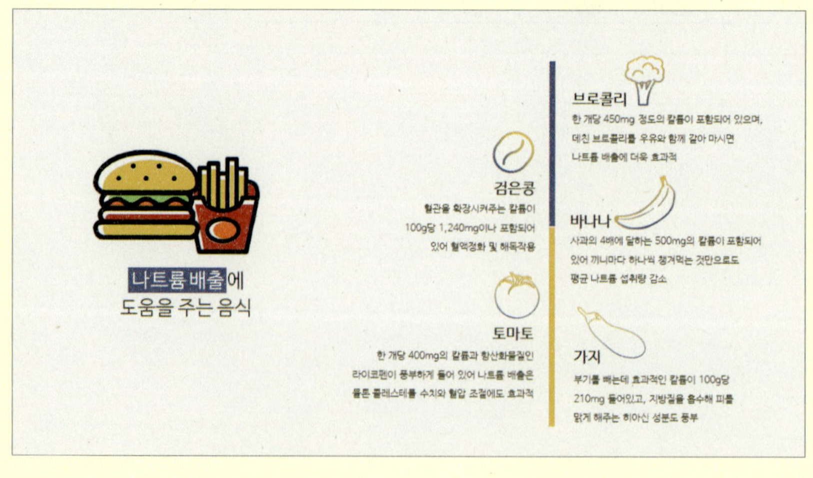

**01** 배경색을 지정하기 위해 빈 슬라이드에서 [마우스 오른쪽 버튼 클릭]-[배경 서식]을 선택한 후 [배경 서식] 작업창의 [단색 채우기]에서 [색]을 '(1) 연회색'으로 변경한다.

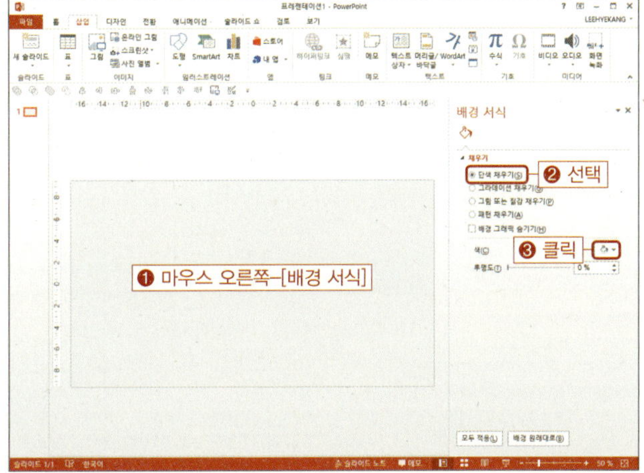

**TIP**
2010 이하 버전에서는 [디자인] 탭-[페이지 설정] 그룹-[페이지 설정]에서 [너비] '33.846cm', [높이] '19.05cm'로 변경한다.

**02** [삽입] 탭-[일러스트레이션] 그룹-[차트]에서 [세로 막대형]-[묶은 세로 막대형]을 선택한 후 [확인]을 클릭한다.

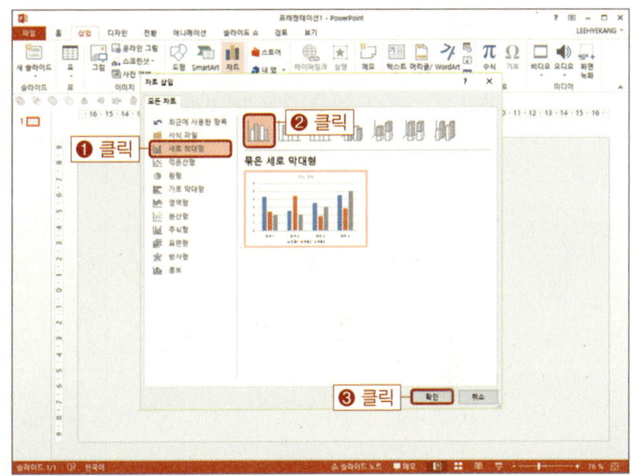

**03** 엑셀 창이 나타나면 각 패스트푸드점별 열량과 나트륨을 입력한 후 상단의 ⊠를 클릭한다.

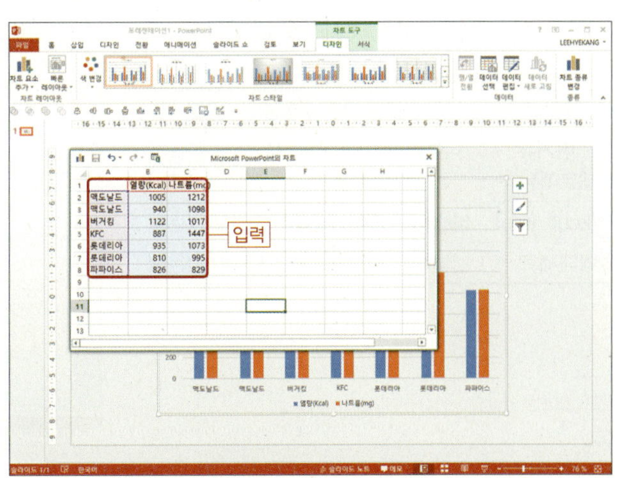

| | 열량(kcal) | 나트륨(mg) |
|---|---|---|
| 맥도날드 | 1005 | 1212 |
| | 940 | 1098 |
| 버거킹 | 1122 | 1017 |
| KFC | 887 | 1447 |
| 롯데리아 | 935 | 1073 |
| | 810 | 995 |
| 피피이스 | 826 | 829 |

**04** 막대 차트를 선택한 후 [마우스 오른쪽 버튼]–[데이터 계열 서식]을 선택한다. [데이터 계열 서식] 작업창의 [계열 겹치기]는 '0%'로, [간격 너비]는 '105%'로 변경해 막대 차트의 간격과 너비를 조정한다.

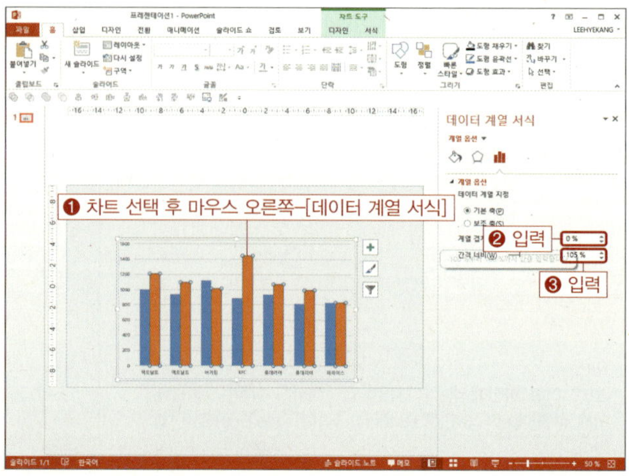


**05** [데이터 계열 서식] 작업창의 [채우기]를 선택하고 [채우기]–[단색 채우기]를 선택한 후[색]은 각각 '(2) 파란색', '(3) 노란색'으로 변경한다.

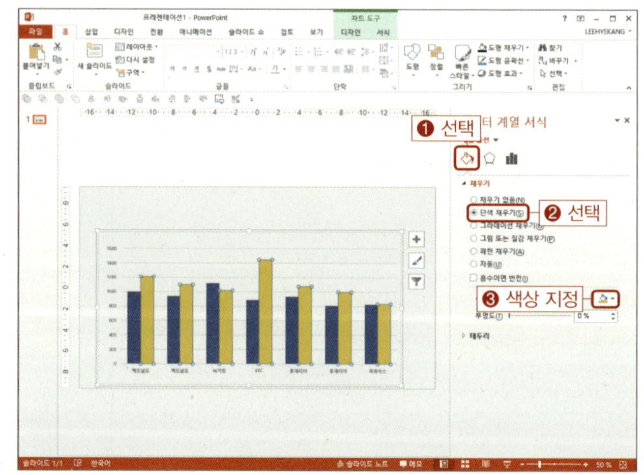


**06** [삽입] 탭–[텍스트] 그룹–[텍스트 상자]를 이용해 텍스트를 입력하고 서식을 지정한다.

| 텍스트 | 글꼴 / 글꼴 크기 / 속성 | 글꼴 색 |
| --- | --- | --- |
| 버거류 세트메뉴 ~ | 나눔바른고딕 Light 24 / 일부 굵게 | (4) 검은색 |
| (kcal), (mg) | 나눔바른고딕 Light / 12 | (4) 검은색 |
| 빅맥세트 ~ | 나눔바른고딕 Light / 11 | (4) 검은색 |

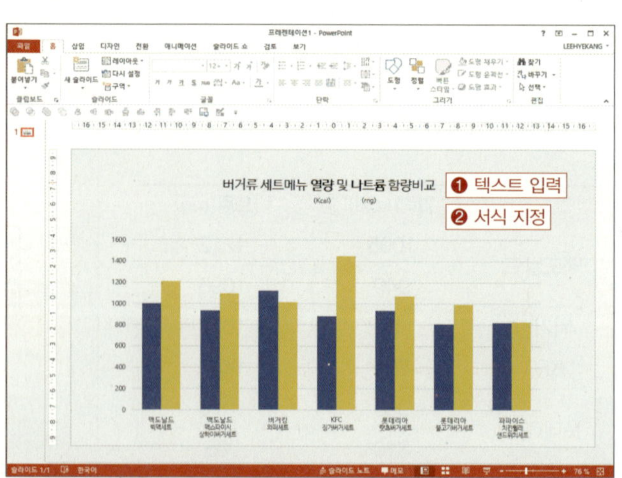

**07** [삽입] 탭–[일러스트레이션] 그룹–[도형]에서 [직사각형]을 삽입하여 '열량'과 '나트륨' 텍스트를 덮을 수 있는 직사각형을 만들고, 차트 색에 맞추어 색을 변경한다. [그리기 도구]–[서식] 탭–[도형 스타일] 그룹–[도형 채우기]를 '(2) 파란색', '(3) 노란색'으로, [도형 윤곽선]은 '윤곽선 없음'을 선택한다.

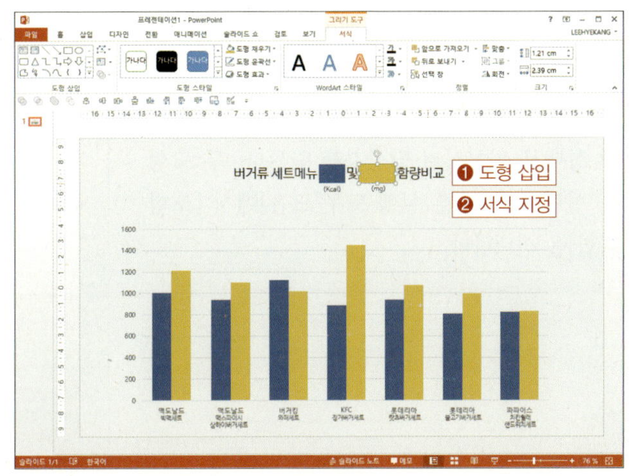

**08** 만든 두 개의 직사각형을 선택하고 [마우스 오른쪽 버튼 클릭]–[맨 뒤로 보내기]를 선택한다. [홈] 탭–[글꼴] 그룹–[글꼴 색]에서 '열량'과 '나트륨'의 글꼴 색을 '(5) 흰색'으로 변경한다.

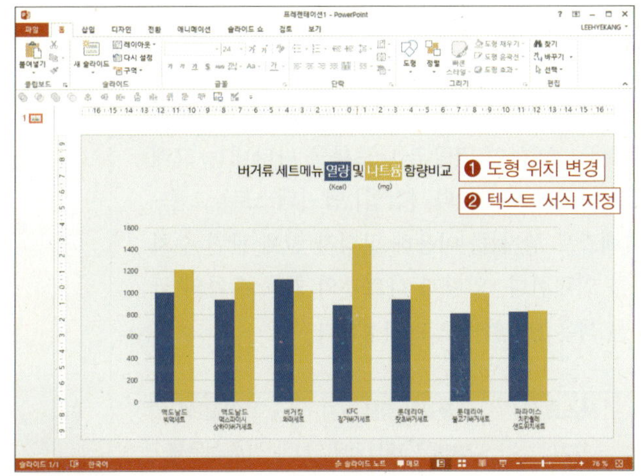

**09** [버거 실습자료] 폴더의 'color food.pptx' 파일을 실행하고 햄버거와 감자를 복사(Ctrl + C)한 후 열량과 나트륨을 표현하기 위해 슬라이드에 붙여넣기(Ctrl + V)한다. 햄버거와 감자를 각각 '열량'과 '나트륨' 위에 배치한 후 크기를 조절한다.

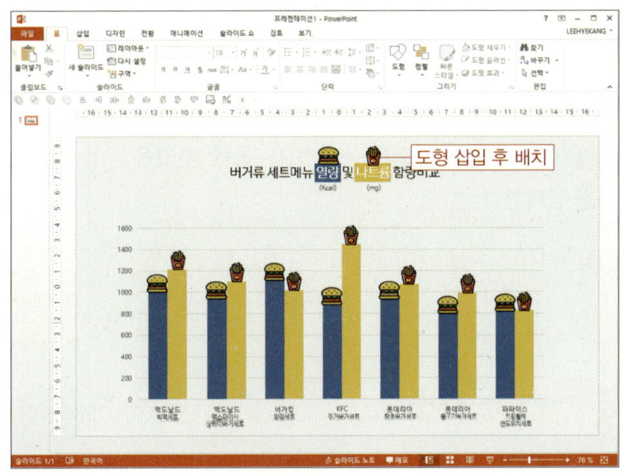

**10** [삽입] 탭–[일러스트레이션] 그룹–[도형]에서 [모서리가 둥근 직사각형]과 [이등변 삼각형]을 선택해 도형을 삽입하고, 그림과 같이 겹친 상태로 위치시켜 말상자를 만든다. 두 도형을 선택하고 [빠른 실행 도구 모음]에서 [도형 병합]을 선택한다.

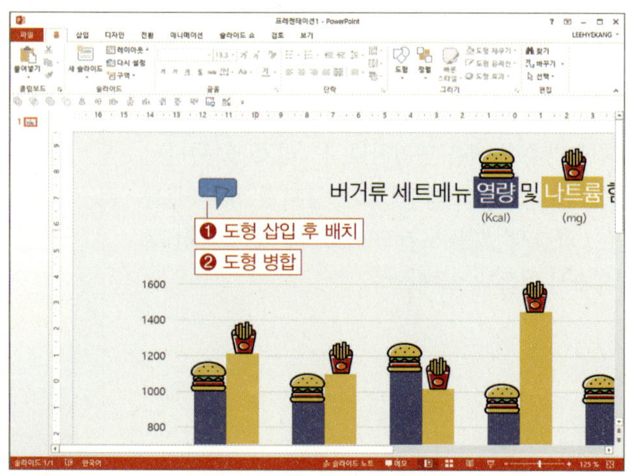


**11** [그리기 도구]–[서식] 탭–[도형 스타일] 그룹–[도형 채우기]에서 '채우기 없음', [도형 윤곽선]은 '(4) 검은색'으로 지정한다. 말상자를 복제(Ctrl + D)하여 열량과 나트륨을 나타내는 그래프 항목에 배치한다. [삽입] 탭–[텍스트] 그룹–[텍스트 상자]를 이용해 말상자 안에 관련 수치를 입력한다. 열량과 나트륨의 최고 수치의 글꼴 색은 '(5) 흰색'으로 지정한다.

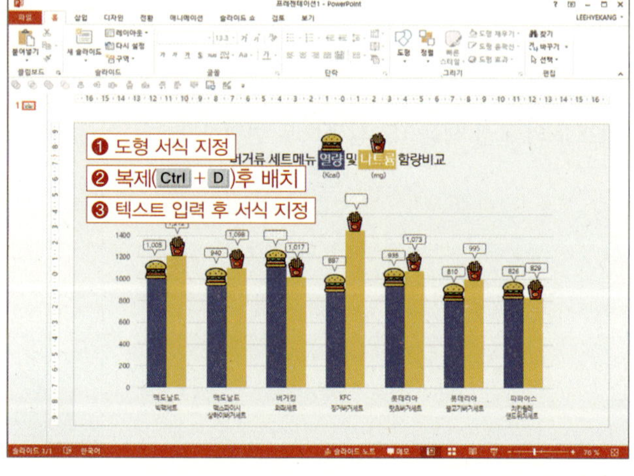


| 텍스트 | 글꼴 / 글꼴 크기 | 글꼴 색 |
|---|---|---|
| 수치 | 나눔바른고딕 Light / 11 | (4) 검은색 |
| 최고 수치 | 나눔바른고딕 Light / 11 | (5) 흰색 |

**12** 말상자를 2개 복제(Ctrl + D)한 후 [그리기 도구]–[서식] 탭–[도형 스타일] 그룹–[도형 채우기]에서 [색]은 각각 '(2) 파란색'과 '(3) 노란색'으로 변경하고 [도형 윤곽선]은 '윤곽선 없음'을 선택한다.

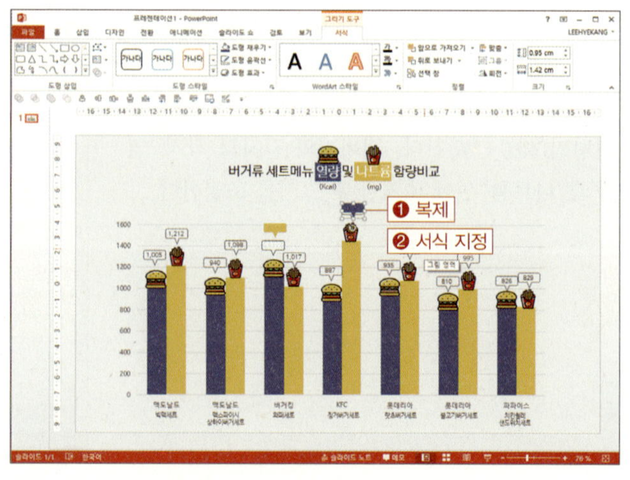

**13** 최고 수치의 말상자 위에 살짝 어긋나도록 배치한 후 [마우스 오른쪽 버튼 클릭]–[맨 뒤로 보내기]를 선택한다.

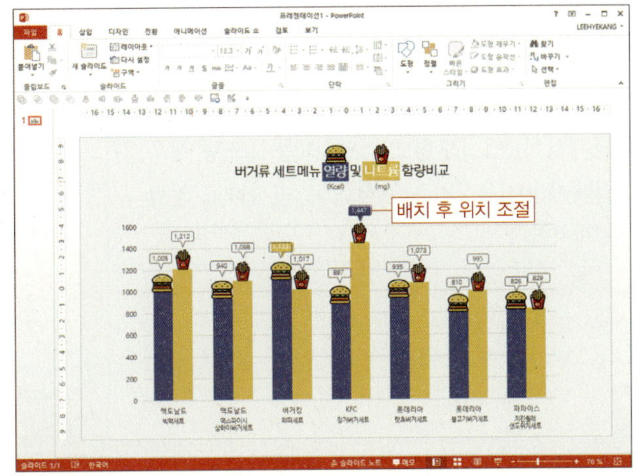



**14** 또 하나의 인포그래픽을 만들기 위해 [홈] 탭–[슬라이드] 그룹–[새 슬라이드]를 선택해 슬라이드를 추가한다. [배경 서식]은 1번 슬라이드와 동일하게 '(1) 연회색'으로 지정하고, 햄버거와 감자를 복사(Ctrl + C)해 2번 슬라이드에 붙여넣기(Ctrl + V)한다. [삽입] 탭–[텍스트] 그룹–[텍스트 상자]를 이용해 텍스트를 입력하고 서식을 지정한다.

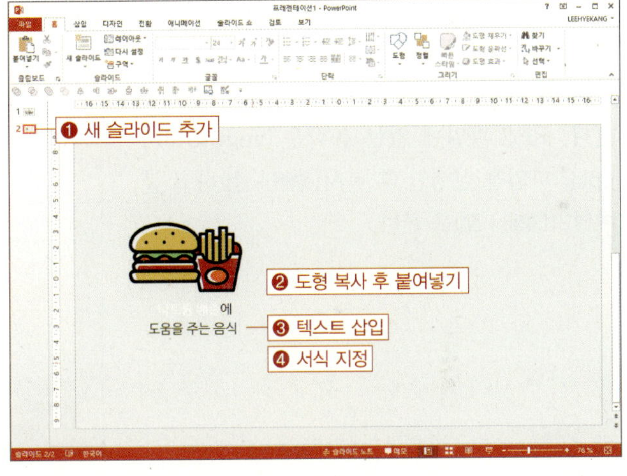



| 텍스트 | 글꼴 / 글꼴 크기 / 속성 | 글꼴 색 |
|---|---|---|
| 나트륨 배출 | 나눔바른고딕 Light / 24 / 굵게 | (5) 흰색 |
| 에 도움을 주는 음식 | 나눔바른고딕 Light / 24 | (4) 검은색 |

**15** 1번 슬라이드에 사용한 파란색 직사각형을 복사(Ctrl + C)하여 2번 슬라이드에 붙여넣기(Ctrl + V)한 후 '나트륨 배출' 텍스트 크기에 맞춰 배치한다. 텍스트가 보이도록 [마우스 오른쪽 버튼 클릭]–[맨 뒤로 보내기]를 선택한다.

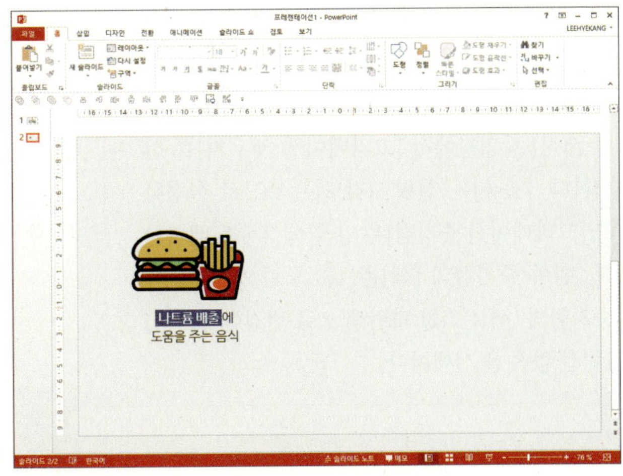

**16** 파란색 직사각형을 하나 더 복제(Ctrl + D)한 후 세로로 긴 막대로 모양을 변경한다. 긴 막대는 한 번 더 복제(Ctrl + D)하여 [그리기 도구]-[서식] 탭-[도형 스타일] 그룹-[도형 채우기]에서 [색]을 '(3) 노란색'으로 변경하고 일렬로 배치한다.

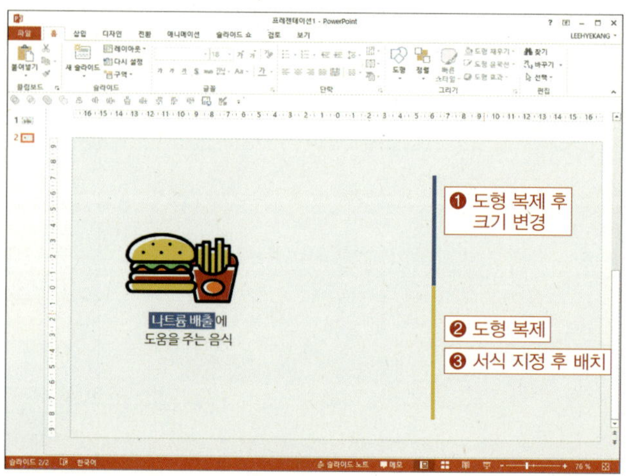


**17** [삽입] 탭-[이미지] 그룹-[그림]에서 [버거 실습자료] 폴더의 EPS 파일을 불러와 그룹 설정을 해제(Ctrl + Shift + G)하고 그림처럼 배치한다. EPS 파일에 없는 음식은 'vegetable.pptx' 파일을 실행한 후 복사(Ctrl + C)하고 붙여넣기(Ctrl + V)를 한다.

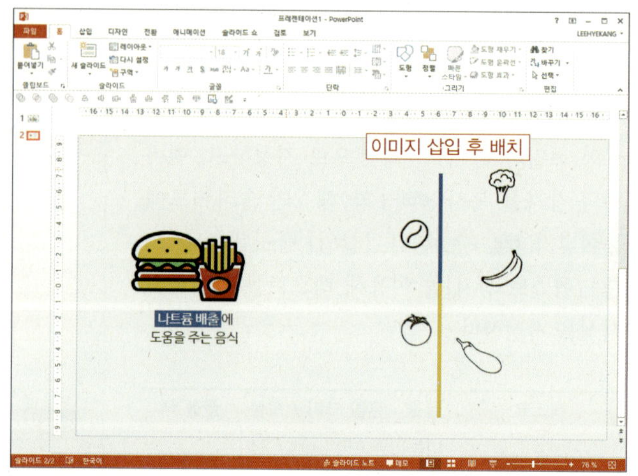


**18** 삽입한 야채 도형은 비슷한 느낌을 표현하기 위해 Ctrl 을 이용해 모두 선택한 후 [마우스 오른쪽 버튼 클릭]-[도형 서식]을 선택한다. [도형 서식] 작업창에서 [그라데이션 채우기]를 선택한다. [종류]는 '선형', [각도]는 '90°'로 설정하고 [그라데이션 중지점]은 양 끝에 2개를 배치한다. 왼쪽 중지점의 [색]은 '(3) 노란색', 오른쪽 중지점의 [색]은 '(2) 파란색'으로 변경한다. [선]은 '선 없음'을 선택한다.

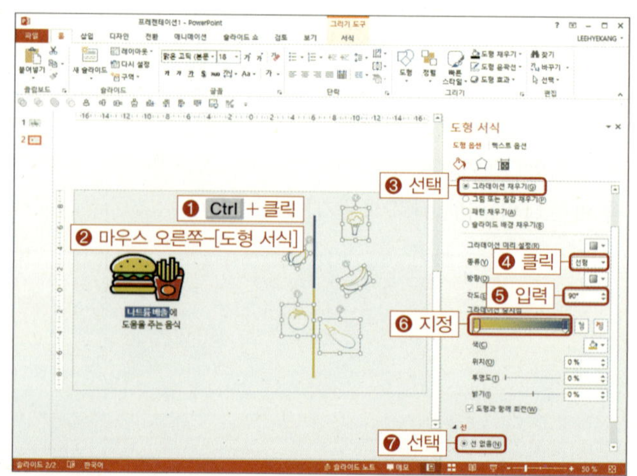

**19** [삽입] 탭–[텍스트] 그룹–[텍스트 상자]를 이용해 관련 텍스트를 입력하고 서식을 지정한다.

| 텍스트 | 글꼴 / 글꼴 크기 / 속성 | 글꼴 색 |
|---|---|---|
| 야채 이름 | 나눔바른고딕 Light / 18 / 굵게 | (4) 검은색 |
| 설명 | 나눔바른고딕 Light / 12 | (4) 검은색 |

# 10

# 담배가격을 구성하는
# 누적 막대그래프 인포그래픽 만들기

2개의 통계 데이터가 각각 차지하는 구성 항목을 1:1로 비교하는 경우 어떤 그래프를 선택해야 할까? 먼저 '이중 누적 막대그래프'를 떠올릴 수 있다. 이번 장에서는 원 데이터의 단위를 먼저 살펴 본 후 데이터 편집 방법과 순서대로 각각의 항목을 연결하는 그래픽 표현 방법에 대해 알아보자.

## SECTION 01 수치 자료의 항목 분석하기

담배가격 인상을 나타내는 인포그래픽에서 중요한 부분은 현재 담배가격을 구성하는 항목과 새롭게 인상되는 항목을 비교하는 것이다. 비교형 정보는 각 항목을 1:1 대응 관계로 설명해야 한다. 기존 세목(세금 항목)과 신설되는 항목을 먼저 확인하는 것이 정보를 요약하는 과정의 핵심 포인트다.

## (1) 1단계 : 자료 해독

### ■ 제시자료

정부가 11일 발표한 담뱃값 인상안이 원안대로 관철될 경우 담배소비세 등 담배가격을 구성하는 6가지 항목 가운데 가장 많이 오르는 항목은 신설되는 개별소비세인 것으로 나타났다. 보건복지부가 밝힌 자료를 보면 더 원과 레종, 에쎄 등 2,500원짜리 담배 한 갑의 경우 지금보다 가격이 2,000원 인상돼 4,500원이 될 경우 개별소비세만 594원이 추가된다. 현재 담뱃값에는 개별소비세가 포함돼 있지 않다. 두 번째로 많이 오르는 항목은 건강증진부담금으로 488원이 오른 841원을 내야 한다. 현행 건강증진부담금은 354원이다. 담배소비세는 366원 오른 1,007원, 출고가 및 유통마진은 232원 인상된 1,182원, 부가가치세는 199원 올라 433원을 지불하게 된다. 가장 적게 오른 항목은 지방교육세로, 122원이 올라 담배 한 갑에 443원을 내야 한다. 인상 뒤 4,500원 담배 한 갑 가격에서 출고가와 유통마진은 1,182원으로 26%에 그쳐, 2,500원인 지금의 38%보다 12%포인트 비중이 줄어든다. 반면 개별소비세 등 제세부담금은 74%를 차지하게 돼 현재의 62%에서 10%포인트 이상 높아진다.

먼저 기존 담배가격을 구성하는 세금 항목을 파악하고, 이후 새롭게 추가되는 항목이 무엇인지 파악한다. 대부분 'A는 B로 바뀐다'라는 변화를 나타내는 문장 구성이며 먼저 A의 특징을 설명한 후 B의 특징을 설명하는 형식이다. 또 문장 끝 부분에는 이유를 설명하는 형식을 취한다. 따라서 문장을 모두 읽으며 중요한 키워드에 밑줄을 치는 훈련이 필요하다.

### ■ 자료 요약

**제목: 담뱃값 2천 원 오르면 세금 구성항목 어떻게 되나?**

정부가 11일 발표한 담뱃값 인상안이 원안대로 관철될 경우 담배소비세 등 담배가격을 구성하는 6가지 항목 가운데 가장 많이 오르는 항목은 신설되는 개별소비세인 것으로 나타났다. 보건복지부가 밝힌 자료를 보면 더 원과 레종, 에쎄 등 2,500원짜리 담배 한 갑의 경우 지금보다 가격이 2,000원 인상돼 4,500원이 될 경우 개별소비세만 594원이 추가된다. 현재 담뱃값에는 개별소비세가 포함돼 있지 않다. 두 번째로 많이 오르는 항목은 건강증진부담금으로 488원이 오른 841원을 내야 한다. 현행 건강증진부담금은 354원이다. 담배소비세는 366원 오른 1,007원, 출고가 및 유통마진은 232원 인상된 1,182원, 부가가치세는 199원 올라 433원을 지불하게 된다. 가장 적게 오른 항목은 지방교육세로, 122원이 올라 담배 한 갑에 443원을 내야 한다. 인상 뒤 4,500원 담배 한 갑 가격에서 출고가와 유통마진은 1,182원으로 26%에 그쳐, 2,500원인 지금의 38%보다 12%포인트 비중이 줄어든다. 반면 개별소비세 등 제세부담금은 74%를 차지하게 돼 현재의 62%에서 10%포인트 이상 높아진다.

#### 분석 POINT

- 세금 인상 전과 인상 후를 나타내는 2개의 데이터에서 기준변수는 '세금' 구성항목이고 이에 따른 세금액이 종속변수다.
- 담배가격 인상 전과 인상 후를 동시에 비교해야 하므로 2개의 누적 막대그래프로 표현하는 것이 적절하다.
- 주어진 데이터에서 인상 전과 후의 세금을 항목별로 모두 계산해야 한다.

## (2) 2단계 : 제목 및 데이터 편집

데이터 편집은 항목별 금액(원)으로 계산하거나 전체에서 차지하는 항목별 비율(%)로 재구성할 수 있다.

### ■ 금액으로 나타낸 데이터 구성(원)

두 개의 그래프를 연속해서 표시하여 각각의 금액 변화를 보여는 주는 것이 중요하다. 이중 수직 막대그래프 또는 이중 수평 막대그래프를 선택하면 되나 그래픽 표현을 위해 담배 모양을 그래프 대신 사용할 수도 있다. 중요한 것은 두 개의 연속하는 그래프에서 각각 차지하는 항목은 컬러로 명확하게 구분되어야 한다는 점이다(그림 1과 그림 2의 각 항목은 1:1 대응관계다. 즉, 눈의 흐름을 따라가도록 점선으로 연결하는 것이 중요하다).

| 세금 항목 | 인상 전(그림 1) | 인상 후(그림 2) |
| --- | --- | --- |
| 출고가 및 유통마진 | 950 | 1,182 |
| 담배소비세 | 641 | 1,007 |
| 건강증진부담금 | 354 | 841 |
| 지방교육세 | 321 | 443 |
| 부가가치세 | 234 | 433 |
| * 개별소비세(신설) | – | 594 |
| 담배가격 | 2,500원 | 4,500원 |

* 그림 1과 그림 2는 슬라이드 작업 시 그래픽으로 표시할 부분을 의미함

### ■ 비율로 나타낸 데이터 구성(%)

비율 그래프는 원 그래프를 활용해 표현하는 것이 적절하다. 직접 도형을 활용해 그려도 되나 %를 정확하게 나타내기 위해 엑셀을 활용하는 것이 좋다. 다만 시각적 효과를 위해 담배 한 개를 100%로 설정해 표현하는 방법도 생각해 볼 수 있다.

| 세금 항목 | 인상 전(그림 1) | 인상 후(그림 2) (%) |
| --- | --- | --- |
| 출고가 및 유통마진 | 38 | 26.27 |
| 담배소비세 | 25.64 | 22.38 |
| 건강증진부담금 | 14.16 | 18.69 |
| 지방교육세 | 12.84 | 9.84 |
| 부가가치세 | 9.36 | 9.62 |
| * 개별소비세(신설) | – | 13.2 |
| 담배가격 | 2,500원 | 4,500원 |

* 그림 1과 그림 2는 슬라이드 작업 시 그래픽으로 표시할 부분을 의미함

#### 분석 POINT

- 독자가 데이터를 쉽게 이해할 수 있도록 편집하는 것은 인포그래픽에서 매우 중요한 요소이다.
- 인상 전과 인상 후의 변화에서 새롭게 바뀌는 부분에 유의해야 한다.
- 2개의 데이터를 한눈에 비교할 수 있도록 이에 맞는 그래프를 선택하는 것이 중요하다.

## (3) 3단계 : 제작 형태 및 레이아웃 결정

- 제목은 "담뱃값이 2천 원 오르면 세금 구성 항목은 어떻게 되나?", "담배가격이 인상되면 개별소비세가 추가된다." 등으로 생각해 볼 수 있다.
- 핵심 키워드는 "6가지 항목 가운데 가장 많이 오르는 항목은 신설되는 개별소비세, 출고가 및 유통마진, 담배소비세, 건강증진부담금, 지방교육세, 부가가치세"이다.

- 레이아웃을 만들 때 전문 텍스트를 함께 제공하면서 보조형 그래픽으로 나타낼 것인지 아니면 그래픽 이미지만 사용할지 고민해야 한다.
- 보고서 및 보도자료로 사용할 목적이라면 전문 텍스트를 함께 제공해야 하고, SNS에 배포하는 것이 목적이면 그래픽 이미지만 사용하는 것이 좋다.

### 분석 POINT

- 단순한 그래프를 그리는 것보다 2개의 담배 그림을 그래프 형식으로 보여주면서 데이터를 설명할 수 있다.
- 새롭게 추가되는 신설 항목 표현을 강조한다.
- 비율 그래프 선택 시에는 파워포인트에서 일부 엑셀 시트를 활용하는 것도 좋다.
- 비율로 데이터 치환 시 합이 100%가 되는지 검수하는 단계를 거친다.

## ■ 레이아웃 스케치

2개의 누적 막대그래프 형식으로 나타낸 경우 1:1 연결선을 긋고 신설 항목은 맨 위에 표기한다.

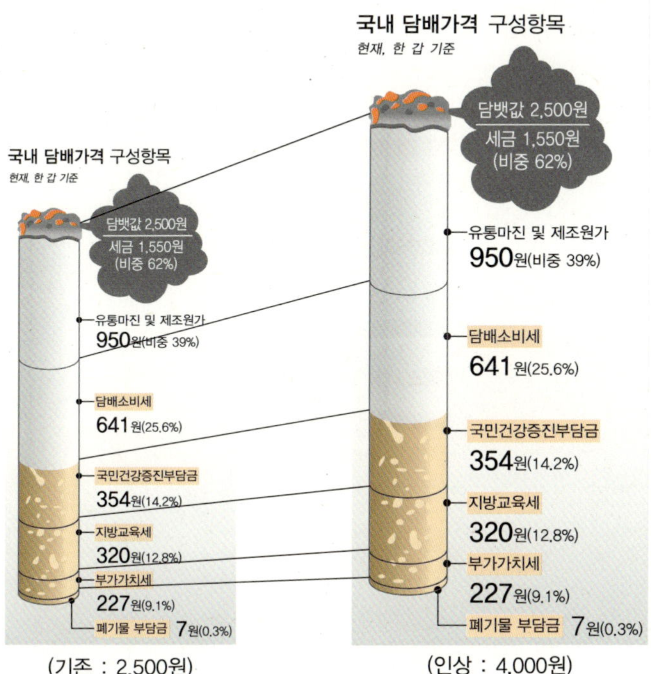



▲ 담배가격 구성 항목을 나타낸 그래픽 이미지(자료 : 보건복지부, 그래픽 : 연합뉴스)를 연결해 만든 레이아웃 스케치

담뱃값의 인상 전후를 비교하기 위해 전과 후의 금액에 맞추어 담배 크기를 만든다. 각 항목을 금액에 맞추어 구분하는 것은 쉽지 않다. 하지만 전체 담배 길이에서 금액만큼의 비율로 표현하면 더 쉽고 정확하게 구분할 수 있다. 이때는 임시 눈금선을 만들어 비율을 맞춘다.

**실전 따라하기**

• 완성파일 : 담배 – 완성.pptx　• 실습자료 : [담배 실습자료] 폴더
• 색상정보 : 담배 – 색상.png

**01** SNS에서 보기 좋은 콘텐츠 사이즈로 변경하기 위해 [디자인] 탭-[사용자 지정] 그룹-[슬라이드 크기]-[사용자 지정 슬라이드 크기]를 선택하고 [너비]와 [높이]를 모두 '19.05cm'로 변경한 후 [확인]을 클릭한다.

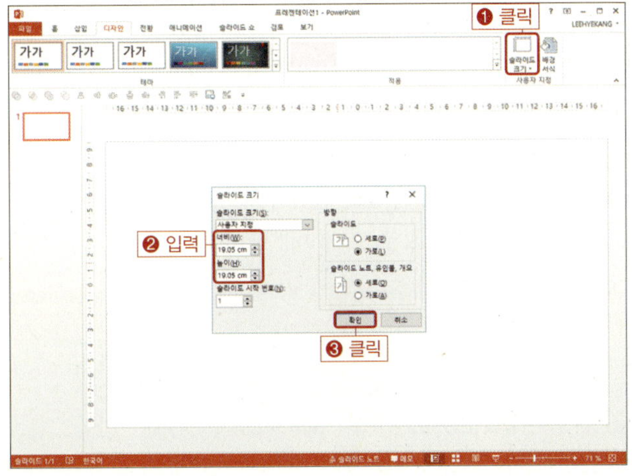

**02** 배경색을 지정하기 위해 빈 슬라이드에서 [마우스 오른쪽 버튼 클릭]-[배경 서식]을 선택한다. [배경 서식] 작업창의 [채우기]-[단색 채우기]에서 [색]을 '(1) 연노랑'으로 변경한다.

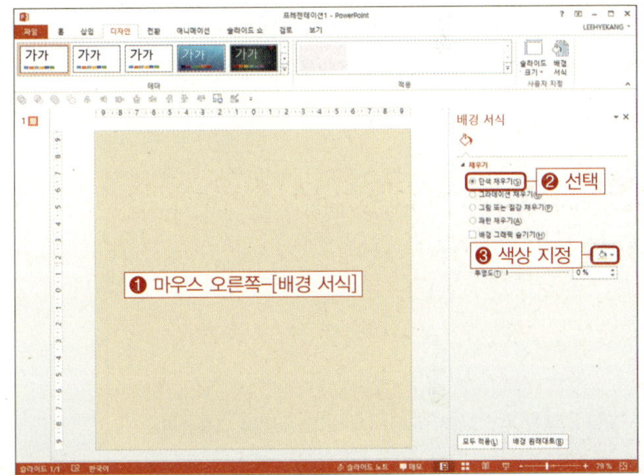


**03** [담배 실습자료] 폴더에서 '담배.pptx'와 '사람.pptx' 파일을 실행하여 라이터와 담배, 원하는 사람 아이콘을 복사(Ctrl + C)한 후 슬라이드에 붙여넣기(Ctrl + V)한다.

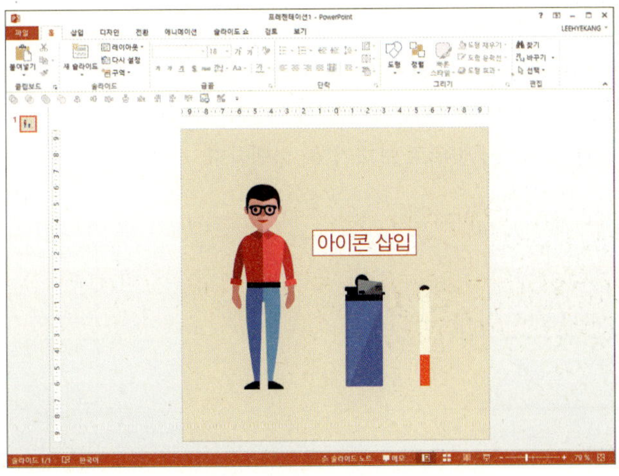

**04** 사람을 선택하고 그룹 설정을 해제(Ctrl + Shift + G)한 후 팔 부분만 선택하고 몸 바깥쪽으로 드래그해서 그림처럼 분리시킨다. 팔만 드래그하여 선택해 다시 그룹으로 설정(Ctrl + G)한다. 그룹으로 설정된 팔을 선택하고 아래쪽 가운데 조절점을 위쪽으로 드래그해 팔 방향을 반전시킨다.



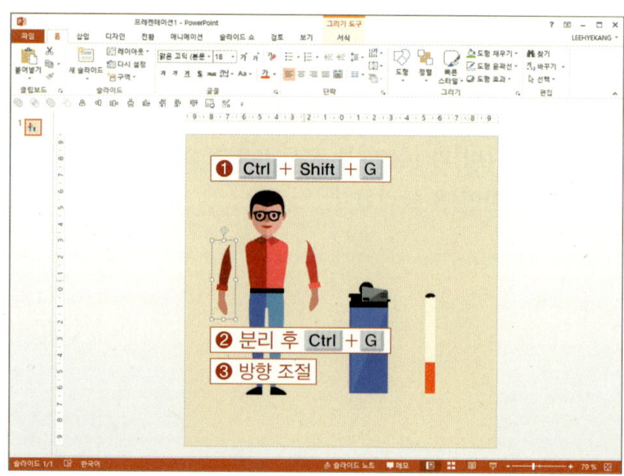


**05** 같은 방법으로 반대쪽 팔도 위쪽을 향하게 방향을 바꾼 후 다시 팔을 몸에 맞게 배치한다.



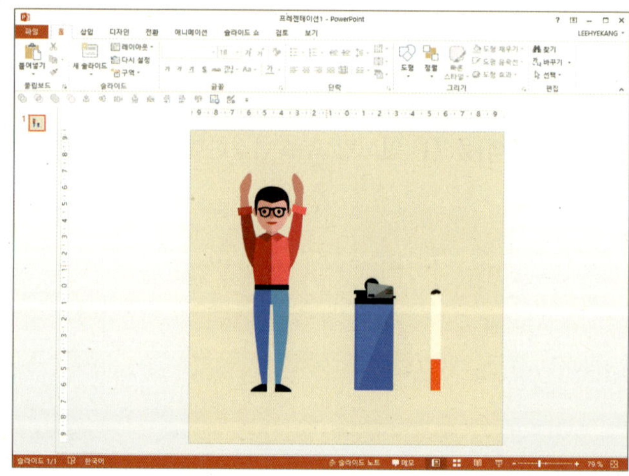

**06** 라이터를 선택하고 회전 조절점을 드래그하여 회전시킨 후 팔 위에 배치한다. 팔보다 라이터가 위에 배치되면 라이터를 [마우스 오른쪽 버튼 클릭]–[맨 뒤로 보내기]를 선택한다.

**07** 담배의 크기를 크게 한 후 그룹 설정을 해제( Ctrl + Shift + G )한다. 담배의 아랫부분을 선택한 후 [그리기 도구]–[서식] 탭–[도형 스타일] 그룹–[도형 채우기]에서 [색]을 '(3) 노란색'으로 변경한다.

**08** 각 항목에 대한 비율을 참고할 수 있도록 [담배 실습자료] 폴더에서 '세금항목.docx' 파일을 실행한 후 비율에 관한 표를 복사( Ctrl + C )하고 슬라이드에 붙여넣기( Ctrl + V )한다. 각 항목에 대한 비율을 표시하는 선을 그리기 위해 [삽입] 탭–[일러스트레이션] 그룹–[도형]에서 [선]을 이용해 선을 만들고, 일정한 간격을 두고 복제( Ctrl + D )한다. 선은 총 11개가 되도록 한다.

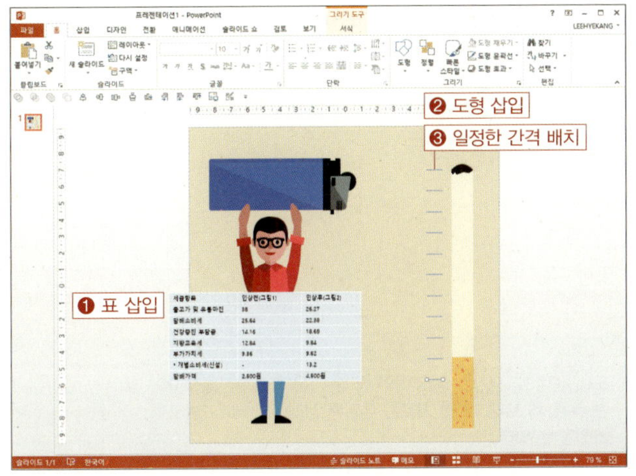


**09** 담배의 처음과 끝이 맞지 않으므로 처음과 마지막의 선이 담배의 처음과 끝에 배치되도록 위치를 조정한다.

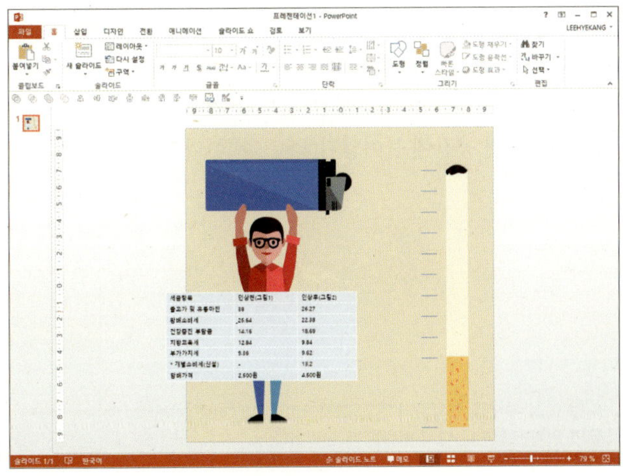

**10** 드래그를 통해 선 11개를 모두 선택한 후 [그리기 도구]-[서식] 탭-[정렬] 그룹-[정렬]-[맞춤]-[세로 간격을 동일하게]를 선택해 간격을 동일하게 만든다.

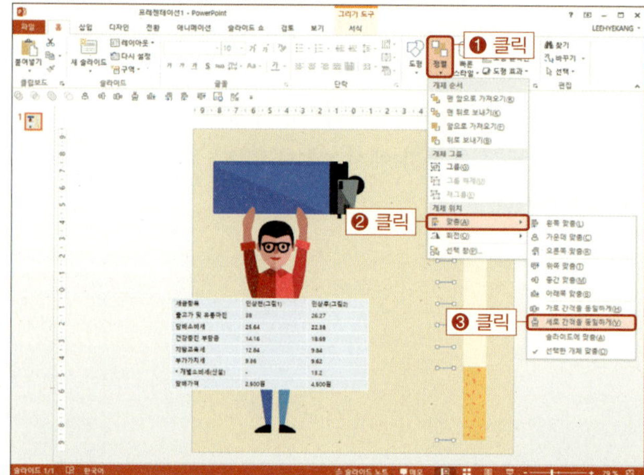




**11** 건강증진부담금, 지방교육세, 부가가치세에 해당하는 부분이 약 40% 정도이므로 가상으로 만든 눈금선 5번째까지 담배의 노란색의 세로 길이를 조정한다.

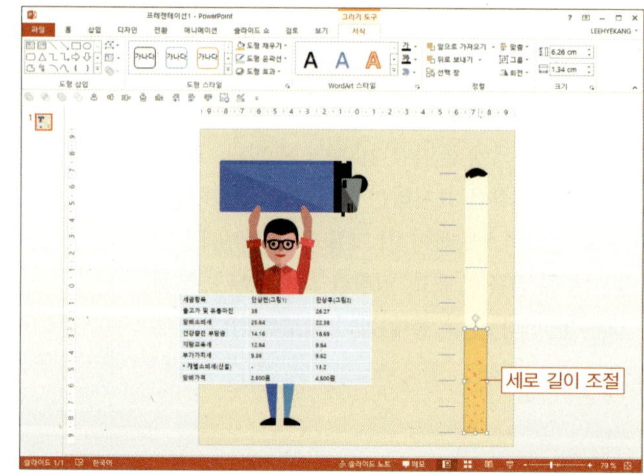




**12** 노란색 도형만 조절할 경우 패턴은 변경되지 않는다. 패턴 부분의 도형만 그룹 설정을 해제( Ctrl + Shift + G )하여 일부분만 복사( Ctrl + C )한 후 위쪽 빈 공간에 붙여넣기( Ctrl + V )한다.

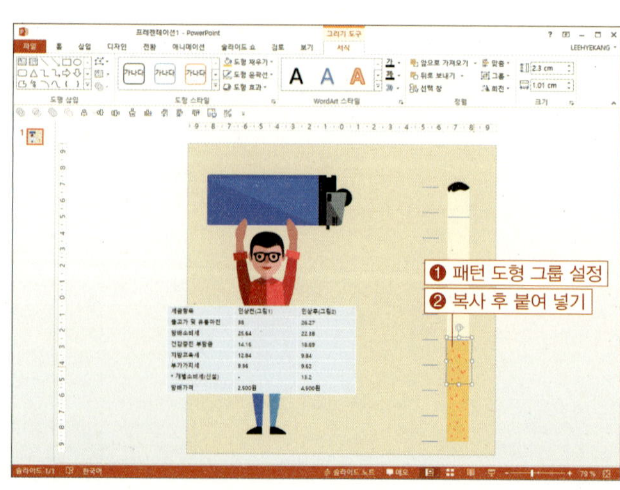

**13** 눈금선으로 사용하고 있는 선을 복제(Ctrl
+D)하고 각각의 비율에 맞추어 담배 위에 선을
배치한다. 비율은 임시로 만든 눈금선을 보면서
맞춘다.

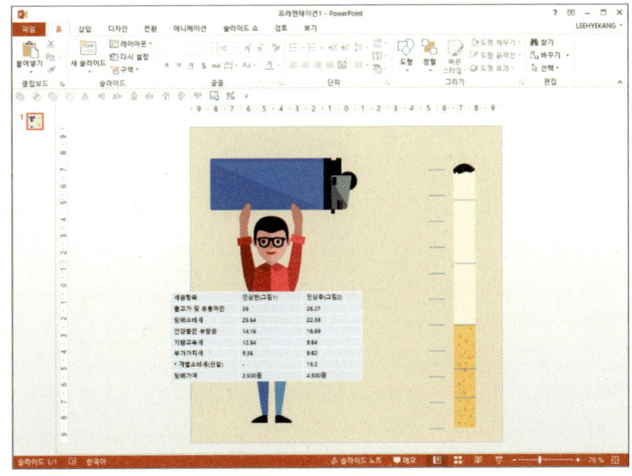

**14** 도움을 받았던 눈금선은 드래그하여 선택
한 후 삭제(Delete)한다. 담배 위의 선은 [그리기
도구]-[서식] 탭-[도형 스타일] 그룹-[도형 채
우기]에서 [색]을 '(8) 회색'으로 변경한다.
인상 전 담배를 표현하기 위해 기존 담배를 복제
(Ctrl+D)하여 왼쪽에 배치한다. 인상 전의 담배
길이는 인상 후 담배 길이를 참고하여 2500원 :
4500원 비율로 조정한다.

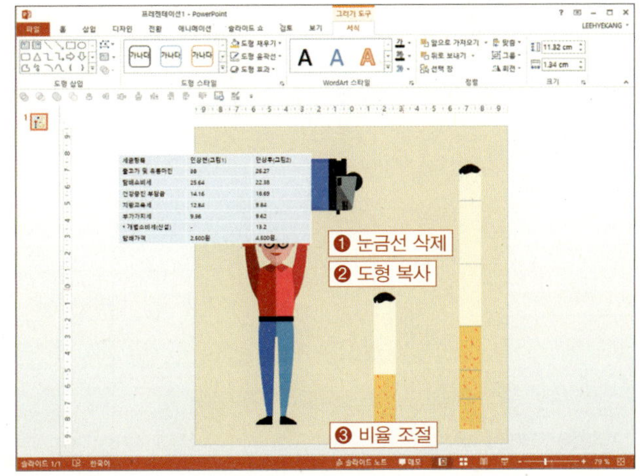


**15** 인상 전 담배의 각 비율도 인상 후 담배 비
율 설정과 동일한 방법으로 보조 눈금선을 만든
후 비율에 맞추어 담배 위에 선을 긋는다.

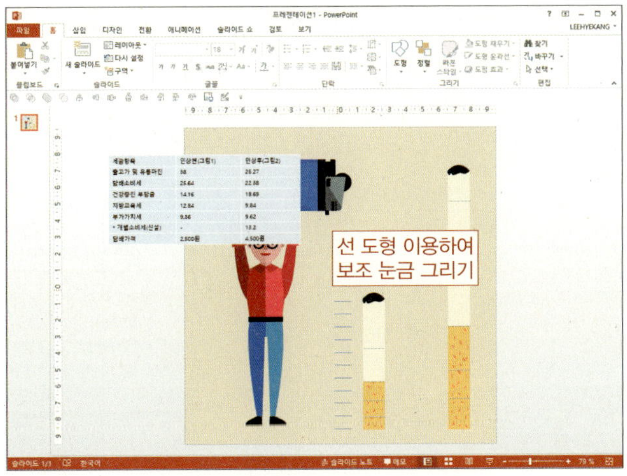

**16** 비율 표현이 완료되었으므로 도움 받았던 표와 눈금선은 삭제(Delete)한다.

**17** [삽입] 탭-[일러스트레이션] 그룹-[도형] 에서 [자유형]을 이용해 인상 전과 인상 후의 '출고가 및 유통 마진' 영역 부분을 도형으로 만든다.

**TIP**
자유형은 시작점을 다시 클릭하면 도형이 된다.

**18** 다른 영역도 동일하게 [자유형] 도형을 이용해 하나씩 제작한다.

**19** Ctrl 을 누른 상태에서 자유형 도형을 하나 건너 하나씩 선택하고, [그리기 도구]-[서식] 탭-[도형 스타일] 그룹-[도형 채우기]에서 각각 '(4)베이지색'과 '(5) 연갈색'으로 변경하고 [도형 윤곽선]은 '윤곽선 없음'을 선택한다.

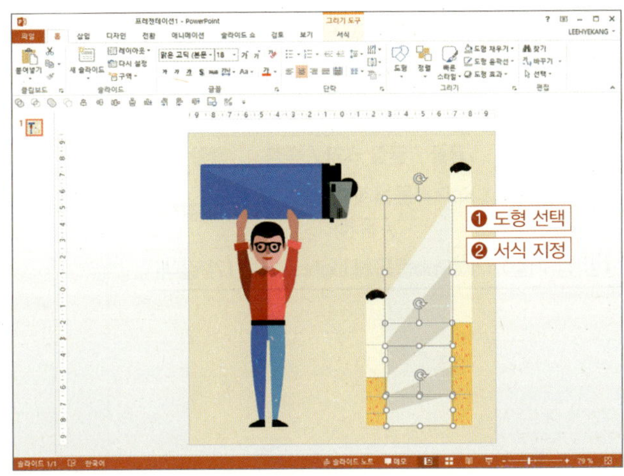


**20** 그래프가 나타내는 항목을 표현하기 위해 [삽입] 탭-[일러스트레이션] 그룹-[도형]에서 [직사각형]을 이용해 직사각형을 만들고 [도형 채우기]의 색은 '(7) 갈색'으로 변경한다. [삽입] 탭-[텍스트] 그룹-[텍스트 상자]를 이용해 직사 각형 위에 텍스트를 입력한다. 텍스트와 직사각 형을 동시에 선택한 후 그룹으로 설정(Ctrl + G) 한다.

| 텍스트 | 글꼴 / 글꼴 크기 | 글꼴 색 |
|---|---|---|
| 출고가 ~ | KoPub돋움체 Light / 12 | (2) 흰색 |

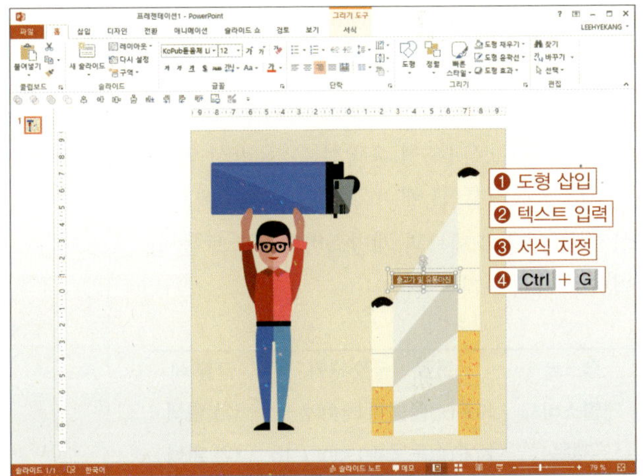


**21** 그룹 설정한 도형과 텍스트를 4개 더 복제 (Ctrl + D)한 후 각 영역에 배치하고 해당하는 텍 스트로 수정한다. 텍스트 길이에 맞춰 도형의 가로 길이도 조정한다.

> **TIP**
> 텍스트에서 바로 [도형 채우기]에 색을 지정해 비슷한 느낌을 낼 수도 있지만 글자 간격이나 상자 크기를 자유롭게 할 수 없어 필자는 따로 작성하는 것을 선호하는 편이다.

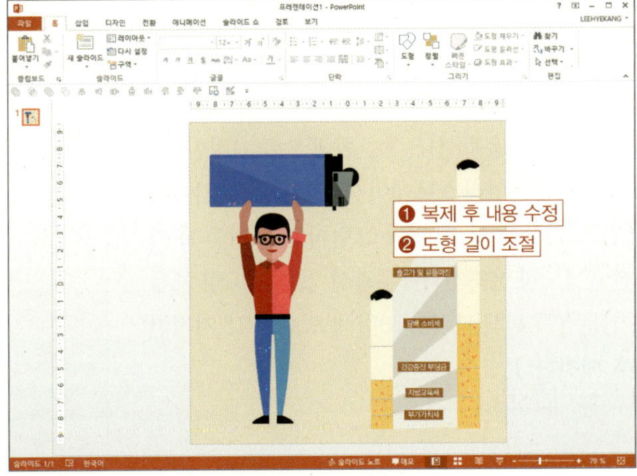

**22** [삽입] 탭-[텍스트] 그룹-[텍스트 상자]를 이용해 수치 및 기준에 관련된 텍스트를 입력한다.

| 텍스트 | 글꼴 / 글꼴 크기 / 속성 | 글꼴 색 |
| --- | --- | --- |
| 금액 | KoPub돋움체 Light / 11 / 굵게 | (7) 갈색 |
| 〈한 갑 기준〉 | KoPub돋움체 Light / 11 | (7) 갈색 |

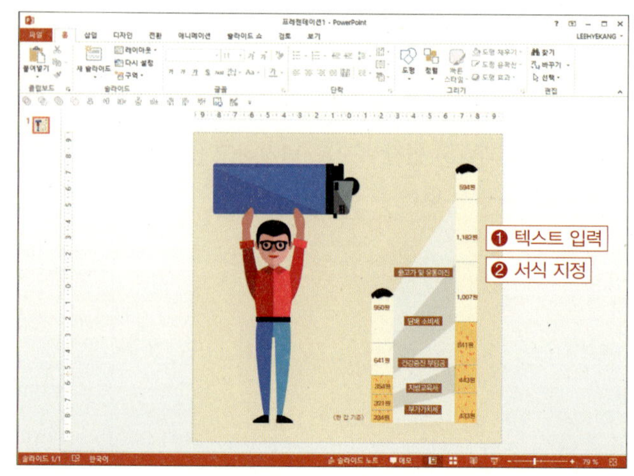


**23** [삽입] 탭-[일러스트레이션] 그룹-[도형]에서 [직사각형]과 [선], [타원]을 이용해 개별 소비세 영역을 만들고, [도형채우기]에서 [색]을 '(6) 분홍색'으로, [도형 윤곽선]은 '윤곽선 없음'을 지정한다. [삽입] 탭-[텍스트] 그룹-[텍스트 상자]를 이용해 제목과 개별소비세 텍스트를 입력하고 서식을 지정한다.

| 텍스트 | 글꼴 / 글꼴 크기 | 글꼴 색 |
| --- | --- | --- |
| 개별소비세 | KoPub돋움체 Light / 12 | (2) 흰색 |
| 제목 | KoPub돋움체 Light / 18 | (2) 흰색 |

**24** 제목의 '2천원' 부분에는 [삽입] 탭-[일러스트레이션] 그룹-[도형]에서 [직사각형]을 선택해 직사각형을 만들고, [도형 채우기]는 '채우기 없음', [도형 윤곽선]은 '(2) 흰색'으로 지정한다. [삽입] 탭-[일러스트레이션] 그룹-[도형]에서 [위쪽 화살표]를 선택해 그림처럼 도형을 추가한 후 [도형 윤곽선]은 '윤곽선 없음', [도형 채우기]는 '(2) 흰색'과 '(3) 노란색'으로 각각 지정한 후 배치한다.

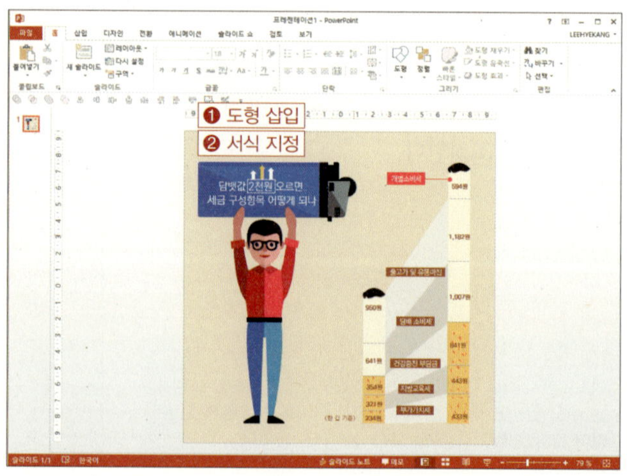

# 11

# 원인과 결과 구조로 이루어진
## 인포그래픽 만들기 1

원인–결과 인포그래픽에서는 하나의 원인, 다수의 원인에 의한 하나의 결과, 다수의 결과 등으로 나누어 만들 수 있다. 인포그래픽의 정보 기획에서 '원인'은 대부분 제목에 위치하며 '결과'는 본문에서 그래픽으로 표현된다. 이번 장에서는 이런 점에 유의하면서 '원인–결과' 정보 속성을 파악하고 그래픽으로 발전시켜 보자. 학생들에게는 문해력을 높일 수 있는 좋은 예시가 될 것이다.

## SECTION 01 원인과 결과 구조 분석하기

원인과 결과로 이루어진 정보 구조는 기업, 공익단체, 영업 및 마케터 등 전 부문에서 사용할 정도로 중요성이 높다. 예를 들어 "이런 문제점이 발생하는 경우 이 제품을 사용하면 어떤 점이 좋은지", "기후변화 때문에 발생되는 여러 가지 문제는 무엇인지", "여성이 폭력에 노출되면 야기되는 위험 요소는 무엇인지" 등과 같은 인과관계로 이루어진 정보를 이야기한다.

### (1) 1단계 : 정보 기획 단계(문장 연결 구조를 파악)

#### ■ 제시자료(하나의 원인–다수의 결과)

WHO는 "여성은 남성 파트너의 폭력으로 인해 건강에 어떤 영향을 받고 있는가"에 대한 조사결과를 발표했다. 물리적 폭력, 성적인 폭력, 언어적인 폭력 등 다양한 유형의 폭력이 있으며 이를 통해 여성들이 겪는 고통도 다양하게 나타나고 있다.

첫 번째는 정신건강이다. 파트너의 폭력으로 우울증 증상이 전보다 두 배 이상 증가했다. 두 번째는 알코올중독 위험이다. 폭력 전보다 거의 2배 증가한 수치를 보인다. 임신에 영향을 미치는 위험 16%, 상해 및 죽음으로 이어지는 위험 역시 42% 증가한 것으로 나타났다. 이 밖에 AIDS, 유방암 등 중대한 위험 질병을 얻는 경우도 1.5배 이상 증가했다. 죽임을 당한 여성의 38%는 남자 파트너가 가해자라는 조사결과는 충격적이다.

조사 발표자는 WHO다. 여성들이 남자 파트너로부터 얼마나 다양한 폭력에 노출되어 있는지를 조사한 결과다. 조사는 크게 6개의 결과로 이루어진다. 남성 폭력은 원인을 제공하는 기준변수가 되고, 여성들이 폭력에 의해 노출되는 6개의 유형은 결국 종속변수가 된다. 전형적인 하나의 원인-다수의 결과를 나타내는 문장 형식이다.

## 분 석 POINT

- 문장 속 단문들이 어떤 관계로 이루어져 있는지 구조를 파악한다.
- 문장 속에 있는 중심 단어를 체크한다.
- 실제 데이터의 단위가 다르다면 그래프 대신 순수 그래픽으로 표현한다.(아이콘, 통계단위 텍스트로 표시)

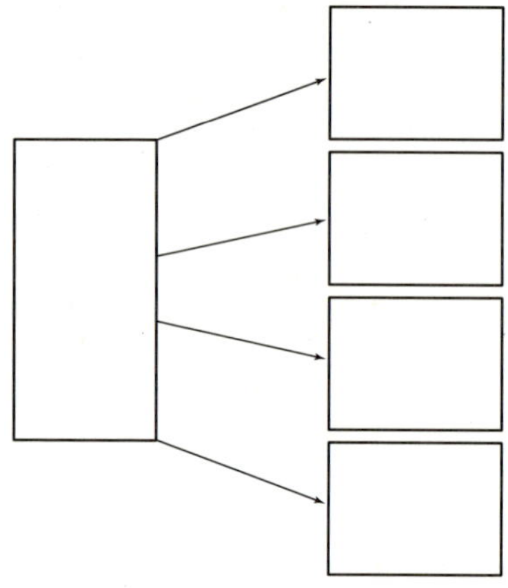

▲ 하나의 원인과 다수의 결과를 나타내는 정보배열구조다. 좌에서 우로 가는 형태를 띠고 있다. 통상적으로 하나의 원인은 제목으로 표현되고, 다수의 결과는 본문 내용, 즉 그래픽으로 표현된다. 또한 각각의 결과는 상호의존적이거나 우열관계로 이루어진 것이 아니라 나열구조를 갖는다.

## (2) 2단계 : 제목 문장 통합

WHO는 "여성은 남성 파트너의 폭력으로 인해 건강에 어떤 영향을 받고 있는가"에 대한 조사결과를 발표했다. 물리적 폭력, 성적인 폭력, 언어적인 폭력 등 다양한 유형의 폭력이 있으며 이를 통해 여성들이 겪는 고통도 다양하게 나타나고 있다.
첫 번째는 정신건강이다. 파트너의 폭력으로 우울증 증상이 전보다 두 배 이상 증가했다. 두 번째는 알코올중독 위험이다. 폭력 전보다 거의 2배 증가한 수치를 보인다. 임신에 영향을 미치는 위험 16%, 상해 및 죽음으로 이어지는 위험 역시 42% 증가한 것으로 나타났다. 이 밖에 AIDS, 유방암 등 중대한 위험 질병을 얻는 경우도 1.5배 증가했다. 죽임을 당한 여성의 38%는 남자 파트너가 가해자라는 조사결과는 충격적이다.

- 조사발표자 : WHO
- 제목 : "여성은 남성 파트너의 폭력으로 인해 건강에 어떤 영향을 받고 있는가"
- 소제목 : 정신건강 위험 : 우울증 2배 증가

  알코올 중독 위험 : 2배 가까이 증가

  임신 위험 : 16%

  상해 위험 : 42%

  암/질병 위험 : AIDS, 유방암 등 중대한 위험 질병을 얻는 경우도 1.5배 증가

  살인 위험 : 38%
- 핵심 포인트 : 소제목에서 각각 중복되는 문장 및 단어 등은 공통된 패턴으로 통합해 대치하는 것이 중요하다. '** 위험 : 숫자' 형태로 전환하는 것이다. 다른 단어를 하나의 패턴으로 통합하는 것은 그래픽 전환 시 매우 유용한 방법이 된다.

## (3) 3단계(레이아웃) : 제작 형태 및 레이아웃 결정

- 위험 요소 6개 : 아이콘(그래픽)
- 위험 요소를 설명하는 내용 : 글자로 설명
- 전체 배열구조 : 제목(원인) 아래 나열식으로 표현(원 순환, 3*2 매트릭스)
- 레이아웃 스케치 1(3*2 매트릭스) : 가로형 인포그래픽에 적합한 구조다. 텍스트 설명까지 넣을 공간이 필요한 경우 유용하다.

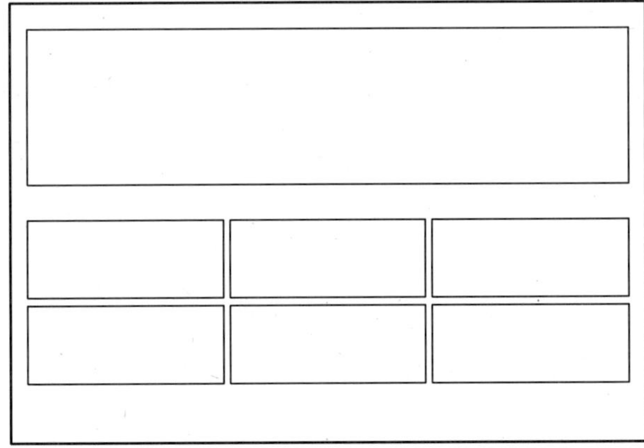

▲ 제목 및 중요 본문 내용 요약의 글은 상단 박스에 위치한다. 나머지 6개의 소주제를 3*2 매트릭스 구조로 배열한 형태의 레이아웃 스케치다.

- 레이아웃 스케치 2(원형 순환 차트) : 한눈에 파악하기 쉬운 장점이 있다. 다만 미적인 부분은 사각형보다 뛰어나나 원형 내에 모든 내용을 전달하기 위해서는 그래픽 이미지와 요약 문장을 간결하게 표현할 수 있는 능력이 필요하다. 공간 활용도가 좋다는 장점이 있다.
- 제목은(원인 : 기준변수) 중앙에 배치히는 것이 좋다.

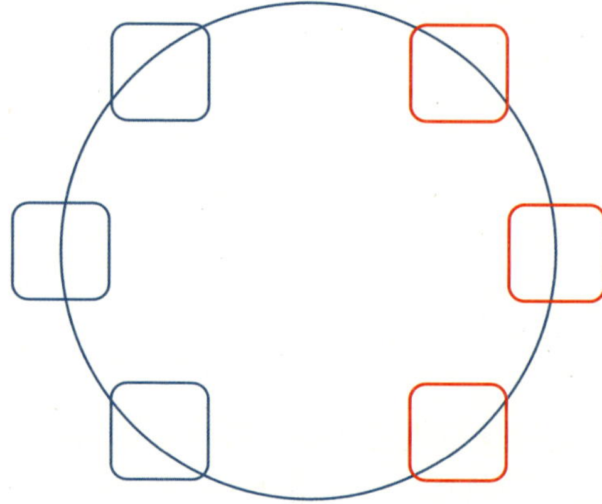

▲ 순환형 차트로 표현한 레이아웃 스케치로 6개의 결과를 표현하기 위해 6개의 박스를 그려 넣었다.

## SECTION 02  하나의 원인, 다수의 결과로 이루어진 인포그래픽 만들기

남성 파트너의 폭력으로 여성이 받는 영향은 6가지로 정리된다. 이때 단순하게 나열만 할 경우 심심해질 수 있으므로, 사람 모양의 차트로 만들고 각 증상에 맞게 도형으로 표현해서 차트에 재미를 준다. 그림으로만 표현된 차트는 한눈에 정확한 내용을 알기 어려우므로 반드시 텍스트를 함께 적어 정확한 정보를 전달해야 한다.

**실전 따라하기**

• 완성파일 : 폭력영향 – 완성.pptx   • 실습자료 : [폭력영향 실습자료] 폴더
• 색상정보 : 폭력영향 – 색상.png

**01** 빔 프로젝트에서 사용하기 좋은 슬라이드 크기로 변경하기 위해 [디자인] 탭–[사용자 지정] 그룹–[슬라이드 크기]에서 [표준(4:3)]으로 선택해 변경한다.

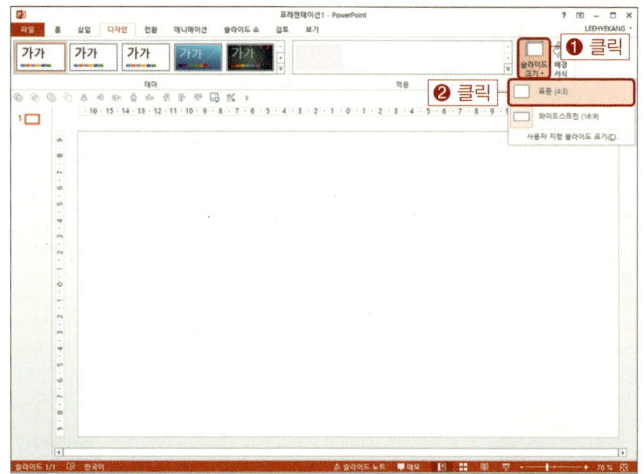

**02** 배경색을 지정하기 위해 빈 슬라이드에서 [마우스 오른쪽 버튼 클릭]–[배경 서식]을 선택한다. [배경 서식] 작업창의 [단색 채우기]에서 [색]을 '(1) 연회색'으로 변경한다.

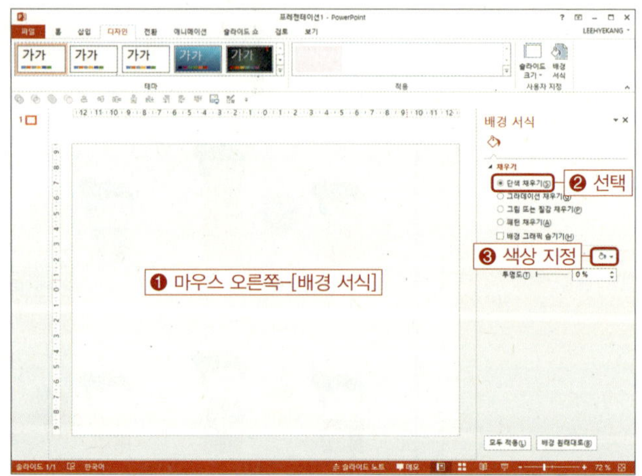


**03** 사람을 만들기 위해 [삽입] 탭–[일러스트레이션] 그룹–[도형]에서 [타원], [직사각형], [이등변 삼각형]을 선택해 그림과 같이 만든다. 전체를 선택하고 [마우스 오른쪽 버튼 클릭]–[도형 서식]–[선 색]–[윤곽선 없음]을 지정한다.

TIP
직접 만들기 어렵다면 [폭력영향 실습자료] 폴더의 '사람차트.pptx' 파일을 실행하고 복사해 사용한다.

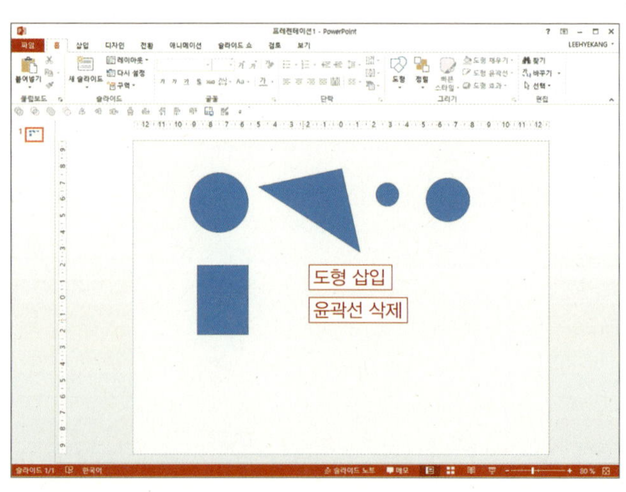

**04** 큰 타원 위에 이등변 삼각형을 그림과 같이 배치하고 [빠른 실행 도구 모음]에서 [도형 빼기]를 선택한다.

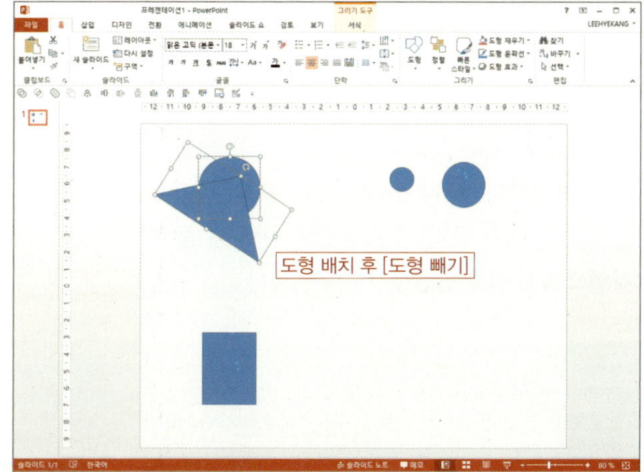


**TIP**

도형 빼기를 위해 두 도형을 동시에 선택해야 한다. 드래그를 통해 한꺼번에 선택하거나 Ctrl 을 누른 채 도형을 하나씩 선택하면 된다. 하나씩 선택할 때에는 남겨질 도형을 먼저 선택하고 뺄 도형을 나중에 선택한다.

**05** 잘린 도형 위에 가장 작은 타원을 배치하고 두 도형을 드래그로 선택한 후 [빠른 실행 도구 모음]에서 [도형 빼기]를 선택한다.

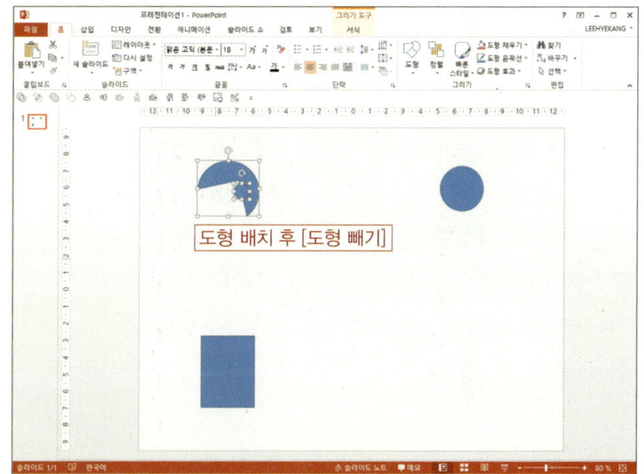


**06** 남은 타원을 머리 위에 묶은 머리처럼 배치하고 크기를 조절한다.

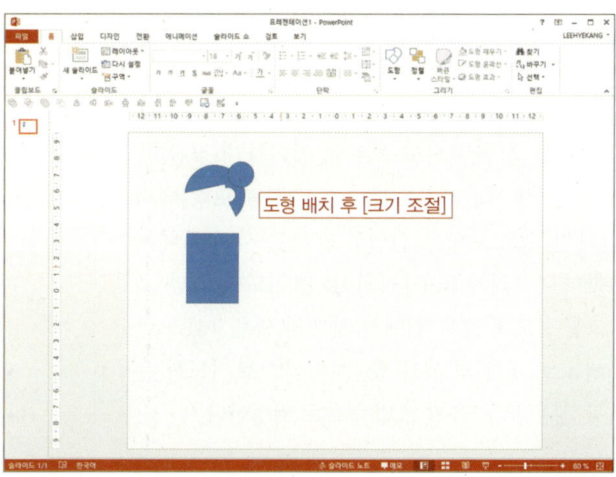

**07** 직사각형 도형은 얼굴이 될 부분이므로 머리 아래에 배치한다. [그리기 도구]–[서식] 탭–[도형 스타일] 그룹–[도형 채우기]에서 머리 부분의 [색]은 '(5) 갈색'으로, 피부는 '(6) 살구색'으로 변경한다. 머리에 해당하는 도형은 [마우스 오른쪽 버튼 클릭]–[점 편집]을 이용해 좀 더 자연스럽게 점을 편집해서 마무리한다.

> **TIP**
> 얼굴에 해당하는 직사각형이 머리보다 위에 있다면 [마우스 오른쪽 버튼 클릭]–[맨 뒤로 보내기]를 선택해 배치 순서를 변경한다.

**08** [삽입] 탭–[일러스트레이션] 그룹–[도형]에서 [타원]과 [직사각형]을 이용해 캐릭터의 표정을 만들고, [그리기 도구]–[서식] 탭–[도형 스타일] 그룹–[도형 채우기]에서 눈은 '(7) 진회색', 입과 볼은 '(8) 분홍색'으로, 코는 '(9) 연한 주황색'으로 지정한다. 볼을 선택한 후 [마우스 오른쪽 버튼 클릭]–[도형 서식]을 선택하고 [도형 서식] 작업창의 [단색 채우기]에서 [투명도]를 '50%'로 조정한다.

**09** 사람 얼굴이 완성되었다면 얼굴의 직사각형과 같은 폭을 가진 직사각형을 만들어 차트로 표현한다. 사람 차트를 전체 선택하여 복제(Ctrl + D)한 후 배치하고 차트의 길이를 조절한다. [삽입] 탭–[일러스트레이션] 그룹–[도형]에서 [타원]으로 도형을 삽입하고 차트 사이에 배치한다. [그리기 도구]–[서식] 탭–[도형 스타일] 그룹–[도형 채우기]에서 차트의 색은 '(4) 노란색'으로, 타원의 색은 '(3) 보라색'으로, [도형 윤곽선]은 모두 '윤곽선 없음'으로 지정한다.

**10** 만들어진 차트를 6개 복제(Ctrl + D)하여 배치한다. 복제된 차트는 노란색과 보라색이 엇갈리게 수정한다. 배수에 따라서 오른쪽에 해당하는 사람 차트 직사각형의 세로 길이를 조정한다. 사람의 얼굴은 위아래로 위치만 변경한다.

**11** [삽입] 탭–[일러스트레이션] 그룹–[도형]에서 [모서리가 둥근 직사각형]을 선택해 도형을 만들고, 모양 조절점을 이용해 둥글기 정도를 조절한다. [그리기 도구]–[서식] 탭–[도형 스타일] 그룹–[도형 윤곽선]에서 [색]은 '(3) 보라색', [두께]는 '2 1/4pt', [도형 채우기]는 '채우기 없음'을 선택한다.
[삽입] 탭–[일러스트레이션] 그룹–[도형]에서 [선]을 선택해 차트별 구분선을 만들고 [도형 윤곽선]의 [색]은 '(10) 회색', [두께]는 '1/2pt'로 변경한다.

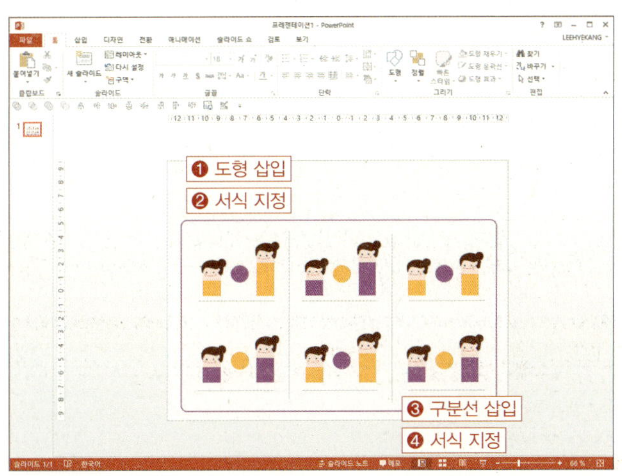


**12** [삽입] 탭–[텍스트] 그룹–[텍스트 상자]를 이용해 텍스트를 입력한다.

| 텍스트 | 글꼴 / 글꼴 크기 / 속성 | 글꼴 색 |
|---|---|---|
| 항목 | 나눔바른고딕 Light / 12 / 굵게 | (7) 진회색 |
| 부연설명 | 나눔바른고딕 Light / 12 | (10) 회색 |
| X배 | 나눔바른고딕 Light / 14 / 굵게 | (1) 연회색 |

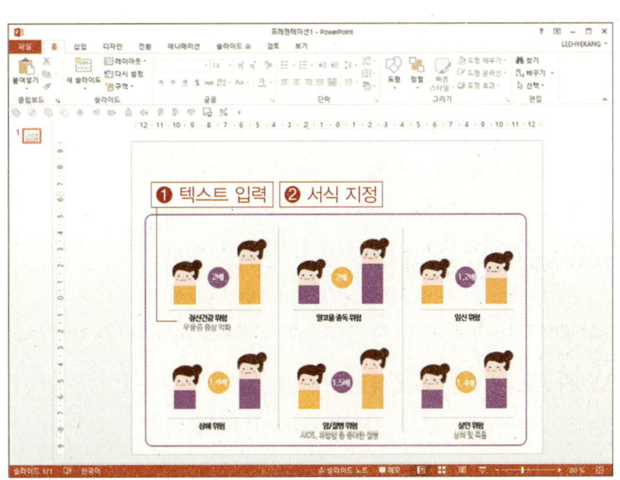

**13** 증상별로 특징에 맞게 변경한다. Ctrl 을 누른 상태에서 마우스 휠을 위쪽으로 돌려 슬라이드를 확대한 후 작업한다. [삽입] 탭–[일러스트레이션] 그룹–[도형]에서 [자유 곡선]을 선택한 후 어질어질한 모양을 표현한다. [삽입] 탭–[일러스트레이션] 그룹–[도형]에서 [포인트가 5개인 별]을 선택해 별을 만든다. [그리기 도구]–[서식] 탭–[도형 스타일] 그룹–[도형 채우기]에서 [자유 곡선]의 [색]은 '(7) 진회색', 별 도형의 [색]은 '(4) 노란색'을 선택하고 별 도형의 [도형 윤곽선]은 '윤곽선 없음'으로 변경한 후 그림과 같이 배치한다.

**14** '임신 위험' 항목의 차트는 [삽입] 탭–[일러스트레이션] 그룹–[도형]에서 [타원]을 이용해 임신한 배로 변경한다. [그리기 도구]–[서식] 탭–[도형 스타일] 그룹–[도형 채우기]에서 [색]은 '(4) 노란색'으로, [도형 윤곽선]은 '윤곽선 없음'을 선택한다.

**15** '상해 위험' 항목의 차트에는 팔 모양을 표현하기 위해 [삽입] 탭–[일러스트레이션] 그룹–[도형]에서 [모서리가 둥근 직사각형]을 선택해 도형을 만들고 모양 조절점을 이용해 둥글기를 조정한다. 다시 [삽입] 탭–[일러스트레이션] 그룹–[도형]에서 [이등변 삼각형]을 선택해 삽입하고 손 위에 배치해 붕대 감은 모습을 표현한다. [그리기 도구]–[서식] 탭–[도형 스타일] 그룹–[도형 채우기]에서 손은 '(6) 살구색', 붕대는 '(2) 연보라색'으로, [도형 윤곽선]은 '윤곽선 없음'을 선택한다.

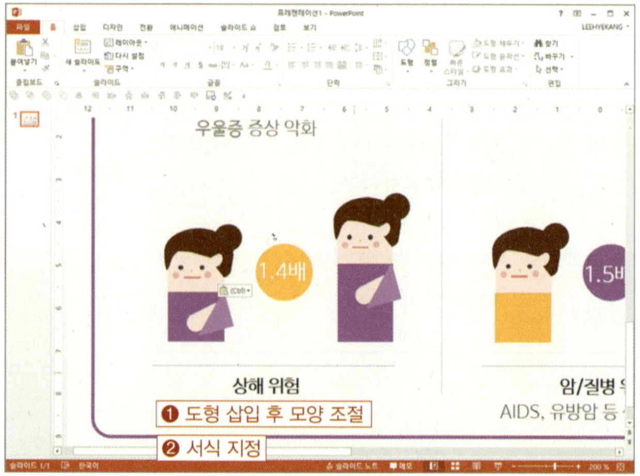

**16** '정신건강 위험' 항목의 차트에는 볼이 빨개진 것을 표현하기 위해 얼굴에 사용된 도형을 하나 복제(Ctrl + D)한다. [마우스 오른쪽 버튼 클릭]-[도형 서식]을 선택한다. [도형 서식] 작업창의 [그라데이션 채우기]를 선택한다. [종류]는 '선형', [각도]는 '90°' [그라데이션 중지점]은 두 개를 만든 후 양끝에 배치한다. 첫 번째 중지점의 [색]을 '(8) 분홍색'으로 지정하고, [투명도]는 '10%'로 입력한다.

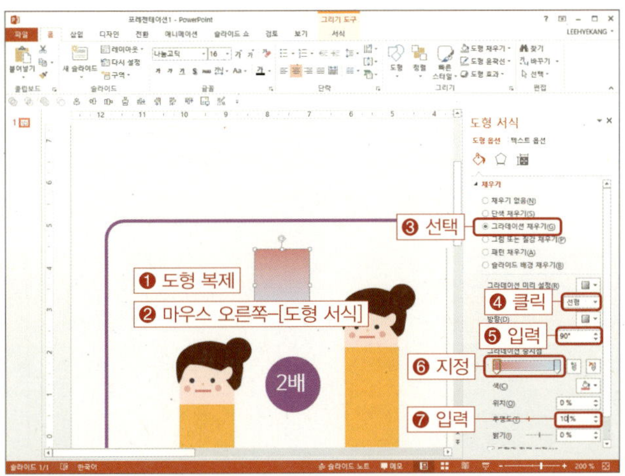


**17** 두 번째 중지점을 선택한 후 [투명도]를 '100%'로 변경한다.

**18** 얼굴 위에 방금 전 만든 그라데이션 도형을 배치한다. 이목구비와 머리보다는 아래에 배치해야 하므로, 그라데이션 도형과 차트를 선택한 후 [마우스 오른쪽 버튼 클릭]-[맨 뒤로 보내기]-[맨 뒤로 보내기]를 선택한다. 얼굴에 해당하는 도형은 그라데이션보다 아래쪽에 배치해야 하므로 해당 도형을 선택한 후 [마우스 오른쪽 버튼 클릭]-[맨 뒤로 보내기]를 선택한다.

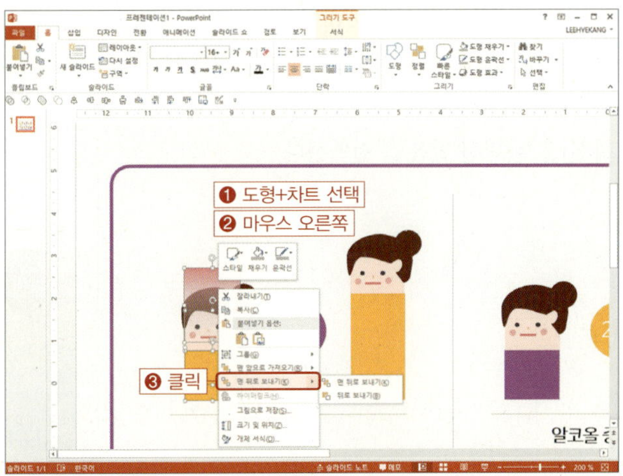

**19** 그라데이션 도형을 얼굴 위에 정확하게 배치하면 얼굴이 빨개진 느낌을 표현할 수 있다.

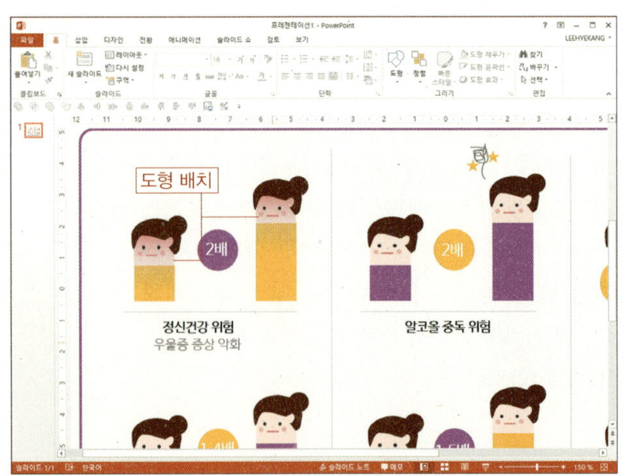

**20** [삽입] 탭-[일러스트레이션] 그룹-[도형]에서 [곡선]을 선택하여 그림과 같이 유령 모양을 만든다. 곡선의 경우 시작했던 점과 끝나는 점이 만나면 도형이 된다.

**21** 유령 모양 도형을 선택하고 [그리기 도구]-[서식] 탭-[도형 스타일] 그룹-[도형 채우기]에서 [색]은 '(2) 연보라색'으로 변경하고, [도형 윤곽선]은 '윤곽선 없음'을 선택한다.

**22** 깃발의 막대를 만들기 위해 [삽입] 탭–[일러스트레이션] 그룹–[도형]에서 [모서리가 둥근 직사각형]을 선택해 도형을 만들고 모양 조절점을 이용해 최대한 둥글게 만든다. [삽입] 탭–[일러스트레이션] 그룹–[도형]에서 [직사각형]을 선택해 도형을 만들고 둥글기를 조절한 직사각형의 끝에 배치한 후 두 도형을 선택하고 [도형 빼기]를 한다.

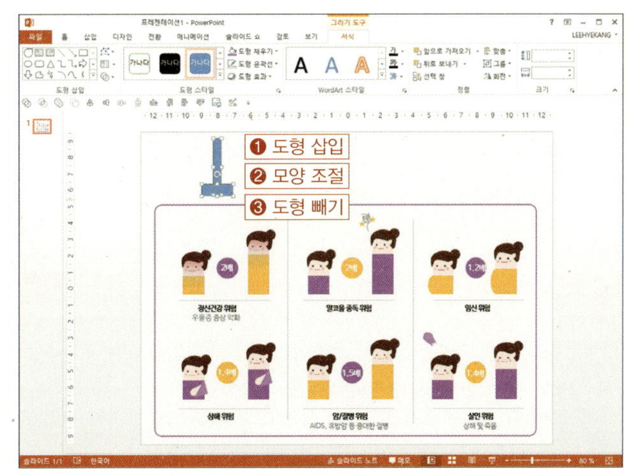


**23** 도형 빼기한 도형을 선택하고 [그리기 도구]–[서식] 탭–[도형 스타일] 그룹–[도형 채우기]에서 [색]은 '(5) 갈색'으로, [도형 윤곽선]은 '윤곽선 없음'을 선택한다. [삽입] 탭–[일러스트레이션] 그룹–[도형]에서 [직사각형]을 선택해 도형을 삽입하고 [마우스 오른쪽 버튼 클릭]–[점 편집]을 선택한다. 오른쪽 모서리의 중간 부분을 Ctrl 을 누른 상태에서 클릭해 조절점을 추가로 만든다.

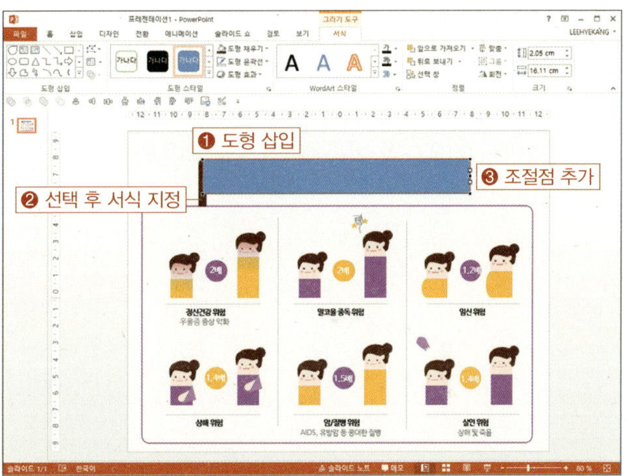


**24** 조절점을 사각형 안쪽으로 드래그해 리본 모양을 만든다. [그리기 도구]–[서식] 탭–[도형 스타일] 그룹–[도형 채우기]에서 [색]은 '(2) 연보라색'으로, [도형 윤곽선]은 '윤곽선 없음'을 선택한다.

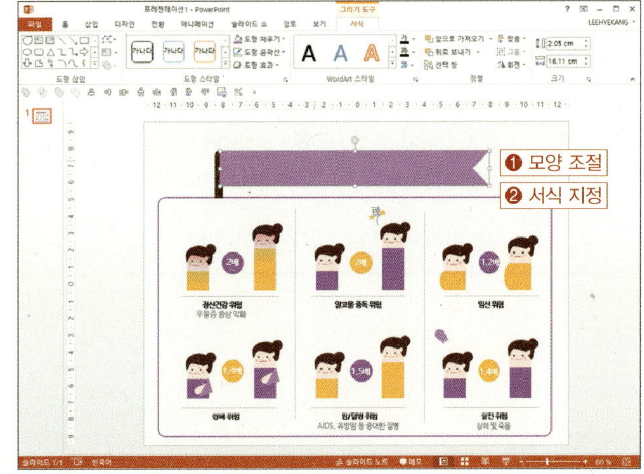


> **TIP**
> 만약 조절점을 드래그했을 때 선이 휜다면 직사각형의 크기를 키운 후 다시 시도하고, 클릭 시 흰색 조절점은 선택되지 않도록 주의한다.

**25** 리본 모양을 하나 복제(Ctrl + D)하고 [삽입] 탭–[일러스트레이션] 그룹–[도형]에서 [직사각형]을 선택해 도형을 하나 더 만들어 복제한 리본 위에 배치한 후 두 도형을 선택하고 [도형 빼기]를 선택한다.



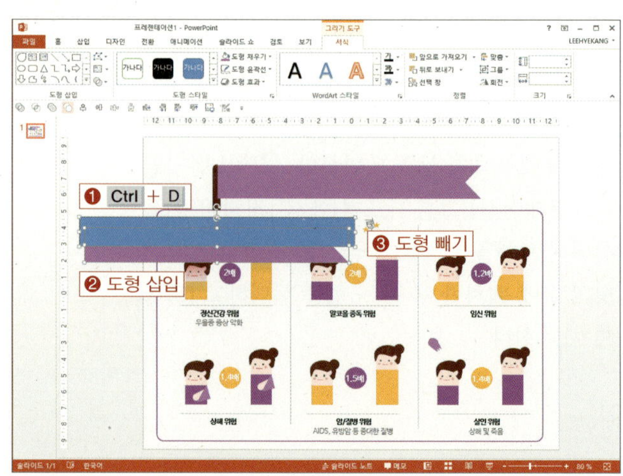

> **TIP**
> 두 도형만 선택하기 어렵다면 Ctrl 을 누른 상태에서 두 도형을 선택한다. 리본 도형을 선택한 후 직사각형을 선택하면 된다.

**26** 기존의 리본 위에 배치하고 [그리기 도구]–[서식] 탭–[도형 스타일] 그룹–[도형 채우기]에서 [색]은 '(3) 보라색'으로 변경한다. 막대를 선택한 후 [마우스 오른쪽 버튼 클릭]–[맨 앞으로 보내기]를 선택한다.

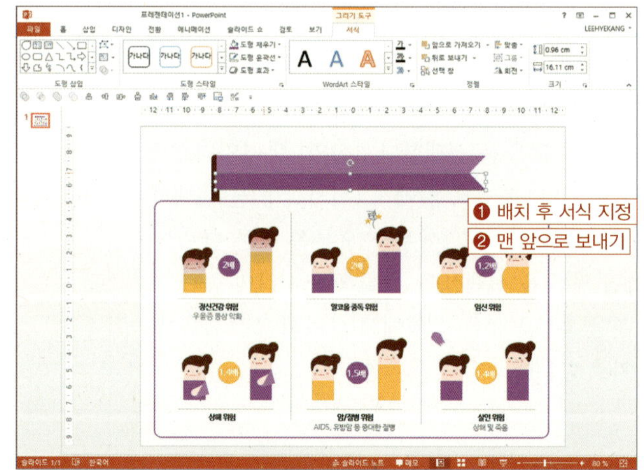



**27** [삽입] 탭–[텍스트] 그룹–[텍스트 상자]를 선택해 관련 텍스트를 입력하고 서식을 지정한다.

| 텍스트 | 글꼴 / 글꼴 크기 / 속성 | 글꼴 색 |
| --- | --- | --- |
| 제목 | 나눔바른고딕 Light / 16 | (1) 연회색 |
| WHO 조사 결과 | 나눔바른고딕 Light / 12 | (10) 회색 |

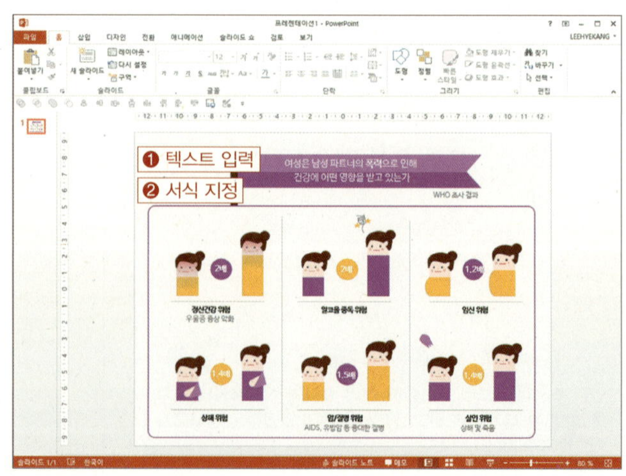

# 원인과 결과 구조로 이루어진
## 인포그래픽 만들기 2

다수의 원인과 다수의 결과로 이루어진 정보는 각각의 주제별 배열 구조를 맞추는 것이 포인트다. 소주제별로 대응하는 소주제 결과를 연결해야 한다. 학창시절 배웠던 함수의 1:1 대응 관계를 생각하면 된다. 이러한 정보 유형은 비교형으로 이루어진 정보 차트와 유사하나 키워드마다 원인에 대한 결론이 존재한다는 점에 차이가 있다. 이번 장에서는 제시된 다수의 원인과 다수의 결과를 연결하는 인포그래픽을 만들어 보자.

## SECTION 01 · 다수의 원인과 결과 자료 분석하기

통계형 자료와 마찬가지로 일반 텍스트에도 독립변수가 존재한다. 주어, 본문 키워드가 그 역할을 한다고 할 수 있다. 이 독립변수는 어떤 행위 또는 결과에 영향을 주는 역할을 한다. 따라서 원인과 결과 정보 조직 형태에서는 원인이 주어 역할을 하고, 결과는 비주얼 요소로 나타낼 수 있다. '개선 전후'를 설명하는 정보 역시 인과관계 정보 형태로, 현장에서 자주 사용하는 자료 유형이다.

### (1) 1단계(문장 연결 구조 파악) : 정보 기획 단계

'다수의 원인과 다수의 결과' 제시자료는 연습을 위해 기초적인 문장 구조로 제시한다. 단문이 다수로 이어진 복문 구조다. 전체 주제는 '청소년의 건강한 생활을 위한 생활습관 개선 요소'이다.

청소년이 건강한 생활을 하기 위해 개선해야 하는 생활습관 요소가 무엇이 있는지 학부모를 대상으로 인터뷰 조사를 실시하였다. 학부모가 언급한 요소는 크게 다음과 같다. 먼저 '스마트폰의 장시간 사용'이다. 이로 인해 책을 읽지 않는 문제가 발생할 수 있다고 응답했다. 또한 '게임을 오랫동안 하는 경우' 이로 인한 수면시간은 줄어들 수밖에 없으며, '채식을 하지 않은 경우' 체중 증가와 다양한 질병에 노출될 수 있고, '장시간 이어폰을 사용하는 경우' 난청 문제가 발생될 수 있다는 답변이 주를 이룬다.

- 문장 연결 구조를 파악하고 문장을 요약한다.
- 설문 문항 하나하나에 대한 답변이 나열된 형식이다.
- 주어부, 술어부를 찾고 중복 단어를 삭제한다.

## (2) 2단계 : 제목 문장 통합

제시자료에서 주어와 술어 부분(주제)을 찾고 이후 나열된 원인-결과 항목을 체크한다. 4개로 이루어진 소주제임을 알 수 있다.

청소년이(주어) 건강한 생활을 하기 위해 개선해야 하는 생활습관 요소(서술부)가 무엇이 있는지 학부모를 대상으로 인터뷰 조사를 실시하였다. 학부모가 언급한 요소는 크게 다음과 같다. (버리는 문장)
먼저 '스마트폰의 장시간 사용'(원인 1)이다. 이로 인해 책을 읽지 않는 문제가 발생(결과 1)할 수 있다고 응답했다. 또한 '게임을 오랫동안 하는 경우'(원인 2) 이로 인한 수면시간은 줄어들 수밖에 없으며(결과 2), '채식을 하지 않은 경우'(원인 3) 체중 증가와 다양한 질병에 노출(결과 3)될 수 있고, '장시간 이어폰을 사용하는 경우'(원인 4) 난청 문제가 발생(결과 4)될 수 있다는 답변이 주를 이룬다.

제시 문장을 그래픽 전환 문장으로 통합한다.

"학부모가 걱정하는 청소년의 건강한 생활습관에 영향을 미치는 요소 4가지"(제목)

원인 1 : 스마트폰을 장시간 사용 시 청소년에게 미치는 영향은?

결과 1 : 책을 읽지 않는다.(그래픽 표현 가능)

원인 2 : 게임을 장시간 사용시 청소년에게 미치는 영향은?

결과 2 : 수면 시간이 줄어든다.(그래픽 표현 가능)

원인 3 : 채식을 하지 않는 경우 청소년에게 미치는 영향은?

결과 3 :  체중이 증가하고 다양한 질병에 노출된다.(그래픽 표현 가능)

원인 4 : 장시간 이어폰을 사용하는 경우 청소년에게 미치는 영향은?

결과 4 : 난청이 발생할 수 있다.(그래픽 표현 가능)

핵심 포인트 : 각각의 원인과 결과는 한 쌍으로 움직인다. 반드시 원인과 결과를 묶어서 동시에 표현해야 한다. 4개의 원인과 결과이므로 4쌍을 한정된 공간에서 어떻게 배열할지 고민하자.

## (3) 3단계(레이아웃) : 제작 형태 및 레이아웃 결정

원인−결과 4쌍 : 그래픽+텍스트 1~2줄로 표현한다.

전체 배열 구조 : 제목(원인)은 가장 상단, 소주제는 세로 방향으로 나열한다.

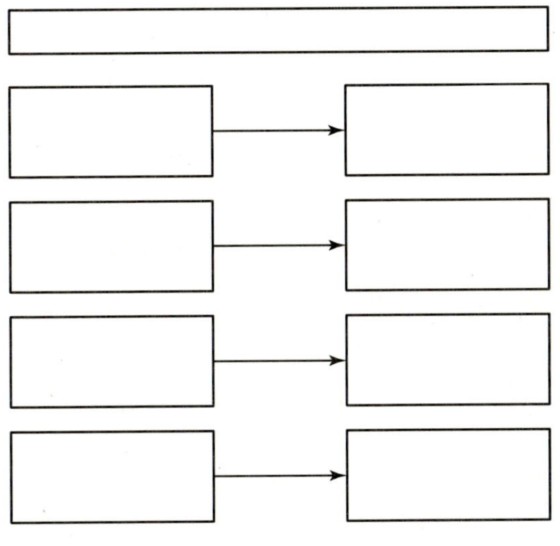


◀ 대표적인 다수의 원인, 다수의 결과를 설명하는 세로형 차트다. 각각의 원인과 결과는 1:1 대응관계다. 복잡한 문장의 경우 정보 차트를 활용해 핵심 단어를 추출하여 정리하는 것이 필요하다.

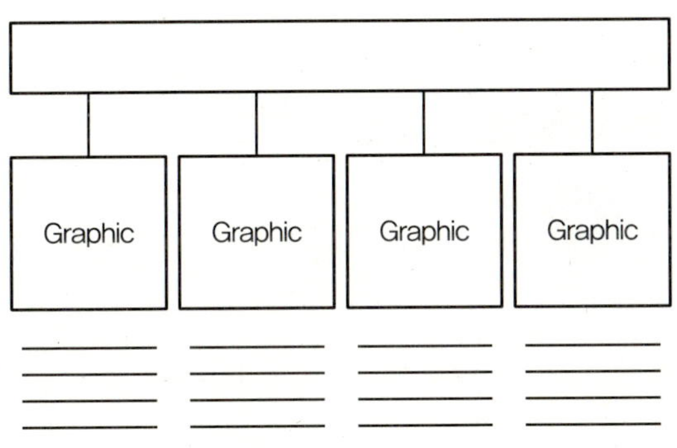

◀ 다수의 원인, 다수의 결과를 설명하는 가로형 차트다. 그래픽(결과)+텍스트 설명을 동시에 나타내는 경우 활용이 가능하다.

---

**TIP**

**인포그래픽에서 제목 선정 시 고려해야 할 항목**

원인−결과 문장에서 제목이 의미하는 것이 무엇인지 생각해 보자. 소제목 하나하나가 모두 중요한 상황에서 이를 포괄하는 제목을 뽑는 것은 매우 어려운 작업이다. 제목을 통해 대부분 그래픽 콘텐츠에 관심을 갖기 때문이다.

제목은 다음 항목을 고려하여 지정해야 한다. 먼저 여러 소주제에서 공통적으로 의미하는 단어, 즉 '일반화'가 가능한 단어를 찾아 이를 제목으로 올리는 것이 필요하다. 그리고 '살아 있는 제목', 즉 주목을 받을 수 있는 제목을 매력적으로 다듬는 것이 필요하다.

❶ 인포그래픽 제목은 단순히 본문 전체를 요약하는 것이 아니다. 흥미를 끌 수 있도록 살아 움직이는, 즉 숨을 쉬는 제목이 되어야 한다.

❷ 제목을 통해 사람에게 말 걸기가 가능해야 한다.

❸ 제목은 "잘 짜여진 언어 전략이다. 글로벌 문장 구조를 동시에 지니면 좋다."

# 다수의 원인과 결과를 제시하는 생활습관 인포그래픽 만들기

청소년의 생활습관에 영향을 미치는 요소들을 표현하기 위해 각각의 요소들을 픽토그램으로 표현한다. 단, 픽토그램을 모두 단색으로만 표현하면 심심해질 수 있으므로 색이 다양한 일러스트 사람 이미지를 사용하도록 하자. 또한 스마트폰 사용, 음악듣기, 패스트 푸드 섭취 모습을 한번에 담은 사람 캐릭터를 활용하여 보조 이미지로 활용하면 인포그래픽 전체의 내용을 함축적으로 보여줄 수 있다.

**실전 따라하기**

• 완성파일 : 생활습관 – 완성.pptx　• 실습자료 : [생활습관 실습자료] 폴더
• 색상정보 : 생활습관 – 색상.png

**01** 배경색을 지정하기 위해 빈 슬라이드에서 [마우스 오른쪽 버튼 클릭]–[배경 서식]을 선택한다. [배경 서식] 작업창의 [채우기]–[단색 채우기]에서 [색]을 '(3) 연회색'으로 변경한다.

**TIP**
2010 이하 버전에서는 [디자인] 탭 – [페이지 설정] 그룹–[페이지 설정]에서 [너비] '33.846cm', [높이] '19.05cm'로 변경한다.

**02** [생활습관 실습자료] 폴더의 '사람.pptx' 파일을 실행하고 여자 이미지를 복사(Ctrl + C)한 후 슬라이드에 붙여넣기(Ctrl + V) 한다.

**03** 상의와 양말을 선택하여 [그리기 도구]–[서식] 탭–[도형 스타일] 그룹–[도형 채우기]에서 [색]을 '(2) 회색'으로 변경한다.

**04** 생활습관에 영향을 끼치는 요소 중 음식에 관련된 내용이 있으므로, [생활습관 실습자료] 폴더의 '음식.pptx'에서 햄버거 이미지를 복사(Ctrl + C)한 후 붙여넣기(Ctrl + V) 하여 손 위에 배치한다.

**05** 여자와 햄버거를 드래그로 선택한 후 그룹을 설정(Ctrl + G)하고 크기를 줄여준다. [삽입] 탭-[텍스트] 그룹-[텍스트 상자]를 선택해 텍스트를 입력한 후 서식을 지정하고 배치한다.

| 텍스트 | 글꼴 / 글꼴 크기 / 속성 | 글꼴 색 |
| --- | --- | --- |
| 학부모가 걱정하는 ~ | 나눔바른고딕 Light / 20 | (4) 검은색 |
| 건강한 생활습관에 ~ | 12롯데마트행복Medium / 40 / 굵게 | – |

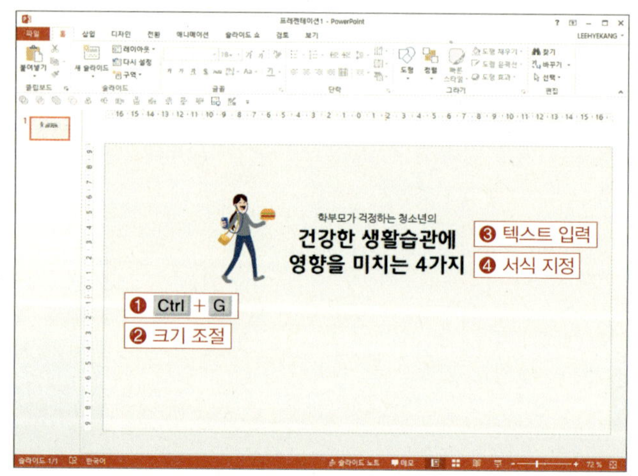


**06** 제목을 강조하기 위해 선택한 후 [그리기 도구]-[서식] 탭-[WordArt 스타일] 그룹-[빠른 스타일]에서 '채우기-파랑, 강조 1, 윤곽선-배경 1, 진한 그림자-강조 1'을 선택한다.

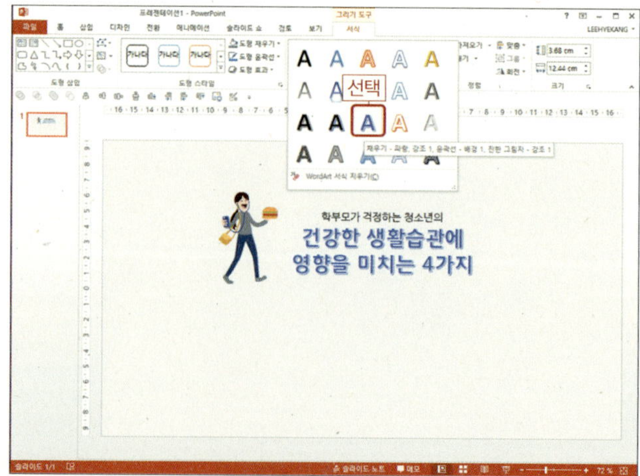


**TIP**

2010 이하 버전에서는 없는 메뉴이므로 비슷한 형태의 텍스트 스타일로 변경한다.

**07** 기존에 사용했던 파란색과 색 느낌이 다르므로 [홈] 탭-[글꼴] 그룹의 [글꼴 색]을 '(1) 파란색'으로 변경한다.

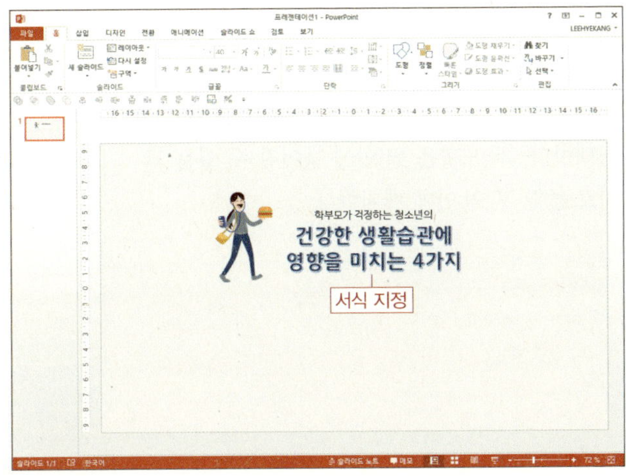


**08** [삽입] 탭-[일러스트레이션] 그룹-[도형]에서 [타원]을 선택하고 Shift 를 누른 상태에서 드래그하여 정원을 만든다. [그리기 도구]-[서식] 탭-[도형 스타일] 그룹-[도형 채우기]에서 [색]은 '(1) 파란색', [도형 윤곽선]은 '윤곽선 없음'을 선택한다.

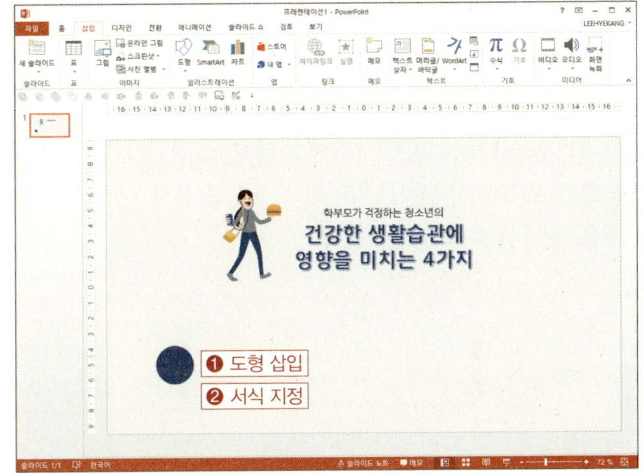


**09** [삽입] 탭-[이미지] 그룹-[그림]을 선택하고 [생활습관 실습자료] 폴더에서 'books.eps' 파일을 실행하여 삽입하고 그룹 설정 해제( Ctrl + Shift + G )를 두 번 눌러 도형으로 변환한다. 불필요한 도형은 삭제하고 책만 남긴다.

**10** 책 도형을 선택하고 [그리기 도구]–[서식] 탭–[도형 스타일] 그룹–[도형 채우기]에서 [색] 은 '(5) 흰색', [도형 윤곽선]은 '윤곽선 없음'을 선택한다. 책 도형은 원 안에 들어갈 수 있는 크기로 줄인 후 원 안에 배치한다.

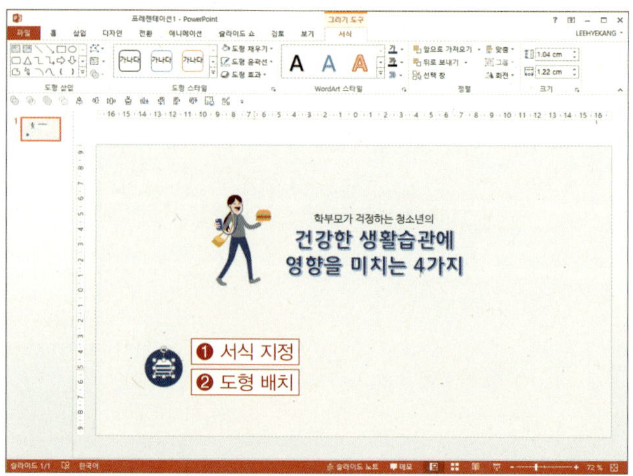

**11** [삽입] 탭–[일러스트레이션] 그룹–[도형] 에서 ["없음"기호]를 선택하여 파란색 원 위에 배치하고 노란 점을 이용해 두께를 조절한다. [그리기 도구]–[서식] 탭–[도형 스타일] 그룹– [도형 채우기]에서 [색]은 '(5) 흰색', [도형 윤곽 선]은 '윤곽선 없음'을 선택한다.

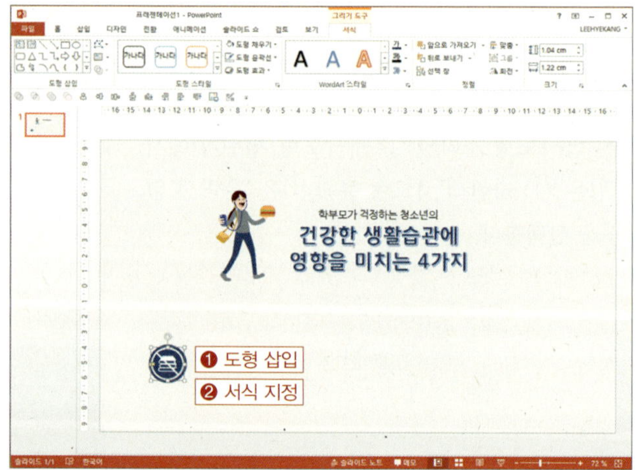

**12** 다른 요소들도 동일한 방법으로 'beds.eps', 'ears.eps' 이미지를 삽입하여 완성한다. 'man. eps' 파일은 비만인 사람을 표현해야 하므로 그룹 설정 해제(Ctrl + Shift + G)를 두 번을 눌러 도형으로 변경하고 불필요한 부분을 삭제 후 다시 그룹 설정(Ctrl + G)한다.

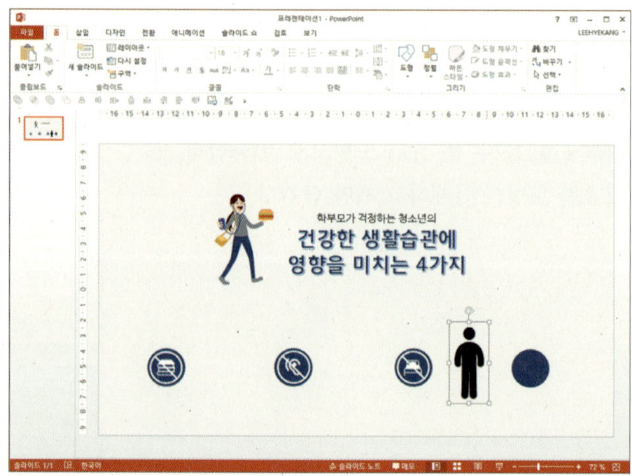

**13** 사람 도형을 선택한 상태에서 옆으로 길게 늘려준다.

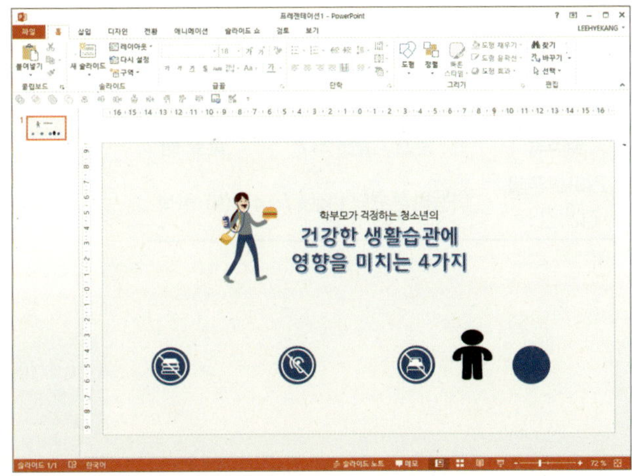

**14** 마지막은 '체중이 증가한다'라는 상태를 표현하기 위해 [삽입] 탭-[일러스트레이션] 그룹-[도형]에서 [도넛]을 선택해 도형을 삽입하고 노란 점을 이용해 '없음' 표시에 사용했던 도형의 두께와 비슷하게 두께를 조절한다. 사람 도형과 도넛 도형을 크기를 조절하여 원 안에 배치한다. 사람과 도넛 모양을 선택한 후 [그리기 도구]-[서식] 탭-[도형 스타일] 그룹-[도형 채우기]에서 [색]은 '(5) 흰색', [도형 윤곽선]은 '윤곽선 없음'을 선택한다.

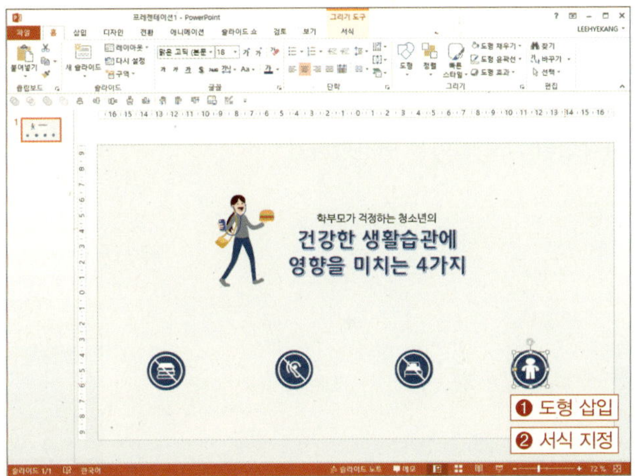


**15** [삽입] 탭-[일러스트레이션] 그룹-[도형]에서 [직사각형]을 선택하여 가로로 길게 만든다. [그리기 도구]-[서식] 탭-[도형 스타일] 그룹-[도형 채우기]에서 [색]은 '(1) 파란색', [도형 윤곽선]은 '윤곽선 없음'을 선택한다.

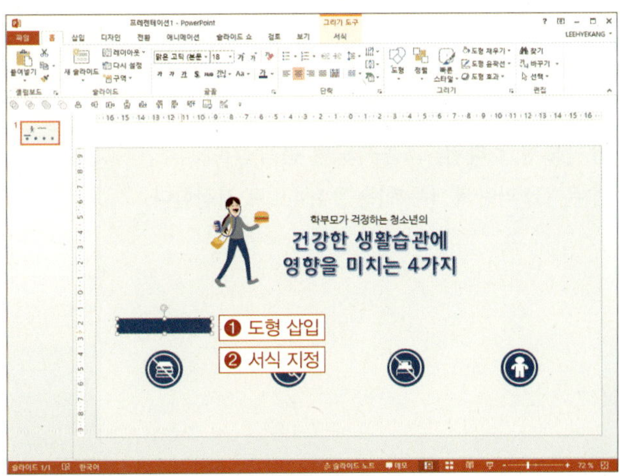

**16** [삽입] 탭-[텍스트] 그룹-[텍스트 상자]를 이용해 텍스트를 입력한 후 서식을 지정한다.

| 텍스트 | 글꼴 / 글꼴 크기 | 글꼴 색 |
|---|---|---|
| 스마트폰을 장시간 ~ | 나눔바른고딕 Light / 14 | (5) 흰색 |

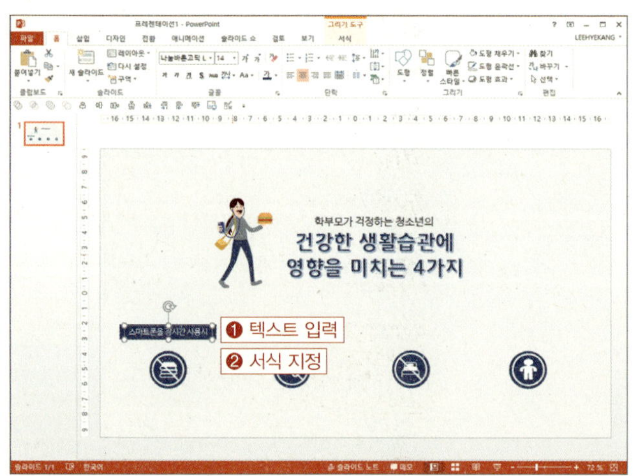

**17** 도형과 텍스트 상자를 3개 더 복제(Ctrl + D)하고 다른 요소에 해당하는 텍스트로 변경한 후 그림과 같이 배치한다. 텍스트 길이에 따라 직사각형의 가로 길이를 변경한다.

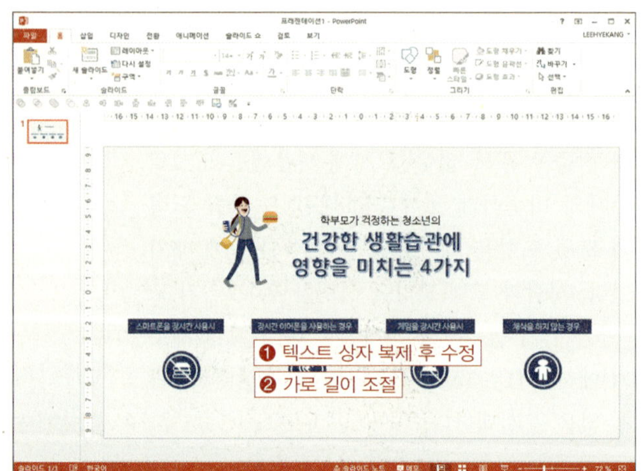

**18** [삽입] 탭-[일러스트레이션] 그룹-[도형]에서 [선]을 선택하고 Shift 를 누른 상태에서 선을 그어 일자로 선을 만든다. [그리기 도구]-[서식] 탭-[도형 스타일] 그룹-[도형 윤곽선]에서 [선색]은 '(1) 파란색', [두께]는 '2 1/4pt'로 지정한다.

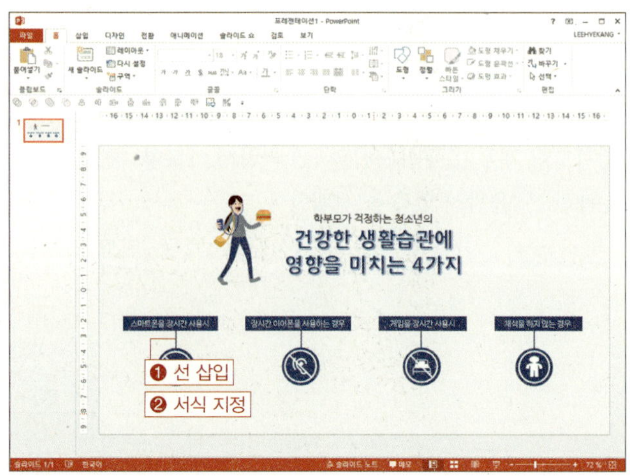

**19** [삽입] 탭-[텍스트] 그룹-[텍스트 상자]를 선택하여 삽입하고 텍스트를 입력한 후 서식을 지정한다.

| 텍스트 | 글꼴 / 글꼴 크기 | 글꼴 색 |
|---|---|---|
| 영향 | 나눔바른고딕 Light / 14 | (4) 검은색 |

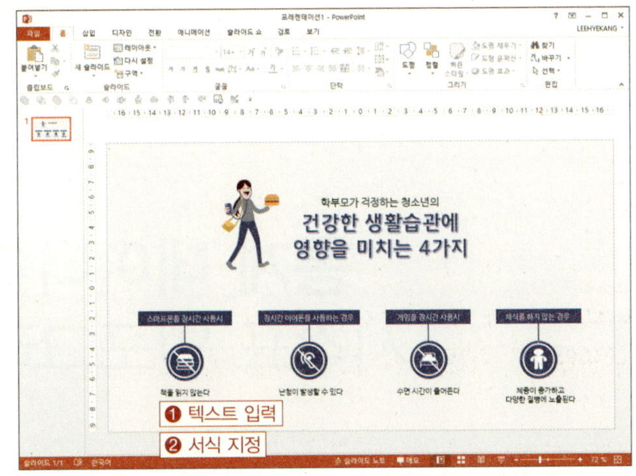

# 13

# 통계 데이터를 활용한
## 시각표 인포그래픽 만들기

흩어진 자료를 바탕으로 표를 구성할 수 있는 능력은 그래픽 콘텐츠 제작에서 필수다. 표를 구성할 수 있다는 것은 통계를 읽어낼 수 있다는 의미이기 때문이다. 예를 들어, 메르스 바이러스에 관한 데이터를 실시간으로 국민에게 알리고자 할 때 전달력을 높일 수 있는 방법은 '표'다. 특히, '오늘의 메르스 현황'과 같이 매일매일 알려야 하는 데이터는 더더욱 그러하다. 이를 위해 흩어져 있는 데이터에서 독립변수, 종속변수, 주어, 서술어가 각각 무엇인지 구분할 수 있는 능력이 무엇보다 중요하다. 이번 장에서는 메르스 현황, 메르스 감염 경로, 메르스 안전 수칙 등 다양한 주제를 가지고 표, 시각표 등을 만들어 보는 연습을 해 보자.

## SECTION 01 통계표 작성을 위한 데이터 편집

표는 특정 시점의 숫자를 강조할 때 사용하는 표현 방법으로, 읽는 사람이 보면 바로 이해를 할 수 있다는 전제하에 모든 내용을 표현해야 한다. 표도 그래프와 같이 독립, 종속변수 등이 존재한다. '열과 행' 속 숫자가 그 역할을 한다. 간단한 문장은 짧은 시간 내에 표로 전환할 수 있어야 한다.

### 제시사례 ❶ 숫자형 발표문 해석과 표 구성 방법

중앙메르스관리대책본부가 발표한 메르스 현황입니다. 8일 현재 기준 확진 환자 87명, 사망자 6명, 퇴원 환자 2명, 격리관찰 대상자 2,508명, 격리 해제자 583명, 감염 여부 검사자 76명입니다.

## (1) 1단계 : 자료가 지닌 중요성 파악

메르스 확진자, 격리자, 퇴원환자, 사망자 등 숫자 하나하나가 지닌 무게감은 매우 크다. 국민의 안전과 직결되기 때문이다. 데이터가 지닌 중요성이 매우 높기 때문에 무엇보다 정확성, 표현력에 비중을 두어야 한다.

### 분석POINT

- 자료를 제공하는 기관이 어디인가?(반드시 표기)
- 데이터 수집 시점이 언제인가?(반드시 표기)
- 독립변수가 총 몇 개인가?(표로 나타낼 경우 열, 행 개수를 사전 파악)

## (2) 2단계 : 자료 해독

제시자료에서 표에 들어가는 주요 항목, 즉 열과 행에 들어가는 변수를 찾는 것이 우선이다.

> 중앙메르스관리대책본부가 발표한 메르스 현황입니다.
> 8일 현재 기준 ① 확진 환자 87명, ② 사망자 6명, ③ 퇴원 환자 2명, ④ 격리관찰 대상자 2,508명, ⑤ 격리 해제자 583명, ⑥ 감염 여부 검사자 76명입니다.

- '중앙메르스관리대책본부'는 주어지만 자료를 발표하는 기관명 출처에 포함한다.
- '메르스 현황'은 표 상단에 들어가는 제목이 된다.
- 8일 현재 기준은 데이터를 조사한 시점이다.(표 상단 1행 위치)
- ① 확진 환자 87명, ② 사망자 6명, ③ 퇴원 환자 2명, ④ 격리관찰 대상자 2,508명, ⑤ 격리 해제자 583명, ⑥ 감염 여부 검사자 76명 등 총 6개 변수가 발표 항목이다.
- X축은 독립변수값으로 '사람', Y축은 종속변수값으로 '명'이다.

## (3) 3단계(표 구성) : 표 만들기–아이콘–배열

**1단계** 2열 7행으로 이루어진 표로 나타낼 수 있다.

### 메르스 현황(8일 현재)

| 항목 | 명 |
| --- | --- |
| 확진 환자 | 87명 |
| 사망자 | 6명 |
| 퇴원 환자 | 2명 |
| 격리관찰 대상 | 2,508명 |
| 격리 해제 | 583명 |
| 감염 여부 검사 중 | 76명 |

**2단계** 단순한 표에 시각적 요소를 넣어 전달력을 높인다. 1열 각 행에 적합한 아이콘을 넣어볼 수 있다(그래픽 어휘). '확진 환자'는 격리 및 치료라는 이미지, '사망자'는 다른 컬러, '퇴원 환자'는 웃는 모습, '격리관찰 대상'은 돋보기, '격리 해제'는 열린 문, '감염 여부 검사 중'은 현미경과 같은 아이콘으로 각각 나타낼 수 있다.

### 일부 아이콘을 1열에 배열한 모습(시각표 사례)

| 메르스 현황 | 8일 현재 |
| --- | --- |
| 확진 환자 | 87명 |
| 사망자 | 6명 |
| 퇴원 환자 | 2명 |
| 격리관찰 대상 | 2,508명 |
| 격리 해제 | 583명 |
| 감염 여부 검사 중 | 76명 |

자료 : 중앙메르스관리대책본부

▲ 중앙메르스관리대책본부 발표 자료를 근거로 표를 만들어 홍보하는 언론사

TIP
숫자 기반의 데이터를 매일 업데이트해 알려야 하는 경우 시각표로 제작하는 것이 좋으며, 픽토그램을 적절히 활용하는 것도 좋은 방법이다.

**제시사례 ❷**  숫자 추이를 반영한 발표문의 해석과 표 구성 방법

중앙메르스관리대책본부가 발표한 메르스 확진자 추이입니다.

확진 환자가 6월 7일 64명에서 6월 8일 87명으로 증가했습니다. 격리자는 7일 2,361명에서 8일 2,508명으로 147명이 증가했습니다. 사망자 수는 6명으로 1명 증가, 격리 해제자는 583명으로 전일 대비 23명이 증가했습니다.

## (1) 1단계 : 제작 방법

- 중앙메르스관리대책본부 : 자료 출처
- 메르스 확진자 추이 : 제목
- 데이터 구성 : 6월 7일과 8일 간 데이터 상관관계 분석(증가 추이를 나타내는 그래픽)
- 데이터 개수 : 확진 환자 추이, 격리자 추이, 사망자 추이, 격리 해제자 추이 등 4개
- 발표 기준 : 6월 8일
- 표 : 2열 5행으로 구성

## (2) 2단계 : 그래픽으로 표현할 단어 선택

확진 환자, 격리자, 사망자, 격리 해제자

## (3) 3단계 : 레이아웃 스케치

메르스 발생 추이(제목) : 7일과 8일의 데이터 흐름을 보여주는 표를 만드는 것이 핵심이다.

### 메르스 발생 추이

| 항목 | 6월 7일 | 6월 8일 |
| --- | --- | --- |
| 확진자 | 64 | 87(+23) |
| 격리자 | 2,361 | 2,508(+147) |
| 사망자 | 6 | 7(+1) |
| 격리 해제자 | 560 | 583(+23) |

자료 출처 : 중앙메르스관리대책본부

# 메르스 데이터를 활용한 시각표 인포그래픽 만들기

메르스 발병 현황을 보여주기 위해 각 항목에 어울리는 픽토그램을 찾아 배치한다. 텍스트를 입력할 때 약 모양과 비슷한 도형을 만들어 그 위에 배치한다. 알약의 색으로 현황의 긴급도를 함께 표현한다.

**실전 따라하기**

- 완성파일 : 메르스 – 완성.pptx　　• 실습자료 : [메르스 실습자료] 폴더
- 색상정보 : 메르스 – 색상.png

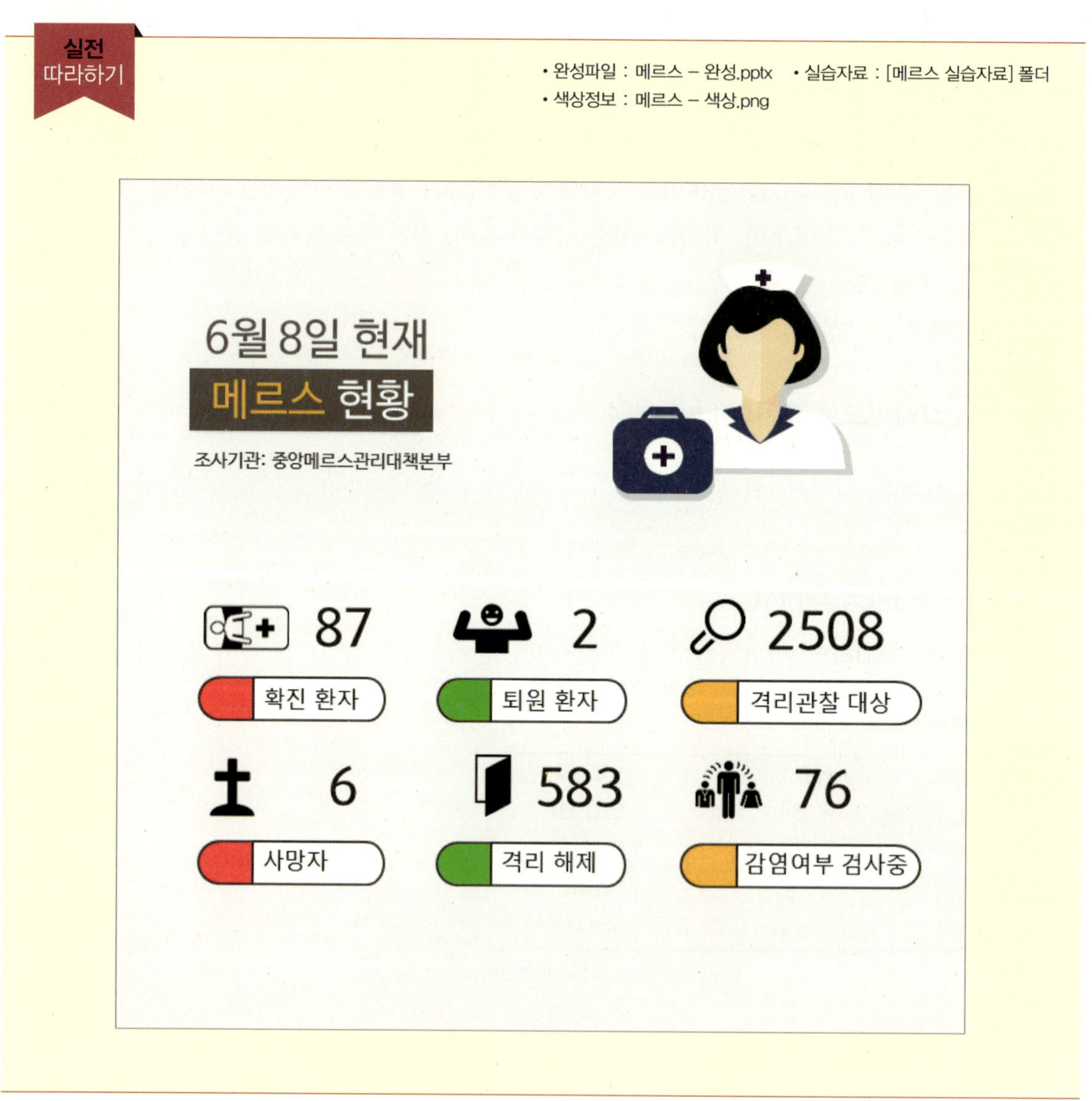

**01** SNS에서 보기 좋은 형태인 정사각형 형태로 슬라이드 크기를 변경한다. [디자인] 탭-[사용자 지정] 그룹-[슬라이드 크기]-[사용자 지정 슬라이드 크기]를 선택한 후 [너비]와 [높이]를 모두 '19.05cm'로 변경한다.

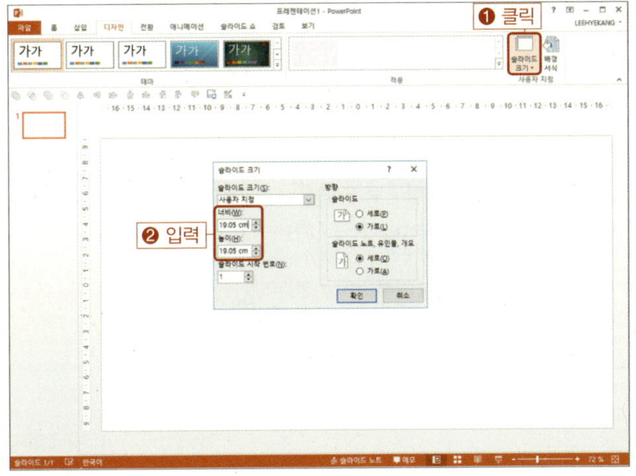

**02** 배경색을 지정하기 위해 빈 슬라이드에서 [마우스 오른쪽 버튼 클릭]-[배경 서식]을 선택한다. [배경 서식] 작업창의 [채우기]-[단색 채우기]에서 [색]을 '(1) 연회색'으로 변경한다.

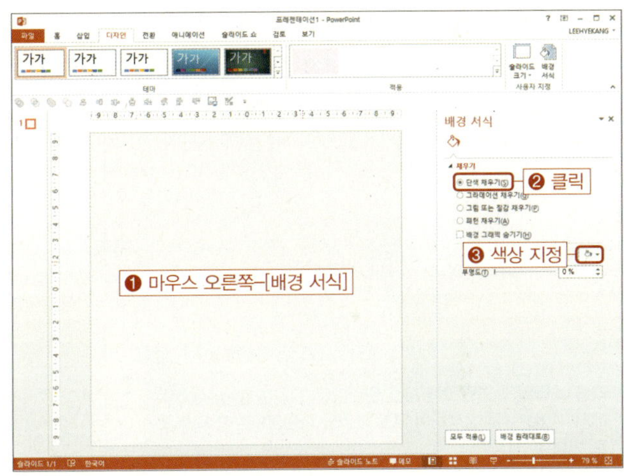

**03** [삽입] 탭-[일러스트레이션] 그룹-[도형]에서 [직사각형]을 선택한 후 사각형을 가로로 길게 만든다. [그리기 도구]-[서식] 탭-[도형 스타일] 그룹-[도형 채우기]에서 [색]은 '(6) 회색', [도형 윤곽선]은 '윤곽선 없음'을 선택한다.

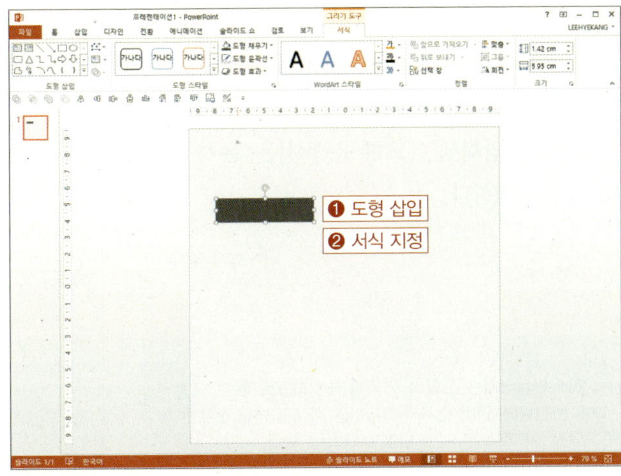

**04** [삽입] 탭–[텍스트] 그룹–[텍스트 상자]를 선택해 텍스트를 입력한 후 서식을 지정하고 배치한다.

| 텍스트 | 글꼴 / 글꼴 크기 | 글꼴 색 |
|---|---|---|
| 6월 8일 현재 | 나눔바른고딕 / 28 | (6) 회색 |
| 메르스 현황 | 나눔바른고딕 / 28 | (4) 노란색, (1) 연회색 |
| 조사기관 : ~ | 나눔바른고딕 / 12 | (5) 검은색 |

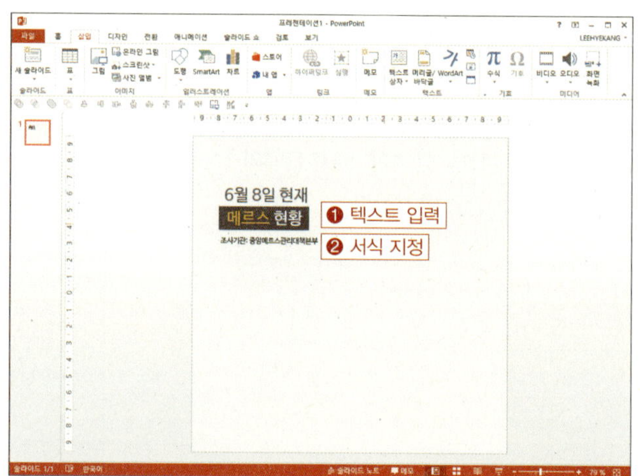


**05** [메르스 실습자료] 폴더에서 '병원.pptx' 파일을 실행하고 간호사 아이콘을 복사(Ctrl + C)한 후 슬라이드에 붙여넣기(Ctrl + V)한다.

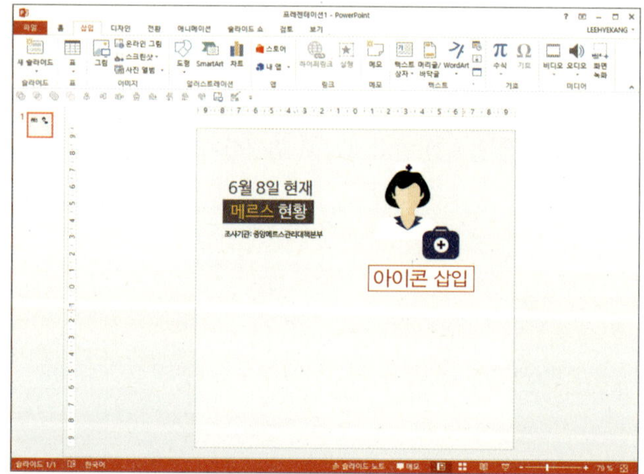




**06** 간호사 도형을 하나 복제(Ctrl + D)한다. 원본 간호사 도형을 선택한 후 [그리기 도구]–[서식] 탭–[도형 스타일] 그룹–[도형 채우기]에서 [색]은 '(7) 연회색', [도형 윤곽선]은 '윤곽선 없음'으로 선택한다.

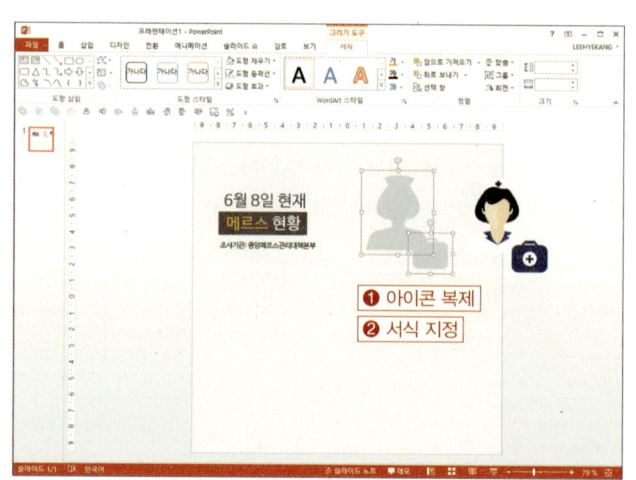

**07** 색이 있는 간호사 도형은 회색으로 변경한 간호사 도형 위에 어긋나게 배치한다.
가방 도형을 모두 선택하여 그림과 같이 간호사의 왼쪽에 배치한다.

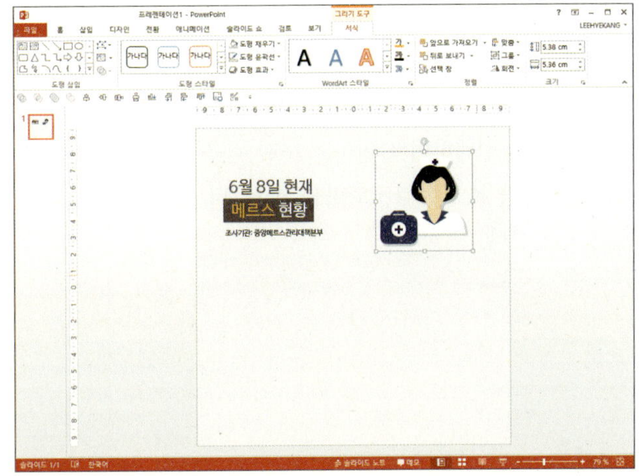

**08** [삽입] 탭-[이미지] 그룹-[그림]을 선택하고 [메르스 실습자료] 폴더에서 현황에 관련된 픽토그램 이미지를 불러와 그림과 같이 배치한다.

**TIP**
다른 느낌의 픽토그램을 찾고 싶다면 'http://flaticon.com'에서 다운로드받는다. 여기에서는 검은색 픽토그램을 사용해 PNG 파일을 사용했다. 다른 색으로 변경하고 싶다면 EPS 파일을 다운로드받는다.

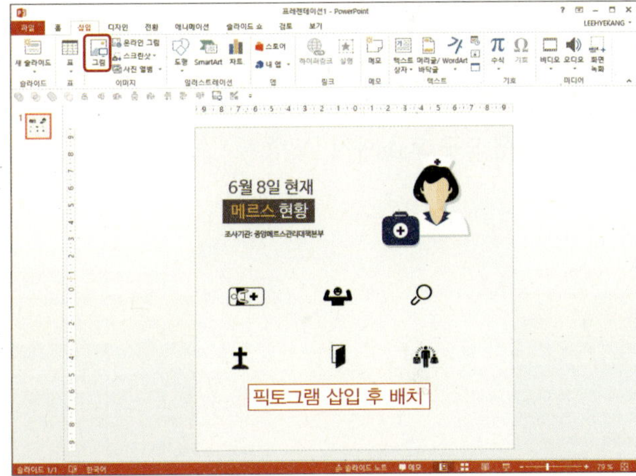


**09** [삽입] 탭-[텍스트] 그룹-[텍스트 상자]를 삽입한 후 텍스트를 입력하고 서식을 지정한다. 입력한 텍스트는 [빠른 실행 도구 모음]에서 [개체 아래쪽 맞춤]을 눌러 줄을 맞춘다.

| 텍스트 | 글꼴 / 글꼴 크기 | 글꼴 색 |
| --- | --- | --- |
| 숫자 | 12롯데마트드림Medium / 36 | (5) 검은색 |

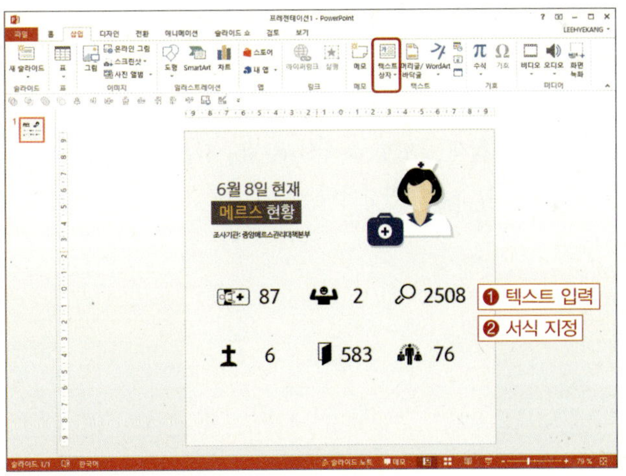

**10** 질병과 관련된 내용이므로 텍스트를 배치할 도형을 알약 모양으로 만든다. [삽입] 탭−[일러스트레이션] 그룹−[도형]에서 [모서리가 둥근 직사각형]을 선택하여 삽입하고 노란 점을 이용해 둥글기를 조정한다. 도형을 하나 더 복제(Ctrl + D)한다.

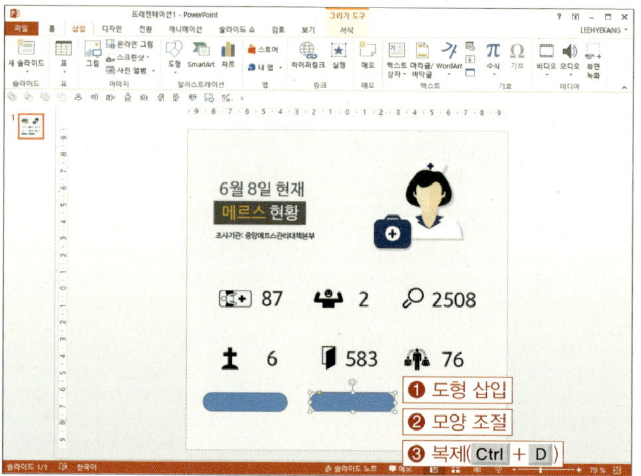


**11** [삽입] 탭−[일러스트레이션] 그룹−[도형]에서 [직사각형]을 선택해 삽입한 후 모서리를 둥근 직사각형 위에 배치하고 두 도형을 선택한 후 [빠른 실행 도구 모음]에서 [도형 빼기]를 선택한다.

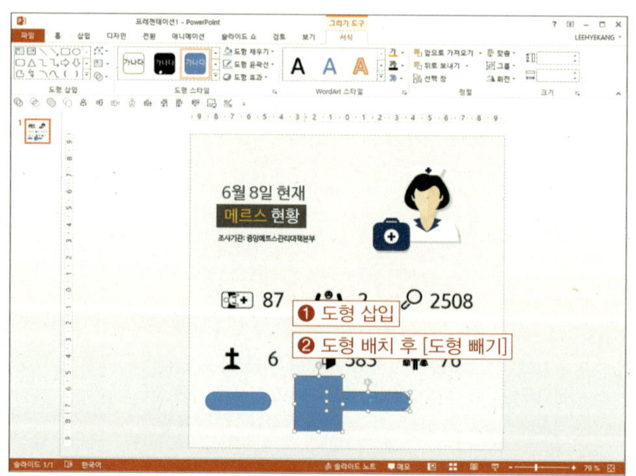


**12** 자른 도형을 모서리가 둥근 직사각형 위에 배치한다. [그리기 도구]−[서식] 탭−[도형 스타일] 그룹−[도형 채우기]에서 [색]은 각각 '(4) 노란색'과 '(1) 흰색', [도형 윤곽선]은 '(5) 검은색', [두께]는 '1 1/2pt'로 변경한다.

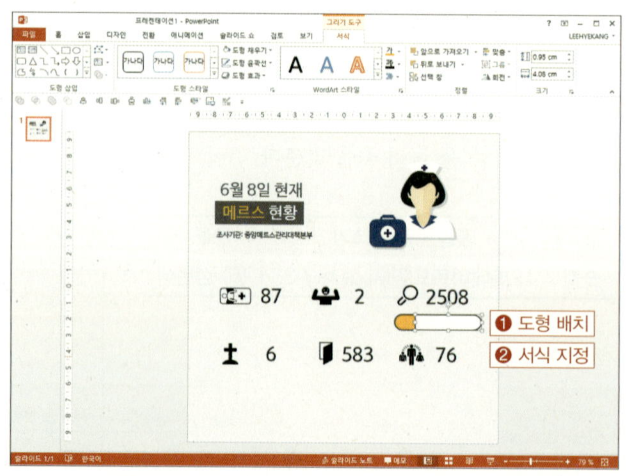

**13** 완성한 도형은 복제(Ctrl + D)하여 하단에 배치한다. 텍스트가 더 짧은 영역을 만들기 위해 흰색 도형 부분만 복제(Ctrl + D)하여 별도로 배치한다. 노란 도형만 복제(Ctrl + D)해 옆에 배치한다.

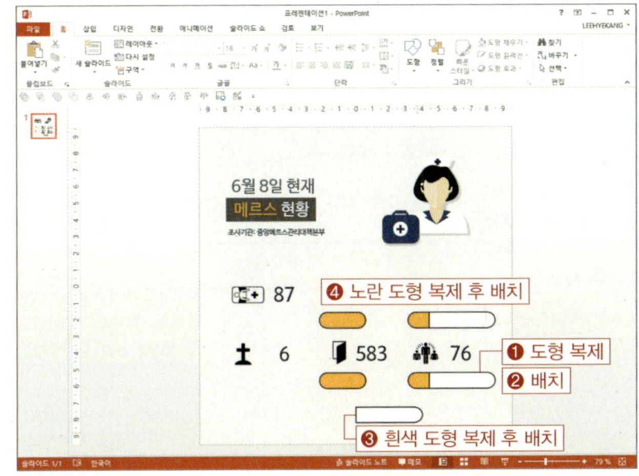

**TIP**
흰색 도형을 임의로 가로 길이를 줄이면 둥글기의 각도가 변형된다. 둥글기의 왜곡을 막기 위해 도형 빼기를 해야 한다.

**14** 흰색 도형 위에 [삽입] 탭-[일러스트레이션] 그룹-[도형]에서 [직사각형]을 선택해 만들어 그림과 같이 배치하고, 두 도형을 선택한 후 [빠른 실행 도구 모음]에서 [도형 빼기]를 선택한다.

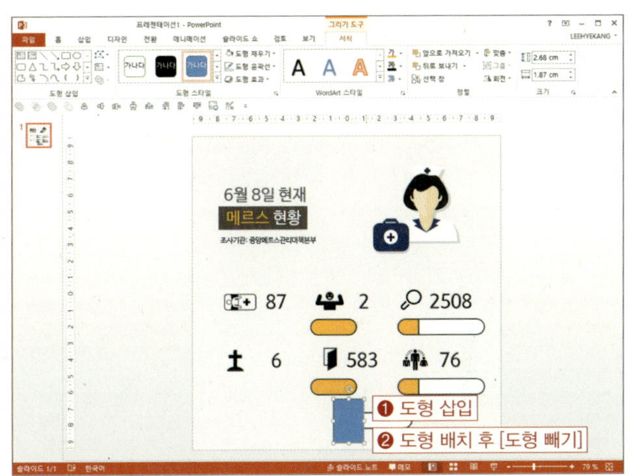

**15** 길이가 줄어든 흰색 도형을 기존 노란 도형과 합친 후 복제(Ctrl + D)하여 그림과 같이 나란히 배치한다. 노란 도형은 [그리기 도구]-[서식] 탭-[도형 스타일] 그룹-[도형 채우기]에서 [색]을 각각 '(2) 분홍색', '(3) 초록색'으로 변경한다.

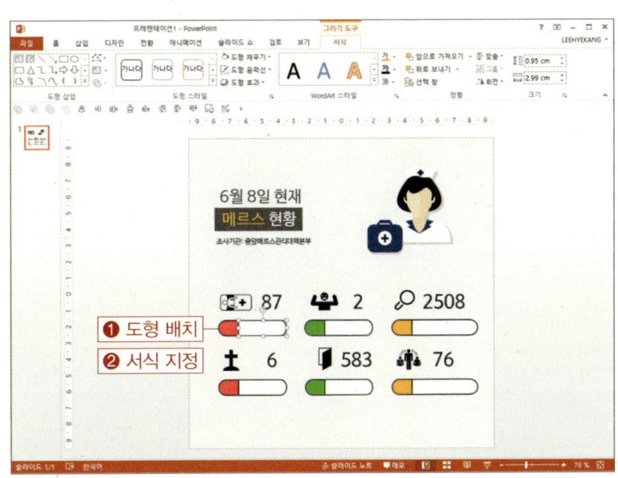

**16** [삽입] 탭–[텍스트] 그룹–[텍스트 상자]를
선택해 텍스트를 입력하고 서식을 지정한다.

| 텍스트 | 글꼴 / 글꼴 크기 | 글꼴 색 |
| --- | --- | --- |
| 확진 환자 ~ 감염여부 검사중 | 나눔바른고딕 / 14 | (5) 검은색 |

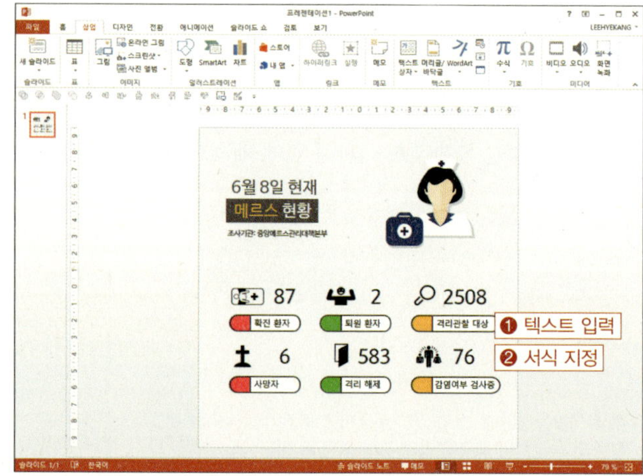

# 14

# 비율 상승 그래프
## 인포그래픽 만들기

'채솟값 상승률에 관한 통계'와 같은 통계 자료의 내용을 파악하고 이를 그래픽으로 나타내는 것은 일상에서 자주 접하는 유형 중 하나이다. 상승률을 표현하는 데이터는 항상 비교하는 기준점이 존재한다. 바로 '전년 대비, 전월 동기'와 같은 단어의 등장이다. 단위는 '%, 배수' 등으로 나타낸다. 이 부분을 잘 확인해야 그래픽으로 표현하기 쉽다.

## SECTION 01 차트로 작성될 데이터 분석하기

3개의 독립변수(배추, 마늘, 양파)에 대한 가격과 상승률을 동시에 표현해야 하는 쉽지 않는 통계자료다. 실제 현장에서는 해당 통계자료와 같은 복합형 데이터 분석이 주를 이룬다. 따라서 실무에서는 인포그래픽(비주얼 데이터)으로 표현하기 위한 통계 분석 능력을 갖추는 것이 중요하다.

**제시사례 ①** 3개 제품의 가격 및 상승률 통계를 한눈에 설명하는 표현 방법

채솟값이 크게 올랐다.

한국농수산식품유통공사 6월 12일 도매가격 기준 배추 1kg의 경우 작년(2014년 6월 기준) 324원에서 올해 800원으로 전년 대비 2.5배 상승(상승률 : 147%)한 것으로 나타났다. 마늘 1접은 1만1,960원에서 2만 원으로 67%, 양파 1kg은 518원에서 올해 800원으로 54% 상승했다.

## (1) 1단계 : 자료를 정독하고 데이터를 편집한다

데이터를 편집(재가공)할 때 우선 고려해야 하는 것은 독자가 수학 계산을 하지 않도록 하는 것이다. '현황', '비교' 등의 추상적 제목이 들어간다면 독자는 자료해독을 해야 하는 것에 상당한 거부감을 느끼기 때문이다.

### 분석 POINT

- 제목 등 핵심 키워드를 찾는다.
- 그래프 유형을 선택한다.
- 독립변수와 종속변수를 찾는다.

## (2) 2단계 : 데이터 편집

데이터 기획을 위한 자료 배열을 다시 한다. 단위를 통일한다. '%' 또는 '배수' 둘 중 하나를 선택하여 사용한다.

### ■ 데이터 분석 내용

> 주요 채솟값이 크게 올랐다.(제목)
> 한국농수산식품유통공사(자료 출처기관) 6월 12일 도매가격 기준(자료 조사 시점으로 각주 등에 위치한다.)
> 배추 1kg의 경우 작년(2014년 6월 기준) 324원에서 올해 800원으로 전년 대비 2.5배 상승(상승률 : 147%)한 것으로 나타났다.(그래픽 요소 1)
> 마늘 1접은 1만1,960원에서 2만 원으로 67%(그래픽 요소 2),
> 양파 1kg은 518원에서 올해 800원으로 54% 상승했다.(그래픽 요소 3)

### ■ 그래픽 제작을 위한 정보 기획

- 제목 : "주요 채솟값 크게 올랐다. 배추는 147% 상승"(소주제에서 발췌해 제목에 추가)
- 소주제(그래픽 표현 대상)
- 변수 : 배추, 마늘, 양파(3개의 독립변수), 상승률, 가격(3개의 종속변수)
- 단위 : %로 통일(순차 배열)
- 그래픽 유형 : 수직 막대그래프 방식
- 디자인 : 막대그래프 대신 해당 제품 이미지를 넣는 방법 가능

## (3) 3단계 : 레이아웃 스케치

주요 채솟값 크게 올랐다. 배추는 147% 상승

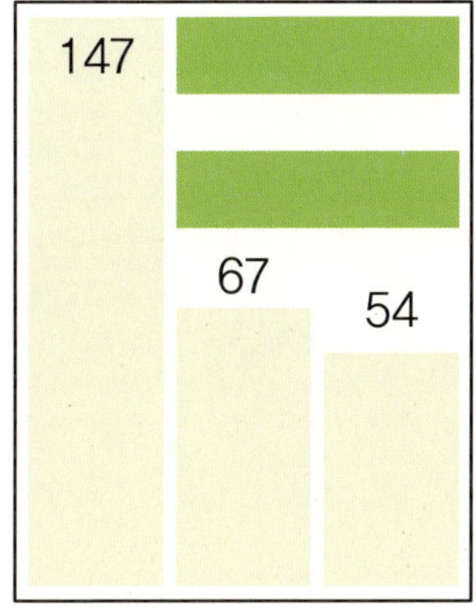


• 막대 1 : 배추 1kg–324원에서 800원으로 147% 상승
• 막대 2 : 마늘 1접–1만 1,960원에서 2만 원으로 67% 상승
• 막대 3 : 양파 1kg–518원에서 800원으로 54% 상승

(출처 : 한국농수산식품유통공사. 6월 12일 도매가격 기준)

▲ 레이아웃 스케치

※ 제작 형태의 비율은 1:1, 4:3, 3:4 등으로 할 수 있음

※ 그래프의 모양은 제작 과정에서 다르게 표현될 수 있음

**제시사례 ②** **2개의 독립변수 비교를 위한 그래프 선택 방법**

> 수입과일이 전체에서 차지하는 비율은 2014년 25%, 2015년 40%로 15%p 상승했으며, 국내과일이 차지하는 비율은 2014년 75%에서 205년 60%로 15%p 하락했다.
> 수입이 증가한 대표적인 과일은 오렌지, 망고, 체리, 멜론 등이 있다.

## (1) 1단계 : 자료 분석

숫자가 나오는 데이터를 분석할 때 가장 먼저 해야 할 일은 어떤 내용을 강조할 것인지를 결정하는 것이다. 특정한 상품의 지표를 언급하려는 경우에는 표를 선택하고, 데이터 상관관계를 보여주고자 할 때는 그래프를 선택하는 것이 좋다. 제시사례 2는 2014년과 2015년의 국내과일과 수입과일의 비율을 비교하는 데이터다. 따라서 전체 100%에서 각각의 수입과일과 국내과일의 구성 비율을 어떻게 표현하느냐가 관건이다.

## (2) 2단계 : 자료 요약

2014년과 2015년이라는 독립변수를 기준으로 동시에 비율 구성을 나타낼 때는 '100% 누적막대그래프'를 선택해 표현하는 것이 좋다. 누적막대그래프는 한눈에 구성비율의 변화를 파악하는 데 적합한 표현 방법이기 때문이다.

## (3) 3단계 : 레이아웃 스케치

다음은 2개의 100% 누적막대그래프를 수평으로 배열한 경우다. 아래 원은 오렌지, 망고, 체리, 멜론의 과일 이미지 등을 찾아 나열할 수 있다.

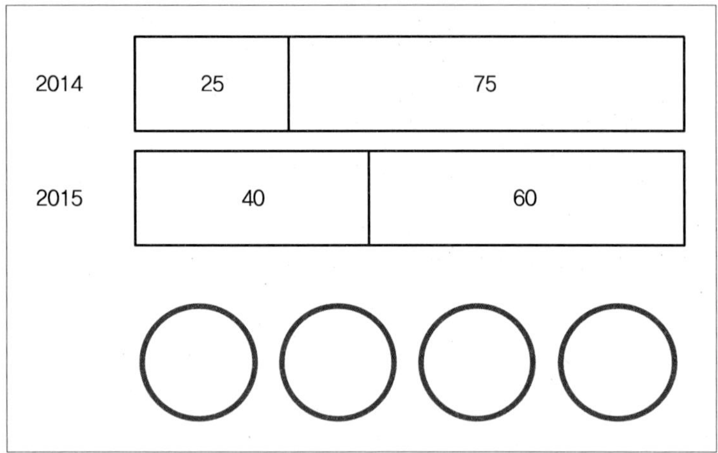


▲ 100% 수평 누적막대그래프 방식으로 표현한 레이아웃 스케치

## SECTION 02  채소 통계 자료 그래프 인포그래픽 만들기

채소 가격이 오른 것을 표현하기 위해 해당 채소 모양의 일러스트 파일을 사용하고 가격 상승률만큼
채소의 크기를 키워 표현한다. 또한 채소 통계 전후에 우울한 표정을 넣어 소비자의 마음을 표현할
수도 있다. 데이터 간 연관성을 표현하기 위해 그라데이션 도형을 배치해 연결 고리를 만들어준다.

**실전
따라하기**

- 완성파일 : 야채 – 완성.pptx    · 실습자료 : [야채 실습자료] 폴더
- 색상정보 : 야채 – 색상.png

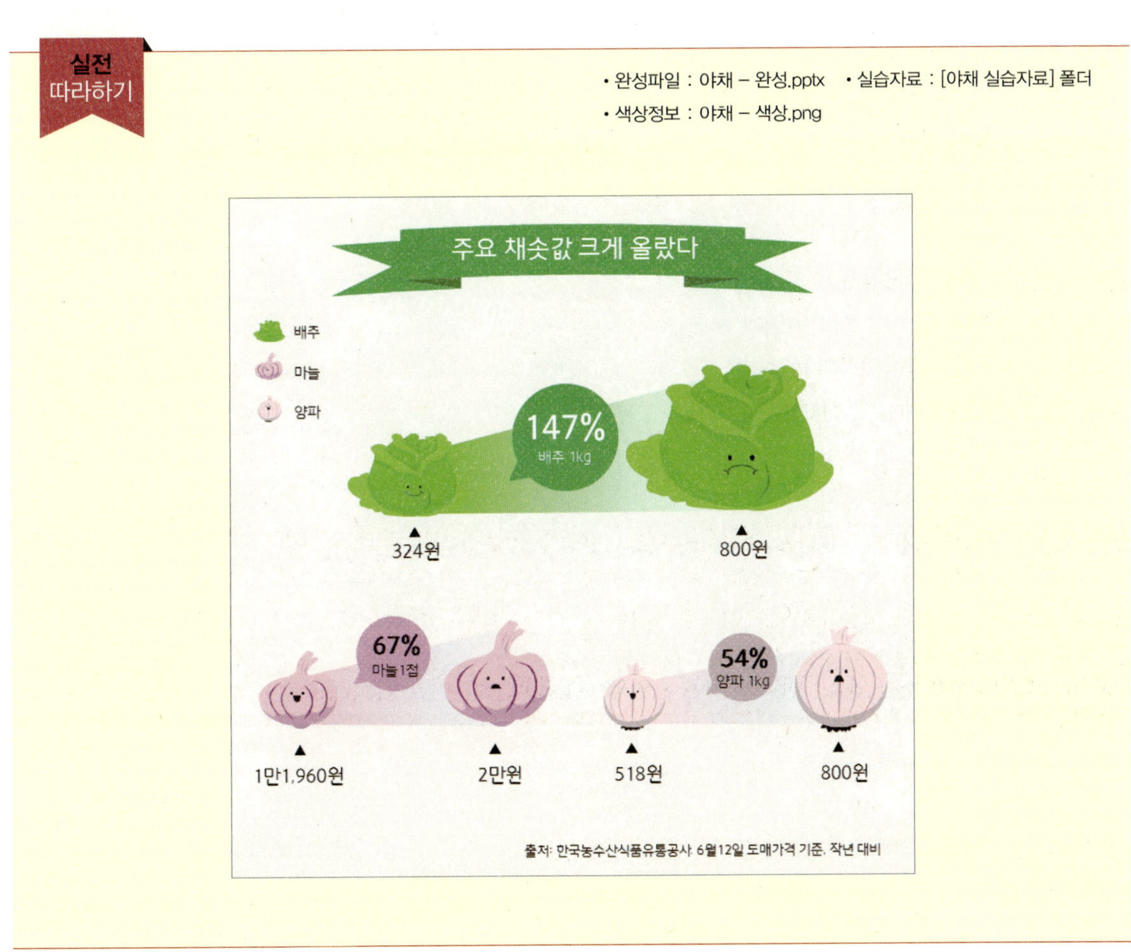

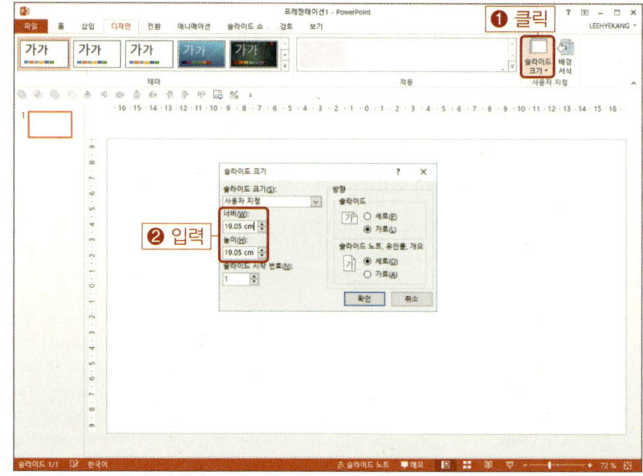



**01** 슬라이드 크기를 1대1 비율로 변경하기 위해 [디자인] 탭-[사용자 지정] 그룹-[슬라이드 크기]-[사용자 지정 슬라이드 크기]를 선택한 후 [너비]와 [높이]를 모두 '19.05cm'로 변경한다.

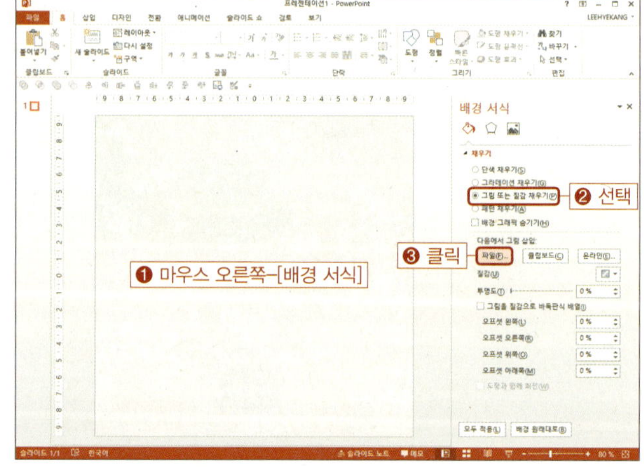



**02** 패턴으로 배경을 지정하기 위해 빈 슬라이드에 [마우스 오른쪽 버튼 클릭]-[배경 서식]을 선택한다. [배경 서식] 작업창의 [채우기]-[그림 또는 질감 채우기]-[파일]을 선택한 후 [야채 실습자료] 폴더의 '배경.png' 파일을 불러온다.

**TIP**
다른 패턴의 배경을 사용하고 싶다면 'http://subtlepatterns.com'에서 다운로드한다.

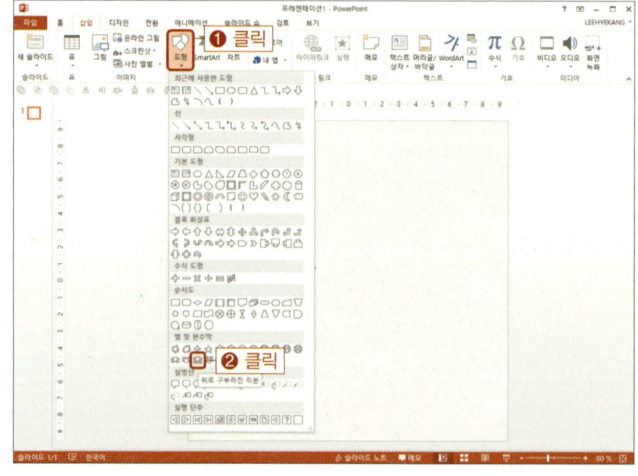



**03** [삽입] 탭-[일러스트레이션] 그룹-[도형]에서 [위로 구부러진 리본]을 선택한다.

**04** 슬라이드에 리본을 만들고 그림과 같이 노란 점을 이용하여 리본 모양을 변형한다. [그리기 도구]-[서식] 탭-[도형 스타일] 그룹-[도형 윤곽선]에서 '윤곽선 없음'을 선택한다.

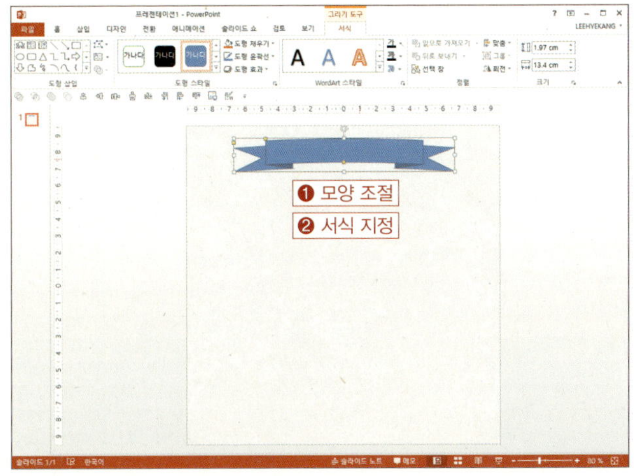


**05** 리본을 선택하고 [마우스 오른쪽 버튼 클릭]-[도형 서식]을 클릭한다. [도형 서식] 작업창의 [채우기]-[패턴 채우기]를 선택한다. [패턴]은 두 번째 줄의 가장 오른쪽 땡땡이무늬를 선택한다.(버전에 따라 위치가 다를 수 있음) [전경색]은 '(1) 초록색'으로, [배경]은 '(2) 연초록색'으로 변경한다.

> **TIP**
> 버전에 따라 무늬의 위치가 다를 수 있으므로, 사용하는 버전에 맞추어 다른 패턴을 선택해도 된다.

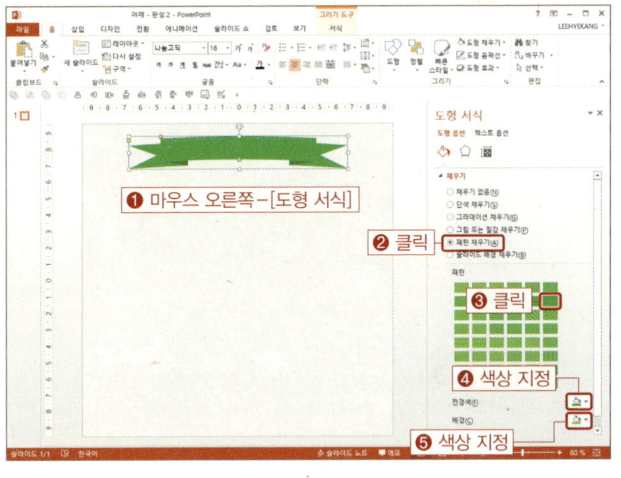


**06** [야채 실습자료] 폴더의 '야채.pptx' 파일을 실행하고 원하는 야채를 복사(Ctrl + C)한 후 슬라이드에 붙여넣기(Ctrl + V) 한다.

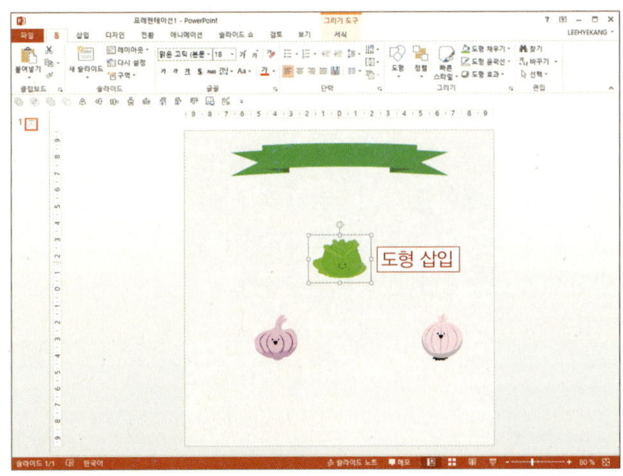

**07** 채솟값의 증가량을 표현하기 위해 하나씩 더 복제(Ctrl + D)한 후 증가량에 맞추어 크기를 키운다.

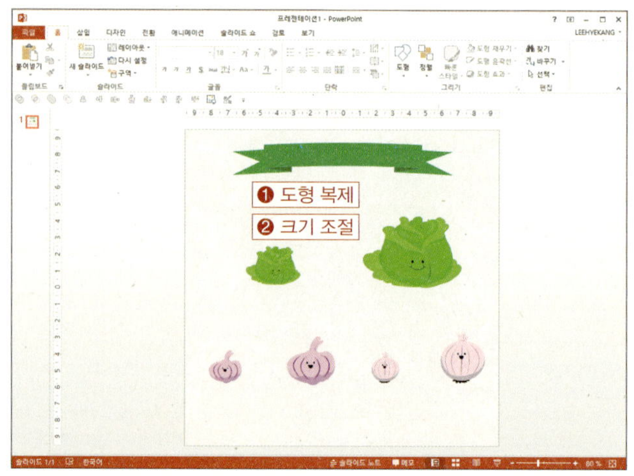


**08** 가격이 올라 슬프다는 것을 야채에 표현하기 위해 웃고 있는 야채의 입 모양을 반대로 회전시켜 우울한 얼굴로 변경한다.

TIP
도형은 그룹 설정 해제(Ctrl + Shift + G)하고 입만 선택한 후 방향을 회전하면 된다. 입을 선택한 후 Alt를 누른 상태에서 키보드 화살표의 좌(우)키를 누르면 입모양 방향을 바꿀 수 있다.

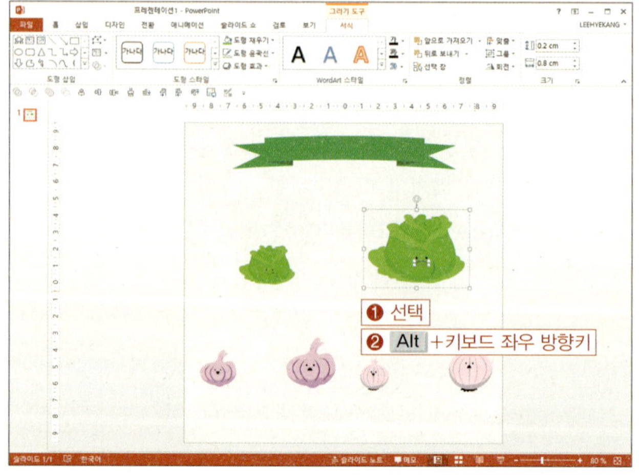


**09** 가격이 증가했다는 것을 그라데이션으로 표현하기 위해 [삽입] 탭-[일러스트레이션] 그룹-[도형]에서 [자유형]을 선택하여 그림과 같은 도형을 만든다. 자유형의 시작점과 끝점을 맞추면 도형이 된다. [그리기 도구]-[서식] 탭-[도형 스타일] 그룹-[도형 윤곽선]에서 '윤곽선 없음'을 선택한다.

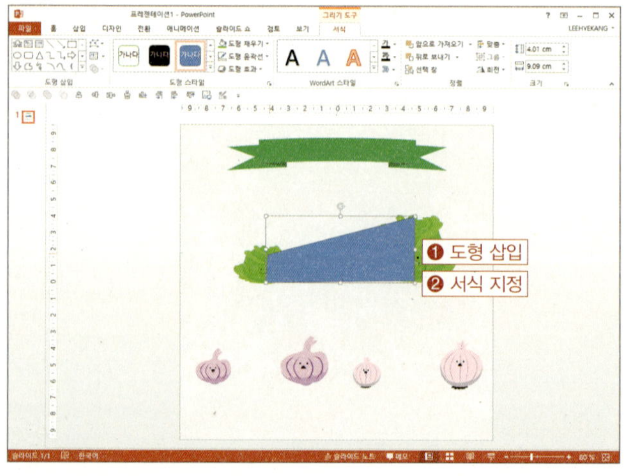

**10** 도형을 선택하고 [마우스 오른쪽 버튼 클릭]-[도형 서식]을 클릭한다. [도형 서식] 작업창의 [채우기]-[그라데이션 채우기]를 선택한다. [종류]는 '선형', [각도]는 '0°'로 설정하고 [그라데이션 중지점]은 양 끝에 두 개를 배치한다. 왼쪽 중지점의 [색]은 배추의 색에서 추출해서 사용하거나 '(3) 초록색'으로 변경한다.

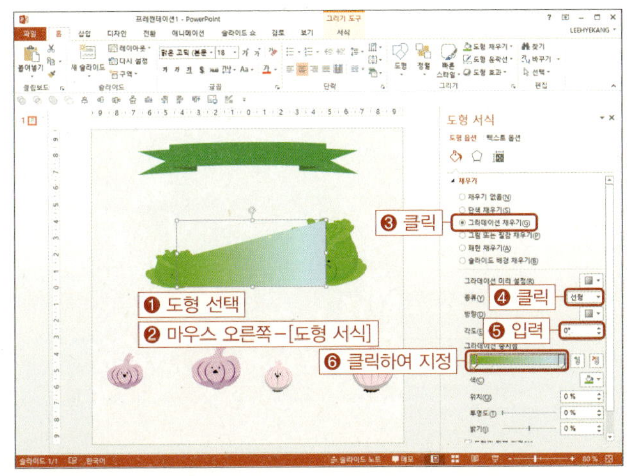



**11** 오른쪽 중지점은 [투명도]를 '100%'로 조정한다.

**12** 그라데이션 도형을 선택한 후 [마우스 오른쪽 버튼 클릭]-[맨 뒤로 보내기]를 선택한다.

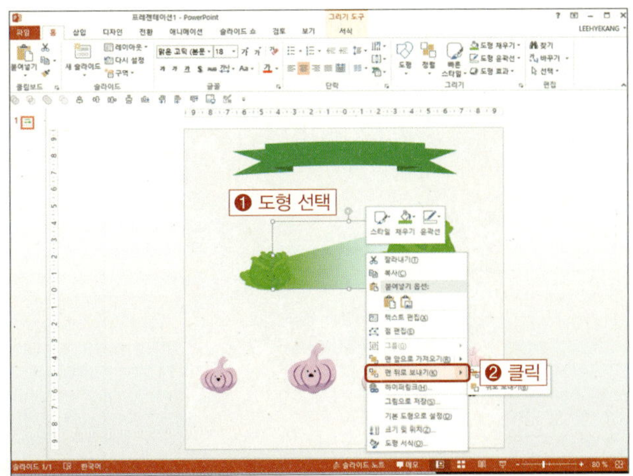

**13** 동일한 방법으로 마늘과 양파에도 그라데
이션 도형을 만든다. 그라데이션의 왼쪽 중지
점의 [색]은 각 야채의 색에서 가져오거나 마늘
은 '(4) 분홍색', 양파는 '(5) 연분홍색'으로 변경
한다.

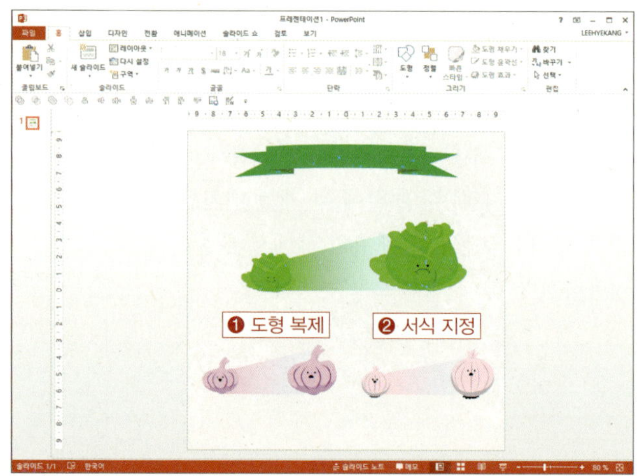


**14** [삽입] 탭-[일러스트레이션] 그룹-[도형]
에서 [타원형 설명선]을 선택하여 삽입한다.
노란 점을 움직여 말풍선 꼬리의 위치를 변경
한다.

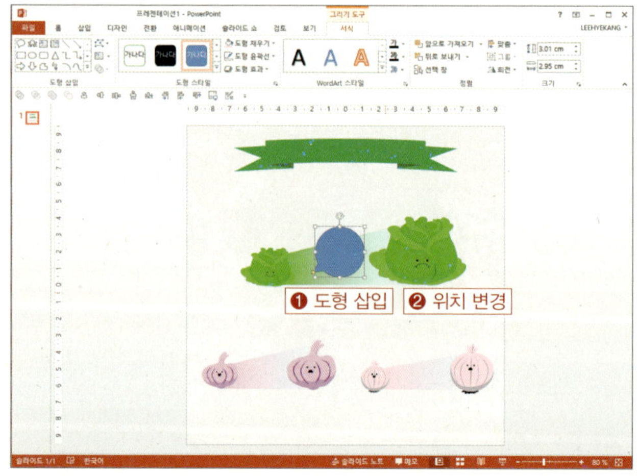


**15** 상단의 리본 도형을 선택하여 서식을 복사
( Ctrl + Shift + C )하고 말풍선을 선택한 후 서식
붙여넣기( Ctrl + Shift + V )로 서식을 적용한다.

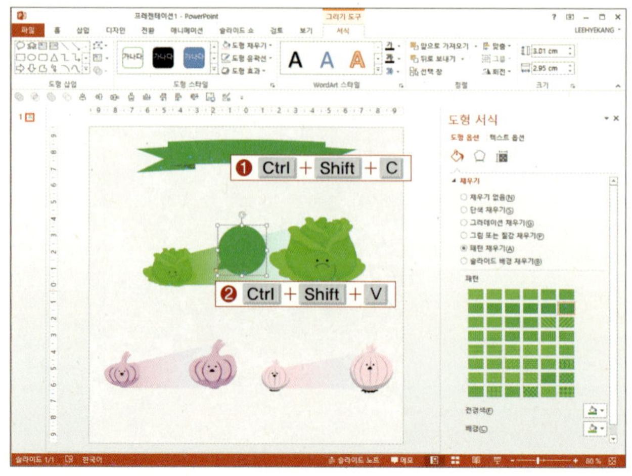

**16** 말풍선을 복제(Ctrl + D)한 후 마늘과 양파 사이에도 배치한다. [도형 서식] 작업창에서 [채우기]-[패턴 채우기]를 선택하고 [패턴]의 [전경색]과 [배경]을 다음과 같이 변경한다.

| 말상자 | 전경색 | 배경 |
| --- | --- | --- |
| 마늘 | (6) 보라색 | (4) 분홍색 |
| 양파 | (7) 연보라 | (5) 연분홍색 |

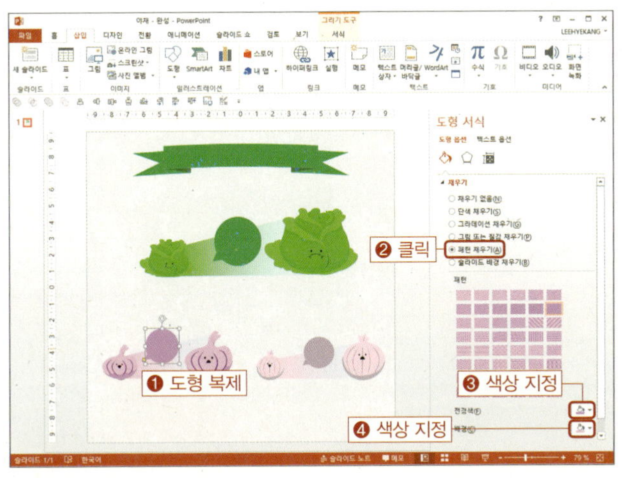


**17** [삽입] 탭-[텍스트] 그룹-[텍스트 상자]를 선택해 텍스트를 삽입하고 서식을 지정한다.

| 텍스트 | 글꼴 / 글꼴 크기 / 속성 | 글꼴 색 |
| --- | --- | --- |
| 147% | 12롯데마트드림Medium / 28 / 굵게 | (9) 흰색 |
| 배추 1kg | 12롯데마트드림Light / 12 | (9) 흰색 |
| 67%, 54% | 12롯데마트드림Medium / 20 / 굵게 | (8) 검은색 |
| 마늘 1접, 양파 1kg | 12롯데마트드림Light / 12 | (8) 검은색 |
| 금액 | 12롯데마트드림Light / 16 | (8) 검은색 |

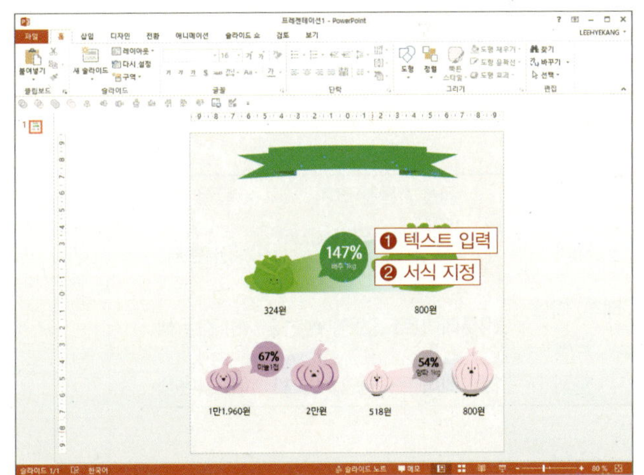


**18** [삽입] 탭-[일러스트레이션] 그룹-[도형]에서 [이등변 삼각형]을 선택하여 삽입한다. [그리기 도구]-[서식] 탭-[도형 스타일] 그룹-[도형 채우기]에서 [색]은 '(8) 검은색', [도형 윤곽선]은 '윤곽선 없음'을 선택한다. 만든 이등변 삼각형을 복제(Ctrl + D)한 후 그림과 같이 배치한다.

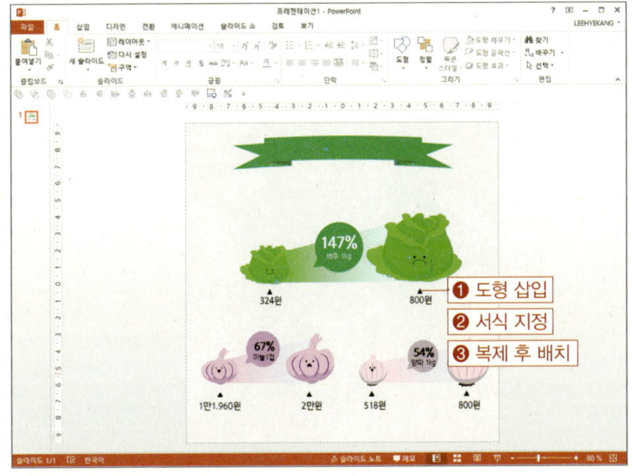

**19** 항목을 정확하게 표시하기 위해 배추, 마늘, 양파를 하나씩 복제(Ctrl + D)한 후 크기를 줄이고 그림과 같이 세로로 일렬 배치한다.

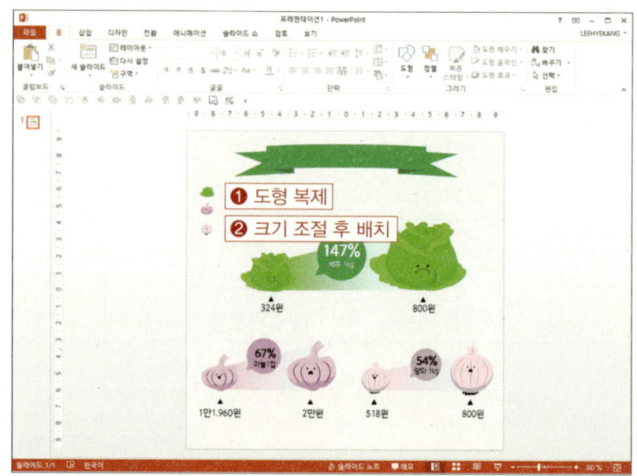


**20** [삽입] 탭-[텍스트] 그룹-[텍스트 상자]를 선택해 텍스트를 입력하고 서식을 지정한 후 배치한다.

| 텍스트 | 글꼴 / 글꼴 크기 | 글꼴 색 |
|---|---|---|
| 제목 | 12롯데마트드림Medium / 20 | (9) 흰색 |
| 배추, 마늘, 양파 | 12롯데마트드림Light / 12 | (8) 검은색 |
| 출처 | 12롯데마트드림Light / 11 | (8) 검은색 |

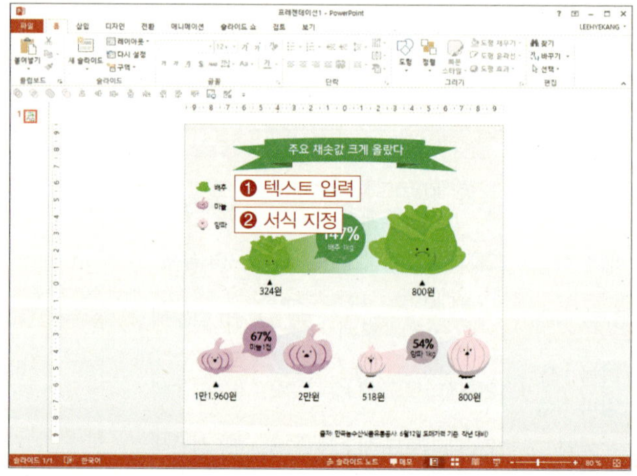

## SECTION 03 수입과일 데이터 그래프 인포그래픽 만들기

국내과일에 비해 수입과일의 판매량이 증가했다는 것을 알리기 위에 가판대 위의 100% 누적막대그래프를 선택해 표현하는 것이 핵심이다. 과일 가판대 위에 그래프가 있기 때문에 자연스럽게 과일에 관한 내용임을 추측할 수 있다. 그래프 위에 표시될 수입이 증가한 과일은 일관된 느낌의 일러스트 파일을 찾기가 쉽지 않다. 이럴 때는 비교적 찾기 쉬운 이미지를 이용하되 같은 크기의 원에 이미지를 맞추어 잘라 통일성을 준다.

**실전 따라하기**

• 완성파일 : 수입과일 – 완성.pptx  • 실습자료 : [수입과일 실습자료] 폴더
• 색상정보 : 수입과일 – 색상.png

**01** 슬라이드 크기를 1대1 비율로 변경하기 위해 [디자인] 탭-[사용자 지정] 그룹-[슬라이드 크기]-[사용자 지정 슬라이드 크기]를 선택한 후 [너비]와 [높이]를 모두 '19.05cm'로 변경한다.

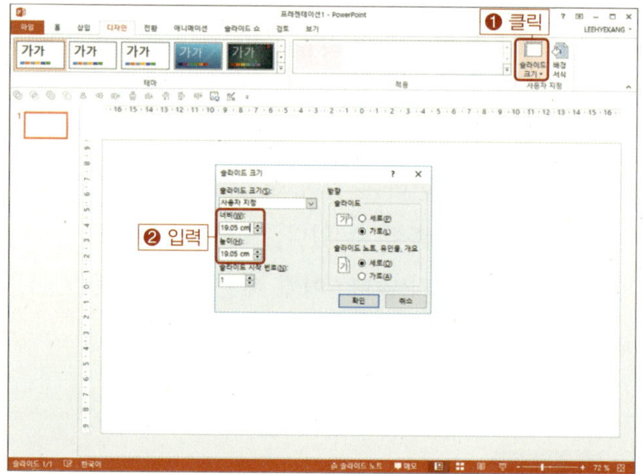

**02** [삽입] 탭-[일러스트레이션] 그룹-[도형]에서 [직사각형]을 선택하여 슬라이드의 하단부를 가득 채울 수 있는 사각형을 만든다. [그리기 도구]-[서식] 탭-[도형 스타일] 그룹-[도형 채우기]에서 [색]은 '(1) 파란색', [도형 윤곽선]은 '윤곽선 없음'으로 선택한다.

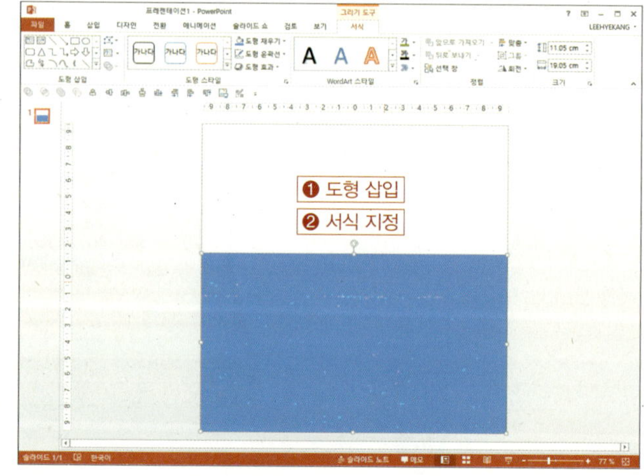


**03** [수입과일 실습자료] 폴더에서 '마켓.pptx' 파일을 실행하고 관련 개체를 복사(Ctrl + C)한 후 슬라이드에 붙여넣기(Ctrl + V) 한다.

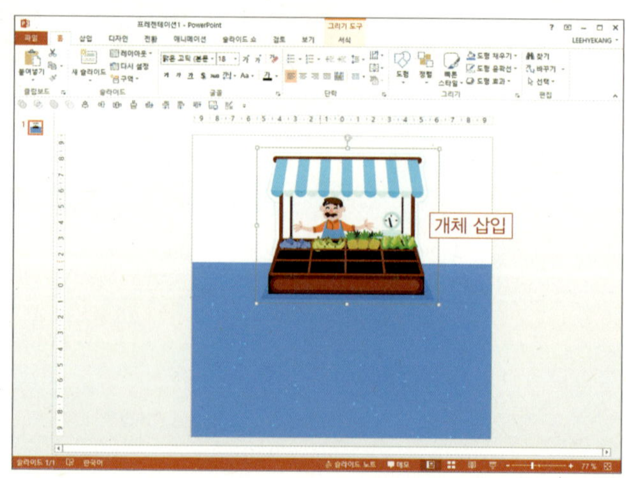


> **TIP**
> 다른 스타일의 마켓 소스를 얻고 싶다면 'http://flaticon'에서 'market'으로 검색하여 다운로드한다.

**04** 100% 누적막대그래프를 표현하기 위해 [삽입] 탭-[일러스트레이션] 그룹-[도형]에서 [사다리꼴]을 선택하여 진열대의 위쪽 크기에 맞게 도형을 만든다. [그리기 도구]-[서식] 탭-[도형 스타일] 그룹-[도형 채우기]에서 [색]은 '(3) 흰색', [도형 윤곽선]은 '윤곽선 없음'을 선택한다.

**05** 흰색 도형을 복제(Ctrl + D)한 후 아래에 배치한다. 사다리꼴의 흰색 도형을 하나 더 복제(Ctrl + D)하고 [그리기 도구]-[서식] 탭-[도형 스타일] 그룹-[도형 채우기]에서 [색]을 '(2) 하늘색'으로 변경한 후 2014년의 수입과일 비율인 '25%'만큼 가로 길이를 조정한다.

**06** 하늘색 도형을 선택하고 [마우스 오른쪽 버튼 클릭]-[점 편집]을 선택한 후 오른쪽 상단의 검은 점을 오른쪽으로 드래그해 기울기를 변경한다.

**07** 2015년의 수입과일 비율도 동일한 방식으로 하늘색 사다리꼴 도형을 복제(Ctrl + D)한 후 기울기를 조정한다.

**08** 대화상자를 만들기 위해 [삽입] 탭-[일러스트레이션] 그룹-[도형]에서 [모서리가 둥근 직사각형]과 [이등변 삼각형]을 선택하여 삽입한 후 두 도형을 겹친 상태로 배치하고 [빠른 실행 도구 모음]에서 [도형 병합]을 선택한다.

**TIP**

[도형]에 대화상자 모양이 있긴 하지만 모양의 자유도가 떨어져 필자는 두 도형을 합쳐 직접 만드는 것을 선호한다.

**09** 병합한 도형을 선택하고 [그리기 도구]-[서식] 탭-[도형 스타일] 그룹-[도형 채우기]에서 [색]은 '(3) 흰색', [도형 윤곽선]은 '(1) 파란색'으로 설정한다. 이 도형을 복제(Ctrl + D)하여 아래에 배치한다.

**10** [삽입] 탭–[텍스트] 그룹–[텍스트 상자]를 선택해 텍스트를 입력하고 서식을 지정한 후 그림과 같이 배치한다.

| 텍스트 | 글꼴 / 글꼴 크기 | 글꼴 색 |
|---|---|---|
| 2014<br>2015 ~<br>수입과일<br>국내과일 | 나눔바른고딕 Light / 11 | (10) 검은색 |

**11** [삽입] 탭–[일러스트레이션] 그룹–[도형]에서 [직사각형]을 선택하고 Shift 를 누른 채 드래그하여 정사각형을 만들고 텍스트 앞에 배치시켜 수입과일과 국내과일을 구분할 수 있게 한다. 수입과일 사각형은 [도형 채우기]와 [도형 윤곽선]의 [선 색]을 '(2) 하늘색'으로 변경하고, 국내과일 사각형은 [도형 채우기]에서 [색]은 '(3) 흰색', [도형 윤곽선]은 '(9) 회색'으로 변경한다.

**12** [삽입] 탭–[일러스트레이션] 그룹–[도형]에서 [모서리가 둥근 직사각형]을 선택하고 그림과 같이 삽입한 후 노란 점을 이용해 둥글기를 조정한다. [그리기 도구]–[서식] 탭–[도형 스타일] 그룹–[도형 채우기]에서 [색]은 '(3) 흰색', [도형 윤곽선]은 '윤곽선 없음'을 선택한다.

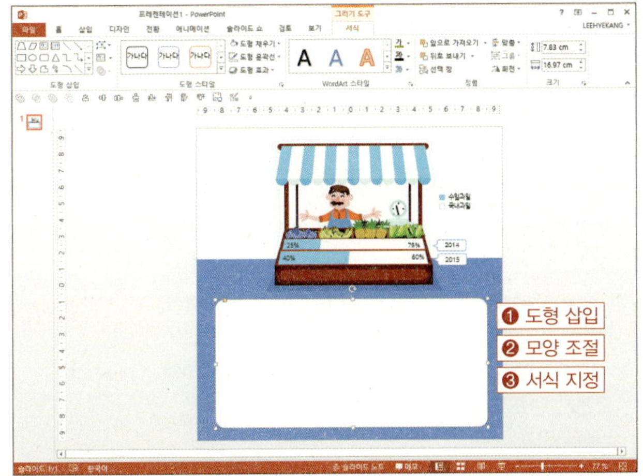

**13** 삽입한 흰색 도형을 선택한 상태에서 [마우스 오른쪽 버튼 클릭]–[도형 서식]을 클릭한다. [도형 서식] 작업창의 육각형 모양 아이콘인 [효과]를 선택한다. [그림자]–[미리 설정]은 '안쪽'–'안쪽가운데'를 선택하고 다음과 같이 그림자 서식을 지정한다.

| 투명도 | 흐리게 | 각도 | 간격 |
| --- | --- | --- | --- |
| 70% | 5pt | 0° | 2pt |

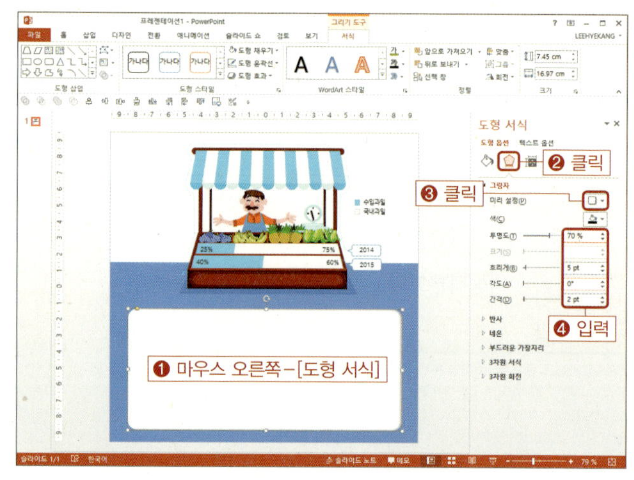


**14** [삽입] 탭–[일러스트레이션] 그룹–[도형]에서 [모서리가 둥근 직사각형]을 선택하여 삽입한다. [그리기 도구]–[서식] 탭–[도형 스타일] 그룹–[도형 채우기]에서 [색]은 '(1) 파란색', [도형 윤곽선]은 '윤곽선 없음'을 선택한다. [도형 서식] 작업창에서 [효과]를 선택하고 [그림자]–[미리 설정]은 '바깥쪽'–'오프셋 대각선 오른쪽 아래'를 선택하고, 다음과 같이 그림자 서식을 지정한다.

| 투명도 | 크기 | 흐리게 | 각도 | 간격 |
| --- | --- | --- | --- | --- |
| 70% | 100% | 4pt | 45° | 2pt |

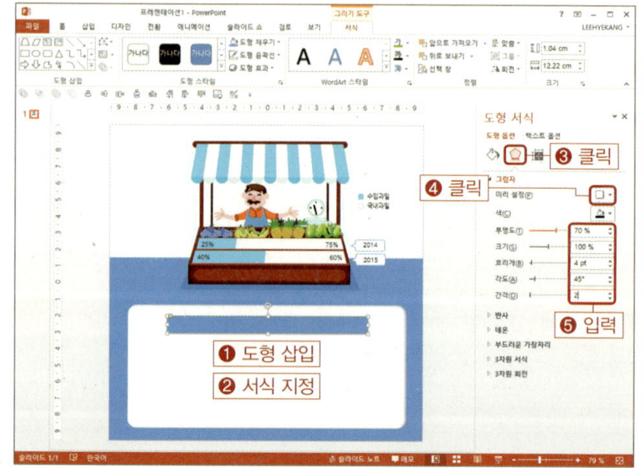


**15** [삽입] 탭–[텍스트] 그룹–[텍스트 상자]를 선택해 텍스트를 입력한 후 서식을 지정하고 배치한다.

| 텍스트 | 글꼴 / 글꼴 크기 / 속성 | 글꼴 색 |
| --- | --- | --- |
| 수입이 증가한 ~ | 나눔바른고딕 Light / 18 | (3) 흰색 |
| Orange, Melon, Cherry, Mango | 나눔바른고딕 Light / 18 / 굵게 | (4) 주황색, (5) 초록색, (6) 빨간색, (7) 연두색 |
| 오렌지, 멜론, 체리, 망고 | 나눔바른고딕 Light / 14 | (10) 검은색 |

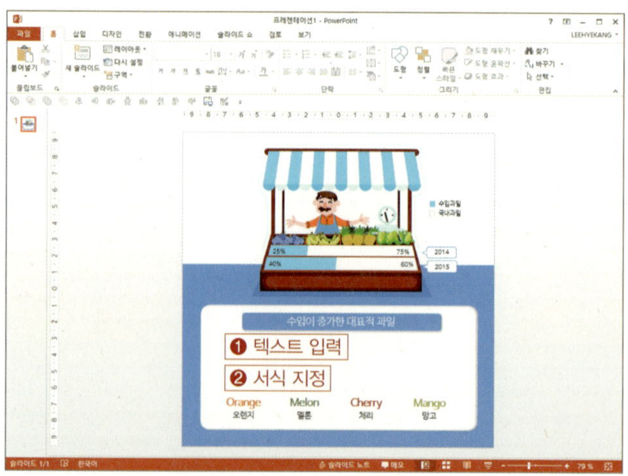

**16** [삽입] 탭-[이미지] 그룹-[그림]을 선택하고 [수입과일 실습자료] 폴더에서 과일 이미지를 불러온다.

> **TIP**
> 'http://pixabay.com'에서 과일 이미지를 검색하면 저작권이 무료인 사진을 구할 수 있다. 사진은 단독 과일보다는 해당 과일이 여러 개 겹쳐 있는 사진을 가져와야 통일성을 갖출 수 있다.

**17** 이미지를 모두 동일한 크기로 변경하기 위해 불러온 이미지를 모두 선택하고 [그림 도구]-[서식] 탭-[크기] 그룹-[자르기] 확장 메뉴-[도형에 맞춰 자르기]에서 [타원] 모양을 선택한다.

**18** 하나의 이미지를 선택하고 [자르기] 확장 메뉴의 [가로 세로 비율]-[1:1]을 선택한다. 나머지 이미지도 모두 동일하게 변경한다.

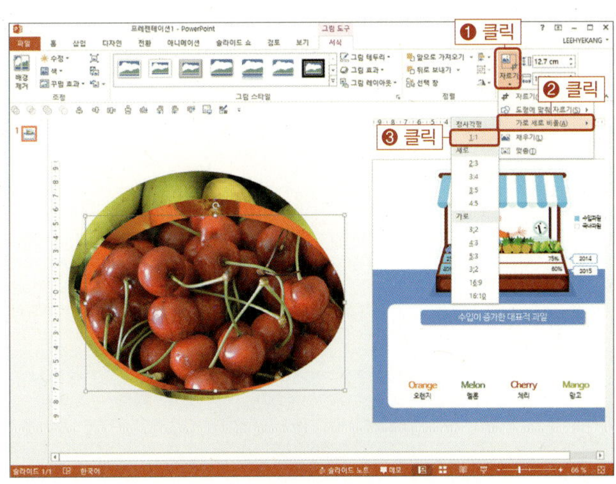



> **TIP**
> [가로 세로 비율]은 이미지를 하나만 선택해야 활성화되는 메뉴다. 만약 메뉴가 활성화되지 않는다면 다른 개체가 함께 선택되어 있지 않은지 확인한다.

**19** 동일한 비율로 변경한 이미지 4장을 드래 그하여 선택하고 [그림 도구]–[서식] 탭–[크기] 그룹에서 너비의 길이를 '2.5cm'로 변경한다. 세로의 길이는 따로 설정하지 않아도 비율에 맞 추어 자동으로 변경된다.

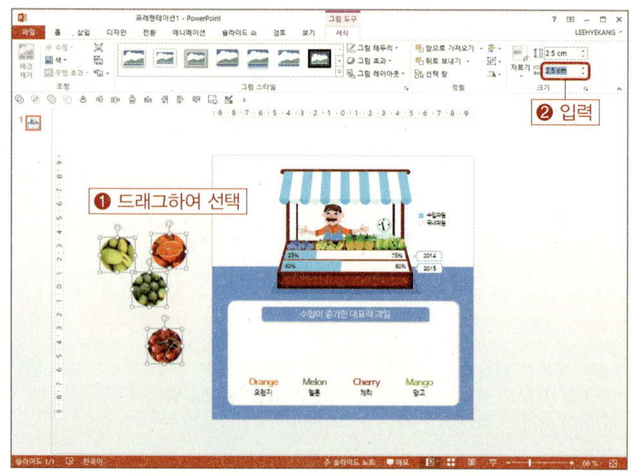

**20** 오른쪽 그림과 같이 각 과일 이름에 맞추어 이미지를 배치한다.

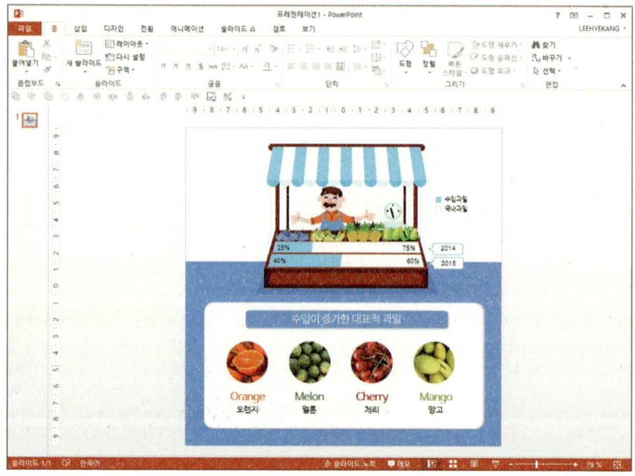

# 기술 제품을 홍보하기 위한
## 인포그래픽 만들기

기술 용어, 제품의 장점을 파악해서 이를 소비자가 쉽게 이해할 수 있도록 표현 방법을 바꾸는 것은 쉽지 않은 일이다. 따라서 제작자에게는 내부에서 사용하는 전문 용어와 기술 용어를 외부 대상과의 소통을 위해 용어 대치(代置, 다른 것으로 대신 바꾸어 놓음)를 잘하는 능력이 요구된다. 대치 능력은 단번에 향상되는 것이 아니다. 교양, 트렌드, 지식을 꾸준히 쌓으며 배경지식을 키우는 것이 필요하다. 새롭게 출시하는 자동차의 광고를 소비자 언어로 바꾸는 사례를 포함해 기술 정보를 요약하는 방법을 소개한다. 또한 애니메이션을 이용하여 생동감 넘치는 ppt를 만들어 보자.

## SECTION 01 기술 언어를 소비자 언어로 표현하기 위한 분석법

기술 제품은 신조어 및 특정 분야의 사람들만 사용하는 전문용어가 많다. 제작자는 전문용어에 대한 이해를 바탕으로, 다른 표현으로 대치할 수 있는 능력이 필요하다. 문장체 역시 보고문과 외부에 설명하는 자료가 다를 수 있다. 문장 속에서 핵심 메시지를 추출하는 방법과 불필요한 데이터를 거르는 방법을 살펴본다.

### (1) 1단계 : 정보 기획 단계

조직 내부에서 사용하는 용어와 문장체를 소비자에게 전달하는 형식으로 맞춰 다시 정리한다.

#### ■ 제시정보 ❶ 내부 보고용

기업 내부 임원에게 설명하는 "2016 G 자동차 특징을 설명하는 보고문"

2016 모델 G 자동차의 특징입니다.
가장 역점을 둔 부분은 동급 타사 자동차와 비교해도 손색없는 탁월한 연비입니다. 또한 친환경 흐름에 발맞춰 가스배출량이 크게 낮아졌고, 가속성은 물론 정숙성에서도 비교할 수 없는 발전을 이루었습니다.

> "새롭게 바뀐 2016 G의 놀라운 성능"
> "탁월한 연비효율, 저배출 배기가스, 가속성, 정숙성' 에서 동급 타사 자동차와 차원이 다릅니다."

## (2) 2단계 : 정보 배열 단계

제목 선정, 소주제 키워드 선정, 버리는 문장을 선택한 후 다시 정리한다.

> "새롭게 바뀐 2016 G의 놀라운 성능"
> ① 탁월한 연비 ② 저배출 배기가스 ③ 가속성 ④ 정숙성

### 분석 POINT

- 제목은 소주제를 포함하고 있어야 한다.
- 소주제는 G 자동차의 홍보 메시지이며, 곧 그래픽 표현 대상이다.

## (3) 3단계 : 레이아웃 스케치

제품 이미지, 소주제 그래픽, 텍스트를 함께 넣어서 레이아웃 스케치를 만들어 본다.

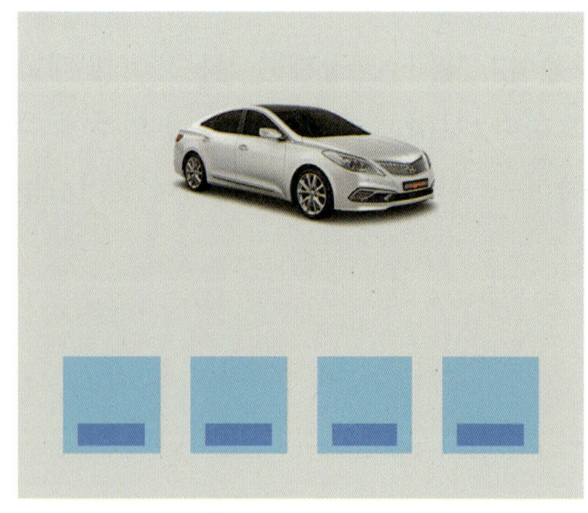

◀ 레이아웃 스케치 사례로 제품 이미지를 중앙에 방사형 구조로 배열하고, 하단에 이미지와 텍스트 박스로 소주제 구성

- 제목 : "새롭게 바뀐 2016 G의 놀라운 성능"
- 그래픽 : ① 탁월한 연비+이미지   ② 저배출 배기가스+이미지   ③ 가속성+이미지
  ④ 정숙성+이미지

## ■ 제시정보 ❷ 미디어 배포용, SNS용

G 자동차를 타고 있던 기존 고객 100명 중 20명은 2016 G 자동차를 재구매할 의향이 있는 것으로 나타났다. 재구매 이유로는 높은 연비, 드라이빙 우수성, 만족스런 AS, 저탄소 배출기준 때문인 것으로 조사됐다.

**변경** 대주제+4개의 소주제=방사형 또는 나열식 그래픽 표현 가능

"100명 중 20명은 2016 G 자동차 다시 구매"
구매 이유  ① 유지비 절감  ② 편안한 운전  ③ 만족도 높은 서비스  ④ 친환경적

**TIP**

❶ 100명 중 20명에 대한 데이터 표현방법을 어떻게 할 것인가?
→ 20% 또는 100명 중 20명을 그대로 표현하는 방법

❷ 그래픽으로 표현할 소주제는?
→ 연비, 드라이빙, 애프터서비스, 탄소배출이란 키워드는 소비자 용어로 변경
① 유지비 절감  ② 편안한 운전  ③ 만족도 높은 서비스  ④ 친환경적

❸ 레이아웃 배열 방법은?
→ 비율 그래프+4개의 특징을 나열하는 나열식 또는 방사형 구조로 표현 가능

# 제품 홍보를 위한 인포그래픽 만들기(애니메이션 적용)

시선을 사로잡는 파워포인트를 만들고 싶다면 애니메이션 기능을 이용해 보자. 자동차의 특징을 애니메이션의 시간 흐름에 따라 순차적으로 보여주면 효과적으로 전달할 수 있다. 이번 장에서는 애니메이션의 원리를 이해하고 원하는 순서대로 동작이 나올 수 있도록 설정해 보자.

**실전 따라하기**

- 완성파일 : 자동차 – 완성.pptx　　• 실습자료 : [자동차 실습자료] 폴더
- 색상정보 : 자동차 – 색상.png
- 동영상 정보 : https://youtu.be/upzEzHE2l0Q

**01** 배경색을 지정하기 위해 빈 슬라이드에서 [마우스 오른쪽 버튼 클릭]–[배경 서식]을 선택한다. [배경 서식] 작업창의 [채우기]–[단색 채우기]에서 [색]을 '(1) 회색'으로 변경한다.

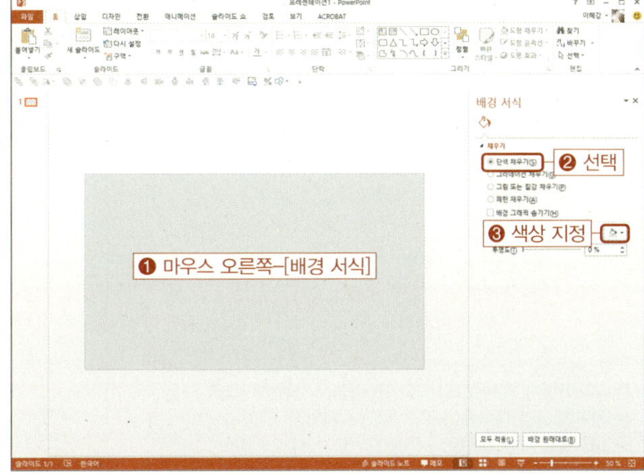


> **TIP**
> 2010 이하 버전에서는 [디자인] 탭–[페이지 설정] 그룹–[페이지 설정]에서 [너비] '33.846cm', [높이] '19.05cm'로 변경한다.

**02** [자동차 실습자료] 폴더의 '자동차동네.pptx' 파일을 실행하고 구름과 달을 복사(Ctrl + C)한 후 슬라이드에 붙여넣기(Ctrl + V) 한다. 구름과 달을 선택하여 그룹 설정(Ctrl + G)한다.

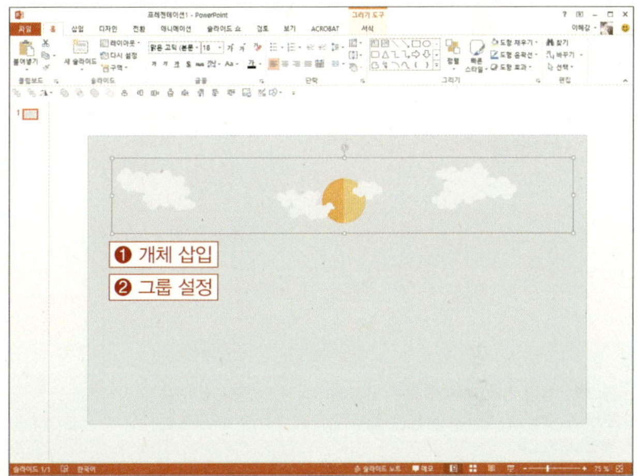


**03** 그룹 설정된 구름과 달을 두 개 더 복제(Ctrl + D)하여 일렬로 나열한 후 다시 모두 선택하여 그룹 설정(Ctrl + G)한다. 구름 그룹의 오른쪽 부분이 슬라이드 오른쪽과 만날 수 있게 배치한다.

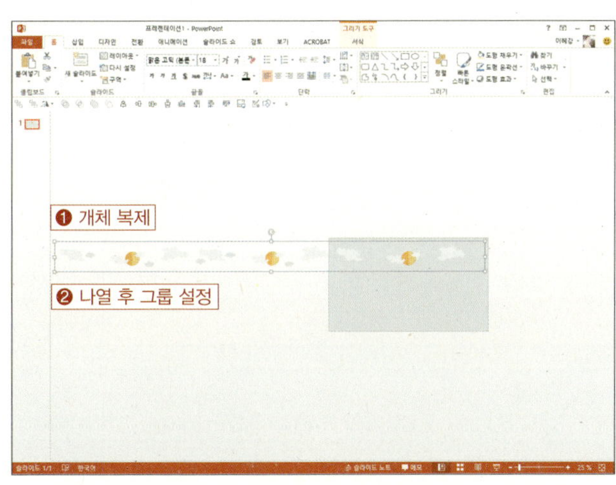


> **TIP**
> 개체가 슬라이드를 넘어갈 경우 관리하기 편하도록 슬라이드를 축소하여 작업한다. Ctrl 을 누른 채 마우스 휠을 아래쪽으로 돌리면 축소되고, 위쪽으로 돌리면 확대된다.

**04** [자동차 실습자료] 폴더의 '자동차.pptx' 파
일을 실행하고 노란 자동차를 복사(Ctrl + C)한
후 슬라이드에 붙여넣기(Ctrl + V) 한다. 자동차
의 크기를 슬라이드 크기에 맞추어 조절한다.



> **TIP**
> 애니메이션을 적용한 뒤 크기를 수정하기 위해 그룹 설정
> (Ctrl + G)하면 애니메이션의 기록이 지워진다. 따라서 반드
> 시 애니메이션을 지정하기 전에 크기를 설정해야 한다.

**05** 자동차를 선택하고 그룹 설정 해제(Ctrl +
Shift + G)한다. 바퀴만 드래그하여 선택한 후 그
룹 설정(Ctrl + G)한다. 동일한 방법으로 뒷바퀴도
그룹 설정한다.



> **TIP**
> 드래그 범위 안에 개체가 모두 포함되어야 선택된다. 바퀴는
> 모두 포함하고, 자동차 본체는 일부만 드래그하면 바퀴만 선
> 택할 수 있다.

**06** Ctrl 을 누른 채 두 개의 바퀴를 모두 선택
한다.

**07** [애니메이션] 탭–[고급 애니메이션] 그룹–
[애니메이션 추가]에서 [강조]–[회전]을 선택한다.

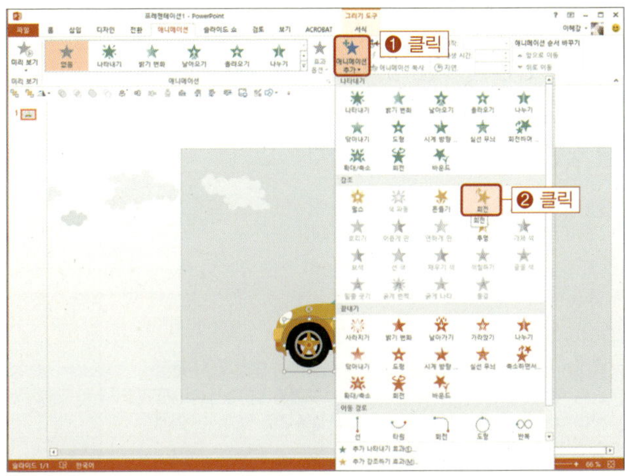

**08** 바퀴의 방향을 바꾸고 싶다면 바퀴가 선택된
상태에서 [애니메이션] 탭–[애니메이션] 그룹–
[효과 옵션]에서 [시계 반대 방향]을 선택한다.

**09** 그룹 설정되어 있는 구름과 달을 선택하고
[애니메이션] 탭–[고급 애니메이션] 그룹–[애니
메이션 추가]에서 [이동 경로]–[선]을 선택한다.

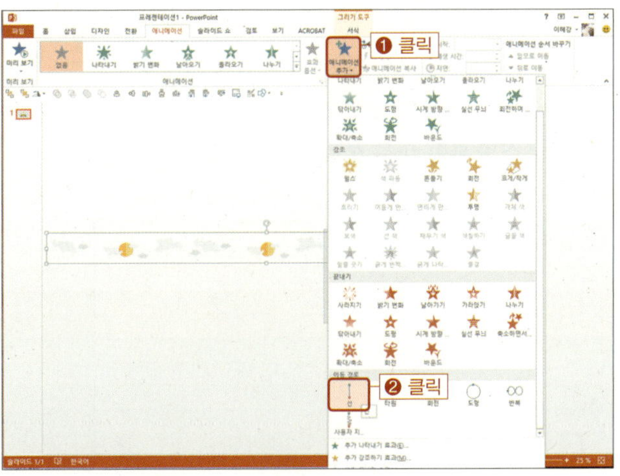

**10** 이동 경로에서 초록색 원은 시작하는 점, 빨간색 점은 끝나는 점이다. 초록색 점은 현재 위치에서 시작할 수 있도록 그대로 두고, 빨간색 점만 오른쪽으로 드래그한다.

**TIP**
2013 버전 이상에서는 빨간색 점을 선택하여 드래그 시 동작 완료 후 개체가 어디에 나타날지 미리보기를 할 수 있다. 구름이 이동하면서 오른쪽 슬라이드 바깥쪽으로 나갈 수 있게 빨간 점을 이동시킨다.

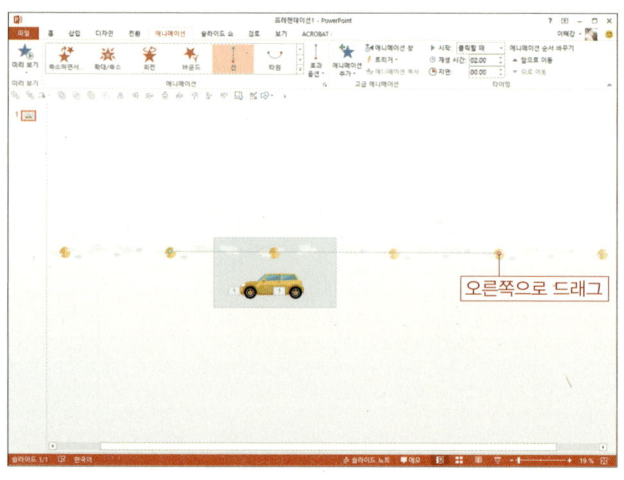


**11** 자동차 바퀴가 돌아가는 동작과 구름이 이동하는 동작은 함께 시작하도록 변경한다. [애니메이션] 탭-[고급 애니메이션] 그룹-[애니메이션 창]을 클릭한다. [애니메이션 창]에서 첫 번째 애니메이션을 클릭하고 Shift 를 누른 채 세 번째 애니메이션을 클릭하여 모두 선택하고 [타이밍] 그룹-[시작]을 [이전 효과와 함께]로 변경한다.

**TIP**
[애니메이션 창]에서 [마우스 오른쪽 버튼 클릭]-[진행 시간 표시 막대 표시]를 선택하면 그림과 같이 애니메이션의 진행 시간을 확인할 수 있다.

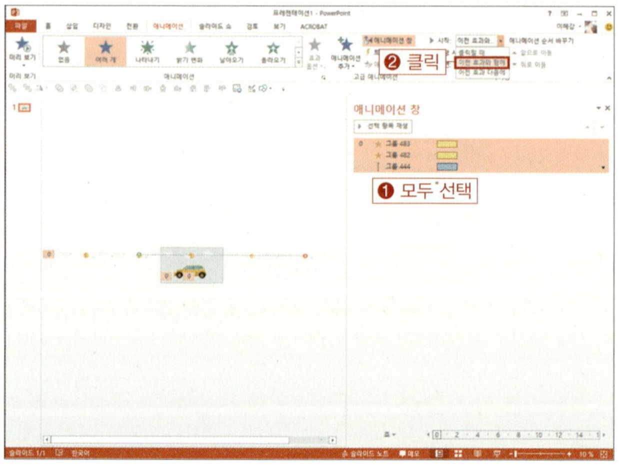


**12** 바퀴는 슬라이드가 끝날 때까지 계속 돌아야 하므로 [애니메이션 창]에서 바퀴에 해당하는 애니메이션을 Shift 를 이용해 동시에 선택한 후 [마우스 오른쪽 버튼 클릭]-[타이밍]-[반복]을 [슬라이드가 끝날 때까지]로 변경하고 [확인]을 클릭한다.

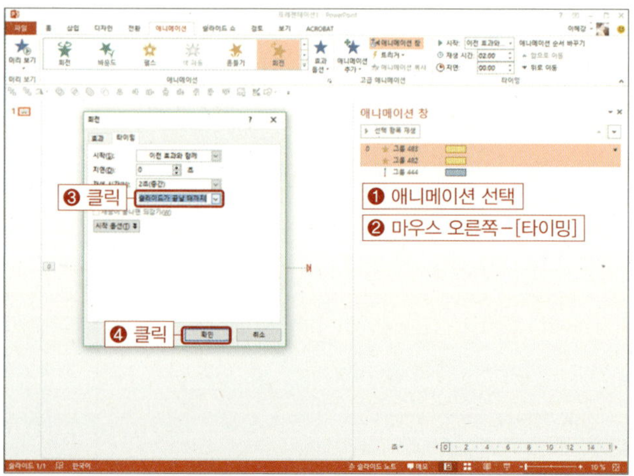

**13** 구름이 움직이는 속도가 빠르므로 구름 애니메이션을 선택하고 [애니메이션] 탭–[타이밍] 그룹–[재생 시간]을 '15.00'으로 변경한다. [애니메이션 창]에서 구름 애니메이션을 [마우스 오른쪽 버튼 클릭]–[효과 옵션]을 선택하여 [부드럽게 시작]과 [부드럽게 종료]를 '0초'로 변경한 후 [확인]을 클릭한다.



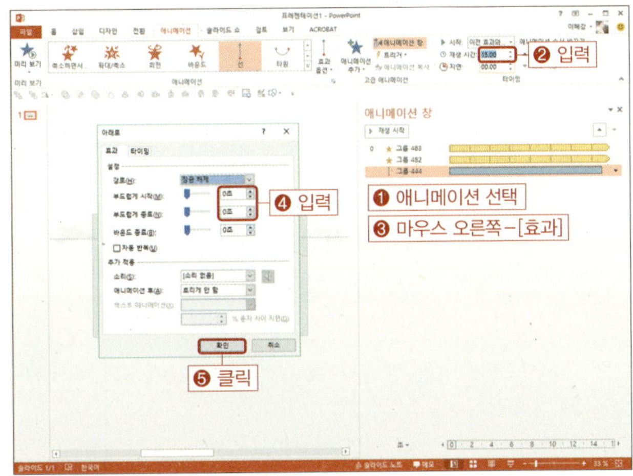


**14** [자동차 실습자료] 폴더의 '자동차소품.pptx'에서 기름 모양 아이콘을 복사(Ctrl + C)하여 삽입(Ctrl + D)한다. [삽입] 탭–[텍스트] 그룹–[텍스트 상자]를 선택해 텍스트를 입력한 후 서식을 지정한다. 기름 아이콘과 텍스트를 선택하고 [애니메이션] 탭–[고급 애니메이션] 그룹–[애니메이션 추가]에서 [나타내기]–[나타내기]를 선택한다. [타이밍] 그룹에서 [시작]은 '이전효과와 함께'를, [지연]은 '01.00'으로 변경한다.

| 텍스트 | 글꼴 / 글꼴 크기 | 글꼴 색 |
| --- | --- | --- |
| 탁월한 연비 | 배달의민족 주아 / 28 | (2) 검은색 |

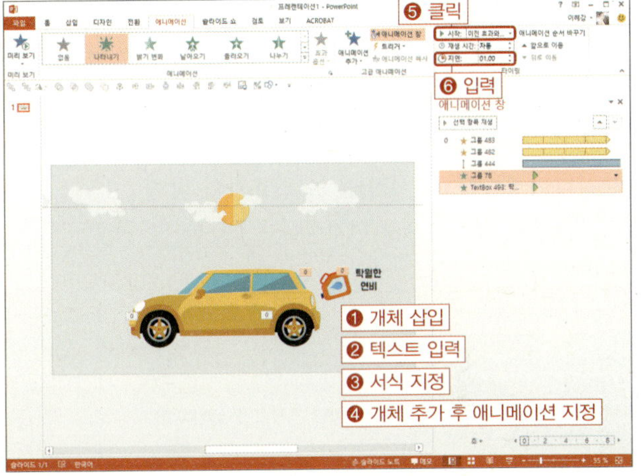


**15** 기름 아이콘을 선택하고 [애니메이션] 탭–[고급 애니메이션] 그룹–[애니메이션 추가]에서 [강조]–[흔들기]를 선택한다.



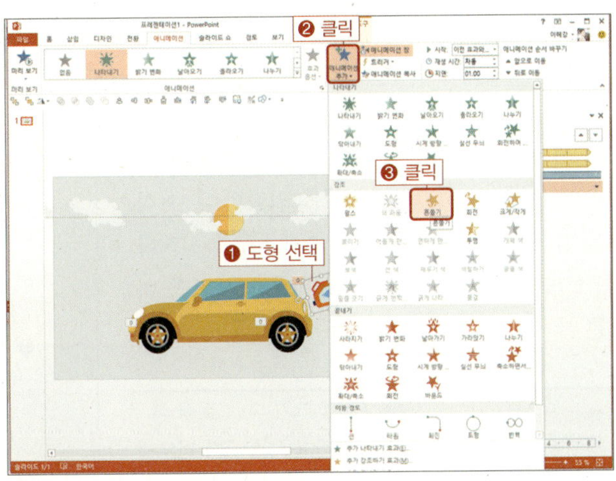

**16** 흔들기 효과는 기름과 텍스트가 나타날 때 함께 움직여야 하므로 [애니메이션 창]에서 흔들기 효과를 선택 후 [마우스 오른쪽 버튼 클릭]-[타이밍]-[시작]을 [이전 효과와 함께]로 변경한 후 [확인]을 클릭한다. 두 번 흔들게 만들고 싶다면 [마우스 오른쪽 버튼 클릭]-[타이밍]-[반복]을 '2'로 지정한 후 [확인]을 클릭한다.

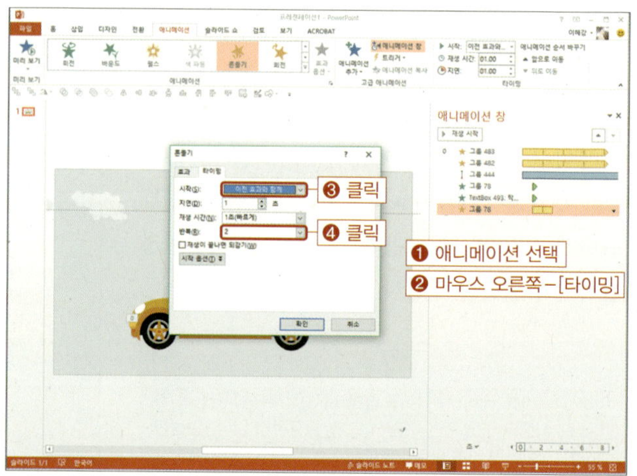


**17** 애니메이션 효과가 완료되면 사라지도록 설정하기 위해 다시 기름과 텍스트를 선택 후 [애니메이션]-[고급 애니메이션] 그룹-[애니메이션 추가]에서 [끝내기]-[사라지기]를 선택한다. [타이밍] 그룹-[시작]을 '이전효과와 함께'로, [지연]을 '03.10'으로 변경한다.





**18** [자동차 실습자료] 폴더에서 '자동차동네.pptx'를 실행하고 나무 도형을 복사(Ctrl + C)하여 슬라이드 바깥에 붙여넣기(Ctrl + V) 한 후 여러 개 배치한다. [삽입] 탭-[텍스트] 그룹-[텍스트 상자]를 선택해 텍스트를 입력한 후 서식을 지정하고 배치한다. 나무와 텍스트를 선택하고 그룹 설정(Ctrl + G)한 후 [마우스 오른쪽 버튼 클릭]-[맨 뒤로 보내기]를 클릭한다.

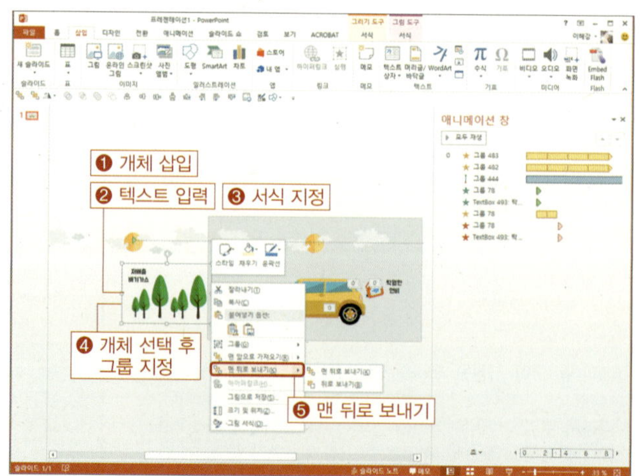


| 텍스트 | 글꼴 / 글꼴 크기 | 글꼴 색 |
|---|---|---|
| 저배출 배기가스 | 배달의민족 주아 / 28 | (2) 검은색 |

**19** 나무와 텍스트를 선택하고 [애니메이션] 탭–[고급 애니메이션] 그룹–[애니메이션 추가]에서 [이동경로]–[선]을 선택하고 슬라이드 왼쪽에서 오른쪽으로 이동할 수 있도록 빨간 점의 위치를 변경한다. [애니메이션] 탭–[타이밍] 그룹에서 [시작]은 '이전 효과와 함께', [재생 시간]은 '07.00', [지연]은 '04.00'로 변경한다.

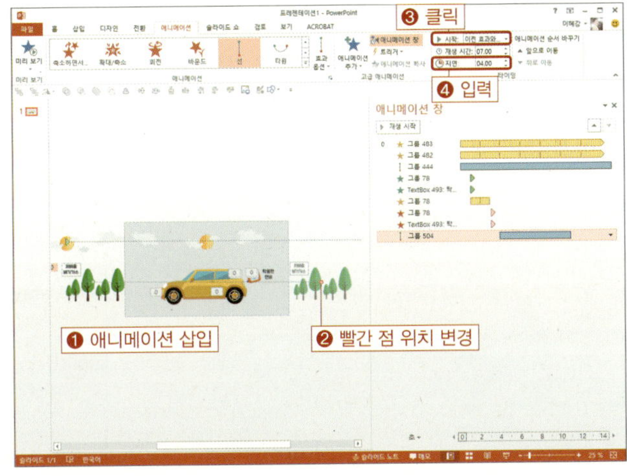

**20** [자동차 실습자료] 폴더의 '자동차소품.pptx'를 실행하고 손과 입술 모양 도형을 복사(Ctrl + C)한 후 슬라이드에 붙여넣기(Ctrl + V) 하여 배치한다. [삽입] 탭–[텍스트] 그룹–[텍스트 상자]를 선택해 텍스트를 입력한 후 서식을 지정하고 배치한다. 텍스트와 도형을 그룹 설정(Ctrl + G)한다.

| 텍스트 | 글꼴 / 글꼴 크기 | 글꼴 색 |
| --- | --- | --- |
| 정숙성 | 배달의민족 주아 / 28 | (2) 검은색 |

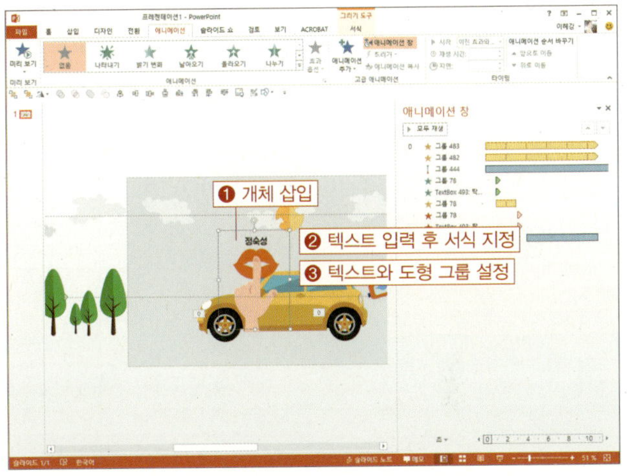

**21** 나무의 이동이 끝나기 전에 정숙성에 관련된 아이콘이 나타나도록 설정한다. 정숙성 아이콘을 선택하고 [애니메이션] 탭–[고급 애니메이션] 그룹–[애니메이션 추가]에서 [나타나기]–[나타내기]를 선택한다. [타이밍] 그룹에서 [시작]은 '이전 효과와 함께', [지연]은 '09.80'으로 변경한다.

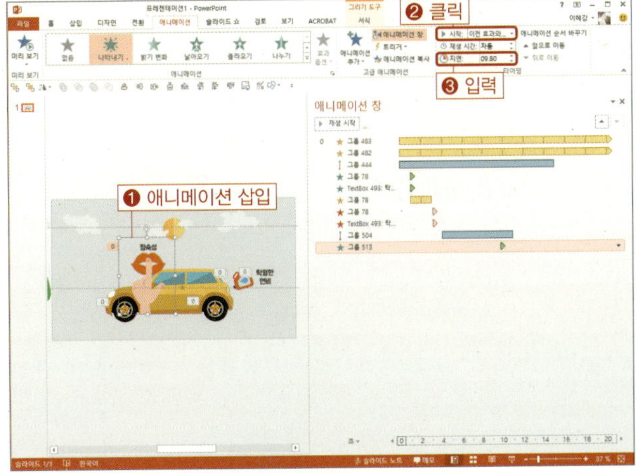

**22** 정숙성 아이콘을 강조하기 위해 깜빡이는 효과를 적용한다. 정숙성 아이콘을 선택하고 [애니메이션] 탭-[고급 애니메이션]그룹-[애니메이션 추가]에서 [강조]-[펄스]를 선택한다.

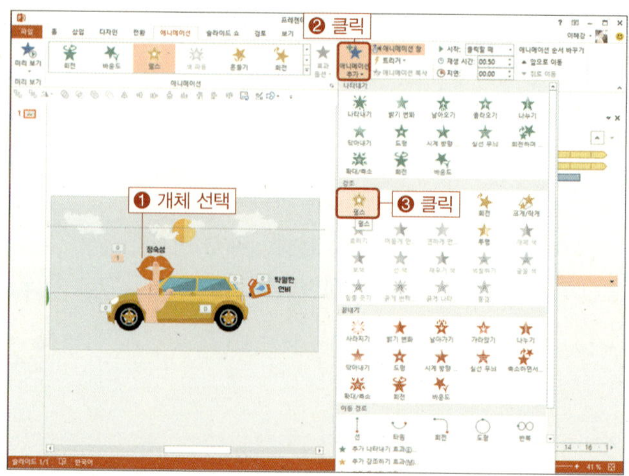

**23** [애니메이션] 탭-[타이밍] 그룹에서 [시작]을 [이전 효과와 함께]로 변경한다. 펄스 동작을 반복하기 위해 [애니메이션 창]의 해당 애니메이션을 선택하고 [마우스 오른쪽 버튼 클릭]-[타이밍]을 선택한다. [타이밍] 탭에서 [반복]을 '2'로 설정하고 [확인]을 클릭한다.

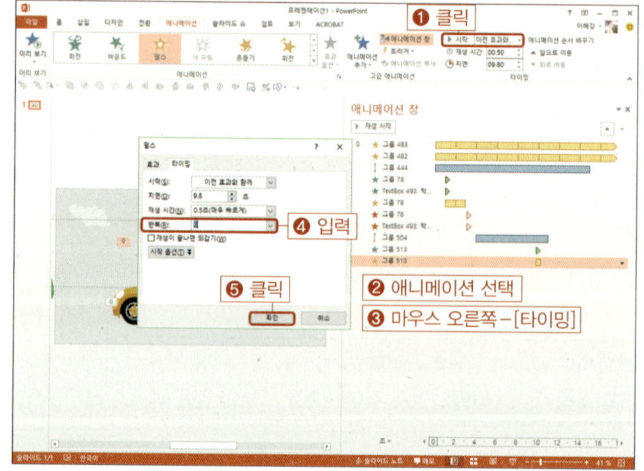

**24** 다시 정숙성 아이콘을 선택하고 [애니메이션] 탭-[고급 애니메이션] 그룹-[애니메이션 추가]에서 [끝내기]-[사라지기]를 선택한다. [타이밍] 그룹에서 [시작]은 '이전 효과와 함께', [지연]은 '13.00'을 선택한다.

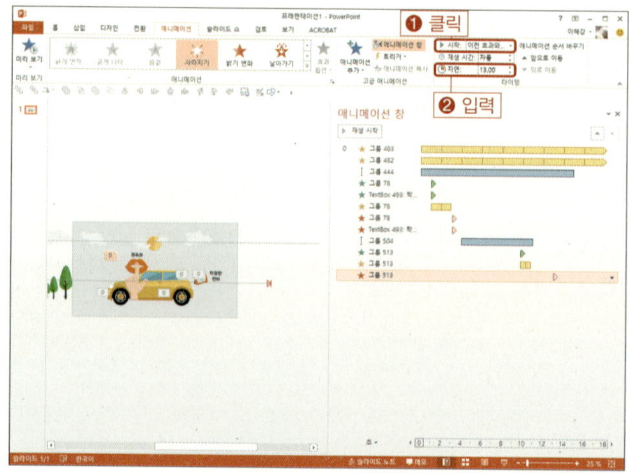

**25** 빠르게 지나가는 구름을 만들기 위해 구름 그룹을 선택한 후 하나 복제(Ctrl + D)한다.

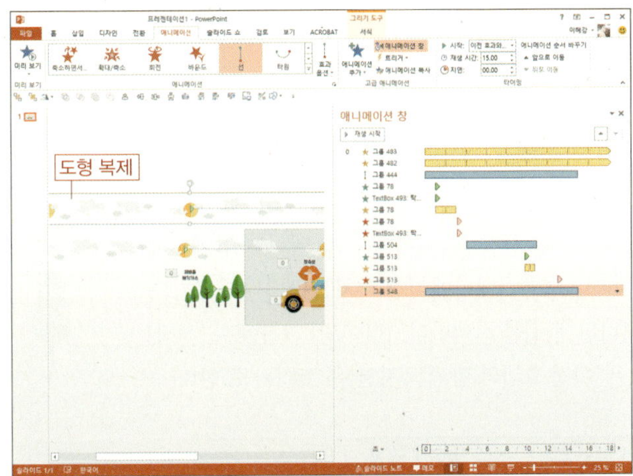

**26** 복제한 구름 그룹의 오른쪽 모서리가 슬라이드 왼쪽과 만나게 하고 기존 구름과 같은 높이에 배치한다. 해당 애니메이션은 정숙성이 사라진 후 바로 움직여야 하므로 선택 후 [애니메이션]-[타이밍] 그룹-[시작]은 '이전 효과와 함께', [지연]은 '13.00'으로 변경한다.

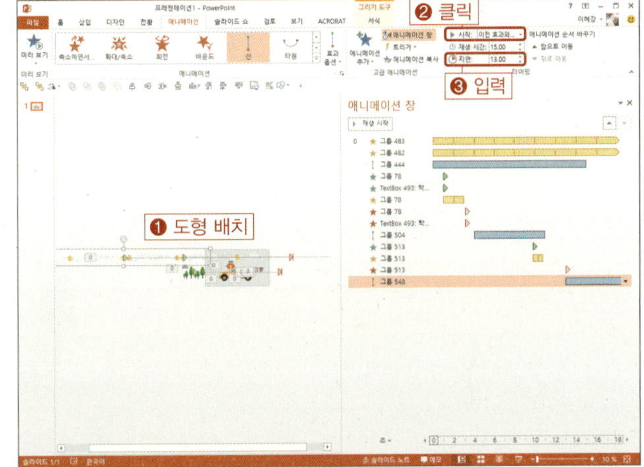

**27** 이동 시 빠른 속도임을 표현하기 위해서 효과음을 넣는다. [애니메이션 창]에서 해당 애니메이션 선택 후 [마우스 오른쪽 버튼 클릭]-[효과 옵션]을 선택한다. [추가 적용]-[소리]-[바람 가르는 소리]를 선택하고 [확인]을 클릭한다. [애니메이션]-[타이밍] 그룹-[재생 시간]을 '06.00'으로 변경해 구름의 이동 속도를 빠르게 한다.

> **TIP**
> 이미 애니메이션이 적용된 구름 도형을 복제했기 때문에 동일한 애니메이션이 적용된다. 애니메이션이 달라지는 부분만 변경해서 적용한다.

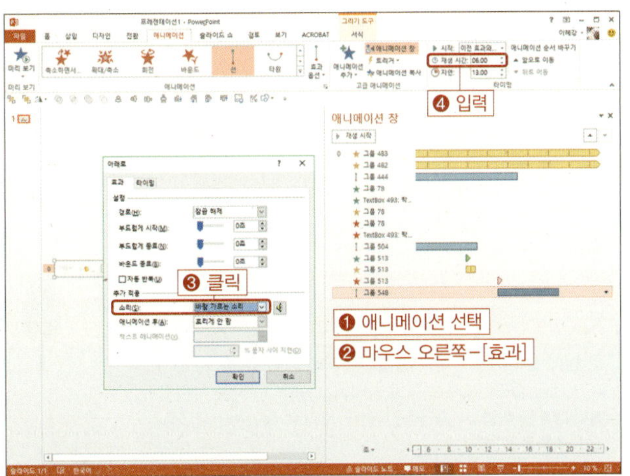

**28** [자동차 실습자료] 폴더의 '자동차소품.pptx' 파일을 실행하고 핸들을 복사(Ctrl + C)한 후 슬라이드에 붙여넣기(Ctrl + V) 하여 배치한다. [삽입] 탭-[텍스트] 그룹-[텍스트 상자]를 선택해 텍스트를 입력한 후 서식을 지정하고 배치한다. 두 개체를 선택 후 [애니메이션] 탭-[고급 애니메이션] 그룹-[애니메이션 추가]에서 [나타내기]-[나타내기]를 선택한다. [타이밍] 그룹에서 [시작]은 '이전 효과와 함께', [지연]은 '14:00'로 한다.

| 텍스트 | 글꼴 / 글꼴 크기 | 글꼴 색 |
| --- | --- | --- |
| 가속성 | 배달의민족 주아 / 28 | (2) 검은색 |

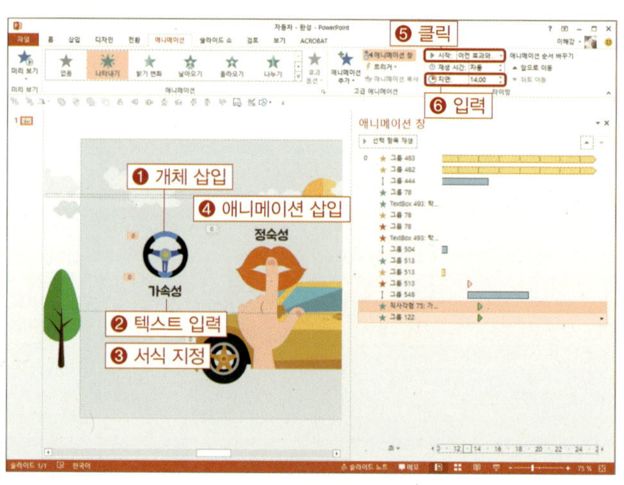


**29** 핸들만 선택한 후 [애니메이션]-[고급 애니메이션] 그룹-[애니메이션 추가]에서 [강조]-[흔들기]를 선택한다. [애니메이션 창]에서 해당 애니메이션을 선택한 후 [마우스 오른쪽 버튼 클릭]-[타이밍]에서 [시작]은 '이전 효과와 함께', [반복]은 '2'로 수정 후 [확인]을 클릭한다.

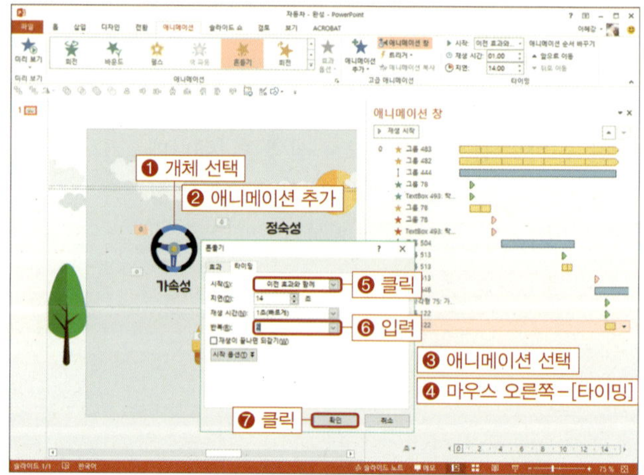


**30** 애니메이션 적용이 완료되면 슬라이드 전체 보기(F5)를 눌러 확인한다.

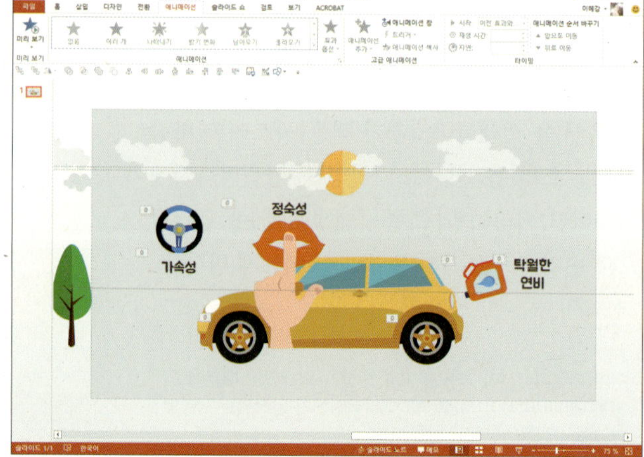

# 설명형 정보와 통계형 정보를 구분하여
## 인포그래픽 만들기

기업의 신제품 판매를 알리는 데이터는 가급적 숫자 그대로를 적기보다는 그래픽으로 쉽게 표현할 수 있는 비주얼 표현으로 바꾼 후 언론에 배포하는 것이 중요하다. 최근 언론사의 보도 트렌드도 비주얼 보도자료를 선호하고 있어 그래픽 보도자료를 제작하는 것이 당연한 홍보방법이 되었다. 따라서 제작자는 "어떻게 하면 숫자 데이터를 소비자가 보기 쉽게 전달할 수 있을 것인가?"를 늘 고민해야 한다. 이번 장에서는 판매 수치를 강조하여 기업의 신제품을 홍보하기 위한 인포그래픽을 만드는 방법을 알아보자.

## SECTION 01 신제품 수치를 강조하기 위한 데이터 분석법

제품 홍보를 위한 자료는 크게 숫자로 나타낸 통계형 데이터와 제품 자체의 특징을 묘사한 설명형 데이터로 나눌 수 있다. 자료를 읽고 이해하는 과정을 통해 2개의 유형을 추려내는 것이 중요하다.

### (1) 1단계 : 정보 기획 단계

다음 제시글은 신제품 소주에 관한 홍보 자료다. 이 홍보 자료는 인포그래픽 정보 기획을 연습하는 데 아주 유용하다. 정보를 기획할 때에는 제시된 자료를 두 번 정도 훑어보면서 문장 구성 및 내용을 전체적으로 파악하는 것이 필요하다. 세 번째부터는 자료를 정독하면서 끊어 읽어본다. 흡사 논술과 비슷하다. 이 과정은 상당히 힘들고 지루한 시간이다. 분석 능력은 하루아침에 향상되는 것이 아닌 만큼 꾸준한 노력이 필요하다. 텍스트로 이루어진 자료에서 '통계형 정보'와 '설명형 정보'를 구분해 보자.

> 칵테일 소주 시장을 연 '순하리'가 출시 100일을 맞았다. 순하리는 지난 3월 20일 출시 후 100일째인 6월 27일 기준 누적 판매 4000만 병을 돌파했다. 20대 이상 인구를 2000만 명이라고 추정할 때 성인 1인당 두 병씩 소비한 수치다. 국내 최고 높이의 건축물인 잠실 롯데월드 타워(완공 시 555m)를 1만 5000개 세운 높이와 같고, 서울과 부산(약 400km)을 약 10회 이상 왕복할 수 있는 길이다(소주병 약 21.5cm 기준). 순하리는 유자과즙 및 유자향이 첨가된 소주베이스의 칵테일이다. 알코올 도수는 14도로 유자 특유의 새콤달콤한 맛과 부드러운 목 넘김이 특징이다.
>
> 첫 반응은 폭발적이었다. 가벼운 술자리를 즐기는 젊은층과 여성 고객들이 주로 음용하다보니 SNS를 통해 제품과 맛에 대한 평가가 빠르게 퍼져나갔다. 주류업계의 '허니버터칩'이라는 애칭으로 불리기도 했다. 롯데주류는 서둘러 전국 생산을 위한 원료 수급에 들어갔고, 생산 공장도 강릉공장에서 경산, 군산으로 늘리면서 5월 20일부터 전국 판매에 돌입했다.

## (2) 2단계 : 자료 요약 단계

### "설명형 정보 & 통계형 정보"로 구분한다.

설명형 정보는 제품의 특징을 설명한 문장이고, 통계형 정보는 숫자 중심으로 제품의 반응을 설명한 문장을 말한다. 제시글에서 먼저 설명형 문장과 통계형 문장을 구분하는 것이 필요하다. 이는 비주얼 콘텐츠로 나타낼 때 중요한 표현 기준이 된다. 모든 보도문장을 다 비주얼 표현으로 만들 수는 없다. 욕심이 넘쳐 자칫 과도한 그래픽으로 만들면 전체를 망칠 수 있기 때문이다. 필요 없는 문장은 일단 버려야 한다. 버리는 문장의 대부분은 제품과 직접적인 내용이 아닌 부연설명 문장이다. 예를 들어 "앞으로 ~이렇게 할 것이다."라는 다짐의 글이다. 홍보하는 사람의 입장에서는 필요할지 모르지만 언론사에서는 제외되는 불필요한 문장임을 명심하자.

> 칵테일 소주 시장을 연 '순하리'가 출시 100일을 맞았다. 순하리는 지난 3월 20일 출시 후 100일째인 6월 27일 기준 누적 판매 4000만 병을 돌파했다. 20대 이상 인구를 2000만 명이라고 추정할 때 성인 1인당 두 병씩 소비한 수치다. 국내 최고 높이의 건축물인 잠실 롯데월드 타워(완공 시 555m)를 1만 5000개 세운 높이와 같고, 서울과 부산(약 400km)을 약 10회 이상 왕복할 수 있는 길이다(소주병 약 21.5cm 기준). 순하리는 유자과즙 및 유자향이 첨가된 소주베이스의 칵테일이다. 알코올 도수는 14도로 유자 특유의 새콤달콤한 맛과 부드러운 목 넘김이 특징이다.
>
> 첫 반응은 폭발적이었다. 가벼운 술자리를 즐기는 젊은층과 여성고객들이 주로 음용하다보니 SNS를 통해 제품과 맛에 대한 평가가 빠르게 퍼져나갔다. 주류업계의 '허니버터칩'이라는 애칭으로 불리기도 했다. 롯데주류는 서둘러 전국 생산을 위한 원료 수급에 들어갔고, 생산 공장도 강릉공장에서 경산, 군산으로 늘리면서 5월 20일부터 전국 판매에 돌입했다.

**통계형 정보와 설명형 정보로 구분하여 표로 재배열한다.**

| | 통계형 정보 | 설명형 정보 |
|---|---|---|
| ① | 누적판매 4000만 병 | 유자과즙 및 유자향이 첨가된 소주베이스 칵테일 |
| ② | 성인 1인당 2병 소비 | 알코올 도수 14도 |
| ③ | 롯데월드 타워(완공 시 555m) 1만5천 개 세운 높이 | 새콤달콤한 맛과 부드러운 목 넘김이 특징 |
| ④ | 서울과 부산(약 400km) 10회 이상 왕복 (소주병 약 21.5cm 기준) | 주류업계의 '허니버터칩' 애칭 |

**분석 POINT**

- 제목은 통계형 정보에서 선택한다. 누구나 공감할 수 있는 데이터 통계를 선택하는 것이 중요하다.
- 여러 데이터 중 쉽게 공감할 수 있는 데이터를 중심 비주얼 이미지로 정한다.
- 소주 사진은 png 파일로 변환해 사용하는 것이 좋다.

## (3) 3단계 : 레이아웃 스케치 단계(그래픽 제작을 위한 정보 배열)

레이아웃 스케치에는 제목과 그래픽 표현 내용을 담고 있어야 한다. 제목은 가장 사람들이 쉽게 이해할 수 있는 데이터를 선택해 "'순하리' 출시 100일 만에 성인 1인당 2병 소비"로 정했다. 인포그래픽은 정보를 제작하는 사람의 주관적 의도에 따라 같은 내용이라도 다른 단어에 무게를 두고 정보를 가공할 수 있다.

통계형 정보에서 다룰 수 있는 그래픽 요소는 모두 4가지다. 우측 공간에 배열하여 표현하고 '성인 1인당 2병 소비' 데이터(제목)를 가장 크게 나타낼 수 있다.

| 통계형 정보 |
|---|
| ① 누적 판매 4000만 병 |
| ② 성인 1인당 2병 소비 |
| ③ 롯데월드 타워(완공 시 555m) 1만5천 개 세운 높이 |
| ④ 서울과 부산(약 400km) 10회 이상 왕복 (소주병 약 21.5cm 기준) |

설명형 정보는 좌측 공간에 표현하고, 중심 이미지(제품)의 크기, 맛, 도수 특징을 방사형 구조로 나타낼 수 있다.

<table>
<tr><th colspan="2" align="center">설명형 정보</th></tr>
<tr><td>①</td><td>유자과즙 및 유자향이 첨가된 소주베이스 칵테일</td></tr>
<tr><td>②</td><td>알코올 도수 14도</td></tr>
<tr><td>③</td><td>새콤달콤한 맛과 부드러운 목 넘김이 특징</td></tr>
<tr><td>④</td><td>주류업계의 '허니버터칩' 애칭</td></tr>
</table>

▲ 설명형 정보와 통계형 정보로 구분해 레이아웃 스케치를 한 모습이다. 왼쪽은 설명형 정보, 오른쪽은 통계형 정보가 위치하고 있다.

## SECTION 02 신제품 과일소주 데이터를 강조한 인포그래픽 만들기

실제 제품으로 인포그래픽을 제작하기 때문에 실사 이미지를 사용해 전달의 정확도를 높인다. 색을 그대로 쓸 경우에는 산만해질 수 있으므로 실사 이미지는 회색톤으로 변경한다. 데이터의 나열로 다소 지루해질 수 있으므로 손그림 느낌의 도형을 만들어 생동감 있는 파워포인트를 만들어보자.

**실전 따라하기**

- 완성파일 : 과일소주 – 완성.pptx
- 색상정보 : 과일소주 – 색상.png
- 실습자료 : [과일소주 실습자료] 폴더

**01** 배경색을 지정하기 위해 빈 슬라이드에서 [마우스 오른쪽 버튼 클릭]–[배경 서식]을 선택한다. [배경 서식] 작업창의 [단색 채우기]에서 [색]을 '(1) 노란색'으로 변경한다.

TIP
2010 이하 버전에서는 [디자인] 탭 – [페이지 설정] 그룹–[페이지 설정]에서 [너비] '33,846cm', [높이] '19.05cm'로 변경한다.

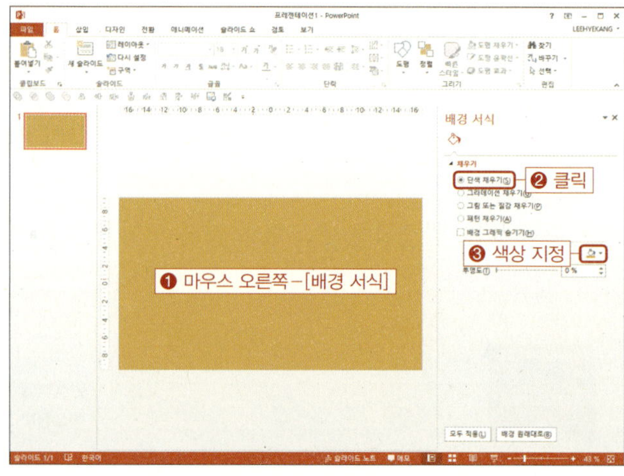


**02** [삽입] 탭–[이미지] 그룹–[그림]을 선택하고 [과일소주 실습자료] 폴더의 '소주.png' 파일을 삽입한다. 이미지를 선택한 후 [그림 도구]–[서식] 탭–[조정] 그룹–[색]에서 [색 채도]의 첫 번째인 [채도:0%]를 선택해 회색톤으로 변경한다.

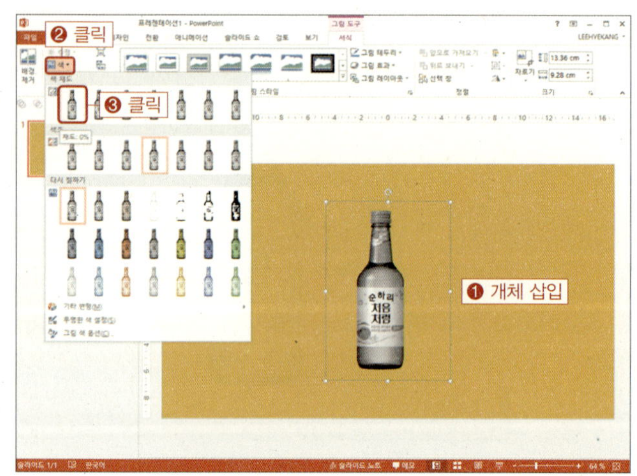


**03** 말상자를 만들기 위해 [삽입] 탭–[일러스트레이션] 그룹–[도형]에서 [모서리가 둥근 직사각형]을 선택해 도형을 삽입한다. 도형을 선택한 후 [마우스 오른쪽 버튼 클릭]–[점 편집]을 눌러 검은 점을 드래그하여 도형의 모양을 조금씩 찌그러지게 변형한다.

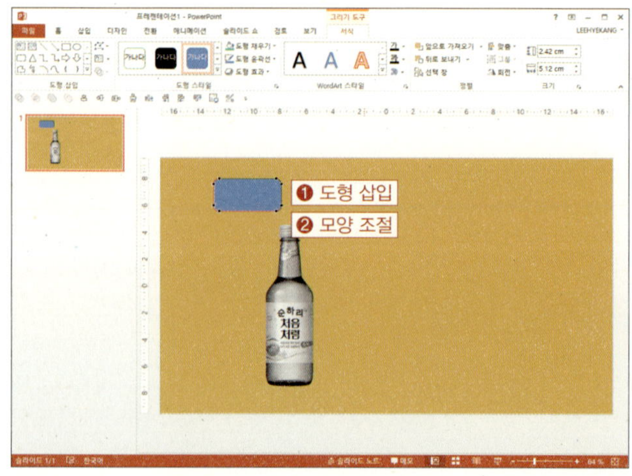

**04** [삽입] 탭-[일러스트레이션] 그룹-[도형]에서 [곡선]을 선택해 말꼬리를 만든다. 시작점과 끝점을 맞추면 도형이 된다. 두 도형을 드래그하여 선택한 후 [빠른 실행 도구 모음]에서 [도형 병합]을 선택한다.

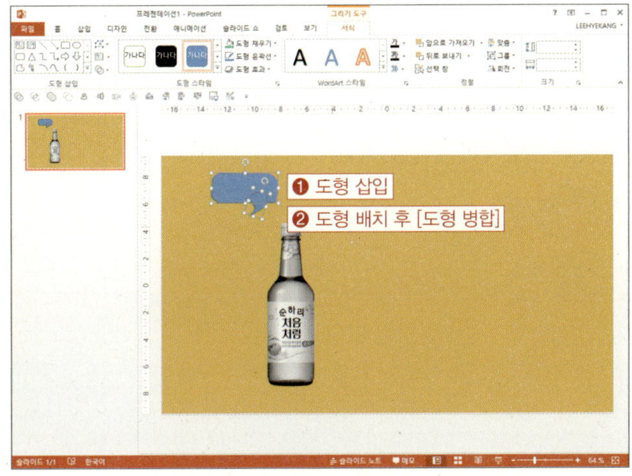


**05** [그리기 도구]-[서식] 탭-[도형 스타일] 그룹-[도형 채우기]에서 [색]은 '(3) 흰색'으로, [도형 윤곽선]은 '(4) 검은색'으로 변경한다. 선의 [두께]는 '1pt'로 변경한다. 같은 방법으로 다양한 크기의 말상자를 만들어 배치한다.

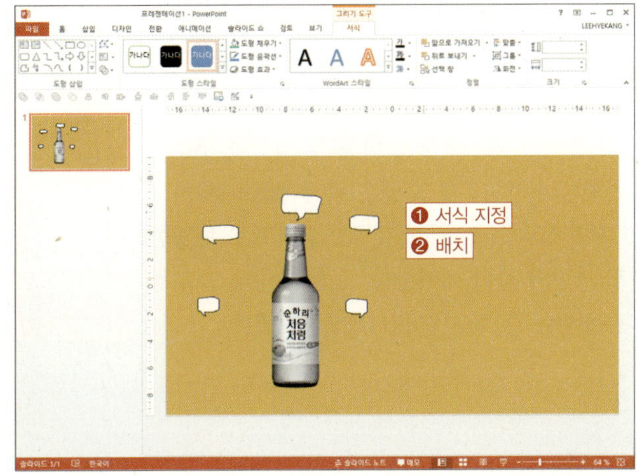


**06** [삽입] 탭-[텍스트] 그룹-[텍스트 상자]를 선택해 텍스트를 입력하고 서식을 지정한 후 배치한다.

| 텍스트 | 글꼴 / 글꼴 크기 / 속성 | 글꼴 색 |
| --- | --- | --- |
| 순하리 | 배달의민족 한나 / 24 | (4) 검은색 |
| 알코올도수, 누적판매, 애칭, 특징 | KoPub돋움체 Medium / 14 / 굵게 | (4) 검은색 |
| 14, 4000 | 배달의민족 한나 / 36 | (3) 흰색 |
| 허니버터칩, 새콤달콤한 맛 | 배달의민족 한나 / 28 | (3) 흰색 |
| 도, 만병, 주류업계의 | KoPub돋움체 Light / 18 | (3) 흰색 |
| 부드러운 목 넘김 ~ | KoPub돋움체 Medium / 14 | (3) 흰색 |

**07** [삽입] 탭–[일러스트레이션] 그룹–[도형]
에서 [곡선]을 선택한 후 별 모양을 만든다. 시
작 점과 끝 점이 만나면 도형이 된다. [마우스
오른쪽 버튼 클릭]–[점 편집]으로 별 모양을 다
듬는다.

**08** [그리기 도구]–[서식] 탭–[도형 스타일] 그
룹–[도형 윤곽선]에서 [선 색]은 '(4) 검은색',
[두께]는 '1pt'로 설정하고, [도형 채우기]에서
[색]을 '(2) 민트색'으로 바꾼 후 심심한 부분에
배치한다. 만든 별 모양은 복제(Ctrl + D)하고
[도형 채우기]에서 [색]을 '(3) 흰색'으로 변경한
후 그림과 같이 배치한다. 동일한 방법으로 왕
관을 만든 후 허니버터칩 위에 배치한다.

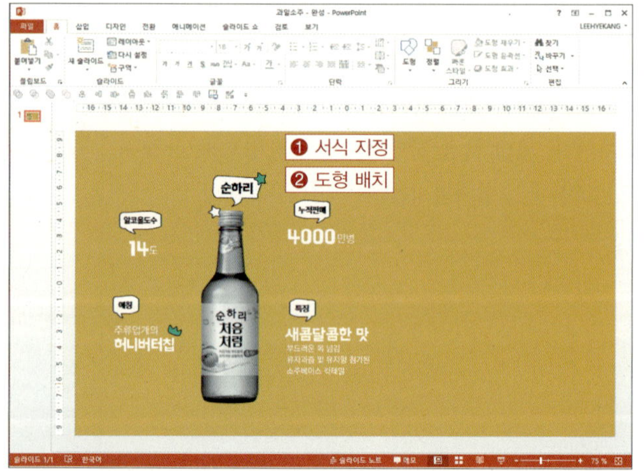


**09** [과일소주 실습자료] 폴더에서 '화살표.pptx'
를 실행하고 화살표를 복사(Ctrl + C)한 후 그림
과 같이 슬라이드에 붙여넣기(Ctrl + V) 한다.
[그리기 도구]–[서식] 탭–[도형 스타일] 그룹–
[도형 채우기]에서 [색]을 '(3) 흰색'으로 변경
한다.

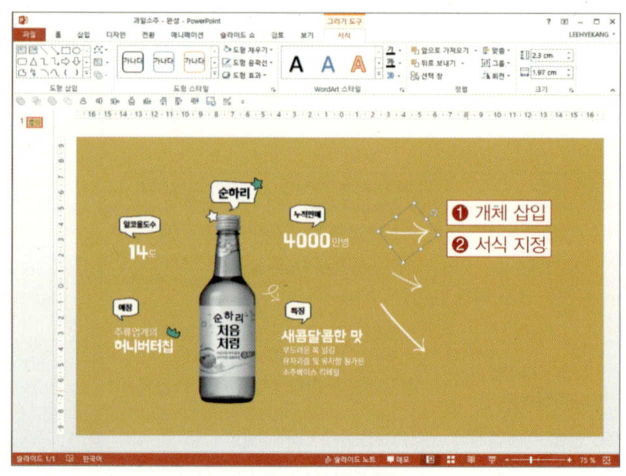

**10** 삽입된 소주병을 두 개 복제(Ctrl + D)하여 크기를 조절한 후 다음과 같이 나란히 배치한다.

**11** [삽입] 탭-[이미지] 그룹-[그림]을 선택하고 [과일소주 실습자료] 폴더에서 '롯데월드타워.png' 캡처 이미지를 불러온다. 이미지를 선택한 후 [그림 도구]-[서식] 탭-[크기] 그룹-[자르기]를 선택하여 타워 부분만 남도록 범위를 지정하고, 이미지 바깥쪽을 클릭해 잘라낸다.

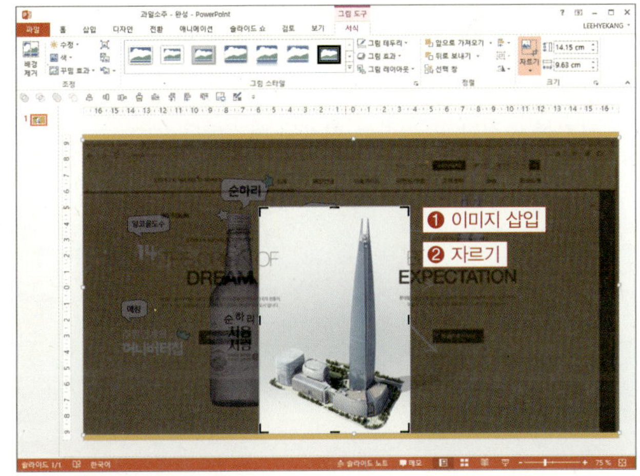


이미지 출처 : 롯데월드 타워 홈페이지 소개 캡처

**12** 이미지를 선택한 후 [그림 도구]-[서식] 탭-[조정] 그룹에서 [배경 제거]를 선택한다. 자주색 부분은 제거될 부분으로, 남겨야 할 부분이 자주색으로 되어 있다면 [그림 도구]-[배경 제거] 탭-[고급 검색] 그룹-[보관할 영역 표시]를 선택한다.

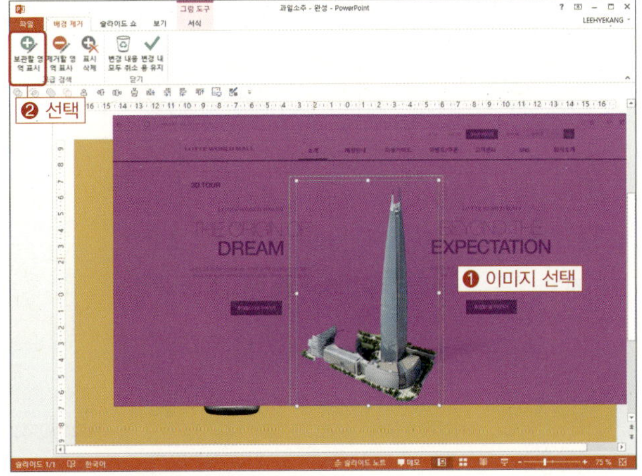

**13** 남아야 할 부분을 드래그해서 영역을 다시 조정한다. 범위 지정이 완료되면 [배경 제거] 탭-[닫기] 그룹-[변경 내용 유지]를 클릭해 자르기를 마무리한다.

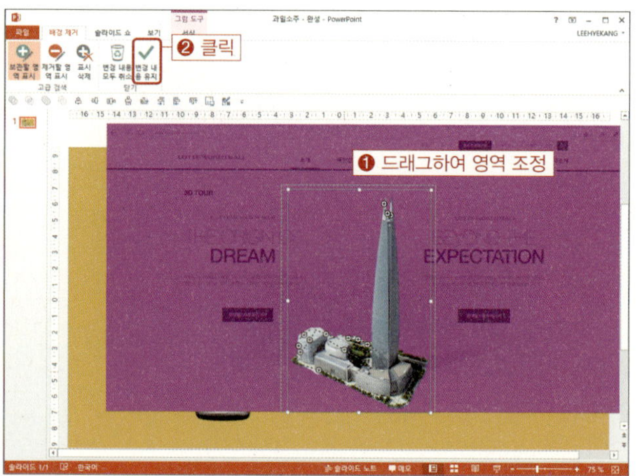


**14** 이미지를 선택한 후 [그림 도구]-[서식] 탭-[조정] 그룹의 [색]에서 [색 채도]의 첫 번째인 [채도:0%]를 선택해 회색톤 이미지로 변경하고 크기를 조정한 후 원하는 위치에 배치한다.

**15** [삽입] 탭-[이미지] 그룹-[그림]을 선택하고 [과일소주 실습자료] 폴더의 '대한민국.png' 파일을 선택하여 삽입한다. 이미지를 선택한 후 [그림 도구]-[서식] 탭-[조정] 그룹-[배경 제거]를 선택한다. 제거될 영역이 남아있으므로 [그림 도구]-[배경 제거] 탭-[고급 검색] 그룹에서 [제거할 영역 표시]를 선택한다. 범위 지정이 완료되면 이미지 바깥쪽을 선택해 배경 제거를 마무리한다.

**16** 지도를 선택한 후 [그림 도구]-[서식] 탭-[조정] 그룹-[색]에서 [다시 칠하기]의 [회색:-50%, 어두운 강조색 3]을 선택한다.

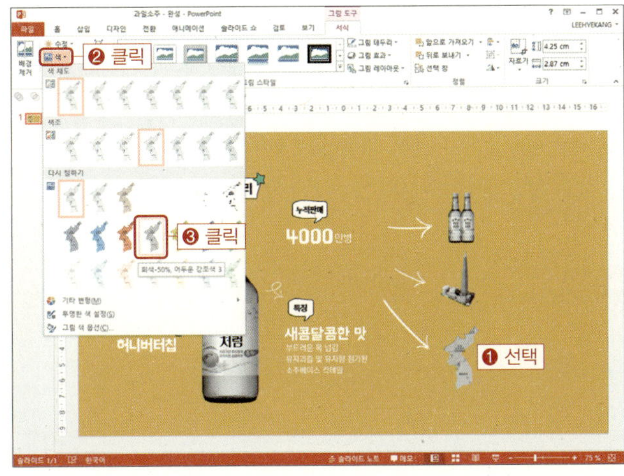

**17** [삽입] 탭-[텍스트] 그룹-[텍스트 상자]를 선택해 텍스트를 입력하고 서식을 지정한 후 배치한다.

| 텍스트 | 글꼴 / 글꼴 크기 / 속성 | 글꼴 색 |
|---|---|---|
| '순하리' 출시 ~ | 배달의민족 한나 / 24 / 굵게 | (4) 검은색 |
| 2, 1만5천, 10회 | 배달의민족 한나 / 36 | (3) 흰색 |
| 병, 개 높이, 이상 왕복 | KoPub돋움체 Light / 18 | (3) 흰색 |
| 슈퍼타워 ~, 서울과 부산 ~ | KoPub돋움체 Medium / 14 | (3) 흰색 |
| *소주병 약 21.5cm기준 | KoPub돋움체 Medium / 14 | (3) 흰색 |

**18** 별 도형을 복사한 후 그림과 같이 텍스트와 어우러지게 배치한다. 지도 위에는 서울과 부산에 별을 배치한다.

**19** [삽입] 탭-[일러스트레이션] 그룹-[도형]에서 [곡선]을 선택하고 서울과 부산을 연결하는 곡선을 만든다. [그리기 도구]-[서식] 탭-[도형 스타일] 그룹-[도형 윤곽선]에서 [색]은 '(4) 검은색', [두께]는 '2 1/4pt'로 변경한다.

# 17

# 10개 이상의 변수를 표현하는
## 인포그래픽 만들기

영화, 음악과 같은 문화 콘텐츠는 주로 젊은층이 좋아하므로 이들이 주로 이용하는 SNS나 모바일에서 인포그래픽을 활용하여 재미있게 시각적으로 표현하면 더 많은 홍보 효과를 볼 수 있다. 최근 영화잡지에서도 인포그래픽을 활용한 콘텐츠 제작이 증가하고 있다. 캐릭터 분석, 흥행 순위 데이터, 설문조사 등 다양한 분야에서 인포그래픽이 활용된다. 공포영화 제작 건수를 조사한 데이터 정보를 활용해 인포그래픽으로 만들어 보자.

## SECTION 01  그래프 작성을 위한 통계 자료 분석하기

기준변수(독립)가 10개 이상인 경우 한눈에 흐름을 볼 수 있는 그래프로 표현하는 것이 좋다. 이러한 자료는 종속변수의 최댓값, 최솟값을 파악하는 것이 핵심이다. 그래야 그리는 시간을 절약할 수 있으며, 공간을 효율적으로 배치할 수 있기 때문이다.

### (1) 1단계 : 정보 기획 단계

다음 제시글은 한국 공포영화의 제작 건수를 연도별로 조사한 데이터 정보다. 7~8문장으로 이루어진 비교적 적은 분량의 정보지만 데이터를 분석하는 데 도움이 되는 좋은 사례의 글이다. 먼저 제시글을 천천히 읽어보면서 ① 내용 요약, ② 이야기하고자 하는 메시지 방향, ③ 데이터 표현 방법에 대해 정리한다.

간담이 서늘한 한국 공포영화가 스크린에서 사라진지 오래다. 지난 몇 년 동안 사람들에게 기억으로 남아 있는 공포영화는 드물다. 그나마 관객의 뇌리에 꽂혀 있는 공포영화는 2000년대 초반 작품이 대부분이다.
2001년부터 2013년까지 제작 편수에 큰 변화를 보이지 않았으나 2014년 7편으로 전년 대비 100% 이상 증가했다. 2001년 1편, 2002년 3편, 2003년 3편, 2004년 6편, 2005, 2006년 5편, 2007년 6편, 2008년 4편, 2009, 2010년 5편, 2011년 4편, 2012년 5편, 2013년 3편, 2014년 7편이다.

(출처 : 맥스무비 자료 발췌)

① 내용 요약

한국 공포영화가 점차 인기를 잃고 있어 제작 건수가 계속 줄어들고 있는데 2014년을 기점으로 제작 편수가 다시 급격히 증가하고 있다.

② 이야기하고자 하는 메시지 방향은?

공포영화 제작 편수가 갑자기 증가하고 있는 데이터를 제시하고 이에 대한 이유를 분석한다.

③ 데이터를 표현하는 방법은?

연도별 제작 건수가 핵심 변수다. 따라서 수직막대그래프나 꺾은선형그래프를 선택한다.

## (2) 2단계 : 정보 요약 단계

핵심 문장을 찾은 다음 주어, 서술어를 찾는다. 그리고 중심 데이터에서 X축, Y축에 들어가는 변수를 찾는다.

간담이 서늘한 한국 공포영화가 스크린에서 사라진지 오래다. 지난 몇 년 동안 사람들에게 기억으로 남아 있는 공포영화는 드물다. 그나마 관객의 뇌리에 꽂혀 있는 공포영화는 2000년대 초반 작품이 대부분이다.
2001년부터 2013년까지 제작 편수에 큰 변화를 보이지 않았으나 2014년 7편으로 전년 대비 100% 이상 증가했다. 2001년 1편, 2002년 3편, 2003년 3편, 2004년 6편, 2005, 2006년 5편, 2007년 6편, 2008년 4편, 2009, 2010년 5편, 2011년 4편, 2012년 5편, 2013년 3편, 2014년 7편이다.

(출처 : 맥스무비 자료 발췌)

핵심 문장은 "한국 공포영화가(주어) 스크린에서 사라진지(술어) 오래다."이다. 문장 서두에 중심 문장을 언급한 경우다. 이 경우 통상적으로 이에 대한 근거를 제시하는 문장이 이어진다. 보통 문장 서두에 위치한 글이 제목이 되고 근거를 나타내는 다음 문장은 그래픽으로 표현하는 것이 좋다. 주장을 뒷받침하는 데이터가 결국 시각적 표현을 지녀야 한다는 뜻이다.

데이터 분석을 할 때는 데이터 흐름에서 '이상점'이 있는지 살펴봐야 한다. 2014년 7편으로 2013년 대비 갑자기 두 배 이상 제작 건수가 증가했다. 따라서 핵심 문장은 "한국 공포영화가 사라진지 오래다"이지만 갑자기 제작 건수가 늘어난 시기를 설명하는 것도 중요하다.

① 제목 : 한국 공포영화 부활하나?
② X축 변수 : 연도(2001~2014년까지)
　Y축 변수 : 제작 편수
③ Y축 최솟값, 최댓값 : 최솟값 1편, 최댓값 7편

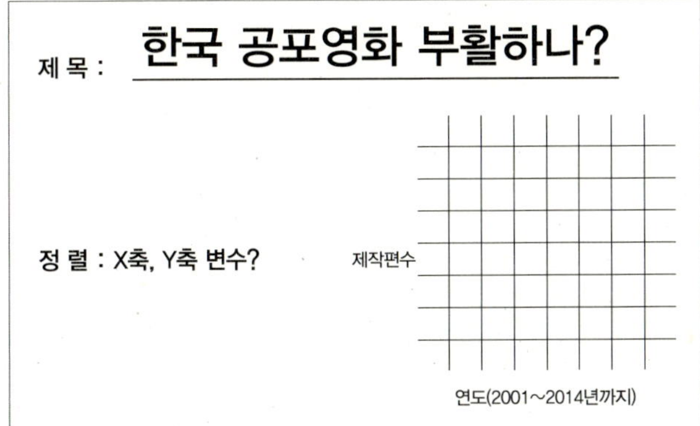


◀ 숫자가 나오는 통계는 반드시 X축과 Y축에 들어가는 변수를 먼저 찾아야 해독이 가능하다. 그래프, 표 모두 먼저 변수값 파악이 우선이다.

## (3) 3단계 : 레이아웃 스케치 단계(그래픽 제작을 위한 정보 배열)

공포영화를 상징하는 그래픽 요소는 여러 가지가 있을 수 있다. 제작 사례에서는 일단 '칼'을 소재로 삼았다.

◀ 칼은 'cooking knife.png'로 찾아 파워포인트에서 재작업할 수 있다.

◀ 공포영화를 나타내는 붉은색 피를 칼 위에 표현할 수 있다.
　파워포인트 곡선 효과를 활용해 제작이 가능하다.

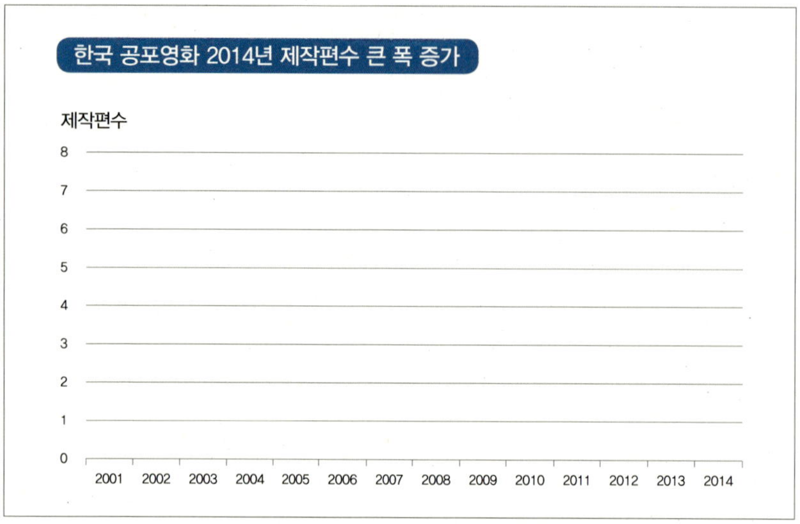

▲ 전체 그래픽은 수직 막대그래프를 활용한다. 가로축은 연도, 세로축은 제작편수를 나타낸다.

**TIP**

수직 막대그래프에서 하단 베이스라인을 제외한 나머지 선은 실선이 아닌 점선으로 표현하는 것이 좋다. 실선의 경우 자칫 그래프를 보는 데 방해가 될 수 있기 때문이다. 대중문화 콘텐츠에서는 막대그래프 대신 공포영화를 상징하는 시각 표현(칼)을 활용하는 것이 흥미를 높일 수 있다.

## SECTION 02 통계자료를 활용한 공포영화 인포그래픽 만들기

공포영화 느낌을 표현하기 위해 어두운 밤의 색을 그라데이션으로 표현하고, 으스스한 느낌을 내기 위해 많이 사용되는 이미지를 배치한다. 그래프는 기본 차트를 활용할 수도 있지만 밤의 느낌을 더 잘 표현하기 위해 자유형으로 직접 만들어 하얀색 그라데이션으로 표현한다.

• 완성파일 : 공포영화 – 완성.pptx　• 실습자료 : [공포영화 실습자료] 폴더
• 색상정보 : 공포영화 – 색상.png

**01** 발표용 자료로 적합한 사이즈로 변경하기 위해 [디자인] 탭-[사용자 지정] 그룹-[슬라이드 크기]-[표준(4:3)]을 선택한다.

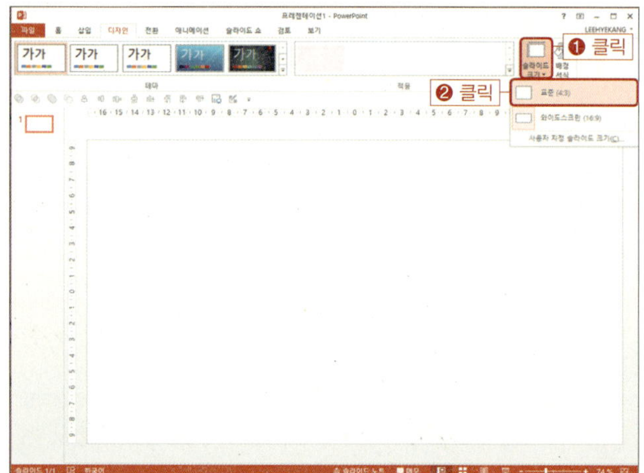

**02** 배경색을 지정하기 위해 빈 슬라이드에서 [마우스 오른쪽 버튼 클릭]-[배경 서식]을 선택한다. [배경 서식] 작업창의 [채우기]-[그라데이션 채우기]를 선택한다. [종류]는 '방사형', [방향]은 '가운데에서'를 선택한다. [그라데이션 중지점]은 양 끝으로 두 개를 지정하고, 왼쪽 중지점의 [색]은 '(1) 청록색', 오른쪽 중지점의 [색]은 '(2) 검은색'으로 지정한다.

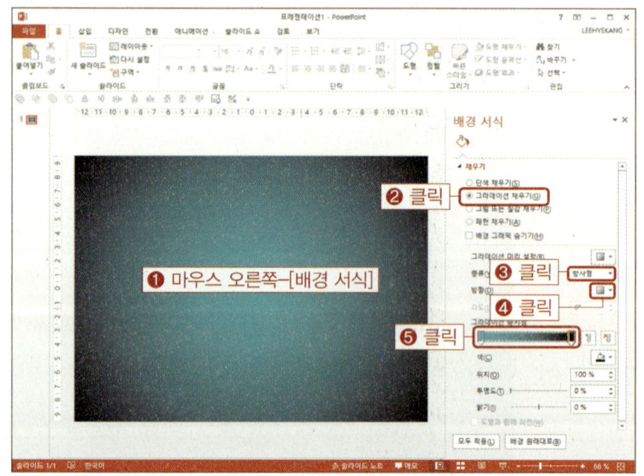


**03** 좀 더 어두운 느낌을 표현하기 위해서 오른쪽 중지점에 가까운 중지점 영역을 클릭해 검은색 영역을 확장한다.

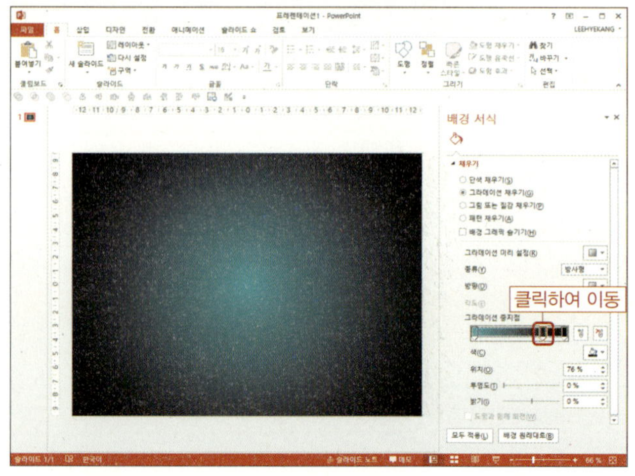

**04** [공포영화 실습자료] 폴더에서 '밤.pptx' 파일을 실행하고 모두 복사(Ctrl + C)한 후 슬라이드에 붙여넣기(Ctrl + V) 한다.

**TIP**
다른 느낌의 밤 이미지를 원한다면 'http://freepik.com'에서 'night'라고 검색한 후 EPS 파일을 다운로드받아 사용하면 된다.

**05** 그룹 설정 해제(Ctrl + Shift + G) 후 슬라이드에 맞게 각각의 요소를 재배치한다.

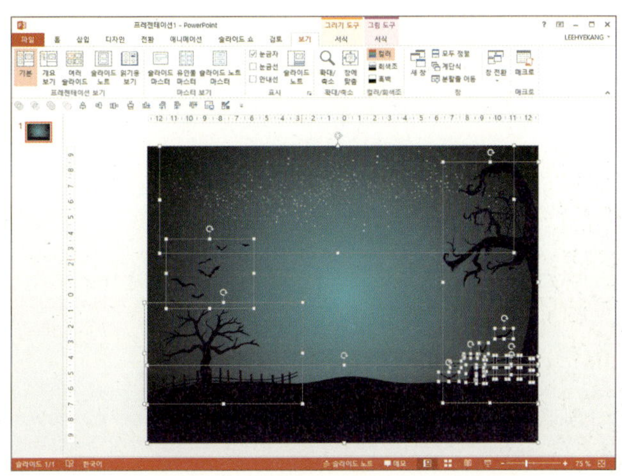

**06** 배치 완료 후 작업할 때 개체가 선택되면 불편하므로 슬라이드 마스터에 넣어 고정하기 위해 전체 선택(Ctrl + A)한 후 잘라내기(Ctrl + X) 한다. [보기] 탭-[마스터 보기] 그룹-[슬라이드 마스터]를 선택한다.

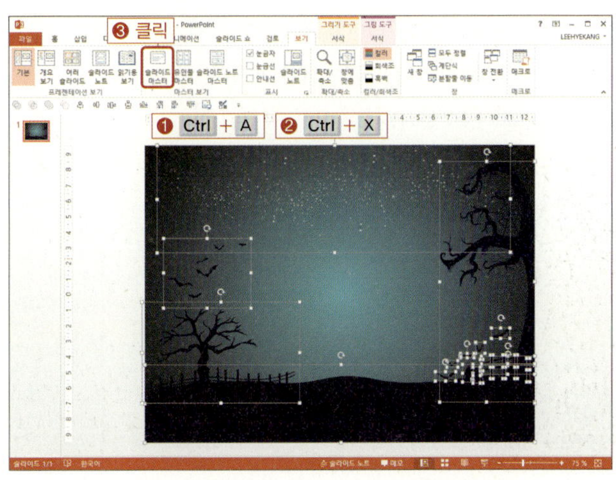

**07** 왼쪽 내비게이션 창에서 가장 상단에 있는 슬라이드를 선택하고, 붙여넣기(Ctrl + V) 한다. 작업창으로 이동하기 위해 [슬라이드 마스터] 탭-[닫기] 그룹-[마스터 보기 닫기]를 선택한다.



> **TIP**
> 내비게이션 창의 가장 상단에 붙여넣기 할 경우 모든 슬라이드에 일괄적으로 적용된다. 만약 다른 슬라이드와 함께 쓴다면 작업 완료 후 슬라이드 마스터에서 잘라내기(Ctrl + X) 한 후 작업 슬라이드에 붙여넣기(Ctrl + V) 하면 된다.

**08** [삽입] 탭-[일러스트레이션] 그룹-[도형]에서 [선]을 선택하고 눈금선이 될 선을 그린다. [그리기 도구]-[서식] 탭-[도형 스타일] 그룹-[도형 윤곽선]의 [선 색]은 '(3) 진청록색'으로 변경한다.



**09** 만든 선을 7개 복제(Ctrl + D)하여 일정한 간격을 두고 배치한다. 모든 선을 선택한 후 그룹 설정(Ctrl + G)한다.



> **TIP**
> 복제(Ctrl + D) 단축키를 이용하면 복제 후 배치한 위치를 기억해 동일한 간격으로 복제할 수 있다. 만약 복제로 줄이 잘 맞지 않는다면 [그리기 도구]-[서식] 탭-[그리기] 그룹-[정렬]에서 [맞춤]을 선택하면 된다.

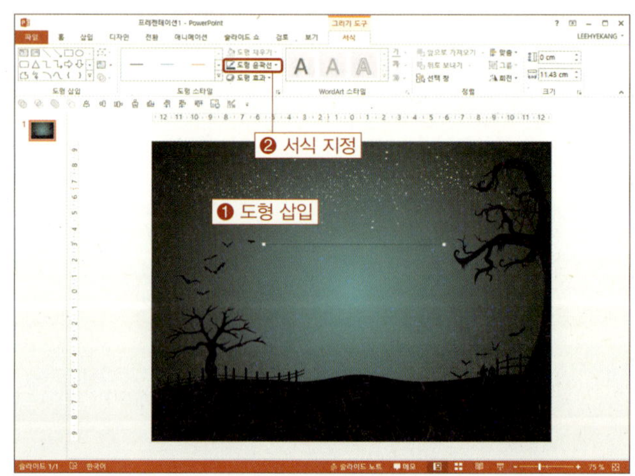

**10** 이번에는 세로선을 삽입하고 가로선과 동일한 서식을 지정한다. 복제(Ctrl + D) 단축키를 이용해 14개의 선을 일정한 간격으로 배치한다.

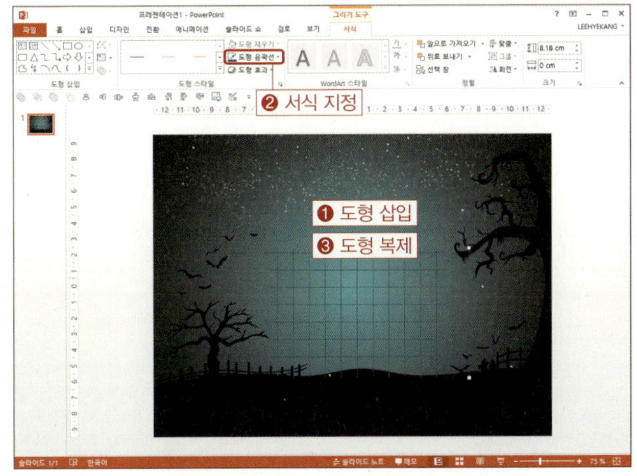


**11** 세로선이 먼저 만든 가로선보다 넘치거나 작게 들어갈 수 있다. 이때는 그룹 설정되어 있는 가로선을 선택한 후 가로 길이만 변경하면 쉽게 격자무늬를 만들 수 있다.

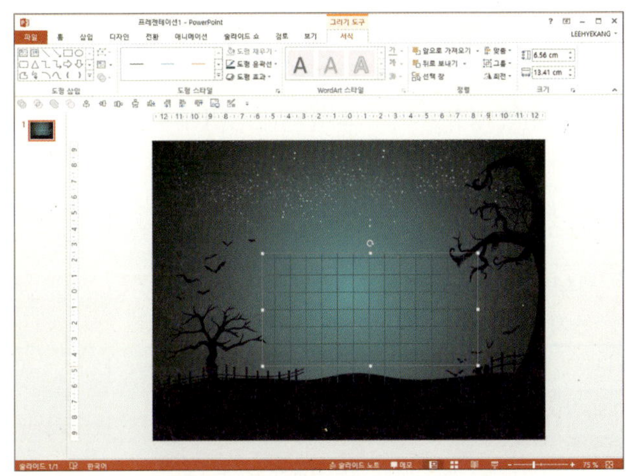

**12** 눈금선 역시 작업 시 방해되지 않도록 잘라내기(Ctrl + X) 한 후 [보기] 탭–[마스터 보기] 그룹–[슬라이드 마스터]를 선택하여 첫 번째 슬라이드에 붙여넣기(Ctrl + V) 한다. 눈금선은 땅 도형보다는 아래쪽에 있는 것이 좋으므로 선택한 후 [마우스 오른쪽 버튼 클릭]–[맨 뒤로 보내기]를 클릭한다. [마스터 보기 닫기]를 클릭하여 작업창으로 이동한다.

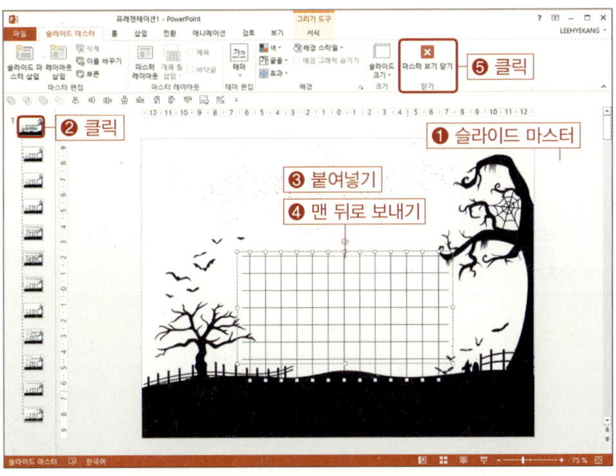

**13** 작업창으로 돌아오면 배경이 고정된 상태에서 작업할 수 있다.

**14** [삽입] 탭-[텍스트] 그룹-[텍스트 상자]를 선택해 '1~7'까지 각각 적고 일렬로 나열한다. [빠른 실행 도구 모음]에서 [개체 왼쪽 맞춤]을 이용해 왼쪽 정렬한다. '7'과 '1'만 눈금선에 맞추어 배치하고 드래그로 숫자를 모두 선택한 후 [세로 간격을 동일하게]를 선택한다.

| 텍스트 | 글꼴 / 글꼴 크기 | 글꼴 색 |
|---|---|---|
| 숫자 | KoPub바탕체 Light / 12 | (5) 회색 |

> **TIP**
> 정렬 관련 항목은 [빠른 실행 도구 모음]에 추가하고 사용하자.(CHAPTER 01-SECTION 03 빠른 실행 도구 모음 추가하기 참조)

**15** [삽입] 탭-[텍스트] 그룹-[텍스트 상자]를 선택해 X축의 내용을 하나씩 입력한다. 마찬가지로 '01'과 '14'의 위치를 잡고 [가로 간격 동일하게], [위쪽 맞춤]을 통해 정렬한다.

| 텍스트 | 글꼴 / 글꼴 크기 | 글꼴 색 |
|---|---|---|
| 숫자 | KoPub바탕체 Light / 12 | (5) 회색 |

**16** [삽입] 탭–[텍스트] 그룹–[텍스트 상자]를 선택해 텍스트를 입력하고 서식을 지정한 후 배치한다.

| 텍스트 | 글꼴 / 글꼴 크기 | 글꼴 색 |
|---|---|---|
| 제목 | KoPub바탕체 Light / 28 | (4) 흰색 |
| 소제목 | 나눔바른고딕 UltraLight / 16 | (4) 흰색 |
| (편수), (연도) | 나눔바른고딕 UltraLight / 10.5 | (5) 회색 |

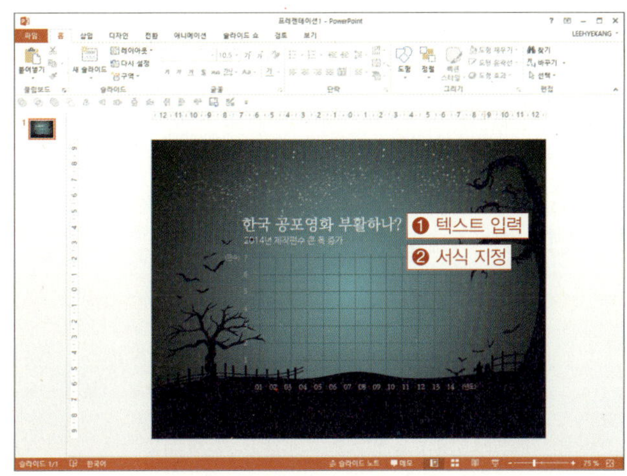


**17** [삽입] 탭–[일러스트레이션] 그룹–[도형]에서 [타원]을 선택하고 Shift 를 누른 채 드래그하여 정원을 만든다. [그리기 도구]–[서식] 탭–[도형 스타일] 그룹–[도형 채우기]에서 [색]은 '(3) 진청록색', [도형 윤곽선]에서 [선 색]은 '(4) 흰색', [두께]는 '1 1/2pt'로 변경한다.

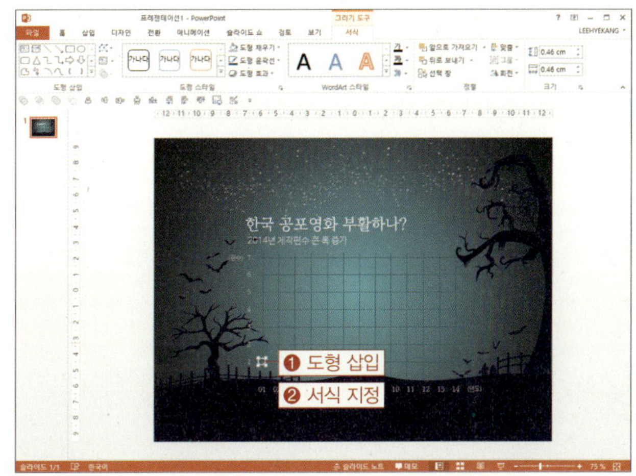


**18** 각 연도의 제작 편수에 맞게 원을 복제( Ctrl + D )하여 눈금선 위에 배치한다.

| 연도 | 편수 | 연도 | 편수 |
|---|---|---|---|
| 2001 | 1 | 2008 | 4 |
| 2002 | 3 | 2009 | 5 |
| 2003 | 3 | 2010 | 5 |
| 2004 | 6 | 2011 | 4 |
| 2005 | 5 | 2012 | 5 |
| 2006 | 5 | 2013 | 3 |
| 2007 | 6 | 2014 | 7 |

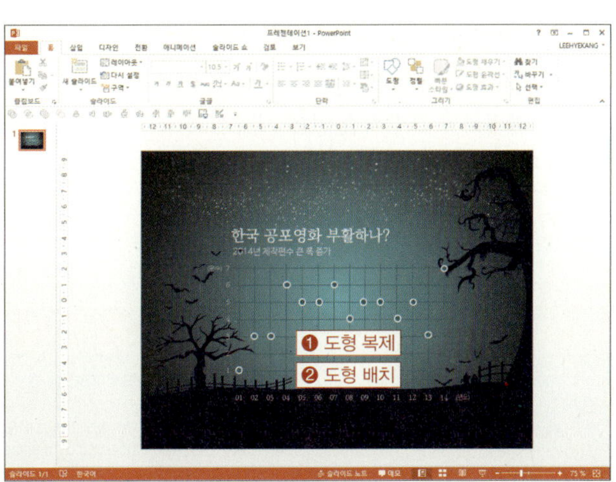

**19** [삽입] 탭-[일러스트레이션] 그룹-[도형]에서 [자유형]을 선택한다. 01년도부터 시작해 원을 따라 클릭하고 14년도에서 더블클릭해 선을 마무리한다. [그리기 도구]-[서식] 탭-[도형 스타일] 그룹-[도형 윤곽선]에서 [선 색]은 '(4) 흰색', [두께]는 '1 1/2pt'로 설정한다.



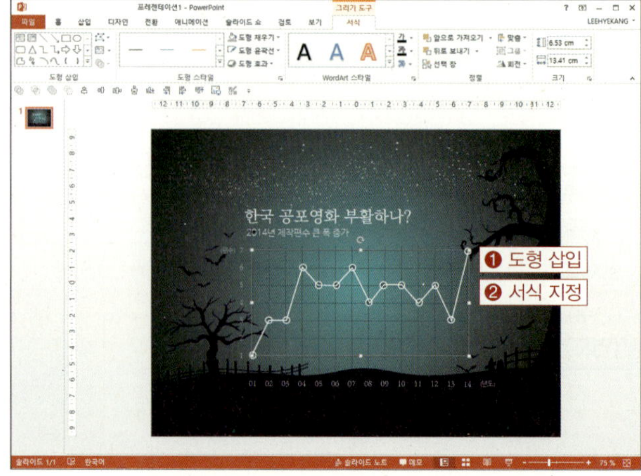


**20** 자유형 선을 선택하고 [마우스 오른쪽 버튼 클릭]-[맨 뒤로 보내기]를 클릭한다. 원이 선 앞으로 배치되면서 깔끔한 그래프를 만들 수 있다.

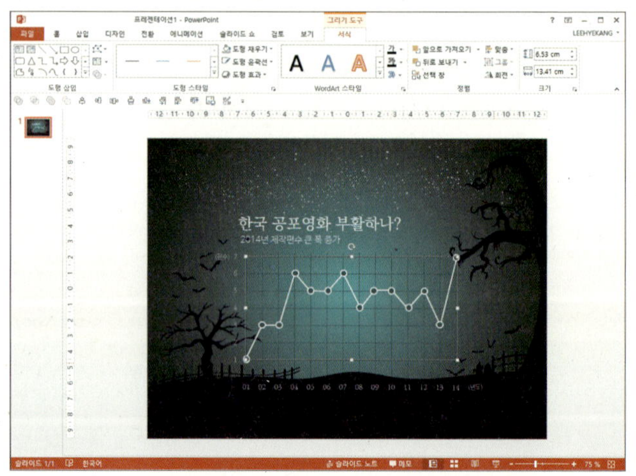


**21** [삽입] 탭-[일러스트레이션] 그룹-[도형]에서 [자유형]을 선택한다. 동일하게 01~14년도까지 클릭하되 그림처럼 처음 시작점과 끝점을 만나게 해 도형으로 만든다.

**22** 만들어진 자유형 도형을 선택하고 [마우스 오른쪽 버튼 클릭]–[도형 서식]을 클릭한다. [도형 서식] 작업창의 [채우기]–[그라데이션 채우기]를 선택하고, [종류]는 '선형', [각도]는 '90°'를 선택한다. [그라데이션 중지점]은 양 끝에 두 개를 만들고, 왼쪽 중지점의 [색]은 '(4) 흰색', 오른쪽 중지점의 [색]은 [투명도]를 '100%'로 설정한다. [선]은 '선 없음'을 선택한다.

> **TIP**
> 오른쪽 중지점은 투명도를 100%로 설정하기 때문에 별도로 색을 지정할 필요가 없다.

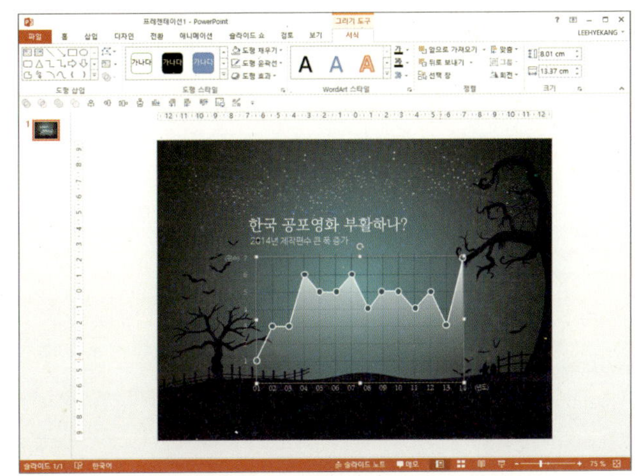


**23** 만든 그라데이션 중지점도 동일하게 [마우스 오른쪽 버튼 클릭]–[맨 뒤로 보내기]를 선택해 자연스럽게 그래프에 흡수되도록 한다.

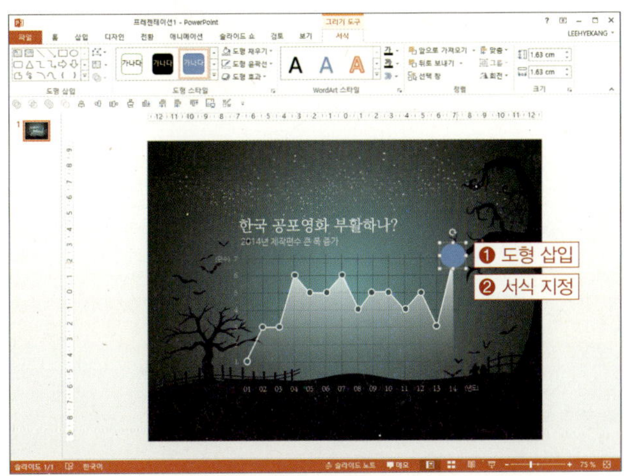


**24** 14년도에 제작 편수가 큰 폭으로 증가한 것을 강조하기 위해 [삽입] 탭–[일러스트레이션] 그룹–[도형]에서 [타원]을 선택하고 Shift 를 눌러 정원을 만든 후 14년도 점 위에 배치한다. [그리기 도구]–[서식] 탭–[도형 스타일] 그룹–[도형 윤곽선]에서 '윤곽선 없음'을 선택한다.

**25** [마우스 오른쪽 버튼 클릭]–[도형 서식]을
클릭한다. [도형 서식] 작업창의 [채우기]–[그라
데이션 채우기]를 선택하고, [종류]는 '방사형',
[방향]은 '가운데에서'를 지정한 후 [그라데이션
중지점]은 왼쪽, 중간, 오른쪽으로 총 3개를 만
든다. [색]은 모두 '(4) 흰색'으로 하고 중간, 오
른쪽 중지점의 [투명도]는 '100%'로 변경한다.
[마우스 오른쪽 버튼 클릭]–[맨 뒤로 보내기]를
선택한다.

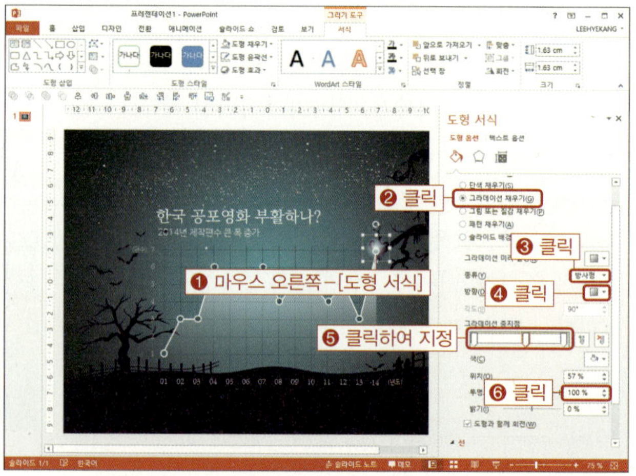

# 복수 이상의 독립변수 데이터로 구성된
## 인포그래픽 만들기

조금 난이도가 있는 데이터는 2개 이상의 독립변수를 가지고 있다. 기준이 되는 변수가 2개 이상이니 이를 표현하는 것 역시 신중을 기해야 한다. 이 자료를 활용하여 보고서용으로 인포그래픽을 만든다면 각각 하나씩 2개의 그래프를 만들어 해독이 쉽도록 하는 것이 좋고, 모바일용으로 인포그래픽을 만든다면 하나의 그래프에 두 내용을 함께 표현하는 것도 좋다.

## SECTION 01 여러 개의 독립 자료 분석하기

복수 이상의 독립변수는 독립적인 영역으로 나누어 표현하는 것이 좋다. 만약 4개의 독립변수라면 정사각형의 박스 4개로 구성하는 SNS에 적합한 나열식으로 만드는 것이 좋다.

### (1) 1단계 : 정보 기획 단계

제시글의 첫 문장의 내용이 '하루 10분 이상 책을 읽는 사람이 10%에 불과하다"이다. 본격적으로 글 내용을 파악하지 않더라도 독서를 하는 사람이 적다는 것을 이야기하는 글임을 알 수 있다. 글 전체를 보면 첫 문장에 대한 근거로 통계를 나열하면서 설명하는 방식이다. 통계 속 '독립변수'를 먼저 찾아보자!

■ **제시글**


하루 10분 이상 책을 읽는 사람이 10세 이상 국민 10%에 불과한 것으로 나타났다. 학생들을 포함해 국민 10명 중 1명만 하루 10분 이상 책을 읽는 셈이다. 통계청이 29일 발표한 '2014년 생활시간조사 결과'에 따르면 10세 이상 국민 중 하루 10분 이상 책을 읽는 사람은 평균 10.0%로 조사됐다. 평일 9.7%, 토요일 10.2%, 일요일 10.9%로 나타났다. 이들은 평일 1시간 5분, 토요일 1시간 16분, 일요일 1시간 18분은 책을 읽었다.

5년 전과 비교하면 책 읽는 국민의 비율은 평일 1.5%p, 토요일 3.0%p, 일요일 3.3%p 각각 감소했다. 남녀별로 보면 여자가 책 읽는 비율은 높았지만 책을 읽는 시간은 남자가 많았고 연령별로는 10대가 가장 책을 많이 읽었다. 하루 평균 책을 읽는 시간은 6분으로 나타났다. 신문을 읽는 시간은 하루 3분을 사용했다. 인터넷 정보 검색은 12분을 쓰는 것으로 조사됐다.


### 분석 POINT

- '책'이라는 하나의 주제지만 '독립변수'가 2개 이상인 경우 각각 중요한 지표가 된다. 따라서 제작자는 독립변수마다 데이터를 요약해 보는 것이 중요하다.
- 최종 제작 형태, 크기 등을 고려해 데이터를 모두 사용할지 일부만 사용할지 선택해야 한다. 또한 어느 통계에 무게를 둘지도 고민해야 한다.

① 출처 및 주제

- 통계청 29일 발표한 '2014년 생활시간조사 결과(출처)'
- "10분 이상 책을 읽는 사람 10.0%"(주제)

② 통계 속 독립변수

- 독립변수 1 : 하루 10분 이상 책을 읽는 사람(독립변수 : 하루, 종속변수 : 시간)
- 독립변수 2 : 평일 9.7%, 토요일 10.2%, 일요일 10.9%(독립변수 : 요일, 종속변수 : %)
- 독립변수 3 : 평일 1시간 5분, 토요일 1시간 16분, 일요일 1시간 18분(독립변수 : 요일, 종속변수 : 시간)
- 독립변수 4 : 5년 전과 비교 책 읽는 국민 비율 평일 1.5%p, 토요일 3.0%p, 일요일 3.3%p 각각 감소(독립변수 : 시간/요일, 종속변수 : %)
- 독립변수 5 : 여자의 책 읽는 비율 높음, 책을 읽는 시간 남자 많음(독립변수 : 성별, 종속변수 : %), 연령별 10대가 가장 책을 많이 읽음
- 독립변수 6 : 하루 평균 책 읽는 시간 6분, 신문을 읽는 시간 3분, 인터넷 정보검색 12분

## (2) 2단계 : 정보 요약 단계

주어부, 서술부를 찾고 각 문장 속에서 독립변수를 찾아 구분한다. 이 단계는 어떤 데이터를 선택하여 그래픽으로 표현할지 결정하는 단계라 할 수 있다. 제작하는 형태를 고려해 배열 방법, 데이터 추출까지 동시에 고려한다.

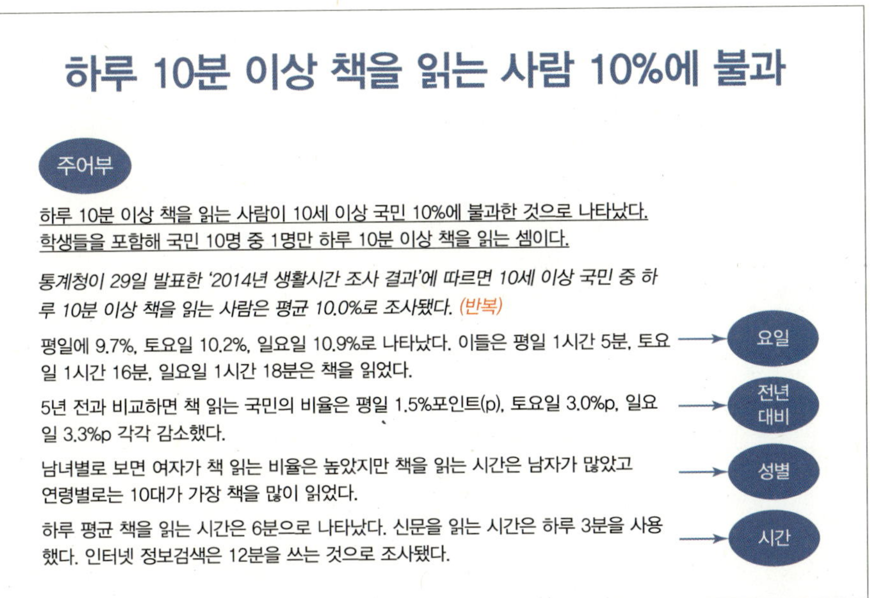


▲ 제시글을 가지고 정보를 요약한 것이다. 주제, 반복구, 출처, 독립변수값 등을 찾아보고 표시하면 그래픽 표현 방법을 쉽게 선택할 수 있다.

① 제목 : 하루 10분 이상 책을 읽는 사람 10%에 불과

② 주어부 : 제시글의 첫 문장에 위치한 대표적인 두괄식 문장 구성이다. 통계 데이터는 이렇게 결론에 준하는 내용을 글머리에 작성하는 경우가 많다.

③ 출처 : 두 번째 문장인 통계청이 29일 발표한 '2014년 생활시간조사'(하략) 부분이다.

④ 독립변수 : 내용에서 중복되는 부분을 제외하면 '독립변수'는 4개로 이루어져 있음을 알 수 있다. 즉, 4개의 그림을 그려야 한다는 뜻이다.

⑤ 배열 방법 : 책을 중앙에 넣고 4개의 데이터를 나타내는 '방사형 그림', 4개의 분면으로 나누어 설명하는 '나열식 그림' 등으로 그려볼 수 있다.

# (3) 3단계 : 레이아웃 스케치 단계

4분면으로 나눈 '나열식 그림' 배열 방법이 적합하다. 보고서 요약, 페이스북에 배포하기에 적합한 형태다. 특히, 4분면 형식은 추후 작은 사이즈로 나눌 때 자르기 유용하다.

가장 먼저 배경(백그라운드) 크기와 컬러를 지정한 후 연관되는 그림을 손으로 그려보거나 유사 이미지를 찾아 전체 느낌을 파악한다. 통계는 그림만 가지고 설명하는 것이 어렵다. 따라서 해당 그림을 설명하는 요약글을 반드시 넣어야 한다.

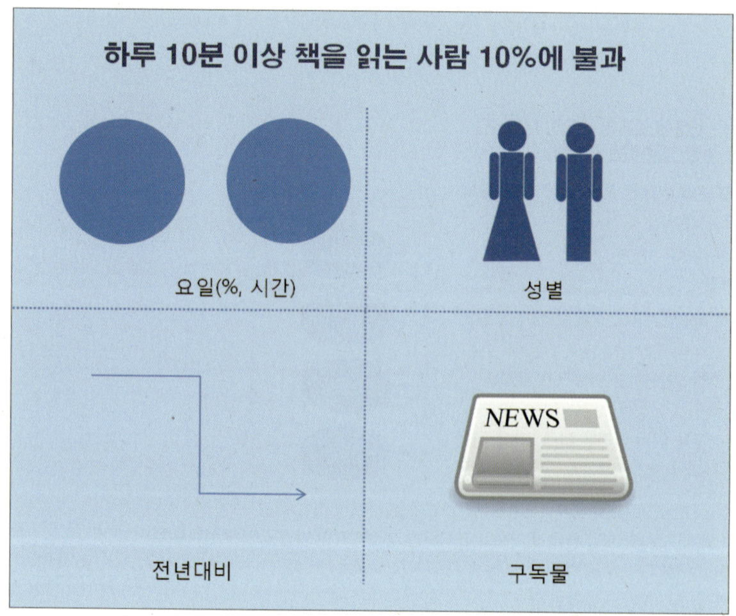


▲ '나열식 그림'으로 그려 본 레이아웃 스케치다. 구분선을 십자선으로 설정해 놓아 향후 분절해 SNS에 사용하기 유용하다.

## SECTION 02 추출한 독립변수를 활용한 독서 통계 인포그래픽 만들기

전달하고자 하는 정보의 양이 많은 경우 한 이미지 안에 많은 내용을 담으려고 하면 집중이 분산될 수 있다. 한 장에 하나의 메시지만 담되, 페이스북과 같은 SNS에서 미리보기로 봤을 때 4장의 이미지가 한꺼번에 보여 한 장의 이미지처럼 보일 수 있도록 파워포인트로 인포그래픽을 만들어보자.

**실전 따라하기**

• 완성파일 : 독서 – 완성.pptx    • 실습자료 : [독서 실습자료] 폴더
• 색상정보 : 독서 – 색상.png

**01** SNS에 공유하기에 적절한 1대 1 비율의 사이즈로 슬라이드 크기를 변경한다. [디자인] 탭-[사용자 지정] 그룹-[슬라이드 크기]-[사용자 지정 슬라이드 크기]를 선택한 후 [너비]와 [높이]를 모두 '19.05cm'로 변경한다.

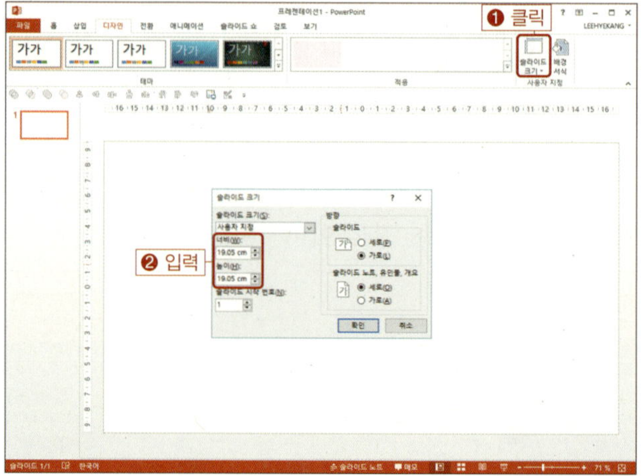

**02** [삽입] 탭-[일러스트레이션] 그룹-[도형]에서 [직사각형]을 선택하고 Shift 를 누른 상태에서 드래그하여 정사각형을 만들고 '윤곽선 없음'을 지정한다. 전체 슬라이드의 1/4을 채울 수 있도록 [그리기 도구]-[서식] 탭-[크기] 그룹에서 [너비]와 [높이]를 모두 '9.52cm'로 변경한다.

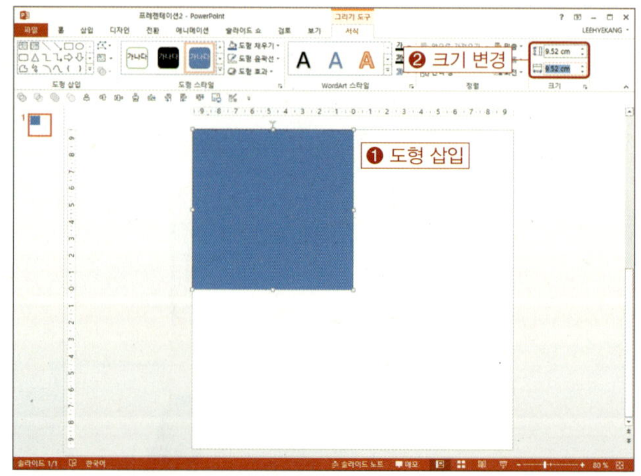

**03** 만든 사각형을 3개 더 복제( Ctrl + D )하여 슬라이드에 배치한다. 각각의 사각형은 [그리기 도구]-[서식] 탭-[도형 스타일] 그룹-[도형 채우기]에서 [색]을 '(1) 하늘색', '(2) 회색', '(3) 연회색', '(4) 파란색'으로 변경하고 [도형 윤곽선]은 '윤곽선 없음'을 선택한다.

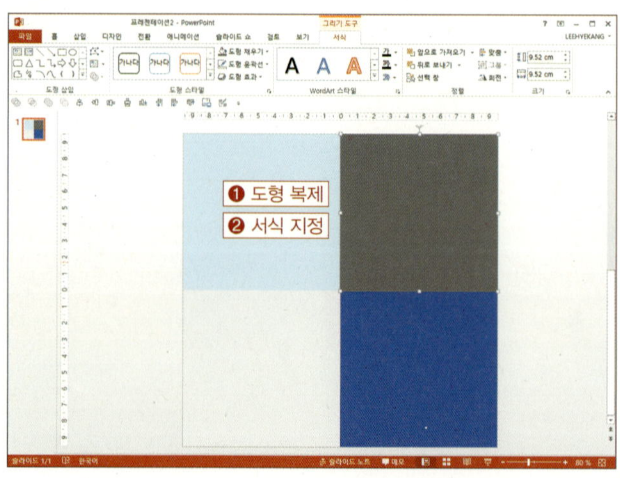

**04** [독서 실습자료] 폴더에서 '책.pptx' 파일을 실행하고 책 이미지를 복사(Ctrl + C)한 후 슬라이드에 붙여넣기(Ctrl + V) 하여 다음과 같이 배치한다.

**TIP**
다른 형태의 책 모양을 원한다면 'http://freepik.com'에서 'book'을 검색하여 EPS 파일을 다운로드받아 그룹 설정을 해제(Ctrl + Shift + G)한 후 사용한다.

**05** 책을 든 손은 그룹 설정 해제(Ctrl + Shift + G) 한 후 팔을 선택하고 [마우스 오른쪽 버튼 클릭]– [점 편집]을 선택한다. 검은 점을 드래그해 팔이 아래쪽까지 내려오게 한다.

**06** 코를 만들기 위해 [삽입] 탭–[일러스트레이션] 그룹–[도형]에서 [모서리가 둥근 직사각형]을 선택하여 삽입하고 노란 점을 이용해 둥글기를 조정한다. [그리기 도구]–[서식] 탭–[도형 스타일] 그룹–[도형 채우기]에서 [색]은 '(7) 살구색', [도형 윤곽선]은 '윤곽선 없음'을 선택한다.



**TIP**
모서리가 둥근 직사각형을 만들었을 때 노란 점이 생기지 않는다면 도형의 크기를 키워 둥글기를 조정한 후 다시 크기를 줄여준다.

**07** [삽입] 탭-[일러스트레이션] 그룹-[도형]에서 [타원]을 선택하여 머리를 만든다. [그리기 도구]-[서식] 탭-[도형 스타일] 그룹-[도형 채우기]에서 [색]은 '(5) 갈색', [도형 윤곽선]은 '윤곽선 없음'을 선택한다.

**08** 슬라이드 안에 머리가 들어가게 하고 싶다면 [삽입] 탭-[일러스트레이션] 그룹-[도형]에서 [직사각형]을 선택하여 슬라이드에서 벗어난 부분을 직사각형으로 덮어준다. Ctrl 을 누른 채 원을 선택한 후 직사각형을 선택하고 [빠른 실행 도구 모음]에서 [도형 빼기]를 한다.

**TIP**
전체 슬라이드나 하나의 슬라이드를 그림으로 저장했을 때 슬라이드 밖 영역은 표시되지 않기 때문에 굳이 하지 않아도 되는 작업이지만 깔끔한 것을 원한다면 작업해도 좋다.

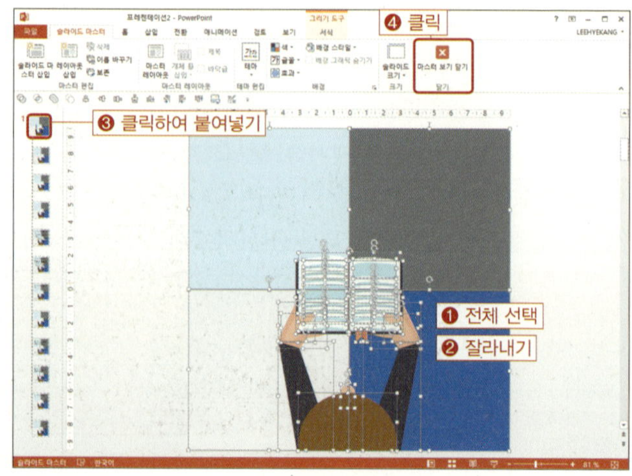


**09** 지금까지 만든 도형은 작업할 때 불편하므로, 전체 선택(Ctrl + A) 후 잘라내기(Ctrl + X)하고 [보기] 탭-[마스터 보기] 그룹-[슬라이드 마스터]를 클릭하여 왼쪽 내비게이션 창 중 첫 번째 슬라이드에 붙여넣기(Ctrl + V) 한다. [슬라이드 마스터] 탭-[닫기] 그룹-[마스터 보기 닫기]를 클릭하여 작업창으로 이동한다.

**10** [삽입] 탭–[텍스트] 그룹–[텍스트 상자]를 선택해 텍스트를 입력하고 서식을 지정한 후 배치한다.

| 텍스트 | 글꼴 / 글꼴 크기 / 속성 | 글꼴 색 |
|---|---|---|
| 하루 10분 이상 ~ | 나눔바른고딕 UltraLight / 14 | (6) 검은색 |
| 月, 土, 日 | KoPub돋움체 Light / 48 / 굵게 | (6) 검은색, (4) 파란색, (8) 빨간색 |
| 평일, 토요일, 일요일 | 나눔바른고딕 UltraLight / 16 / 굵게 | (6) 검은색 |
| 9.7%, 10.2%, 10.9% | 나눔바른고딕 UltraLight / 24 | (6) 검은색 |

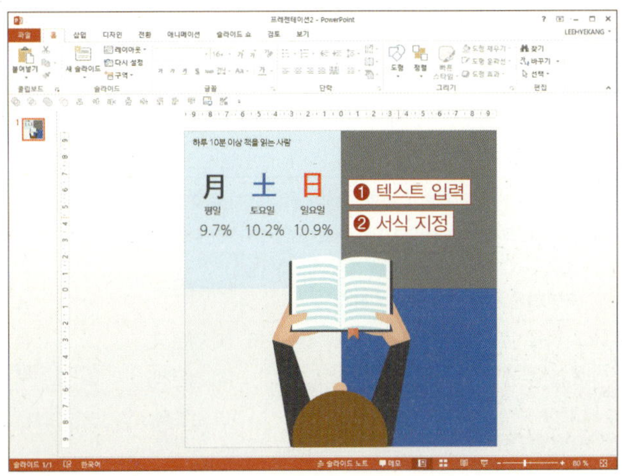


**11** [삽입] 탭–[텍스트] 그룹–[텍스트 상자]를 선택해 텍스트를 입력하고 서식을 지정한 후 배치한다. 오른쪽을 기준으로 줄 맞춤을 하기 위해 텍스트를 모두 선택한 후 [홈] 탭–[단락] 그룹–[오른쪽 맞춤]을 선택한다.

| 텍스트 | 글꼴 / 글꼴 크기 / 속성 | 글꼴 색 |
|---|---|---|
| 책 가장 많이 읽는~, 책 읽는 비율, 책 읽는 시간 | 나눔바른고딕 UltraLight / 14 | (3) 연회색 |
| 10대, 여성, 남성 | KoPub돋움체 Medium / 32 / 굵게 | (3) 연회색 |

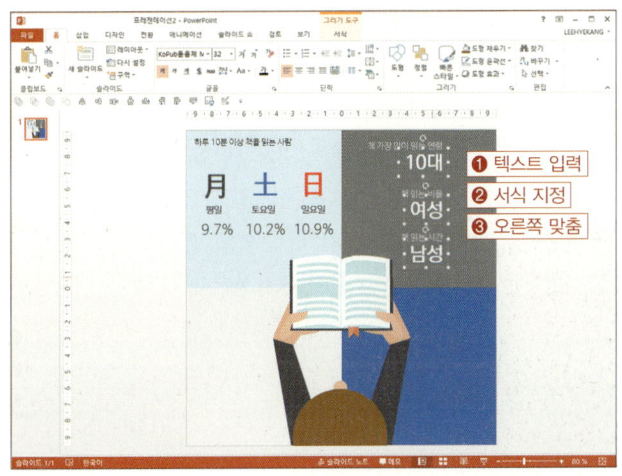


**12** [독서 실습자료] 폴더의 'person.pptx' 파일을 실행하고 10대, 여성, 남성에 해당하는 아이콘을 복사(Ctrl + C)한 후 붙여넣기(Ctrl + V)한다.



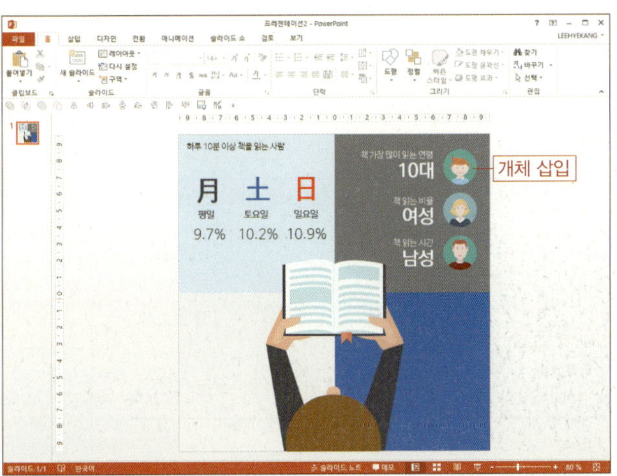

**13** [삽입] 탭-[텍스트] 그룹-[텍스트 상자]를 선택해 텍스트를 입력하고 서식을 지정한 후 배치한다. 텍스트는 손의 기울기에 맞추어 배열한다.

| 텍스트 | 글꼴 / 글꼴 크기 / 속성 | 글꼴 색 |
|---|---|---|
| 5년 전과 비교해 | 나눔바른고딕 UltraLight / 14 | (6) 검은색 |
| 책 읽는 국민비율 | 나눔바른고딕 UltraLight / 14 / 굵게 | (6) 검은색 |
| 비율 | 나눔바른고딕 UltraLight / 16 | (6) 검은색 |
| 요일(영문) | 맑은 고딕 / 24 / 굵게 | (6) 검은색 |
| 요일(한글) | 나눔바른고딕 UltraLight / 12 | (6) 검은색, (4) 파란색, (8) 빨간색 |

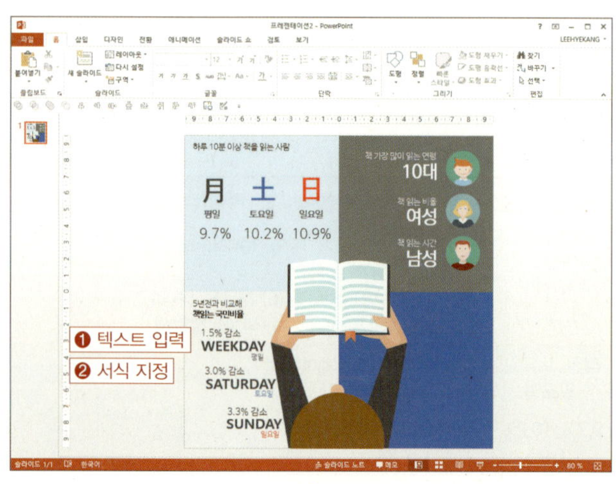


**14** [삽입] 탭-[일러스트레이션] 그룹-[도형]에서 [선]을 선택하고 감소된 정도만큼 선을 그린다. [그리기 도구]-[서식] 탭-[도형 스타일] 그룹-[도형 윤곽선]에서 [두께]는 '3pt' [화살표]는 '화살표 스타일 2'를 선택한다. [선 색]은 '(9) 노란색', '(4) 파란색', '(8) 빨간색' 순으로 변경하고, 감소된 수치 비율만큼 길이를 조정한다.

**15** [삽입] 탭-[텍스트] 그룹-[텍스트 상자]를 선택해 파란색 칸에 텍스트를 입력하고 서식을 지정한 후 배치한다.

| 텍스트 | 글꼴 / 글꼴 크기 / 속성 | 글꼴 색 |
|---|---|---|
| 하루 평균 소비시간 | 나눔바른고딕 UltraLight / 14 | (6) 검은색 |
| 책, 신문, 인터넷 정보검색 | 나눔바른고딕 UltraLight / 12 | (3) 연회색 |
| BOOK, NEWS, INTERNET | 맑은 고딕 / 24 / 굵게 | (6) 검은색 |

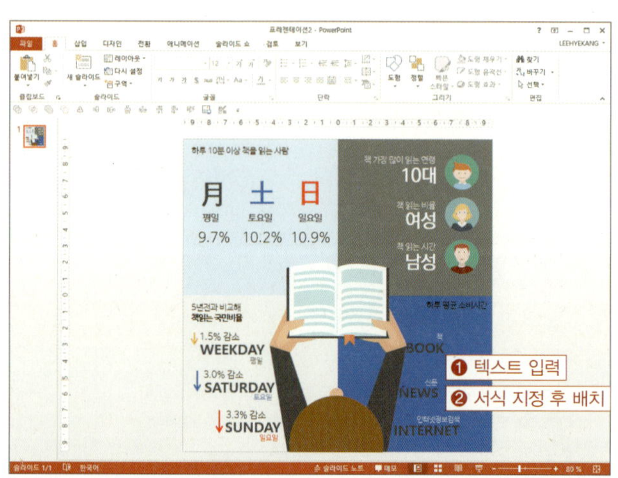

**16** 막대그래프를 표현하기 위해 [삽입] 탭–[일러스트레이션] 그룹–[도형]에서 [직사각형]을 선택해 삽입하고, [그리기 도구]–[서식] 탭–[도형 스타일] 그룹–[도형 채우기]에서 [색]은 '(3) 연회색', [도형 윤곽선]은 '윤곽선 없음'을 선택한다. 직사각형 도형을 복제(Ctrl + D)하여 세로 길이는 일정하게 유지한 채 가로 길이만 조정해서 막대그래프를 만들어 배치한다.

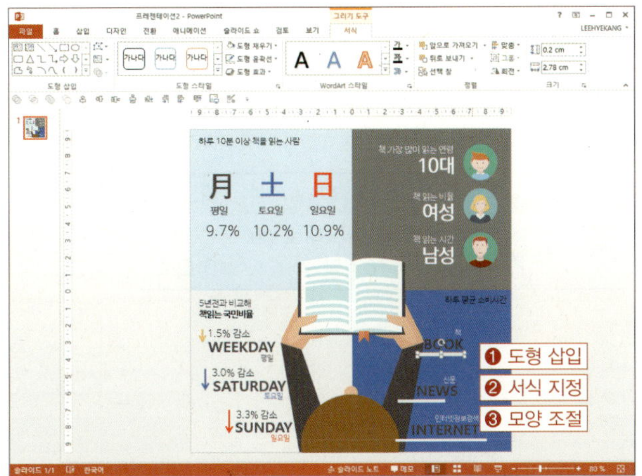


**17** 막대그래프는 팔의 아래에 배치되는 것이 좋으므로 모두 선택하여 잘라내기(Ctrl + X) 한 후 [보기] 탭–[마스터 보기] 그룹–[슬라이드 마스터]를 클릭해 왼쪽 내비게이션 창의 첫 번째 슬라이드에 붙여넣기(Ctrl + V) 한다.

**18** 사람과 책에 관련된 도형을 선택한 후 [마우스 오른쪽 버튼 클릭]–[맨 앞으로 보내기]를 클릭해 막대 도형보다는 팔이 위로 갈 수 있도록 배치한다. [슬라이드 마스터] 탭–[닫기] 그룹–[마스터 보기 닫기]를 선택해 작업창으로 이동한다.

**19** [삽입] 탭–[텍스트] 그룹–[텍스트 상자]를 선택해 텍스트를 입력하고 서식을 지정한 후 배치한다.

| 텍스트 | 글꼴 / 글꼴 크기 / 속성 | 글꼴 색 |
| --- | --- | --- |
| 6분, 3분, 12분 | 나눔바른고딕 UltraLight / 16 / 굵게 | (3) 연회색 |

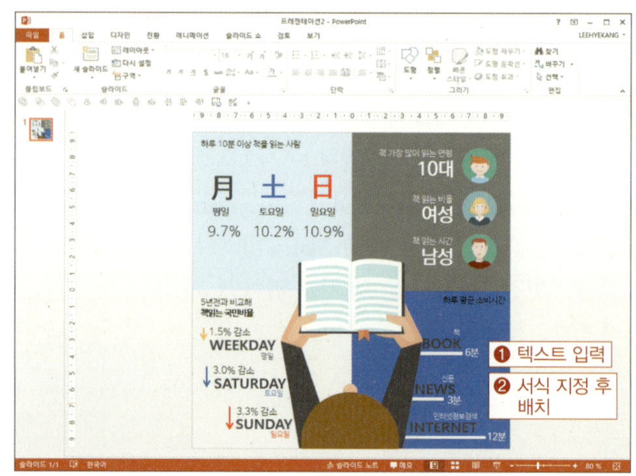


**20** SNS에 바로 활용할 수 있도록 이미지로 변경한다. [파일]–[다른 이름으로 저장]을 선택하여 폴더의 위치를 지정하고, [파일 이름]을 입력한 후 [파일 형식]을 'PNG 형식'으로 선택한다.

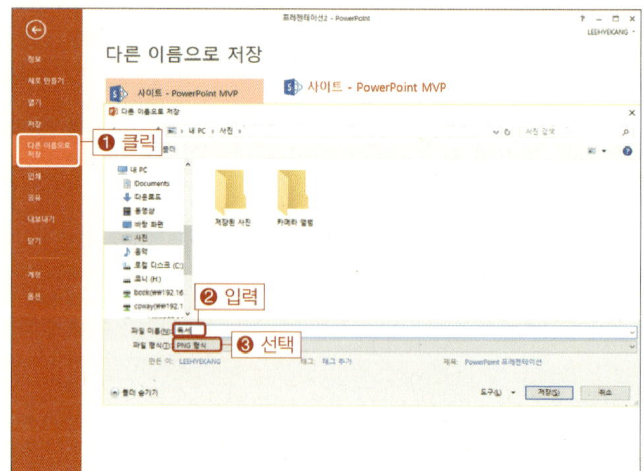


**21** 작업 슬라이드로 돌아가 내비게이션 창에서 Enter 를 눌러 슬라이드를 추가하고 [삽입] 탭–[이미지] 그룹–[그림]을 선택한 후 방금 이미지로 저장한 파일을 불러온다. 이미지를 선택한 후 [그림 도구]–[서식] 탭–[크기] 그룹–[자르기]에서 [가로 세로 비율]을 '1:1'로 지정하고, 이미지를 크기에 맞게 자른다.

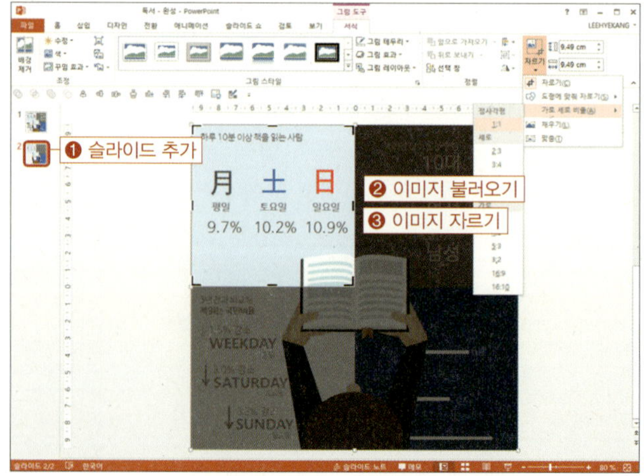

**22** 자른 이미지를 복제(Ctrl + D)하여 옆에 배치하고 [그림 도구]–[서식] 탭–[크기] 그룹–[자르기]에서 드래그로 다른 영역의 이미지를 보이게 한 후 마무리되면 이미지 바깥쪽을 클릭해 자르기를 한다. 동일한 방식으로 각각의 이미지를 자른다. 이미지를 선택한 후 [마우스 오른쪽 버튼 클릭]–[그림으로 저장]을 선택하면 각 이미지들을 저장할 수 있다.

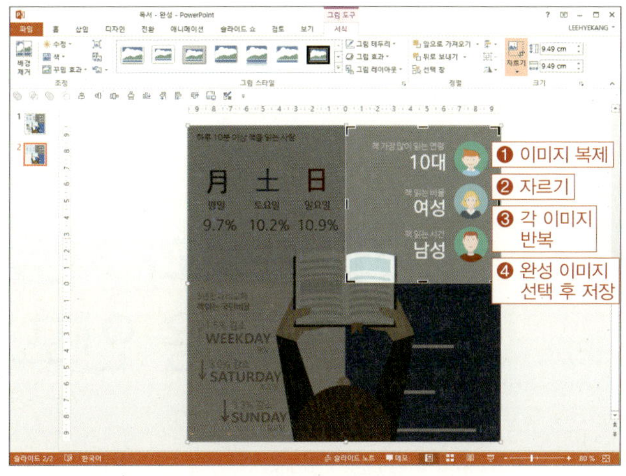


**23** 페이스북에 4장의 사진을 업로드하면 다음과 같이 한 장의 이미지처럼 보이지만 실제 클릭할 때는 각 장의 이미지를 크게 볼 수 있다.

# 문제 인식과 자료 요약을 통한
## 실공간 활용 인포그래픽 만들기

인포그래픽의 유용성은 실생활에서도 쉽게 찾아 볼 수 있다. 일상에서 보면 기호 커뮤니케이션(기표, 기의)을 활용해 사람들과 소통하고 있는 다양한 사례가 적지 않다. 이번 장에서는 인테리어 효과는 물론 더 많은 사람들에게 시각적으로 정확하게 전달할 수 있는 인포그래픽을 만들어 보자.

## SECTION 01 실공간 활용을 그래픽화하기 위한 자료 분석하기

직접 인포그래픽을 제작하지 않는 관리자나 의사결정자라도 인포그래픽에 들어가는 정보 구성의 기본 방향을 가지고 있어야 한다. 즉, 회사가 추구하는 철학에 부합하는지 확인하고 표현 방법을 택해야 한다. 예를 들어 커피 매장의 관리자로서 각 층에 화장실을 배치한다면 어떤 기준으로 성별 화장실을 배치할 것인지를 생각해야 한다는 것이다. 이를 문제인식 단계라 한다. 다음 사례를 통해 제작 흐름을 파악해 보자.

**제시사례 ❶ 화장실 사용 방법을 알리는 인포그래픽 안내도 제작**

당신은 S 커피전문점의 신규 점포 공간 인테리어를 책임지는 커뮤니케이션 매니저입니다. 최근 회사는 시청역 인근에 위치한 3층 건물 전체를 임대하여 새로운 점포를 세우기로 했습니다. 오픈은 2015년 10월 1일입니다. 그러나 고민이 하나 있습니다. 건물 배치상 화장실 넓이가 크지 않아 각 층의 화장실은 하나의 성별만 이용 가능하기 때문입니다. 남자 또는 여자만 사용해야 하는데 1층, 2층, 3층이니 총 3개, 부득이 남자 또는 여자 한쪽은 하나의 층만 사용 가능합니다. 각 층의 사용 성별을 정하고 난 후에는 각 층 화장실 사용을 소개하는 안내판을 설치해야 합니다. 안내판은 1층에서 2층으로 올라가는 층계에 설치할 예정입니다.
지금부터 픽토그램을 활용하여 화장실 사용 방법을 알리는 '인포그래픽 안내도'를 제작하길 바랍니다.

## (1) 1단계 : 문제인식과 정보 기획 단계

제시 사례는 간단한 문제 같지만 직접 현장 분석을 해야만 정보 기획이 가능하다. 문제는 3층 건물에 화장실이 각 층 1개씩만 설치 가능하다는 점이다. 3개 중 1개는 남자 또는 여자 화장실 1개만 설치할 수 있다. 또한 가장 높은 3층에는 남자 또는 여자 중 어느 화장실을 만들 것인지 의사 결정 과정이 필요하다. 화장실 배치 문제를 해결하기 위해서는 실제 방문자의 성별은 물론 여성에 대한 배려까지 고려해야 하므로 종합적인 판단과 분석이 요구된다.

① 문제인식 1 : 층별 화장실 배치 문제(어느 성별에게 2개를 사용하도록 할 것인가)
② 문제인식 2 : 가장 높은 3층 화장실은 남자 화장실인가, 여자 화장실인가?
③ 문제인식 3 : 1층 화장실에 설치할 안내도 제작 방법은?

## (2) 2단계 : 정보 요약 및 레이아웃 스케치 단계

1·2층은 여자, 3층은 남자가 사용하는 방법을 선택했다. 안내도는 세로형의 직사각형으로 제작하기로 결정하였다.

| 3층 | 남자 |
|---|---|
| 2층 | 여자 |
| 1층 | 여자 |

레이아웃 스케치는 매니저가 직접 작성하고 이후 디자이너가 마무리하는 방식을 택하는 것이 좋다. 관리자가 직접 비주얼 정보 기획을 하고 스케치를 하면 디자이너에게 보다 정확한 의견을 전달할 수 있다는 장점이 있다.

## (3) 3단계 레이아웃 스케치 사례

인포그래픽 안내도 제작에 앞서 배열 방법을 나타낸 레이아웃 스케치다. 동그라미 부분은 층을 나타
낸다. 맨 아래가 1층, 맨 위가 3층이다. 세모는 층별 사용 대상의 성별(남과 여)을 나타내는 그래픽이
들어간다. 최상단은 '화장실'이란 말이 들어갈 수 있다.

**제시사례 ❷** **관광지 입장 시 티켓 판매 기준을 알리는 인포그래픽 안내도 제작**

> 당신은 ○○관광지를 관리하는 매니저입니다.
> 최근 관광지에 일본인과 중국인 등 외국인 단체 관광객이 증가하고 있습니다. 따라서 입장 기준을 변경한 안내도
> 를 다시 설치해야 하는 문제가 생겼습니다. 각 나라 언어로 표시하기엔 미관상 좋지 않고 홍보 공간도 부족합니다.
> 대인, 소인, 아이 동반 가족, 5인 이상 단체 입장객을 구분하여 설명하는 인포그래픽 안내도를 제작하길 바랍니다.

## (1) 1단계 : 정보 기획 단계

해외에 가면 언어 문제를 해결하면서 쉽게 관광지 입장 방법을 설명하고 있는 인포그래픽을 심심치
않게 볼 수 있다. 특히 픽토그램을 활용한 안내도가 많다. 다양한 국가의 사람들에게 해당국 언어를
모두 사용하여 표현하기에는 어려움이 있으므로 비주얼 언어를 활용하는 인포그래픽을 많이 사용하
는 것이다. 위 사례의 경우 대인, 소인, 아이 동반 가족, 5인 이상 단체를 어떻게 한눈에 보여주어야
하는지가 핵심이다.

① 문제인식 1 : 입장객 유형은 총 몇 개인가?
② 문제인식 2 : 각 유형별 가격은 얼마인가?
③ 문제인식 3 : 입장객 유형을 다르게 표현하는 방법은 무엇인가?

## (2) 2단계 : 정보 요약

총 '4가지 입장객 유형'으로 정리할 수 있다. 유형별 가격을 한쪽에 정리한다.

| 대인 | 1인당 5천 원 |
|---|---|
| 소인 | 1인당 3천 원 |
| 아이 동반 가족 | 합 5천 원 |
| 5인 이상 단체 | 1인당 3천 원 |

## (3) 3단계 : 레이아웃 스케치 사례

유형별로 그래픽 표현 요소를 선택하는 것이 핵심이다. 사례에서는 픽토그램을 활용해 표현했다. 중요한 것은 누구나 이해할 수 있는 객관적인 비주얼 표현이 들어가야 한다는 것이다. 검수는 실제 만들어 놓고 외국인을 대상으로 하는 것이 적절하다. 자신이 직접 기획한 멋진 안내도를 만들어 보자.

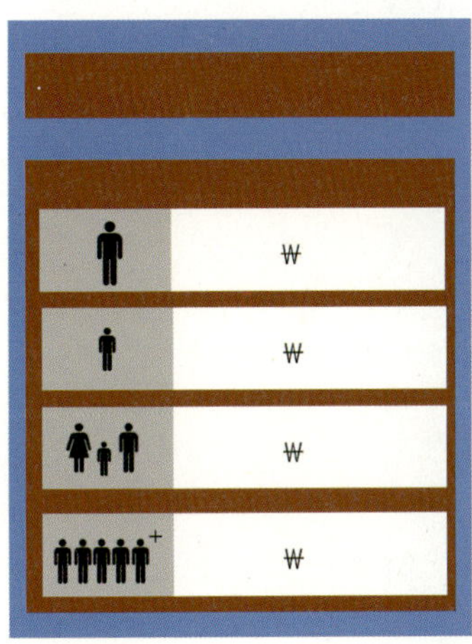

◀ 대인, 소인, 아이 동반 가족, 단체 관광객을 좌측 1열에 배치하고 그 옆에 입장 요금을 표현한 레이아웃 스케치 사례다. 외부에 세워 놓을 '인포그래픽 안내도'이므로 색, 사이즈는 현장 상황에 따라 달라질 수 있다.

글이 아닌 그림만으로 각 층에 있는 화장실을 설명해야 한다. 사람들의 머릿속에 있는 남, 여 화장실 이미지에서 각 층에 해당하는 성만 남기고 다른 성을 삭제하면 한눈에 남자 화장실인지, 여자 화장실인지 구분할 수 있다.

**실전 따라하기**

• 완성파일 : 화장실 – 완성.pptx   • 실습자료 : [화장실 실습자료] 폴더
• 색상정보 : 화장실 – 색상.png

**01** 인쇄하기 편하도록 A4 용지로 크기를 변경한다. [디자인]-[사용자 지정] 그룹-[슬라이드 크기]-[사용자 지정 슬라이드 크기]에서 [슬라이드 크기]를 'A4용지(210×297mm)'로 선택하고, [방향]-[슬라이드]를 '세로'로 선택한다.

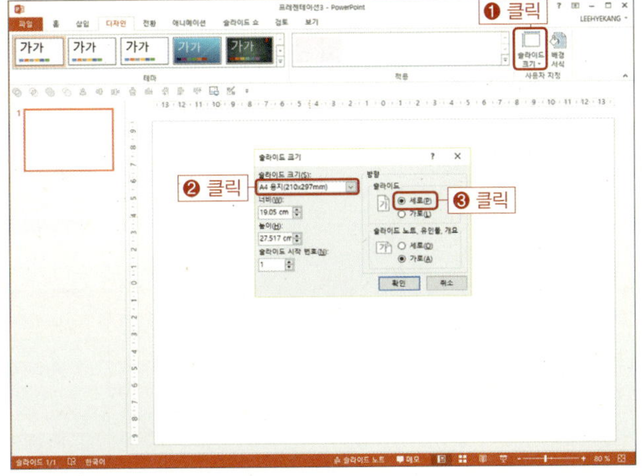

**02** 배경색을 지정하기 위해 빈 슬라이드에서 [마우스 오른쪽 버튼 클릭]-[배경 서식]을 선택한다. [배경 서식] 작업창의 [채우기]-[그라데이션 채우기]를 선택한다. [종류]는 '선형', [각도]는 '45°'를 선택한다. [그라데이션 중지점]은 양 끝에 두 개를 만들고, 왼쪽 중지점의 [색]은 '(1) 하늘색', 오른쪽 중지점의 [색]은 '(2) 남색'으로 변경한다.

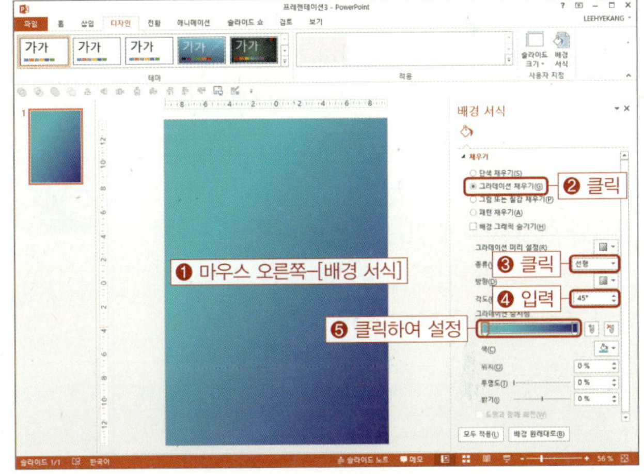

**03** 남색에 가까운 막대 부분을 클릭하여 중지점을 하나 더 만들어 남색 범위를 확장시켜 준다.

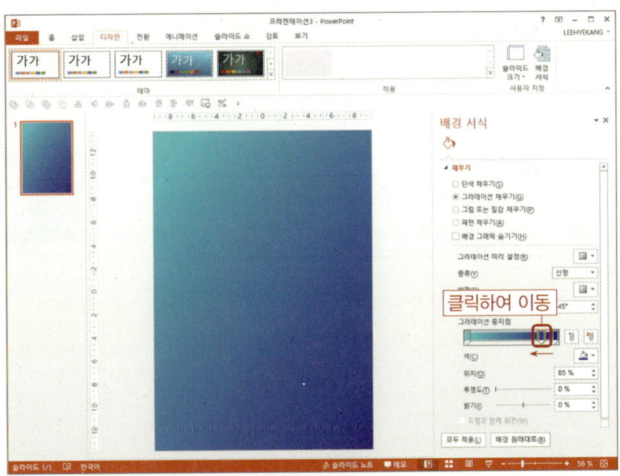

**04** [삽입] 탭-[이미지] 그룹-[그림]을 선택하고 [화장실 실습파일] 폴더에서 'person.eps' 파일을 불러온다.

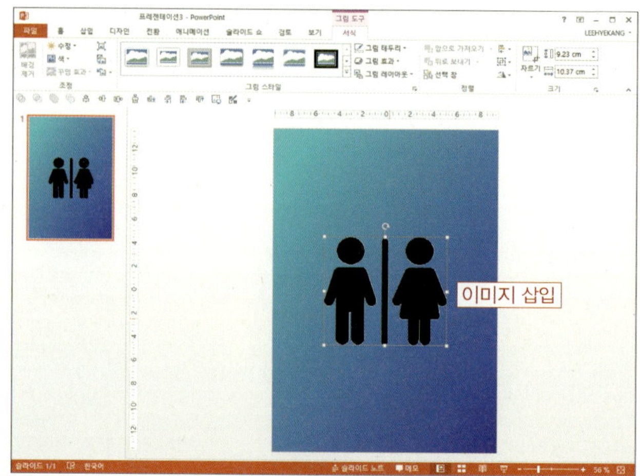



**05** 그룹 설정 해제(Ctrl + Shift + G)를 두 번 눌러 eps 파일을 도형으로 변경하고, 불필요한 부분을 삭제하고 [그리기 도구]-[서식] 탭-[도형 스타일] 그룹-[도형 채우기]에서 [색]은 '(3) 흰색', [도형 윤곽선]은 '윤곽선 없음'을 선택한다. 남자와 여자 사이에 있는 선은 클릭하여 아래로 길게 만들고 그룹설정(Ctrl + G)하고 크기를 적당히 조절하여 왼쪽 중앙에 배치한다.

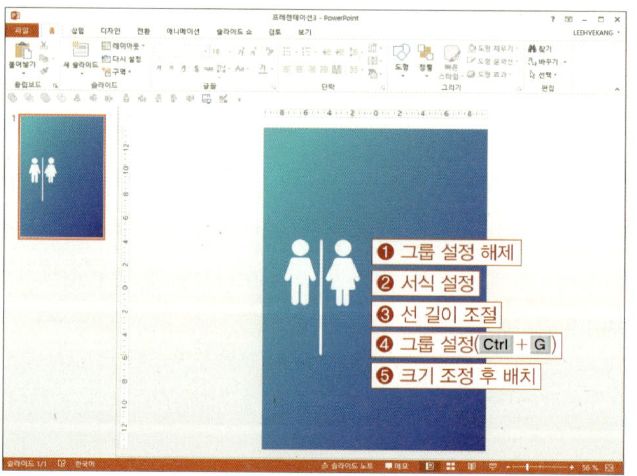



**06** [삽입] 탭-[텍스트] 그룹-[텍스트 상자]를 선택해 텍스트를 입력하고 서식을 지정한 후 'l'과 긴 도형이 일치하도록 배치한다.

| 텍스트 | 글꼴 / 글꼴 크기 | 글꼴 색 |
| --- | --- | --- |
| toilet | 나눔바른고딕 Light / 66 | (3) 흰색 |

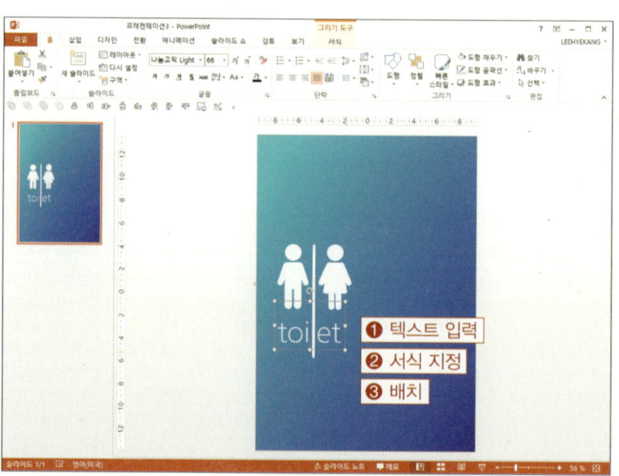

**07** 건물 모양을 표현하기 위해 [삽입] 탭–[일러스트레이션] 그룹–[도형]에서 [직사각형]을 선택하여 삽입하고, 그림과 같이 도형을 만들어 사다리 모양으로 배치한다. [그리기 도구]–[서식] 탭–[도형 스타일] 그룹–[도형 채우기]에서 [색]은 '(3) 흰색', [도형 윤곽선]은 '윤곽선 없음'을 선택한다.

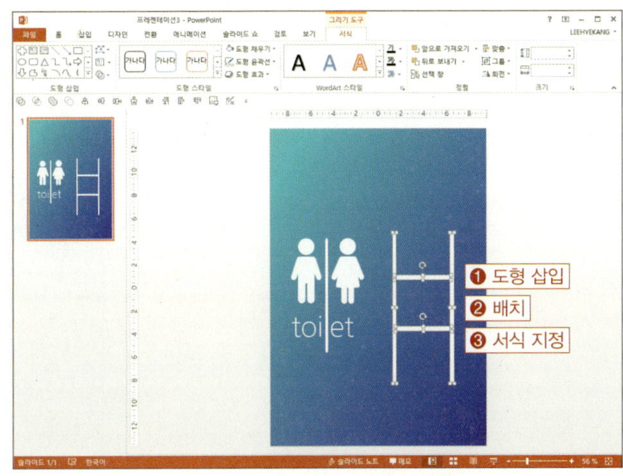


**08** 지붕을 표현하기 위해 [삽입] 탭–[일러스트레이션] 그룹–[도형]에서 [대각선 줄무늬]를 선택하여 삽입하고 [그리기 도구]–[서식] 탭–[도형 스타일] 그룹–[도형 채우기]에서 [색]은 '(3) 흰색'으로, [도형 윤곽선]은 '윤곽선 없음'을 선택한다. 도형의 두께는 노란 점을 조절하여 변경한다.

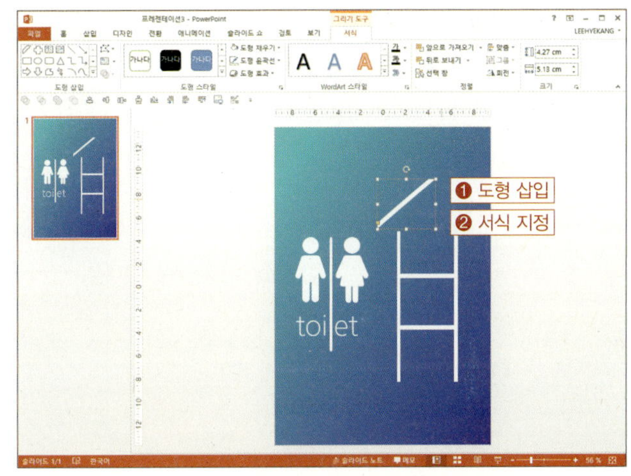


**09** 대각선 줄무늬 도형을 복제(Ctrl + D)하고 [그리기 도구]–[서식] 탭–[정렬] 그룹–[회전]–[좌우 대칭]을 선택하여 반전시킨 후 지붕 모양으로 배치한다.

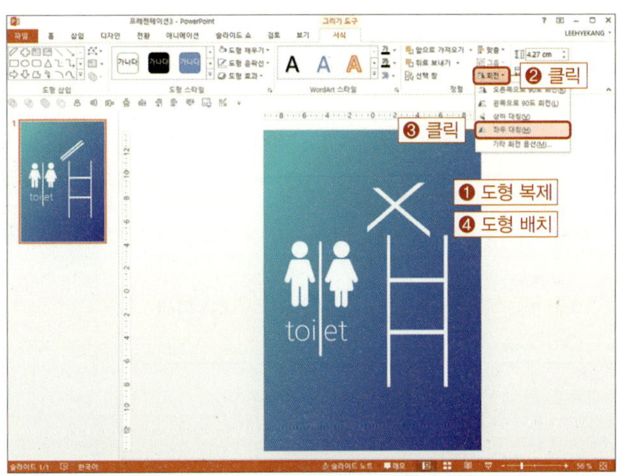

**10** 다시 [화장실 실습자료] 폴더에서 'person. eps' 파일을 불러온 후 그룹 설정 해제(Ctrl + Shift + G)를 두 번 눌러 도형으로 변경하고, 기존에 지정했던 서식과 동일하게 흰색으로 변경하고 사다리 안에 배치한다.

**11** 3층은 남자 화장실만 있으므로 여자 아이콘을 선택하여 삭제하고 1 · 2층은 여자 화장실만 있으므로 남자 아이콘을 선택하여 삭제한다.

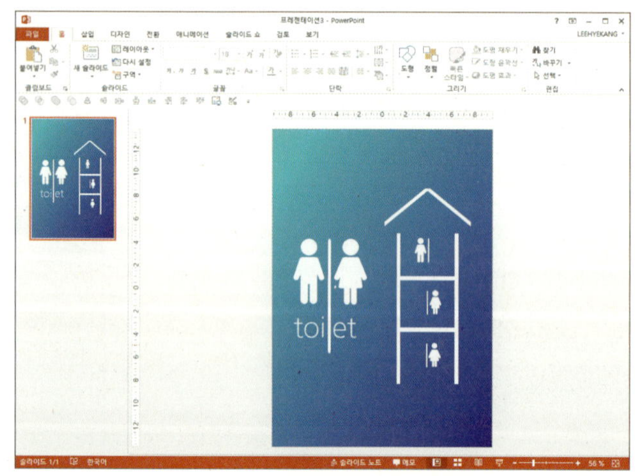

**12** [삽입] 탭-[텍스트] 그룹-[텍스트 상자]를 선택해 텍스트를 입력하고 서식을 지정한 후 배치한다.

| 텍스트 | 글꼴 / 글꼴 크기 | 글꼴 색 |
| --- | --- | --- |
| 화장실 안내 | 나눔고딕 Light / 18 | (3) 흰색 |
| 1st floor,<br>2nd floor,<br>3rd floor | 나눔고딕 Light / 16 | (3) 흰색 |

**13** 물결 모양을 만들기 위해 먼저 [삽입] 탭−[일러스트레이션] 그룹−[도형]에서 [직사각형]을 선택하여 상단 슬라이드를 덮을 수 있게 만든다.

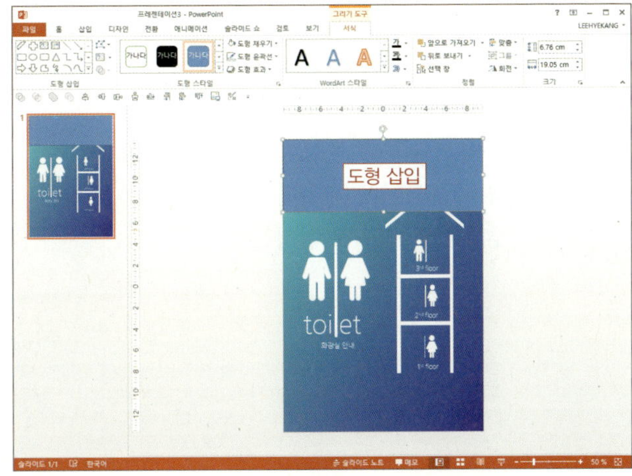

**14** [삽입] 탭−[일러스트레이션] 그룹−[도형]에서 [곡선]을 선택하여 직사각형 안에 의도한 곡선이 나오도록 모양을 만들고, 처음과 끝을 연결시켜 도형으로 만든다.

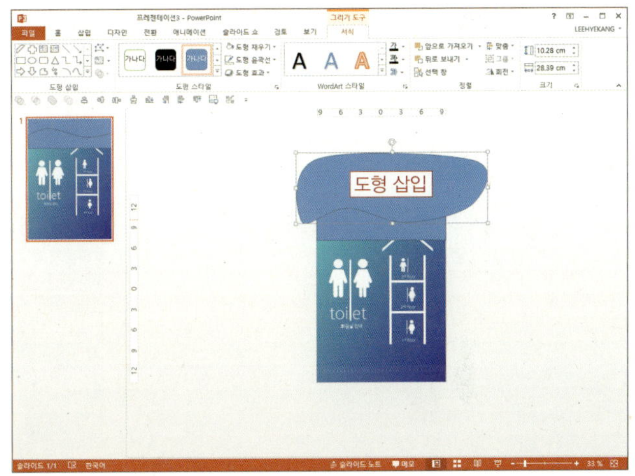

**15** Ctrl 을 누른 상태에서 곡선으로 만든 도형과 직사각형을 선택한 후 [빠른 실행 도구 모음]에서 [도형 교차]를 선택한다.

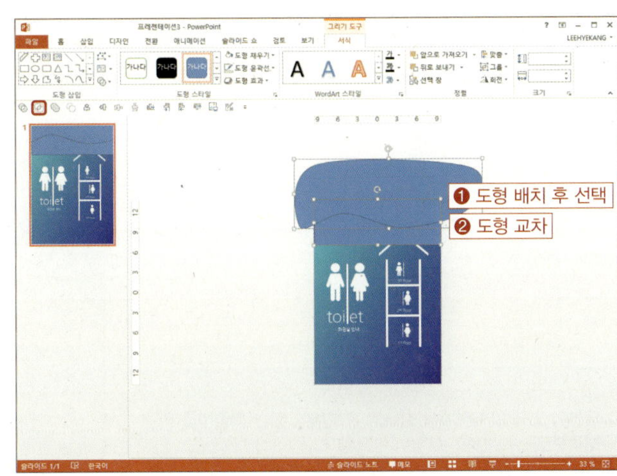


> **TIP**
> • 곡선으로 도형을 만들 경우, 끝 부분 모양을 다듬기가 어렵다. 이럴 때 두 도형이 겹치는 지점만 남는 도형 교차를 활용하면 된다.
> • 2010 버전에서는 [셰이프 교차]를 선택한다.

**16** 만들어진 곡선 도형은 [그리기 도구]–[서식] 탭–[도형 스타일] 그룹–[도형 윤곽선]에서 '윤곽선 없음'을 선택하고, [마우스 오른쪽 버튼 클릭]–[도형 서식]을 선택한다. [도형 서식] 작업창의 [채우기]–[단색 채우기]에서 [색]은 '(3) 흰색', [투명도]는 '25%'로 설정한다.

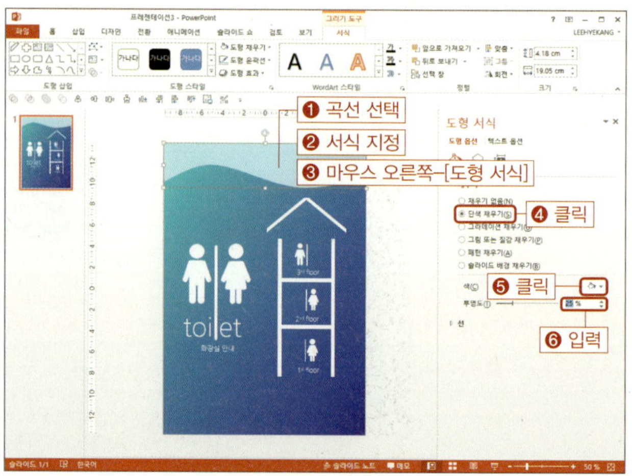


**17** 동일한 방법으로 또 다른 곡선 도형을 만들고, [도형 서식] 작업창의 [채우기]–[단색 채우기]에서 [색]은 '(2) 남색', [투명도]는 '70%'로 설정한다.

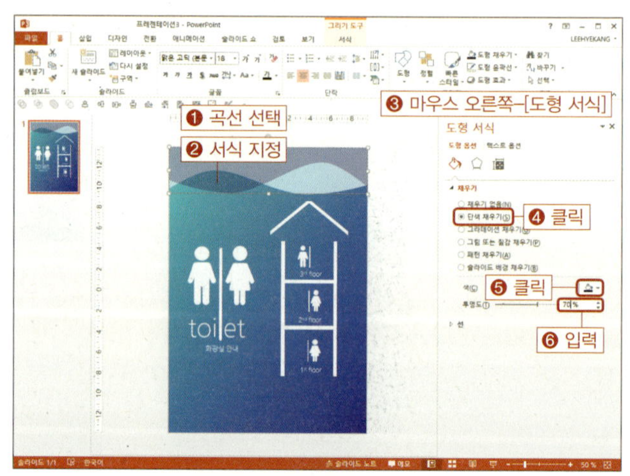


**18** 만든 두 개의 곡선 도형을 그룹 설정(Ctrl + G)한 후 하나 복제(Ctrl + D)하여 아래쪽에 반전시켜 배치한다.

TIP
도형이 선택된 상태에서 상단의 가운데에 있는 회전바를 아래쪽으로 드래그하면 도형이 반전된다.

## SECTION 03 입장료를 쉽게 표현한 인포그래픽 만들기

전 세계 사람들이 알 수 있도록 입장료 표지판을 만들어야 하므로 인원수는 사람 아이콘으로 시각화한다. 표로 정리할 경우 딱딱해질 수 있으므로 태그에 달린 듯한 모습으로 표현한다. 그림만 넣었을 경우에는 오해의 소지가 있을 수 있으므로 한글과 영어로 보조 텍스트를 입력해 정확한 정보를 함께 제공하는 것이 좋다.

**실전 따라하기**

• 완성파일 : 입장료 – 완성.pptx  • 실습자료 : [입장료 실습자료] 폴더
• 색상정보 : 입장료 – 색상.png

**01** 빈 슬라이드에서 [삽입] 탭-[일러스트레이션] 그룹-[도형]에서 [타원]과 [모서리가 둥근 직사각형]을 선택하여 그림과 같이 만들고 윤곽선을 없애준다.

**02** 만든 도형을 다음 그림과 같이 배치하여 모두 선택한 후 [빠른 실행 도구 모음]에서 [도형 병합]을 선택한다.

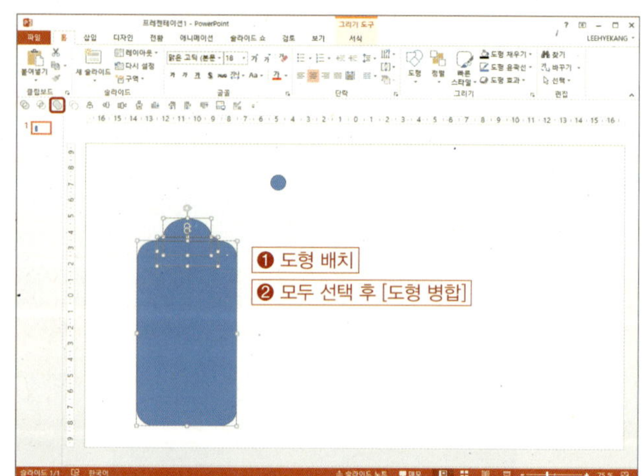


**03** 작은 타원을 합친 도형 위에 배치하고 두 도형을 함께 선택한 후 [빠른 실행 도구 모음]에서 [도형 빼기]를 선택한다.

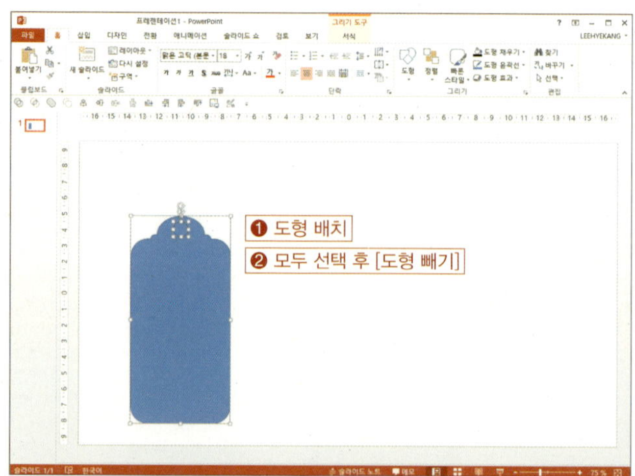

**04** 슬라이드의 빈 영역에서 [마우스 오른쪽 버튼 클릭]−[배경 서식]을 선택한다. [배경 서식] 작업창의 [채우기]−[단색 채우기]에서 [색]을 '(1) 회색'으로 변경한다.

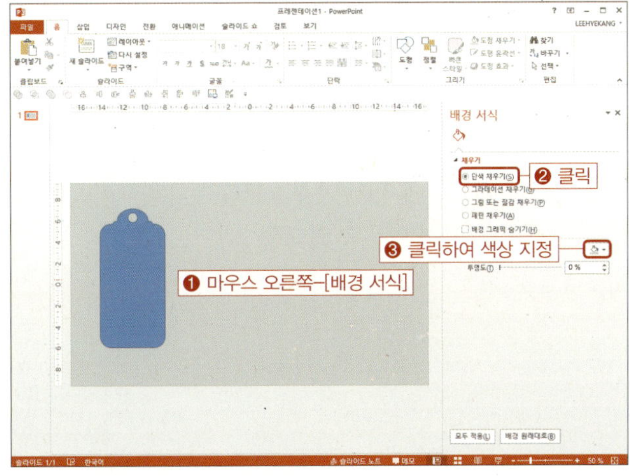


**05** 만들어진 도형을 선택하고 [그리기 도구]−[서식] 탭−[도형 스타일] 그룹−[도형 채우기]에서 [색]은 '(2) 흰색', [도형 윤곽선]은 '윤곽선 없음'을 선택한다.

**06** 다시 [그리기 도구]−[서식] 탭−[도형 스타일] 그룹−[도형 효과]에서 [그림자]−[바깥쪽]−[오프셋 대각선 오른쪽 아래]를 선택한다.

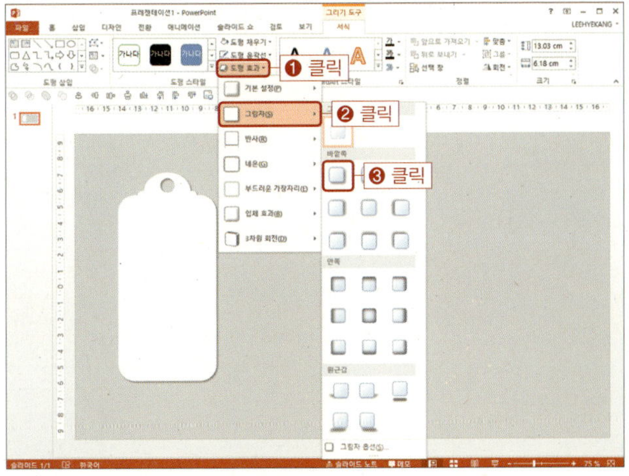

**07** [삽입] 탭–[일러스트레이션] 그룹–[도형]에서 [직사각형]을 선택하고 기존에 만든 태그 모양 도형의 가로 길이와 동일하게 사각형을 만든다. [그리기 도구]–[서식] 탭–[도형 스타일] 그룹–[도형 채우기]에서 [색]은 '(3) 보라색', [도형 윤곽선]은 '윤곽선 없음'을 선택한다.

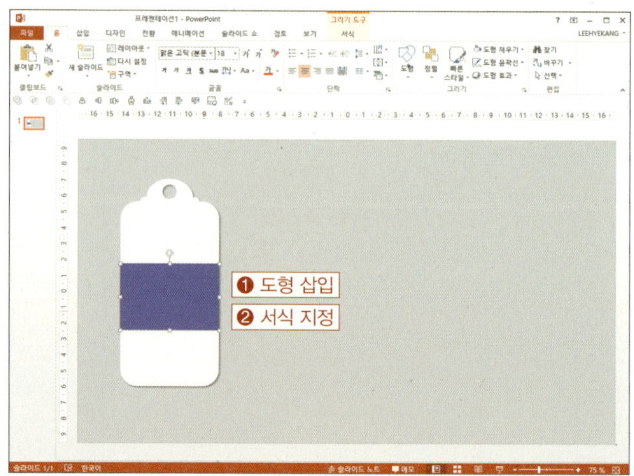


**08** [삽입] 탭–[일러스트레이션] 그룹–[도형]에서 [곡선]을 선택하고 끈이 선에 걸려 있는 것처럼 표현하기 위해 오른쪽 그림과 같이 만든다.



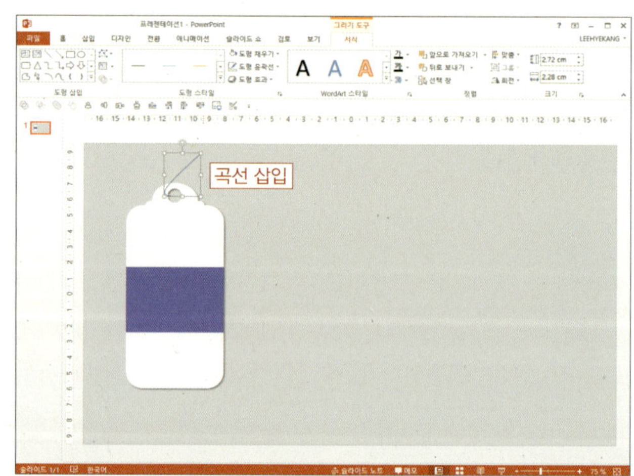


**09** 다시 [삽입] 탭–[일러스트레이션] 그룹–[도형]에서 [곡선]을 선택하고, 나머지 절반을 만든다.

**10** [그리기 도구]-[서식] 탭-[도형 스타일] 그룹-[도형 윤곽선]에서 [선 색]을 '(4) 검은색'으로 변경한다. 곡선으로 만든 선 중 하나를 선택하여 [마우스 오른쪽 버튼 클릭]-[맨 뒤로 보내기]를 선택한다.

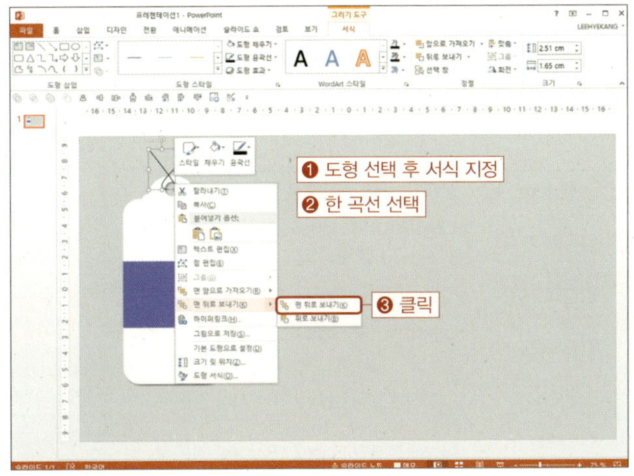


**11** 끈을 자연스럽게 만들기 위해 곡선을 선택한 후 [마우스 오른쪽 버튼 클릭]-[점 편집]을 선택하고 검은 점을 이동시켜 부자연스러운 부분을 자연스럽게 수정한다.

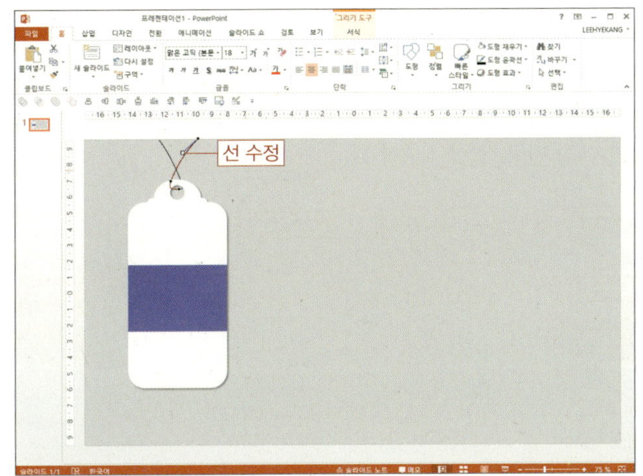


**12** 완료된 태그 도형을 드래그하여 그룹 설정(Ctrl + G)하고, 3개 더 복제(Ctrl + D)하여 그림과 같이 배치한다.

**TIP**
태그 도형은 하나의 그룹으로 설정되어 있기 때문에 [홈] 탭-[그리기] 그룹-[정렬]-[개체 위치]-[맞춤]에서 [위쪽 맞춤], [가로 간격 동일하게]를 이용해 그림과 같이 간격을 동일하게 맞출 수 있다.

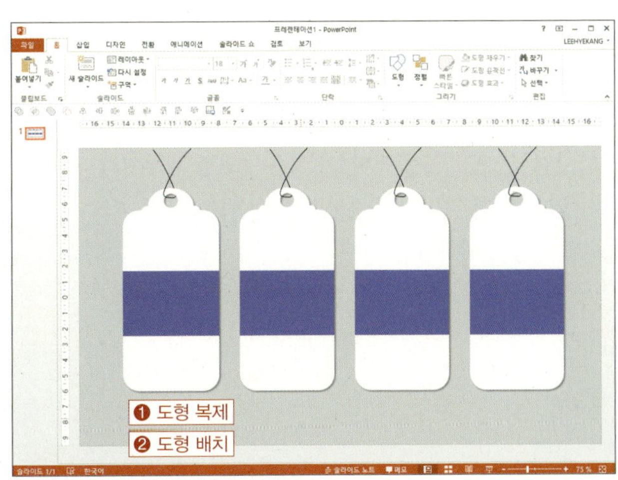

**13** [삽입] 탭–[텍스트] 그룹–[텍스트 상자]를 선택해 텍스트를 입력하고 서식을 지정한 후 배치한다.

| 텍스트 | 글꼴 / 글꼴 크기 / 속성 | 글꼴 색 |
|---|---|---|
| 입장료 가격 | 나눔바른고딕 Light / 36 / 굵게 | (4) 검은색 |
| 입장료 단위 | 나눔바른고딕 Light / 14 | (4) 검은색 |
| 대인, 소인, ~ | 나눔바른고딕 Light / 18 / 굵게 | (4) 검은색 |
| Adult, Child, ~ | 나눔바른고딕 Light / 16 | (4) 검은색 |
| includes ~, that has ~ | 나눔바른고딕 Light / 18 | (4) 검은색 |

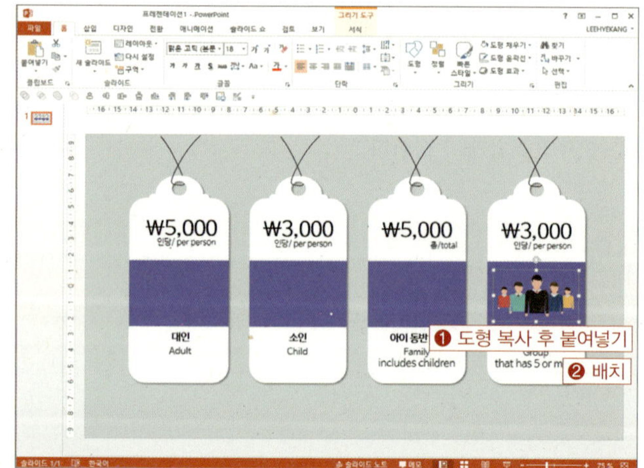


**14** [입장료 실습자료] 폴더에서 'teamwork. pptx' 파일을 실행하고 사람 도형을 복사(Ctrl + C)하여 슬라이드에 붙여넣기(Ctrl + V) 한 후 '5인 이상 단체' 칸에 배치한다.

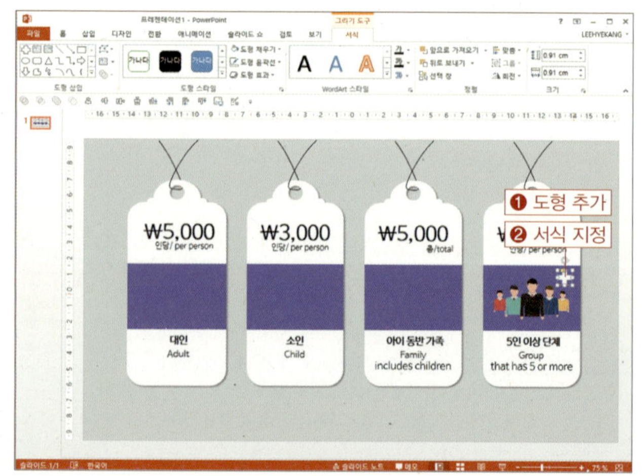


**15** 5인 이상이므로 플러스 모양의 도형을 추가한다. [삽입] 탭–[일러스트레이션] 그룹–[도형]에서 [십자형]을 선택하여 삽입한 후 [그리기 도구]–[서식] 탭–[도형 스타일] 그룹–[도형 채우기]에서 [색]은 '(2) 흰색', [도형 윤곽선]은 '윤곽선 없음'을 선택한다.
노란점을 이용하여 굵기를 적당히 조정한다.

**16** 그룹의 사람을 복제(Ctrl + D)하고 그룹 설정 해제(Ctrl + Shift + G)한 후 한 명씩 '대인, 소인, 아이 동반 가족'에 배치한다. 복사한 여자의 옷은 [그리기 도구]–[서식] 탭–[도형 스타일] 그룹–[도형 채우기]에서 [색]을 '(5) 빨간색'으로 변경한다.

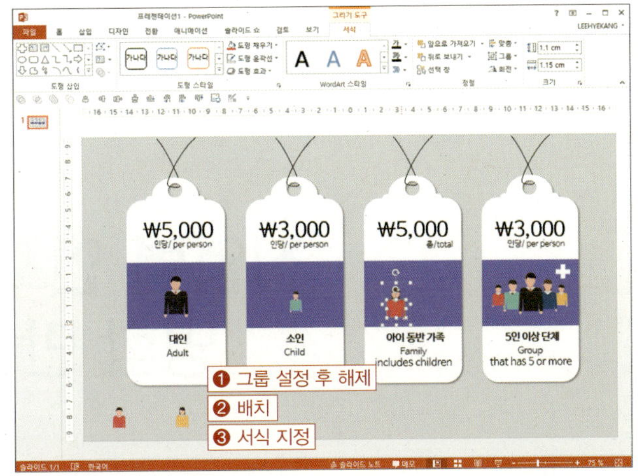


**17** 대인과 소인에 있는 사람을 하나씩 복제(Ctrl + D)한 후 아이 동반 가족에 배치한다. 기존 5명에서 사용하고 남은 도형은 선택하여 삭제(Delete)한다.

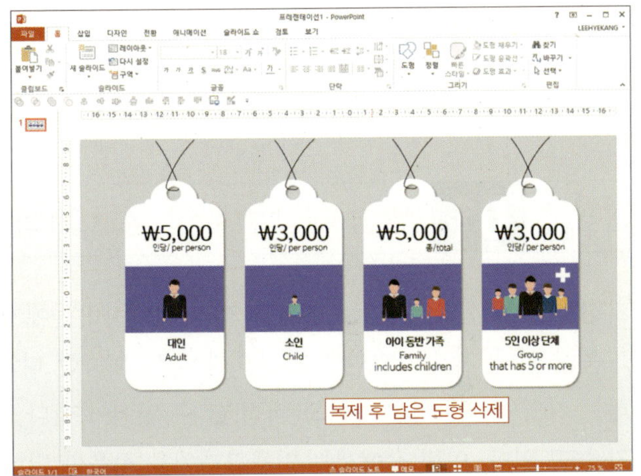


**18** 태그에 사용된 보라색 도형을 복제(Ctrl + D)한 후 크기를 변경하여 슬라이드 하단에 배치한다. [삽입] 탭–[텍스트] 그룹–[텍스트 상자]를 선택해 텍스트를 입력한 후 서식을 지정한다.

| 텍스트 | 글꼴 / 글꼴 크기 | 글꼴 색 |
| --- | --- | --- |
| Copyright~ | 나눔바른고딕 Light / 14 | (2) 흰색 |

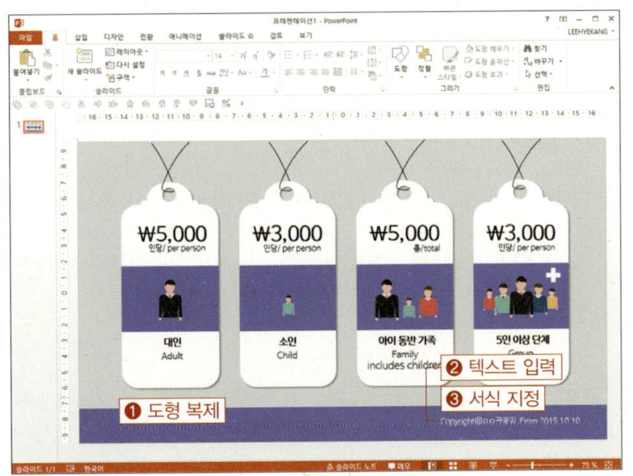

# 직업별 인포그래픽 명함 만들기

최근 인포그래픽을 활용하여 명함을 제작하는 경우가 많아지고 있다. 인포그래픽은 작은 공간에 정보를 효과적으로 배열할 수 있어 명함과 궁합이 잘 맞는다. 인포그래픽을 활용하면 이름, 회사명, 연락처, 나를 소개하는 한 줄 등으로 짧은 시간 안에 상대에게 강력하게 자신을 각인시킬 수 있다.

## SECTION 01  명함 제작을 위한 정보 기획하기

자신을 잘 표현할 수 있는 명함을 제작하면 사람들에게 깊은 인상을 줄 수 있어 자신을 홍보하는 데 도움이 된다. 1인 기업인에게 필요한 것은 능숙한 디지털 활용 능력일 것이다. 조직을 떠나 사업을 하는 자영업자는 명함 제작도 직접 할 수 있어야 한다. 최근에는 명함에 인포그래픽을 활용하는 사례가 늘고 있다. 이번 장에서는 인포그래픽을 적용한 명함을 만드는 방법을 소개하고자 한다.

### 제시사례 ❶ 택시 운전기사를 위한 인포그래픽 명함

택시기사에게 명함은 단골고객을 확보하는 데 중요한 역할을 하기 때문에 매우 중요하다.

### (1) 1단계 : 정보 기획

명함에 들어가는 필수 항목을 정리하는 것이 우선이다.

- 필수 항목 : 이름, 전화번호, 이메일, 나의 인생 좌우명, 사진
- 선택 항목 : 카카오톡 아이디, 근무시간

## (2) 2단계 : 정보 배열

- 이름 : 김택시
- 이메일 : bestdriver@taxi.com
- 전화번호 : 010-123-4567
- 나의 좌우명 : 깨끗한 택시, 안전운전
- 사진 : 아바타로 대체
- 카카오톡 아이디 : cleantaxi
- 근무시간 : 24h 대기(일요일은 쉽니다.)
- 그래픽 표현 : 택시 이모티콘
- 주력 컬러 : 노랑색 또는 주황색
- 명함 앞면 : 필수 항목과 선택 항목 등 핵심 정보 배열
- 명함 뒷면 : 나의 아바타와 좌우명, 전화번호 표시

## (3) 3단계 : 레이아웃 스케치

◀ 명함 앞면 레이아웃 스케치 모습으로, 왼쪽 동그라미에는 택시 이미지, 오른쪽 네모에는 필수 항목 등이 들어간다. 상단에는 기사의 이름 등을 넣을 수 있다.

◀ 명함 뒷면 레이아웃 스케치 모습으로 방사형 구조로 만든 사례다. 중앙에 재밌는 택시 이미지(사람이 타고 있는 모습도 좋음)를 넣은 후 설명선에 연락처, 좌우명, 근무시간 등을 넣을 수 있다. 20년 무사고 운전 경력자의 경우 관련 데이터를 넣는 것도 신뢰감 형성에 좋은 역할을 한다.

**TIP**

클립아트 파일은 친근함을 준다. 폰트 크기는 인쇄용이므로 7포인트 이하를 사용하는 것이 좋지만 고연령층을 고려해 정보량을 줄이더라도 큰 글씨를 사용한다.

스타트업 기업은 인지도가 낮기 때문에 명함에서 가장 중요한 항목은 회사의 업을 설명하는 것이다. 회사의 비전과 철학이 무엇인지 담는 것이 중요하다. 자칫 너무 많은 정보를 담으면 신뢰도가 떨어질 수 있으므로 논리적인 느낌을 표현하기 위해 데이터로 정보를 바꾼 후 그래프 유형으로 표현하는 것도 좋은 방법이다.

## (1) 1단계 : 정보 기획

- 필수 항목 : 이름, 전화번호, 이메일, 홈페이지, 회사명, 로고, 업종
- 선택 항목 : 비전, 자랑거리, SNS 계정

## (2) 2단계 : 정보배열

- 이름 : 이대표
- 영문이름 : Lee Dae Pyo
- 이메일 : ceo@vlapsinfographic.com
- 전화번호 : 070-123-4567
- 휴대폰 번호 : 010-1234-5677
- 홈페이지 : www.infographics.or.kr
- 회사명 : 브이랩인포그래픽
- 업종 : 모바일 콘텐츠
- 비전 : Beautiful Infographic
- 자랑거리 : 시장 점유율 60%, 성장률 150%, 제작 능력－인포그래픽, 모션그래픽, 인터랙션 인포그래픽 모두 가능
- 그래픽 표현 : 아이콘+그래프 병행
- 명함 앞면 : 필수 항목과 선택 항목 등 핵심 정보 배열
- 명함 뒷면 : 자랑거리를 그래프 중심으로 표현

## (3) 3단계 : 레이아웃 스케치

◀ 명함 앞면 레이아웃 스케치 모습. 명함의 기본적인 정보를 넣은 모습. 동그라미는 픽토그램이
나 막대그래프 등 회사 업종에 맞는 비주얼 표현을 선택하면 좋다.

◀ 명함 뒷면 레이아웃 스케치 모습. 회사의 비전과 업을 대표하는 비주얼 표현은 도넛 그래프를
활용하였다. 스타트업 기업의 경우 과도한 텍스트로 회사 홍보를 하는 것은 자칫 신뢰도를 떨
어뜨릴 수 있으므로 주의해야 한다.

**TIP**
스타트업 기업의 자랑거리를 그래프를 활용해 표현하면 신뢰성을 높일 수 있다.

# 디자인 회사 인포그래픽 명함 만들기

파워포인트만으로도 손쉽게 나만의 명함을 제작할 수 있다. 실제 명함을 제작할 때에는 파워포인트 파일을 PDF 파일로 변환한 후 의뢰하면 된다. 명함은 인쇄 후 자르기 위한 재단선이 있으므로 안내선을 표시해 안내선을 벗어난 부분에는 중요한 이미지나 텍스트가 들어가지 않도록 주의하며 제작해야 한다.

**실전 따라하기**

• 완성파일 : 명함 – 완성.pptx   • 실습자료 : [명함 실습자료] 폴더
• 색상정보 : 명함 – 색상.png

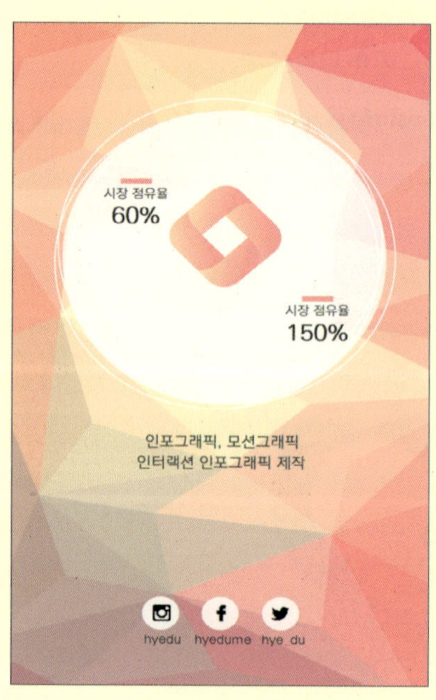

**01** 정확한 명함 사이즈를 확인하기 위해 명함 업체에서 제공한 PPT 파일을 사용한다. [명함 실습자료] 폴더에서 '명함제작크기(세로).pptx'를 실행한다. [보기] 탭-[표시] 그룹-[안내선]에 체크하여 안내선을 표시한다. 안내선 바깥쪽은 명함 제작 시 잘리는 부분이다.

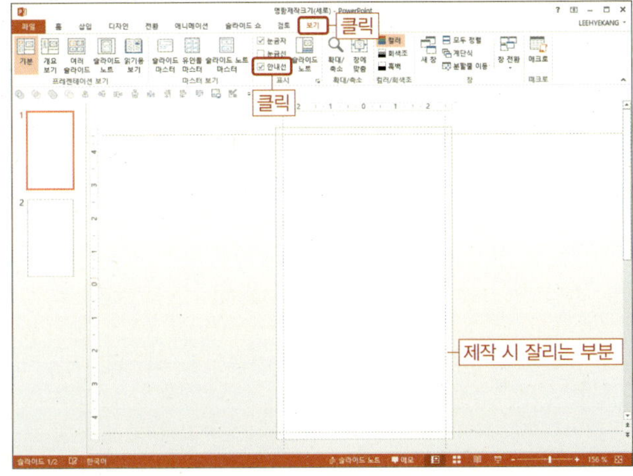


**02** 회사의 로고를 직접 삽입하거나, [명함 실습자료] 폴더에서 'logo.pptx' 파일을 실행하고 원하는 로고를 복사(Ctrl + C)한 후 붙여넣기(Ctrl + V) 한다.

**TIP**
직접 로고를 제작하고 싶다면 유튜브의 로고 만들기(https://youtu.be/W0CLwhIKTrl)를 참고한다.

**03** 로고의 도형 하나를 선택하고 [마우스 오른쪽 버튼 클릭]-[도형 서식]을 클릭한다. [도형 서식] 작업창의 [채우기]-[그라데이션 채우기]에서 [종류]는 '선형', [각도]는 '45°', [그라데이션 중지점]은 3개를 만든다. 왼쪽 중지점의 [색]은 '(2) 노란색', 오른쪽 중지점의 [색]은 '(1) 분홍색'으로 설정하고 중간 중지점의 [위치]는 '71%', [색]은 '(1) 분홍색'으로 설정한다.

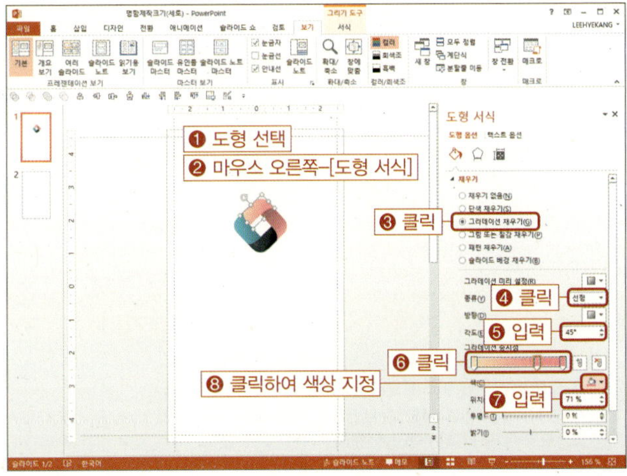

**04** 그라데이션을 지정한 도형을 선택하여 서식 복사( Ctrl + Shift + C )한 후 다른 도형을 선택하고 서식 붙여넣기( Ctrl + Shift + V )를 통해 모든 도형에 동일한 그라데이션을 적용한다.

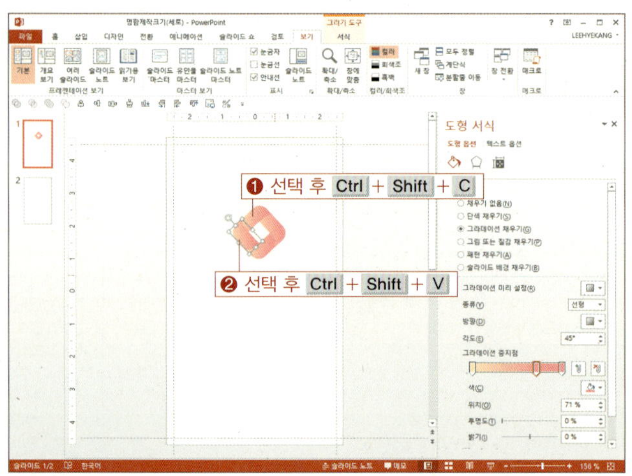


**05** [삽입] 탭-[텍스트] 그룹-[텍스트 상자]를 선택해 텍스트를 입력한 후 서식을 지정한다. 연락처 정보를 입력한 후 Enter 로 단락을 구분하고 [홈] 탭-[단락] 그룹의 확장 메뉴에서 [간격]-[줄 간격]은 '배수', [값(A)]는 '1.4'로 변경한다.

| 텍스트 | 글꼴 / 글꼴 크기 / 속성 | 글꼴 색 |
|---|---|---|
| 회사명 | KoPub돋움체 Light / 7 / 굵게 | (3) 검은색 |
| 영문명 | KoPub돋움체 Light / 6 | (3) 검은색 |
| 이대표 | KoPub돋움체 Light / 10 | (3) 검은색 |
| Lee Daepyo | KoPub돋움체 Light / 5 | (3) 검은색 |
| E, F, M, H | KoPub돋움체 Light / 5 / 굵게 | (3) 검은색 |



**06** 동일한 서식을 가져가기 위해 'E, F, M, H'를 복제( Ctrl + D )하여 바로 옆에 배치하고 상세 연락처 정보를 입력한다. 설정된 '굵게'를 해제( Ctrl + B )한다.

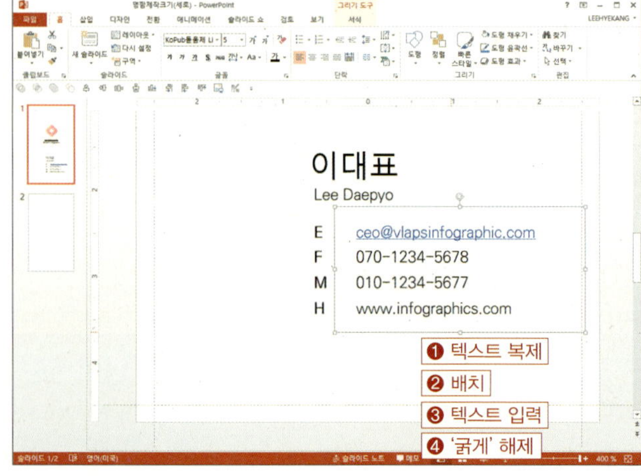


**TIP**

제목과 내용을 구분하여 따로 입력하면 내용이 왼쪽 정렬되고 그 간격을 자유롭게 조절할 수 있어 깔끔해진다. 슬라이드 크기가 작아 보기 힘들 때는 Ctrl 을 누른 상태에서 마우스 휠을 위쪽으로 돌려 확대한 후 작업한다.

**6** SNS 로고를 넣기 위해 투명한 원을 복제(Ctrl + D)하고 크기를 조절해 3개를 나란히 배치한다. 도형을 모두 선택하고 [마우스 오른쪽 버튼 클릭]-[개체 서식]을 선택한다. [도형 서식] 작업창에서 [투명도]를 '10%'로 변경한다.

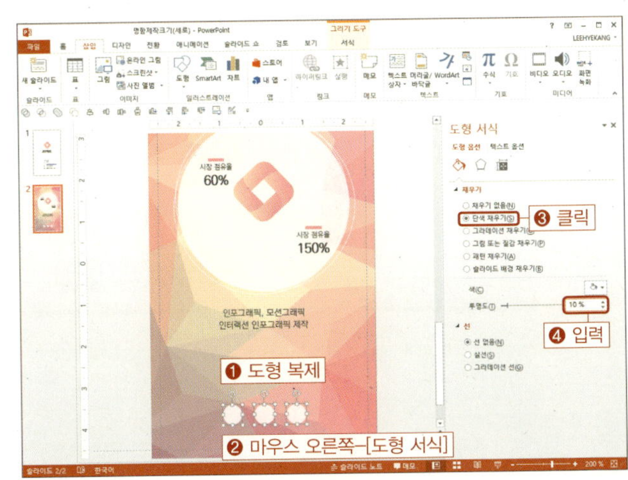


**17** [삽입] 탭-[이미지] 그룹-[그림]을 선택하고 [명함 실습자료]-[Social] 폴더에서 소셜 로고를 불러와 크기를 조절한 후 그림과 같이 배치한다.

**TIP**
로고의 색을 변경하고 싶다면 'http://flaticon.com'에서 EPS 파일을 다운로드받는다.

**18** [삽입] 탭-[텍스트] 그룹-[텍스트 상자]를 선택하고 소셜 아이디를 해당하는 위치 아래에 입력한다.

| 텍스트 | 글꼴 / 글꼴 크기 | 글꼴 색 |
| --- | --- | --- |
| 아이디 | KoPub돋움체 Light / 5 | (3) 검은색 |

**07** 왼쪽 내비게이션 창에서 Enter 를 눌러 새 슬라이드를 추가한다. 슬라이드에서 패턴 배경을 삽입하면 차후 작업할 때 번거로울 수 있으므로 슬라이드 마스터에 추가하도록 한다. [보기] 탭-[마스터 보기] 그룹-[슬라이드 마스터]를 선택한다.

**TIP**
빈 슬라이드에서 [마우스 오른쪽 버튼]-[배경 서식]을 클릭하고 [배경 서식] 작업창의 [채우기]-[그림 또는 질감 채우기]에서 배경화면을 채울 수도 있다. 저자는 향후 수정이 수월하도록 슬라이드 마스터에 배경을 넣는 것을 선호한다.

**08** 왼쪽 내비게이션 창에서 작은 슬라이드의 3번째 슬라이드를 선택한 후 [삽입] 탭-[이미지] 그룹-[그림]을 선택하고 [명함 실습자료]-[육각형 패턴] 폴더의 'pink.png' 파일을 불러온다.

**TIP**
다른 패턴 배경을 원한다면 'http://freepik.com'에서 'pattern'을 검색하여 다운로드받는다.

**09** 이미지가 슬라이드 크기와 맞지 않는다면 이미지를 선택한 후 [그림 도구]-[서식] 탭-[크기] 그룹-[자르기]를 이용해 슬라이드 크기에 맞게 이미지 크기를 조절하고, 슬라이드 바깥쪽 빈 공간을 클릭해 이미지를 자른다. [슬라이드 마스터] 탭-[닫기] 그룹-[마스터 보기 닫기]를 클릭해 기존 작업창으로 이동한다.

**10** 왼쪽 내비게이션 창에서 두 번째 슬라이드를 선택한 후 [마우스 오른쪽 버튼 클릭]-[레이아웃]-[구역 머리글]을 선택한다.

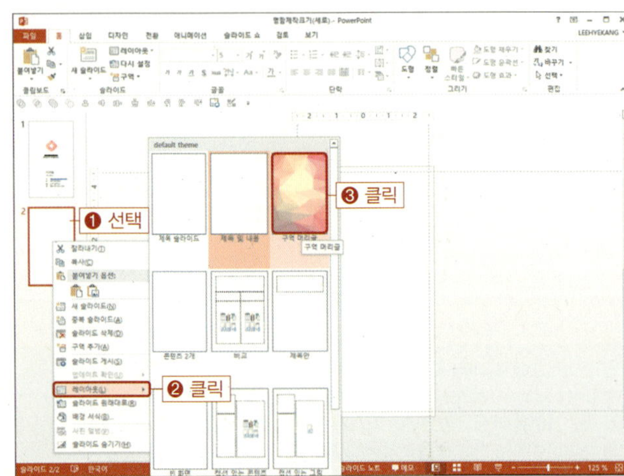

**11** [삽입] 탭-[일러스트레이션] 그룹-[도형]에서 [타원]을 선택하고 Shift를 누른 상태에서 드래그하여 정원을 만든다. 만들어진 정원을 [마우스 오른쪽 버튼 클릭]-[도형 서식]을 클릭한다. [도형 서식] 작업창의 [채우기]-[단색 채우기]에서 [색]은 '(4) 흰색', [투명도]는 '15%'로 설정한다. [선]은 '선 없음'을 선택한다.

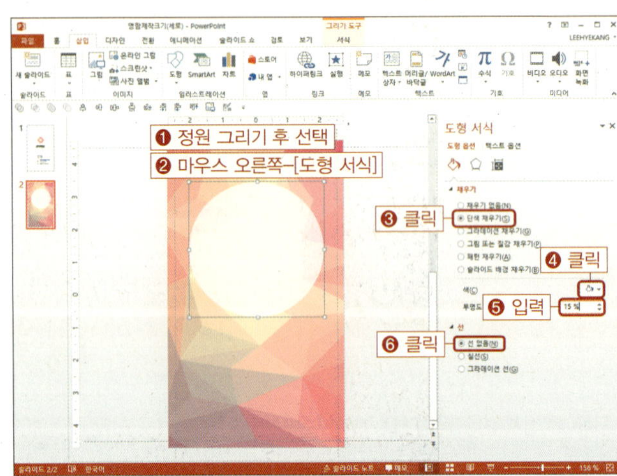

**12** 투명도를 지정한 도형을 하나 더 복제(Ctrl + D)한 후 [채우기]-[채우기 없음]을 선택하고, [선]은 '실선'을 선택하고 [색]은 '(4) 흰색'으로 지정한다. 기존의 원과 살짝 어긋나게 배치한다.

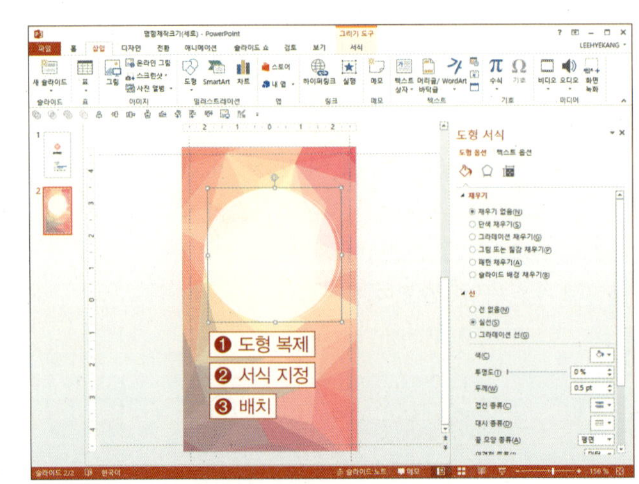

**13** 원 도형을 두 개 더 복제(Ctrl + D)하여 하얀 원과 어긋나게 배치해 원에 하얀 실을 감은 것처럼 표현한다.

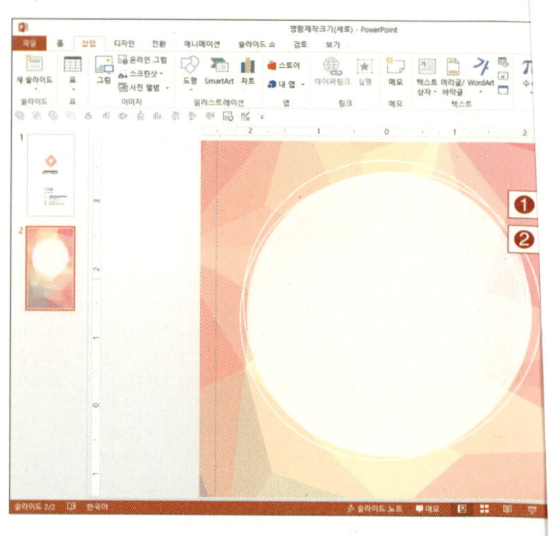

**14** 1번 슬라이드에서 사용했던 로고를 복사(Ctrl + C)해 2번 슬라이드에 붙여넣기(Ctrl + V)한다. [삽입] 탭-[일러스트레이션] 그룹-[도형]에서 [직선]을 선택해 선을 그린다. [그리기 도구]-[서식] 탭-[도형 스타일] 그룹-[도형 윤곽선]에서 [선 색]은 '(1) 분홍색', [두께]는 '2 1/4pt'로 변경한다.

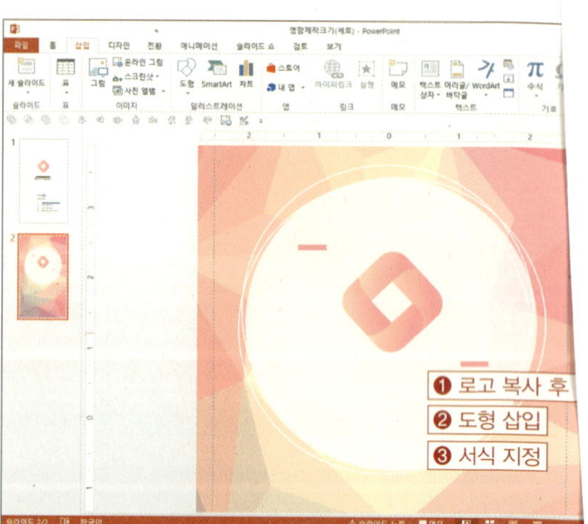

**15** [삽입] 탭-[텍스트] 그룹-[텍스트 상자]를 선택해 텍스트를 입력한 후 서식을 지정하고 배치한다.

| 텍스트 | 글꼴 / 글꼴 크기 / 속성 | 글꼴 색 |
| --- | --- | --- |
| 시장 점유율 | KoPub돋움체 Light / 5 | (3) 검은색 |
| 60%, 150% | KoPub돋움체 Light / 9 / 굵게 | (3) 검은색 |
| 인포그래픽 ~ | KoPub돋움체 Light / 6 | (3) 검은색 |

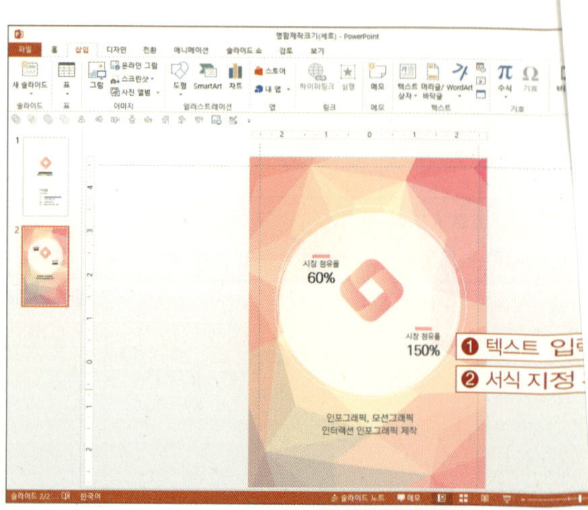

**19** 완료된 명함은 제작 업체에 의뢰했을 때 글꼴이나 배치가 깨지지 않도록 PDF 파일로 변환해야 한다. [파일]-[다른 이름으로 저장]을 클릭하고 저장 위치를 지정한 후 [파일 이름]을 입력하고, [파일 형식]을 'PDF'로 변경한다.

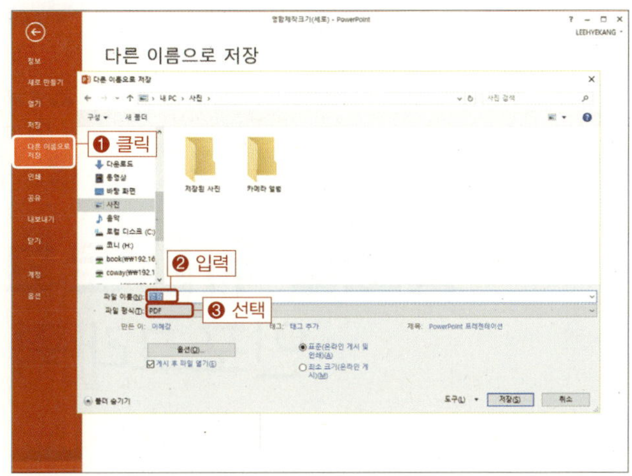

# 홍보를 위한 로고 정보 기획과
# 인포그래픽 만들기

우리나라에도 수많은 캠핑장이 생겨나면서 캠핑장마다 고유한 특징을 지닌 콘텐츠 개발이 필요하게 되었다. 자영업자는 물론 지방자치단체도 캠핑장을 소개할 때 관련 정보를 그래픽으로 전환해 사람들에게 즐거움과 강한 인상을 전달하려고 한다. 캠핑장 외에도 주말농장, 관광지, 박물관 등 지역 곳곳에 대한 정보를 비주얼 콘텐츠로 바꾸어 소개하는 노력이 계속되고 있다. 이번 장에서는 캠핑장을 홍보하기 위한 로고 인포그래픽을 만드는 방법을 알아보자.

## SECTION 01 로고 디자인을 위한 데이터 분석하기

인포그래픽의 활용 범위는 무궁무진하다. 캠핑비즈니스와 같이 이미지 브랜딩이 필요한 경우 비주얼 콘텐츠를 적용해 로고를 만들어 홍보하면 큰 효과를 얻을 수 있다. 캠핑장마다 무형의 가치를 알리기 위해 필요한 로고 디자인을 인포그래픽 연관 기술을 활용해 제작해 보자.

- 제작 배경 : 모바일 사용자가 늘어나면서 자영업자 역시 비주얼 콘텐츠를 제작할 수 있는 능력을 키우는 것이 매우 중요하다.
- 제작 방향 : 숫자 중심의 데이터를 정보 기획하는 것과 달리 재미있는 스토리를 연결해 그림으로 재밌게 표현하는 것이 중요하다.

### 제시사례 ① 캠핑장을 소개하는 원형 로고 만들기

캠핑장 로고는 명함, 캠핑장 소개 홈페이지, 입구 안내도 등에도 적용할 수 있어 사용범위가 상당히 넓다. 방문객에게 좋은 인상을 오랫동안 심어줄 수 있는 '캠핑장 로고'를 제작해 보자.

## (1) 1단계 : 로고 기획 시 점검사항

- 캠핑은 자연 속에서 이루어지는 활동이다. 화려한 컬러들의 조합이 중요하다.
- 캠핑장이 추구하는 최상위 운영 철학이 반영되는 것이 좋다(별, 책, 사랑, 행복, 쉼 등).
- 즐거움, 상상을 유발하는 그림이 포함되는 것이 좋다.
- 원형, 사각형, 삼각형 등 로고를 포함한 전체 형태를 결정한다.

## (2) 2단계 : 제작에 필요한 정보

- 캠핑장 이름 : 별빛 캠핑장
- 캠핑장 슬로건 : 별을 보며 나만의 소중한 시간을 갖자
- 타깃 : 어린이부터 어른까지 동심을 유발하는 그래픽
- 형태 : 원형 또는 타원형
- 주력 컬러 : 노랑, 녹색, 파랑, 주황 등
- 홈페이지 : www.starskycamping.com

## (3) 3단계 : 로고 참고 사례

### ■ 원형 로고

가장 대표적인 형태라 할 수 있다. 명함, 페이스북, 홈페이지, 스티커 상품으로도 확장이 가능하다.

◀ 방사형 정보 배열로 이루어진 원형으로 제작한 캠핑장 로고다.
로고에는 캠핑장 이름과 홈페이지 주소 등이 포함되면 좋다.
(출처 : http://www.camping-samoens.com/)

■ '별' 콘셉트 활용 로고

◀ 실루엣 형태의 나무와 별자리를 결합한 배열로 고급스러운 로고를 제작할 수 있다.
상단에 위치한 하얀 네모박스 'MEC'는 캠핑장비를 판매하는 쇼핑몰 명칭이다.
(출처 : http://familycamping.mec.ca/)

**제시사례 ❷** 캠핑장을 소개하는 사각형 로고 만들기

로고는 클립아트, png 파일, 벡터 계열의 EPS 파일을 활용해 제작할 수 있다. 사각형 로고는 캠핑장 이름, 슬로건, 홈페이지 주소 등을 배열하는 데 적합하다.

## (1) 1단계 : 제작에 필요한 정보

- 캠핑장 이름 : 책 읽는 캠핑장
- 캠핑장 슬로건 : 자연 속에서 책을 읽는 쉼터
- 타깃 : 20~50대
- 형태 : 사각형 로고
- 주력 컬러 : 노랑, 녹색, 파랑, 주황 등
- 홈페이지 : www.camping&book.com

## (2) 2단계 : 로고 참고

■ 픽토그램을 활용한 사례

픽토그램은 심플하지만 고급스러운 느낌을 제공한다. 아이콘, 실루엣 패턴으로 불리기도 하며, 캠핑을 상징하는 이미지를 활용하면 좋다.

▲ 픽토그램 형태의 로고는 세련된 느낌을 제공한다. 홈페이지 주소와 캠핑장이 추구하는 슬로건(예 자연 속에서 책을 읽는 쉼터)과 같은 문구를 함께 제공해도 좋다.(출처 : 노르웨이 버드 캠핑장 로고 (www.atle3d.com))

### ■ 클립아트 및 EPS 파일을 활용한 사례

클립아트나 EPS 파일은 화려하고 재밌는 연출이 필요할 때 활용하면 좋다. 홈페이지, SNS, 야외 설치물 등에 적용하면 좋다.

▲ 화려하고 복잡한 그림을 활용해 제작하는 경우 클립아트 파일 또는 벡터 계열의 파일을 활용하는 것이 좋다. 이러한 파일을 활용한 작업은 일러스트를 다룰 수 있는 디자이너에게 제작을 의뢰하는 것이 좋지만 개인 사업자에게는 쉽지 않다. 이 경우 'openclipart.org' 등 일부 무료 파일을 제공하는 사이트를 활용하면 좋다.(출처 : openclipart.org)

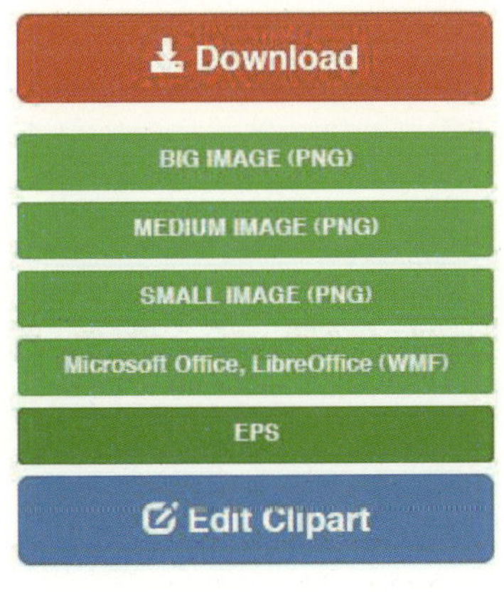


◀ 'openclipart.org'에서 파일 다운로드 시 여러 형태의 파일을 제공하고 있다. 따라서 EPS, WMF 파일을 다운로드해 파워포인트에서 다시 편집해 제작하는 것이 가능하다.

# 캠핑장 로고 인포그래픽 만들기

별빛 캠핑장의 로고를 만들어야 하기 때문에 별과 캠핌장의 모습을 함께 로고에 담는다. 신비롭고 평화로운 느낌을 주기 위해 밤하늘은 그라데이션으로 표현한다. 만든 로고는 파워포인트에서 편리하게 사용할 수 있도록 그림 형태로 변경하고, 파워포인트 외에서도 사용할 수 있도록 이미지 파일로 저장해보자.

**실전 따라하기**

- 완성파일 : 캠핑로고 – 완성.pptx
- 색상정보 : 캠핑로고 – 색상.png
- 실습자료 : [캠핑로고 실습자료] 폴더

**01** 캠핑에 필요한 소스를 찾기 위해 'Freepik (http://freepik.com)'에 접속하여 'camping' 으로 검색한다. 마음에 드는 소스를 찾아 다운 로드받는다.

**TIP**
상단의 'Sponsored results by shutterstock'은 광고다. 해당 목록에서 있는 소스는 유료이므로, 'freepik' 사이트 내에서만 파일을 다운로드해야 무료로 이용할 수 있다.

**02** 빈 슬라이드에서 [삽입] 탭–[이미지] 그룹 –[그림]을 이용해 다운로드받은 파일을 불러온 다. 파일이 없다면 [캠핑로고 실습자료] 폴더의 'camping.eps' 파일을 삽입한다.

**TIP**
2010 이하 버전에서는 [디자인] 탭 – [페이지 설정] 그룹–[페 이지 설정]에서 [너비] '33.846cm', [높이] '19.05cm'로 변경 한다.

**03** 그룹 설정 해제(Ctrl + Shift + G)를 두 번 눌 러 EPS 파일의 그룹을 모두 해제하여 도형으로 변경한다.

**04** 로고에 사용할 도형을 제외하고 모두 삭제
( Delete )한다.

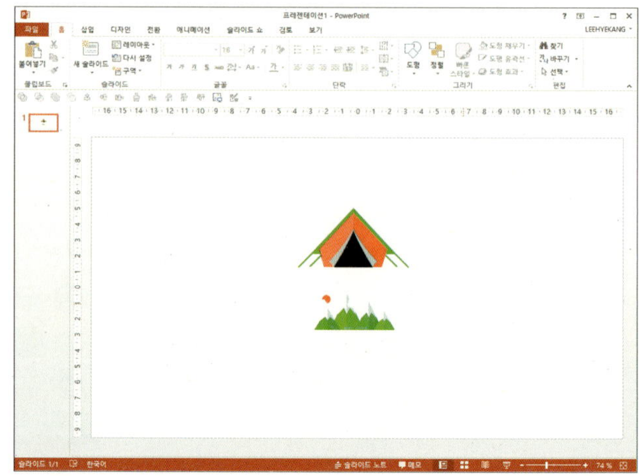

**05** 로고의 배경을 만들기 위해 [삽입] 탭–[일
러스트레이션] 그룹–[도형]에서 [타원]을 선택
하고 Shift 를 누른 상태에서 드래그하여 정원을
만든다. [그리기 도구]–[서식] 탭–[도형 스타
일] 그룹–[도형 윤곽선]에서 '윤곽선 없음'을 선
택한다.

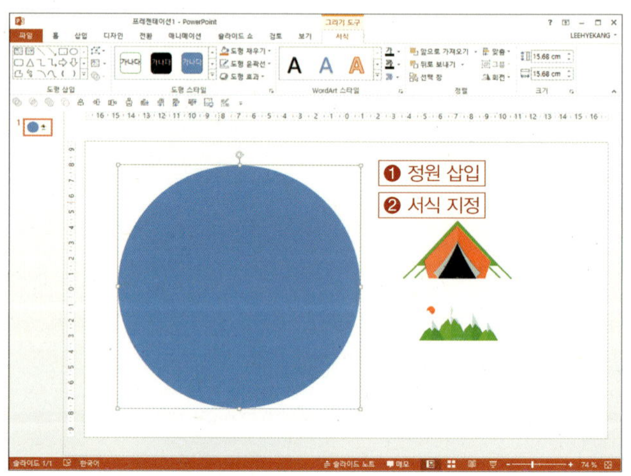


**06** 타원을 선택하고 [마우스 오른쪽 버튼 클
릭]–[도형 서식]을 선택한다. [도형 서식] 작업
창의 [채우기]–[그라데이션 채우기]를 선택한
다. [종류]는 '선형', [각도]는 '90°'로 설정하고,
[그라데이션 중지점]은 양 끝으로 중지점을 두
개 만든다. 왼쪽의 중지점은 '(1) 남색', 오른쪽
의 중지점은 '(2) 주황색'을 선택한다.

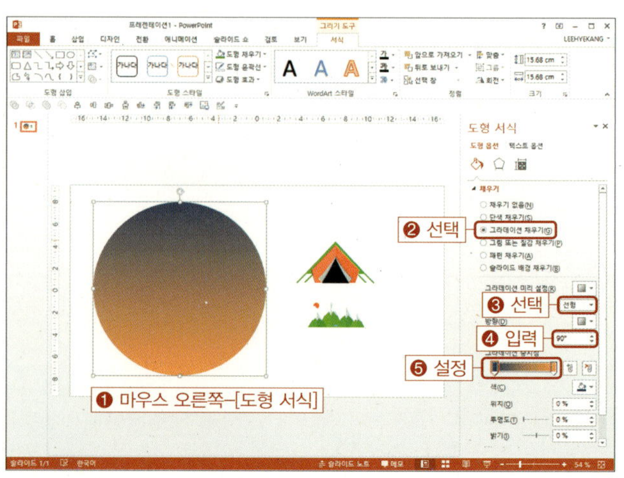

**07** 밤하늘의 느낌을 표현하기 위해 그라데이션의 남색이 지정된 왼쪽의 중지점을 오른쪽으로 드래그해 남색 영역을 확장한다. [위치]를 '25%'로 변경해도 중지점의 위치를 바꿀 수 있다.

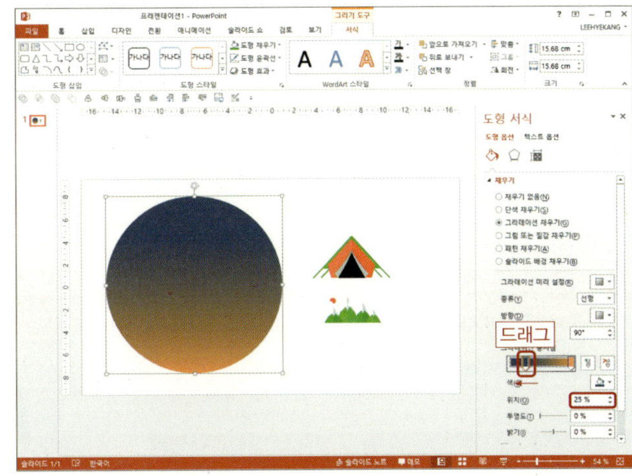

**08** EPS 파일을 파워포인트로 가져올 때 원래의 색이 변경되는 경우가 많다. 이 경우 가져온 도형의 색을 선택하고 [그리기 도구]–[서식] 탭–[도형 스타일] 그룹–[도형 채우기]에서 색을 다시 변경하면 된다. 텐트의 초록색은 '(3) 초록색'으로, 주황색은 '(4) 연주황', '(5) 진주황'으로, 텐트 내부는 '(6) 회색'으로 변경한다.

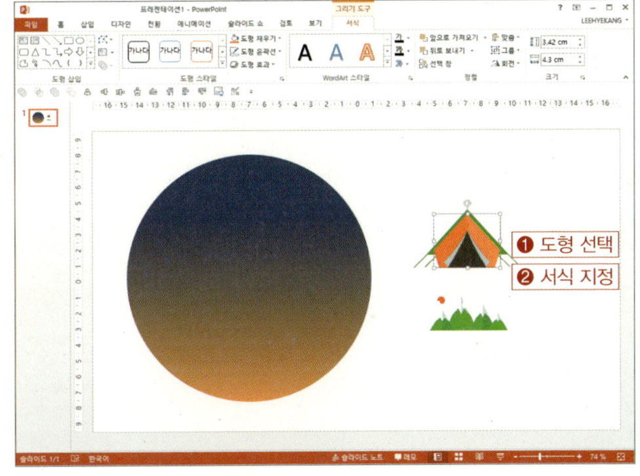


**09** 완성된 이미지를 그룹 설정(Ctrl + G)하고 크기를 조정한 후 원 위에 배치한다.

**TIP**
가장 마지막에 삽입된 개체가 가장 상단에 배치된다. 배치 순서가 맘에 들지 않는다면 [마우스 오른쪽 버튼 클릭]–[맨 뒤로 보내기] 또는 [맨 앞으로 보내기] 등을 이용해 배치 순서를 조정한다.

**10** 별빛 캠핑장이므로 별을 표현해 보자. [삽입]
탭-[일러스트레이션] 그룹-[도형]에서 [타원]을
선택하고 Shift 를 누른 상태에서 드래그하여 정
원을 만든다. [그리기 도구]-[서식] 탭-[도형 스
타일]-[도형 채우기]에서 [색]은 '(7) 흰색', [도형
윤곽선]은 '윤곽선 없음'을 선택한다. 원을 작게
만드는 것이 어렵다면 선택한 후 [그리기 도
구]-[서식] 탭-[크기] 그룹에서 너비와 높이를
조정한다. 여기에서는 '0.09'로 조정했다.

**11** 원의 크기를 '0.05', '0.09' 등 2~3개 버전
으로 만든 후 하늘에 떠 있는 별처럼 배치한다.

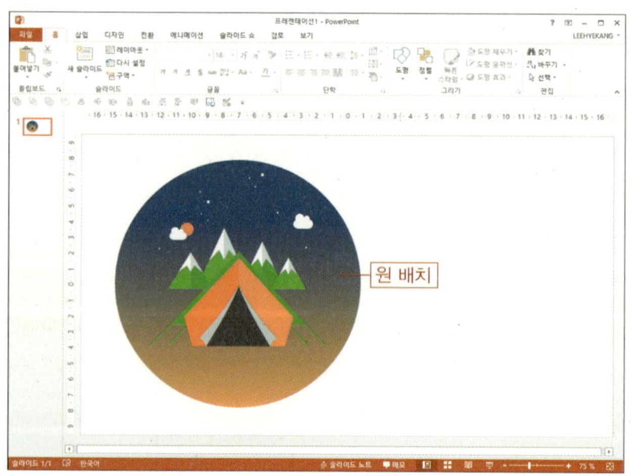


**12** 반짝이는 별을 표현하기 위해 [삽입] 탭-
[일러스트레이션] 그룹-[도형]에서 [다이아몬
드]를 선택하여 세로로 길게 만든다.

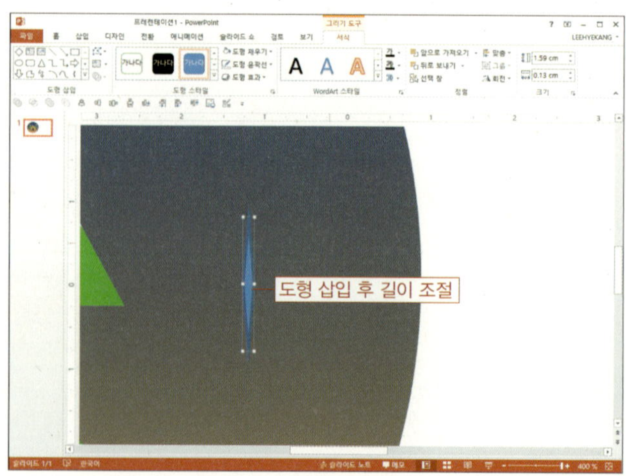

**13** 가로 길이를 줄일 때 일정 사이즈 밑으로 내려가지 않는다면 [그리기 도구]–[서식] 탭–[크기] 그룹에서 너비를 '0.07'로 직접 수정한다.

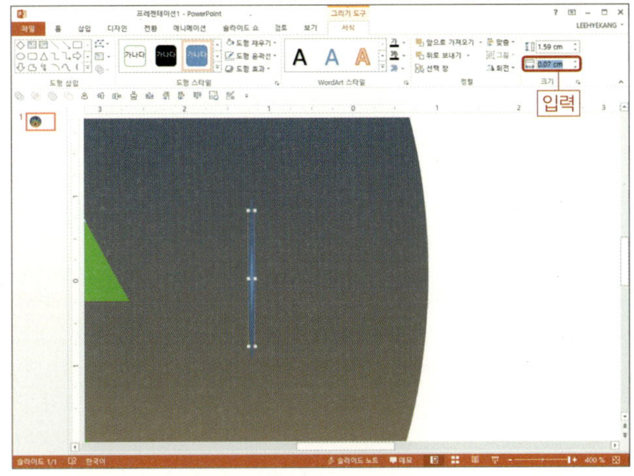

**14** [그리기 도구]–[서식] 탭–[도형 스타일] 그룹–[도형 채우기]에서 [색]을 '(7) 흰색', [도형 윤곽선]은 '윤곽선 없음'을 선택한다. 만들어진 도형을 복제(Ctrl + D)하고 기존의 도형과 겹치도록 배치한 후 Alt 를 누른 채 키보드 오른쪽 방향키를 여러 번 누르면 복제된 도형이 회전한다. 하나 더 복제한 후 사이즈를 조금 줄이고 겹치도록 다시 배치한 후 Alt 를 누른 채 키보드의 오른쪽 방향키를 눌러 그림과 같이 별 모양을 만든다.

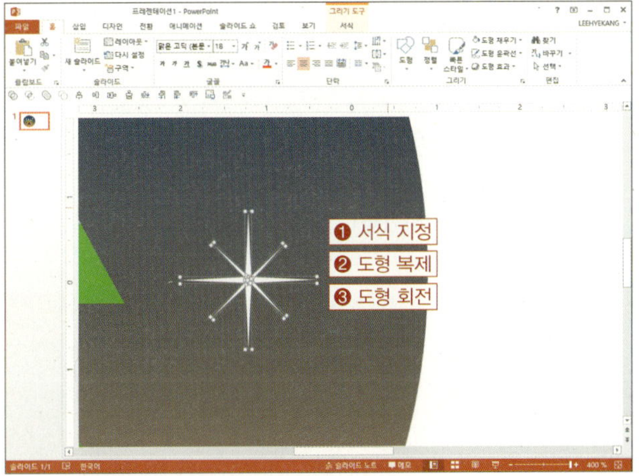


**15** 만들어진 도형을 드래그로 모두 선택하고 [마우스 오른쪽 버튼 클릭]–[개체 서식]을 클릭한다. [도형 서식] 작업창의 [채우기]–[단색 채우기]에서 [투명도]를 '10%'로 변경한다.

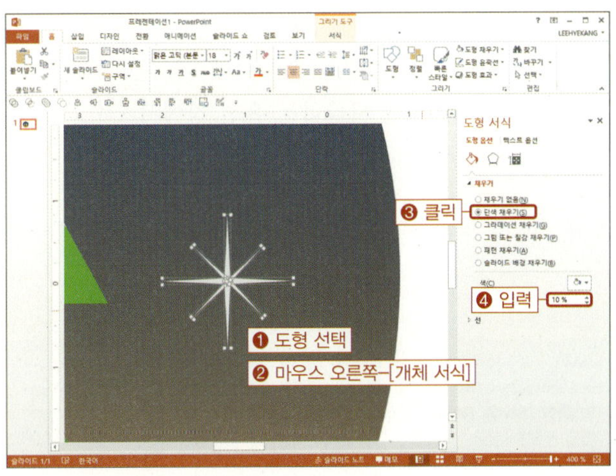

**16** 완성된 별을 그룹 설정(Ctrl + G)한 후 크기를 조절하여 밤하늘 위에 배치한다.

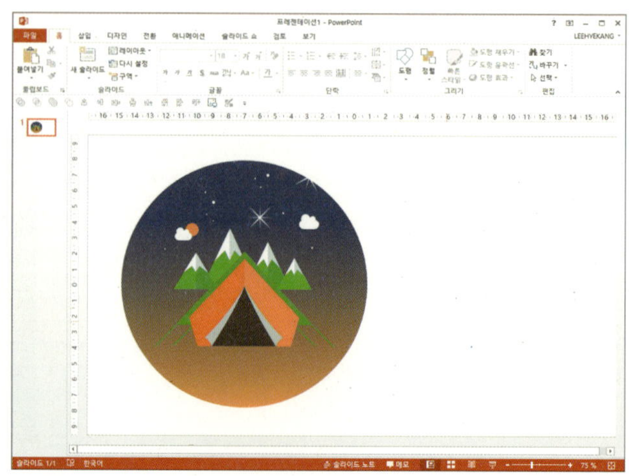

**17** [삽입] 탭-[텍스트] 그룹-[텍스트 상자]를 선택해 텍스트를 입력한 후 서식을 지정한다.

| 텍스트 | 글꼴 / 글꼴 크기 | 글꼴 색 |
| --- | --- | --- |
| 별빛캠핑장 | KoPub바탕체 Light / 32 | (7) 흰색 |
| 사이트 주소 | KoPub바탕체 Light / 14 | (7) 흰색 |

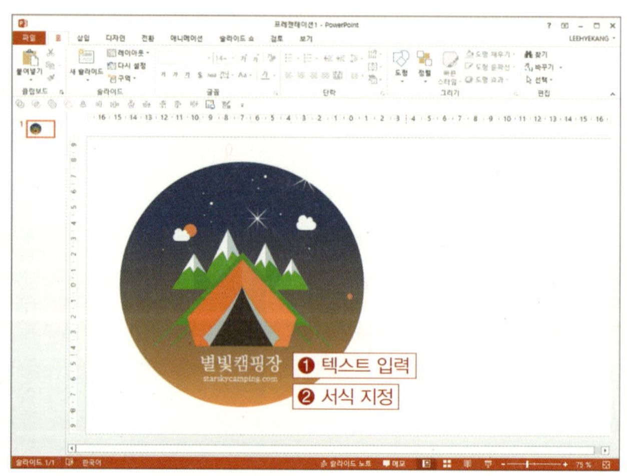


**18** 로고는 그림 형태일 때 사용하기 편하므로, 전체 선택(Ctrl + A)하여 복사(Ctrl + C)한 후 붙여넣기( Ctrl + V)하면 나타나는 옵션 창에서 '(Ctrl)'을 눌러 [붙여넣기 옵션]에서 [그림]을 선택한다.

**19** 파워포인트가 아닌 곳에서 사용하고 싶다면 만든 로고를 그림으로 저장한다. 복사한 이미지를 선택한 후 [마우스 오른쪽 버튼 클릭]−[그림으로 저장]을 선택해 그림으로 저장한다.

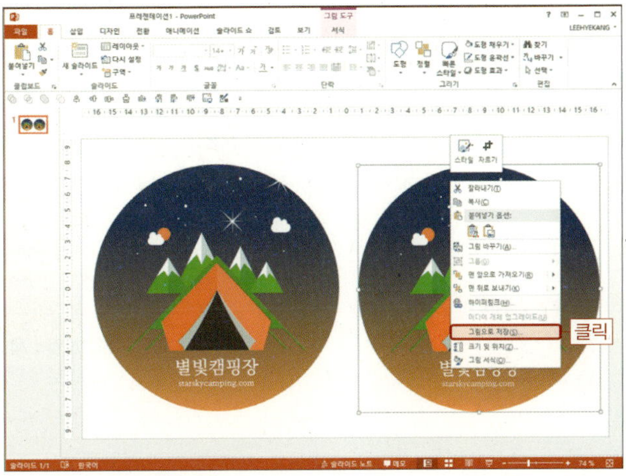

**TIP**

투명색 배경을 그대로 유지하고 싶다면 저장 시 [파일 형식]을 'png 형식'으로 선택한다.

로고를 만드는 일은 쉽지 않지만 무료로 제공하는 소스를 활용하면 회사 또는 개인의 로고를 주제에 맞게 제작할 수 있다. 기존의 소스를 원하는 색으로 변경하고 모양을 변형하여 로고를 만들어보자.

**실전**
따라하기

• 완성파일 : 책읽는캠핑 – 완성.pptx　• 실습자료 : [책읽는캠핑 실습자료] 폴더
• 색상정보 : 책읽는캠핑 – 색상.png

**01** [책읽는캠핑 실습자료] 폴더에서 '로고.pptx' 파일을 실행하고 맘에 드는 로고를 복사(Ctrl + C)한 후 빈 슬라이드에 붙여넣기(Ctrl + V)한다.

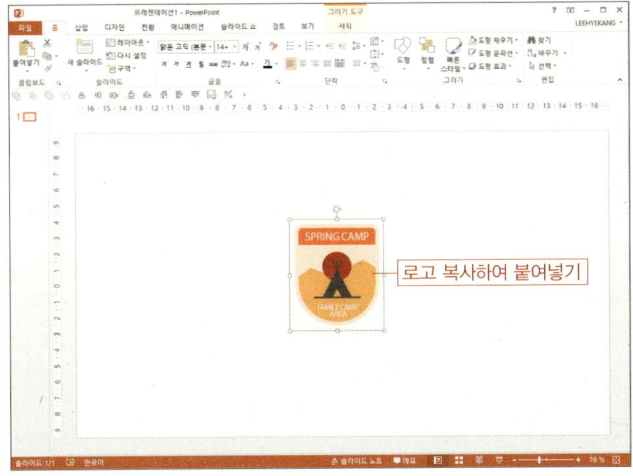


**TIP**
다른 스타일의 로고를 원한다면 'http://freepik.com'에서 'camping', 'logo', 'camping logo' 등을 검색해 마음에 드는 로고를 찾아 EPS 파일을 다운로드받은 후 파워포인트에서 도형으로 변경해 사용한다.

**02** 로고의 크기를 크게 조절한 후 그룹 설정을 해제(Ctrl + Shift + G)한다.

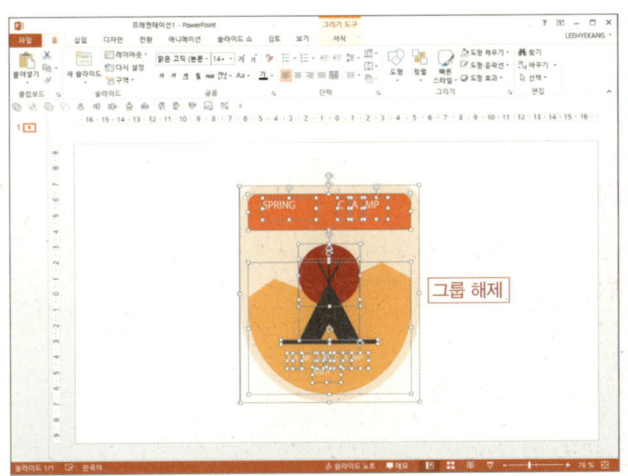


**03** 불필요한 도형을 선택하여 삭제하고, [그리기 도구]–[서식] 탭–[도형 스타일] 그룹–[도형 채우기]에서 [색]은 '(3) 진회색', '(2) 노란색', '(1) 초록색'으로 변경한다.

**04** [삽입] 탭-[텍스트] 그룹-[텍스트 상자]를
선택해 텍스트를 입력한 후 서식을 지정하고 배
치한다.

| 텍스트 | 글꼴 / 글꼴 크기 | 글꼴 색 |
|---|---|---|
| 책 읽는 캠핌장 | 배달의민족 주아 / 40 | (5) 베이지색 |
| www.camping&book.com | 나눔바른고딕 Light / 12 | (4) 검은색 |
| 자연 속에서 책을 읽는 쉼터 | 나눔바른고딕 Light / 20 | (5) 베이지색 |

**05** 책처럼 표현하기 위해 텐트 사이에 줄을 그
어준다. [삽입] 탭-[일러스트레이션] 그룹-[도
형]에서 [자유형]을 선택해 그림과 같이 선을 긋
고 마무리할 지점에서 더블 클릭해 선을 만든
다. [그리기 도구]-[서식] 탭-[도형 스타일] 그
룹-[도형 윤곽선]에서 [선 색]은 '(5) 베이지색',
[두께]는 '1/4pt'로 변경한다.

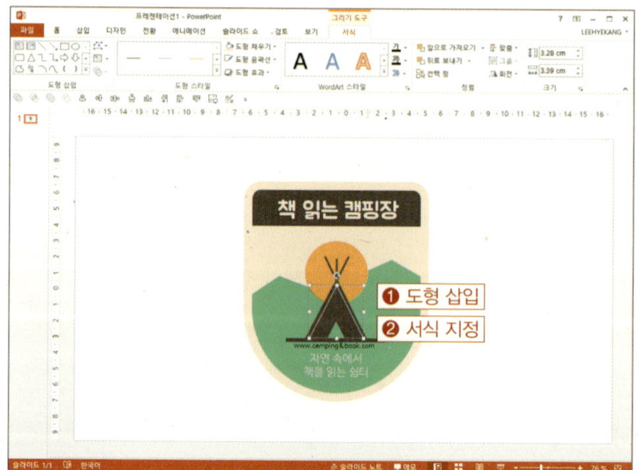


**06** 동일한 방법으로 텐트에 선을 만들어 책처
럼 표현한다.

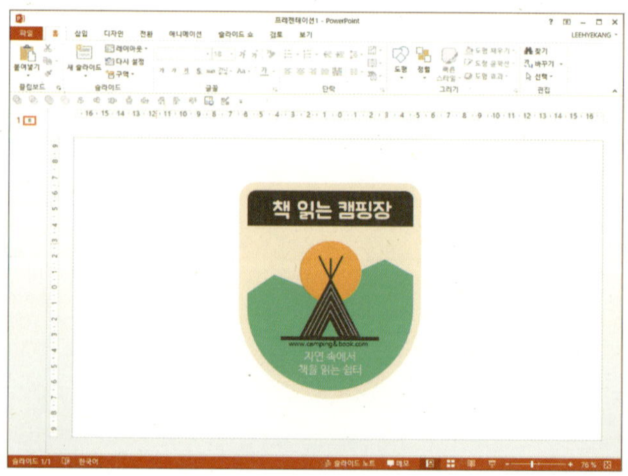

**07** 만들어진 로고는 전체 선택(Ctrl + A)후 [마우스 오른쪽 버튼 클릭]-[그림으로 저장]을 선택한다.

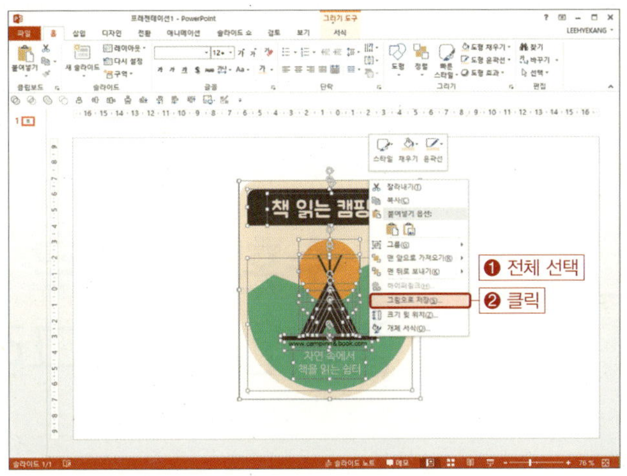

# 22

# 순환 차트로 배열하는
## 캠페인 인포그래픽 만들기

최근 사람이 많이 모이는 공공장소에서 지켜야 할 에티켓 등을 시각적 메시지로 만들어 알리는 캠페인 등이 활발히 전개되고 있다. 자신이 캠페인 기획자라면 어떤 단계를 거쳐 시각적 메시지로 만들어야 하는지 그 절차를 파악하는 것이 중요하다. 캠페인 인포그래픽 기획부터 제작까지 단계별 흐름을 익혀보자.

## SECTION 01 캠페인 인포그래픽 제작을 위한 데이터 분석하기

순환형 차트는 최근 공공시설 내 캠페인을 홍보하는 데 많이 활용된다. '공원에서 할 수 있는 것과 하지 말아야 할 것, 여름철 물놀이에 주의할 5가지, 자원 순환과정' 등 반복적 행위를 담은 내용을 표현하거나 정보를 표현할 수 있는 공간이 여의치 않을 때 순환형 차트를 사용하면 효과적이다.

- 전달화법 : 캠페인 인포그래픽은 주로 설득적 메시지다.
- 주제 : 공간을 기준변수로 주제를 정한다.(지하철, 공원, 인도, 캠핑장)
- 제목 : 단정형 문장을 활용한다.(do, don't, 해야 할 것, 하지 말아야 할 것)
- 비주얼 콘텐츠 배열 : 순환형, 체인형(고리형) 차트를 주로 사용한다.

### 제시사례 ❶ 지하철 백팩 캠페인 인포그래픽 만들기

### ■ 주제 선정 배경

배낭을 멘 본인은 편하겠지만 정작 '주변에는 피해'라는 대전제로부터 출발한다. 최근 남녀노소를 불문하고 학생, 직장인은 물론 등산객들까지 백팩을 멘 사람이 많아졌다. 여기에 스틱까지 꽂혀 있으면 흉기로 돌변하기 때문에 외국에서도 '백팩 피해 줄이기' 운동이 이루어지고 있을 정도이다. 지하철에서 다른 사람에게 피해를 주지 않기 위한 백팩 에티켓을 소개하는 인포그래픽을 제작해 보자.

### ■ 참고 데이터

**참고자료 1**

리서치 자료는 주제를 최종 선정할 때 중요한 근거가 된다. 전체 '지하철 꼴불견' 조사에서 백팩과 관련있는 데이터는 비교적 높은 5위에 선정되었다.

> 최근 알바몬에서는 대학생 1,826명을 대상으로 '지하철 꼴불견'에 대한 조사를 실시하였다. 1위는 소음을 유발할 때(18.7%), 2위는 승하차 시 비켜주지 않을 때(18%), 3위는 다른 사람에게 행패 부릴 때(12%), 4위는 노약자에게 양보한 자리에 다른 사람이 앉을 때(11.3%), 5위는 커다란 백팩 등에 치일 때(10.6%)이며, 기타(29.4%) 순으로 나타났다.

**참고자료 2**

일본 도쿄 메트로에서 백팩 에티켓에 관련한 인포그래픽 포스터를 제작하여 게시한 사례다.

◀ 도쿄 메트로에서 만든 백팩 에티켓 캠페인 포스터

## (1) 1단계 : 정보 기획

- 제목 : 지하철 백팩 에티켓 3가지
- 소주제 1 : 백팩을 벗어 손으로 든다.
- 소주제 2 : 선반에 올려 놓는다.
- 소주제 3 : 백팩을 앞으로 멘다.

본 캠페인에서 중요한 것은 주어와 서술어를 찾는 일이다. '주어'는 지하철을 탄 사람이며 백팩은 '목적어', 백팩을 어떻게 해야 하는가는 '서술어'다. 캠페인에서는 행위, 즉 '동사'를 그림으로 치환하는 것이 중요하다. '손으로 든다', '올려놓는다', '앞으로 멘다' 모두 그래픽으로 나타내야 할 중요한 포인트다.

## (2) 2단계 : 정보 레이아웃 스케치

여러 형태의 정보 구조로 나타낼 수 있지만 대표적인 순환형 차트로 정리할 수 있다. 순환차트는 제목을 상단에 표시하고 소주제를 원형으로 배열하거나 원형으로 배열한 소주제 가운데 제목을 넣어 표시하는 차트를 말한다. 4개 이상의 소주제를 한눈에 살펴볼 수 있다는 장점이 있으며, 정보 작성 공간을 효율적으로 사용할 수 있다. 가상의 선으로 이으면 정사각형 구조가 되어 SNS 등에도 적합한 형태가 된다. 다만, 소개하는 제작 사례는 제목을 상단에 배치한 순환차트이지만 공간적 제약이 있으므로 세로 형태로 제작한다.

- 제목 : 지하철 백팩 에티켓 3가지
- 소주제 1 : 백팩을 벗어 손으로 든다.(do)
- 소주제 2 : 선반에 올려놓는다.(do)
- 소주제 3 : 백팩을 앞으로 멘다.(do)
- 소주제 4 : 백팩을 등에 메고 탄다.(don't)

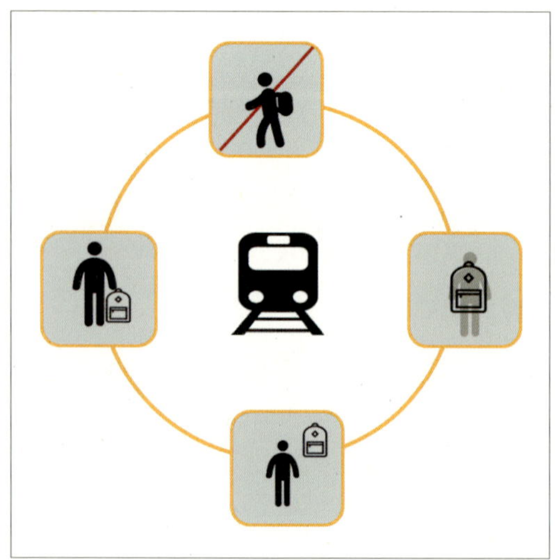

◀ 지하철 백팩 에티켓 3가지를 순환 차트로 나타낸 레이아웃 스케치이다.
원형 구조라 소주제 3개(do)+1개(don't)로 보완한 후 상단에 배열하는 방법을 사용했다.

## (3) 3단계 : 기타 참고 사례

▲ 실루엣 파일+클립아트 파일로 이루어진 홍보용 그래픽 이미지다. 텍스트 정보가 없어 딱 떨어지는 정렬 느낌은 부족하지만 초보자도 이미지 파일 소스를 잘 활용하면 만들 수 있는 좋은 참고 사례다.(출처 : http://gawker.com/a-public-service-announcement-about-your-backpack-1545740112)

# 순환 차트를 이용한 캠페인 인포그래픽 만들기

지하철에서 지켜야 할 에티켓은 포스터로 제작하는 경우가 많으므로 세로 형태로 만드는 것이 좋다. 각 행동 수칙에 맞게 어울리는 이미지를 찾고 해당 동작을 표현한다. 사람의 크기가 달라 포스터에서 정리가 안 될 수 있기 때문에 원이나 직사각형 등으로 형태를 잡아 전체적인 결과물은 하나의 모양으로 통일되도록 한다.

**실전 따라하기**

• 완성파일 : 캠페인 – 완성.pptx  • 실습자료 : [캠페인 실습자료] 폴더
• 색상정보 : 캠페인 – 색상.png

**01** 포스터 형식으로 제작하기 위해 슬라이드 크기를 세로로 긴 형태로 변경한다. [디자인] 탭-[사용자 지정] 그룹-[슬라이드 크기]-[사용자 지정 슬라이드 크기]에서 [방향]-[슬라이드]를 '세로'로 선택한다.

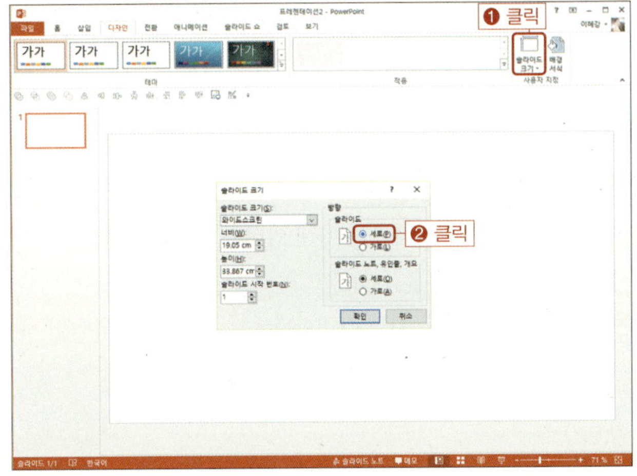


**02** 배경색을 지정하기 위해 [마우스 오른쪽 버튼]-[배경 서식]을 선택한다. [배경 서식] 작업 창의 [채우기]-[그라데이션 채우기]에서 [종류]는 '선형', [각도]는 '90°'로 변경하고, [그라데이션 중지점]은 양 끝에 두 개만 배치한다. 왼쪽 중지점의 [색]은 '(1) 진보라색', 오른쪽의 중지점 [색]은 '(2) 갈색'으로 변경한다.

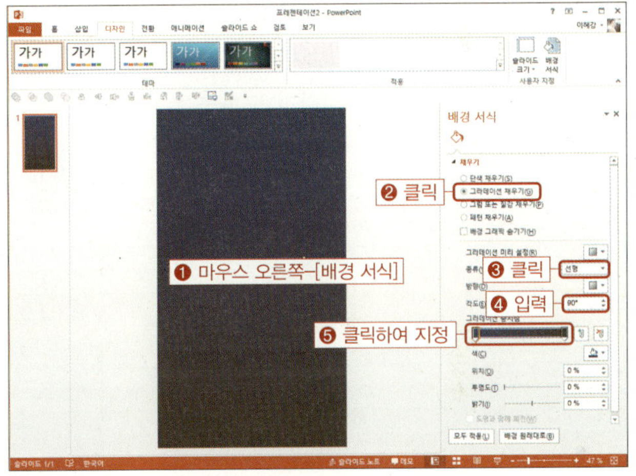


**03** [삽입] 탭-[텍스트] 그룹-[텍스트 상자]를 선택해 텍스트를 입력한 후 서식을 지정하고 배치한다. 이때 '에티켓'의 글자 색만 '(1) 진보라색'으로 변경한다.

| 텍스트 | 글꼴 / 글꼴 크기 / 속성 | 글꼴 색 |
|---|---|---|
| 지하철 백팩 착용 시 ~ | KoPub돋움체 Light / 28 / 부분 굵게 | (5) 흰색, (1) 진보라색 |

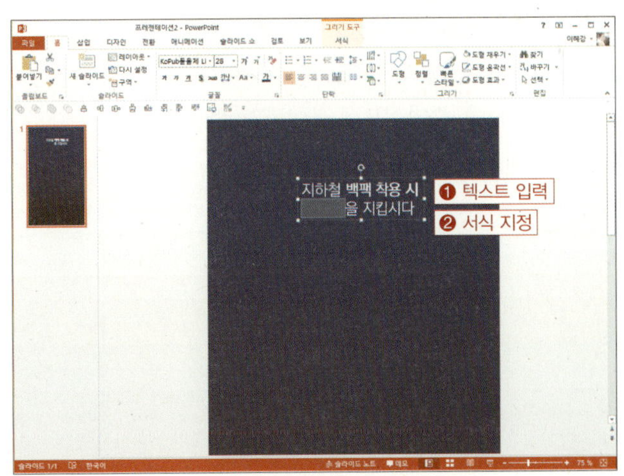

**04** [삽입] 탭–[일러스트레이션] 그룹–[도형]에서 [직사각형]을 선택하여 사각형을 만든다. [그리기 도구]–[서식] 탭–[도형 스타일] 그룹–[도형 채우기]에서 [색]은 '(5) 흰색', [도형 윤곽선]은 '윤곽선 없음'으로 만든 후 '에티켓' 글자에 맞게 배치한다. 글자가 사각형 안에 입력된 것처럼 설정하기 위해 도형을 선택하고 [마우스 오른쪽 버튼]–[맨 뒤로 보내기]를 선택한다.

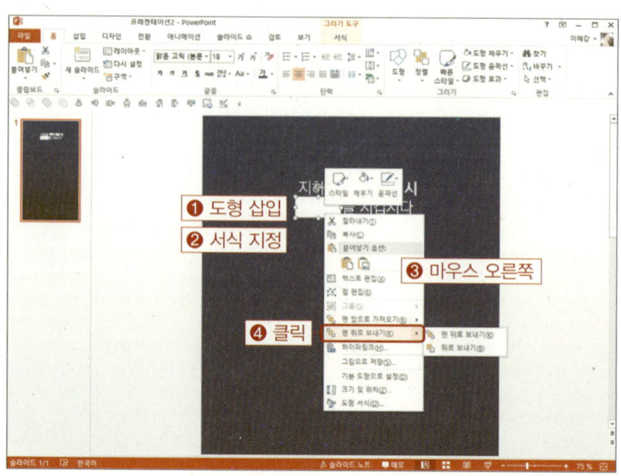


**05** 기존에 보이지 않았던 글자색이 흰색 도형을 통해 강조된다. [캠페인 실습자료] 폴더의 '교통.pptx' 파일을 실행하고 지하철 도형을 복사(Ctrl + C)한 후, 슬라이드에 붙여넣기(Ctrl + V)한다.

**06** [캠페인 실습자료] 폴더의 '사람.pptx' 파일을 실행하고 각 동작에 어울리는 사람을 복사(Ctrl + C)한 후 슬라이드에 붙여넣기(Ctrl + V)한다.

**07** 네 번째 사람 모형은 뒤돌아 서 있는 모습을 표현하기 위해 [삽입] 탭–[일러스트레이션] 그룹–[도형]에서 [타원]을 선택하고 얼굴을 덮을 수 있는 크기로 원을 만든다. [그리기 도구]–[서식] 탭–[도형 스타일] 그룹–[도형 윤곽선]에서 '윤곽선 없음'을 선택한다.

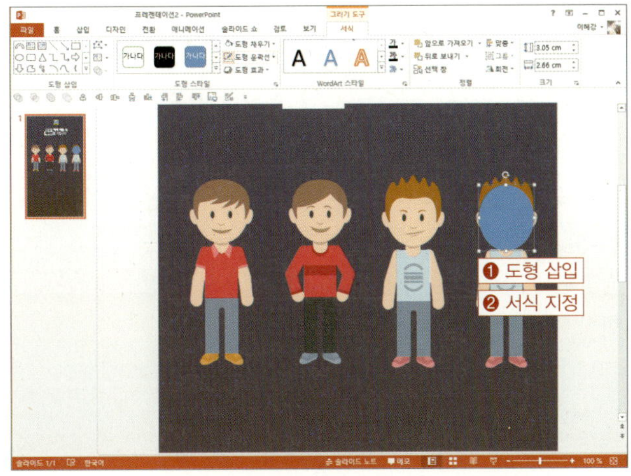


**08** [그리기 도구]–[서식] 탭–[도형 스타일] 그룹–[도형 채우기]에서 [스포이트]를 선택한다. 스포이트 아이콘으로 기존 머리색을 클릭해 원을 동일한 색으로 변경한다.

**09** [캠페인 실습자료] 폴더의 '가방.pptx' 파일을 실행하고 가방을 복사(Ctrl + C)한 후 슬라이드에 붙여넣기(Ctrl + V)하여 각 상황에 맞게 배치한다. 가방을 선반 위에 올린 모습을 표현하기 위해 [삽입] 탭–[일러스트레이션] 그룹–[도형]에서 [직사각형]을 선택하여 가방 아래에 가로로 길게 사각형을 만든다. [그리기 도구]–[서식] 탭–[도형 스타일] 그룹–[도형 채우기]에서 [색]은 '(5) 흰색', [도형 윤곽선]은 '윤곽선 없음'을 선택한다.

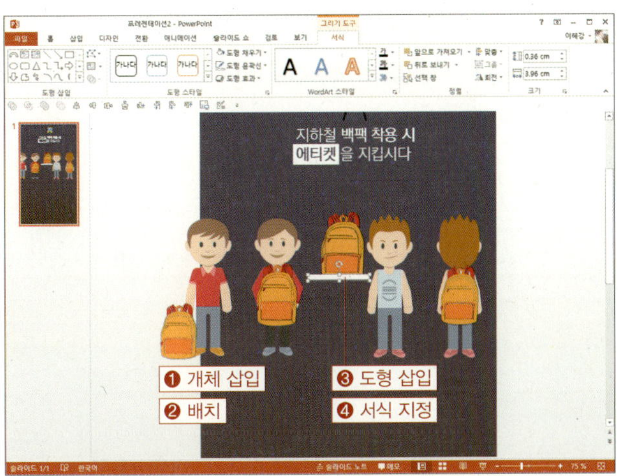

**10** 가방 영역을 강조한 도형을 만들기 위해 [삽입] 탭-[일러스트레이션] 그룹-[도형]에서 [타원]을 선택하고 Shift 를 누른 상태에서 드래그하여 크기가 다른 두 개의 정원을 만든다. 두 개의 원을 선택하고 [그리기 도구]-[서식] 탭-[도형 스타일] 그룹-[도형 채우기]에서 [색]은 '(5) 흰색', [도형 윤곽선]은 '(5) 흰색'으로 변경한다.

**11** 두 도형을 겹치게 배치하고 선택한 후 [마우스 오른쪽 버튼 클릭]-[개체 서식]을 선택한다. [도형 서식] 작업창의 [채우기]-[단색 채우기]에서 [투명도]를 '40%'로 변경한다.

> **TIP**
> 두 도형을 정확하고 빠르게 간격에 맞게 배치하기 위해서 [빠른 실행 도구 모음]에서 [개체 가운데 맞춤], [개체 가운데 정렬]을 선택해 배치한다.

**12** 만든 두 도형을 선택하여 그룹 설정(Ctrl + G) 후 3개 더 복제(Ctrl + D)하여 배낭 위에 하나씩 배치한다.

**13** 도형으로 되어 있는 아이콘은 자르기가 불편하므로 도형을 그림으로 변경한다. 첫 번째 도형을 선택하여 복사( Ctrl + C )하고 붙여넣기( Ctrl + V )한다. 이때 나타나는 '(Ctrl)'을 눌러 [붙여넣기 옵션]에서 [그림]을 선택하면 그림으로 변경된다.

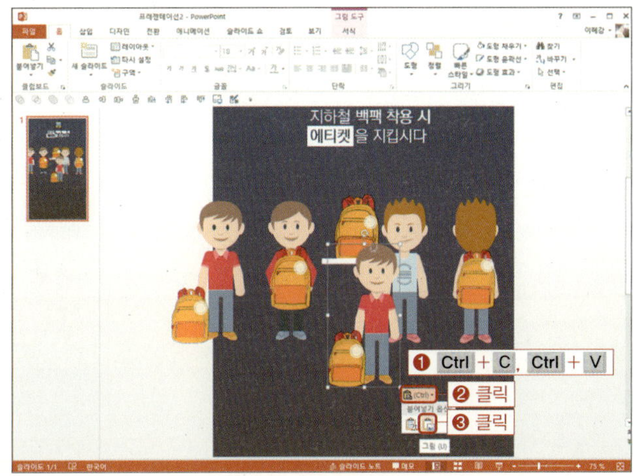


**14** 동일한 방법으로 나머지 도형도 모두 그림으로 변경한 후 그림과 같이 배치한다. 기존의 도형은 삭제해도 되고, 향후 수정이 있을 것에 대비해 2번째 슬라이드에 임시로 저장해 두어도 된다.

**15** [삽입] 탭-[일러스트레이션] 그룹-[도형]에서 [타원]을 선택하고 Shift 를 누른 상태에서 드래그하여 정원을 만든다. 만들어진 정원을 복제( Ctrl + D )하여 4개를 더 만든다. 4개의 원은 각각의 이미지 위에 배치하고, 나머지 한 개는 크기 참고를 위해 슬라이드 옆에 둔다.

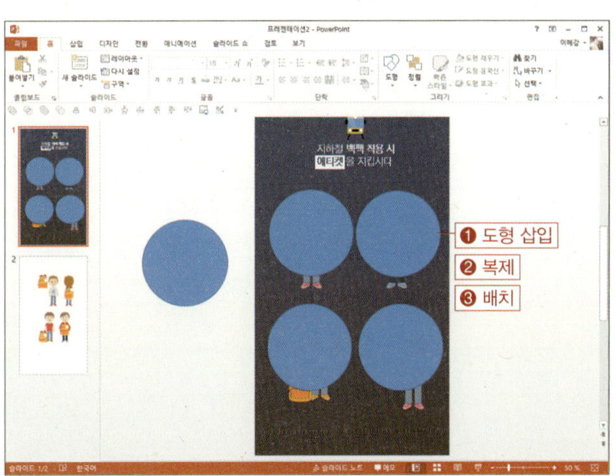


**TIP**
도형과 그림을 교차하는 것은 파워포인트 2013 이상 버전에서만 가능하다. 2010 이하 버전이라면 똑같진 않지만 도형 안에 그림을 넣는 방법으로 비슷하게 할 수 있다.

**16** 원 4개를 선택하고 [마우스 오른쪽 버튼 클릭]-[맨 뒤로 보내기]를 선택한다. 원과 그림이 겹치는 부분만 남으면 가방이 중심이 될 수 있도록 배치한다.

**17** 그림을 선택하고 Ctrl 을 누른 상태에서 원을 선택한 후 [빠른 실행 도구 모음]에서 [도형 교차]를 선택하면 그림과 도형이 겹치는 부분만 남게 된다. 같은 방법으로 다른 세 개의 이미지와 도형도 [도형 교차]를 실행한다.

**18** [삽입] 탭-[일러스트레이션] 그룹-[도형]에서 [막힌 원호]를 선택하고 노란점을 선택한 후 Shift 를 누른 상태에서 드래그하여 모양이 왜곡되지 않은 막힌 원호를 만든다.

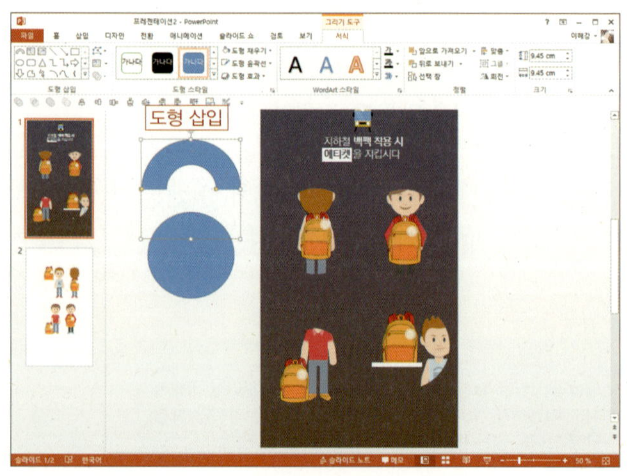

**19** 막힌 원호의 크기를 기존 원과 동일한 사이즈로 변경한다. 막힌 원호에는 두 개의 노란 점이 생기는데 오른쪽 노란 점을 선택하여 두께와 길이를 조정한다.

**참고**
기존 도형과 구분하기 위해 임의로 도형의 색을 빨간색으로 변경하였다.

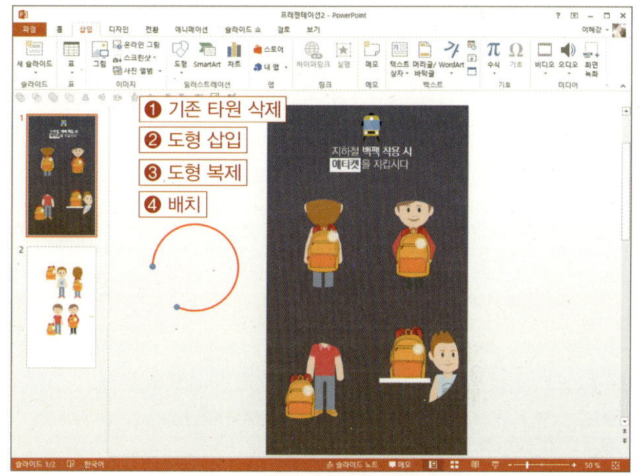


**20** 기존의 타원을 선택하여 삭제(Delete)한다. [삽입] 탭-[일러스트레이션] 그룹-[도형]에서 [타원]을 선택하여 원을 만들고 똑같은 원을 하나 더 복제(Ctrl + D)하여 막힌 원호 끝에 배치한다.

**21** 막힌 원호와 원 2개를 선택하고 [빠른 실행 도구 모음]에서 [도형 병합]을 선택해 하나의 도형으로 만든 후 각 행동 수칙 위에 배치한다. 기존의 원 모양에 따라 막힌 원호의 크기를 조정했기 때문에 사이즈가 맞게 들어갈 것이다.

**22** 도형을 선택하고 [마우스 오른쪽 버튼 클릭]–[도형 서식]을 클릭한다. [도형 서식] 작업 창의 [채우기]–[그라데이션 채우기]에서 [종류]는 '선형', [각도]는 '180°'로 변경한다. [그라데이션 중지점]은 총 2개를 만들고 왼쪽 중지점의 [색]은 '(3) 하늘색', 오른쪽 중지점의 [색]은 '(4) 노란색'으로 변경하고 '선 없음'을 지정한다. 도형을 복제(Ctrl + D)하여 다른 행동 수칙 위에도 배치한 후 초록 점을 이용해서 회전하여 뚫린 부분이 지그재그가 되도록 한다.

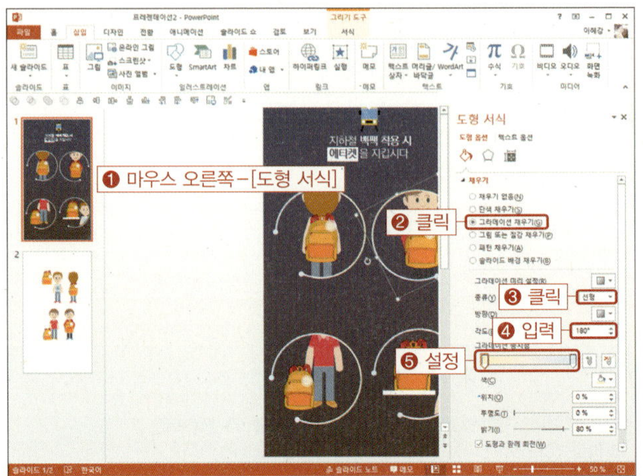


**23** 각각의 그림과 도형은 하나의 세트로 그룹 설정(Ctrl + G)하고 개체들의 위치를 맞추어 정리한다.



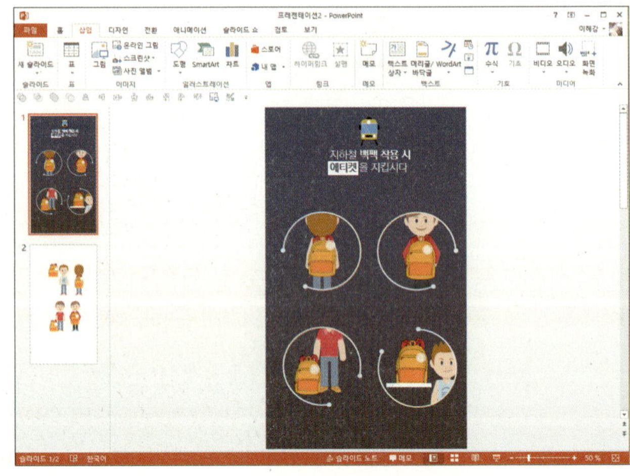

**24** 금지에 해당하는 부분에는 [삽입] 탭–[일러스트레이션] 그룹–[도형]에서 [직사각형]을 선택하여 가로로 길게 만든 후 회전바를 이용해 대각선으로 회전시키고 22번에서 사용한 '그라데이션'을 적용하고 '선 없음'을 선택한다.



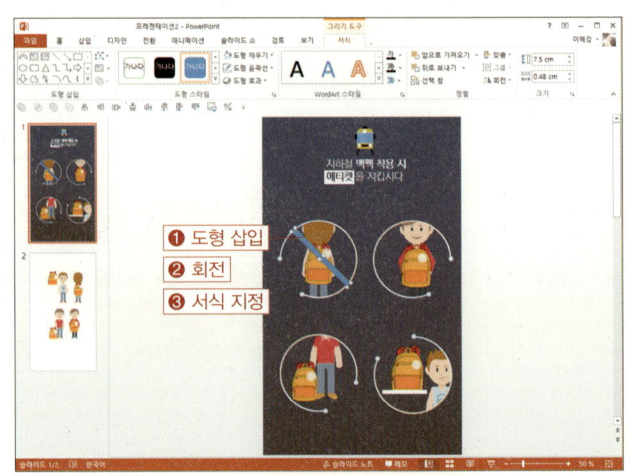

**25** 금지 표시할 도형과 그림을 선택하고 그룹 설정을 해제(Ctrl + Shift + G)한다. 막힌 원호 도형을 선택하고 Ctrl 을 누른 채 직사각형을 선택한 후 [빠른 실행 도구 모음]에서 [도형 병합]을 선택한다.

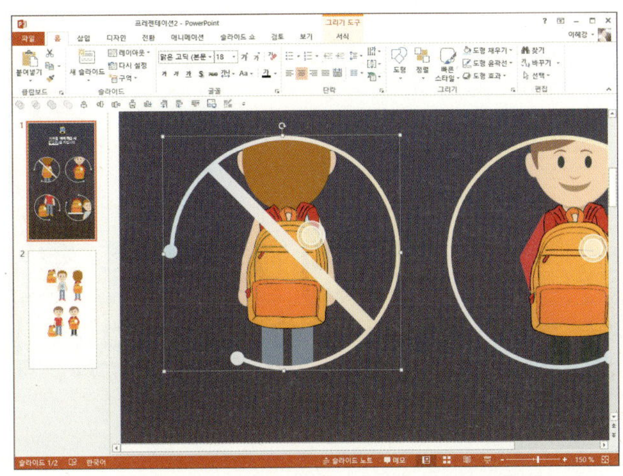



**26** [삽입]–[텍스트] 그룹–[텍스트 상자]를 선택해 텍스트를 입력한 후 서식을 지정하고 배치한다.

| 텍스트 | 글꼴 / 글꼴 크기 | 글꼴 색 |
| --- | --- | --- |
| DON'T, DO | 나눔고딕 ExtraBold / 28 | (5) 흰색 |
| 행동 수칙 | 나눔바른고딕 Light / 18 | (5) 흰색 |

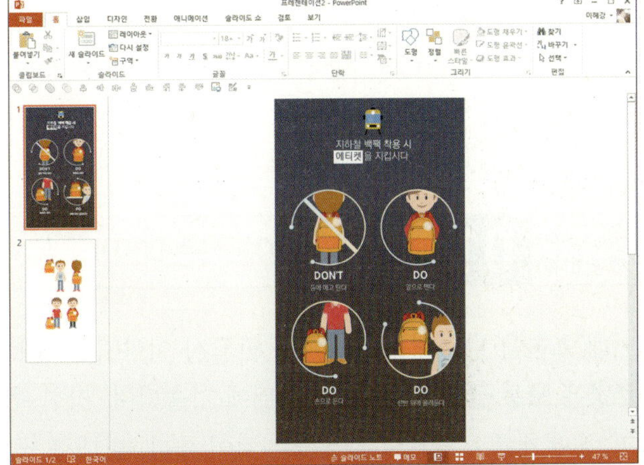

# 근거 자료를 활용한 방사형
## 인포그래픽 만들기

IT 최신 정보를 설명하는 데이터가 정보와 숫자가 혼합된 자료를 하나의 인포그래픽으로 표현하기란 쉽지 않다. 특히 IT는 기술용어를 먼저 이해한 후 이를 쉬운 용어로 재정의해야 하기 때문에 많은 제작자가 IT 관련 자료를 분석하는 데 어려움을 갖는다. 기술용어가 포함된 자료는 '우리 실생활에 어떤 의미가 있는지'에 대한 근원적 고민을 가지고 자료를 읽으면 보다 쉽게 자료 요약을 할 수 있다.

## SECTION 01 흐름을 보여주는 데이터 분석하기

미래 흐름을 나타내는 정보에는 반드시 이야기를 풀어가는 사람의 강한 주장이 들어간다. 글쓴이의 주장은 보통 글의 맨 앞이나 맨 뒤에 기술되며, 강한 주장에 대한 근거로 제시할 수 있는 통계가 있다면 이 통계를 포인트로 활용하는 것이 좋다. 반대로 근거의 이유가 부족한 문장이나 불필요한 내용은 해독을 저해하는 요소이므로 우선적으로 제거하는 것이 좋다.

### (1) 1단계 : 제시정보

"인터넷이 지구상 모든 사람들을 하나로 연결했다면 사물인터넷(IoT)은 지구상 모든 것들을 하나로 연결할 것이다." 현재 글로벌 정보통신기술(ICT)의 핵심 키워드는 '연결'이다. 그 연결의 중심에는 IoT가 있다. 최근 들어 IoT가 가장 각광받는 분야로 떠오르고 있는 이유다. 전 세계 IoT 시장 규모는 올해 2370억 달러에서 △ 2015년 2920억 달러 △ 2016년 3690억 달러 △ 2017년 5050억 달러로 급성장할 것으로 보인다. 2020년에는 1조 달러 시대가 열릴 것으로 예상된다. 국내 IoT 시장도 지난해 2조 3000억 원에서 2020년 17조 1000억 원으로 연평균 32.8% 성장할 것이라는 전망이 나와 있다. 정부는 물론 기업들도 이런 '황금 시장'을 그냥 둘 리가 없다. 국내 통신시장 포화로 하루빨리 차세대 성장 동력을 발굴해야 하는 SK텔레콤, KT, LG유플러스 등 이동통신 3사는 IoT 기술 선점에 기업의 미래를 걸었다. 삼성전자, LG전자 등 제조업 강자들도 IoT 시장을 주도하기 위해 투자를 아끼지 않고 있다.

| 국내 사물인터넷(IoT) 시장 규모 |
| --- |
| 2013년 : 2조 3470억 |
| 2014년 : 2조 7040억 |
| 2015년 : 3조 3490억 |
| 2016년 : 4조 4480억 |
| 2017년 : 6조 8920억 |
| 2018년 : 9조 6350억 |
| 2019년 : 12조 8630억 |
| 2020년 : 17조 760억 |

(자료 : 마키아리서치, 스트라코프)

## (2) 2단계 : 자료 요약

제시된 자료에서는 '사물인터넷'이 글로벌 정보통신기술(ICT)의 핵심 키워드라고 주장하고 있다. 강한 주장을 도입부에 제시한 것이다. 문장 도입부에 강한 주장 또는 주제가 나오는 경우 이후의 문장에는 주장을 뒷받침할 수 있는 근거(주장을 하는 이유)를 설명하는 예시 데이터가 나오기 마련이다. 따라서 정보 기획자는 후반부에 나오는 근거가 되는 데이터를 분석해야 한다. 이 데이터가 어떤 형식으로 이루어져 있는지에 따라 그래픽 표현 방법이 달라지기 때문이다.

"인터넷이 지구상 모든 사람들을 하나로 연결했다면 사물인터넷(IoT)은 지구상 모든 것들을 하나로 연결할 것이다." "현재 글로벌 정보통신기술(ICT)의 핵심 키워드는 '연결'이다.(강한 주장) 그 연결의 중심에는 IoT가 있다. 최근 들어 IoT가 가장 각광받는 분야로 떠오르고 있는 이유다. 전 세계 IoT 시장규모는 올해 2370억 달러에서 △2015년 2920억 달러 △2016년 3690억 달러 △2017년 5050억 달러로 급성장할 것으로 보인다. 2020년에는 1조 달러 시대가 열릴 것으로 예상된다. (세계 IoT시장 규모) 국내 IoT 시장도 지난해 2조3000억 원에서 2020년 17조 1000억 원으로 연평균 32.8% 성장할 것이라는 전망이 나와 있다. (국내 IoT시장 규모) 정부는 물론 기업들도 이런 '황금 시장'을 그냥 둘 리가 없다. 국내 통신시장 포화로 하루빨리 차세대 성장동력을 발굴해야 하는 SK텔레콤, KT, LG유플러스 등 이동통신3사는 IoT 기술 선점에 기업의 미래를 걸었다. 삼성전자, LG전자 등 제조업 강자들도 IoT 시장을 주도하기 위해 투자를 아끼지 않고 있다.

| 국내 사물인터넷(IoT) 시장 규모 |
| --- |
| 2013년 : 2조 3470억 |
| 2014년 : 2조 7040억 |
| 2015년 : 3조 3490억 |
| 2016년 : 4조 4480억 |
| 2017년 : 6조 8920억 |
| 2018년 : 9조 6350억 |
| 2019년 : 12조 8630억 |
| 2020년 : 17조 760억 |

(자료 : 마키아리서치, 스트라코프)

**TIP**

**제작자의 선택**

❶ 자료는 사물인터넷이 지닌 가치(주장), 세계 시장 규모(근거 1), 국내 시장 규모(근거 2), 국내 시장 연도별 규모(근거 3) 등 크게 4개의 글 뭉치로 이루어져 있다.

❷ 세계 시장 규모와 국내 시장 규모 중 하나의 자료는 버려야 한다.(국내 시장 규모 데이터 채택)

❸ 근거를 나타내는 자료는 연도별 시장 규모를 나타내고 있으므로 그래프로 나타낸다.

## (3) 3단계 : 자료 배열 및 레이아웃 스케치

### ■ 자료 배열

**"글로벌 정보통신기술(ICT)의 핵심 키워드는 연결"**

국내 IoT 시장도 지난해 2조 3000억 원에서 2020년 17조 1000억 원으로 연평균 32.8% 성장할 것이라는 전망이다. 국내 사물인터넷(IoT) 시장 규모 2013년 : 2조 3470억, 2014년 : 2조 7040억, 2015년 : 3조 3490억, 2016년 : 4조 4480억, 2017년 : 6조 8920억, 2018년 : 9조 6350억, 2019년 :12조 8630억, 2020년 : 17조 760억이다.

(자료 : 마키아리서치, 스트라코프)

## ■ 레이아웃 스케치

주제 : 글로벌 정보통신기술(ICT)의 핵심 키워드 '연결'

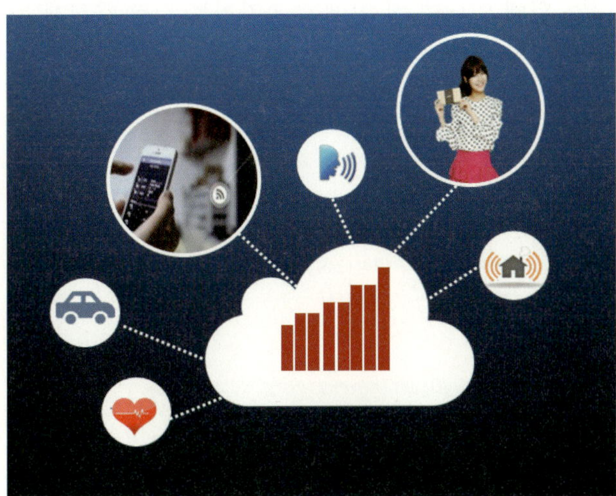

▲ 사물인터넷이 갖는 의미와 국내 시장 규모를 방사형 차트로 그린 레이아웃 스케치로 메인 이미지는 클라우드. 클라우드에 연결된 그림은 사물인터넷이 적용되는 분야를 나타내는 상징적 사진을 사용했다. 자동차, 의료, 홈 가전, 스마트폰 등이다. 중요한 것은 데이터로 나타내야 할 2013년부터 2020년까지의 시장 규모다. 적합한 그래프는 수직 막대그래프다.

▲ 픽토그램 이미지만 사용해 방사형 차트로 표현한 사물인터넷 인포그래픽 사례
  (출처 : http://thenewstack.io/what-does-it-mean-to-be-on-the-internet-of-things/)


**그래프 작성 팁**

❶ X축(독립변수)은 연도다. 그래프 개수는 2013년부터 2020년까지 총 8개다.

❷ Y축(종속변수)는 시장 규모이며 단위는 '조 원'이다.

❸ Y축 최소값 2조, 최대값 17조다. Y값이 움직이는 전체 범위를 파악해야 한다.

❹ 그래프 위에 '연도별 IoT 국내 시장 규모'라는 제목을 넣는다.

# 연도별 IoT 국내 시장 규모를 나타내는 인포그래픽 만들기

연도별로 성장하는 IoT 국내 시장 규모를 나타내기 위해 인터넷 창 안에는 증가하는 시장 규모를 차트로 표현한다. 현재 수치와 미래 수치는 차트 내에서 색으로 구별한다. 인터넷 창 주변으로는 IoT를 떠올릴 수 있는 IT 제품 등을 네트워크망과 같이 퍼져 나가는 모습으로 표현한다.

**실전**
**따라하기**

- 완성파일 : IoT – 완성.pptx   • 실습자료 : [IoT 실습자료] 폴더
- 색상정보 : IoT – 색상.png

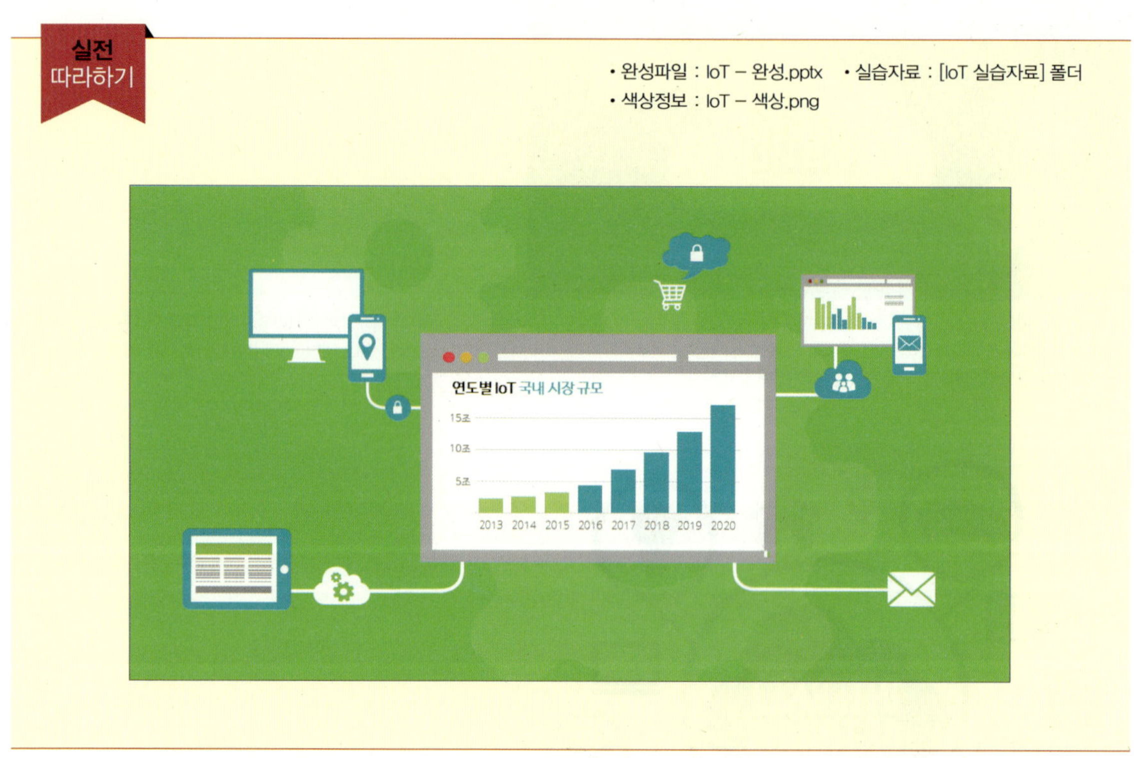

**01** 배경색을 지정하기 위해 빈 슬라이드에서 [마우스 오른쪽 버튼 클릭]–[배경 서식]을 선택한다. [배경 서식] 작업창의 [채우기]–[단색 채우기]에서 [색]을 '(1) 초록색'으로 변경한다.



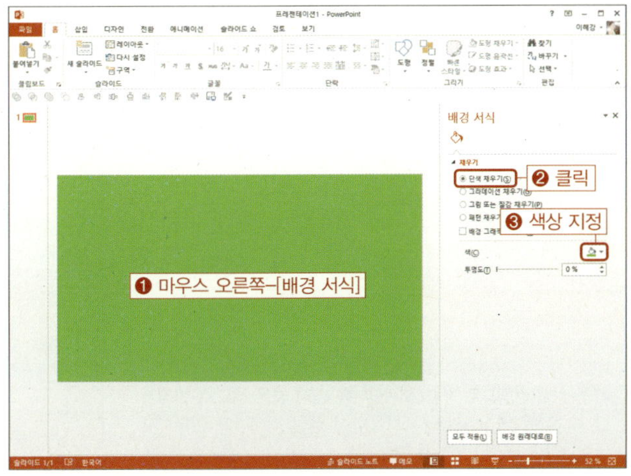

> **TIP**
> 2010 이하 버전에서는 [디자인] 탭 – [페이지 설정] 그룹–[페이지 설정]에서 [너비] '33.846cm', [높이] '19.05cm'로 변경한다.

**02** [IOT 실습자료] 폴더의 'network.pptx' 파일을 실행하고 배경으로 사용할 톱니 바퀴를 복사(Ctrl + C)한 후 슬라이드에 붙여넣기(Ctrl + V)하고 그림과 같이 크기를 조절한다.

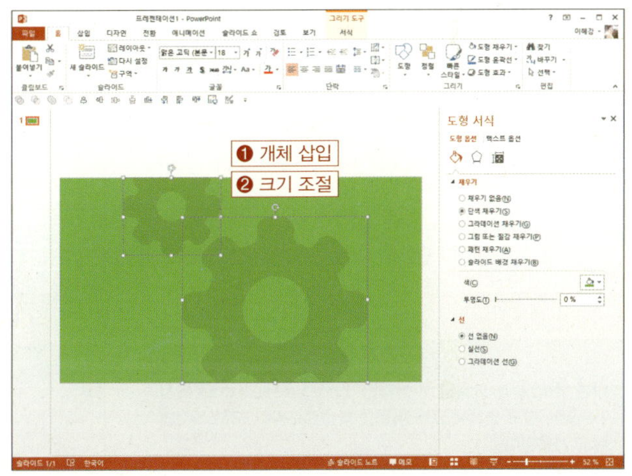


**03** 복사한 도형의 색이 배경색과 어울리지 않으므로 도형을 선택하고 [도형 서식] 작업창의 [색]을 배경색과 동일한 '(1) 초록색'으로 변경한 후 다시 [색]–[다른 색]을 선택한다.

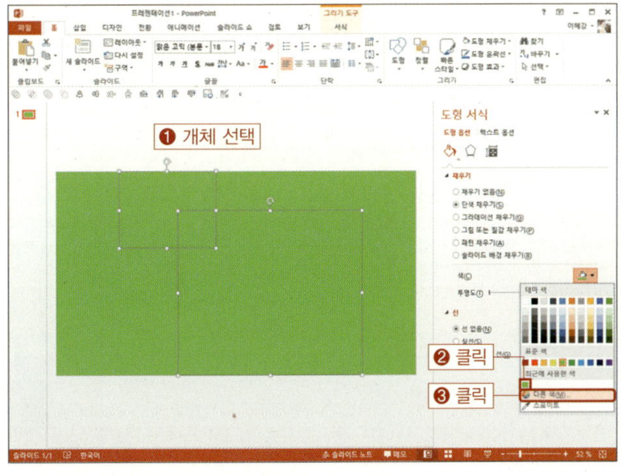

**04** [사용자 지정] 탭–[색]의 오른쪽 막대에서 기존의 색보다 살짝 연하게 색을 변경한다.

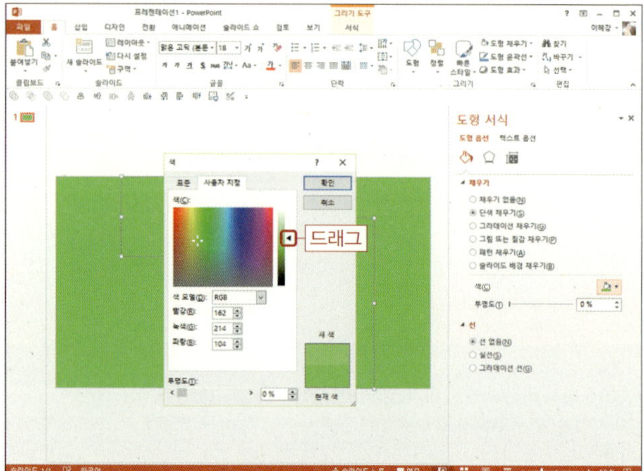



TIP
비슷한 색 컨셉으로 변경하고 싶다면 먼저 같은 색으로 변경한 후 [다른 색]의 [사용자 지정]에서 색상 막대바를 상하로 드래그하여 밝거나 어둡게 변경한다.

**05** [IOT 실습자료] 폴더의 'network.pptx' 파일을 실행하고 마음에 드는 아이콘을 복사(Ctrl + C)한 후 슬라이드에 붙여넣기(Ctrl + V)한다.

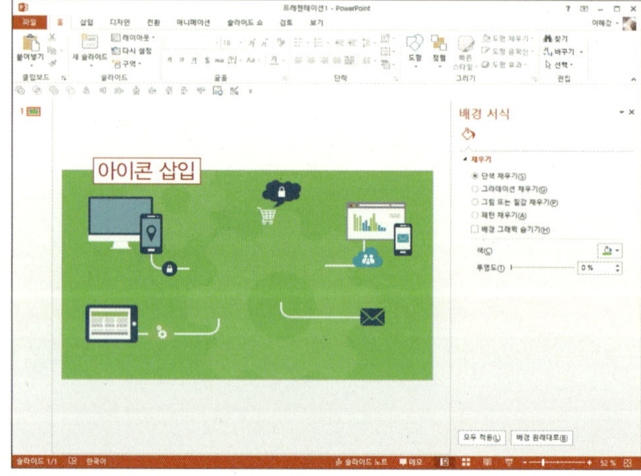



TIP
다른 스타일의 파일을 원한다면 'http://freepik.com'에서 'network'라고 검색해 EPS 파일을 다운로드받아 도형으로 변형해 사용한다.

**06** 국내시장 규모의 그래프를 표현할 인터넷 창 이미지도 'network.pptx' 파일에서 복사(Ctrl + C)한 후 붙여넣기(Ctrl + V)한다. 가장 마지막에 붙여 넣었기 때문에 다른 도형 아이콘보다 위에 있게 된다.

**07** 복사한 도형들은 색의 통일성이 없으므로 색을 변경한다. 각각의 아이콘을 선택하여 '(2) 파란색', '(4) 흰색', '(5) 회색', '(6) 분홍색', '(7) 연두색'으로 변경한다.

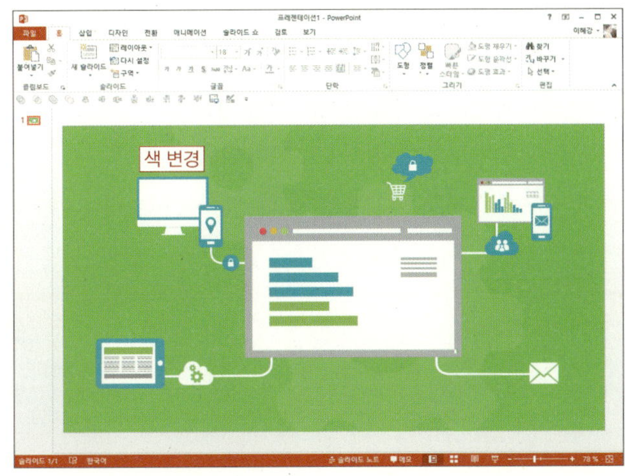


**08** 가운데 인터넷 창은 그룹 설정 해제(Ctrl + Shift + G) 후 불필요한 도형을 삭제(Delete)한다.

**09** [삽입] 탭-[일러스트레이션] 그룹-[차트]에서 [세로 막대형]-[묶은 세로 막대형]을 선택한 후 [확인]을 클릭한다.

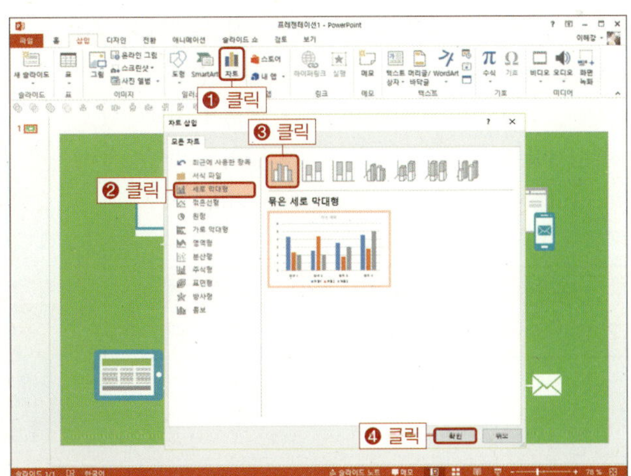

**10** 엑셀 창에 뜨면 '계열 1'만 남기고 나머지는 모두 삭제(Delete)한다. 행에는 2013~2020까지 입력한다. 데이터 값이 없어 메시지가 나타나지만 무시하고 계속 추가하면 된다. 선택 범위가 그림과 같이 되어 있지 않다면 드래그해 조정한다.

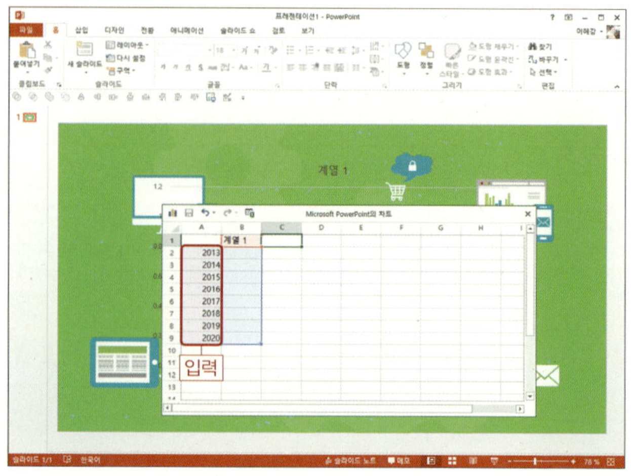

**11** 데이터 값은 조 단위이기 때문에 원래의 수치를 그대로 적을 경우 너무 커 차트에서 데이터 구분이 되지 않는다. 억 단위를 기준으로 하여 수치를 적어준다. 완료 후 ×를 눌러 엑셀 창을 닫는다.

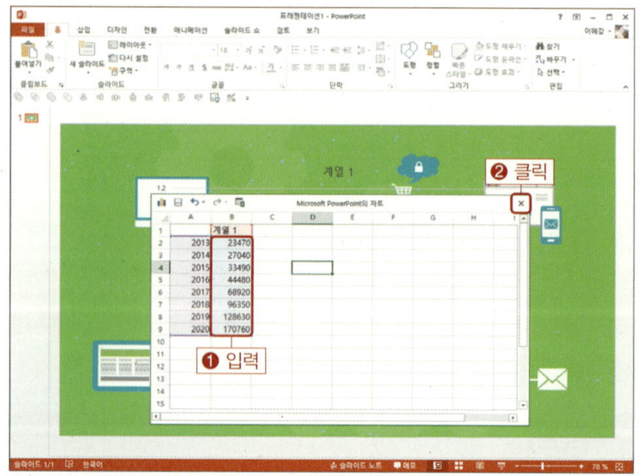

**12** 만들어진 막대그래프는 인터넷 창 크기에 맞게 조정한 후 배치한다. 제목, 계열에 관련된 항목은 선택하여 삭제(Delete)한다. X축을 선택하여 서식을 지정한다. Y축은 차후 단위를 변경할 것이므로 속성을 변경하지 않아도 된다.

| 텍스트 | 글꼴 / 글꼴 크기 | 글꼴 색 |
| --- | --- | --- |
| 2013~2020 | 나눔바른고딕 Light / 11 | (3) 검은색 |

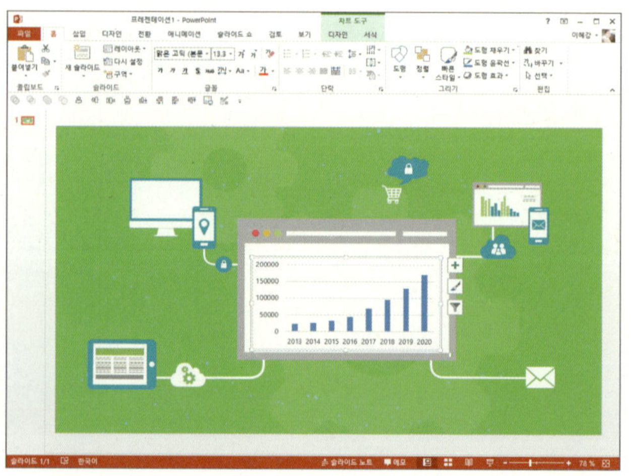

**13** 차트의 막대그래프를 선택하고 [마우스 오른쪽 버튼 클릭]−[채우기]에서 각각의 [색]을 과거는 '(7) 연두색', 미래 예측은 '(2) 파란색'으로 변경한다. 막대를 한 번만 선택하면 막대그래프 전체색이 변경되므로, 선택된 상태에서 다시 한 번 선택해야 막대 색을 개별적으로 변경할 수 있다.

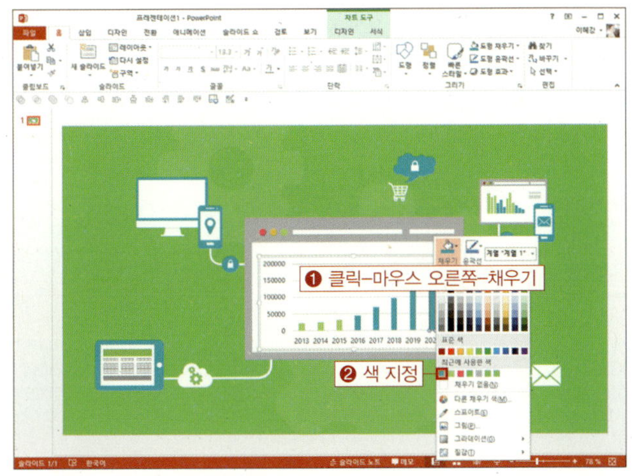


**14** 막대를 다시 선택한 후 [마우스 오른쪽 버튼 클릭]−[데이터 계열 서식]을 선택한다. [데이터 계열 서식] 작업창의 [계열 옵션]−[간격 너비]를 '35%'로 변경해 막대의 두께를 변경한다.

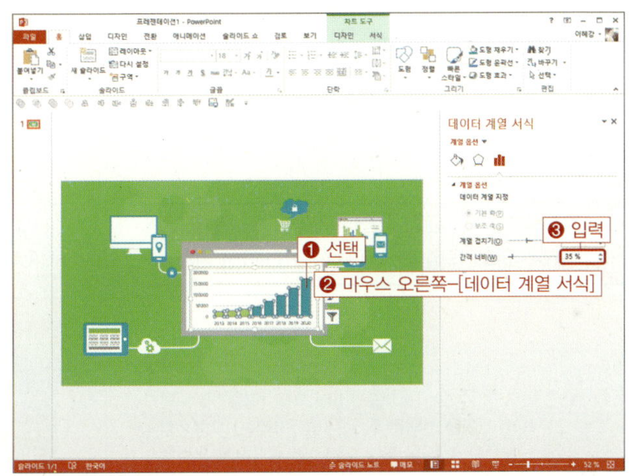


**15** 왼쪽의 축 서식은 임의로 억 단위까지만 표현했기 때문에 실제 데이터의 수치와는 다르다. 삭제 후 다시 입력하기 전에 안내선을 변경한다. 축을 선택하면 자동으로 오른쪽 창이 [축 서식] 창으로 변경되고, [축 옵션]에서 축 옵션 아이콘인 막대 차트 모양을 선택한다. [최소값]은 '0', [최대값]은 '180000'으로 변경해 안내선의 간격을 조정한다.

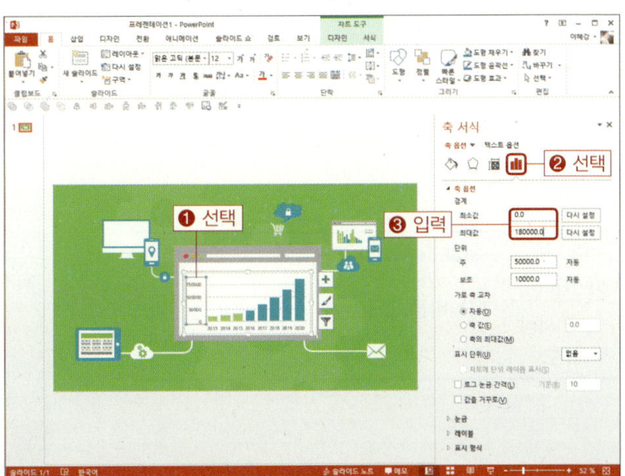

**16** 안내선이 변경되었으므로, 왼쪽 축 영역을 선택 후 삭제(Delete)한다.

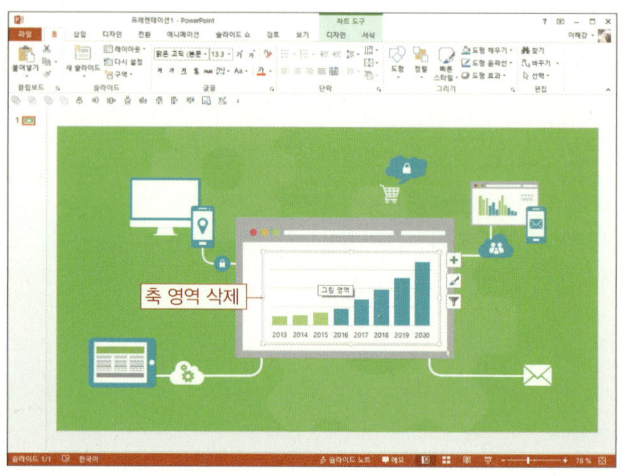


**17** [삽입]–[텍스트] 그룹–[텍스트 상자]를 선택해 축의 텍스트를 조 단위로 입력하고 서식을 지정한다.

| 텍스트 | 글꼴 / 글꼴 크기 | 글꼴 색 |
|---|---|---|
| 15조, 10조, 5조 | 나눔바른고딕 Light / 11 | (3) 검은색 |

**TIP**
텍스트를 따로 적을 때는 [홈] 탭–[단락] 그룹–[정렬]에서 '텍스트 오른쪽에 맞춤'을 선택한 후, [홈] 탭–[그리기] 그룹–[정렬]–[맞춤]–[오른쪽 맞춤]을 통해 정렬하면 깔끔하게 오른쪽 맞춤을 할 수 있다.

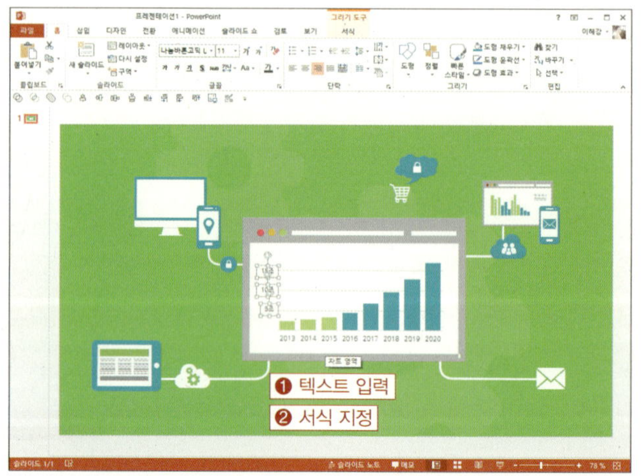


**18** [삽입]–[텍스트] 그룹–[텍스트 상자]를 선택해 텍스트를 입력한 후 서식을 지정하고 배치한다.

| 텍스트 | 글꼴 / 글꼴 크기 / 속성 | 글꼴 색 |
|---|---|---|
| 연도별 IoT 국내 시장 규모 | 나눔바른고딕 Light / 16 / 굵게 | (3) 검은색, (2) 파란색 |

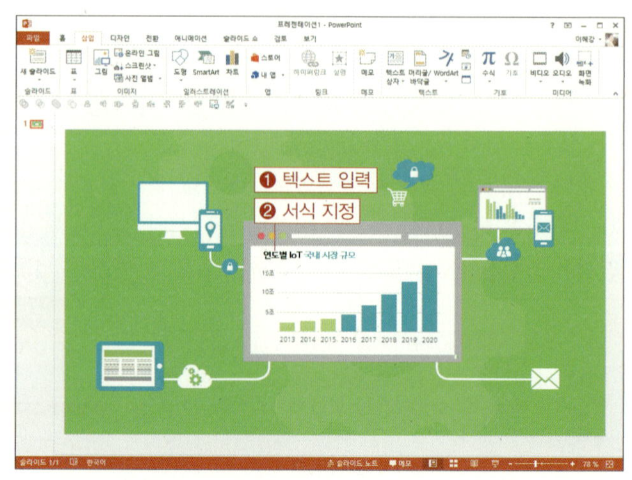

# 장문의 데이터 해독 방법과
## 인포그래픽 만들기

지금까지 단문 정보를 읽고 요약하는 방법을 알아보았으므로 이번엔 복잡한 데이터를 읽고 분석하는 방법을 알아보자. 실전(현장)에서는 생각하는 것 이상으로 많은 분량의 자료를 읽어야만 할 뿐만 아니라 생소한 용어가 많고, 제한된 시간 안에 제작을 해야 하기 때문에 심리적 부담감이 상당하다.

정보를 기획하고 콘텐츠를 제작하는 사람은 항상 현재 이슈에 관심을 갖고 다양한 분야의 지식을 습득하려는 노력을 게을리 해서는 안 된다. 또한 실전에서 당황하지 않고 잘 해내기 위해 실전과 같은 방법으로 부단히 훈련하는 것이 필요하다.

## SECTION 01 장문의 데이터 분석하기

최근 강남의 한 고등학교에서 학생들을 대상으로 '인포그래픽 신문 만들기' 행사가 열렸다. 올해는 보다 복잡하고 보다 수준 높은 자료가 제시되었다. 자료를 요약하고 핸드드로잉으로 데이터를 그려내는 과정이 쉽지 않았을 것이다. 해당 제시자료는 대학생, 일반인도 인포그래픽 정보 기획을 하는 데 있어 큰 도움이 될 것이다.

### (1) 1단계 : 제시정보

제시정보는 디지털 및 사회 분야로, 정부 기관이 배포한 내용이다. A4 1장 이상의 데이터이므로 먼저 연필을 들고 자료를 2~3번 읽어보면서 몇 개의 주제로 이루어져 있는지 확인하고 문단을 나눈다.

• 분야 : 디지털, 사회 부문

• 조사 발표 : 정부

우리나라 청소년 10명 중 3명은 스마트폰 중독위험군에 속하는 것으로 나타났다.

위험군에 속한 청소년들은 스마트폰 사용으로 공부에 지장을 받거나 스마트폰이 없으면 불안감을 느끼는 등 부작용을 경험하는 것으로 조사됐다.

13일 미래창조과학부와 한국정보화진흥원이 만 10세 이상 59세 이하 스마트폰 이용자 1만 5000명을 대상으로 조사해 13일 발표한 '2014년 인터넷중독 실태조사 결과'에 따르면 스마트폰 중독위험군에 속한 만 10~19세 청소년의 비율은 29.2%였다. 이는 전년(25.5%)보다 3.7%포인트 상승한 수치로, 조사를 시작한 2011년 이후 3년 연속 증가한 것이다.

연령대별로는 10대(29.2%), 20대(19.6%), 30대(11.3%), 40대(7.9%), 50대(4.8%) 순으로 연령이 낮을수록 중독위험군 비율이 높았다. 위험군에 속한 청소년들은 스마트폰 사용이 공부에 방해된다(53.4%), 스마트폰을 그만해야겠다고 생각하면서도 계속한다(51.6%), 스마트폰이 없으면 불안하다(49.6%) 등의 경험을 했다고 응답했다.

성별 비율은 여성이 29.9%로 남성(28.6%)보다 높았다. 연령대별로는 중학생(33.0%)이 가장 높았고, 환경적으로는 맞벌이가정 청소년(30.0%)이 스마트폰 중독위험에 상대적으로 취약한 것으로 드러났다.

가구소득별 비율을 살펴보면 월평균 소득 600만 원 이상인 고소득층(15.5%)과 200만 원 미만인 저소득층(15.4%)에서 중독 경향이 강한 것으로 나타났다.

전체 조사 대상자 가운데 스마트폰 중독위험군은 14.2%(4561명)로 전년(11.8%) 대비 2.4%포인트 상승했고, 성인(만 20~59세)은 11.3%로 전년(8.9%)보다 2.4%포인트 증가했다.

전체 이용자의 스마트폰 이용 시간은 하루 평균 4.3시간이었지만 중독위험군은 5.3시간이었으며 이용 목적은 모바일 메신저(40.3%), 뉴스 검색(37.2%), 온라인 게임(21.7%) 순이었다.

아울러 만 3~9세 유ㆍ아동의 경우 부모를 상대로 자녀의 스마트폰 사용 실태를 조사했더니 52%가 스마트폰을 사용하며 하루 평균 이용시간은 1.4시간이었다. 부모의 33.6%는 자녀가 스마트폰을 과다 사용한다고 응답했으며 스마트폰 사용으로 인해 자녀와 갈등을 겪었다는 부모도 50.1%였다.

김대진 서울성모병원 정신건강의학과 교수는 "스마트폰의 경우 중독성이 강해지는 방향으로 개발되기 때문에 자연스럽게 해결될 문제가 아니다"라며 "정부는 스마트폰이 국민 생활에 미치는 영향을 정확히 연구해 확실한 대책을 세워야 한다"고 지적했다. 한편 같은 방법으로 인터넷 중독에 관한 실태조사를 벌인 결과 이용자 1만 8500명의 6.9%(2621명)가 중독위험군에 해당해 전년(7%) 대비 0.1%포인트 감소한 것으로 나타났다.

연령대별 위험군은 유ㆍ아동 5.6%(14만3000명), 청소년 12.5%(76만8000명), 성인 5.8%(171만1000명)로 역시 청소년의 인터넷 중독위험이 가장 컸다. 또 전체 이용자의 1일 평균 인터넷 이용시간이 138.6분인 것에 비해 중독위험군은 189.1분, 고 위험군은 225.1분으로 조사됐다.

이용 목적은 전체적으로 뉴스 검색(35.9%), 메신저(34.6%), 온라인 게임(23.1%) 순서였으나, 중독위험군은 온라인 게임(35.6%)을 가장 많이 이용한다고 응답했다.

## (2) 2단계 : 자료 요약

**우리나라 청소년 10명 중 3명은 스마트폰 중독위험군에 속하는 것으로 나타났다.**
(예상 제목 1 : 청소년 중 스마트폰 중독위험군 30%)

위험군에 속한 청소년들은 스마트폰 사용으로 공부에 지장을 받거나 스마트폰이 없으면 불안감을 느끼는 등 부작용을 경험하는 것으로 조사됐다.(위험군 학생들의 부작용이 미치는 이유 설명)

13일 미래창조과학부와 한국정보화진흥원이 만 10세 이상 59세 이하 스마트폰 이용자 1만 5000명을 대상으로 조사해 13일 발표한 '2014년 인터넷중독 실태조사 결과'에 따르면 스마트폰 중독위험군에 속한 만 10~19세 청소년의 비율은 29.2%였다.(자료 조사방법 및 출처)

이는 전년(25.5%)보다 3.7%포인트 상승한 수치로, 조사를 시작한 2011년 이후 3년 연속 증가한 것이다.(예상 제목 2 : 스마트폰 중독 위험군 비율 전년 대비 3.7%p 증가)

연령대별로는 10대(29.2%), 20대(19.6%), 30대(11.3%), 40대(7.9%), 50대(4.8%) 순으로 연령이 낮을수록 중독위험군 비율이 높았다.(연령대 : 핵심자료 1)

위험군에 속한 청소년들은 스마트폰 사용이 공부에 방해된다(53.4%), 스마트폰을 그만해야겠다고 생각하면서도 계속한다(51.6%), 스마트폰이 없으면 불안하다(49.6%) 등의 경험을 했다고 응답했다.(스마트폰 사용 후 반응 : 핵심자료 2)

성별 비율은 여성이 29.9%로 남성(28.6%)보다 높았다.(성별 : 핵심자료 3) 연령대별로는 중학생(33.0%)이 가장 높았고, 환경적으로는 맞벌이가정 청소년(30.0%)이 스마트폰 중독위험에 상대적으로 취약한 것으로 드러났다.

가구소득별 비율을 살펴보면 월평균 소득 600만 원 이상인 고소득층(15.5%)과 200만 원 미만인 저소득층(15.4%)에서 중독 경향이 강한 것으로 나타났다.(소득별 : 핵심자료 4)

전체 조사 대상자 가운데 스마트폰 중독위험군은 14.2%(4561명)로 전년(11.8%) 대비 2.4%포인트 상승했고, 성인(만 20~59세)은 11.3%로 전년(8.9%)보다 2.4%포인트 증가했다.(전체와 성인 대상 증가율 : 핵심자료 5)

전체 이용자의 스마트폰 이용 시간은 하루 평균 4.3시간이었지만 중독위험군은 5.3시간이었으며 이용 목적은 모바일 메신저(40.3%), 뉴스 검색(37.2%), 온라인 게임(21.7%) 순이었다.(이용 시간, 이용 목적 : 핵심자료 6)

아울러 만 3~9세 유·아동의 경우 부모를 상대로 자녀의 스마트폰 사용 실태를 조사했더니 52%가 스마트폰을 사용하며 하루 평균 이용시간은 1.4시간이었다. 부모의 33.6%는 자녀가 스마트폰을 과다 사용한다고 응답했으며 스마트폰 사용으로 인해 자녀와 갈등을 겪었다는 부모도 50.1%였다.(유·아동 부모 이용 시간, 사용문제 : 핵심자료 7)

김대진 서울성모병원 정신건강의학과 교수는 "스마트폰의 경우 중독성이 강해지는 방향으로 개발되기 때문에 자연스럽게 해결될 문제가 아니다"라며 "정부는 스마트폰이 국민 생활에 미치는 영향을 정확히 연구해 확실한 대책을 세워야 한다"고 지적했다. 한편 같은 방법으로 인터넷 중독에 관한 실태조사를 벌인 결과 이용자 1만 8500명의 6.9%(2621명)가 중독위험군에 해당해 전년(7%) 대비 0.1%포인트 감소한 것으로 나타났다.(전문가 인용, 대책 의견 : 핵심자료 8)

연령대별 위험군은 유·아동 5.6%(14만3000명), 청소년 12.5%(76만8000명), 성인 5.8%(171만1000명)로 역시 청소년의 인터넷 중독 위험이 가장 컸다. 또 전체 이용자의 1일 평균 인터넷 이용시간이 138.6분인 것에 비해 중독위험군은 189.1분, 고 위험군은 225.1분으로 조사됐다.(연령대별 위험군 비율, 하루 이용 시간 비교 : 핵심자료 9)

이용목적은 전체적으로 뉴스 검색(35.9%), 메신저(34.6%), 온라인 게임(23.1%) 순서였으나, 중독위험군은 온라인 게임(35.6%)을 가장 많이 이용한다고 응답했다.(이용 목적 : 핵심자료 10)

**TIP**

**제시 자료 요약 분석**

❶ 핵심자료 10개(소주제)로 요약 가능하다. 인포그래픽 제작자는 모든 데이터를 활용해 제작하기보다는 주제와 연관성이 높은 소주제만 선택하는 것이 좋다.

❷ 주제 1, 주제 2의 경우 하나로 통합할 수 있다.
  청소년 중 스마트폰 중독위험군 30% + 스마트폰 중독 위험군 비율 전년 대비 3.7%p 증가
  = 청소년 스마트폰 중독군 30%, 전년 대비 3.7%p 증가

❸ 청소년의 스마트폰 사용 중독을 언급하고자 한다면 '청소년 데이터'를 우선적으로 사용하는 것이 중요하다.

❹ 핵심자료 9, 10은 또 다른 조사결과를 설명한 내용이나 정확한 데이터가 부족하고 주제와 벗어나 제외한다.

## (3) 3단계 : 자료 배열

주제와 부합하는 제목과 소주제, 조사 작성방법 및 출처, 대안 등을 중심으로 정리한다.

① 제목

우리나라 청소년 10명 중 3명은 스마트폰 중독위험군 전년(25.5%)보다 3.7%포인트 상승

→ 청소년 스마트폰 중독군 30%, 전년 대비 3.7%p 증가

② 출처/조사방법

• 미래창조과학부, 한국정보화진흥원 '2014년 인터넷중독 실태조사 결과' 발표

• 만 10세 이상 59세 이하 스마트폰 이용자 1만 5000명 대상 조사

③ 채택한 소주제

| 소주제 | 데이터 |
|---|---|
| 연령대 고위험군 비율 | 10대(29.2%), 20대(19.6%), 30대(11.3%), 40대(7.9%), 50대(4.8%) 순 |
| 위험군에 속한 청소년 반응 | • 공부에 방해된다.(53.4%)<br>• 그만 해야겠다고 생각하면서 계속한다.(51.6%)<br>• 스마트폰 없으면 불안하다(49.6%)<br>• 위험군 청소년 성별 비율 : 여성 29.9%, 남성(28.6%) |
| 가구 소득으로 본 중독 비율 | • 월 평균 600만 원 이상 고소득층(15.5%)<br>• 200만 원 미만 저소득층(15.4%) 중독 경향 강함 |
| 스마트폰 이용 시간 및 이용 목적 | • 전체 이용자 : 하루 평균 4.3시간<br>• 중독위험군 : 5.3시간<br>• 이용 목적 : 모바일 메신저(40.3%), 뉴스 검색(37.2%), 온라인 게임(21.7%) 순 |
| 전문가 의견 인용 및 대안 | 김대진 서울성모병원 정신건강의학과 교수 "스마트폰의 경우 중독성이 강해지는 방향으로 개발되기 때문에 자연스럽게 해결될 문제가 아니다", "정부는 스마트폰이 국민 생활에 미치는 영향을 정확히 연구해 확실한 대책을 세워야 한다." |

## (4) 4단계 : 제작 방법

- 홍보 목적을 정한 후 제작 유형을 선택한다.
- 제작 형태에 따라 소주제를 전원 채택할지 부분 채택할지 결정한다.
- 출처와 자료 조사 방법은 반드시 표기한다.

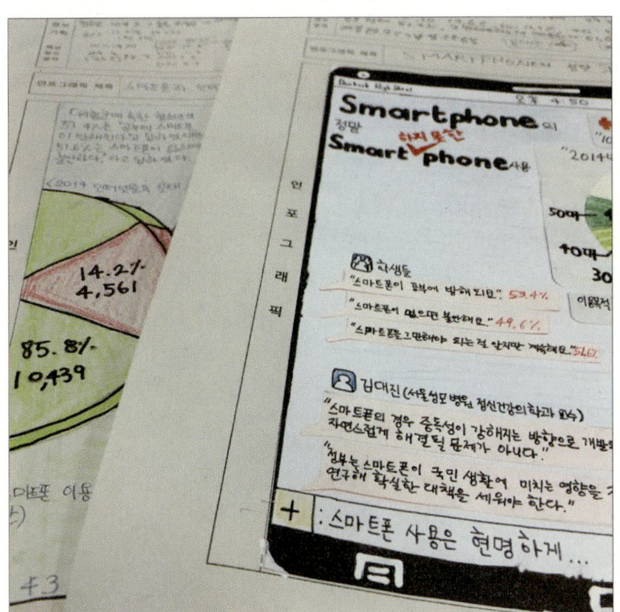

▲ 서울 강남구 D고교에서 실시한 인포그래픽 신문 만들기 작품. 학생들은 제시된 데이터를 읽고 자료를 요약한 후 레이아웃 스케치를 그려본다. 독해력, 추론력은 물론 논술에도 도움이 될 수 있는 학습방법이다.

스마트폰 사용에 관해 다양한 자료가 제시되었지만 모든 자료를 파워포인트 내에서 표현하려고 하면 집중도가 떨어진다. 여기에서는 청소년과 관련된 내용만 뽑아서 재구성한다. 스마트폰에 관한 내용임을 한눈에 알아볼 수 있도록 스마트폰 이미지를 활용하고, 퍼센트를 표현할 때는 사람 모양의 도형에서 해당 퍼센트만큼 채워지게 표현해 보자.

**실전 따라하기**

- 완성파일 : 청소년스마트폰 – 완성.pptx    • 실습자료 : [청소년스마트폰 실습자료] 폴더
- 색상정보 : 청소년스마트폰 – 색상.png

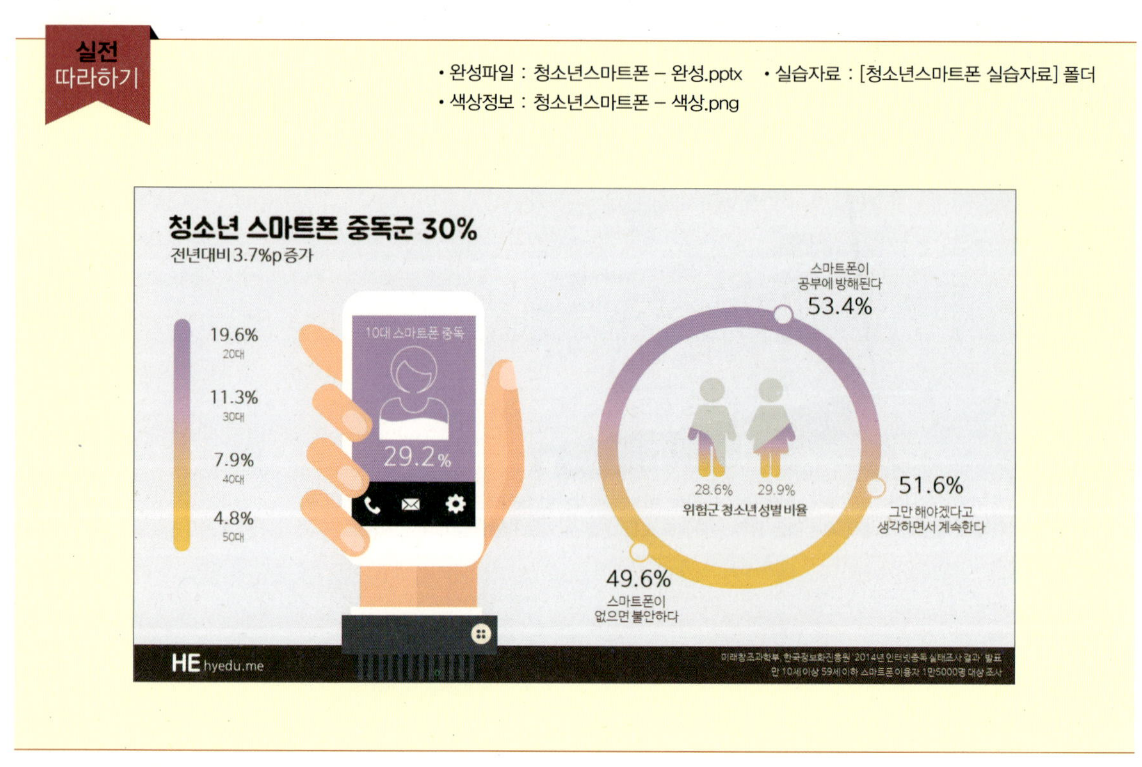

**01** 배경색을 지정하기 위해 빈 슬라이드에서 [마우스 오른쪽 버튼 클릭]–[배경 서식]을 선택한다. [배경 서식] 작업창의 [채우기]–[단색 채우기]에서 [색]을 '(3) 연회색'으로 변경한다.

> **TIP**
> 2010 이하 버전에서는 [디자인] 탭 – [페이지 설정] 그룹–[페이지 설정]에서 [너비] '33.846cm', [높이] '19.05cm'로 변경한다.

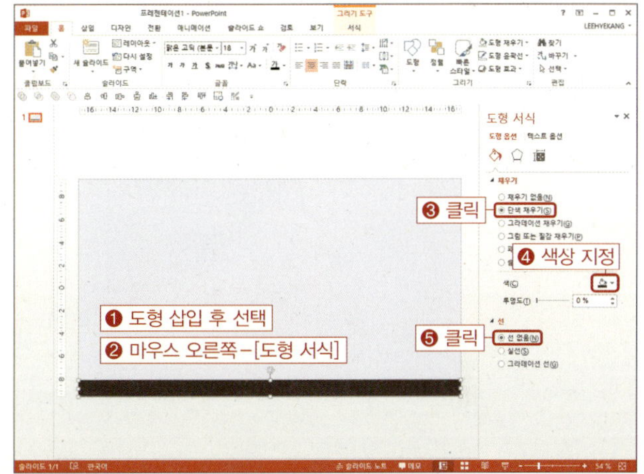


**02** [삽입] 탭–[일러스트레이션] 그룹–[도형]에서 [직사각형]을 선택해 슬라이드 아래쪽에 가득 차게 직사각형을 만든다. 도형을 선택하고 [마우스 오른쪽 버튼 클릭]–[도형 서식]을 클릭한다. [도형 서식] 작업창의 [채우기]–[단색 채우기]에서 [색]은 '(4) 검은색', [선]은 '선 없음'을 선택한다.



**03** [청소년스마트폰 실습자료] 폴더의 '스마트폰.pptx' 파일을 실행하고 스마트폰을 잡은 손 도형을 복사(Ctrl + C)한 후 슬라이드에 붙여넣기(Ctrl + V)한다.

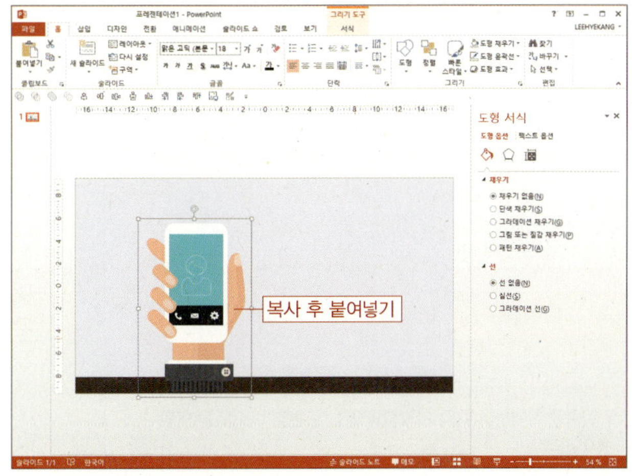

**04** 핸드폰의 액정 도형을 선택하고 [마우스 오른쪽 버튼 클릭]-[도형 서식]을 클릭한다. [도형 서식] 작업창의 [채우기]-[단색 채우기]에서 [색]을 '(1) 보라색'으로 변경한다.

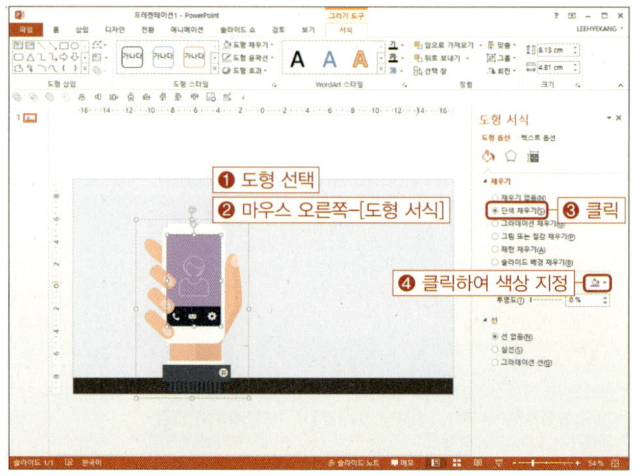


**05** 10대 스마트폰 중독 비율인 29.2%를 표현하기 위해 [삽입] 탭-[일러스트레이션] 그룹-[도형]에서 [직사각형]을 선택하고 몸통 크기에 맞게 만든다.

**06** 직사각형의 윗부분을 곡선으로 처리하기 위해 도형 빼기에 사용할 도형을 만든다. [삽입] 탭-[일러스트레이션] 그룹-[도형]에서 [곡선]을 선택하고 직사각형 위로 곡선을 만든다.

**07** 직사각형을 선택하고 Ctrl 을 누른 상태에서 곡선 도형을 선택한 후 [빠른 실행 도구 모음]에서 [도형 빼기]를 선택한다.

**TIP**
도형 빼기는 도형을 선택하는 순서에 따라 도형 빼기의 모양이 달라진다.

**08** 도형을 선택하고 [그리기 도구]–[서식] 탭–[도형 스타일] 그룹–[도형 채우기]에서 [색]은 '(5) 흰색', [도형 윤곽선]은 '윤곽선 없음'을 선택한다.

**09** [삽입] 탭–[텍스트] 그룹–[텍스트 상자]를 선택해 텍스트를 입력한 후 서식을 지정한다.

| 텍스트 | 글꼴 / 글꼴 크기 / 속성 | 글꼴 색 |
|---|---|---|
| 10대 스마트폰 ~ | 나눔바른고딕 UltraLight / 14 | (5) 흰색 |
| 29.2 | 나눔바른고딕 UltraLight / 28 / 굵게 | (5) 흰색 |
| % | 나눔바른고딕 UltraLight / 18 / 굵게 | (5) 흰색 |
| 퍼센트 | 나눔바른고딕 UltraLight / 18 / 굵게 | (4) 검은색 |
| 연령 | 나눔바른고딕 UltraLight / 12 | (4) 검은색 |

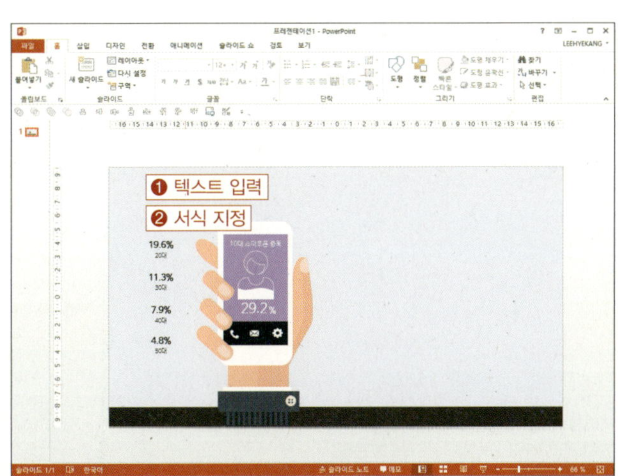

**10** [삽입] 탭–[일러스트레이션] 그룹–[도형]에서 [모서리가 둥근 직사각형]을 이용해 세로로 긴 막대를 만든다. 도형 선택 시 생기는 노란점을 이용해 둥글기를 최대로 한다.

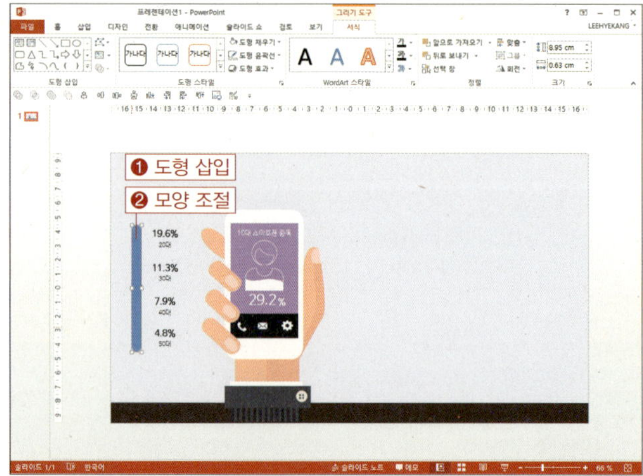


TIP
도형 선택 시 노란 점이 보이지 않는 이유는 도형의 크기가 작기 때문이다. 이럴 때는 크기를 키워 노란 점이 생기면 둥글기를 조정하고 다시 크기를 원래대로 돌려놓는다.

**11** 도형을 선택하고 [마우스 오른쪽 버튼 클릭]–[도형 서식]을 클릭한다. [도형 서식] 작업창의 [채우기]–[그라데이션 채우기]를 선택하고 [종류]는 '선형', [각도]는 '90°'로 지정한 후 [그라데이션 중지점]은 양 끝에 두 개를 만든다. 왼쪽 중지점의 [색]은 '(1) 보라색', 오른쪽 중지점의 [색]은 '(2) 노란색'으로 지정하고 [선]은 '선 없음'으로 지정한다.

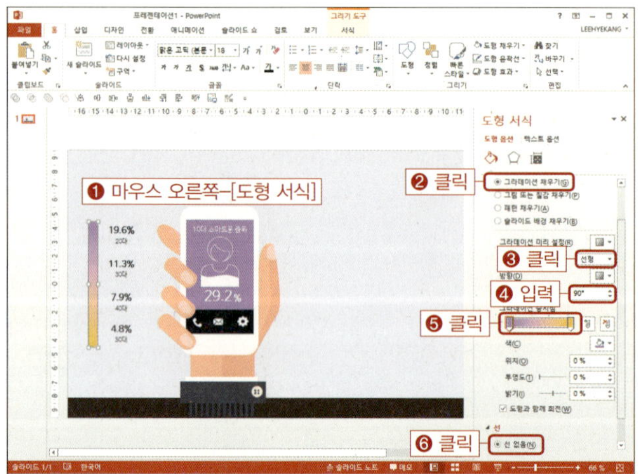


**12** [삽입] 탭–[이미지] 그룹–[그림]을 선택하고 [청소년스마트폰 실습자료] 폴더의 'person.eps' 파일을 불러와 적당한 크기로 조정하여 배치한다.

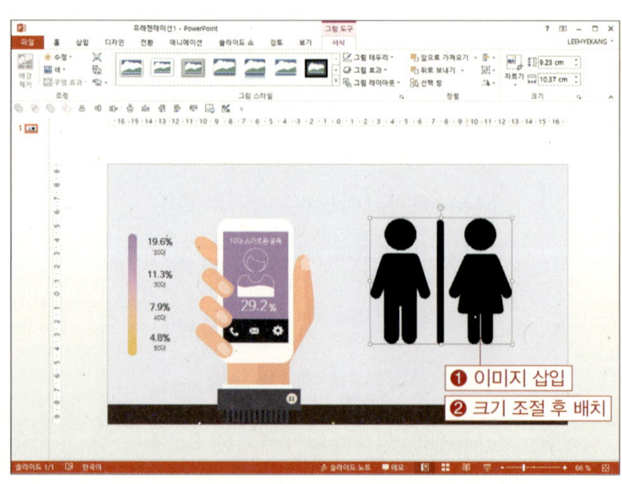


TIP
다른 모양의 사람을 원한다면 'flaticon(http://flaticon.com)'에서 EPS 파일 형식을 다운로드받는다.

**13** EPS 파일은 그룹 설정 해제(Ctrl + Shift + G)를 두 번 눌러 도형으로 변경한다. 불필요한 부분을 삭제한 후 [그리기 도구]-[서식] 탭-[도형 스타일] 그룹-[도형 채우기]에서 [색]은 '(6) 회색', [도형 윤곽선]은 '윤곽선 없음'을 선택한다. 남자와 여자 도형의 몸 부분만 선택한 후 복제(Ctrl + D)한다.

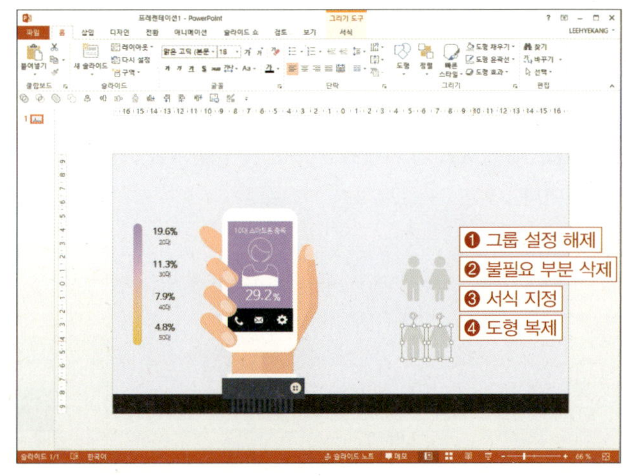


**14** 위험군 청소년의 비율인 28.6%와 29.9%만큼만 남길 수 있도록 [삽입] 탭-[일러스트레이션] 그룹-[도형]에서 [곡선]을 선택하여 곡선 도형을 만들고 몸 위에 배치한다.

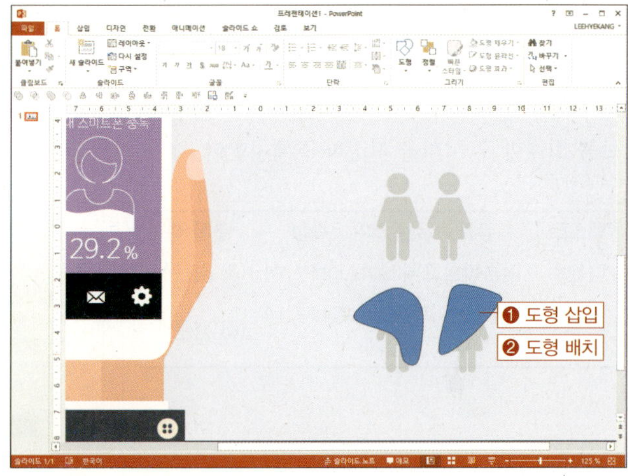




**15** 남자와 여자 도형을 각각 선택하여 [빠른 실행 도구 모음]에서 [도형 빼기]를 한다.

**16** 도형을 선택하고 [마우스 오른쪽 버튼 클릭]–[도형 서식]을 클릭한다. [도형 서식] 작업 창의 [채우기]–[그라데이션 채우기]를 선택한다. 기존에 지정한 그라데이션이 동일하게 적용될 것이다.

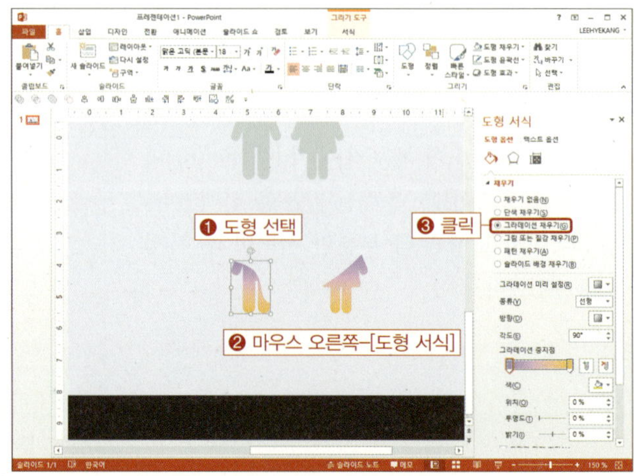


**17** 그라데이션이 적용된 사람 아이콘을 회색 사람 아이콘 위에 정확하게 배치한다. [삽입] 탭–[텍스트] 그룹–[텍스트 상자]를 선택해 텍스트를 입력한 후 서식을 지정하고 배치한다.

| 텍스트 | 글꼴 / 글꼴 크기 / 속성 | 글꼴 색 |
|---|---|---|
| 퍼센트 | 나눔바른고딕 UltraLight / 14 | (4) 검은색 |
| 위험군 청소년 ~ | 나눔바른고딕 UltraLight / 14 / 굵게 | (4) 검은색 |

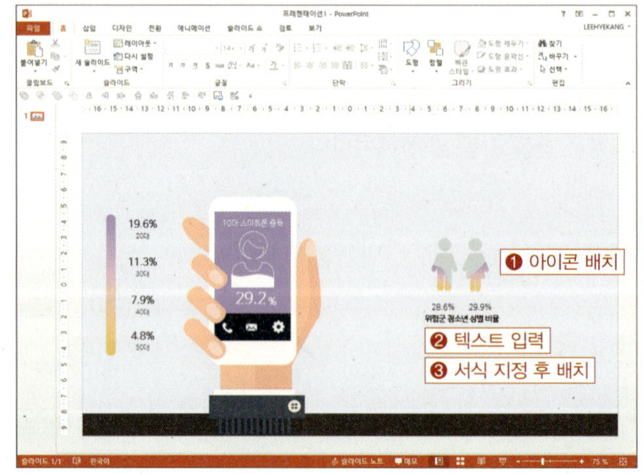


**18** [삽입] 탭–[일러스트레이션] 그룹–[도형]에서 [도넛]을 선택하여 도형을 만들고 노란 점으로 두께를 조절한다.

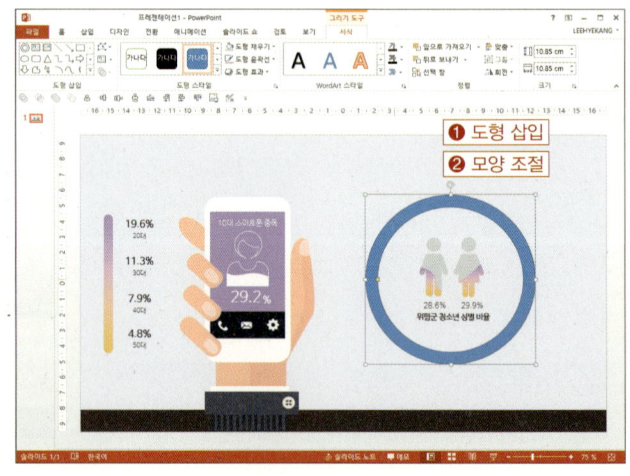

**19** 도형을 선택하고 [마우스 오른쪽 버튼 클릭]−[도형 서식]을 클릭한다. [도형 서식] 작업 창의 [채우기]−[그라데이션 채우기]를 선택하고, [선]은 '선 없음'을 선택한다.

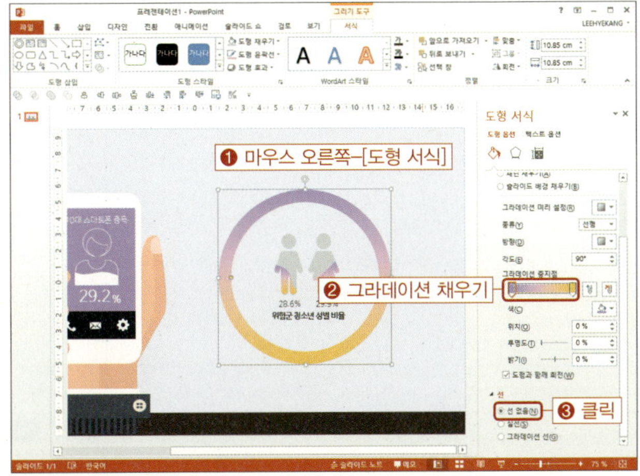


**20** [삽입] 탭−[일러스트레이션] 그룹−[도형]에서 [타원]을 선택하고 Shift 를 누른 상태에서 드래그하여 정원을 만든다. [그리기 도구]−[서식] 탭−[도형 스타일] 그룹−[도형 채우기]에서 [색]은 '(3) 연회색', [도형 윤곽선]에서 [두께]는 '2 1/4pt'를 선택한다.

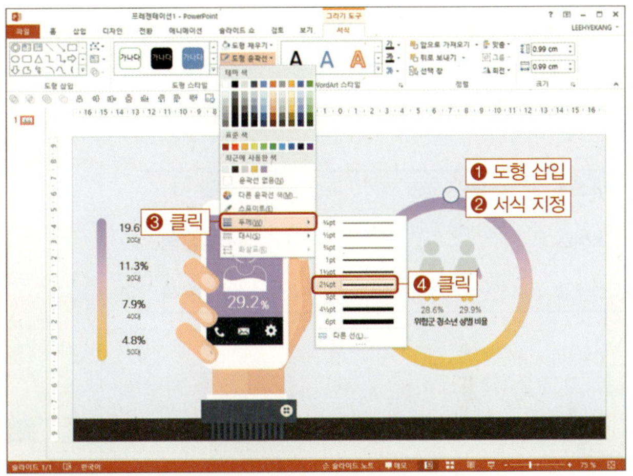


**21** [도형 윤곽선]에서 [선 색]은 [스포이트]를 선택하고 원 주변의 보라색을 클릭해 주변색과 같게 만든다.

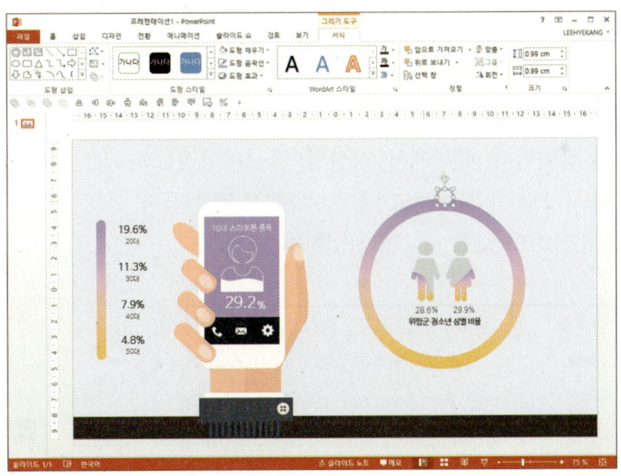

**22** 원을 두 개 더 복제(Ctrl + D)한 후 도넛 주변에 배치하고 [도형 윤곽선]의 색은 [스포이트]를 이용해 원 주변의 색과 동일한 색으로 변경한다.

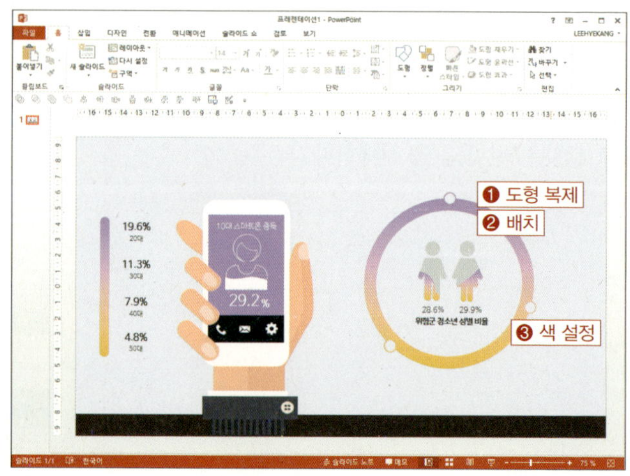

**23** [삽입] 탭-[텍스트] 그룹-[텍스트 상자]를 선택해 텍스트를 입력한 후 서식을 지정하고 배치한다.

| 텍스트 | 글꼴 / 글꼴 크기 / 속성 | 글꼴 색 |
|---|---|---|
| 퍼센트 | 나눔바른고딕 UltraLight / 24 / 굵게 | (4) 검은색 |
| 설명글 | 나눔바른고딕 UltraLight / 14 | (4) 검은색 |

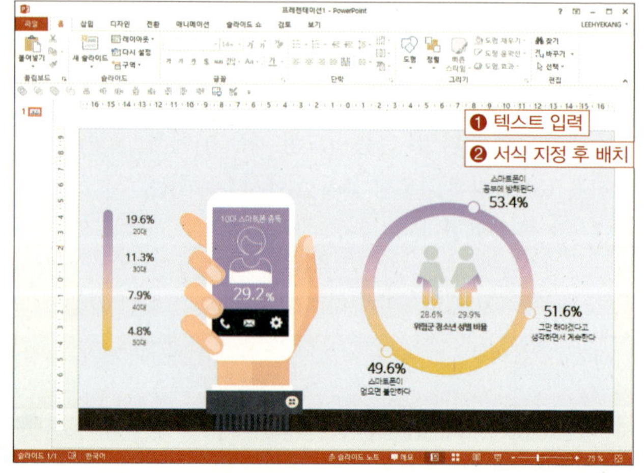

**24** [삽입] 탭-[텍스트] 그룹-[텍스트 상자]를 선택해 제목과 출처를 입력한 후 서식을 지정하고 배치한다. 로고가 있다면 왼쪽 아래에 로고를 삽입한다. 예제에서는 [삽입] 탭-[이미지] 그룹-[그림]을 선택하고 [청소년스마트폰 실습자료] 폴더의 '로고.png'를 삽입한다.

| 텍스트 | 글꼴 / 글꼴 크기 / 속성 | 글꼴 색 |
|---|---|---|
| 제목 | 배달의민족 주아 / 32 | (4) 검은색 |
| 소제목 | 나눔바른고딕 UltraLight / 18 / 굵게 | (4) 검은색 |
| 출처 | 나눔바른고딕 UltraLight / 10 | (5) 흰색 |

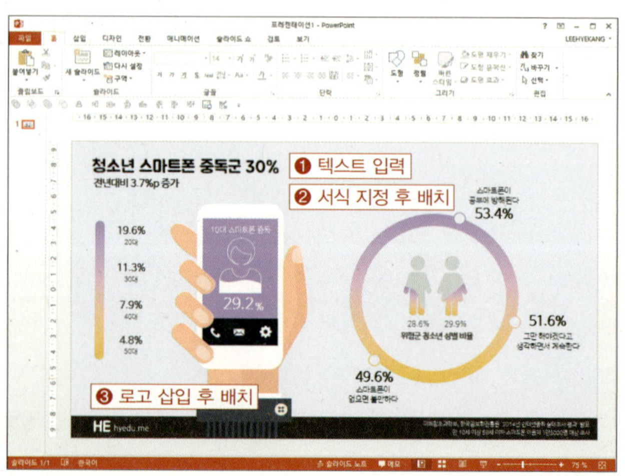

# 25

# 엑셀 기반 공공 데이터
## 인포그래픽 만들기

공공기관마다 보유 중인 데이터를 엑셀, 워드, 아래한글 등 문서 형식으로 일반에 공개하고 있다. 하지만 이런 데이터는 한눈에 들어오지 않아 일반인들이 파악하기가 쉽지 않다. 그래서 원 데이터에서 주제에 맞는 데이터를 선정하여 다시 편집하는 과정을 거친 후 인포그래픽으로 만들어 알리는 과정이 필요하다. 이번 장에서는 공공기관에서 제공하는 데이터를 분석 · 가공하여 인포그래픽으로 만드는 방법에 대해 알아보자.

## SECTION 01 공공기관 데이터 분석하기

공공기관에서 데이터는 대부분 엑셀 문서 또는 아래한글 문서 형식으로 제공하고 있다. 이 데이터를 활용하여 인포그래픽으로 만들기 위해서는 엑셀 데이터를 다운받아 필요한 부분만 선택해 재편집과 데이터 독립, 종속변수의 단위를 본 후에 그래프로 나타낼지 표로 나타낼지 유형을 선택해야 한다. 이번 장에서는 엑셀과 파워포인트를 이용하여 엑셀 기반 공공 데이터 인포그래픽을 제작해 보자.

### (1) 1단계 : 제시정보와 유형

다음 자료는 서울시가 제공하고 있는 자동차등록대수('15.06) 데이터이다. 자료는 서울시 홈페이지(http://opengov.seoul.go.kr/)의 [정보소통광장]–[시민정보마당]–[서울의 통계]에서 다운로드받을 수 있다. 자료는 엑셀과 문서로 제공하고 있다. 문서 형식과 엑셀 형식의 차이는 데이터를 추가로 가공할 수 있는지 여부에 따라 사용 목적이 다르다. 데이터 정렬을 추가로 해야 하는 경우 엑셀 자료를 활용하는 것이 좋다.

▲ 서울 정보소통광장 초기화면

▲ 서울 정보소통광장에서 공개하고 있는 '서울의 통계' 메뉴

자료 제목 및 유형 : 자동차등록대수(아래한글용)

| 기간 | 자치구 | 합계 | | | |
|---|---|---|---|---|---|
| | | 소계 | 관용 | 자가용 | 영업용 |
| 2015.06 | 서울시 | 3,031,607 | 10,994 | 2,825,557 | 195,056 |
| | 종로구 | 49,560 | 3,540 | 44,422 | 1,598 |
| | 중구 | 53,878 | 1,010 | 48,227 | 4,641 |
| | 용산구 | 75,620 | 352 | 73,193 | 2,075 |
| | 성동구 | 93,812 | 303 | 86,573 | 6,936 |
| | 광진구 | 95,500 | 269 | 89,816 | 5,415 |
| | 동대문구 | 95,989 | 266 | 89,789 | 5,934 |
| | 중랑구 | 109,386 | 181 | 99,933 | 9,272 |
| | 성북구 | 116,219 | 216 | 110,499 | 5,504 |
| | 강북구 | 75,213 | 273 | 70,148 | 4,792 |
| | 도봉구 | 95,124 | 223 | 87,108 | 7,793 |
| | 노원구 | 154,002 | 241 | 144,235 | 9,526 |
| | 은평구 | 125,458 | 211 | 118,333 | 6,914 |
| | 서대문구 | 79,777 | 410 | 74,443 | 4,924 |
| | 마포구 | 116,491 | 277 | 108,745 | 7,469 |
| | 양천구 | 148,574 | 285 | 139,200 | 9,089 |
| | 강서구 | 187,489 | 280 | 172,985 | 14,224 |
| | 구로구 | 138,133 | 217 | 126,103 | 11,813 |
| | 금천구 | 82,060 | 106 | 73,789 | 8,165 |
| | 영등포구 | 143,040 | 292 | 132,817 | 9,931 |
| | 동작구 | 102,434 | 262 | 99,371 | 2,801 |
| | 관악구 | 119,903 | 256 | 113,908 | 5,739 |
| | 서초구 | 178,067 | 633 | 166,406 | 11,028 |
| | 강남구 | 239,842 | 344 | 219,734 | 19,764 |
| | 송파구 | 218,022 | 338 | 206,398 | 11,286 |
| | 강동구 | 138,014 | 209 | 129,382 | 8,423 |
| | 기타 | – | – | – | – |

▲ 문서 형식의 데이터를 다운받은 모습(출처 : opengov.seoul.go.kr)

자료 제목 및 유형 : 자동차등록대수(엑셀용)

| A | B | C | D | E | F |
|---|---|---|---|---|---|
| 기간 | 자치구 | 합계 | | | |
|  |  | 소계 | 관용 | 자가용 | 영업용 |
| 2015.06 | 서울시 | 3,031,607 | 10,994 | 2,825,557 | 195,056 |
|  | 종로구 | 49,560 | 3,540 | 44,422 | 1,598 |
|  | 중구 | 53,878 | 1,010 | 48,227 | 4,641 |
|  | 용산구 | 75,620 | 352 | 73,193 | 2,075 |
|  | 성동구 | 93,812 | 303 | 86,573 | 6,936 |
|  | 광진구 | 95,500 | 269 | 89,816 | 5,415 |
|  | 동대문구 | 95,989 | 266 | 89,789 | 5,934 |
|  | 중랑구 | 109,386 | 181 | 99,933 | 9,272 |
|  | 성북구 | 116,219 | 216 | 110,499 | 5,504 |
|  | 강북구 | 75,213 | 273 | 70,148 | 4,792 |
|  | 도봉구 | 95,124 | 223 | 87,108 | 7,793 |
|  | 노원구 | 154,002 | 241 | 144,235 | 9,526 |
|  | 은평구 | 125,458 | 211 | 118,333 | 6,914 |
|  | 서대문구 | 79,777 | 410 | 74,443 | 4,924 |
|  | 마포구 | 116,491 | 277 | 108,745 | 7,469 |
|  | 양천구 | 148,574 | 285 | 139,200 | 9,089 |
|  | 강서구 | 187,489 | 280 | 172,985 | 14,224 |
|  | 구로구 | 138,133 | 217 | 126,103 | 11,813 |
|  | 금천구 | 82,060 | 106 | 73,789 | 8,165 |
|  | 영등포구 | 143,040 | 292 | 132,817 | 9,931 |
|  | 동작구 | 102,434 | 262 | 99,371 | 2,801 |
|  | 관악구 | 119,903 | 256 | 113,908 | 5,739 |
|  | 서초구 | 178,067 | 633 | 166,406 | 11,028 |
|  | 강남구 | 239,842 | 344 | 219,734 | 19,764 |
|  | 송파구 | 218,022 | 338 | 206,398 | 11,286 |
|  | 강동구 | 138,014 | 209 | 129,382 | 8,423 |
|  | 기타 | – | – | – | – |

▲ 엑셀 형식의 데이터를 다운받은 모습(출처 : opengov.seoul.go.kr)

## (2) 2단계 : 제시정보 요약

### ① 제작자에게 필요한 데이터 분석 방법

먼저 제작자는 데이터에 있는 모든 변수가 어떻게 구성되고 있는지 파악해야 한다. 해당 자료는 2015년 6월 기준이며, 서울시의 모든 구에 등록된 자동차 수다. 자동차를 조사하면서 정의한 '조작적 정의'는 '승용, 승합, 화물, 특수, 이륜차'로 총 5가지다. 5가지는 다시 '관용, 자가용, 영업용'으로 나뉜다. 엑셀 시트 기준으로 C열 소계는 모든 변수의 총합을 나타낸다.

### ② 필요한 데이터만 재구성하는 방법

만들고자 하는 인포그래픽의 주제를 먼저 결정하는 방법이다. 주제에 의해 필요한 데이터를 거를 수 있다. 본 자료에서는 서울시 자치구별로 등록한 자동차의 총 합계를 인포그래픽으로 나타내고, 자치구별로 자동차등록대수의 순위를 나타내고자 한다. 이 경우 엑셀시트를 활용해야 하며, 이 가운데 C열인 '소계 데이터'가 핵심 자료이다. 여기서 데이터의 독립변수는 '서울시 자치구', 종속변수는 '자동차등록대수'가 된다.

## (3) 3단계 : 자료 배열

주제와 소주제를 결정했으면 이에 해당하는 자료를 다시 재가공한다.

- 인포그래픽 주제 : 서울시 자치구별 자동차등록대수(2015. 6월 기준)
- 인포그래픽 소주제 : 자치구별 자동차등록대수 순서 파악

① 자치구별 데이터는 순서대로 정렬이 되어 있지 않으므로 내림차순으로 다시 정렬한다.

| 자치구 | 소계 |
|---|---|
| 서울시 | 3,031,607 |
| 종로구 | 49,560 |
| 중구 | 53,878 |
| 용산구 | 75,620 |
| 성동구 | 93,812 |
| 광진구 | 95,500 |
| 동대문구 | 95,989 |
| 중랑구 | 109,386 |
| 성북구 | 116,219 |
| 강북구 | 75,213 |
| 도봉구 | 95,124 |
| 노원구 | 154,002 |
| 은평구 | 125,458 |
| 서대문구 | 79,777 |
| 마포구 | 116,491 |
| 양천구 | 148,574 |
| 강서구 | 187,489 |
| 구로구 | 138,133 |
| 금천구 | 82,060 |
| 영등포구 | 143,040 |
| 동작구 | 102,434 |
| 관악구 | 119,903 |
| 서초구 | 178,067 |
| 강남구 | 239,842 |
| 송파구 | 218,022 |
| 강동구 | 138,014 |
| 기타 | – |

| 자치구 | 소계 |
|---|---|
| 서울시 | 3,031,607 |
| 강남구 | 239,842 |
| 송파구 | 218,022 |
| 강서구 | 187,489 |
| 서초구 | 178,067 |
| 노원구 | 154,002 |
| 양천구 | 148,574 |
| 영등포구 | 143,040 |
| 구로구 | 138,133 |
| 강동구 | 138,014 |
| 은평구 | 125,458 |
| 관악구 | 119,903 |
| 마포구 | 116,491 |
| 성북구 | 116,219 |
| 중랑구 | 109,386 |
| 동작구 | 102,434 |
| 동대문구 | 95,989 |
| 광진구 | 95,500 |
| 도봉구 | 95,124 |
| 성동구 | 93,812 |
| 금천구 | 82,060 |
| 서대문구 | 79,777 |
| 용산구 | 75,620 |
| 강북구 | 75,213 |
| 중구 | 53,878 |
| 종로구 | 49,560 |

▲ (좌) 자치구별 자동차등록대수 총합을 나타낸 데이터 (우) 등록대수가 가장 많은 자치구부터 내림차순으로 재가공한 순서

## (4) 4단계 : 레이아웃 스케치(서울시 지도+표/그래프 활용 가능)

서울시 지도 위에 자동차등록대수를 표시하고, 자치구별 등록대수 순서표 또는 그래프로 동시에 표현할 수 있다.

| 서울시 | 3,031,607 |
|---|---|
| 강남구 | 239,842 |
| 송파구 | 218,022 |
| 강서구 | 187,489 |
| 서초구 | 178,067 |
| 노원구 | 154,002 |
| 양천구 | 148,574 |
| 영등포구 | 143,040 |
| 구로구 | 138,133 |
| 강동구 | 138,014 |
| 은평구 | 125,458 |
| 관악구 | 119,903 |
| 마포구 | 116,491 |
| 성북구 | 116,219 |
| 중랑구 | 109,386 |
| 동작구 | 102,434 |
| 동대문구 | 95,989 |
| 광진구 | 95,500 |
| 도봉구 | 95,124 |
| 성동구 | 93,812 |
| 금천구 | 82,060 |
| 서대문구 | 79,777 |
| 용산구 | 75,620 |
| 강북구 | 75,213 |
| 중구 | 53,878 |
| 종로구 | 49,560 |

◀ 내림차순으로 정렬한 자동차등록대수 자료로 1위는 강남구, 10위는 은평구다.

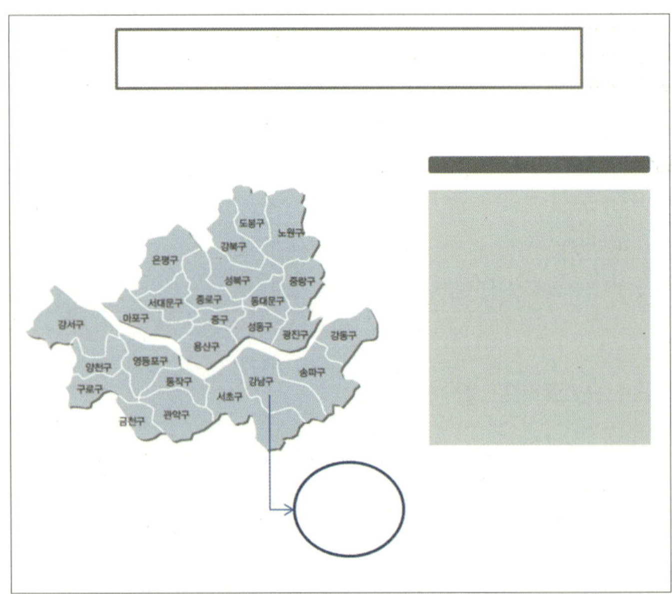


▲ 레이아웃 스케치 모습 : 서울시 지도 위에 자동차등록대수를 표시하고, 오른쪽 네모 박스에는 자동차등록대수 상위 10개구 순서를 표 또는 그래프로 표시할 수 있다. (2015년 6월 기준)

## SECTION 02 자치구별 자동차등록대수를 나타내는 인포그래픽 만들기

지역별 수치를 표현할 때에는 지도 이미지를 활용하는 것이 좋다. 사람들은 직관적으로 진한 색에 중요도를 더 두게 되므로 자동차등록대수가 많은 지역은 진한색으로 표시하고, 자동차등록대수가 적어질수록 색을 연하게 표시하는 것이 좋다. 색의 의미를 전달하기 위해서 별도의 막대그래프를 만들어 색이 진할수록 수치가 높다는 것을 알려주는 것이 필요하다.

**실전 따라하기**

- 완성파일 : 자동차등록대수 – 완성.pptx
- 색상정보 : 자동차등록대수 – 색상.png
- 실습자료 : [자동차등록대수 실습자료] 폴더

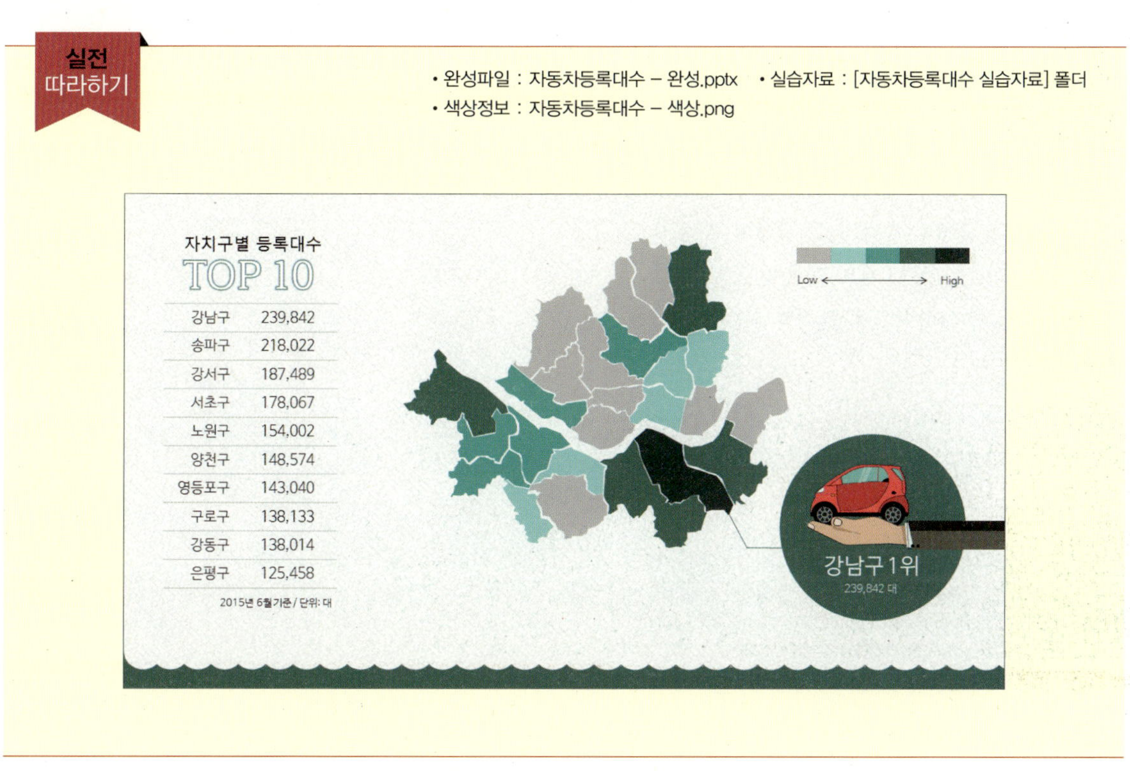

**01** 빈 슬라이드에서 [마우스 오른쪽 버튼 클릭]-[배경 서식]을 선택한다. [배경 서식] 작업 창의 [채우기]-[그림 또는 질감 채우기]에서 [다음에서 그림 삽입]-[파일]을 선택하고 [자동차 등록대수 실습자료] 폴더의 'chruch.png'를 선택한다. 이미지가 늘어난 상태로 삽입되면 [그림을 질감으로 바둑판식 배열]에 체크하고, 색을 연하게 하기 위해 [투명도]를 '50%'로 변경한다.



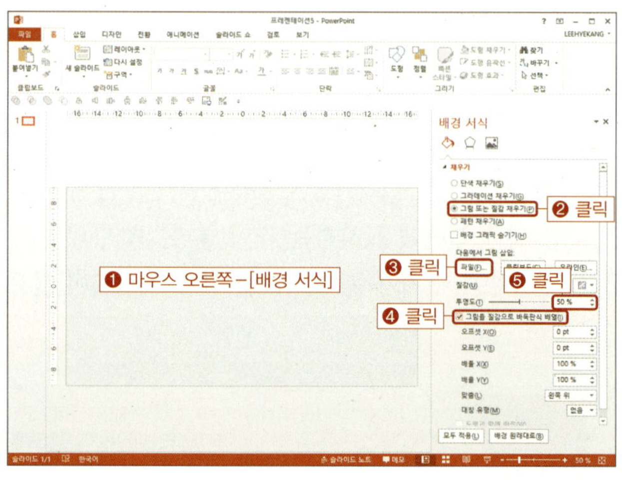


**02** [자동차등록대수 실습자료] 폴더의 '서울지도.pptx' 파일을 실행하고 서울지도를 복사(Ctrl + C)한 후 슬라이드에 붙여넣기(Ctrl + V)한다.



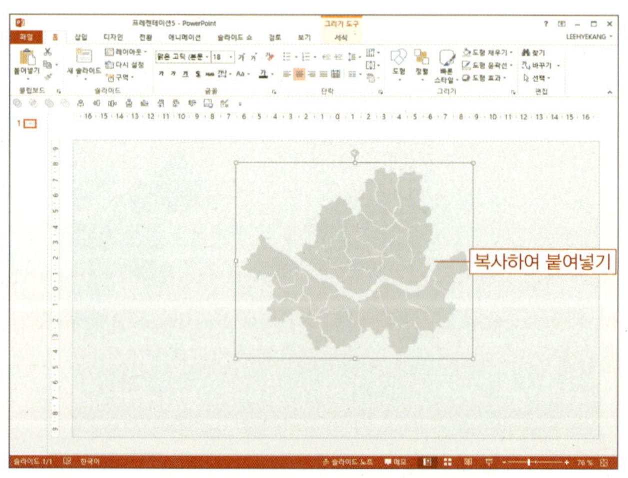


**03** [삽입] 탭-[일러스트레이션] 그룹-[도형]에서 [직사각형]을 선택하여 직사각형을 만든 후 복제(Ctrl + D)하여 총 5개를 나란히 배치한다.

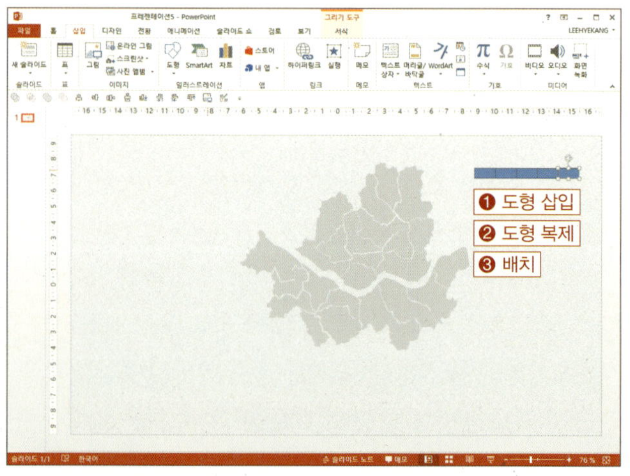

**04** [그리기 도구]–[서식] 탭–[도형 스타일] 그룹–[도형 채우기]에서 [색]을 (1)~(5) 색으로 변경하고, [도형 윤곽선]은 모두 '윤곽선 없음'을 선택한다.

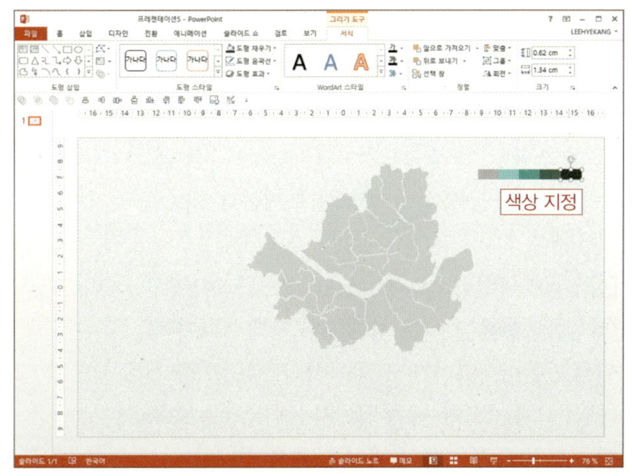


**05** [삽입] 탭–[일러스트레이션] 그룹–[도형]에서 [직선]을 선택하여 만들고, [그리기 도구]–[서식] 탭–[도형 스타일] 그룹–[도형 윤곽선]에서 [선 색]은 '(7) 검은색', [화살표]는 '화살표 스타일 4'를 선택한다.

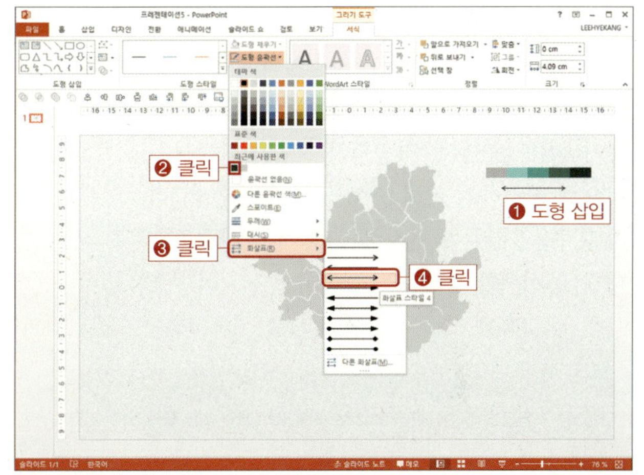


**06** 서울지도를 그룹 해제(Ctrl + Shift + G)한 후 자동차등록대수가 많은 지역은 진한 초록색으로, 적은 지역은 회색으로 변경한다. 색을 변경할 때는 막대로 만든 직사각형의 서식을 복사(Ctrl + Shift + C)한 후, 변경할 지도의 구를 선택하여 서식 붙여넣기(Ctrl + Shift + V)를 한다.

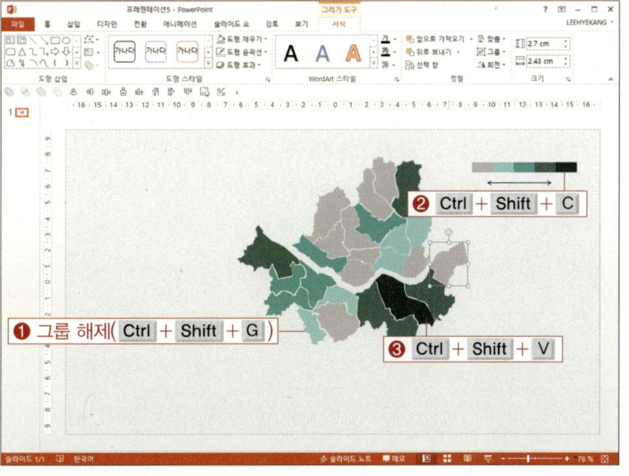

**07** [삽입] 탭–[일러스트레이션] 그룹–[도형]에서 [선]을 선택하여 가장 진한 초록색 영역과 연결하는 선을 만든다. [그리기 도구]–[서식] 탭–[도형 스타일] 그룹–[도형 윤곽선]에서 [선 색]은 '(2) 초록색'을 선택하고 선 두께는 1/2pt로 적용한다.

[삽입] 탭–[일러스트레이션] 그룹–[도형]에서 [타원]을 Shift 를 누른 상태에서 드래그하여 정원을 만든다. [그리기 도구]–[서식] 탭–[도형 스타일] 그룹–[도형 채우기]에서 [색]은 '(2) 초록색', [도형 윤곽선]은 '윤곽선 없음'을 선택한다.

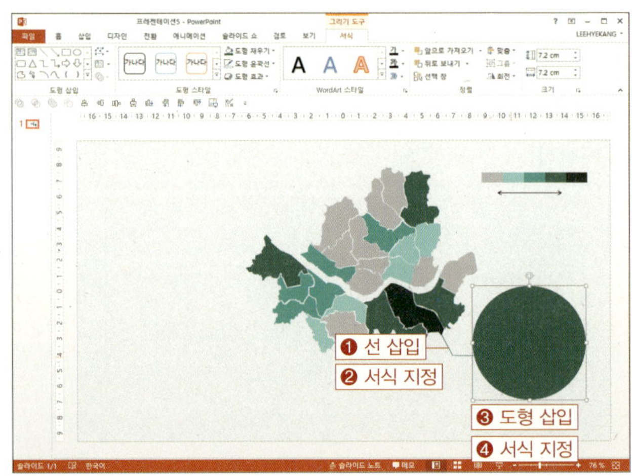


**08** [자동차등록대수 실습자료] 폴더에서 '자동차.pptx' 파일을 실행하고 자동차와 손 도형을 선택하여 복사( Ctrl + C )한 후 슬라이드에 붙여넣기( Ctrl + V )한다. 자동차가 왼쪽을 바라보는 것으로 변경하기 위해 도형을 선택한 후 [그리기 도구]–[서식] 탭–[정렬] 그룹–[회전]–[좌우 대칭]을 선택한다.



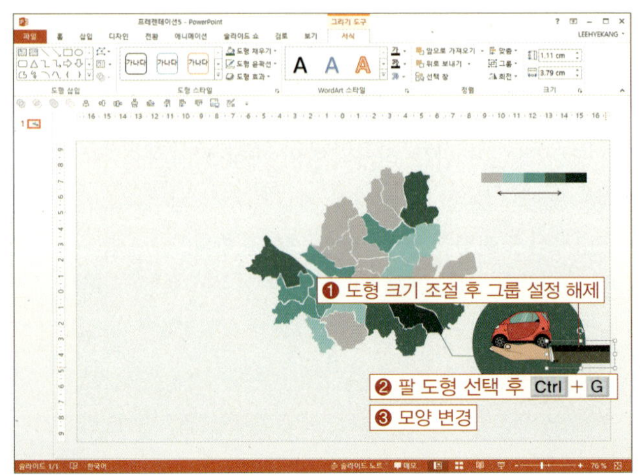


**09** 삽입한 도형이 원 안에 들어갈 수 있도록 크기를 조절하고, 그룹 설정 해제( Ctrl + Shift + G )를 한다. 팔 도형만 Ctrl 을 누른 상태에서 모두 선택한 후 그룹 설정( Ctrl + G )한다. 팔의 길이를 늘려 슬라이드 끝과 만나게 한다.

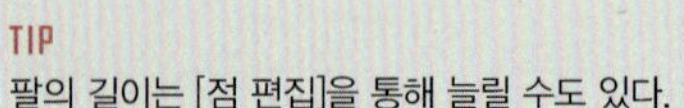

TIP
팔의 길이는 [점 편집]을 통해 늘릴 수도 있다.

**10** [삽입] 탭–[텍스트] 그룹–[텍스트 상자]를 선택해 텍스트를 입력한 후 서식을 지정하고 배치한다. [자동차등록대수 실습자료] 폴더에서 '상위10.docx' 파일을 실행하고 등록대수 10위권의 표를 복사(Ctrl + C)한 후 슬라이드에 붙여넣기(Ctrl + V)하여 배치한다.

| 텍스트 | 글꼴 / 글꼴 크기 / 속성 | 글꼴 색 |
|---|---|---|
| Low, high | 나눔바른고딕 Light / 12 | (7) 검은색 |
| 강남구 1위 | 나눔바른고딕 Light / 24 / 굵게 | (6) 흰색 |
| 239,842대 | 나눔바른고딕 Light / 12 | (6) 흰색 |

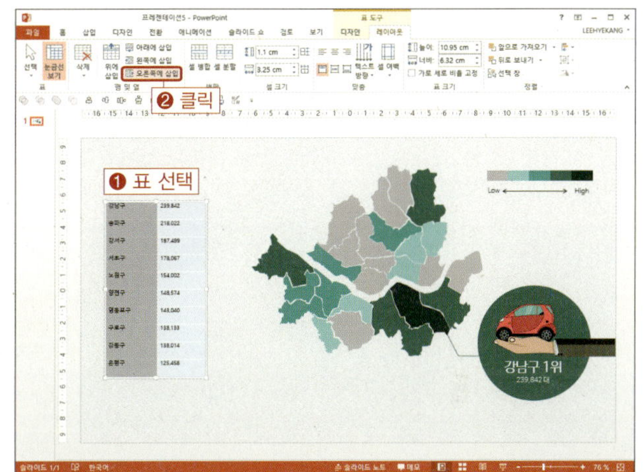


**11** 표에서 왼쪽 열을 드래그하여 모두 선택한 후 [표 도구]–[레이아웃] 탭–[행 및 열] 그룹–[오른쪽에 삽입]을 클릭해 열을 하나 추가한다.

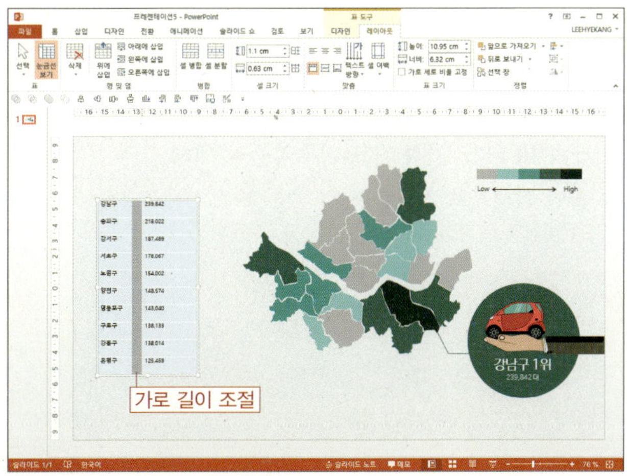


**12** 구와 등록대수 사이에 간격을 주는 열이므로 2열에 마우스 커서를 가져가 마우스 포인터의 모양이 변하면 드래그하여 가로 폭을 줄인다.

**13** 표에 있는 텍스트를 드래그하여 모두 선택한 후 [홈] 탭-[글꼴] 그룹에서 [글꼴]을 '나눔바른고딕 Light / 16'으로 변경한다. 1열은 다시 드래그하여 선택한 후 [홈] 탭-[단락] 그룹-[텍스트 오른쪽 맞춤]을 선택해 정렬한다.

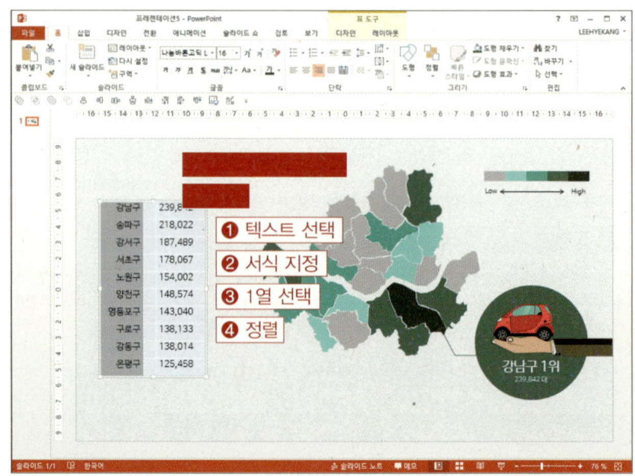


**14** 표를 드래그하여 모두 선택한 후 [표 도구]-[디자인] 탭-[표 스타일] 그룹-[음영]에서 '채우기 없음', [테두리]에서 '테두리 없음'을 선택한다.

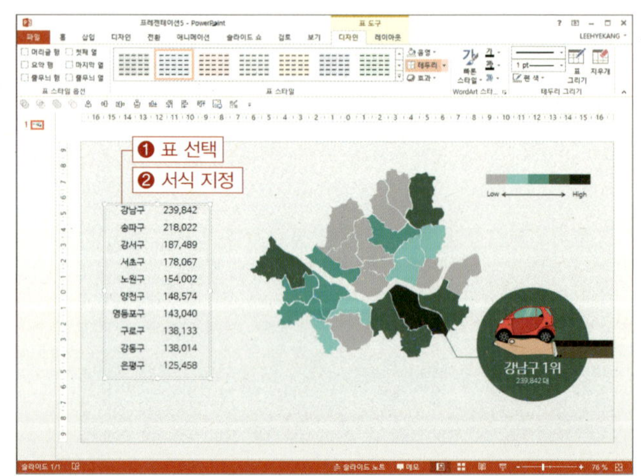


**15** [표 도구]-[디자인] 탭-[테두리 그리기] 그룹-[펜 색]에서 [색]은 '(5) 회색'으로 지정한 후 [표 스타일] 그룹-[테두리]에서 '위쪽 테두리', '아래쪽 테두리', '안쪽 가로 테두리'를 선택해 가로 줄만 회색으로 변경한다.

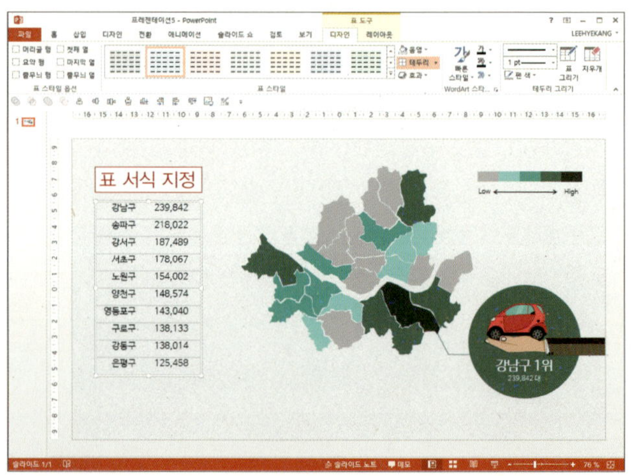

**16** 표 안 텍스트를 정렬하기 위해 표 안의 텍스트를 드래그하여 모두 선택한 후 [표 도구]-[레이아웃] 탭-[맞춤] 그룹-[세로 가운데 맞춤]을 선택해 깔끔하게 표를 마무리한다.

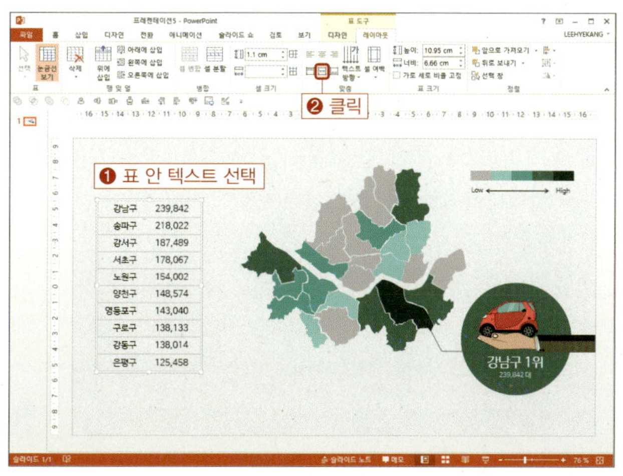


**17** [삽입] 탭-[텍스트] 그룹-[텍스트 상자]를 선택하여 텍스트를 입력한 후 서식을 지정한다. 'TOP 10'은 [그리기 도구]-[서식] 탭-[WordArt 스타일] 그룹에서 '채우기-흰색, 윤곽선-강조 1, 네온-강조 1'을 선택한다.

| 텍스트 | 글꼴 / 글꼴 크기 / 속성 | 글꼴 색 |
|---|---|---|
| 자치구별 ~ | 나눔바른고딕 Light / 18 | (7) 검은색 |
| TOP 10 | 대한 / 44 / 굵게 | WordArt |
| 2015년 ~ | 나눔바른고딕 Light / 11 | (7) 검은색 |

**TIP**
2010 이하 버전에는 그림과 비슷한 스타일을 찾아 선택한다.

**18** 파워포인트 전체 색을 맞추기 위해 'TOP 10'은 [그리기 도구]-[서식] 탭-[WordArt 스타일] 그룹-[텍스트 윤곽선]에서 [선 색]을 '(2) 초록색'으로 변경한다.

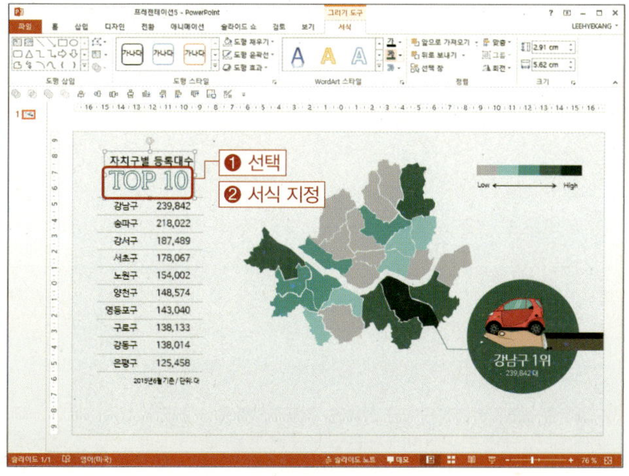

**19** [삽입] 탭-[일러스트레이션] 그룹-[도형]에서 [직사각형]을 선택하여 슬라이드 바닥을 덮을 수 있는 가로로 긴 직사각형을 만든다. [삽입] 탭-[일러스트레이션] 그룹-[도형]에서 [타원]을 선택하고 Shift 를 누른 상태에서 드래그하여 정원을 만든다.

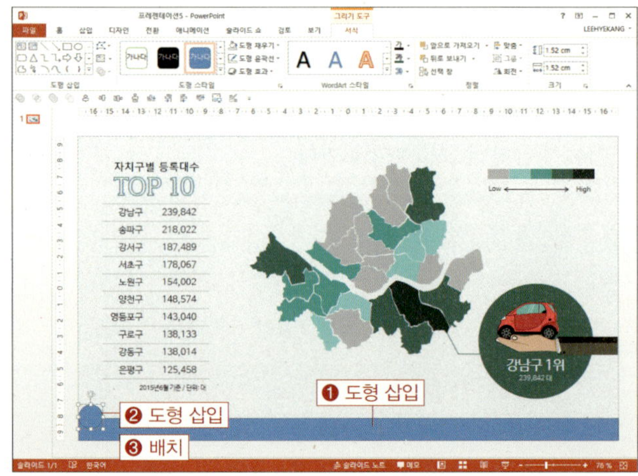


**20** 만든 원은 복제(Ctrl + D)하여 기존 원과 겹치게 배치한다. 여러 번 Ctrl + D를 눌러 일정한 간격으로 원이 배치될 수 있게 한다.



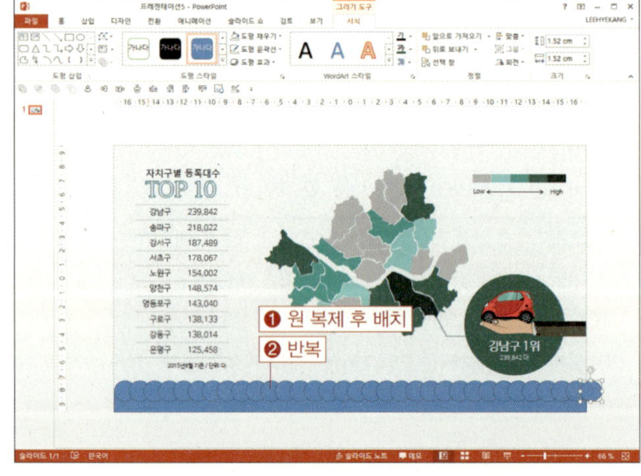


**21** 드래그를 통해 원과 직사각형을 모두 선택한 후 [빠른 실행 도구 모음]에서 [도형 빼기]를 클릭한다.



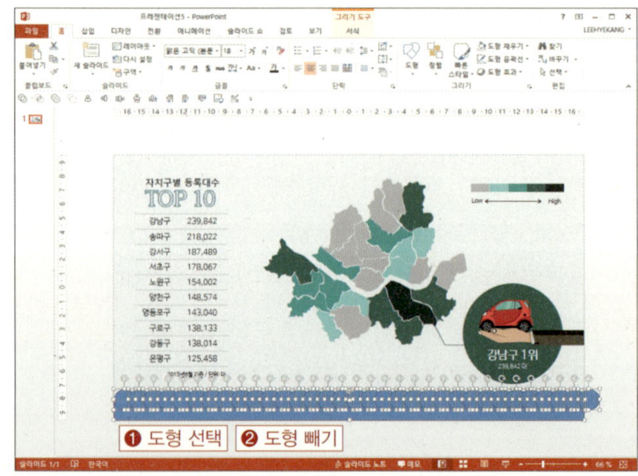

**22** 물결 모양으로 도형이 완성되면 [그리기 도구]−[서식] 탭−[도형 스타일] 그룹−[도형 채우기]에서 [색]은 '(2) 초록색', [도형 윤곽선]은 '윤곽선 없음'을 선택한다.

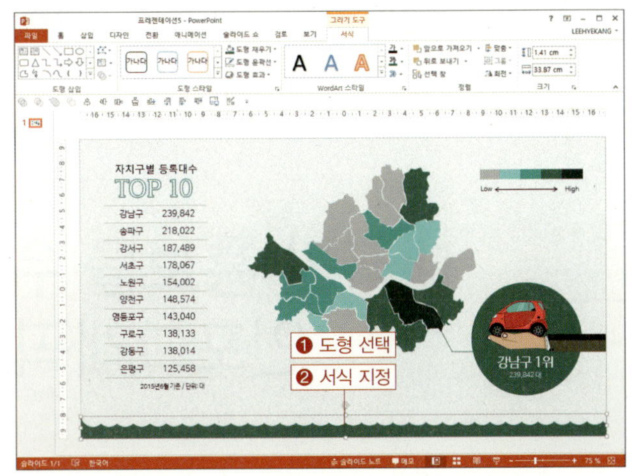

# 대국민 홍보를 위한 재난 대비
## 인포그래픽 만들기

홍수, 호우, 가뭄을 비롯한 폭염, 태풍, 한파, 황사, 지진, 해일, 적조와 같은 자연재해는 언제 어디서나 발생할 수 있으므로 평상시 철저한 대비가 중요하다. 재난 발생 시 행동 요령을 알리는 방법으로 인포그래픽만큼 유용한 수단은 흔치 않다.

최근에는 SNS를 통해 뉴스와 각종 정보를 수집하는 사람들이 많아졌으므로 긴 문장으로 이루어진 대응 매뉴얼보다 모바일용 인포그래픽으로 대응 매뉴얼을 만들어 배포하는 것이 효과적이다. 이번 장에서는 자연재해 중 '가뭄'을 주제로 한 국민행동요령을 인포그래픽으로 만드는 방법을 소개한다.

## SECTION 01 재난 시 행동요령에서 주요 소주제를 추출하는 방법

해외에서는 '재난' 정보를 인포그래픽으로 제작하는 것이 거의 필수다. 재난 정보는 생사를 결정지을 수 있는 소중한 정보이므로, 이를 인포그래픽으로 제작하면 짧은 시간 내 사람들 머릿속에 깊이 각인시킬 수 있다는 장점이 있다. 만연체 문장에서 꼭 필요한 핵심 내용이 무엇인지 직접 추출해 보고 인포그래픽으로 요약해 보도록 하자.

### (1) 1단계 : 제시정보

- 제목 : 가뭄시 국민행동요령
- 수집 자료 : 국민안전처 홈페이지(www.mpss.go.kr)

### ① 도시 지역

- 가정에서는 식기류 세척 · 세수 · 샤워 시 물을 받아 사용합시다.
- 가정에서 세탁할 때는 한꺼번에 빨래를 모아서 합시다.
- 식당 등 물을 많이 사용하는 업소는 물을 적게 사용하는 방법으로 영업합시다.
- 정원이나 꽃밭에는 한 번 사용한 허드렛물을 재활용합시다.
- 개인 소유의 우물(관정 포함)은 공동으로 이용합시다.

### ② 농 · 어촌 지역

- 논 · 밭 토양의 수분 정도와 농작물의 상태를 잘 살펴봅시다.
- 농작물 피복(멀칭)이 가능한 곳에서는 볏짚, 비닐 등으로 토양 수분 증발을 최소화합시다.
- 물이 쉽게 고갈되는 곳이나 물이 부족한 지역을 잘 알아둡시다.
- 가뭄이 오기 전에 우물과 같은 용수원을 미리 개발합시다.
- 물을 끌어올 수 있는 시설(수로)이나 물을 퍼 올릴 수 있는 장비(양수기)를 점검합시다.
- 수리 불안 전답 지역에서는 논물 가두기, 사용한 물 재사용 등 물 관리를 철저히 합시다.

## (2) 2단계 : 정보 분석 시 고려사항

가뭄 대비 국민 행동 요령 인포그래픽을 제작해 1차로 SNS에 배포하고자 한다. 제시된 정보는 크게 도시와 농 · 어촌 지역으로 나누어져 있다. 도시는 다시 5가지 소주제, 농 · 어촌 지역은 6가지 소주제로 나뉜다.

제작자는 ① 도시와 농촌을 동시에 비교하는 인포그래픽을 만들 것인지 ② 도시와 농 · 어촌 지역을 구분하여 인포그래픽을 만들 것인지 ③ 도시와 농 · 어촌 지역을 구분하지 않고 인포그래픽을 만들 것인지 결정해야 한다.

이와 같은 3가지 접근 방법은 제작자가 어디에 더 메시지를 강하게 두느냐에 따라 자료 요약 방법이 달라질 수 있다. 모바일용으로 제작하고 SNS에 게재한다는 대전제를 둔만큼 정보량을 가급적 줄여서 제작하는 것이 필요하다. 여러 소주제에서 우선순위 설정, 유사 내용과 문장은 통합, 공감 가능성 높은 정보 선택 등 여러 과정을 고려해 선정할 수 있어야 한다. 게재하지 못한 내용은 링크를 걸어 홈페이지 원문보기로 유입시켜 볼 수 있도록 하는 것도 방법이다.

## (3) 3단계 : 정보 요약

① 주제 : 생활 속 가뭄 대비 요령

② 소주제 : 전체 4개 이내로 요약한다. 만일 4개의 정보를 4개의 정사각형으로 나누어 표시할 경우 페이스북에서 한 장씩 넘기면서 볼 수 있다는 장점이 있다.

③ 정보배열형태 : 나열식 차트

* 나열식 차트 : 소주제 간 우열이 없는 경우 나란히 배열하면서 각각의 수제를 인지시킬 수 있나는 장점이 있다.

④ 여러 소주제에서 대표 소주제를 추출하는 기준

• 개인이 할 수 없는 가뭄 대비 주제는 배제한다.

• 인터넷 이용자층이 직접 공감할 수 없는 주제는 배제한다.

① 도시 지역에서는

가정에서는 식기류 세척 · 세수 · 샤워 시 물을 받아 사용합시다.

가정에서 세탁할 때는 한꺼번에 빨래를 모아서 합시다.

식당 등 물을 많이 사용하는 업소는 물을 적게 사용하는 방법으로 영업합시다.

정원이나 꽃밭에는 한 번 사용한 허드렛물을 재활용합시다.

개인소유의 우물(관정 포함)은 공동으로 이용합시다.

② 농 · 어촌 지역에서는

논 · 밭 토양의 수분 정도와 농작물의 상태 잘 살펴봅시다.

농작물 피복(멀칭)이 가능한 곳에서는 볏짚, 비닐 등으로 토양수분 증발을 최소화합시다.

물이 쉽게 고갈되는 곳이나 물이 부족한 지역을 잘 알아둡시다.

가뭄이 오기 전에 우물과 같은 용수원을 미리 개발합시다.

물을 끌어올 수 있는 시설(수로)이나 물을 퍼 올릴 수 있는 장비(양수기)를 점검합시다.

수리불안 전답 지역에서는 논물가두기, 사용한 물 재사용 등 물 관리를 철저히 합시다.

⑤ 최종 요약 문장

① 도시 지역(핵심 키워드 : 설거지, 빨래, 허드렛물 재활용)

설거지, 샤워용 물은 미리 받아서 사용하고 빨래는 모아서 한다.(표현 1)

정원이나 꽃밭에는 한 번 사용한 허드렛물을 재활용한다.(표현 2)

② 농 · 어촌 지역(핵심키워드 : 토양수분 증발 최소화, 양수기 점검)

농작물 피복(멀칭)이 가능한 곳은 볏짚, 비닐 등으로 토양수분 증발을 최소화한다.(표현 3)

물을 끌어올 수 있는 시설(수로)이나 물을 퍼 올릴 수 있는 장비(양수기)를 점검한다.(표현 4)

## (4) 4단계 : 레이아웃 스케치

통계형 데이터가 아닌 일반 데이터에서는 핵심 키워드를 그래픽으로 표현하는 것이 좋다.

| | |
|---|---|
| **설거지, 샤워용** 물은 미리 받아서 사용한다. **빨래**는 모아서 한다. | 정원이나 꽃밭에는 한 번 사용한 **허드렛물**을 재활용한다. |
| 농작물 피복(멀칭)이 가능한 곳은 볏짚, 비닐 등으로 **토양수분 증발**을 최소화한다. | 물을 끌어올 수 있는 시설 **(수로)**이나 물을 퍼 올릴 수 있는 **장비(양수기)**를 점검한다. |

▲ SNS에 적합한 나열식 형태로 정보를 배열하여 대표 키워드를 설명하는 아이콘 및 상황 설명 배경 이미지 활용
 (출처 : '국민안전처'에서 제공한 자료를 제작 실습을 위해 임의로 재가공)

# 소주제를 활용한 홍보 인포그래픽 만들기

가뭄에 대비하는 방법을 홍보하고자 한다. SNS 업로드를 목적으로 만드는 인포그래픽이므로 한 장 안에 너무 많은 정보를 담는다면 사람들이 지루해할 수 있다. 이번 장에서는 항목별로 이미지를 각각 만들되, 페이스북과 같은 SNS에 올렸을 때 한 장의 이미지처럼 보일 수 있도록 제작해 보자.

**실전 따라하기**

- 완성파일 : 가뭄대비 – 완성.pptx
- 색상정보 : 가뭄대비 – 색상.png
- 실습자료 : [가뭄대비 실습자료] 폴더

**01** SNS에서 보기 좋은 정사각형 형태로 변경한다. [디자인] 탭-[사용자 지정] 그룹-[슬라이드 크기]-[사용자 지정 슬라이드 크기]를 선택한 후 [너비]와 [높이]를 모두 '19.05cm'로 변경한다.

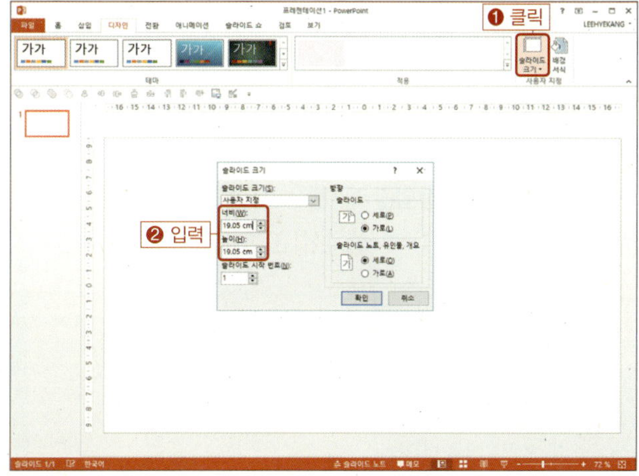

**02** 영역을 4개로 나누기 위해 [삽입] 탭-[일러스트레이션] 그룹-[도형]에서 [선]을 선택하고, Shift 를 누른 상태에서 세로선과 가로선을 각각 하나씩 만들어 정가운데 배치한다. [그리기 도구]-[서식] 탭-[도형 스타일] 그룹-[도형 윤곽선]에서 [선 색]은 '(1) 연회색'으로 변경한다.

**TIP**

눈금자가 있으면 정 가운데에 선을 배치하기 편하다. 만약 눈금자가 보이지 않는다면 [보기] 탭-[표시] 그룹의 [눈금자]에 체크한다.

**03** 배경색을 지정하기 위해 빈 슬라이드에서 [마우스 오른쪽 버튼 클릭]-[배경 서식]을 선택한다. [배경 서식] 작업창의 [채우기]-[그라데이션 채우기]를 선택한다. [종류]는 '선형', [각도]는 '90°'를 선택한다. [그라데이션 중지점]은 양 끝에 두 개를 만들어 배치하고 왼쪽 중지점의 [색]은 '(2) 파란색', 오른쪽 중지점의 [색]은 '(3) 민트색'을 선택한다.

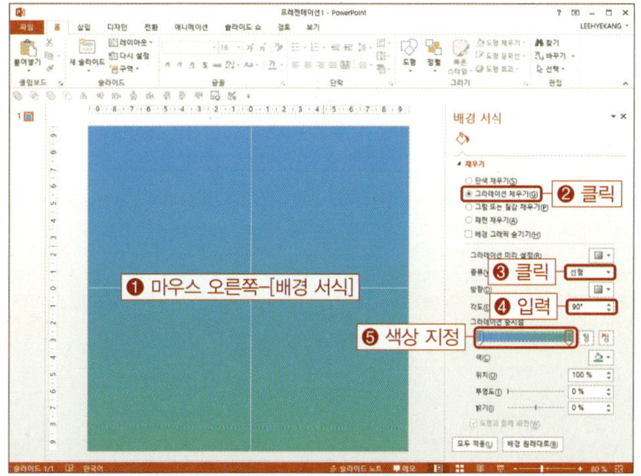

**04** [삽입] 탭–[일러스트레이션] 그룹–[도형] 에서 [타원]을 선택하고 Shift 를 누른 상태에서 드래그하여 정원을 만든다. 도형을 선택하고 [마우스 오른쪽 버튼 클릭]–[도형 서식]을 클릭 한다. [도형 서식] 작업창의 [채우기]–[단색 채 우기]에서 [색]은 '(4) 흰색', [선]은 '선 없음'을 선택한다.



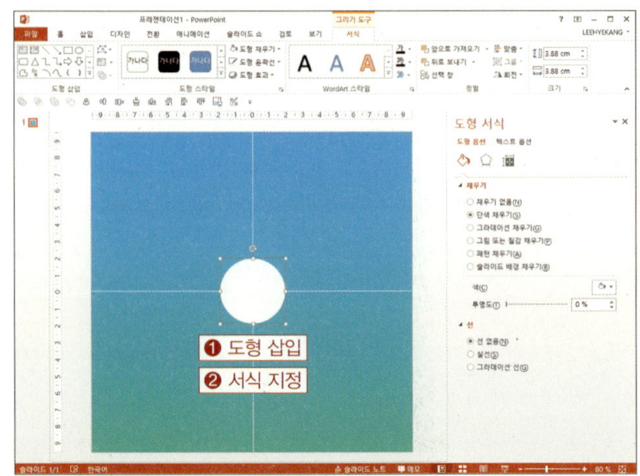



**05** [도형 서식] 작업창의 오각형 모양의 [효과] 아이콘을 선택한다. [그림자]–[미리 설정]을 '안 쪽'–'안쪽 가운데'로 선택하고, 자연스럽게 그림 자의 수치를 조절한다. [투명도]는 '70%', [흐리 게]는 '7pt'로 설정한다.

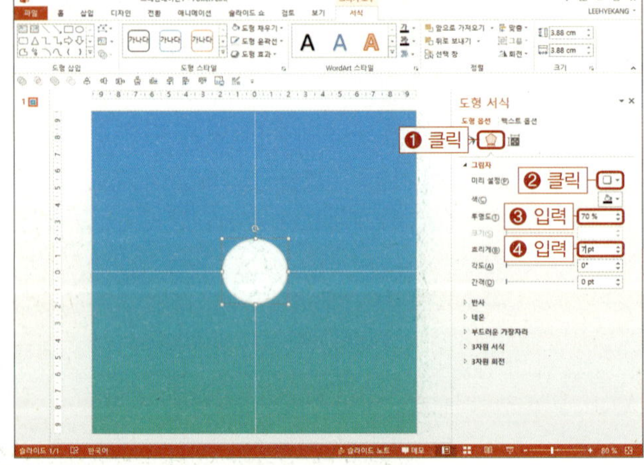





**06** [삽입] 탭–[이미지] 그룹–[그림]을 선택 하여 [가뭄대비 실습자료] 폴더에서 '국민안전 처.png' 파일을 불러와 원 안에 배치한다.

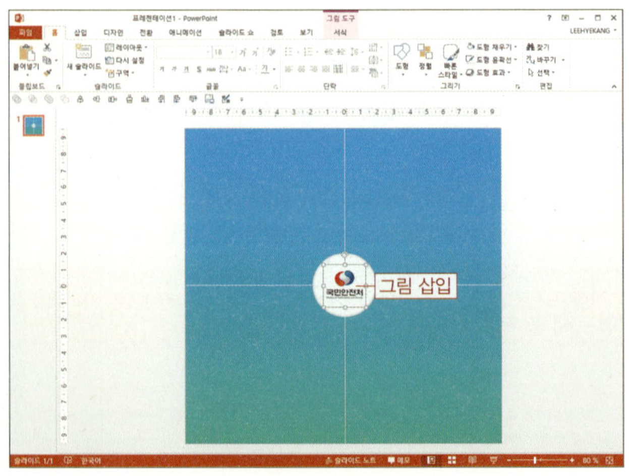

**07** [삽입] 탭-[텍스트] 그룹-[텍스트 상자]를 선택해 4개의 영역에 해당하는 텍스트를 입력한 후 서식을 지정한다. 내용만 있으면 허전한 느낌이 들 수 있으므로 해당 내용을 대표하는 영어 단어를 하나씩 추가로 입력한다.

| 텍스트 | 글꼴 / 글꼴 크기 | 글꼴 색 |
| --- | --- | --- |
| 영어 | 나눔바른고딕 Light / 12 | (4) 흰색 |
| 설명글 | 나눔바른고딕 Light / 12 | (4) 흰색 |

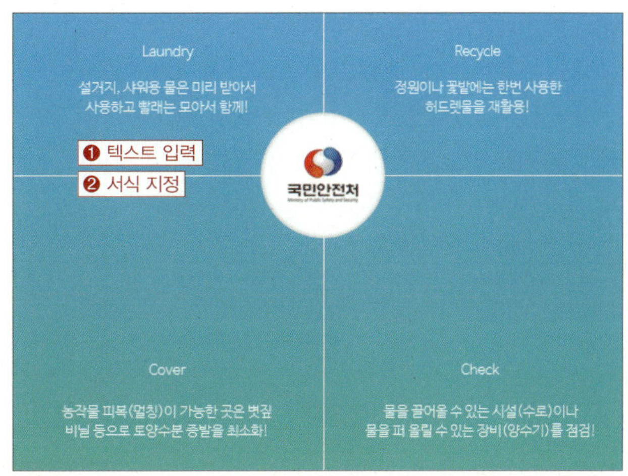


**08** [삽입] 탭-[일러스트레이션] 그룹-[도형]에서 [모서리가 둥근 직사각형]을 선택하여 삽입한다. [그리기 도구]-[서식] 탭-[도형 스타일] 그룹-[도형 채우기]에서 [색]은 '채우기 없음', [도형 윤곽선]은 '(4) 흰색'으로 선택하여 영어로 적은 소제목 위에 배치한다. 이 도형을 3번 복제(Ctrl + D)해 그림과 같이 배치한다.

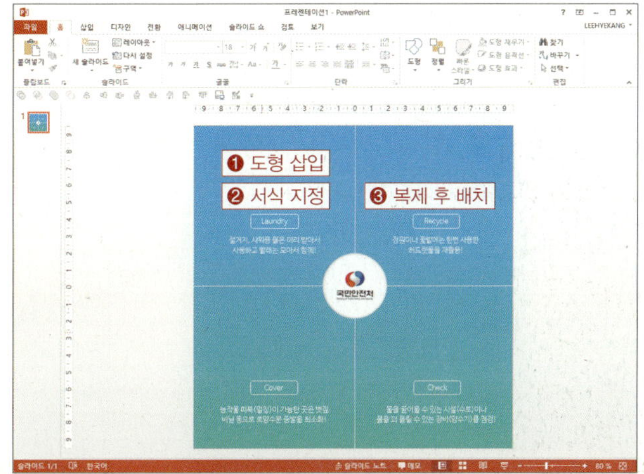


**09** [가뭄대비 실습자료] 폴더에서 '세탁.pptx' 파일을 실행하고 설명글과 비슷한 이미지를 복사(Ctrl + C)하여 슬라이드에 붙여넣기(Ctrl + V)한다.

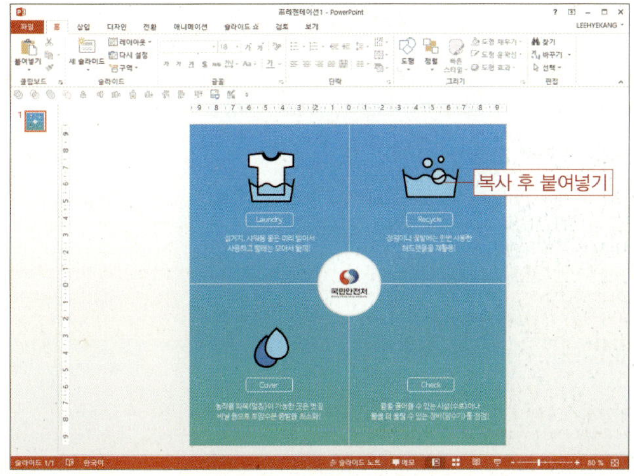

**10** 세 번째 항목은 토양 수분 증발을 최소화
한다는 내용이므로, 증발을 막는 지붕을 도형
으로 표현한다. [삽입] 탭-[일러스트레이션] 그
룹-[도형]에서 [L 도형]을 선택하여 만든 후 노
란 점을 이용해 두께를 조정하고, 초록색 점(회
전바)을 이용해 도형을 회전한다.

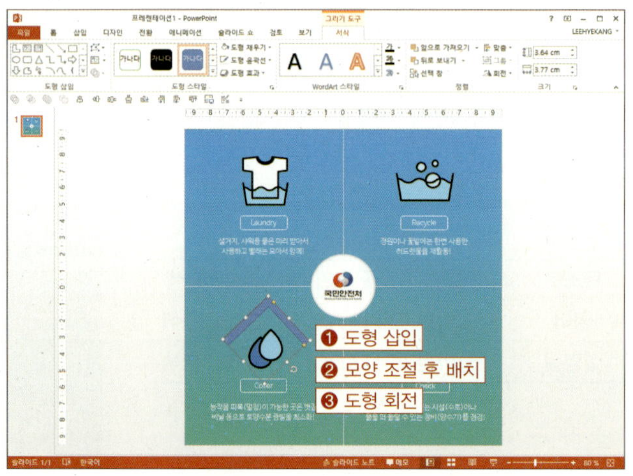


**11** 슬라이드 전체에 사용된 도형 아이콘과 비
슷한 느낌을 표현하기 위해 [그리기 도구]-[서
식] 탭-[도형 스타일] 그룹-[도형 채우기]에서
[색]은 '(4) 흰색', [도형 윤곽선]은 '(5) 검은색',
[두께]는 '2 1/4pt'로 변경한다.

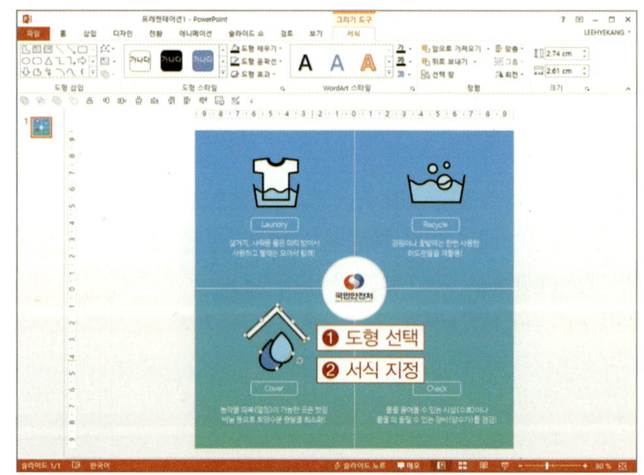


**12** 장비 점검을 표현하기 위해 첫 번째 사용된
옷과 물이 있는 도형 아이콘을 복제(Ctrl + D)한
후 네 번째 영역에 배치한다. 그룹 설정을 해제
(Ctrl + Shift + G)하여 도형을 분리한다.

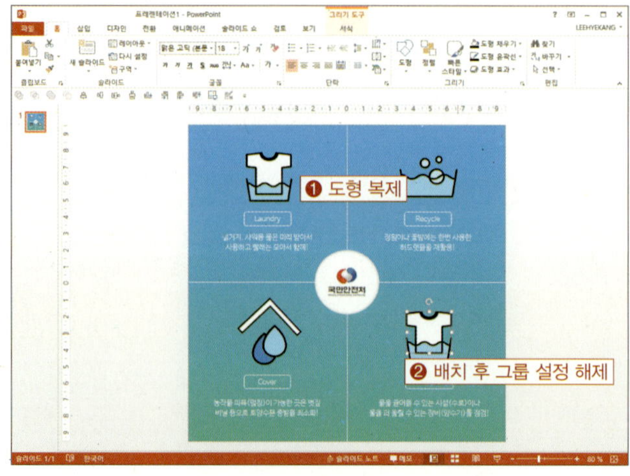

**13** 옷 도형을 선택하여 삭제(Delete)한다. [삽입] 탭-[이미지] 그룹-[그림]을 선택하고 [가뭄대비 실습자료] 폴더의 'magnifying-glass.eps' 파일을 불러온다.

**TIP**
다른 스타일의 돋보기가 찾고 싶다면 'http://flaticon.com'에서 'magnifying'으로 검색한다.

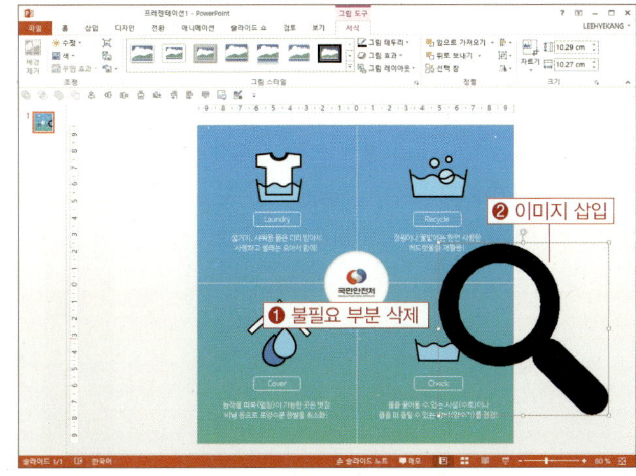


**14** 그룹 설정 해제(Ctrl + Shift + G)를 두 번 눌러 도형으로 변환한 후 불필요한 부분 삭제(테두리선)하고 그림과 같이 크기를 줄여 배치한다. 지붕으로 사용했던 도형을 선택하여 서식 복사(Ctrl + Shift + C)한 후 돋보기 도형을 선택하고 서식 붙여넣기(Ctrl + Shift + V)하여 동일한 서식을 지정한다.

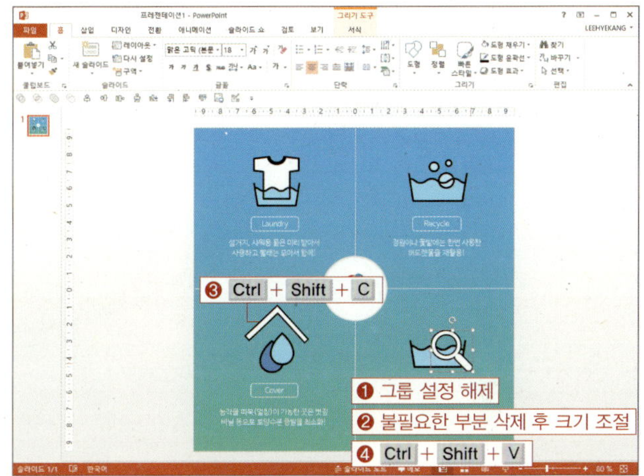


**15** [삽입] 탭-[텍스트] 그룹-[텍스트 상자]를 선택해 텍스트를 입력하고 네 개의 영역에 순서대로 배치한 후 다음과 같이 서식을 지정한다.

| 텍스트 | 글꼴 / 텍스트 | 글꼴 색 |
| --- | --- | --- |
| 생활 속 가뭄 시 행동 요령 01~04 | 나눔바른고딕 Light / 10.5 | (4) 흰색 |

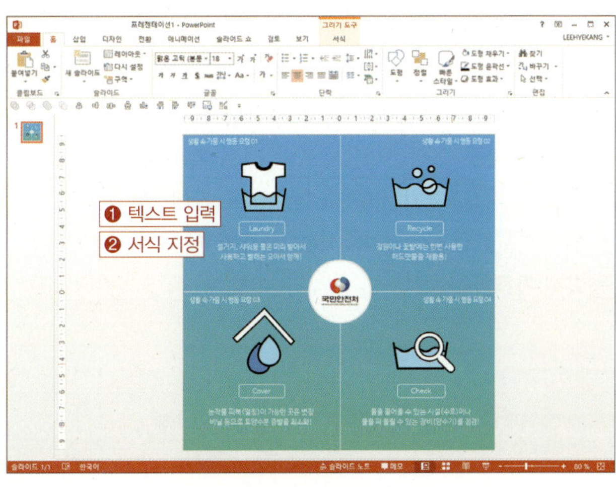

**16** SNS 전용 이미지로 만들기 위해 [파일]– [다른 이름으로 저장]–[찾아보기]를 선택한 후 원하는 위치를 지정하고 [파일 이름]을 지정한 다. [파일 형식]은 'png 형식'으로 지정해 슬라 이드를 이미지로 저장한다.

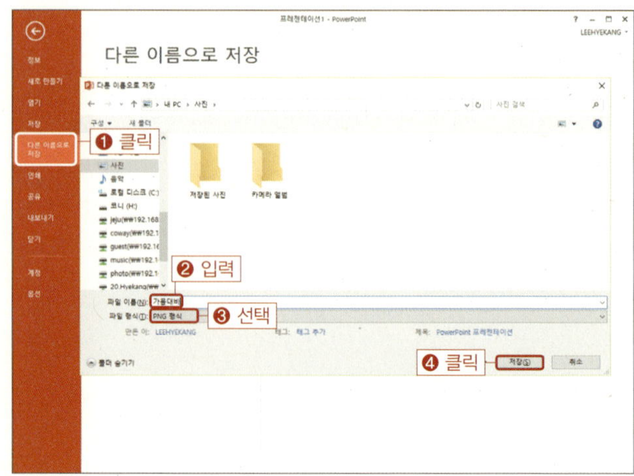

**17** 왼쪽 내비게이션 창에서 Enter 를 눌러 새 슬 라이드를 추가하고 [삽입] 탭–[이미지] 그룹– [그림]을 통해 저장한 그림을 불러온다.

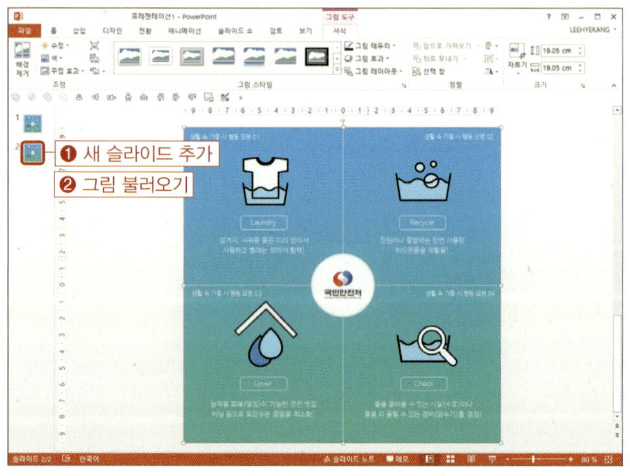


**18** SNS에서 사용하기 좋게 4등분으로 자른 다. 이미지를 선택하고 [그림 도구]–[서식] 탭– [크기] 그룹–[자르기]에서 첫 번째 칸만 남긴 채 자르기 범위를 조정한다. 가로와 세로 길이를 같게 하기 위해 [크기] 그룹의 [너비]와 [높이]를 모두 '9.5cm'로 변경한 후 자르기 바깥 영역을 클릭해 자른다.



> **TIP**
> Facebook에 업로드했을 때 4장이 한 번에 보이게 하기 위해
> 서는 가로와 세로의 길이가 반드시 같아야 한다.

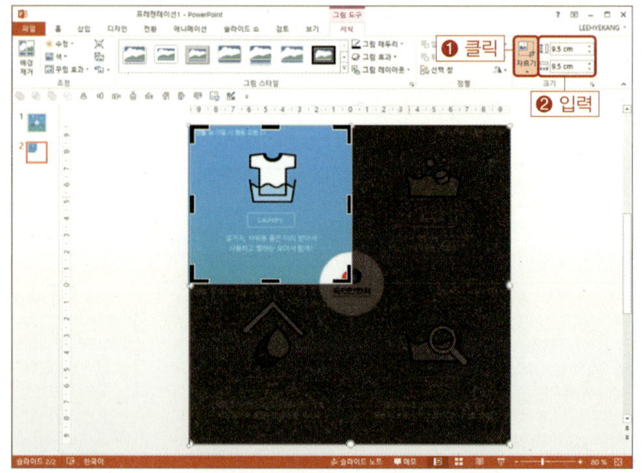

**19** 자른 이미지는 [마우스 오른쪽 버튼 클릭]–[그림으로 저장]을 선택한 후 원하는 장소에 저장한다.

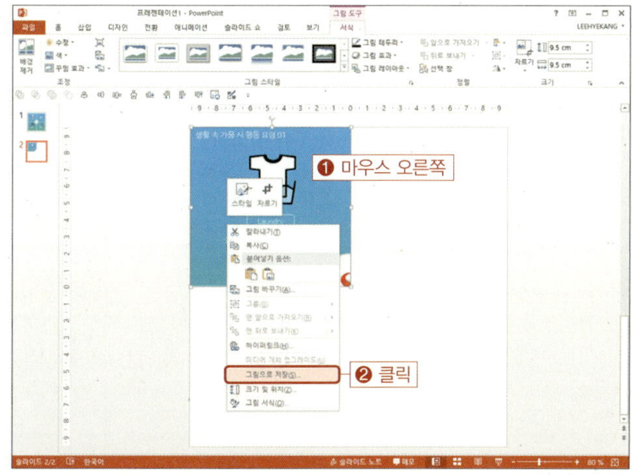


**20·** 자른 이미지는 하나 더 복제(Ctrl + D)한 후 옆에 배치한다.

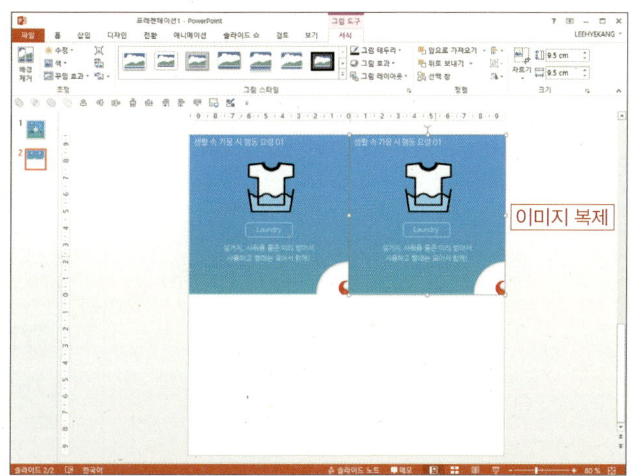


**21** 복사한 이미지를 [그림 도구]–[서식] 탭–[크기] 그룹–[자르기]를 선택하면 자른 기록이 남아 있으므로 드래그를 통해 2번째 영역이 위치할 수 있도록 변경한다. 이때 [높이]와 [너비]의 크기인 '9.5cm'는 변경되지 않도록 주의한다.

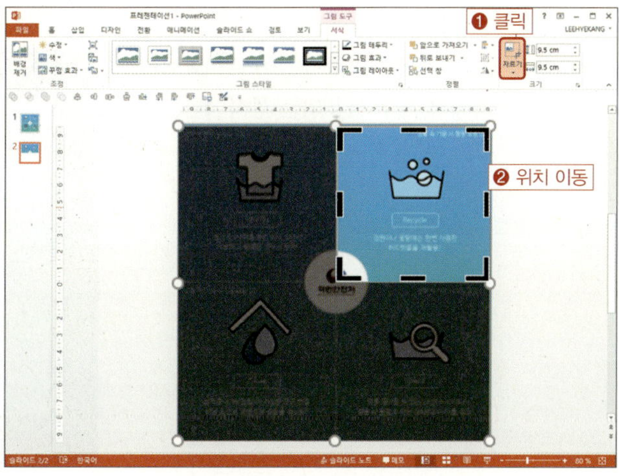

**22** 다른 영역도 동일한 방법으로 이미지를 자른 후 [마우스 오른쪽 버튼 클릭]−[그림으로 저장]을 선택하여 개별 이미지로 저장한다.

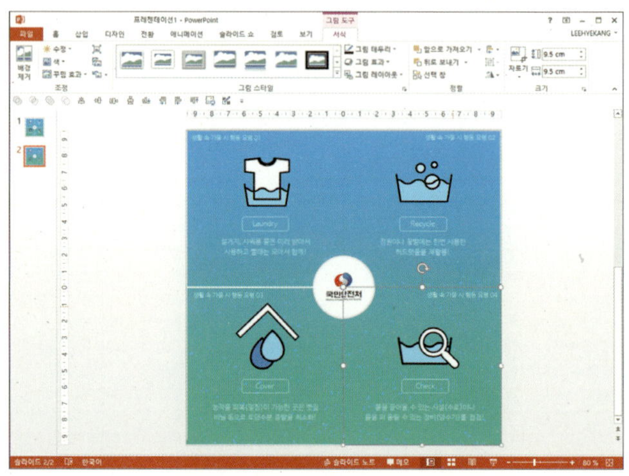

**23** 조각으로 잘라낸 이미지를 페이스북에 업로드하면 하나의 전체적인 이미지처럼 보인다.

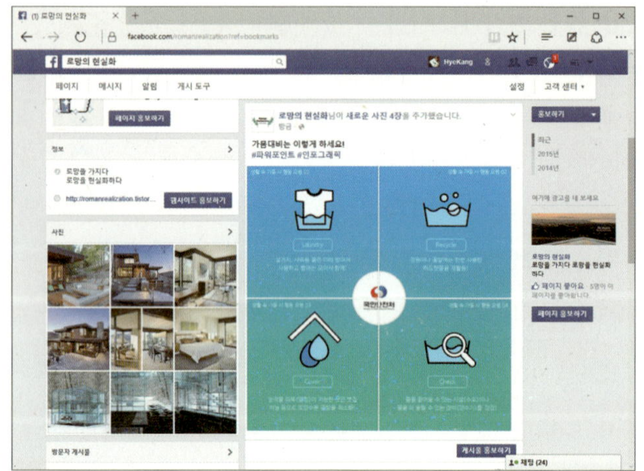

**24** 상세 보기를 위해 사진을 선택하면 자른 이미지 형태대로 크게 볼 수 있다. 이러한 형태는 최근 페이스북에서 자주 사용되는 형식이다.

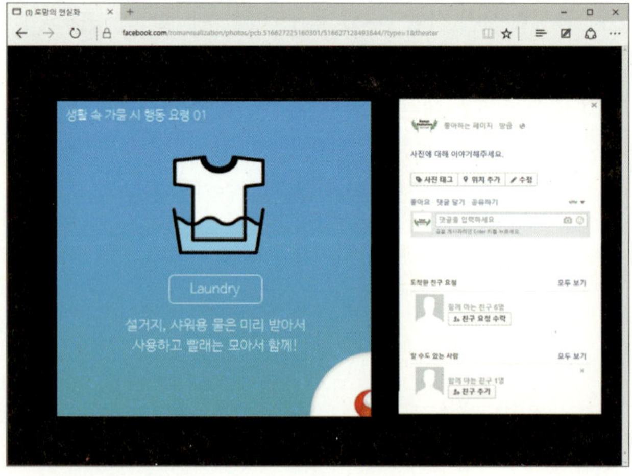

# 27

# 인포그래픽을 활용한
## 이력서 만들기

최근 인포그래픽을 활용하여 이력서와 경력서를 만들어 제출하는 사례가 증가하고 있다. 인포그래픽 이력서는 자신의 주요 이력을 타임라인으로 정리한 후 아이콘을 활용하여 취미나 특기를 표현하고, 자신이 가지고 있는 스킬이나 업무 능력을 그래프로 표현하면 좋다. 인포그래픽을 활용하여 이력서를 만들 때 가장 중요하게 생각해야 하는 것은 '밑바탕이 되는 자료'가 얼마나 완성도 있게 만들어졌는가이다. 이번 장에서 인포그래픽 이력서를 만들어 보면서 제작 기술 습득은 물론, 스스로를 다시 한 번 돌아보고 부족한 부분이 무엇인지 확인하는 계기가 되길 바란다.

## SECTION 01 인포그래픽 이력서를 만들기 위한 단계

최근 성장 과정, 지원 동기, 입사 후 포부, 주요 활동사항, 취미 등을 한눈에 보여줄 수 있는 인포그래픽으로 표현한 '인포그래픽 이력서' 제작이 대세다. 일반 이력서와 함께 인포그래픽 이력서를 요약본으로 활용할 수도 있다. 인포그래픽 이력서를 만들기 위해서는 우선 이력서 원고가 충실히 작성되어 있어야 한다. 한 장의 이력서는 4~5개 정도의 소주제로 배열하고, 소주제를 요약한 1~2줄 텍스트를 '병기'하는 것이 좋다.

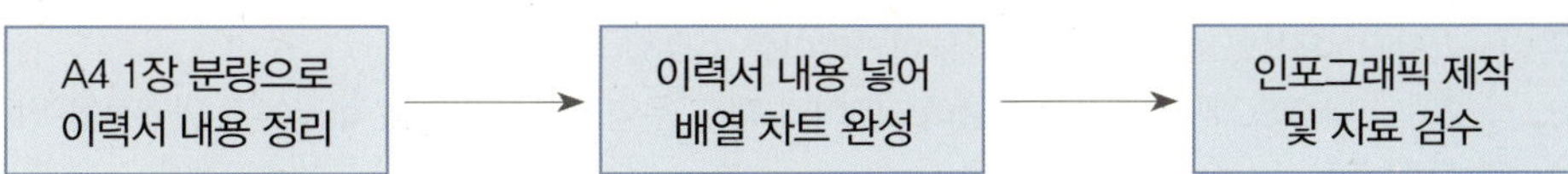

## (1) 1단계 : 이력서 샘플 정리

| 기본 정보 | • 이름 : 송공호<br>• 이메일 : voidlake@gmail.com<br>• 휴대폰 : 010-1234-5678 | • 생년월일 : 1991년<br>• f : @voidlake |
|---|---|---|
| 학력 사항 | 1991 충북에서 출생<br>2010 한국고등학교 졸업<br>2015 한국교통대학교 국제통상학과 4학년 재학 | |
| 주요 활동 | 2010.5 한국교통대 신문사 기자 활동(35기) 및 모범기자상 수상<br>2011.7 세계주식회사 인턴십 근무<br>2012.7 H기업 봉사단 인턴십 근무<br>2013.2 중소기업청 주최 '대학생 창업동아리 캠프' 수료<br>2013.8 무역관리사 취득<br>2014.4 서울에서 여주까지 100km 4대강 자전거 여행<br>2015.4 일본 간사이지방 오사카, 교토, 고베, 나라 여행<br>2015.5 유통관리사 3급 취득 | |
| 취미 | 취미는 요리, 여행, 사진, 자전거, 영화, 독서 등입니다. | |
| 자격증 및 기능 | 2013.8 무역관리사 취득<br>2015.5 유통관리사 3급 취득<br><br>**어학 및 컴퓨터**<br>영어 : TOEIC-890, 영어 회화-중<br>일본어 : 일본어 회화-중<br>PPT : 상<br>워드 : 중<br>엑셀 : 상 | |
| 봉사 및 대외활동 | 저는 한국교통대학교 국제통상학과 4학년에 재학 중인 송공호입니다. 고교 2년 헌혈을 처음 시작하였고 지금까지 43회 이상 헌혈을 했습니다. 적어도 43명의 사람들에게 도움을 주었다고 생각합니다. 30번째 헌혈을 하면서 적십자로부터 '헌혈국가유공장 은장'을 수상하였습니다. 수상을 하면서 나눔의 소중함을 생각하게 됨은 물론 봉사를 통해 사회에 어떤 기여를 더 할 수 있을지 깊이 생각해 보는 계기가 되었습니다.<br>2011년 소외된 이웃을 위한 '적정기술' 강연(국가인권위원회 주최)을 듣고 적정기술에 대한 관심을 가지기 시작했고 제2회 적정 기술 아카데미를 수료했습니다.<br>2013년 MYSC에서 주최한 소셜이노베이터 캠프 운영진으로 미래를 이끌어갈 인재들을 위한 봉사도 했습니다.<br>2014년 TED에서 지역 교육 관련 라이선스를 받아 교육 문화 예술에 관심이 많은 지역 학생, 학부모, 교사, 일반인을 초청하는 강연 프로그램을 추진하였습니다. | |
| 앞으로의 포부 | 공정무역 사회적 기업가로서 성장하고 싶습니다. 또한 세계적인 교육·강연·사회적 혁신 분야에 기여하고 싶습니다. | |

## (2) 2단계 : 이력서 요약 방법

인포그래픽 이력서는 너무 많은 그래픽이 오히려 독이 될 수 있음을 유의해야 한다. 인포그래픽 이력서는 지원 기업(기관) 관계자가 보는 만큼 정확한 자기소개의 글이 포함되어야 한다.

> **TIP**
> ❶ 인포그래픽 이력서만 제출해서는 안 된다. 원문 이력서를 함께 보낸다고 생각해야 한다.
> ❷ 기본 인적사항을 포함해 6개 이하의 소주제로 꾸미는 것이 좋다.
> ❸ 이력서의 컬러는 화려하게 만드는 것보다 3가지 이하의 컬러를 사용하는 것이 좋다.
> ❹ 그래픽과 그래픽을 요약하는 2줄 정도의 문장이 들어가는 것이 좋다.
> ❺ 읽기 어려운 꾸밈이 들어간 폰트는 자제하자.

## (3) 3단계 : 이력서 요약 및 배열 차트

① 이력서 요약

총 6가지 주제로 요약 가능하다.

---

**① 기본정보(포함)**
- 이름 : 송공호
- 생년월일 : 1991년
- 이메일 : voidlake@gmail.com
- f : @voidlake
- 휴대폰 : 010-1234-5678

**② 학력 사항(포함)**
- 1991 충북生
- 2010 한국고등학교 졸업
- 2015 한국교통대학교 국제통상학과 4학년 재학

**③ 주요 활동(요약 후 포함)**
- 2010.5 세계대학교 신문사 기자 활동(35기) 및 모범기자상 수상
- 2011.7 세계주식회사 인턴십 근무
- 2012.7 H기업 봉사단 인턴십 근무
- 2013.2 중소거업청 주최 '대학생 창업동아리 캠프' 수료
- 2013.8 무역관리사 취득
- 2014.4 서울에서 여주까지 100km 4대강 자전거 여행
- 2015.4 일본 간사이지방 오사카, 교토, 고베, 나라 여행
- 2015.5 유통관리사 3급 취득

**④ 취미(요약 후 포함)**
취미는 요리, 여행, 사진, 자전거, 영화, 독서 등입니다.

---

⑤ **자격증 및 기능(요약 후 포함)**
- 2013.8 무역관리사 취득
- 2015.5 유통관리사 3급 취득

**어학 및 컴퓨터**
- 영어 : TOEIC-890, 영어 회화-중
- 일본어 : 일본어 회화-중
- PPT : 상
- 워드 : 중
- 엑셀 : 상

⑥ **봉사 및 대외활동(키워드만 추출)**
고교2년 헌혈을 시작하였고 지금까지 43회 이상 헌혈을 했습니다. 적어도 43명의 사람들에게 도움을 주었다고 생각합니다. 30번째 헌혈을 하면서 적십자로부터 '헌혈국가유공장 은장'을 수상하였습니다. 수상을 하면서 나눔의 소중함을 생각하게 됨은 물론 봉사를 통해 사회에 어떤 기여를 더 할 수 있을지 깊이 생각해 보는 계기가 되었습니다.
2011년 소외된 이웃을 위한 '적정기술' 강연(국가인권위원회 주최) 을 듣고 적정기술에 대한 관심을 가지기 시작했고 제2회 적정기술 아카데미를 수료했습니다.
2013년 MYSC에서 주최한 소셜이노베이터 캠프 운영진으로 미래를 이끌어갈 인재들을 위한 봉사도 했습니다.
2014년 TED에서 지역 교육 관련 라이선스를 받아 교육 문화 예술에 관심이 많은 지역 학생, 학부모, 교사, 일반인을 초청하는 강연 프로그램을 추진하였습니다.

⑦ **앞으로의 포부(요약 후 포함)**
공정무역 사회적 기업가로 성장&교육 · 강연 · 사회적 혁신 분야 전문가

② 최종 요약 정보

이름 : 송공호
생년월일 : 1991년
이메일 : voidlake@gmail.com
f : @voidlake
휴대폰 : 010-1234-5678

1991 충북生
2010 한국고등학교 졸
2015 한국교통대학교 국제통상학과 4학년

**주요 활동**
2010 세계대학교 신문사 기자 활동
2012 H기업 봉사단 인턴십 근무
2013 '대학생 창업동아리 캠프' 수료
2013 무역관리사 취득
2014 서울에서 여주까지 100km 4대강 자전거 여행
2015 일본 배낭 여행
2015 유통관리사 3급 취득

**좋아하는 것**
헌혈, 요리, 여행, 사진, 자전거, 영화, 독서

**자격증 및 기능**
무역관리사 취득

유통관리사 3급 취득

영어 : TOEIC-890, 영어 회화-중

일본어 : 회화 중

PPT : 상

엑셀 : 상

**앞으로의 포부**
공정무역 사회적 기업가로 성장&교육 · 강연 · 사회적 혁신 분야 전문가

③ 배열 차트 사례(레이아웃 차트)

가장 일반적인 레이아웃 형태다. 인포그래픽 제작 시 주제별로 그래픽 표현을 다르게 할 수 있다.

▲ 이력서 샘플을 요약한 후 만든 레이아웃 스케치 사례. 제작자는 최종 요약 자료를 바탕으로 다양한 방법의 디자인으로 제작이 가능하다.
 (출처 : 한국교통대학교 고제통상학과 송공호 학생 이력서 내용 일부 재가공)

# 톡톡 튀는 나만의 인포그래픽 이력서 만들기

남들과 똑같은 이력서가 아닌 차별화된 나만의 이력서를 파워포인트로 만들어보자. 필요하다면 PDF 파일로도 변경해서 사용할 수 있다. 이력서는 응시하는 기업에 제출해야 하므로 기본 제공 폰트를 사용해 누가 보더라도 폰트가 깨지지 않도록 해야 한다. 기본 폰트인 '맑은 고딕'을 활용하되 그대로 사용할 경우 2% 부족한 느낌이 들 수 있으므로 폰트의 글자 간격과 텍스트 윤곽선 등을 활용하여 보기 좋게 편집하는 것이 좋다.

또한 이력서 인포그래픽은 텍스트의 양이 많아질 수밖에 없으므로 정렬에 신경을 써야 한다. [빠른 실행 도구 모음]에 정렬에 관련된 메뉴를 추가하고 요소를 만들 때마다 정렬하면서 작업하면 수월하게 작업할 수 있다.

**실전 따라하기**

- 완성파일 : 이력서 – 완성.pptx   • 실습자료 : [이력서 실습자료] 폴더
- 색상정보 : 이력서 – 색상.png

**01** 이력서에서 주로 사용되는 A4 용지로 크기를 변경한다. [디자인]–[사용자 지정] 그룹–[슬라이드 크기]–[사용자 지정 슬라이드 크기]에서 [슬라이드 크기]를 'A4 용지(210×297mm)'로 선택하고, [방향]–[슬라이드]를 '세로'로 선택한다.

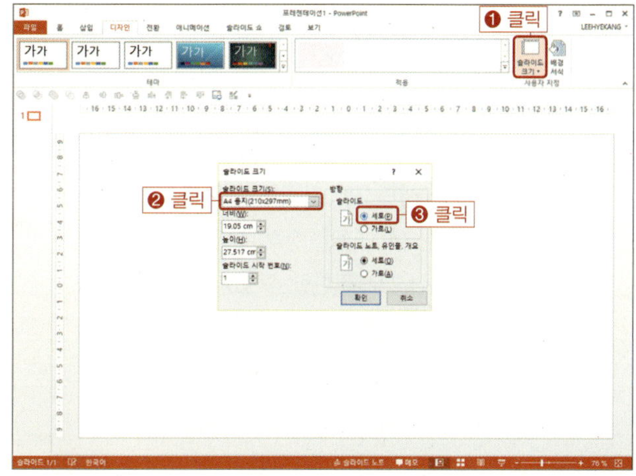

**02** 배경색을 지정하기 위해 빈 슬라이드에서 [마우스 오른쪽 버튼 클릭]–[배경 서식]을 선택한다. [배경 서식] 작업창의 [채우기]–[단색 채우기]에서 [색]을 '(1) 연회색'으로 변경한다.

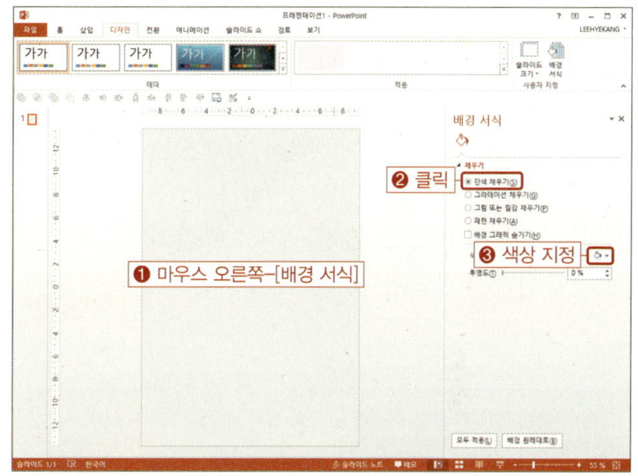

**03** [삽입] 탭–[텍스트] 그룹–[텍스트 상자]를 선택해 텍스트를 입력한다. 폰트는 기본 폰트인 '맑은 고딕'을 사용하고 [글꼴 색]은 '(3) 진회색', [글꼴 크기]는 '36'으로 변경한다. 기본 폰트를 사용해 2% 부족한 느낌이 든다면 서식을 변경한다.

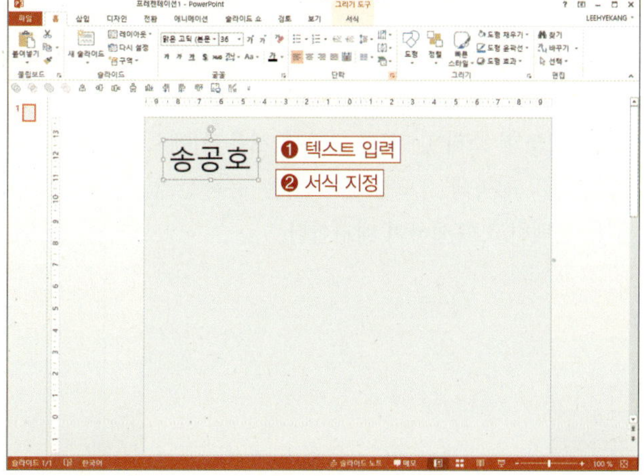

**04** 텍스트에 커서를 둔 상태에서 전체를 선택 (Ctrl + A)하고 [마우스 오른쪽 버튼 클릭]-[텍스트 효과 서식]을 클릭한다. [도형 서식] 작업창에서 [텍스트 윤곽선]-[실선]을 선택한 후 [색]은 텍스트 색과 동일한 색인 '(3) 진회색', [투명도]는 '50%'로 변경한다. 이 과정을 통해 같은 '맑은 고딕'이지만 다른 느낌으로 표현할 수 있다.



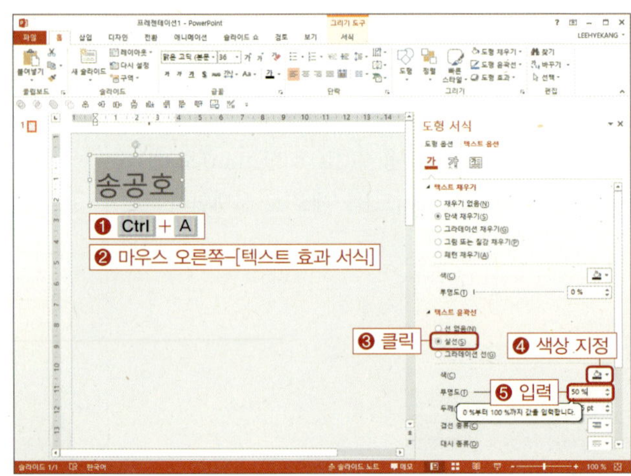


**05** 이름 텍스트 상자를 복제(Ctrl + D)하고, [글꼴 크기]를 '14'로 변경한다. 글자가 작아지면 윤곽선 두께가 두꺼워 보이므로 Ctrl 을 누른 상태에서 텍스트를 상자를 선택하여 [마우스 오른쪽 버튼 클릭]-[개체 서식]을 클릭한다. [도형 서식] 작업창의 [텍스트 옵션]-[텍스트 윤곽선]-[실선]의 [투명도]를 '70%'로 변경한다.





**06** [삽입] 탭-[일러스트레이션] 그룹-[도형]에서 [타원]을 선택하고 Shift 를 누른 상태에서 드래그하여 정원을 만든다. [그리기 도구]-[서식] 탭-[도형 스타일] 그룹-[도형 채우기]에서 [색]은 '(2) 청록색', [도형 윤곽선]은 '윤곽선 없음'을 선택하고 복제하여 배치한다.

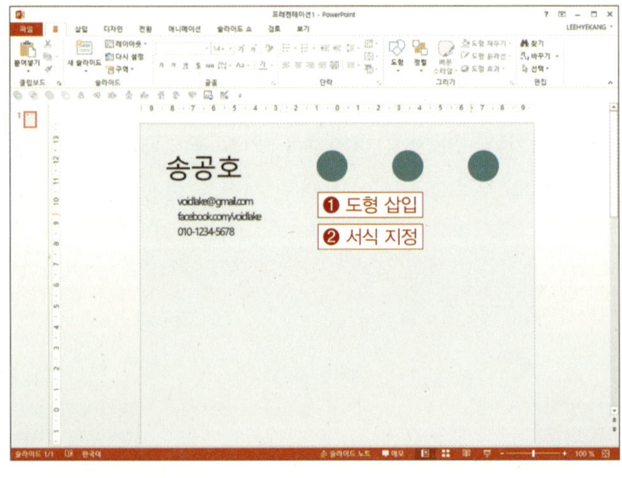

**07** [삽입] 탭-[이미지] 그룹-[그림]을 선택하고 [이력서 실습자료] 폴더에서 관련 EPS 파일을 불러온다.

**08** 그룹 설정 해제(Ctrl + Shift + G)를 두 번 눌러 EPS 파일을 도형으로 만들고 불필요한 도형은 삭제(Delete)한다. [그리기 도구]-[서식] 탭-[도형 스타일] 그룹-[도형 채우기]에서 '메일, 페이스북, 전화' 아이콘의 [색]은 '(2) 청록색', '출생, 학교, 학사모' 아이콘의 [색]은 '(5) 흰색'으로 변경한다. [도형 윤곽선]은 모두 '윤곽선 없음'을 선택한다. 아이콘의 크기를 조절해 그림과 같이 각각 배치한다.

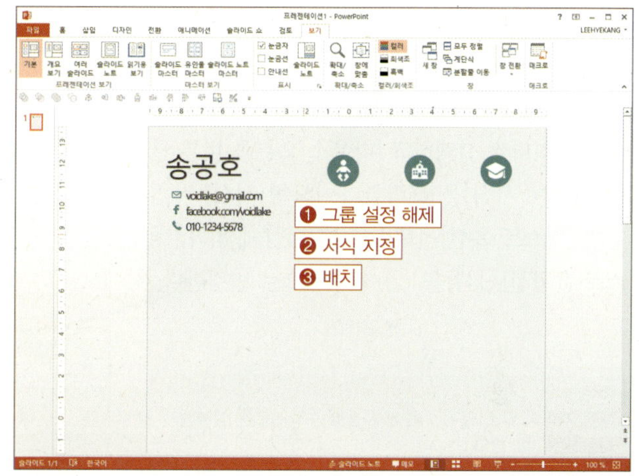


**09** 이력서는 텍스트가 많으므로 깔끔하게 정리하기 위해 [보기] 탭-[표시] 그룹에서 [안내선]에 체크한다. 안내선이 생기면 마우스 포인터를 안내선 위에 올리고 모양이 변하면 드래그해 이름 위에 가상의 선을 표시한다.

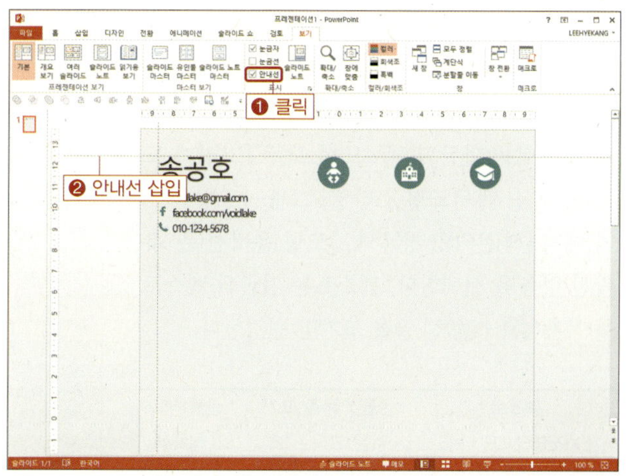

**10** 안내선 위에서 `Ctrl`을 누른 채 다른 곳으로 드래그하여 추가로 안내선이 필요한 곳에 배치한다. 그림과 같이 가이드라인을 잡아준다.



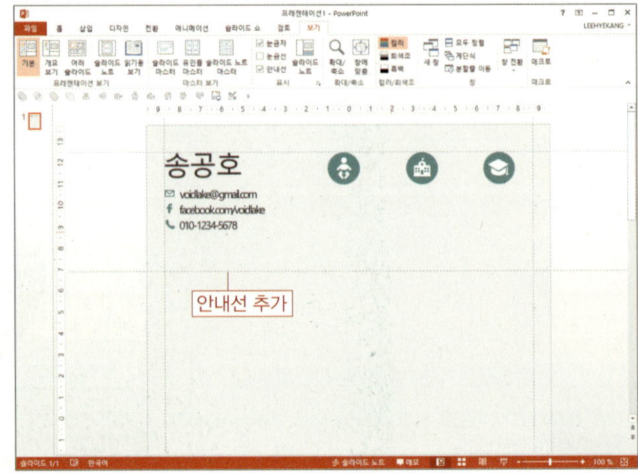



**TIP**
안내선 위에 마우스 포인터를 가져가 모양이 바뀌었을 때 슬라이드 밖으로 드래그하면 안내선을 삭제할 수 있다.

**11** 기존에 있던 텍스트를 복제(`Ctrl` + `D`)한 후 내용을 변경하고 글꼴 크기는 '14'로 변경한다. '(2) 청록색'으로 변경할 텍스트는 `Ctrl`을 누른 상태에서 하나씩 선택하고 [마우스 오른쪽 버튼 클릭]-[개체 서식]을 클릭한다. [도형 서식] 작업 창의 [텍스트 옵션]-[텍스트 채우기]-[색]과 [텍스트 윤곽선]-[색]을 '(2) 청록색'으로 변경한다.

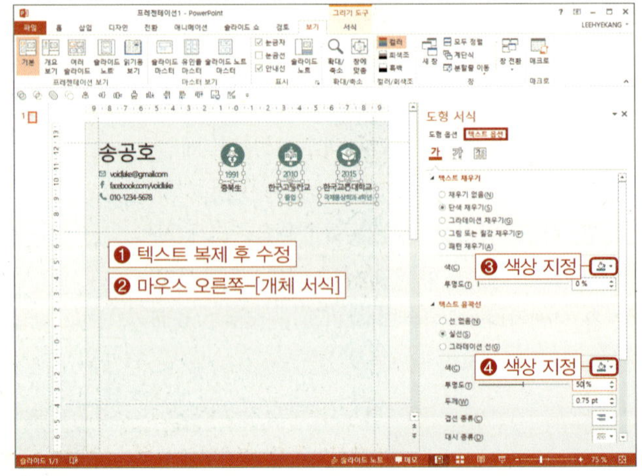



**TIP**
설정 사항이 많은 경우 기존에 사용했던 텍스트를 복제해서 사용하는 것이 좋다.

**12** [이력서 실습자료] 폴더에서 'notes26.eps' 파일을 불러와 도형으로 변경한다. [삽입] 탭-[일러스트레이션] 그룹-[도형]에서 [하트]를 선택해 도형을 만든다. 두 도형 모두 [그리기 도구]-[서식] 탭-[도형 스타일] 그룹-[도형 채우기]에서 [색]은 '(2) 청록색', [도형 윤곽선]은 '윤곽선 없음'을 선택한다. 텍스트는 기존의 텍스트를 복제(`Ctrl` + `D`)해 글꼴 크기만 변경한다.

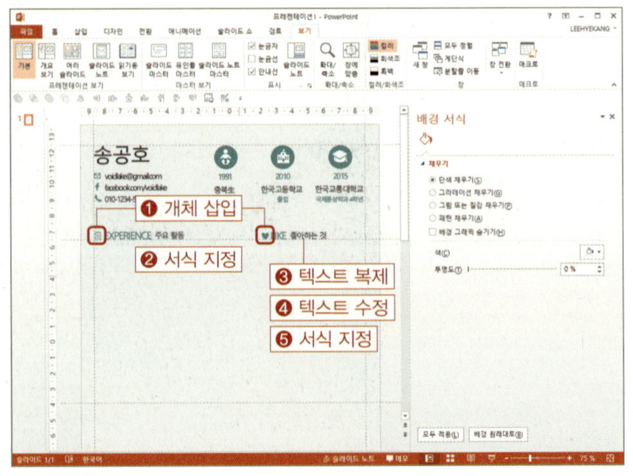



| 텍스트 | 글꼴 / 글꼴 크기 | 글꼴 색 |
| --- | --- | --- |
| EXPERIENCE, LIKE | 맑은 고딕 / 18 | (2) 청록색 |
| 주요 활동, 좋아하는 것 | 맑은 고딕 / 14 | (3) 진회색 |

**13** [삽입] 탭–[일러스트레이션] 그룹–[도형]에서 [선]을 선택하고 Shift 를 누른 상태에서 직선을 그린다. [그리기 도구]–[서식] 탭–[도형 스타일] 그룹–[도형 윤곽선]에서 [선 색]은 '(4) 회색', [두께]는 '1 1/2pt'로 변경한다.

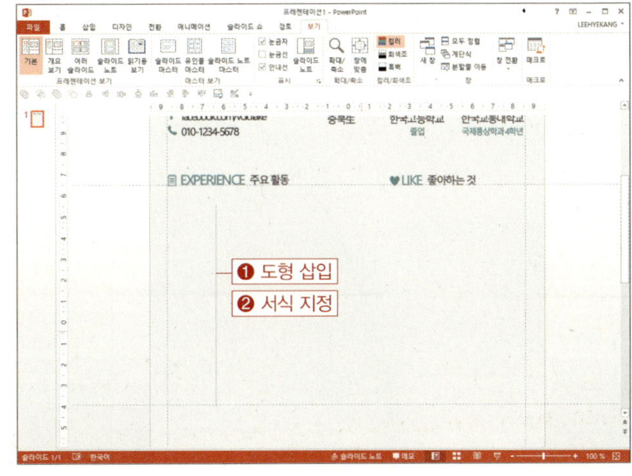


**14** [삽입] 탭–[일러스트레이션] 그룹–[도형]에서 [타원]을 선택하고 Shift 를 누른 상태에서 드래그하여 정원을 만든다. [그리기 도구]–[서식] 탭–[도형 스타일] 그룹–[도형 채우기]의 [색]은 '(5) 흰색', [도형 윤곽선]은 '(4) 회색'으로 변경한다.
만든 원을 복제( Ctrl + D )하여 연도 순에 맞추어 선 위에 일렬로 배치한다.

**TIP**
만든 원은 [빠른 실행 도구 모음]에서 [개체 왼쪽 맞춤]을 통해 정렬하면 깔끔한 이력서를 만들 수 있다.

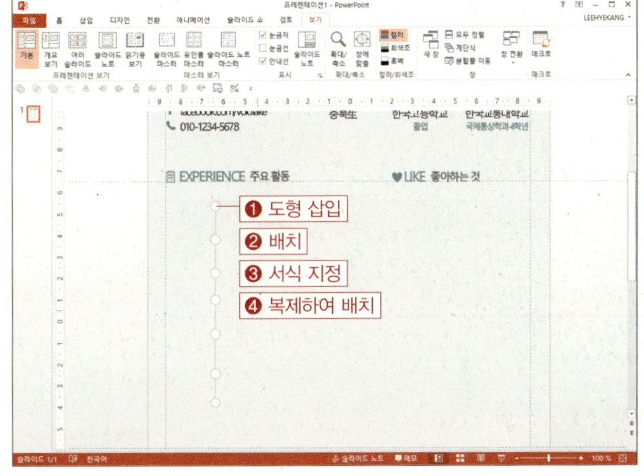


**15** [삽입] 탭–[텍스트] 그룹–[텍스트 상자]를 선택해 주요 활동 항목을 입력한다. 기존에 사용된 텍스트를 복제( Ctrl + D )한 후 글꼴 크기를 '14'로 설정하고 내용을 변경한다. [빠른 실행 도구 모음]에서 [개체 왼쪽 맞춤], [개체 위쪽 맞춤]을 통해 깔끔하게 정렬한다.

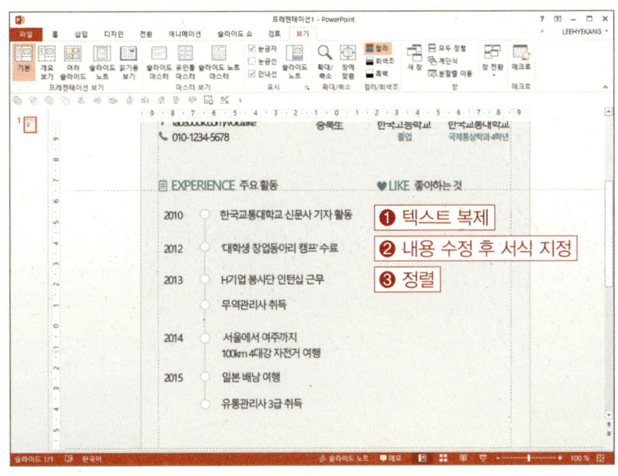

**16** [삽입] 탭-[일러스트레이션] 그룹-[차트]에서 [원형]-[도넛형]을 선택한 후 [확인]을 클릭한다.

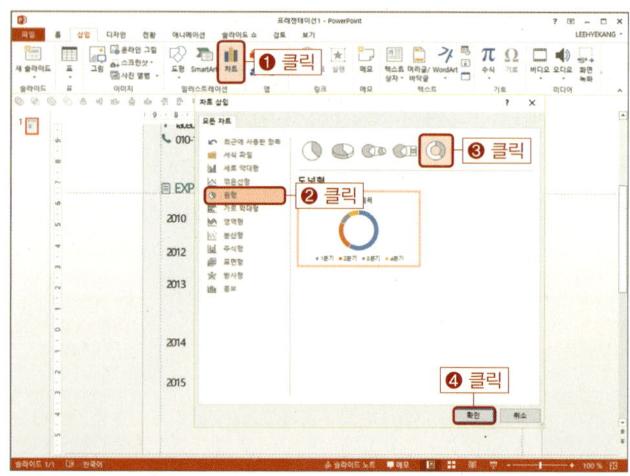

**17** 엑셀 창에서 값을 추가하면 도넛이 겹겹으로 변경된다. 좋아하는 것에 대한 비율만큼 '2분기' 행에 입력한다. 1분기 행과 2분기 행의 합은 10이 되도록 한다. 입력 완료 후 엑셀 창을 닫는다.

| | 판매 | 열1 | 열2 | 열3 | 열4 |
|---|---|---|---|---|---|
| 1분기 | 2 | 2.5 | 3 | 3.5 | 4 |
| 2분기 | 9 | 8.5 | 7 | 6.5 | 6 |

**TIP**
행과 열의 제목은 작업할 때 삭제할 내용이므로 굳이 변경하지 않아도 된다.

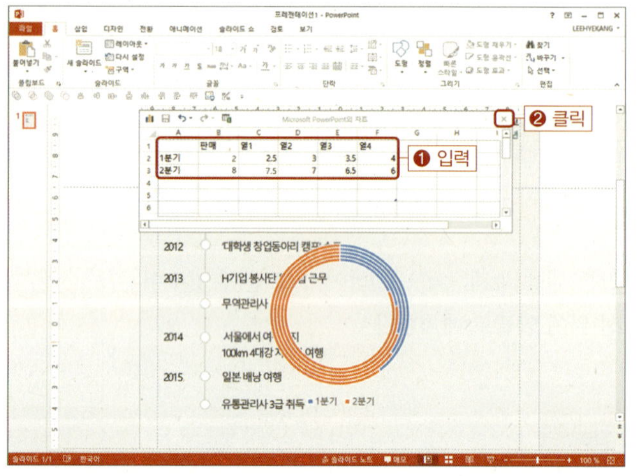

**18** 제목과 '1분기, 2분기'가 적힌 부분은 선택하여 삭제(Delete)한다.

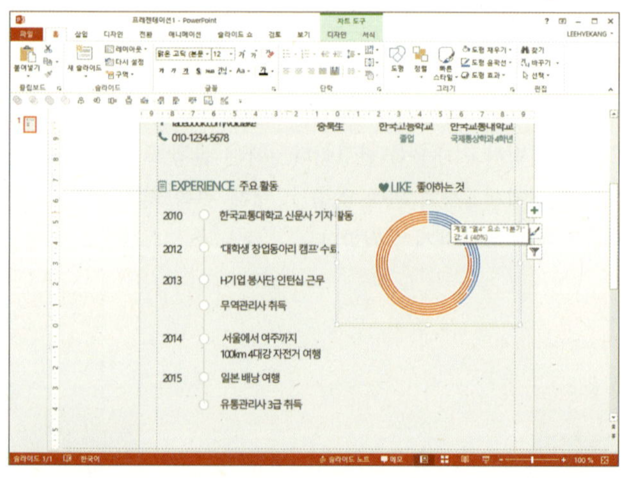

**19** 차트에서 데이터 계열을 선택한 후 [마우스 오른쪽 버튼 클릭]-[데이터 계열 서식]을 클릭한다. [데이터 계열 서식] 작업창의 [도넛 구멍 크기]를 '50%'로 변경해 두께를 조절한다. [첫째 조각의 각]은 '75°'로 변경한다.

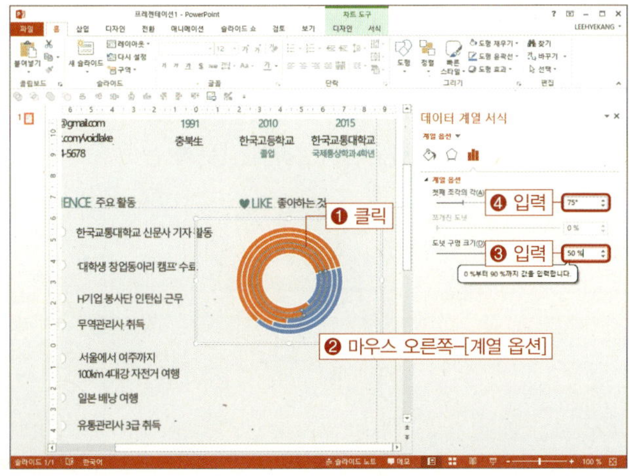


**20** [계열 옵션]에서 채우기 모양 아이콘을 선택하고 [테두리]-[선 없음]을 선택한다. 한꺼번에 변경이 되지 않으므로 각 데이터 요소를 하나씩 선택하여 '선 없음'으로 변경한다.

**TIP**
2010 버전은 [데이터 계열 서식]-[테두리 색]-[선 없음]을 선택한다.

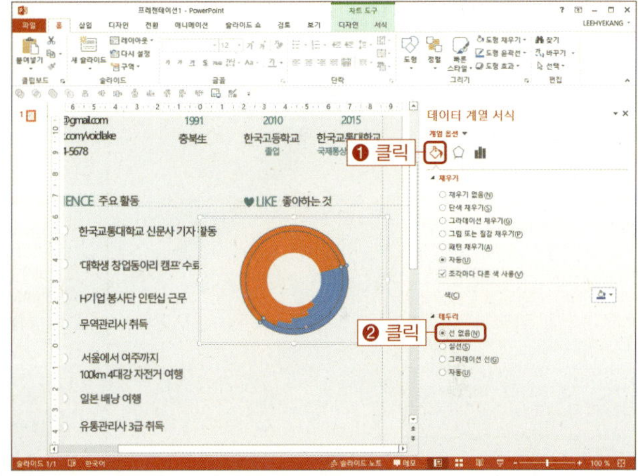


**21** '2분기'에 해당하는 데이터 계열을 선택하여 [채우기]-[단색 채우기]에서 '(2) 청록색'으로, '1분기'에 해당하는 부분은 '(4) 회색'으로 변경한다. 마찬가지로 한꺼번에 변경할 수 없으므로 하나씩 선택해서 변경한다.

**TIP**
데이터 계열을 한번만 선택할 경우 1분기와 2분기 부분이 함께 선택된다. 그 상태에서 다시 한 번 원하는 부분만 선택해 색을 변경한다.

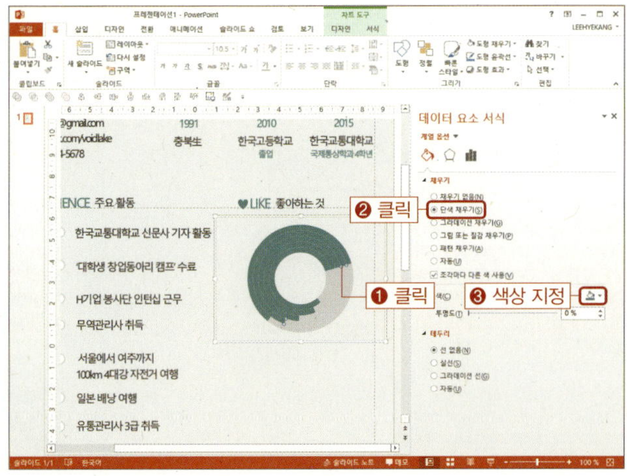

**22** 'LIKE'에서 사용했던 하트를 복제(Ctrl + D)한 후 차트 가운데 배치한다. 하트를 선택한 후 [채우기]는 '채우기 없음'으로 변경한다. [선]은 '실선'을 선택하고, [색]은 '(2) 청록색', [두께]는 '1.5pt'로 변경한다.

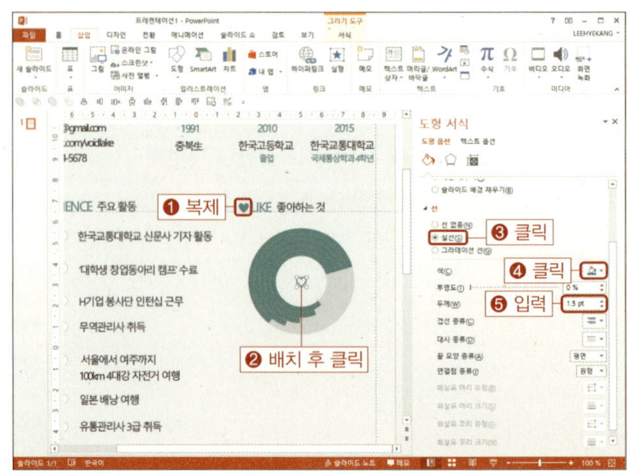

**23** [삽입] 탭−[일러스트레이션] 그룹−[도형]에서 [선]을 선택하여 차트가 끝나는 부분과 연결한다. 실선을 선택한 후 [선 색]을 '(2) 청록색'으로 변경한다.

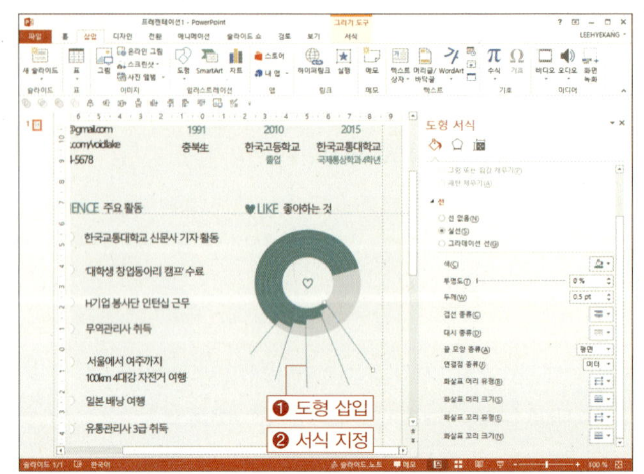

**24** 기존의 텍스트를 복제(Ctrl + D)하여 글꼴 크기를 '10.5'로 변경하고 텍스트를 입력한 후 회전바(초록색 점)를 이용해 선의 방향과 같게 회전한 후 배치한다.

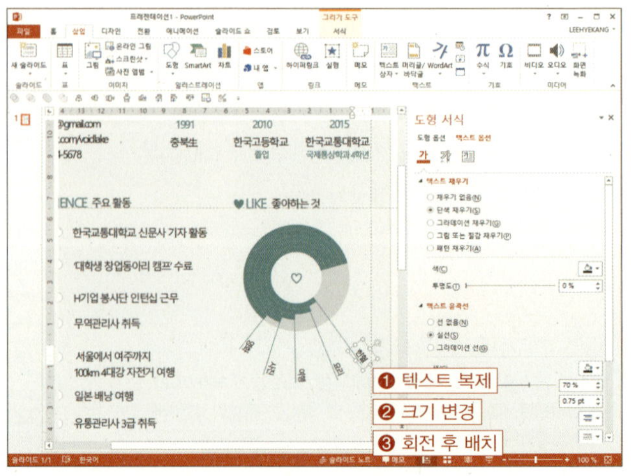

**25** [삽입] 탭-[이미지] 그룹-[그림]을 선택하고 [이력서 실습자료] 폴더의 'wrench1.eps' 파일을 불러와 도형으로 변경한 후 [그리기 도구]-[서식] 탭-[도형 스타일] 그룹-[도형 채우기]에서 [색]은 '(2) 청록색', [도형 윤곽선]은 '윤곽선 없음'을 선택한다. 기존 텍스트를 복제( Ctrl + D )한 후 글꼴 크기를 변경한다.

| 텍스트 | 글꼴 / 글꼴 크기 | 글꼴 색 |
|---|---|---|
| SKILLS | 맑은 고딕 / 18 | (2) 청록색 |
| 자격증 및 기능, 항목 | 맑은 고딕 / 14 | (3) 진회색 |

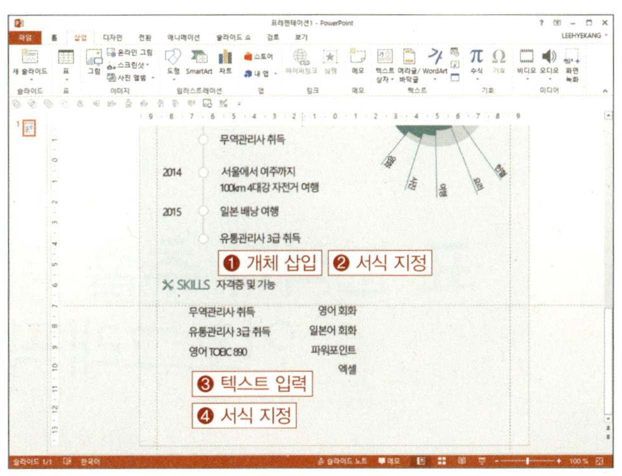


**26** [삽입] 탭-[일러스트레이션] 그룹-[도형]에서 [타원]을 선택하고 Shift 를 누른 상태에서 드래그하여 정원을 만든다. 만든 원은 복제( Ctrl + D )하여 그림과 같이 배치한다. [그리기 도구]-[서식] 탭-[도형 스타일] 그룹-[도형 윤곽선]에서 '윤곽선 없음'을 선택하고, [도형 채우기]는 능력 정도에 따라 '(2) 청록색'과 '(4) 회색'으로 변경한다.

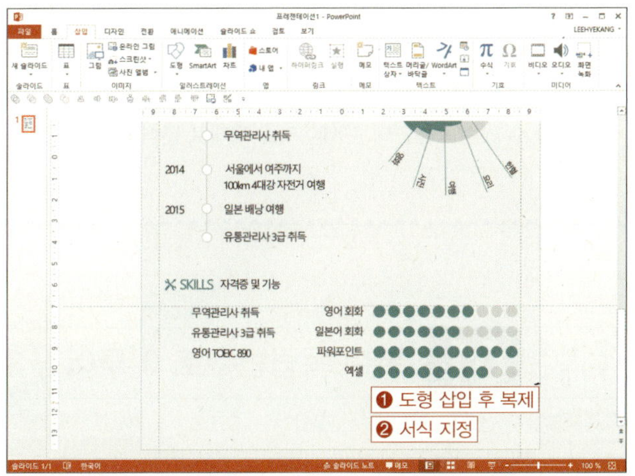


**27** [삽입] 탭-[이미지] 그림-[그림]을 선택하고 [이력서 실습자료] 폴더의 'badges2.eps' 파일을 불러와 그룹 설정 해제( Ctrl + Shift + G )를 두 번 눌러 불필요한 부분을 삭제한 후 도형으로 변경한다. [도형 채우기]의 색은 '(3) 진회색', [도형 윤곽선]은 '윤곽선 없음'을 선택한다. [삽입] 탭-[일러스트레이션] 그룹-[도형]에서 [선]을 선택하여 이력서 끝을 구분할 수 있는 가로선을 만들고, [선 색]을 '(4) 회색'으로 변경한다. 기존 텍스트를 복제( Ctrl + D )해 글꼴 크기를 '11'로 변경 후 다짐을 적는다.

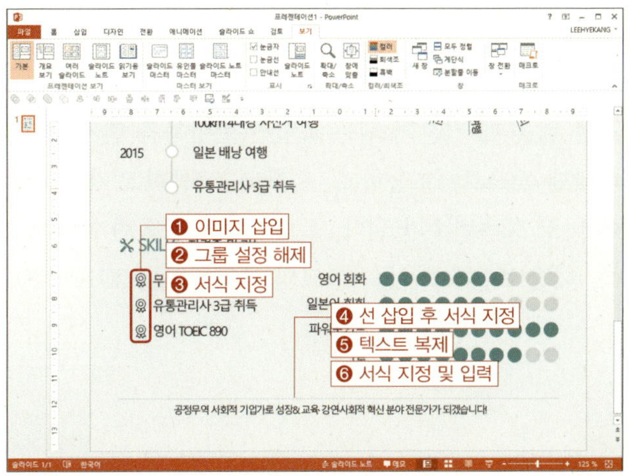


> **TIP**
> 이력서 작성이 완료되면 [보기] 탭-[표시] 그룹에서 [안내선] 체크를 해제한다.

# 28

# 표 분석과 추출 데이터를 활용한
## 인포그래픽 만들기

인포그래픽 전문가가 되고 싶다면 평소에 정치, 사회, 교육, IT/과학, 문화, 생활, 경제 등 다양한 분야의 정보를 읽고 분석하는 습관을 들이는 것이 좋다. 자료에 들어 있는 의미와 해당 분야의 단어 개념을 이해할 수 없다면 아무리 뛰어난 디자인일지라도 정보 가치를 제대로 담은 콘텐츠라 볼 수 없다. 이번 장에서는 평소 쉽게 접할 수 있는 분야의 데이터를 찾아 그래픽으로 전환하는 방법을 알아보자. 작은 데이터부터 제대로 분석하고 표현할 수 있는 사람만이 큰 데이터를 제대로 분석하고 표현할 수 있다는 것을 명심하자.

## SECTION 01 복수 독립변수로 이루어진 표 분석 방법

**제시사례 ❶ 표로 이루어진 제시자료**

### (1) 1단계 : 데이터 분석

표를 읽을 때 기준이 되는 독립변수 항목을 먼저 찾아야 한다. 다음 표는 학생 사교육비 총액 규모를 나타낸 것으로, '초등학교, 중학교, 고등학교'가 기준이 되는 독립변수가 되고 학교별 사교육비 총액이 바로 종속변수가 된다. 독립변수와 종속변수의 상관관계는 연도라는 조건에 의해 연결되어 있다. 즉, 해당 표는 "초·중·고교의 사교육비를 2010~2014년까지 연도별로 정리한 것이다."

학생 사교육비 총액 규모

(단위 : 억 원, %)

| 구 분 | | 2010년 | 2011년 | | 2012년 | | 2013년 | | 2014년 | |
|---|---|---|---|---|---|---|---|---|---|---|
| | | | | 전년비 | | 전년비 | | 전년비 | | 전년비 |
| 전 체 | | 208,718 | 201,266 | −3.6 | 190,395 | −5.4 | 185,960 | −2.3 | 182,297 | −2.0 |
| | 초등학교 | 97,080 | 90,461 | −6.8 | 77,554 | −14.3 | 77,375 | −0.2 | 75,949 | −1.8 |
| | 중학교 | 60,396 | 60,006 | −0.6 | 61,162 | 1.9 | 57,831 | −5.4 | 55,678 | −3.7 |
| | 고등학교 | 51,242 | 50,799 | −0.9 | 51,679 | 1.7 | 50,754 | −1.8 | 50,671 | −0.2 |

▲ 학생 사교육비 총액 규모를 나타낸 표(출처 : 사회통계국 복지통계과 제공)

## (2) 2단계 : 데이터 요약

먼저 표에 있는 단위를 파악하고 최근 데이터를 기준으로 전년비와 비교하면서 자료를 해독한다.

① 1차 데이터 요약

- 2014년 전체 사교육비 총액은 약 18조 2천억 원으로 전년대비 2.0% 감소했다.
- 학교급별 사교육비 총액은 초등학교 7조 6천억 원, 중학교 5조 6천억 원, 고등학교 5조 1천억 원이다.

② 2차 데이터 해석

- 초등학교, 중학교, 고등학교에서 모두 감소하고 있다.
- 전년대비 초등학교는 1.8%, 중학교는 3.7%, 고등학교는 0.2% 감소했으며 그중 중학교가 가장 큰 감소율을 보였다.

## (3) 3단계 : 레이아웃 스케치

- 제목 : 2014년 전체 사교육비 총액 약 18조 2천억 원. 전년 대비 2.0% 감소
- 소주제 : 학교급별 사교육비 총액은 초등학교 7조 6천억 원(↓1.8%), 중학교 5조 670억 원(↓3.7%), 고등학교 5조 1천억 원(↓0.2%)으로 중학교가 가장 크게 감소
  * 2013년 사교육비 총액 : 초등학교(7조 7천억 원), 중학교(5조 8천억 원), 고등학교(5조 750억 원)
- 예상 그래픽 키워드 : 초 · 중 · 고교 사교육비 총액

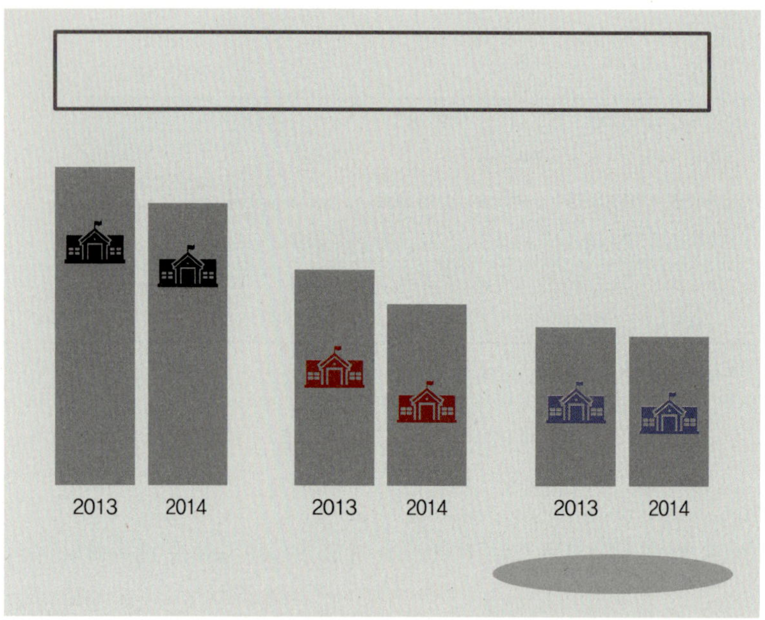



▲ "이중 수직 막대그래프"를 활용해 초 · 중 · 고의 2013년과 2014년 데이터를 비교해 나타낸 레이아웃 스케치 사례이다.
제작 샘플은 그래픽 요소가 추가되어 공간상 수평 막대 그래프로 제작할 수 있다.


**제시사례 ❷ 비교형 데이터 제시자료**

## (1) 1단계 : 데이터 분석

두 개의 데이터를 비교할 때에는 인포그래픽에서 T형 차트(비교형 차트)를 활용해 나타내는 것이 좋다. 6월 한 달간 개인 신용카드와 법인 신용카드 승인금액을 비교한 데이터의 사례다.

> • 독립변수 1 : 개인 신용카드 사용 상위 10대 업종, 종속변수는 카드사용금액(단위 : 조 원)이다.
> • 독립변수 2 : 법인 신용카드 사용 상위 10대 업종, 종속변수는 카드사용금액(단위 : 조 원)이다.
> * 제작자가 증감률(%) 데이터까지 인포그래픽에 포함시킬지 여부를 결정하는 것이다. 포함 여부는 제작 크기를 고려해 결정한다.

### 2015. 6월 개인 · 법인카드 승인금액 상위 10대 업종

(단위 : 조 원)

| 업종 | '15.6월 | 전년 동월 대비 | |
|---|---|---|---|
| | | 증감 | 증감률(%) |
| 1. 일반 음식점 | 5.55 | 0.20 | 3.7 |
| 2. 인터넷상거래 | 4.61 | 1.30 | 39.4 |
| 3. 주유소 | 2.61 | −0.36 | −12.2 |
| 4. 대형할인점 | 2.30 | −0.17 | −6.7 |
| 5. 슈퍼마켓 | 2.28 | 0.28 | 14.3 |
| 6. 공과금 서비스 | 1.30 | 0.56 | 75.8 |
| 7. 국산신차판매 | 1.30 | −0.00 | −0.2 |
| 8. 보험 | 1.25 | 0.09 | 7.3 |
| 9. 일반백화점 | 1.16 | −0.09 | −7.2 |
| 10. 약국 | 0.88 | 0.10 | 12.7 |
| 상위 10대 개인카드 승인금액 | 23.23 | 1.91 | 8.9 |
| 상위 10대 비중(%) | 58.7 | 2.2%p | |

(단위 : 조 원)

| 업종 | '15.6월 | 전년 동월 대비 | |
|---|---|---|---|
| | | 증감 | 증감률(%) |
| 1. 공과금 서비스 | 2.21 | 1.24 | 126.5 |
| 2. 일반 음식점 | 1.25 | 0.12 | 10.2 |
| 3. 주유소 | 0.82 | 0.02 | 2.6 |
| 4. 기타 건축자재 | 0.72 | 0.66 | 1,037.9 |
| 5. 기타 용역서비스 | 0.67 | 0.21 | 45.6 |
| 6. 인터넷상거래 | 0.59 | 0.20 | 50.3 |
| 7. 국산신차판매 | 0.57 | 0.07 | 14.4 |
| 8. 약국 | 0.28 | −0.02 | −5.6 |
| 9. 항공사 | 0.20 | −0.03 | −12.2 |
| 10. 페인트 | 0.20 | 0.01 | 7.7 |
| 상위 10대 개인카드 승인금액 | 7.52 | 2.48 | 4.92 |
| 상위 10대 비중(%) | 66.9 | 10.8%p | |

주 : 상위 10대 비중은 전체 개인 · 법인카드 승인금액에서 상위 10대 카드승인금액이 차지하는 비중
자료 : 여신금융연구소

▲ 2015년 6월, 개인과 법인카드 승인금액의 상위 10대 업종을 순서대로 산출한 표

두 개의 표는 이중 막대그래프, 라인 차트로 표현할 수 있지만 비교형 데이터를 나타낼 때에는 T형 차트를 활용하여 표현하는 것이 좋다.

## (2) 2단계 : 데이터 요약

포함하는 항목 : 업종, 승인금액, 증감률

① 개인 신용카드 승인금액 순

(단위 : 조 원)

| 업종 | '15.6월 | 전년 동월 대비 |
|---|---|---|
| | | 증감률(%) |
| 1. | 일반 음식점 | 5.55 | 3.7 |
| 2. | 인터넷상거래 | 4.61 | 39.4 |
| 3. | 주유소 | 2.61 | −12.2 |
| 4. | 대형할인점 | 2.30 | −6.7 |
| 5. | 슈퍼마켓 | 2.28 | 14.3 |
| 6. | 공과금 서비스 | 1.30 | 75.8 |
| 7. | 국산신차판매 | 1.30 | −0.2 |
| 8. | 보험 | 1.25 | 7.3 |
| 9. | 일반백화점 | 1.16 | −7.2 |
| 10. | 약국 | 0.88 | 12.7 |
| 상위 10대 개인카드 승인금액 | | 23.23 | 8.9 |

② 법인 신용카드 승인금액 순

(단위 : 조 원)

| | 업종 | '15.6월 | 전년 동월 대비<br>증감률(%) |
|---|---|---|---|
| 1 | 공과금 서비스 | 2.21 | 126.5 |
| 2 | 일반 음식점 | 1.25 | 10.2 |
| 3 | 주유소 | 0.82 | 2.6 |
| 4 | 기타 건축자재 | 0.72 | 1,037.9 |
| 5 | 기타 용역서비스 | 0.67 | 45.6 |
| 6 | 인터넷상거래 | 0.59 | 50.3 |
| 7 | 국산신차판매 | 0.57 | 14.4 |
| 8 | 약국 | 0.28 | −5.6 |
| 9 | 항공사 | 0.20 | −12.2 |
| 10 | 페인트 | 0.20 | 7.7 |
| | 상위 10대 법인카드 승인금액 | 7.52 | 49.2 |

## (3) 3단계 : 'T차트'로 나타낸 레이아웃 스케치

① 제목 1 : 개인 · 법인카드 승인금액 상위 10대 업종 비교
  * 5위까지만 추출해 나타낼 수도 있다.

  제목 2 : 개인카드는 음식점, 법인카드는 공과금에서 각각 1위

② 소주제 : 개인과 법인카드 승인금액 상위 업종 순서

  상위 업종 사용금액과 증감률

③ 예상 그래픽 키워드 : 신용카드, 업종, 카드 승인금액

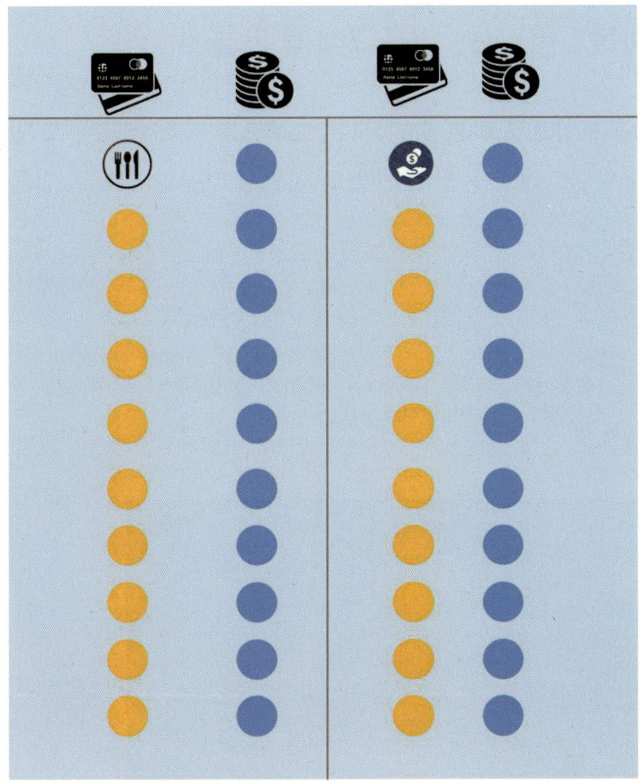

▲ 'T차트'로 개인과 법인카드의 승인금액, 업종을 비교한 레이아웃 스케치 사례로, 제작자는 정보량을 고려해 상위 5대 업종의 데이터만 추출해 나타낼 수 있다.

# 초 · 중 · 고 사교육비를 나타내는 인포그래픽 만들기

사교육비를 표현하기 위해 공부와 관련된 연필 모양으로 차트를 만든다. 도형으로 직접 만들 수도 있지만 향후 데이터 수정이 어려우므로 기존의 막대그래프를 먼저 만들고 연필심 부분만 별도로 만들어 함께 배치해 연필처럼 표현한다.

**실전**
따라하기

• 완성파일 : 사교육비 – 완성.pptx　• 실습자료 : [사교육비 실습자료] 폴더
• 색상정보 : 사교육비 – 색상.png

**01** 발표용 자료로 적합한 크기로 변경한다. [디자인] 탭-[사용자 지정] 그룹-[슬라이드 크기]-[표준(4:3)]을 선택한다.

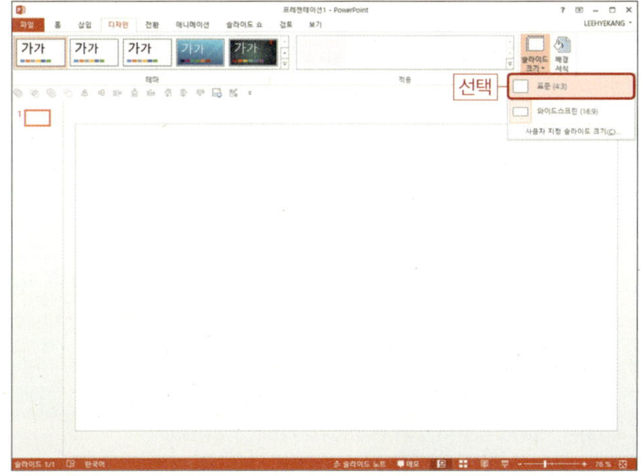


**02** 배경색을 지정하기 위해 빈 슬라이드를 선택하고 [마우스 오른쪽 버튼 클릭]-[배경 서식]을 선택한다. [배경 서식] 작업창의 [채우기]-[단색 채우기]에서 [색]을 '(1) 하늘색'으로 변경한다.

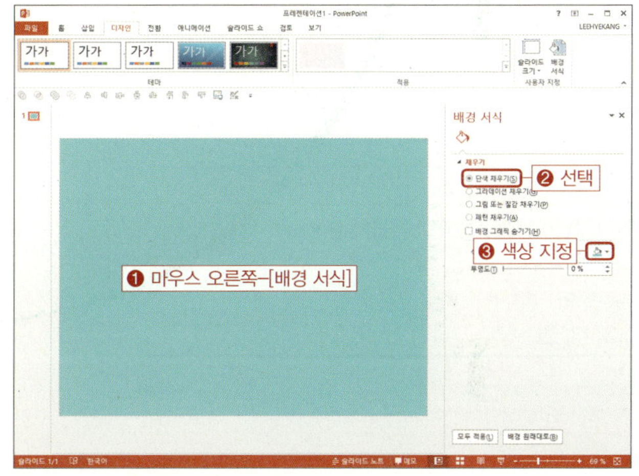


**03** [사교육비 실습자료] 폴더에서 'student. pptx' 파일을 실행하여 사람 아이콘을 복사(Ctrl +C)한 후 슬라이드에 붙여넣기(Ctrl+V)하고 그룹 설정을 해제(Ctrl+Shift+G)한다. 색의 일관성을 위해 연필에 사용할 색인 '(2) 주황색', '(3) 남색'으로 남자 옷의 색을 변경한다. 옷만 선택하고 [마우스 오른쪽 버튼]-[도형 서식]을 선택한다. [도형 서식] 작업창의 [채우기]-[단색 채우기]에서 [색]을 변경하고 그룹 지정(Ctrl+G)하여 크기를 조절한 후 그림과 같이 배치한다.

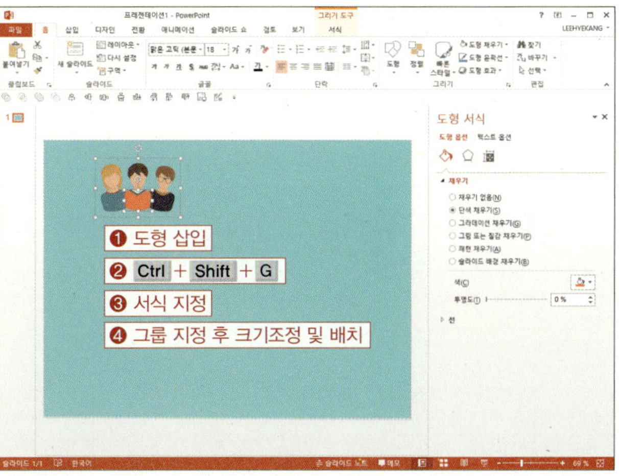

**04** 복사한 도형의 아래쪽 끝이 깔끔하지 않으므로 [삽입] 탭-[일러스트레이션] 그룹-[도형]에서 [직사각형]을 선택하여 아래쪽을 덮을 수 있는 크기로 도형을 만들고 [채우기]-[단색 채우기]의 [색]은 '(1) 하늘색', [선]은 '선 없음'을 선택한다.

> **TIP**
> 2013 버전 이후부터는 오른쪽에 창을 띄워두면 끄지 않는 이상 해당하는 서식으로 자동 변경된다. 도형 선택 시 [도형 서식], 배경 선택 시 [배경 서식] 작업창이 표시된다. 오른쪽 창이 아닌 [그리기 도구]-[서식] 탭-[도형 스타일] 그룹-[도형 채우기]를 이용해도 동일하게 적용이 가능하다.

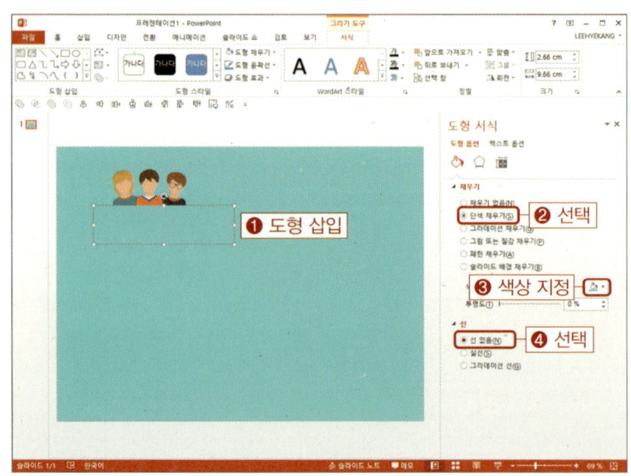


**05** [삽입] 탭-[텍스트] 그룹-[텍스트 상자]를 선택해 텍스트를 입력한 후 서식을 지정하고 배치한다.

| 텍스트 | 글꼴 / 글꼴 크기 / 설정 | 글꼴 색 |
|---|---|---|
| 2014년 전체 사교육비 | KoPub돋움체 Medium / 32 / 굵게 | (6) 흰색 |
| 총액 약 18조 2천억 원 ~ | KoPub돋움체 Light / 16 | (5) 갈색 |

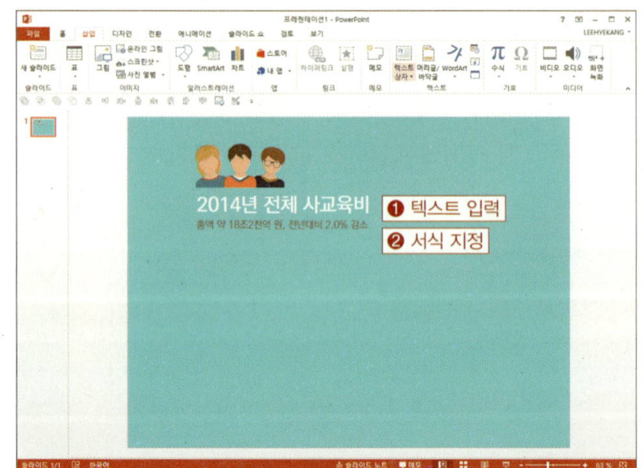


**06** [삽입] 탭-[일러스트레이션] 그룹-[차트]에서 [가로 막대형]-[묶은 가로 막대형]을 선택한 후 [확인]을 클릭한다.

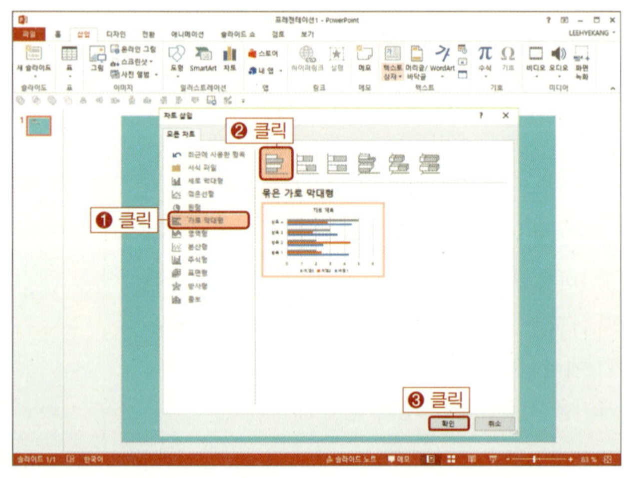

**07** 엑셀 창이 뜨면 다음과 같이 데이터 값을 입력한다. 데이터 범위가 지정되지 않는다면 파란색 범위를 드래그하여 범위를 재조정한다. 입력 완료 후 엑셀 창을 닫는다.

|  | 2013 | 2014 |
|---|---|---|
| 초등학교 | 77000 | 76000 |
| 중학교 | 58000 | 50670 |
| 고등학교 | 50750 | 51000 |

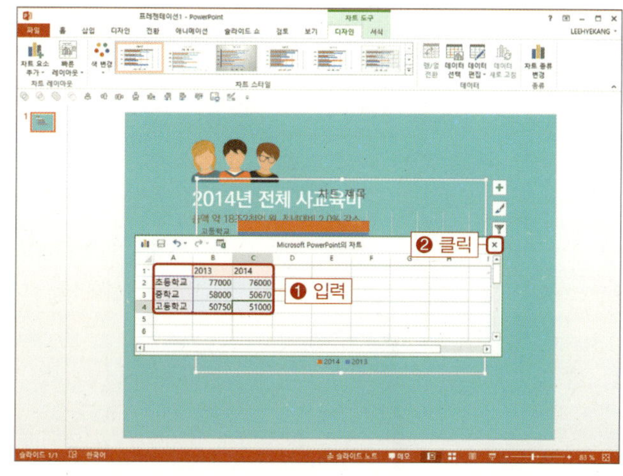


**08** 차트에서 불필요한 제목은 선택하여 삭제 (Delete)한다.

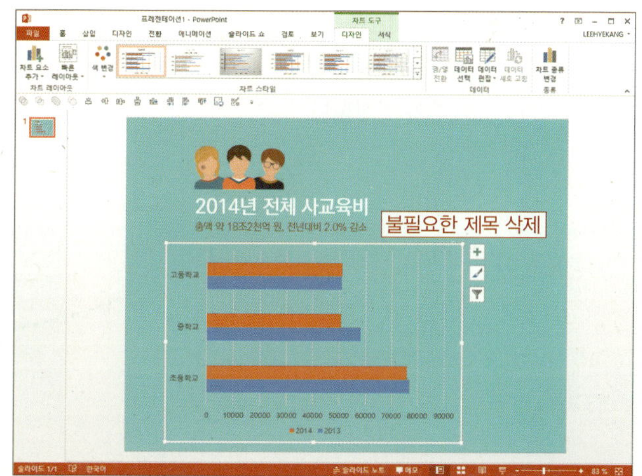


**09** 축 서식과 범례의 텍스트를 선택하고 [홈] 탭–[글꼴] 그룹에서 [글꼴 색]은 '(6) 흰색', [글꼴]은 'KoPub돋움체 Light', [글꼴 크기]는 '12'로 변경한다.

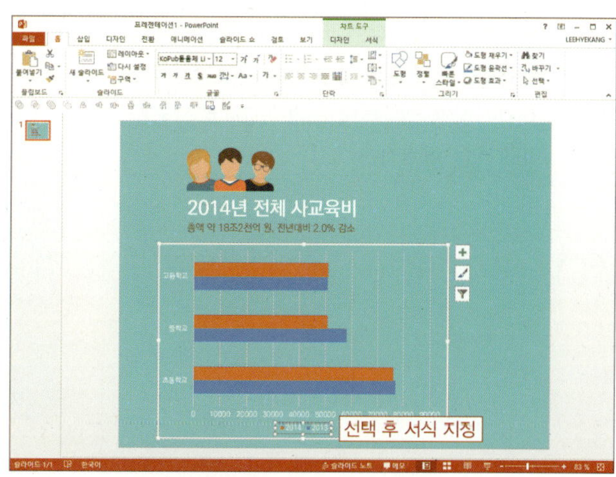

**10** 축 서식의 데이터 값이 너무 촘촘하여 조정하고 싶다면 축을 선택한 후 [마우스 오른쪽 버튼 클릭]-[축 서식]을 선택한다.

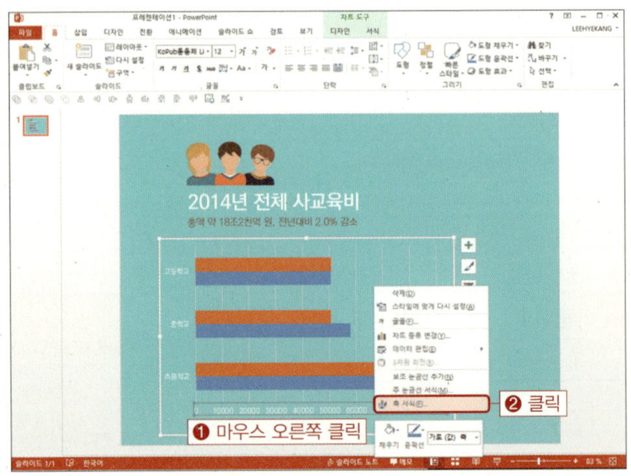

**11** [축 서식] 작업창의 [축 옵션]에서 경계의 [최소값]은 '0', [최대값]은 '80000', [단위]-[주]는 '20000'을 입력하여 변경한다.

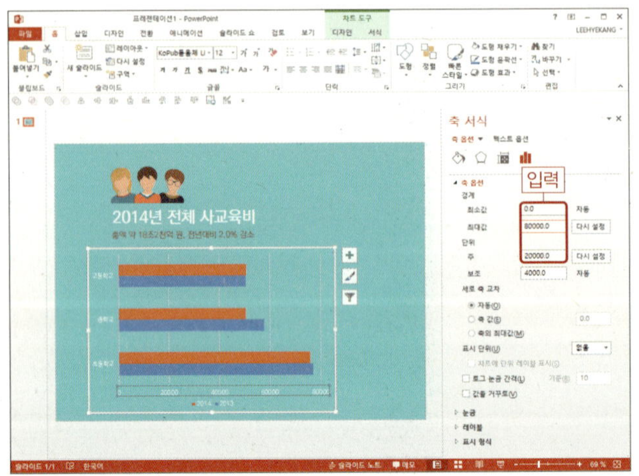

**12** 눈금선의 색이 배경색과 어울리지 않으므로 주 눈금선을 선택한다. [주 눈금선 서식] 작업창의 [선]-[실선]의 [투명도]를 '70%'로, [색]은 '(6) 흰색'으로 변경한다.

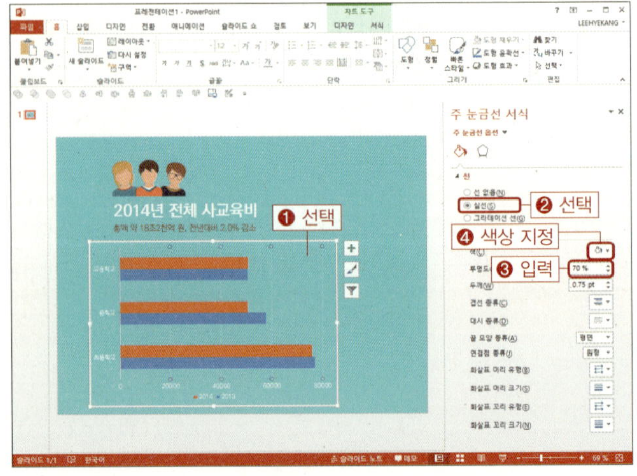

**13** 이번엔 데이터 계열을 선택한다. [데이터 계열 서식] 작업창의 [채우기]−[단색 채우기]에서 [색]을 '(2) 주황색', '(3) 남색'으로 각각 변경한다.

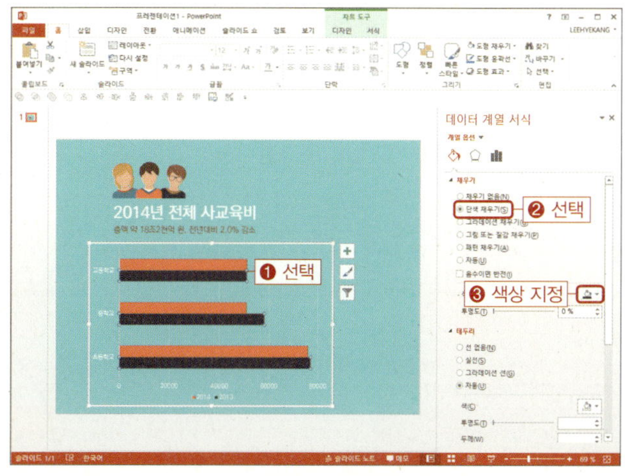

**14** [계열 옵션] 아이콘을 선택한 후 [계열 옵션]에서 [계열 겹치기]는 '0%', [간격 너비]는 '110%'로 변경한다.

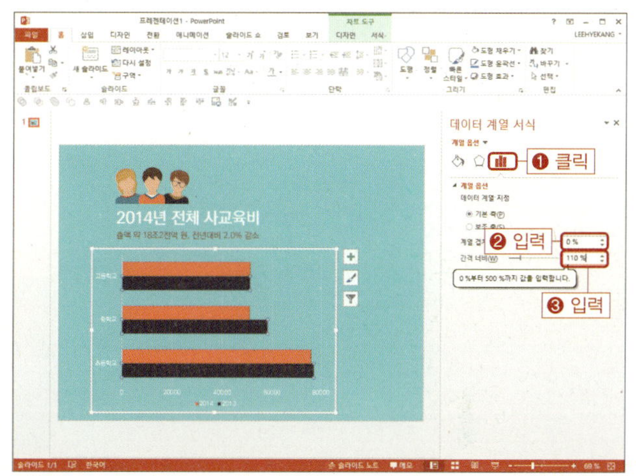

**15** 연필 모양을 만드는 세밀한 작업을 하기 위해 슬라이드를 확대(Ctrl 을 누른 채 마우스 휠을 위쪽으로 돌림)한 후, [삽입] 탭−[일러스트레이션] 그룹−[도형]에서 [이등변 삼각형]을 선택하여 삽입하고 회전 막대를 이용해 오른쪽으로 회전한 후 막대그래프 위에 배치한다. [그리기 도구]−[서식] 탭−[도형 스타일] 그룹−[도형 채우기]에서 [색]은 '(4) 연한 갈색', [도형 윤곽선]은 '윤곽선 없음'을 선택한다.

**TIP**
막대그래프와 삼각형 도형의 길이를 정확하게 맞추려면 도형을 선택하고 그리기 도구−[서식] 탭−[크기] 그룹에서 [너비]를 동일한 크기로 맞춘 후, [홈] 탭−[정렬] 그룹−[맞춤]−[개체 아래쪽 맞춤]을 설정한다.

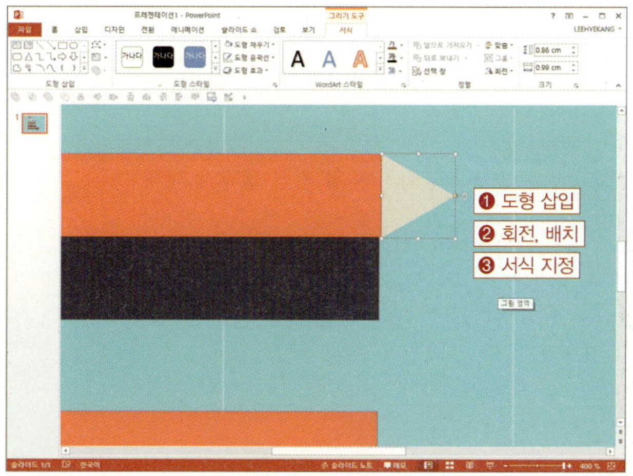

**16** 이등변삼각형 도형을 선택하고 [마우스 오른쪽 버튼 클릭]–[점 편집]을 선택한다. 이등변삼각형의 밑변에 마우스 포인터를 가까이 대고 `Ctrl` 을 누르면서 점을 여러 개 추가한다.

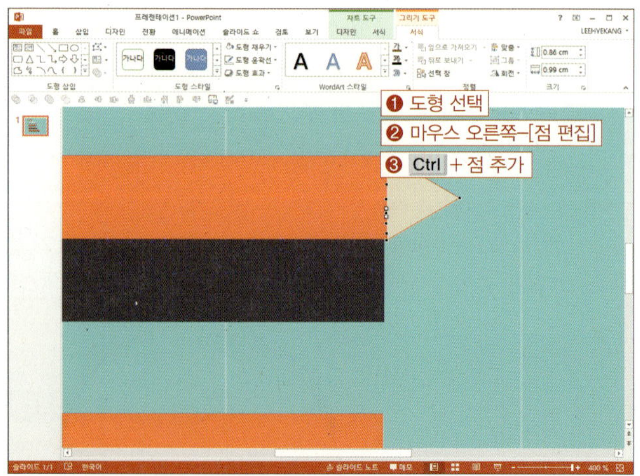


**17** 만들어진 점을 하나씩 건너 선택한 후 도형 안쪽으로 살짝 드래그해 연필 모양처럼 만든다.

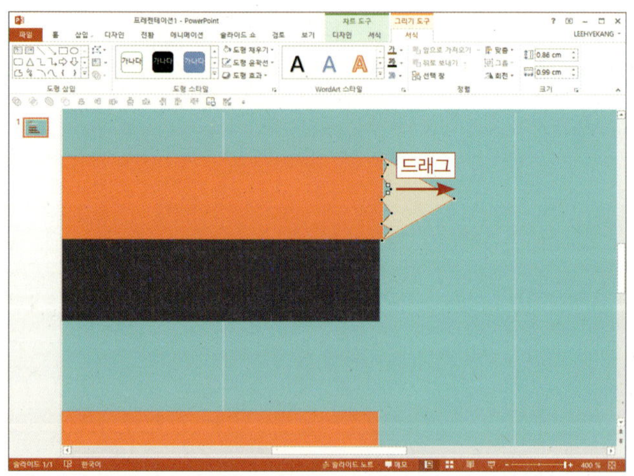


**18** 빈 공간이 생기지 않도록 도형의 위치를 다시 배치하고 점을 이동시켜 마무리한다. 도형의 바깥 아무 곳이나 클릭하면 점 편집 상태가 해제된다.

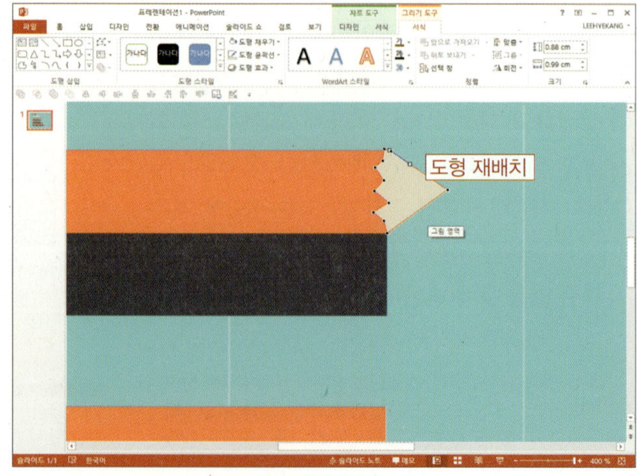

**19** 연필심을 만들기 위해 이등변 삼각형 도형을 하나 복사( Ctrl 을 누른 채 드래그)하고 [삽입] 탭-[일러스트레이션] 그룹-[도형]에서 [직사각형]을 선택해 연필심으로 남아야 할 부분 위에 배치한다. 두 도형을 선택한 후 [빠른 실행 도구 모음]에서 [도형 교차]를 선택한다.

> **TIP**
> 2010 버전에서는 '셰이프 교차'를 사용하고, 2007 이하 버전이라면 해당 기능을 지원하지 않으므로, [이등변 삼각형]을 만들어 동일하게 표현할 수 있다.

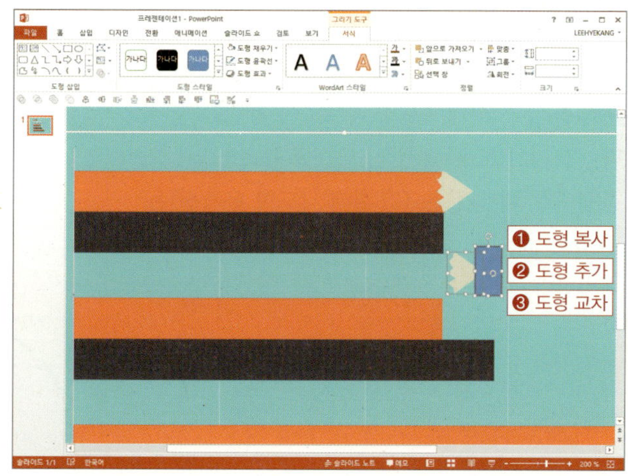


**20** 도형 교차를 실행한 도형을 이등변 삼각형 위에 정확하게 배치시키고, [그리기 도구]-[서식] 탭-[도형 스타일] 그룹-[도형 채우기]에서 [색]은 '(5) 갈색', [도형 윤곽선]은 '윤곽선 없음'을 선택한다.

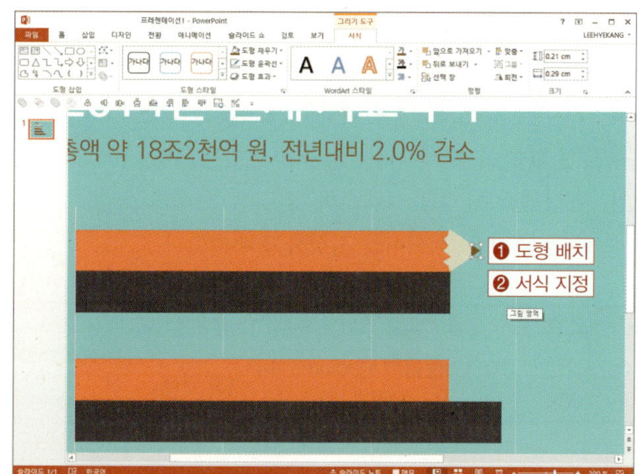


**21** 만든 연필과 연필심을 선택하고 그룹 설정( Ctrl + G )한 후 5개 더 복제( Ctrl + D )하여 각각의 막대그래프 끝에 배치한다.

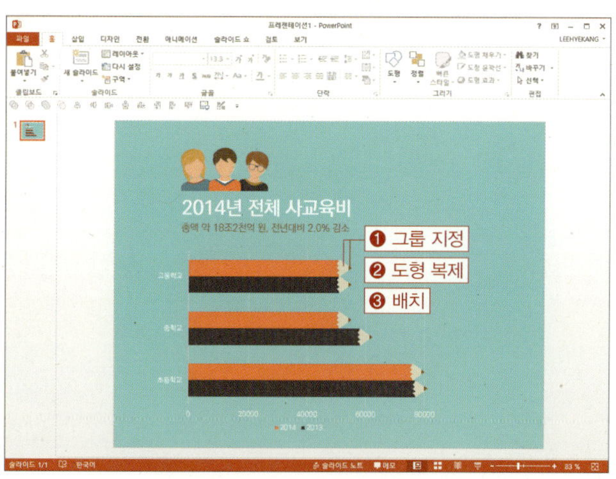

**22** 감소율을 표현하기 위해 [삽입] 탭–[일러스트레이션] 그룹–[도형]에서 [타원]을 선택하고 Shift 를 누른 상태에서 드래그하여 정원을 만든다. [그리기 도구]–[서식] 탭–[도형 스타일] 그룹–[도형 채우기]는 '(6) 흰색', [도형 윤곽선]은 '윤곽선 없음'을 선택하고 그림과 같이 복제하여 배치한다.

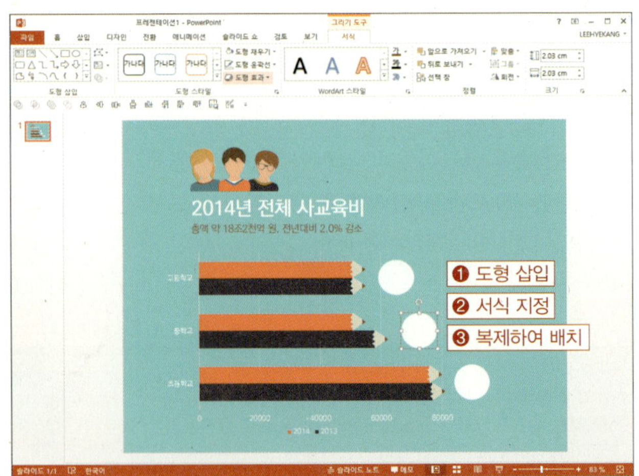


**23** [삽입] 탭–[일러스트레이션] 그룹–[도형]에서 [이등변 삼각형]을 선택하여 만든다. [도형 채우기]의 [색]은 '(2) 주황색', [도형 윤곽선]은 '윤곽선 없음'을 선택하여 감소를 표현한다. [삽입] 탭–[텍스트] 그룹–[텍스트 상자]를 선택해 텍스트를 입력한 후 서식을 지정하고 배치한다.

| 텍스트 | 글꼴 / 글꼴 크기 / 속성 | 글꼴 색 |
|---|---|---|
| 0.2%, 3.7%, 1.8% | KoPub돋움체 Medium / 14 / 굵게 | (3) 남색 |

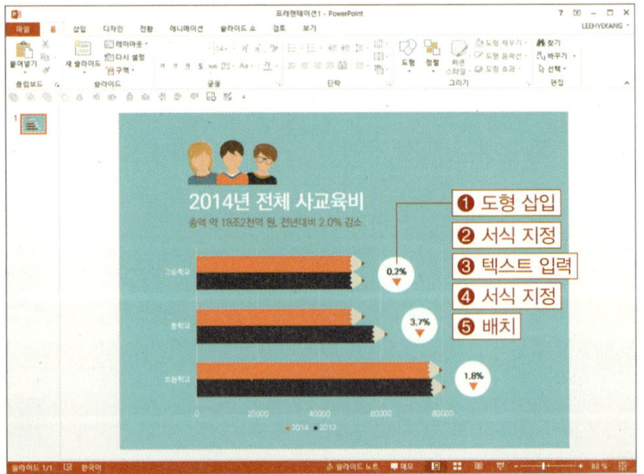

# 정보의 통합과 분류가 필요한
## 스토리형 인포그래픽 만들기

정부와 같은 공공기관은 시행하는 정책에 대해 쉽게 설명해야 하고 일반인들의 참여를 유도해야 하므로 인포그래픽을 주로 활용한다. 이번 장에서는 에코드라이빙(친환경 운전) 습관 10가지 정보를 한눈에 살펴볼 수 있도록 스토리 형태로 데이터를 배열하고 많은 사람들의 동참을 유도할 수 있는 캠페인의 정보 기획 방법과 인포그래픽을 만드는 방법을 알아보자.

## SECTION 01 핵심 문장의 통합과 정보 요약

시퀀스 스토리는 시간 순서 등으로 정보가 정렬되는 경우를 말한다. 그런데 순서대로 나타낼 메시지가 다수인 경우 스토리가 길어지게 된다. 이 경우 제시된 자료를 3회 이상 정독하여 10가지 이상의 핵심 문장을 비슷한 속성끼리 묶어 단순화하는 과정이 필요하다. 자료를 묶는 기준은 여러 가지다. '상황별, 시간별' 등 제작자가 어떤 기준으로 자료를 정리할지 결정해야 한다.

### (1) 1단계 : 제시자료

#### ■ 데이터 분석

① 10가지 준수 사항과 이를 보조하는 설명 문장을 구분해서 요약한다.

② 글 전개 중 강한 주장이 나타난 경우 두 번째 문장부터는 주장에 대한 근거를 제시하는 설명글이 자리한다. 설명글은 그래픽을 표현하는 데 매우 중요한 역할을 한다.

③ 10가지 준수 사항만 추출하고 나머지 문장은 그래픽을 그리는 데 영감을 얻는 자료로 활용한다.

## '친환경 운전습관 10'은 기름 값도 절약하고 환경도 보호하는 에코드라이브

'자동차 운전자가 스스로 친환경 · 안전운전을 실천해 배기가스 감축과 에너지 절약에 기여하고 사고예방에도 도움을 주는 신개념의 운전행동이다. 친환경 운전 10가지 습관만 익히면 올해 당신도 '연비왕'이 될 수 있다.

### 경제속도와 정속주행 준수

일반도로에서는 60~80km/h, 고속도로에서는 90~100km/h를 준수하도록 한다. 이처럼 정속주행을 하면 연비를 높일 수 있고, 배출가스도 줄일 수 있다. 속도변화가 큰 운전을 하면, 연료가 6% 정도까지 더 소비된다.

### 급출발, 급가속, 급감속 금지

출발 시 처음 3초간 시속 20km 정도까지 천천히 가속하여 출발하고, 급가속과 급감속은 삼간다. 급출발, 급가속, 급감속하면 연료 소모도 많아지고 오염물질 배출도 증가한다.

### 공회전 최소화

대기 중이거나 짐을 싣고 내리기 위해 주정차할 때는 공회전을 하지 않는다. 5분 공회전을 하면 1km 이상 주행할 수 있는 연료가 낭비되고, 공회전 상태에서는 $CO_2$ 등 오염 물질이 지속적으로 배출된다. 불필요한 공회전을 하루 10분만 안 하면 승용차의 경우 연간 약 20만 원, 경유차의 경우 약 40만 원을 절약할 수 있고 대도시 오존과 매연 피해를 줄일 수 있다.

### 신호대기 시 주행모드(D)를 중립모드(N)로 전환

운행 중 신호대기와 같은 정차 시 기어는 중립으로 한다. 기어를 중립에 두는 작은 습관만으로 최대 약 30% 이상의 연비 절감효과를 거둘 수 있고, 온실가스와 대기오염 물질도 획기적으로 줄일 수 있다.

### 에어컨 사용 자제

에어컨을 사용하게 되면 주행속도의 변화에 따라 차이가 있으나 연료소비가 증가된다. 오르막길이나 체증이 심한 시내 주행 시에는 에어컨 작동이 엔진에 부담이 되므로 가능한 에어컨 사용을 줄이는 것이 좋다.

### 적재물 다이어트

자동차 트렁크에는 필요한 짐만 싣는다. 불필요한 짐 10kg을 싣고 50km를 주행하면 80cc 연료가 낭비되고, 오염물질 배출량도 늘어난다.

### 정기적인 자동차 점검

최소한 한 달에 한 번은 정기적으로 에어클리너를 점검한다. 에어클리너가 오염된 상태로 운전할 경우, 차량 1대당 연간 90kg의 $CO_2$가 더 배출된다. 또한 공기청정기, 연료필터, 점화플러그, 엔진오일, 에어컨 필터, 배터리, 산소센서, 공기 흐름센서, 휠얼라이먼트 등 엔진 오일, 배출가스 관련 부품의 교환주기를 준수하도록 한다.

### 정품 연료 사용

유사연료 및 인증받지 않은 첨가제 등은 차량의 훼손을 가져올 수 있고, 심한 오염 물질 배출로 인해 환경뿐만 아니라 차량의 노후 촉진 및 안전에도 큰 위험 요소가 될 수 있다.

정보운전 생활화

출발 전 도로 및 기상정보를 확인하고, 목적지까지 주행경로를 파악하는 등 정보운전을 생활화한다. 상습 정체구간은 피하고, 월요일 오전, 금요일 오후, 주말 등 상습 정체 일에는 대중교통(버스, 지하철 등)을 이용하는 것이 좋다.

내리막길 운전 시 관성운전

내리막길에서 자동차의 연료차단기능(Fuel cut)을 적극 활용하는 '관성운전'을 생활화한다. 연료차단기능은 대부분의 자동차가 해당되는데 일정 RPM 이상에서 가속페달로부터 발을 뗄 경우, 연료가 더 이상 소모되지 않는다. 운전 시 연료차단기능을 활용하면 오염물질 배출과 연료소비를 20% 이상 줄일 수 있다.

(출처 : www.eco-drive.or.kr)

## (2) 2단계 : 제시자료 요약

### ① 발문 : 인포그래픽 제목 바로 아래 발문에 해당되는 부분이다.

'친환경 운전습관 10'은 기름 값도 절약하고 환경도 보호하는 에코드라이브
'자동차 운전자가 스스로 친환경 · 안전운전을 실천해 배기가스 감축과 에너지 절약에 기여하고 사고 예방에도 도움을 주는 신개념의 운전행동이다. 친환경 운전 열 가지 습관만 익히면 올해 당신도 '연비왕'이 될 수 있다.

### ② 본문 : '친환경 운전습관 10' 내용을 출발부터 가정해서 적합한 순서대로 재배열한다.

예를 들어, '적재물 다이어트'는 출발 시 필요하니 ①번에 위치할 수 있다.

① 경제속도와 정속주행 준수 ⟶ ④
② 급출발, 급가속, 급감속 금지 ⟶ ③
③ 공회전 최소화 ⟶ ⑦
④ 신호대기 시 주행모드(D)를 중립모드(N)로 전환 ⟶ ⑤
⑤ 에어컨 사용 자제 ⟶ ⑥
⑥ 적재물 다이어트 ⟶ ①
⑦ 정기적인 자동차 점검 ⟶ ⑨
⑧ 정품 연료 사용 ⟶ ⑩
⑨ 정보운전 생활화 ⟶ ②
⑩ 내리막길 운전 시 관성운전 ⟶ ⑧

재배열된 순서대로 '브리징 스냅샷(Bridging Snapshot)' 차트를 활용하여 출발부터 도착까지 10가지 정보를 자동차가 이동하는 과정에 나타낼 수 있다. 기타 원 모양의 순환 차트(Cycle Chart)로도 표현이 가능하다.

① 적재물 다이어트

② 정보운전 생활화

③ 급출발, 급가속, 급감속 금지

④ 경제속도와 정속주행 준수

⑤ 신호대기 시 주행모드(D)를 중립모드(N)로 전환

⑥ 에어컨 사용 자제

⑦ 공회전 최소화

⑧ 내리막길 운전 시 관성운전

⑨ 정기적인 자동차 점검

⑩ 정품 연료 사용

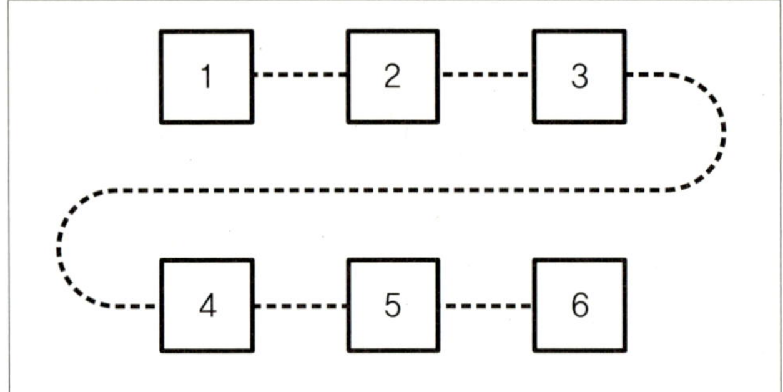

▲ 브리징스냅샷 차트로 일련의 시퀀스(연속적인 흐름) 정보 패턴에서 사용한다. 간단한 그림과 설명을 지그재그 방식으로 나타낼 때 사용한다.

## (3) 3단계 : 레이아웃 스케치

제목 : 꼭 지켜야 할 친환경 운전습관 10

소제목 : 1라인 – ① 적재물 다이어트 ② 정보운전 생활화

2라인 – ③ 급출발, 급가속, 급감속 금지 ④ 경제속도와 정속주행 준수

3라인 – ⑤ 신호대기 시 주행모드(D)를 중립모드(N)로 전환 ⑥ 에어컨 사용 자제

4라인 – ⑦ 공회전 최소화 ⑧ 내리막길 운전 시 관성 운전

5라인 – ⑨ 정기적인 자동차 점검 ⑩ 정품 연료 사용

(출처 : www.eco-drive.or.kr)

▲ '꼭 지켜야 할 친환경 운전습관 10'을 '브리징스냅샷 차트' 배열 방법으로 스케치한 모습이다. 제시된 자료는 브리징스냅샷 차트 외에도 둥근 순환 차트, 10가지를 각각의 네모로 쌓은 나열식 방식 등의 형태로 제작이 가능하다. 하지만 10가지라는 적지 않은 정보라는 점을 감안하면 스토리 방식으로 자연스럽게 따라 가면서 읽을 수 있는 '브리징스냅샷 차트'가 더 적합하다고 할 수 있다.

안전운전 습관에 관련된 내용이므로 도로가 함께 나오면 자연스럽게 운전에 관련된 내용임을 알 수 있다. 지켜야 할 운전습관 순서대로 도로를 지나갈 때 항목이 나타나 순서대로 내용을 읽을 수 있게 한다. 픽토그램(아이콘)을 이용해 도로에 어울리는 이미지를 활용하고 검은색의 픽토그램이 허전하다면 자유형을 이용해 색을 채워보자.

**실전 따라하기**

• 완성파일 : 운전습관 – 완성.pptx    • 실습자료 : [운전습관 실습자료] 폴더
• 색상정보 : 운전습관 – 색상.png

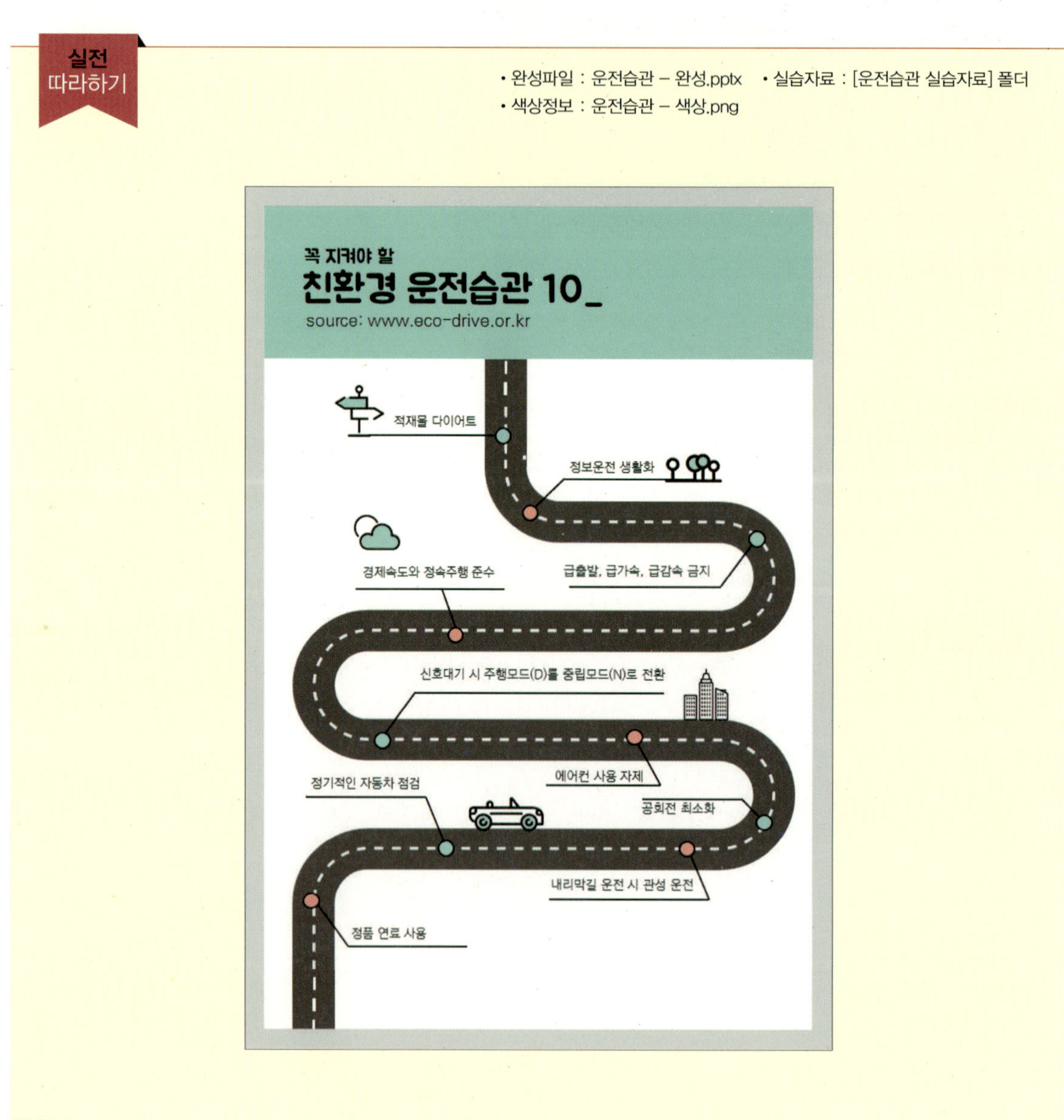

**01** 인포그래픽에서 자주 사용되는 세로로 긴 형태의 자료를 만들어 보자. [디자인] 탭−[사용자 지정] 그룹−[슬라이드 크기]−[사용자 지정 슬라이드 크기]에서 [너비]는 '19.05cm', [높이]는 '28.002cm'로 변경한다.

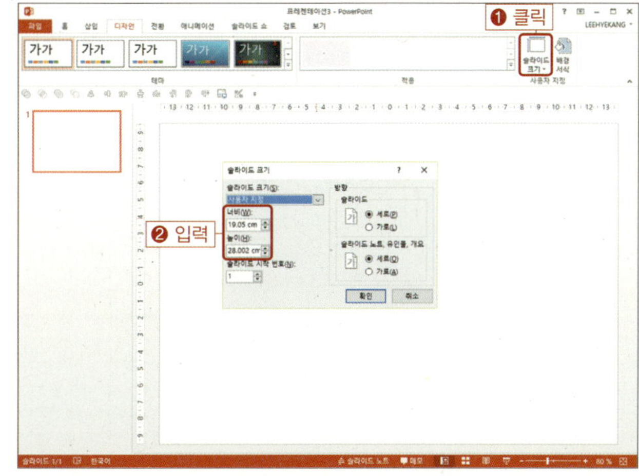

**02** [삽입] 탭−[일러스트레이션] 그룹−[도형]에서 [액자]를 선택하고 슬라이드 크기와 동일하게 만든다. 도형 선택 시 생기는 노란 점을 이용해 액자의 두께를 조절한다.

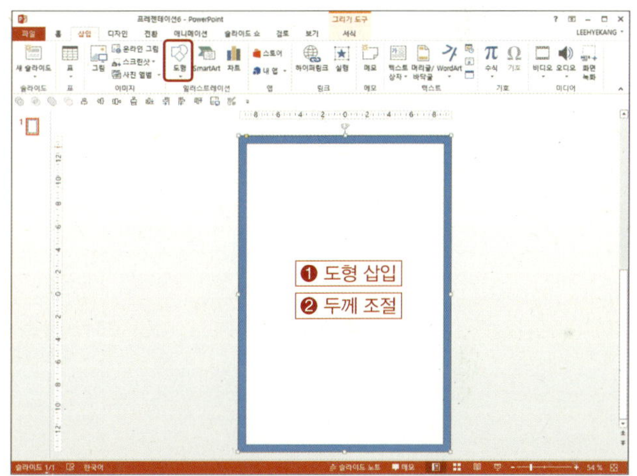


**03** [삽입] 탭−[일러스트레이션] 그룹−[도형]에서 [직사각형]을 선택하고 제목을 넣을 직사각형을 만든다. [그리기 도구]−[서식] 탭−[도형 스타일] 그룹−[도형 채우기]에서 직사각형의 [색]은 '(2) 민트색', 액자의 [색]은 '(1) 회색', [도형 윤곽선]은 '윤곽선 없음'을 선택한다.

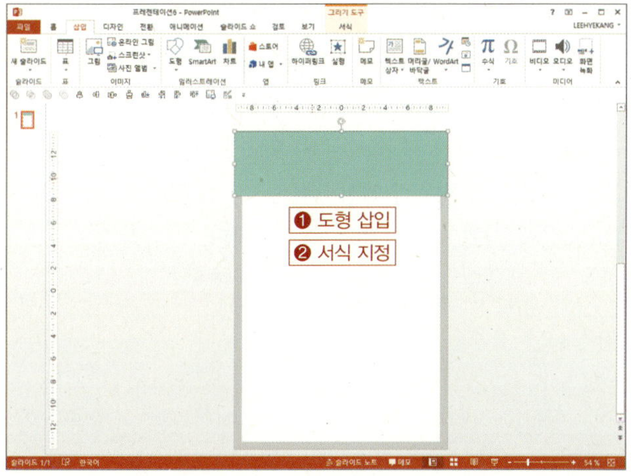

**04** 직사각형을 선택하고 [마우스 오른쪽 버튼 클릭]−[맨 뒤로 보내기]를 클릭해 액자 뒤로 보낸다.

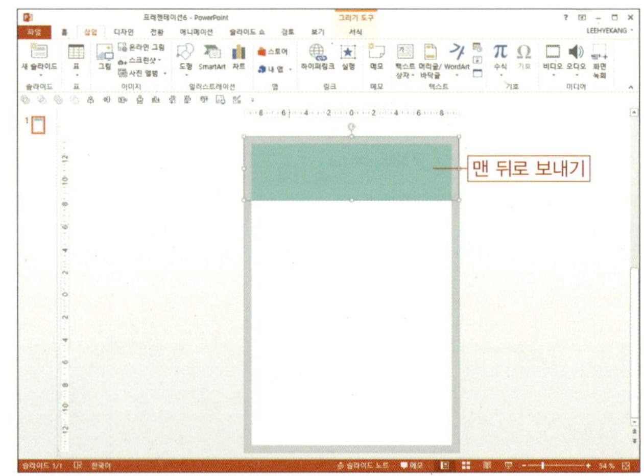


**05** [안전습관 실습자료] 폴더의 'road.pptx' 파일을 실행하고 도로를 복사(Ctrl + C)한 후 슬라이드에 붙여넣기(Ctrl + V) 한다.

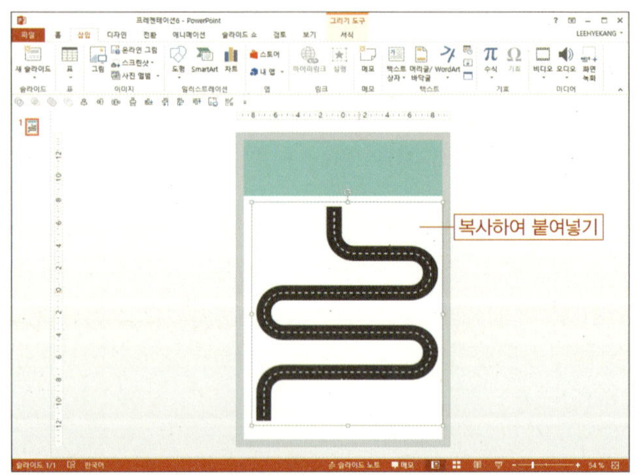


**06** 도로가 조금 짧은 느낌이 있다면 [삽입] 탭−[일러스트레이션] 그룹−[도형]에서 [직사각형]을 선택해 기존 도로의 폭과 동일하게 직사각형을 만든다. [그리기 도구]−[서식] 탭−[도형 스타일] 그룹−[도형 채우기]에서 [색]은 '(3) 진회색', [도형 윤곽선]은 '윤곽선 없음'을 선택한다.

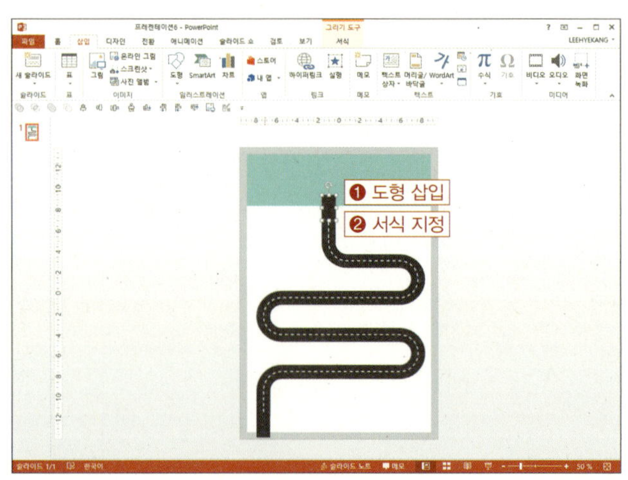

**07** [삽입] 탭–[일러스트레이션] 그룹–[도형]에서 [직사각형]을 이용해 하얀 선을 직접 만들고 [그리기 도구]–[서식] 탭–[도형 스타일] 그룹–[도형 채우기]에서 [색]은 '(4) 흰색', [도형 윤곽선]은 '윤곽선 없음'으로 변경한 후 도로 위에 일렬로 나열한다.

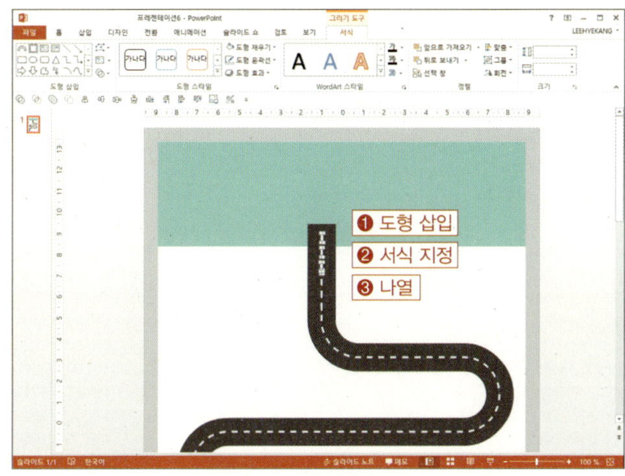


**08** 연장한 도로를 드래그하여 선택하고 복사(Ctrl + C)한 후 아래쪽 도로에 붙여넣기(Ctrl + V) 하여 배치한다.

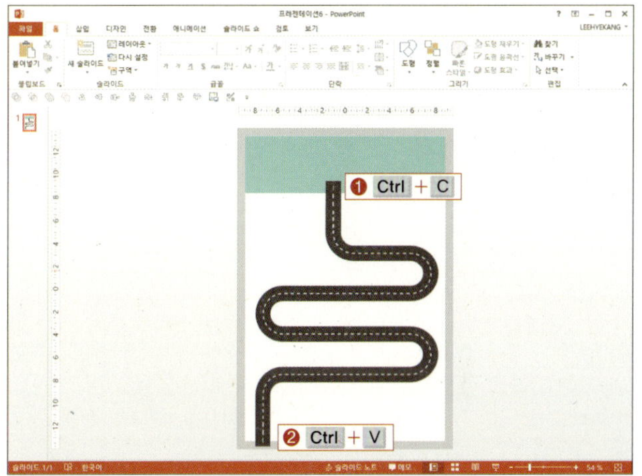


**09** 도로를 드래그하여 모두 선택하고 [마우스 오른쪽 버튼 클릭]–[맨 뒤로 보내기]를 선택해 가장 뒤쪽에 배치한다.

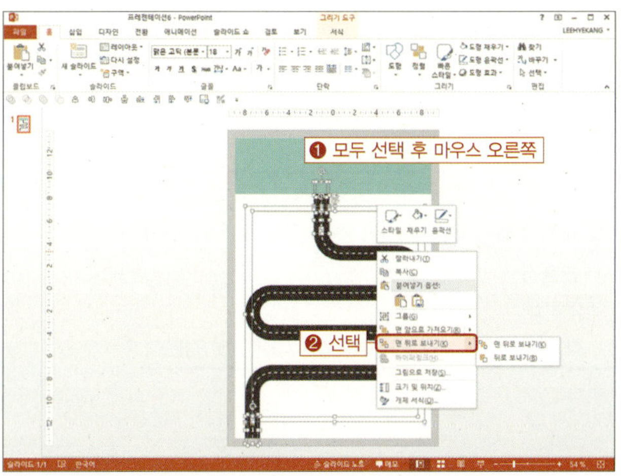

**10** [삽입] 탭–[일러스트레이션] 그룹–[도형]에서 [타원], [선]을 만든다. [그리기 도구]–[서식] 탭–[도형 스타일] 그룹–[도형 채우기]에서 원의 [색]은 '(2) 민트색', [도형 윤곽선]은 '(5) 검은색', [두께]는 '1 1/2pt'로 변경한다.

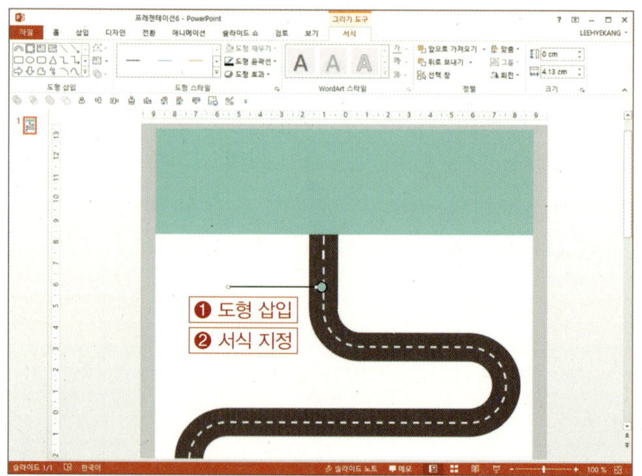


**11** 그림과 같이 동일한 방법으로 선과 도형을 이용해 도로에 그림과 같이 지시선을 배치한다. 기존 도형을 복제(Ctrl + D)한 후 배치하면 더 빠르게 작업할 수 있다. [도형 채우기]의 [색]은 '(2) 민트색'과 '(6) 분홍색'을 번갈아 사용한다.

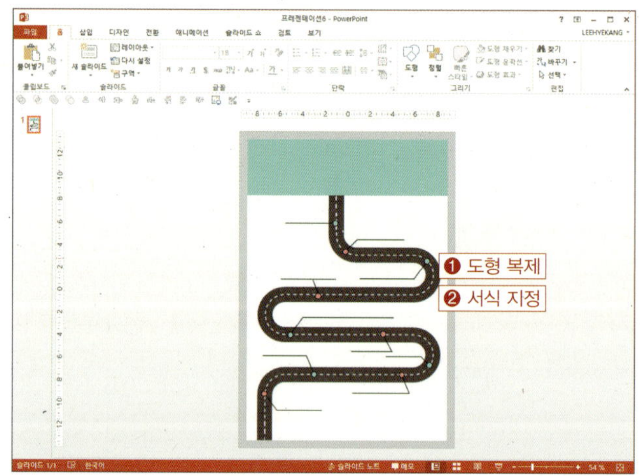


**12** [삽입] 탭–[텍스트] 그룹–[텍스트 상자]를 선택해 텍스트를 입력한 후 서식을 지정하고 배치한다.

| 텍스트 | 글꼴 / 글꼴 크기 | 글꼴 색 |
| --- | --- | --- |
| 꼭 지켜야 할 | 배달의민족 주아 / 18 | (5) 검은색 |
| 친환경 운전습관 ~ | 배달의민족 주아 / 36 | (5) 검은색 |
| 각 항목 | KoPub돋움체 Light / 12 | (5) 검은색 |

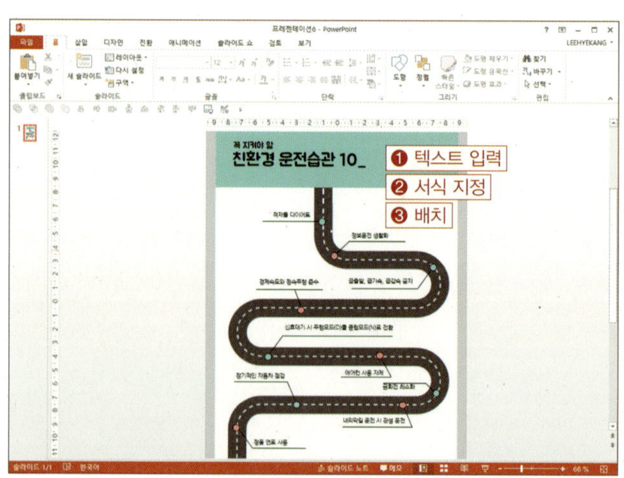

**13** [삽입] 탭-[이미지] 그룹-[그림]을 선택하고 [안전습관 실습자료] 폴더에서 관련된 이미지들을 불러와 그림과 같이 배치한다.

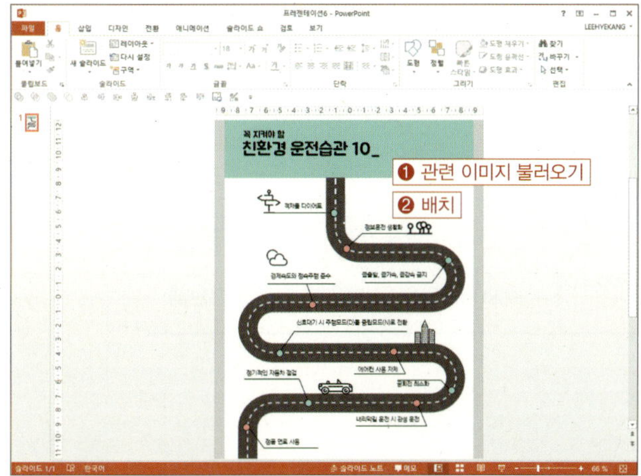





**14** 검은색 아이콘이 심심하므로 자유형을 이용해 색을 채워준다. [삽입] 탭-[일러스트레이션] 그룹-[도형]에서 [자유형]을 선택하고 아이콘의 검은색 모양을 따라 자유형을 만든다. [그리기 도구]-[서식] 탭-[도형 스타일] 그룹-[도형 채우기]에서 [색]은 '(2) 민트색', [도형 윤곽선]은 '윤곽선 없음'을 선택한다.

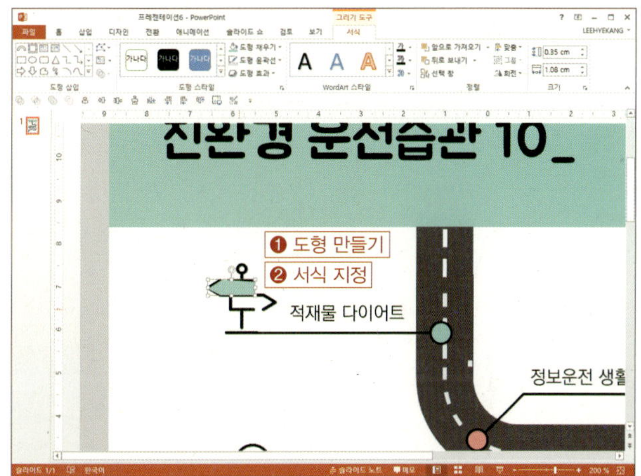



**15** 만든 도형을 선택하고 [마우스 오른쪽 버튼 클릭]-[맨 뒤로 보내기]를 클릭한다.

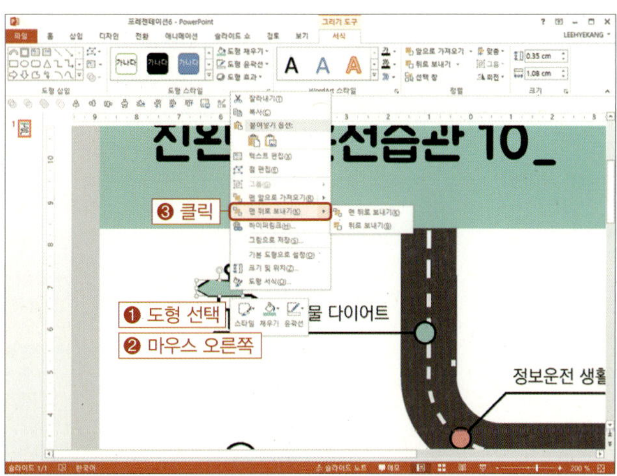

**16** 동일한 방법으로 다른 아이콘의 빈 공간도 색을 채워준다. [삽입] 탭-[텍스트] 그룹-[텍스트 상자]를 선택해 출처를 입력하고 텍스트를 입력한 후 서식을 지정한다.

| 텍스트 | 글꼴 / 글꼴 크기 | 글꼴 색 |
|---|---|---|
| Source ~ | KoPub돋움체 Light / 16 | (5) 검은색 |

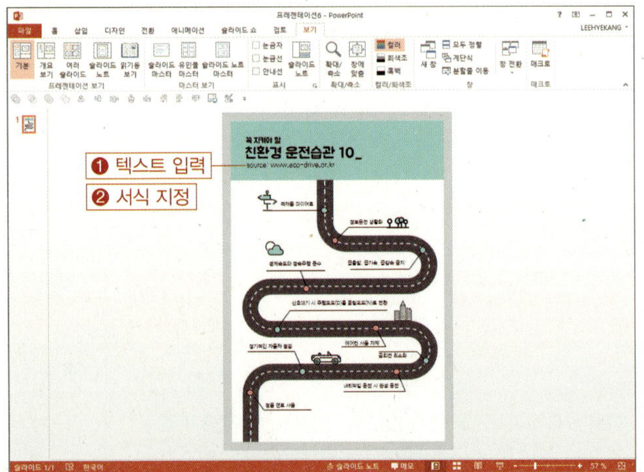

# 광범위한 데이터를 요약한
# 홍보 인포그래픽 만들기

실전에서는 주어진 전체 자료에서 원하는 정보만 필터링해 나만의 1차 자료집을 만들 수 있어야 한다. 자료를 분석하는 일은 누구나 배우고 싶어 하지만 가장 하기 힘든 고난의 과정이기도 하다. 자료 해독과 문장 요약을 위해서는 여러 관점에서 주제를 바라보는 능력이 필요하기 때문이다. 이번 장에서는 광범위한 통계현황자료에서 주제를 정하고 여기에 맞는 데이터 편집 과정을 소개한다.

## SECTION 01 광범위한 통계현황자료 편집 방법

제시된 사례는 '국민안전처'에서 발표한 '2014년도 119구급활동 현황'에 관한 것으로, 'e-나라지표(www.index.go.kr)'에서 공개한 자료이다. 최근 10년간 이송건수, 이송인원, 출동유형, 시도별 구급활동 현황, 이송시간, 환자별 상태 등 10개 이상의 다양한 변수로 이루어진 자료다. 인포그래픽 제작자는 주제가 정해지면 필요한 데이터만 가공해 요약할 수 있어야 한다.

### (1) 1단계 : 자료 요약 방법

먼저 주제를 정하고 활용 목적을 고려해 소주제 개수를 정한다. 웹용은 주로 세로형으로, 제작하는 소주제를 5개 전후로 정하면 된다.

## ■ 주제 및 연관 키워드

- 주제 : 골든타임을 지켜라! 숫자로 살펴보는 구급차 출동 현황
- 선정 이유 : 최근 "구급차 골든타임을 지켜 생명을 구하자"는 목소리가 높아지고 있다. 주 5일 근무 정착, 레저활동 인구 증가, 고령사회 진입 등으로 구급 수요가 지속적으로 증가하기 때문이다.
- 주제에 대한 근거 제시 설명 키워드 : 이송건수, 이송인원, 이송시간, 사고 장소별 이송현황, 환자 연령별 이송인원, 출동소요시간 등 7개이다.

  정보량을 조정할 경우 7개의 소주제에서 우선순위를 정해 가장 하위에 있는 키워드를 제거한다. 우선순위의 기준은 주제(기준변수)와 종속변수와의 연관성 순으로 정한다. '골든타임'과 연관성이 높은 키워드는 '소요시간, 환자상태, 장소'이고, '연령별 이송인원'은 가장 연관성이 낮다고 판단할 수 있다.

## ■ 소주제 및 데이터 필터링 기준

| 소주제 | 데이터 필터링 기준 |
| --- | --- |
| ① 5년간 이송건수 | 2010~2014년 |
| ② 5년간 이송인원 | 2010~2014년 |
| ③ 사고 장소별 이송현황 | 상위 4위 자료만 사용(%) |
| ④ 환자 연령별 이송인원 현황 | 상위 3위 자료만 사용(%)<br>* 주제와 가장 연관성이 낮은 주제 |
| ⑤ 환자상태별 현황 | 2014년 응급, 준응급, 잠재응급 데이터만 사용<br>(환자 수 → % 계산) |
| ⑥ 출동 소요시간(출동 → 사고 현장 도착) | 상위 4위 자료만 사용 |
| ⑦ 이송 소요시간(사고 현장 → 병원 도착) | 상위 5위 자료만 사용 |

## (2) 2단계 : 소주제 데이터 요약

### ① 5년간 이송건수

**수정 전**

| 구 분 | '05년 | '06년 | '07년 | '08년 | '09년 | '10년 | '11년 | '12년 | '13년 | '14년 |
| --- | --- | --- | --- | --- | --- | --- | --- | --- | --- | --- |
| 이송건수 | 1,058,996 | 1,111,171 | 1,189,122 | 1,269,189 | 1,387,396 | 1,428,275 | 1,405,263 | 1,494,085 | 1,504,176 | 1,631,724 |
| 전년 대비 증감(%) | 2.3 | 4.9 | 7.0 | 6.7 | 9.3 | 2.9 | ▽1.6 | 6.3 | 0.7 | 8.5 |

**수정 후**

| 구 분 | '10년 | '11년 | '12년 | '13년 | '14년 |
|---|---|---|---|---|---|
| 이송건수 | 1,428,275 | 1,405,263 | 1,494,085 | 1,504,176 | 1,631,724 |
| 전년 대비 증감(%) | 2.9 | ▽1.6 | 6.3 | 0.7 | 8.5 |

요약 : 전년 대비 13만 건(8.5%) 증가

## ② 5년간 이송인원

**수정 전**

| 구 분 | '05년 | '06년 | '07년 | '08년 | '09년 | '10년 | '11년 | '12년 | '13년 | '14년 |
|---|---|---|---|---|---|---|---|---|---|---|
| 이송인원 | 1,100,737 | 1,153,553 | 1,235,609 | 1,316,942 | 1,439,688 | 1,481,379 | 1,453,822 | 1,543,379 | 1,548,880 | 1,678,382 |
| 전년 대비 증감(%) | 2.2 | 4.8 | 7.1 | 6.6 | 9.3 | 2.9 | ▽1.9 | 6.2 | 0.4 | 8.4 |

**수정 후**

| 구 분 | '10년 | '11년 | '12년 | '13년 | '14년 |
|---|---|---|---|---|---|
| 이송인원 | 1,481,379 | 1,453,822 | 1,543,379 | 1,548,880 | 1,678,382 |
| 전년 대비 증감(%) | 2.9 | ▽1.9 | 6.2 | 0.4 | 8.4 |

요약 : 전년 대비 13만 명(8.4%) 증가

## ③ 사고 장소별 이송현황

**수정 전**

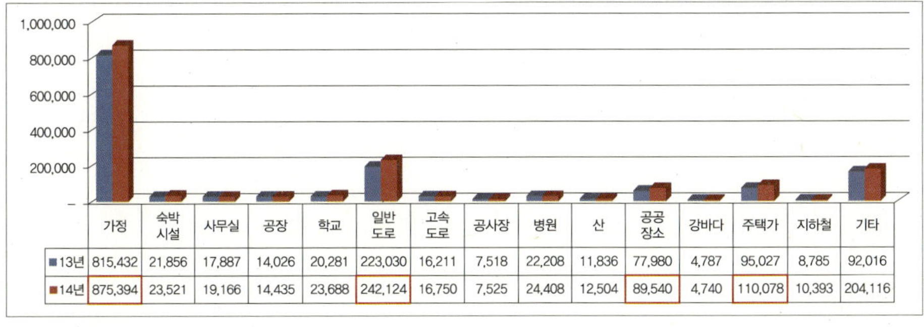

| | 가정 | 숙박시설 | 사무실 | 공장 | 학교 | 일반도로 | 고속도로 | 공사장 | 병원 | 산 | 공공장소 | 강바다 | 주택가 | 지하철 | 기타 |
|---|---|---|---|---|---|---|---|---|---|---|---|---|---|---|---|
| 13년 | 815,432 | 21,856 | 17,887 | 14,026 | 20,281 | 223,030 | 16,211 | 7,518 | 22,208 | 11,836 | 77,980 | 4,787 | 95,027 | 8,785 | 92,016 |
| 14년 | 875,394 | 23,521 | 19,166 | 14,435 | 23,688 | 242,124 | 16,750 | 7,525 | 24,408 | 12,504 | 89,540 | 4,740 | 110,078 | 10,393 | 204,116 |

**수정 후**

장소별 이송인원 : 1위 가정(52.1%), 2위 일반도로(14.4%), 3위 주택가(6.5%), 4위 공공장소(5.0%) 순(2014 전체 이송 인원수로 나누어 계산)

④ 환자 연령별 이송인원 현황



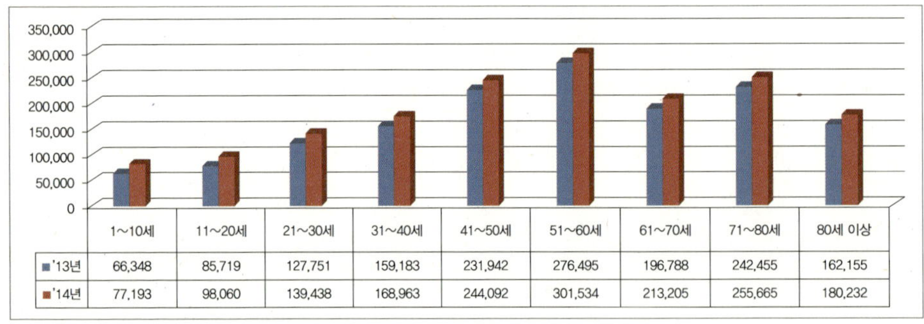



| | 1~10세 | 11~20세 | 21~30세 | 31~40세 | 41~50세 | 51~60세 | 61~70세 | 71~80세 | 80세 이상 |
|---|---|---|---|---|---|---|---|---|---|
| '13년 | 66,348 | 85,719 | 127,751 | 159,183 | 231,942 | 276,495 | 196,788 | 242,455 | 162,155 |
| '14년 | 77,193 | 98,060 | 139,438 | 168,963 | 244,092 | 301,534 | 213,205 | 255,665 | 180,232 |



연령별 이송인원 50대 18%, 70대 15.2%, 40대 14.5%(2014 전체 이송 인원 수로 나누어 계산)

⑤ 환자상태별 현황



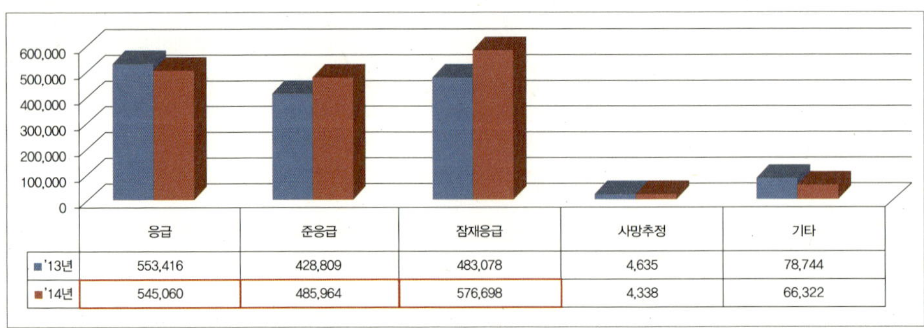



| | 응급 | 준응급 | 잠재응급 | 사망추정 | 기타 |
|---|---|---|---|---|---|
| '13년 | 553,416 | 428,809 | 483,078 | 4,635 | 78,744 |
| '14년 | 545,060 | 485,964 | 576,698 | 4,338 | 66,322 |



잠재응급 환자 34.4%로 가장 높고, 응급 환자 32.5%, 준응급 환자 29.0%순(2014년 기준, 전체 환자 수로 나누어 계산)

⑥ 출동 소요시간(출동 → 사고 현장 도착)



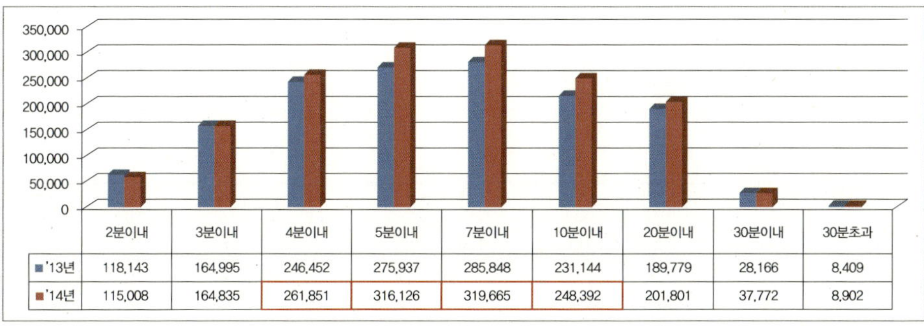



2014년 출동에서 사고 현장까지 소요 시간 : 7분 이내 31만 9천 건, 5분 이내 31만 6천 건, 4분 이내 26만 1천 건, 10분 이내 24만 8천 건 순

⑦ 이송 소요시간(사고 현장 → 병원 도착)



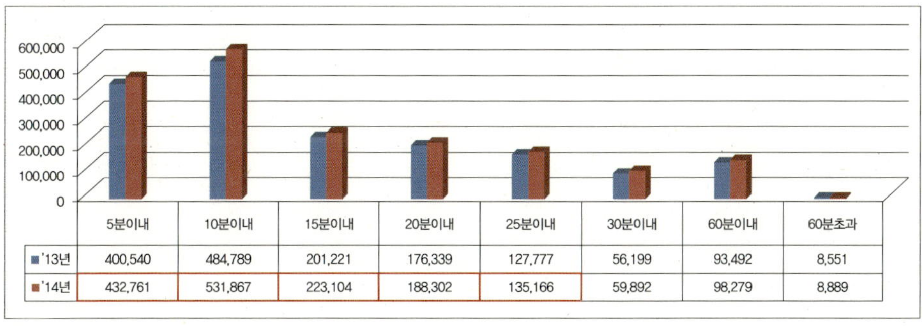



사고 현장에서 병원까지 소요시간 : 10분 이내 53만 1천 건, 5분 이내 43만 2천 건, 15분 이내 22만 3천 건, 20분 이내 18만 8천 건, 25분 이내 13만 5천 건 순

## (3) 3단계 : 레이아웃 스케치

최종 자료 요약(6개 소주제 선택 시 '환자 연령별' 소주제 제거 가능)
- 제목 : 골든타임을 지켜라! 숫자로 살펴보는 구급차 출동 현황
- 출처 : 2014년도 119구급활동 현황(국민안전처)

### ① 5년간 이송건수

| 구 분 | '10년 | '11년 | '12년 | '13년 | '14년 |
|---|---|---|---|---|---|
| 이송건수 | 1,428,275 | 1,405,263 | 1,494,085 | 1,504,176 | 1,631,724 |
| 전년대비 증감(%) | 2.9 | ▽1.6 | 6.3 | 0.7 | 8.5 |

요약 : 전년 대비 13만 건(8.5%) 증가

### ② 5년간 이송인원

| 구 분 | '10년 | '11년 | '12년 | '13년 | '14년 |
|---|---|---|---|---|---|
| 이송인원 | 1,481,379 | 1,453,822 | 1,543,379 | 1,548,880 | 1,678,382 |
| 전년대비 증감(%) | 2.9 | ▽1.9 | 6.2 | 0.4 | 8.4 |

요약 : 전년 대비 13만 명(8.4%) 증가

### ③ 사고 장소별 이송 현황

장소별 이송인원 : 1위 가정(52.6%), 2위 일반도로(14.4%), 3위 주택가(6.1%), 4위 공공장소(5.0%) 순

### ④ 환자 연령별 이송인원 현황

연령별 이송인원 50대 18%, 70대 15.2%, 40대 14.5%, 81세 이상 10.7% 순

### ⑤ 환자상태별 현황

잠재응급 환자가 34.4%로 가장 높고, 응급 환자 32.5%, 준응급 환자 29.0% 순(전체 환자 수로 나누어 계산)

### ⑥ 출동 소요시간(출동 → 사고 현장 도착)

2014년 출동에서 사고 현장까지 소요시간 : 7분 이내 31만 9천 건, 5분 이내 31만 6천 건, 4분 이내 26만 1천 건, 10분 이내 24만 8천 건 순

### ⑦ 이송 소요시간(사고 현장 → 병원 도착)

사고 현장에서 병원까지 소요시간 : 10분 이내 53만 1천 건, 5분 이내 43만 2천 건, 15분 이내 22만 3천 건, 20분 이내 18만 8천 건, 25분 이내 13만 5천 건 순

| 골든타임을 지켜라!<br>숫자로 살펴보는<br>구급차 출동 현황 | ① 5년간 이송건수 |
|---|---|
| ② 5년간 이송인원 | ③ 사고 장소별 이송현황 |
| ④ 사고 장소별 이송현황 | ⑤ 환자 상태별 현황 |
| ⑥ 출동 소요 시간<br>(출동 → 사고 현장 도착) | ⑦ 이송 소요시간<br>(사고 현장 → 병원 도착) |

▲ '숫자로 살펴보는 구급차 출동현황'에 관한 7개 소주제를 웹에 적합한 세로 형태로 배열한 모습이다. SNS에서는 네모 박스를 하나하나 분절해 홍보할
　수 있다. 그래픽은 그래프, 아이콘, 그림, 숫자 등을 사용할 수 있다. (출처 : 2014년도 119 구급활동 현황(국민안전처))

# 많은 데이터를 요약한 구급활동 인포그래픽 만들기

내용이 많아 긴 슬라이드를 만들어야 할 경우 슬라이드 한 장에 모든 내용이 들어가도록 만들면 편집하기가 매우 까다롭다. 이럴 때는 내용에 따라 슬라이드를 구분한 후 정사각형으로 만드는 것이 좋다. 정사각형으로 만든 슬라이드는 SNS에 그대로 활용할 수 있고, 웹상에서는 한 장의 연결된 이미지처럼 보이게 만들 수도 있다. 이번 장에서는 1위에 해당하는 숫자를 각 슬라이드마다 크게 표현해 주의를 환기시킨다.

- 완성파일 : 구급활동 – 완성.pptx
- 색상정보 : 구급활동 – 색상.png
- 실습자료 : [구급활동 실습자료] 폴더

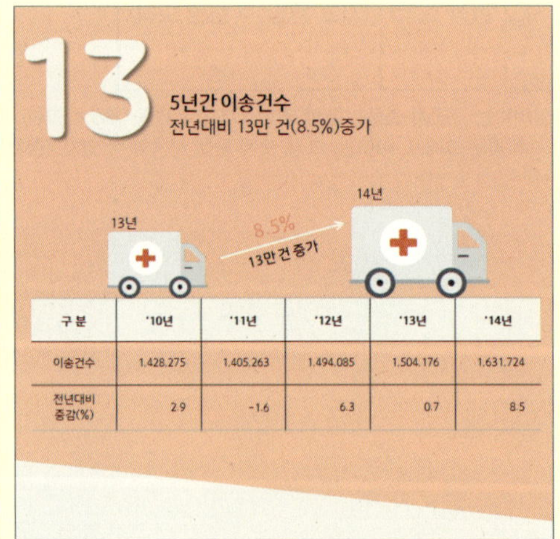


| 구 분 | '10년 | '11년 | '12년 | '13년 | '14년 |
|---|---|---|---|---|---|
| 이송건수 | 1.428.275 | 1.405.263 | 1.494.085 | 1.504.176 | 1.631.724 |
| 전년대비 증감(%) | 2.9 | -1.6 | 6.3 | 0.7 | 8.5 |

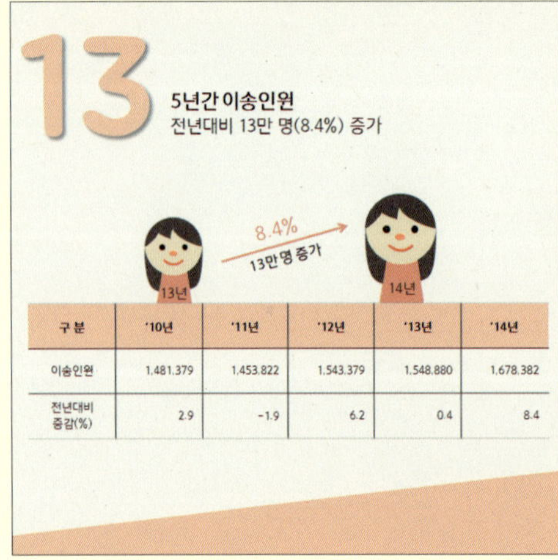


| 구 분 | '10년 | '11년 | '12년 | '13년 | '14년 |
|---|---|---|---|---|---|
| 이송인원 | 1.481.379 | 1.453.822 | 1.543.379 | 1.548.880 | 1.678.382 |
| 전년대비 증감(%) | 2.9 | -1.9 | 6.2 | 0.4 | 8.4 |

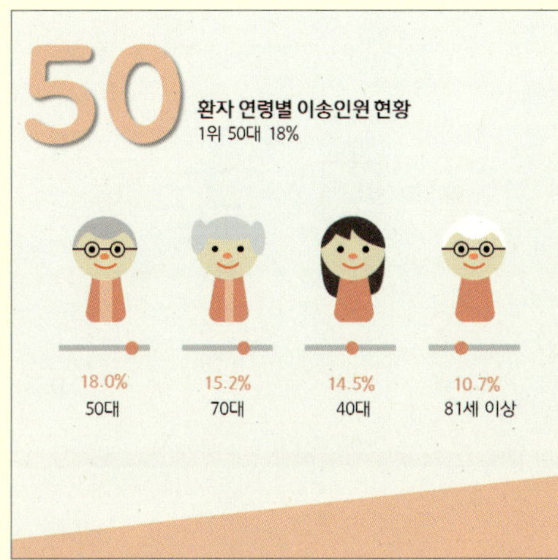
50
환자 연령별 이송인원 현황
1위 50대 18%
18.0%
50대
15.2%
70대
14.5%
40대
10.7%
81세 이상

34
환자상태별 현황
1위 잠재응급 환자 (34.4%)
34.4
32.5
29.0
1위 잠재응급
2위 응급
3위 준응급
• 전체 환자수로 나누어 계산

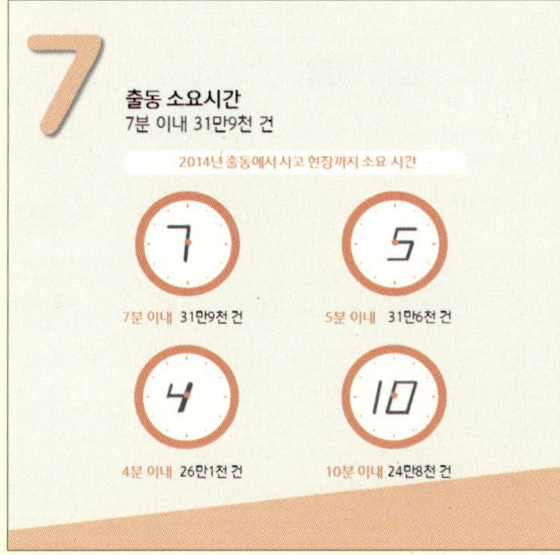
7
출동 소요시간
7분 이내 31만9천 건
2014년 출동에서 사고 현장까지 소요 시간
7
5
7분 이내 31만9천 건
5분 이내 31만6천 건
4
10
4분 이내 26만1천 건
10분 이내 24만8천 건

10
이송 소요시간
1위 10분 이내 53만1천 건
사고 현장에서 병원까지
43.2
만건
53.1
만건
22.3
만건
5분 이내
10분 이내
15분 이내
25분 이내
20분 이내
13.5
만건
18.8
만건

**01** SNS에 공유하기 위해 1대 1 비율의 사이즈로 변경한다. [디자인] 탭-[사용자 지정] 그룹-[슬라이드 크기]-[사용자 지정 슬라이드 크기]를 선택한 후 [너비]와 [높이]를 모두 '19.05cm'로 변경한다.

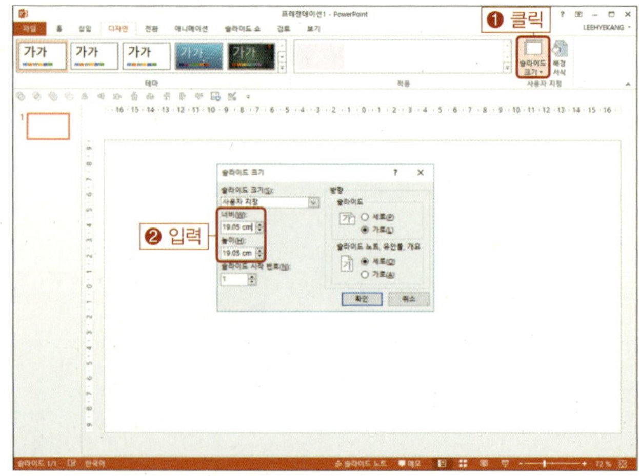

**02** 배경색을 지정하기 위해 빈 슬라이드에서 [마우스 오른쪽 버튼 클릭]-[배경 서식]을 선택한다. [배경 서식] 작업창의 [채우기]-[단색 채우기]에서 [색]을 '(1) 밝은 주황색'으로 변경한다.

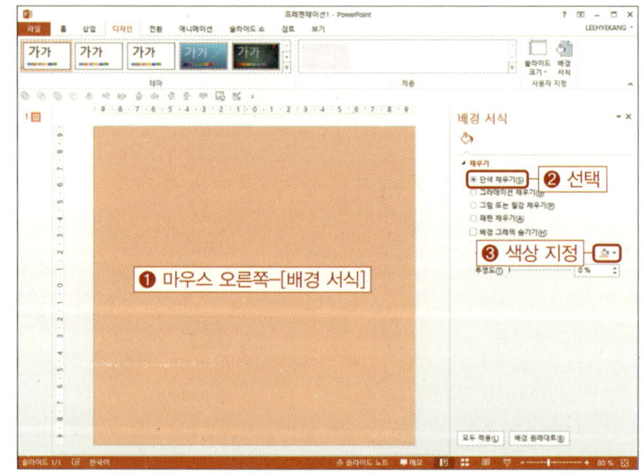

**03** 왼쪽 내비게이션 창을 선택한 후 Enter 를 눌러 새 슬라이드를 추가하고 [마우스 오른쪽 버튼 클릭]-[배경 서식]을 선택한다. [배경 서식] 작업창의 [채우기]-[단색 채우기]에서 [색]을 '(3) 밝은 회색'으로 변경한다.

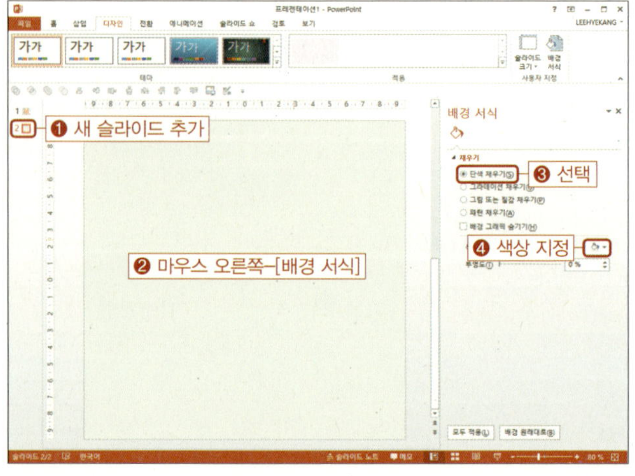

**04** 왼쪽 내비게이션 창에서 첫 번째 슬라이드를 선택한 후 복제(Ctrl + D)한다. 두 번째 슬라이드에서 [삽입] 탭-[일러스트레이션] 그룹-[도형]에서 [직각 삼각형]과 [직사각형]을 선택하여 그림과 같이 만든다. 도형의 가로 길이는 슬라이드의 가로 길이와 동일하게 만든다.

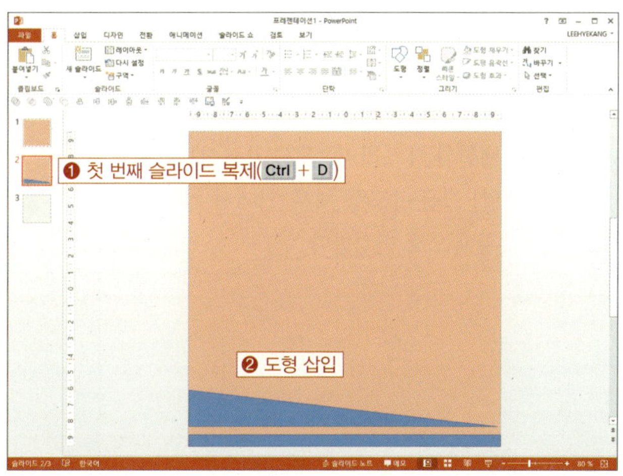


**05** 두 도형을 선택한 후 [빠른 실행 도구모음]에서 [도형 병합]을 선택한다. 두 도형의 경계에 어긋난 부분이 있다면 [마우스 오른쪽 버튼 클릭]-[점 편집]을 선택하고 불필요한 점을 삭제해 도형을 다듬어준다.

**TIP**
점 편집 상태에서 삭제하고 싶은 점 위에서 [마우스 오른쪽 버튼 클릭]-[점 삭제]를 클릭하면 삭제( Delete )할 수 있다.

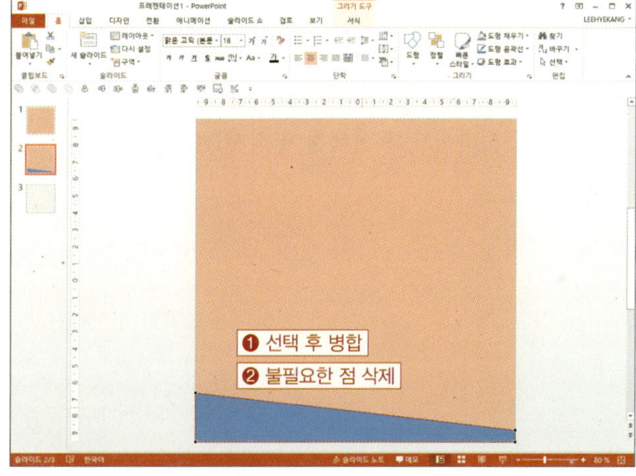


**06** 병합된 도형을 선택하고 [그리기 도구]-[서식] 탭-[도형 스타일] 그룹-[도형 채우기]에서 [색]은 '(3) 밝은 회색', [도형 윤곽선]은 '윤곽선 없음'을 선택한다. 해당 도형을 복사( Ctrl + C )한다.

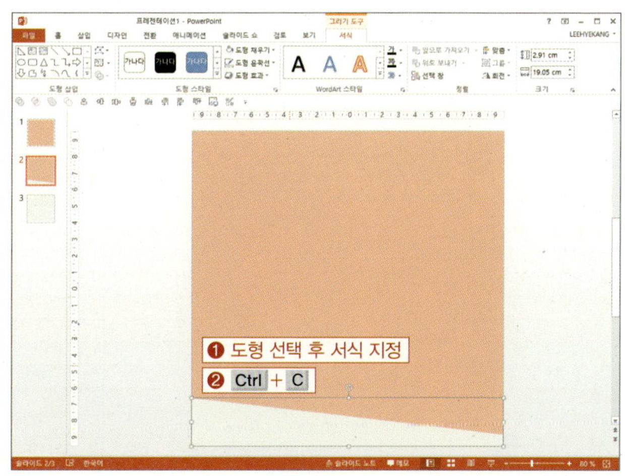

**07** 3번째 슬라이드를 선택한 후 붙여넣기 (Ctrl + V) 한다. 도형이 선택된 상태에서 [그리기 도구]–[서식] 탭–[정렬] 그룹–[회전]–[좌우 대칭]을 선택한다. [그리기 도구]–[서식] 탭–[도형 스타일] 그룹–[도형 채우기]에서 [색]을 '(1) 밝은 주황색'으로 변경한다.

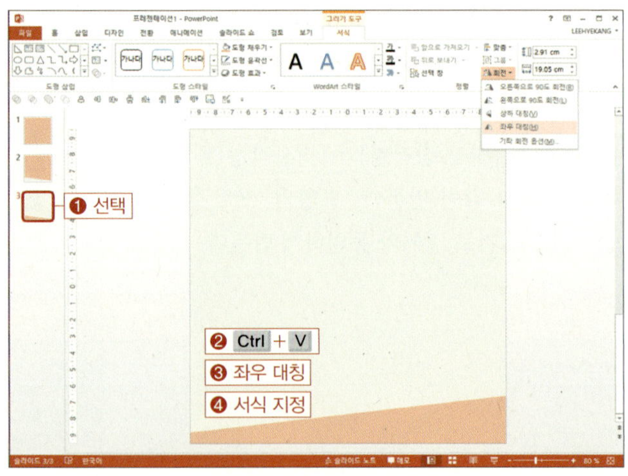


**08** 2번과 3번 슬라이드를 Ctrl 을 누른 채 선택한 후 세 번 복제(Ctrl + D)한다. 총 9개의 슬라이드가 생성되었다. 필요한 슬라이드 개수는 8개이므로 9번 슬라이드를 선택하여 삭제(Delete)한다.

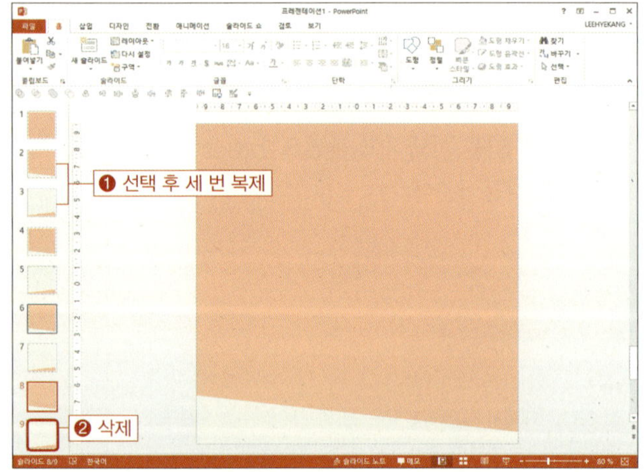


**09** 8번 슬라이드는 다음 슬라이드와의 연결이 필요 없으므로 삽입된 도형을 삭제(Delete)한다.

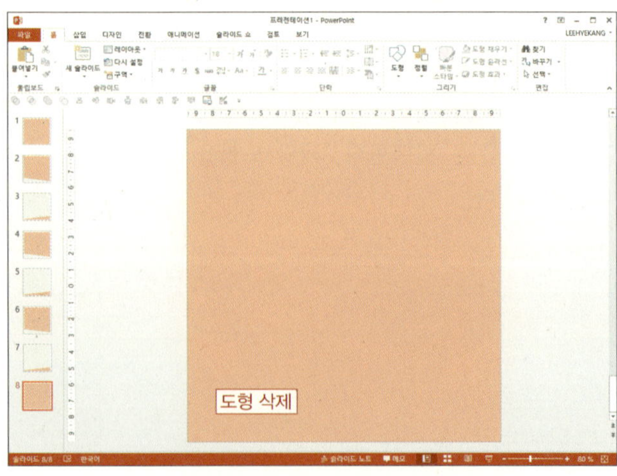

**10** [구급활동 실습자료] 폴더에서 '구급.pptx' 파일을 실행하고 필요한 도형을 복사( Ctrl + C ) 한 후 1번 슬라이드에 붙여넣기( Ctrl + V ) 한다.

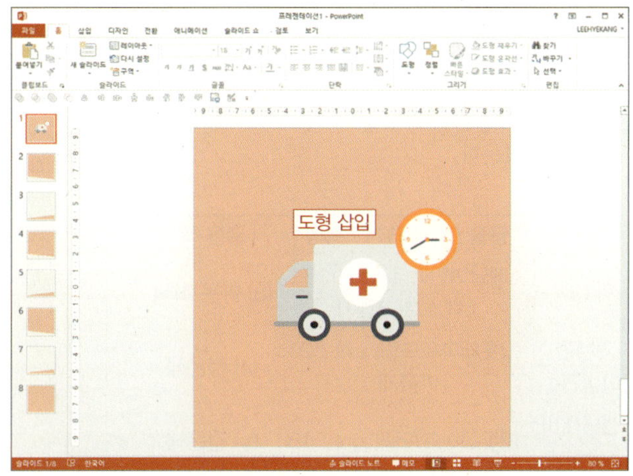


**11** 전체적인 색의 통일성 유지를 위해 그룹 설 정 해제( Ctrl + Shift + G )한 후 시계의 밝은 주황 색은 '(2) 주황색'으로 변경한다.

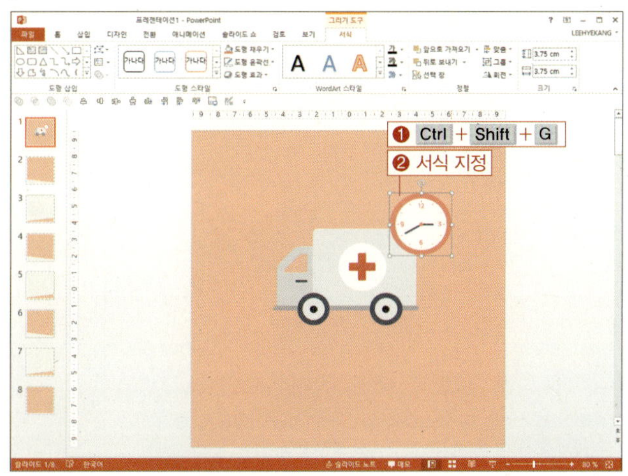


**12** [삽입] 탭-[텍스트] 그룹-[텍스트 상자]를 선택해 텍스트를 입력한 후 서식을 지정한다.

| 텍스트 | 글꼴 / 글꼴 크기 / 속성 | 글꼴 색 |
|---|---|---|
| 골든 타임을 지켜라 | 배달의민족 주아 / 44 / 텍스트 그림자 | (3) 밝은 회색 |
| 숫자로 살펴보는 ~ | 12롯데마트드림Light / 18 | (4) 검은색 |

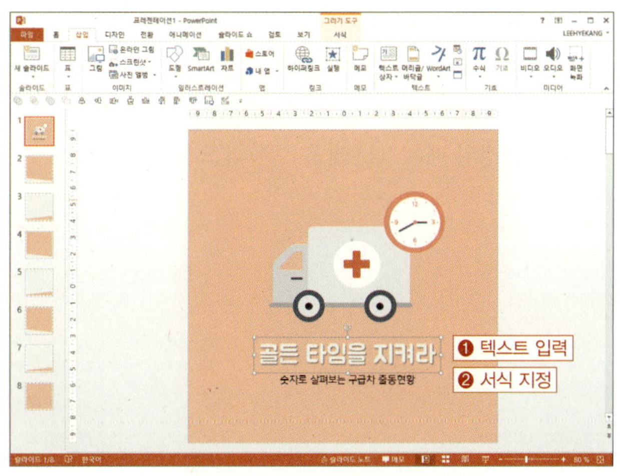

**13** 2번 슬라이드에서 [삽입] 탭-[텍스트] 그룹-[텍스트 상자]를 선택해 텍스트를 입력한 후 서식을 지정한다. 입력을 완료한 텍스트는 복사(Ctrl + C)해둔다.

| 텍스트 | 글꼴 / 글꼴 크기 / 속성 | 글꼴 색 |
| --- | --- | --- |
| 13 | 배달의민족 주아 / 138 / 텍스트 그림자 | (3) 밝은 회색 |
| 5년간 이송건수 | 12롯데마트드림Light / 20 / 굵게 | (4) 검은색 |
| 전년대비 ~ | 12롯데마트드림Light / 18 | (4) 검은색 |

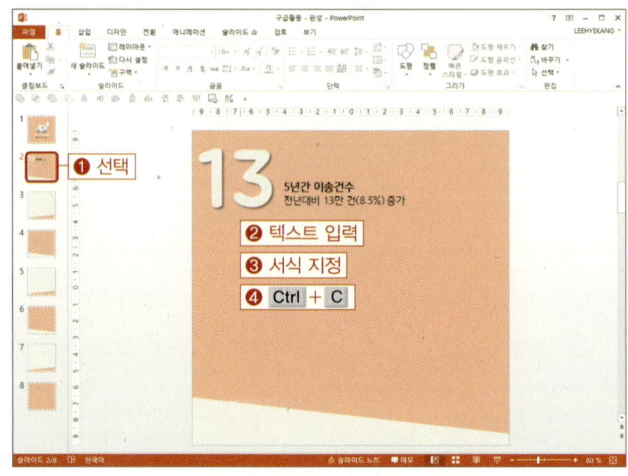


**14** 3번 슬라이드를 선택하고 붙여넣기(Ctrl + V)한 후 숫자의 텍스트 색만 '(1) 밝은 주황색'으로 변경한다.

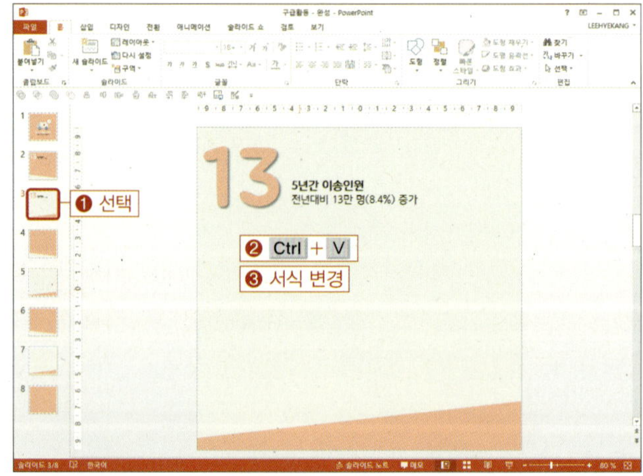


TIP
슬라이드가 바뀔 때 텍스트의 위치가 변경되지 않도록 하기 위해서 복사 후 붙여넣기 하고 텍스트만 변경한다.

**15** 동일한 방법으로 각 슬라이드에 텍스트를 붙여넣기 하고 내용에 맞게 텍스트를 변경한다. 주황색 배경일 때는 '(3) 밝은 회색'으로, 밝은 회색 배경일 때는 '(1) 밝은 주황색'으로 변경한다.

**16** 2번 슬라이드에서 [구급활동 실습자료] 폴더의 '자료.pptx'를 실행하고 표를 복사(Ctrl + C)한 후 슬라이드에 붙여넣기(Ctrl + V)한다. 표의 1행을 드래그하여 선택하고 [표 도구]−[디자인]탭−[표 스타일] 그룹−[음영]에서 '(3) 연회색'으로 변경한다.

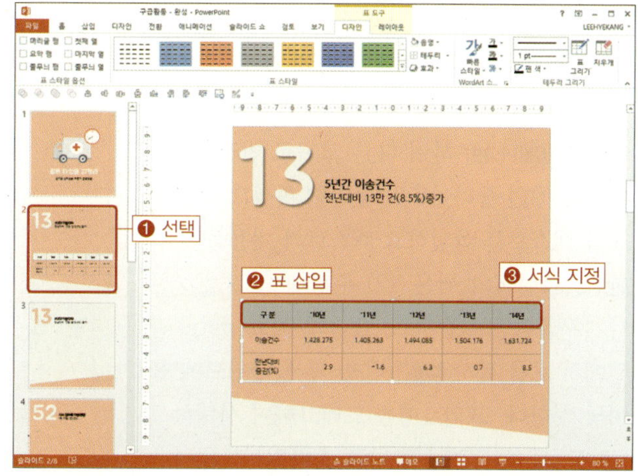


**17** 전년 대비를 보여주기 위해서 [구급활동 실습자료] 폴더의 '구급.pptx'에서 구급차를 복사 후 슬라이드에 붙여넣기 한 다음 구급차를 회전(좌우대칭)한다. '8.5%' 증가한 부분을 표현하기 위해 구급차를 하나 복제(Ctrl + D)한 후 크기를 달리해 표 위에 배치한다.
[삽입] 탭−[일러스트레이션] 그룹−[도형]에서 [선]을 선택하여 그린다. [그리기 도구]−[서식]탭−[도형 스타일] 그룹−[도형 윤곽선]에서 [색]은 '(3) 밝은 회색', [두께]는 '2 1/4pt'로 [화살표]는 '화살표 스타일 2'를 선택한다.

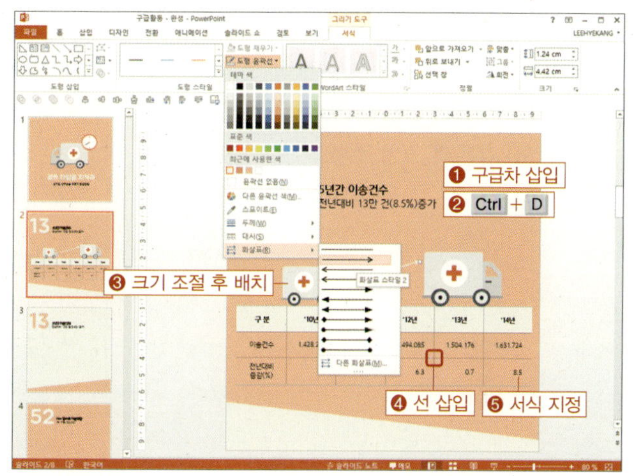


**18** [삽입] 탭−[텍스트] 그룹−[텍스트 상자]를 선택해 텍스트를 입력하고 서식을 지정한 후 화살표의 방향에 따라 텍스트의 방향을 회전시켜 배치한다.

| 텍스트 | 글꼴 / 글꼴 크기 / 속성 | 글꼴 색 |
|---|---|---|
| 13년, 14년 | 12롯데마트드림Light / 14 | (4) 검은색 |
| 8.5% | 12롯데마트드림Light / 20 / 굵게 | (2) 주황색 |
| 13만 건 증가 | 12롯데마트드림Light / 14 / 굵게 | (4) 검은색 |

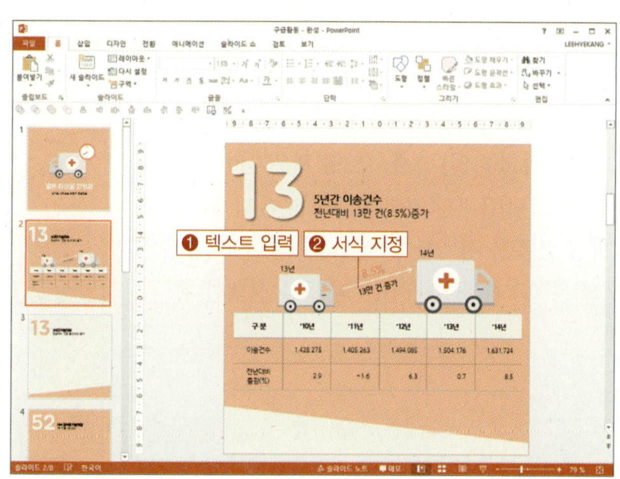

**19** 3번 슬라이드에서 [구급활동 실습자료] 폴더의 '사람.pptx' 파일을 실행하고 맘에 드는 사람 도형을 복사(Ctrl + C)한 후 슬라이드에 붙여넣기(Ctrl + V) 하여 다른 크기로 만든 후 배치한다. 2번 슬라이드와 동일한 형식으로 화살표와 텍스트를 삽입하고 텍스트의 내용을 변경한다. 화살표의 색은 '(2) 주황색'으로 변경한다. [구급활동 실습자료] 폴더의 '자료.pptx' 파일에서 표를 복사(Ctrl + C)한 후 슬라이드에 붙여넣기 한다. 표의 1행을 드래그하여 선택하고 [표 도구]-[디자인] 탭-[표 스타일] 그룹-[음영]에서 '(2) 주황색'으로 변경한다.

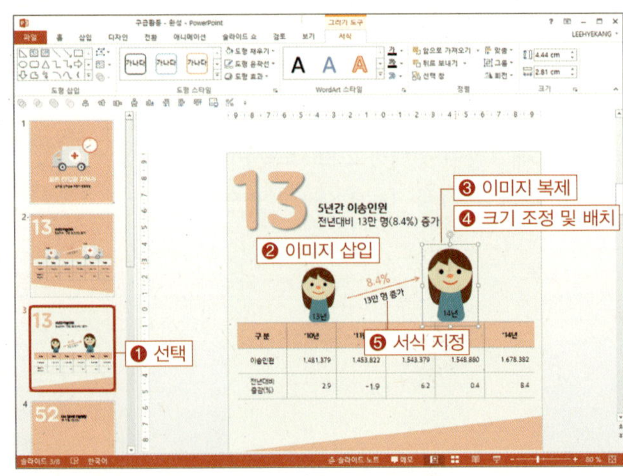


**20** 슬라이드의 색과 통일성을 갖추기 위해 사람 도형의 머리와 옷을 [그리기 도구]-[서식] 탭-[도형 스타일] 그룹-[도형 채우기]에서 [색]을 각각 '(4) 검은색', '(2) 주황색'으로 변경한다.

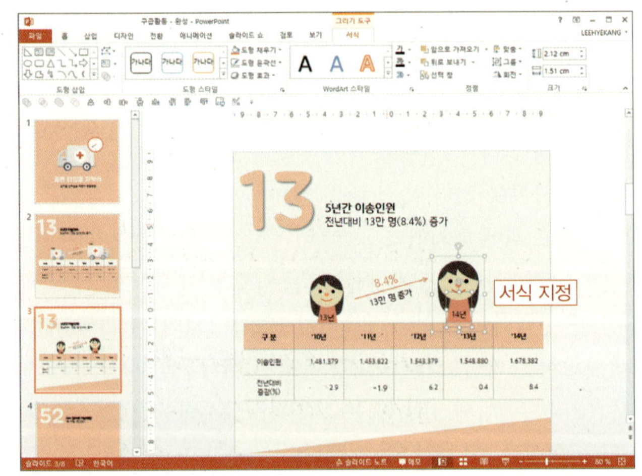


**21** 4번 슬라이드로 이동한 후 [삽입] 탭-[일러스트레이션] 그룹-[도형]에서 [직사각형]과 [선]을 선택해 도로를 만든다. [그리기 도구]-[서식] 탭-[도형 스타일] 그룹-[도형 채우기]에서 직사각형의 [색]은 '(8) 진회색', [도형 윤곽선]은 '윤곽선 없음'을 선택한다. 선의 [도형 윤곽선]에서 [색]은 '(7) 흰색', [대시]는 '파선'을 선택한다.

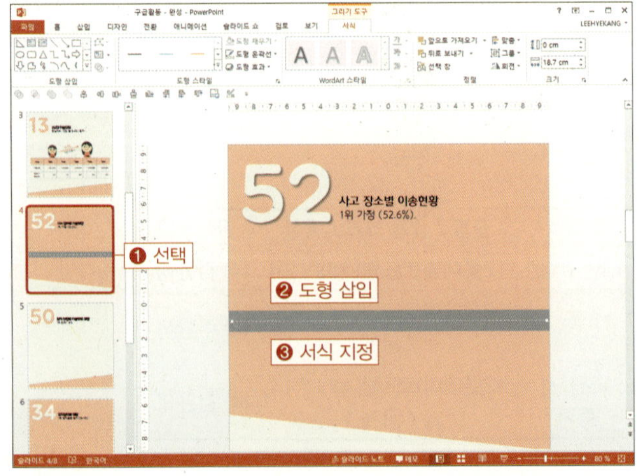

**22** [삽입] 탭–[텍스트] 그룹–[텍스트 상자]를 선택해 텍스트를 입력한 후 서식을 지정하고 배치한다.

| 텍스트 | 글꼴 / 글꼴 크기 / 속성 | 글꼴 색 |
| --- | --- | --- |
| 1위, 2위 ~ | 12롯데마트드림Light / 16 | (7) 흰색 |
| 가정,<br>일반도로 ~ | 12롯데마트드림Light / 16 | (4) 검은색 |
| 퍼센트 | 12롯데마트드림Light<br>/ 24 / 굵게 | (2) 주황색 |

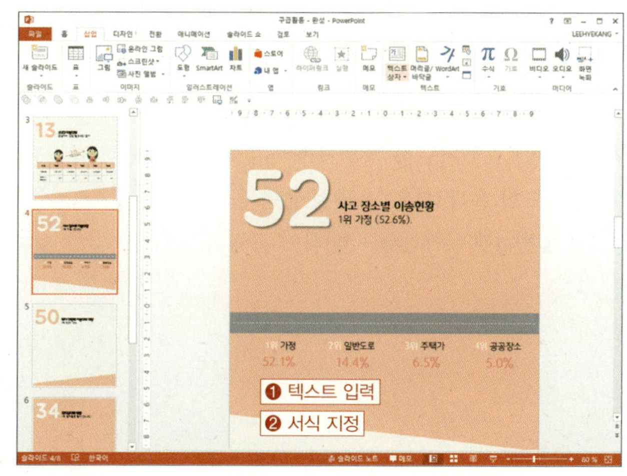


**23** [구급활동 실습자료] 폴더에서 '도시.pptx' 파일을 실행하고 가정, 주택가, 공공장소에 맞는 도형을 복사(Ctrl + C)한 후 붙여넣기(Ctrl + V) 한다. 그림과 같이 각 항목의 도로 위에 도형을 배치한다.

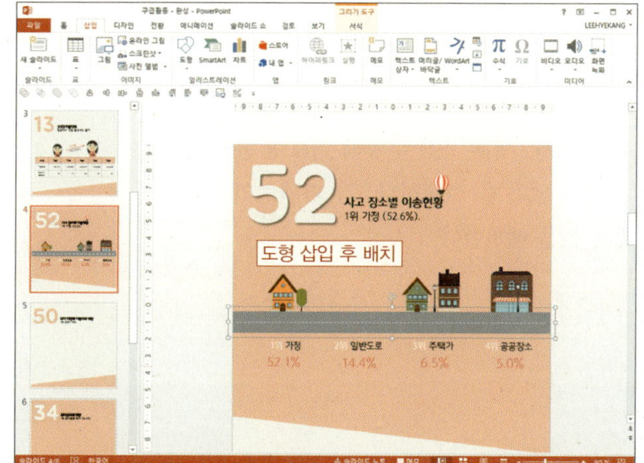


**24** 5번 슬라이드로 이동한다. [삽입] 탭–[텍스트] 그룹–[텍스트 상자]를 선택해 텍스트를 입력한 후 서식을 지정하고 배치한다.

| 텍스트 | 글꼴 / 글꼴 크기 / 속성 | 글꼴 색 |
| --- | --- | --- |
| 퍼센트 | 12롯데마트드림Light / 18<br>/ 굵게 | (2) 주황색 |
| 연령 | 12롯데마트드림Light / 18 | (4) 검은색 |

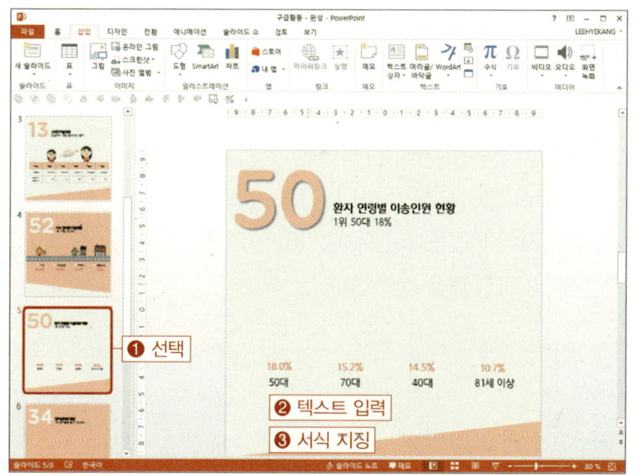

**25** [삽입] 탭-[일러스트레이션] 그룹-[도형] 에서 [모서리가 둥근 직사각형]을 선택해 가로 로 길게 만든다. [그리기 도구]-[서식] 탭-[도 형 스타일] 그룹-[도형 채우기]에서 [색]은 '(5) 회색', [도형 윤곽선]은 '윤곽선 없음'을 선택한 다. 도형을 4개 복제(Ctrl + D)하여 그림과 같이 배치한다.

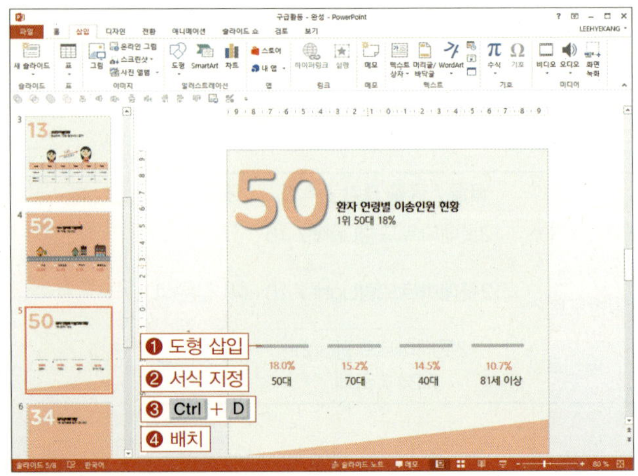


**26** [삽입] 탭-[일러스트레이션] 그룹-[도형] 에서 [타원]을 선택하여 원을 만든다. [그리기 도구]-[서식] 탭-[도형 스타일] 그룹-[도형 채 우기]에서 [색]은 '(2) 주황색', [도형 윤곽선]은 '윤곽선 없음'을 선택한다. 각 퍼센트의 비율에 맞게 원을 배치한다.

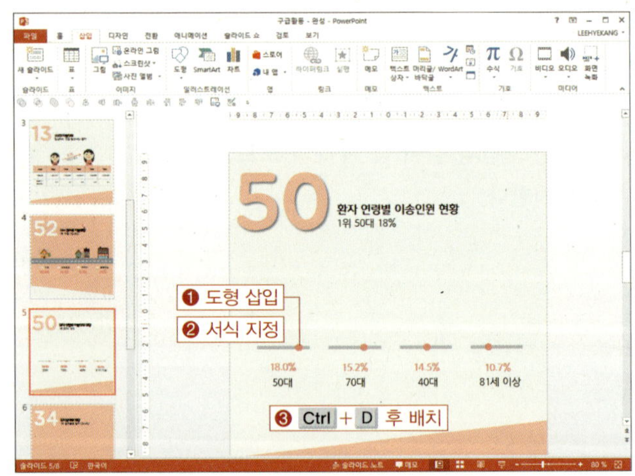


**27** [구급활동 실습자료] 폴더에서 '사람.pptx' 를 실행하고 사람을 복사(Ctrl + C)하여 슬라이 드에 붙여넣기(Ctrl + V) 한다. 연령대를 한눈에 알아볼 수 있도록 머리를 선택한 후 [그리기 도 구]-[서식] 탭-[도형 스타일] 그룹-[도형 채우 기]에서 각각 [색]을 '(5) 회색', '(6) 연회색', '(4) 검은색', '(7) 흰색'을 선택한다.

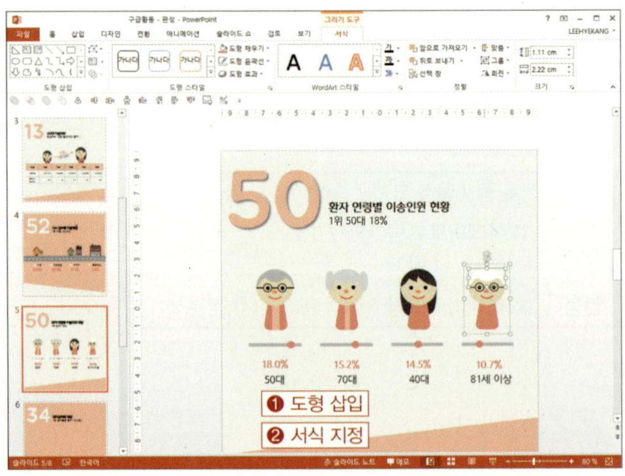

**28** 6번 슬라이드로 이동한 후 [삽입] 탭-[일러스트레이션] 그룹-[차트]에서 [원형]-[도넛형]을 선택하고 [확인]을 클릭한다.

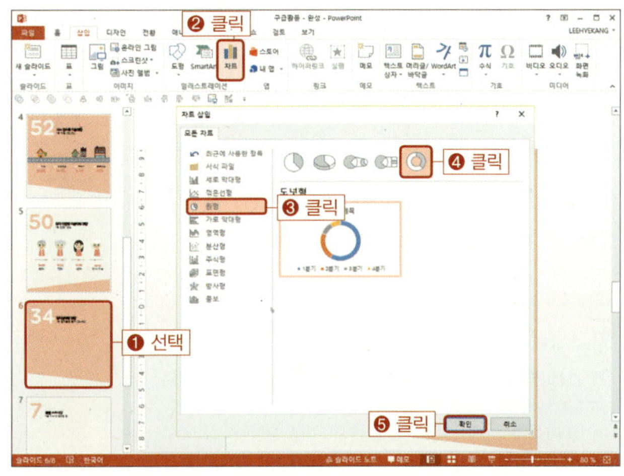

**29** 엑셀 창에서 1분기, 2분기에 대한 값만 남기고 삭제(Delete)한다. 1분기에 표시할 퍼센트인 '34.4'를 입력하고, 2분기에는 100에서 34.4를 뺀 '65.6'을 입력한다. 완료 후 엑셀 창을 닫는다.

**TIP**
엑셀에서 불필요한 값을 지우고 난 후 보라색과 파란색 영역의 범위는 그대로 두어도 되고, 조정하고 싶다면 오른쪽 하단의 점을 잡고 드래그해 범위를 조정한다.

**30** 불필요한 영역인 판매, 1분기, 2분기가 적힌 영역은 선택하여 삭제(Delete)한다.

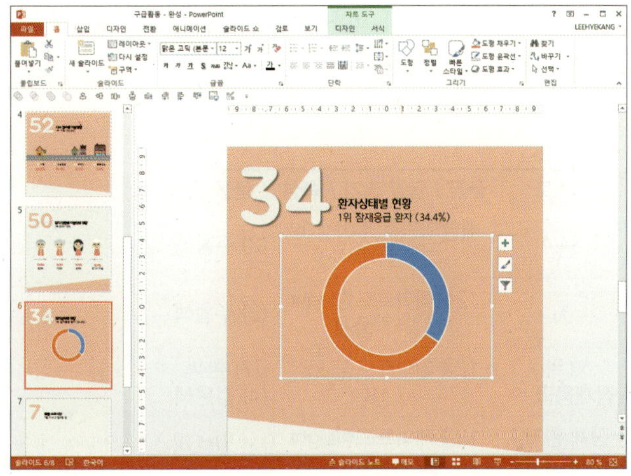

**31** 데이터 계열을 선택한 상태에서 [마우스 오른쪽 버튼 클릭]–[데이터 계열 서식]을 클릭한다. [데이터 요소 서식] 작업창의 [채우기]–[단색 채우기]에서 [색]을 각각 '(7) 흰색', '(2) 주황색'으로 변경한다. [테두리]는 '선 없음'을 선택한다.

TIP
차트 계열 선택 시 한번만 선택하면 모든 데이터 값이 동일하게 변경된다. 흰색과 주황색을 따로 변경하기 위해서는 차트 계열을 선택하고 다시 한 번 해당 영역을 선택해야 한다.
2010 버전에서 [테두리]는 '선 없음'이 기본 설정이므로 별도로 변경하지 않아도 된다.

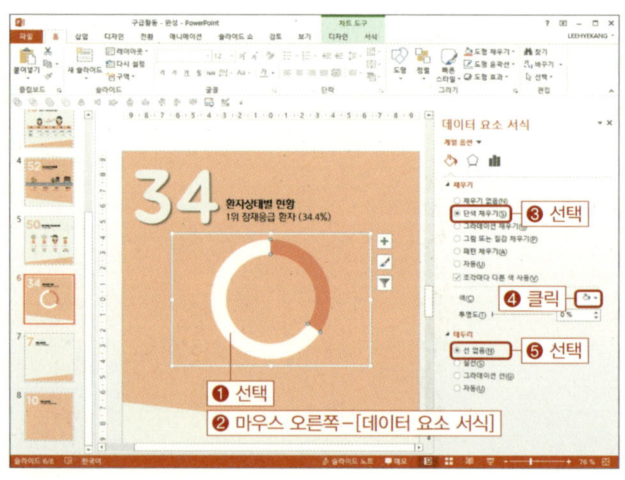


**32** 차트를 두 개 더 복제한 후 줄에 맞추어 배치한다. 차트를 선택하고 [차트 도구]–[디자인] 탭–[데이터] 그룹–[데이터 편집]을 선택한 후 엑셀 창에서 각 퍼센트에 맞게 수치를 변경한다.

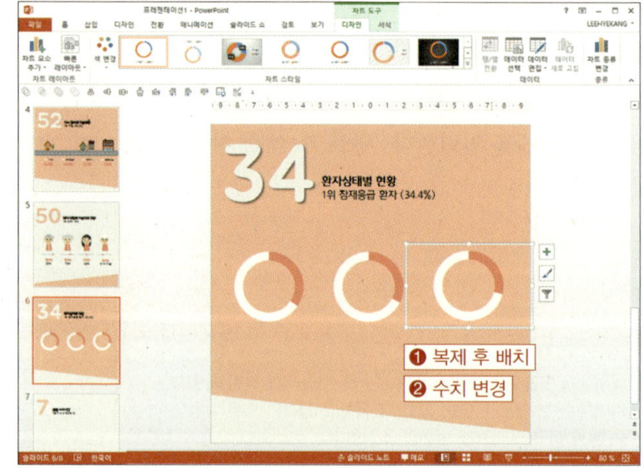


**33** [삽입] 탭–[텍스트] 그룹–[텍스트 상자]를 선택해 텍스트를 입력한 후 서식을 지정하고 배치한다.

| 텍스트 | 글꼴 / 글꼴 크기 / 속성 | 글꼴 색 |
| --- | --- | --- |
| 34.4 | 배달의민족 주아 / 32 / 굵게 | (2) 주황색 |
| % | 12롯데마트드림Light / 14 / 굵게 | (2) 주황색 |
| 1위 잠재응급 ~ | 12롯데마트드림Light / 18 | (7) 흰색, (4) 검은색 |
| *전체 환자수 ~ | 12롯데마트드림Light / 14 | (4) 검은색 |

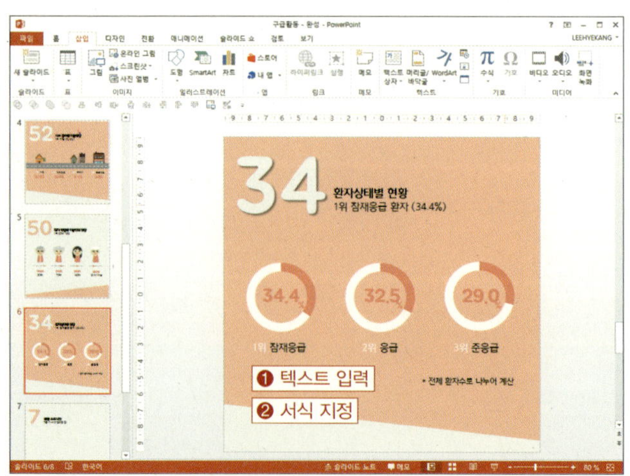

**34** [구급활동 실습자료] 폴더에서 '구급.pptx' 파일을 실행하고 하트 모양을 복사(Ctrl + C) 후 각 차트 위에 붙여넣기(Ctrl + V) 하고 배치한다.

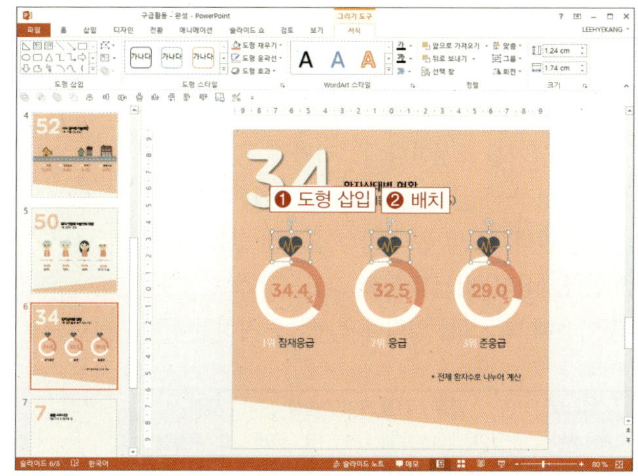


**35** 잠재응급, 응급, 준응급에 맞추어 주황색 선의 파동을 변경한다. 잠재응급은 그대로 두고 응급에 해당하는 파동의 그룹 설정을 해제(Ctrl + Shift + G)한 후 주황색 선을 클릭하고 [마우스 오른쪽 버튼 클릭]–[점 편집]을 선택한다. 검은 점 위에서 [마우스 오른쪽 버튼 클릭]–[점 삭제]를 클릭하여 검은 점을 삭제해 파동을 변경한다.



**TIP**
세밀한 작업은 슬라이드를 확대하고 작업하면 편리하다.

**36** 동일한 방법으로 준응급에 해당하는 파동도 변경한다.

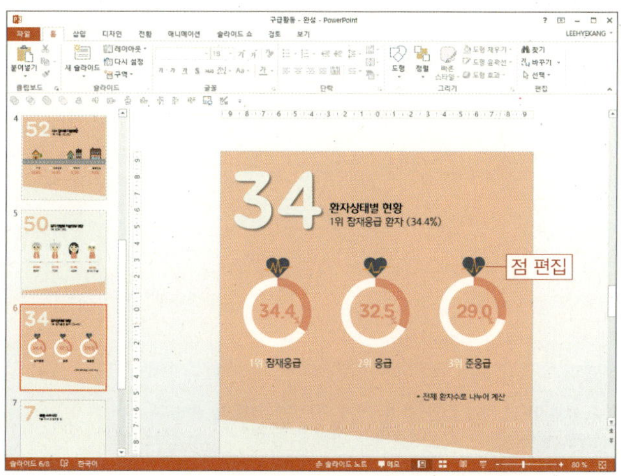

**37** 7번 슬라이드로 이동한 후 [삽입] 탭-[일러스트레이션] 그룹-[도형]에서 [모서리가 둥근 직사각형]을 선택하여 삽입하고 노란 점을 이용해 둥글기를 조정한다. [그리기 도구]-[서식] 탭-[도형 스타일] 그룹-[도형 채우기]에서 [색]은 '(7) 흰색', [도형 윤곽선]은 '윤곽선 없음'을 선택한다. [삽입] 탭-[텍스트] 그룹-[텍스트 상자]를 이용해 텍스트를 입력하고 서식을 지정한다.

| 텍스트 | 글꼴 / 글꼴 크기 / 속성 | 글꼴 색 |
|---|---|---|
| 2014년 ~ | 12롯데마트드림Light / 14 / 굵게 | (2) 주황색 |
| 7분 이내 ~ | 12롯데마트드림Light / 14 / 굵게 | (2) 주황색 |
| 31만 9천 건 ~ | 12롯데마트드림Light / 14 | (4) 검은색 |

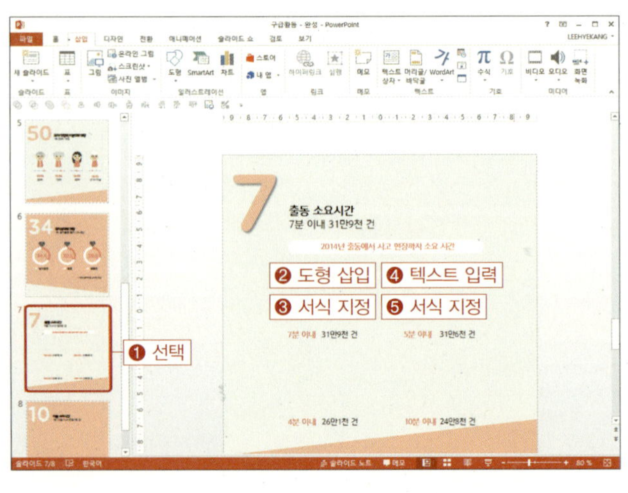


**38** 1번 슬라이드에서 사용했던 시계를 복사(Ctrl + C)하여 7번 슬라이드에 붙여넣기(Ctrl + V)한다. 그룹 설정 해제(Ctrl + Shift + G) 후 시계 안에 있는 숫자는 삭제하고 시계 침을 이동해 숫자 7을 표현한다.

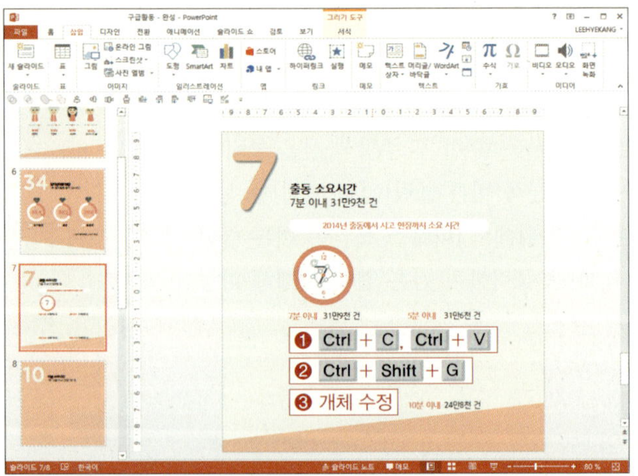


**39** 시계를 복사(Ctrl + C)하고 동일한 방법으로 다른 시계들도 '5분, 4분, 10분'을 표현한다.



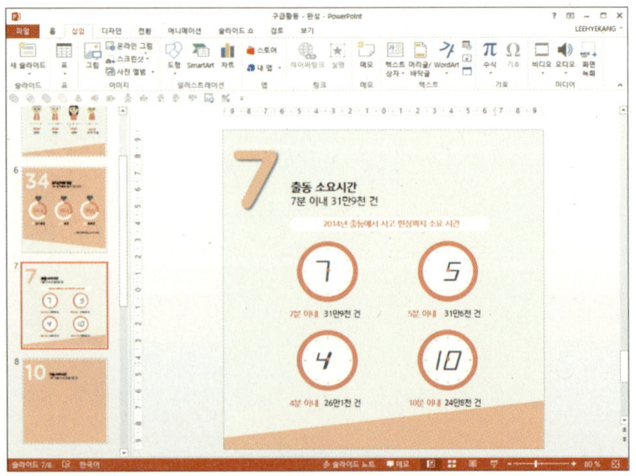

**40** 슬라이드 8번으로 이동한다. [삽입] 탭–[일러스트레이션] 그룹–[도형]에서 [직사각형]과 [선]을 선택해 도로를 만든다. [그리기 도구]–[서식] 탭–[도형 스타일] 그룹–[도형 채우기]에서 직사각형의 [색]은 '(8) 진회색', [도형 윤곽선]은 '윤곽선 없음'을 선택한다. 선의 [도형 윤곽선]에서 [색]은 '(7) 흰색', [대시]는 '파선'을 선택한다.

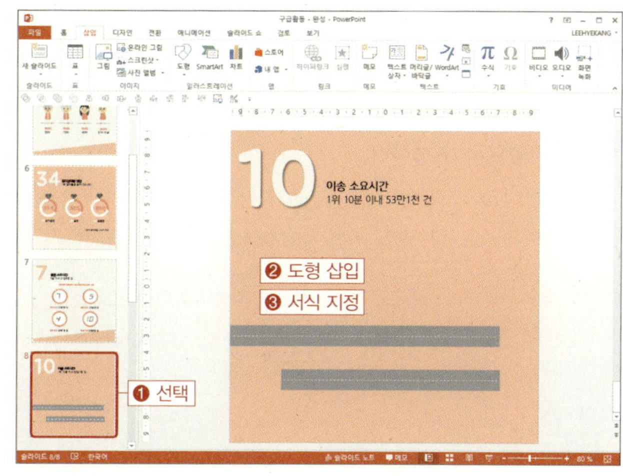


**41** [삽입] 탭–[일러스트레이션] 그룹–[도형]에서 [막힌 원호]를 선택해 도형을 만들고 방향을 돌려 도로와 만나게 배치한다. 노란 점을 이용해 기존에 만든 도로와 두께가 같게 변경한다.

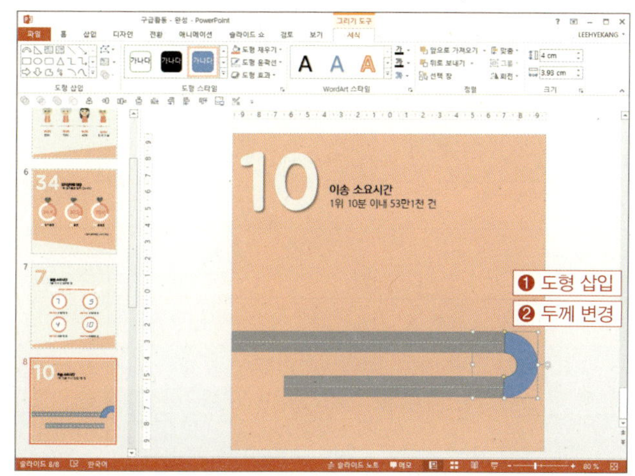


**42** 직사각형을 선택하여 서식 복사( Ctrl + Shift + C )한 후 막힌 원호를 선택하여 서식 붙여넣기( Ctrl + Shift + V ) 한다. [삽입] 탭–[일러스트레이션] 그룹–[도형]에서 [곡선]을 선택한 후 위쪽의 파선에서 시작해 아래쪽 파선을 잇는 곡선을 만든다. 곡선의 경우 동일한 지점을 두 번 클릭하면 선이 마무리된다.

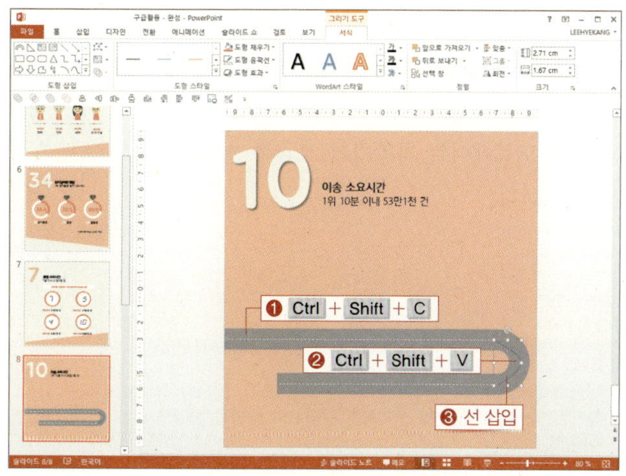

**43** 곡선을 선택한 상태에서 [마우스 오른쪽 버튼 클릭]-[점 편집]을 선택한다. 검은 점 선택 시 생기는 하얀 점을 드래그해 자연스러운 곡선이 될 수 있도록 조정한다.

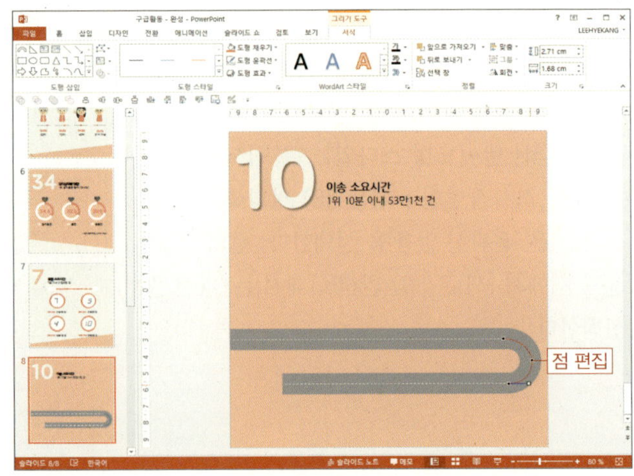

**44** 파선을 서식 복사(Ctrl + Shift + C)하고 곡선을 선택하여 서식 붙여넣기(Ctrl + Shift + V) 하여 하나로 연결된 도로처럼 표현한다.

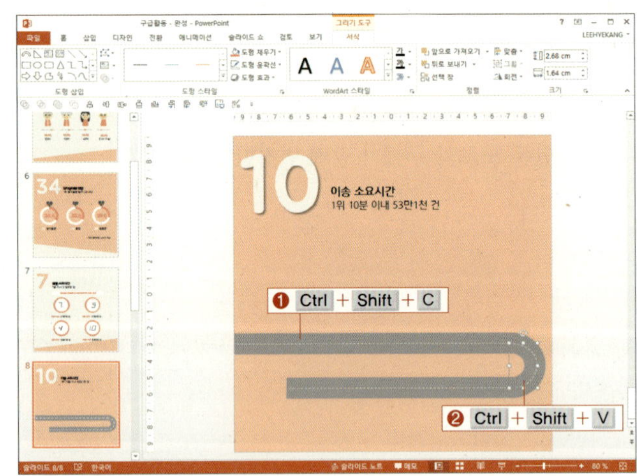


**45** 1번 슬라이드에 있는 구급차를 복사(Ctrl + C)해 슬라이드에 붙여넣기(Ctrl + V) 한다. 위쪽 도로에서는 자동차가 왼쪽 방향을 보게 하고, 아래쪽 도로에서는 자동차가 오른쪽 방향을 보게 배치한다.



> **TIP**
> 구급차를 선택한 후 [그리기 도구]-[서식] 탭-[정렬] 그룹-[회전]-[좌우 대칭]을 선택하면 구급차의 방향을 변경할 수 있다.

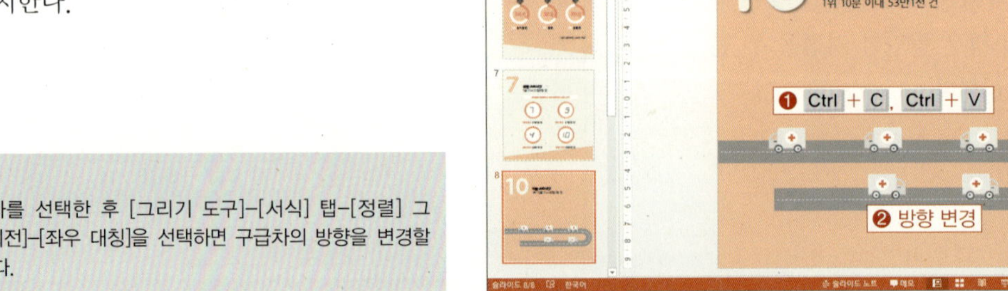

**46** [삽입] 탭–[일러스트레이션] 그룹–[도형]에서 [타원]을 선택하고 Shift 를 누른 상태에서 드래그하여 정원을 만들어 건수만큼 높이를 조정해 배치한다. 원과 자동차 사이에는 [선]을 만들어 연결한다. [그리기 도구]–[서식] 탭–[도형 채우기]에서 원의 [색]은 '(3) 밝은 회색', [도형 윤곽선]은 '윤곽선 없음'을 선택한다. 선은 [도형 윤곽선]에서 [색]을 '(3) 밝은 회색', [두께]는 '3pt'로 변경한다.

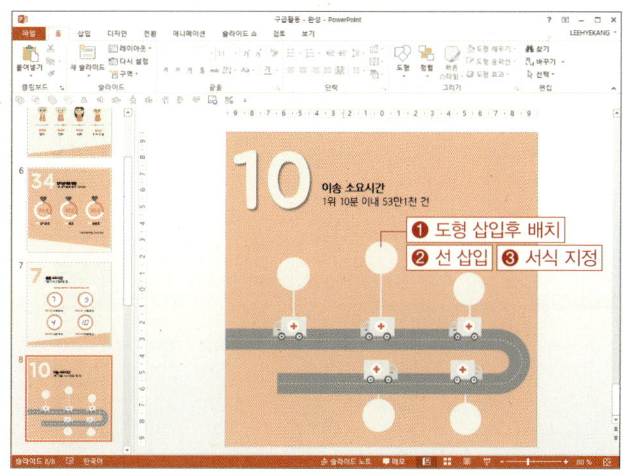


**47** 7번 슬라이드에서 사용했던 모서리가 둥근 직사각형을 복사(Ctrl + C) 후 슬라이드에 붙여넣기(Ctrl + V) 하고 텍스트를 변경하고 텍스트 길이에 맞춰 가로 길이만 조정한다. [삽입] 탭–[텍스트] 그룹–[텍스트 상자]를 선택해 텍스트를 입력한 후 서식을 지정한다.

| 텍스트 | 글꼴 / 글꼴 크기 / 속성 | 글꼴 색 |
|---|---|---|
| 43.2 ~ | 12롯데마트드림Light / 28 / 굵게 | (2) 주황색 |
| 만 건 | 12롯데마트드림Light / 11 | (2) 주황색 |
| 5분 이내 ~ | 12롯데마트드림Light / 13 | (3) 밝은 회색 |

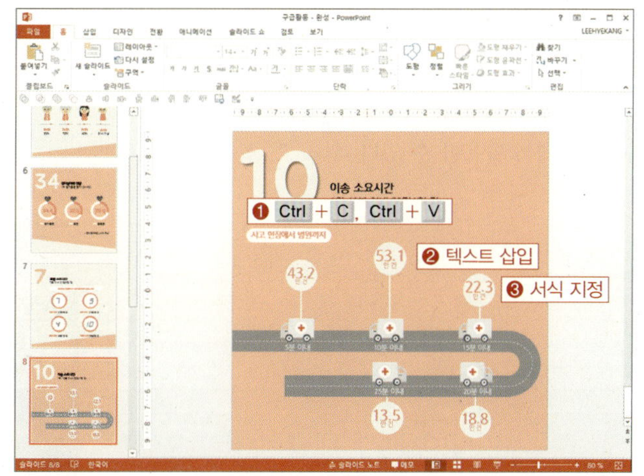


**48** [파일]–[다른 이름으로 저장]을 선택하여 폴더의 위치를 지정하고, [파일 이름]을 입력한 후 [파일 형식]을 'PNG 형식'으로 선택한다. 보낼 슬라이드를 선택할 때 [모든 슬라이드]를 선택해 각각의 슬라이드를 이미지로 저장한다.

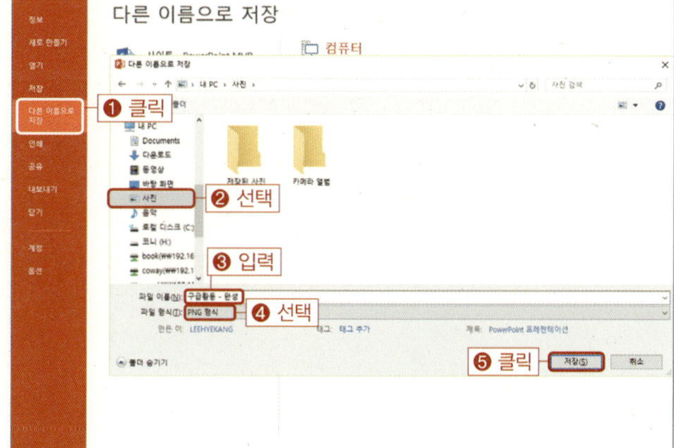

**49** 모든 슬라이드를 저장했기 때문에 폴더를 확인하면 각 슬라이드가 각각의 이미지로 저장되어 있다.

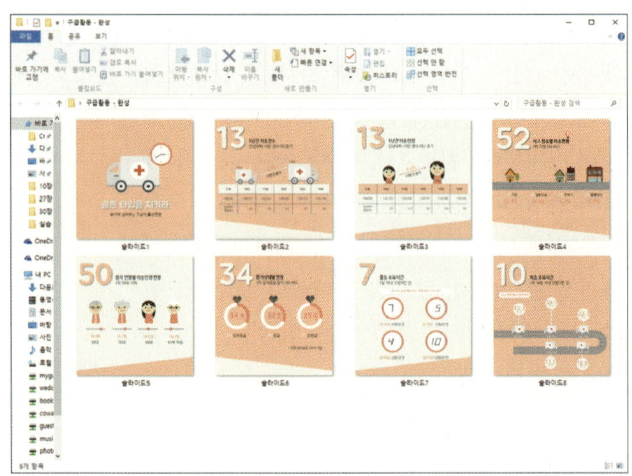

**50** 온라인상에 모든 슬라이드를 업로드 시 연결된 하나의 이미지처럼 보이고, SNS에 올릴 때에도 정사각형 형태로 한 장씩 넘겨볼 수 있어 다방면에서 활용할 수 있다.

실무 보고서부터 프레젠테이션 발표까지

# 인포그래픽 기획&디자인
# BY 파워포인트

**발행일** | 2016년  2월 20일  초판 발행
2016년  5월 10일  2쇄
2017년 10월 15일  3쇄

**저　자** | 이수동 · 이혜강

**발행인** | 정 용 수

**발행처** | 예문사

**주　소** | 경기도 파주시 직지길 460(출판도시) 도서출판 예문사

**T E L** | 031) 955-0550

**F A X** | 031) 955-0660

**등록번호** | 11-76호

정가 : 20,000원



■ 예제CD 포함

http : //www.yeamoonsa.com

ISBN  978-89-274-1669-2  13000

이 도서의 국립중앙도서관 출판시도서목록(CIP)은 서지정보유통지원시스템 홈페이지
(http://seoji.nl.go.kr)와 국가자료공동목록시스템(http://www.nl.go.kr/kolisnet)에서
이용하실 수 있습니다.(CIP제어번호:2016001809)